Unsere Bücher finden Sie im Buch- und Fachhandel und auf

EGMONT Shop
www.egmont-shop.de

Entwickelt von Elisabetta Gnone

Erschienen unter den Titeln:
W.I.T.C.H.
49. Tra sogno e realtà; 50. Comunque magiche; 51. Fuori controllo;
52. L'occhio del libro; 53. Tutta un' altra musica; 54. Ancora un abbraccio

Idee und Szenario: Zeit der Veränderung, Außer Kontrolle, Eine ganz andere Musik, Noch eine Umarmung – Teresa Radice;
Auf alle Fälle magisch, Das Auge des Buches – Bruno Enna

Zeichnungen: Zeit der Veränderung – Alberto Zanon;
Auf alle Fälle magisch – Federico Bertolucci;
Außer Kontrolle – Giada Perissinotto; Das Auge des Buches – Federico Bertolucci,
Flavia Scuderi und Monica Catalano (Teil 1), Monica Catalano (Teil 2),
Eine ganz andere Musik – Emilio Urbano (Teil 1), Manuela Razzi (Teil 2);
Noch eine Umarmung – Gianluca Panniello (Teil 1), Davide Baldoni (Teil 2)

Tuschezeichnungen: Zeit der Veränderung – Riccardo Sisti;
Auf alle Fälle magisch, Das Auge des Buches – Marina Baggio;
Außer Kontrolle, Eine ganz andere Musik – Marina Baggio, Roberta Zanotta;
Noch eine Umarmung – Marina Baggio, Santa Zangari

Kolorierung: Francesco Legramandi

Übersetzung aus dem Italienischen: Zeit der Veränderung, Auf alle Fälle magisch, Außer Kontrolle,
Das Auge des Buches, Eine ganz andere Musik, Noch eine Umarmung – Sabine Schirmer

Erschienen in der
Egmont Comic Collection
verlegt durch Egmont Verlagsgesellschaften mbH,
Ritterstraße 26, 10969 Berlin

1. Auflage
Vorwort von: Monika Werner
Lektorat: Lucia Müther
Verantwortliche Redakteurin: Annica Strehlow
Gestaltung: Claudia V. Villhauer
Koordination: Angelika Schönhuber
Printed in the EU
ISBN 978-3-7704-0674-6

www.egmont-shop.de

www.egmont-comic-collection.de

@egmont_comic_collection

story house
EGMONT

INHALTSVERZEICHNIS

„WAS FÜR EIN NETTES GESCHENK!“

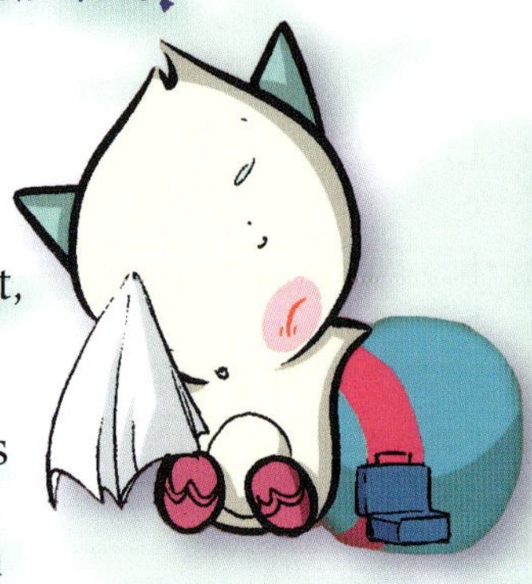

Ein mitreißendes Finale beendete die letzte Staffel. Viel hat sich verändert – in Kandrakar und auch für die fünf Wächterinnen. Veränderungen, die in diesem neuen Abenteuer zum Tragen kommen. Gleich zu Beginn wird der Weg für das bereitet, was die Leser*innen erwartet:
Cedric, einer der ersten und schlimmsten Feinde der Wächterinnen, erhält von Kandrakar eine zweite Chance. Ein Wagnis! Das ist auch dem Orakel Himerish bewusst. Hier zeigt sich dessen Wandlung von einem unnahbaren Anführer zu jemandem, dem auch Mitgefühl nicht fremd ist. Außerdem ist Himerish nun nicht mehr alleine das Orakel. Er teilt sich diese Position fortan mit Endarno und Yan Lin.

Zudem betritt ein neuer, kleiner Protagonist die Bühne. Das niedliche Wesen We stammt aus Basiliade und wird Orube anvertraut. In der Redaktion haben wir We sofort ins Herz geschlossen und auf viele lustige Momente mit ihm gehofft. Aber so schnell, wie er aufgetaucht ist, verschwindet er zunächst auch wieder. Orube reagiert allergisch auf sein Fell und muss We abgeben. Er darf allerdings als Maskottchen in der Redaktion bleiben, in der Orube arbeitet. Wir waren enttäuscht. Die Leser*innen möglicherweise auch, denn kaum hatte We uns ein paar Seiten lang verzaubert, da erreichte uns auch schon Fanpost mit Bildern von dem kleinen Kerl. Putzige We-Plüschis für die Mitglieder der deutschen W.i.t.c.h.-Redaktion, die hätten uns gefallen! Aber bei Disney waren noch keine Merchandise-Produkte in Planung.

Vielleicht wollte das W.i.t.c.h.-Team von Disney dem quirligen We bewusst noch nicht zu viel Raum geben. Denn ehe das neue Abenteuer wirklich Fahrt aufnimmt, sind die W.i.t.c.h. vor allem mit sich selbst und ihren Partnerschaften beschäftigt, wobei sich Freude und Leid abwechseln.

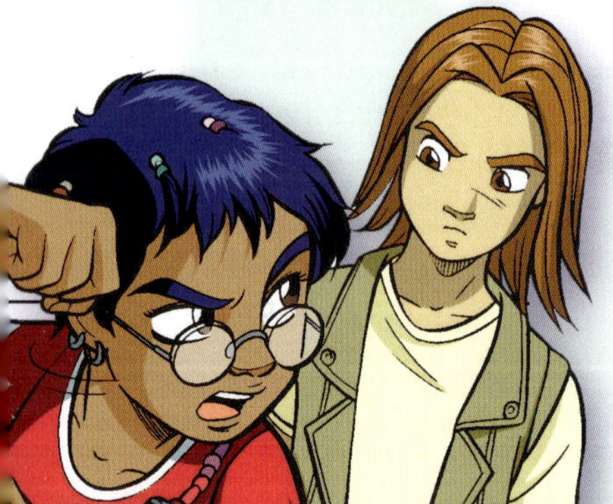

MAGIE DER MENSCHLICHEN GEFÜHLE

Wie schon in früheren Staffeln geht es nicht gleich los mit dem nächsten großen Gegenspieler der Wächterinnen. Das Böse, dass sich den W.i.t.c.h. entgegenstellt, wird mit Bedacht aufgebaut. Im Vordergrund stehen zunächst die Mädchen, ihre Zweifel und ihre Beziehungen. Ihre Zweifel werden versinnbildlicht in zwei Zeitreisen. Eine führt die Freundinnen in eine mögliche Vergangenheit und die andere in eine mögliche Zukunft. Und sie gelangen dadurch zu der Erkenntnis, dass ihre Gemeinschaft auch in alternativen Zeitschienen unverbrüchlich ist und ihre Rolle als Wächterinnen sie in jeder Version der Vergangenheit erreicht.

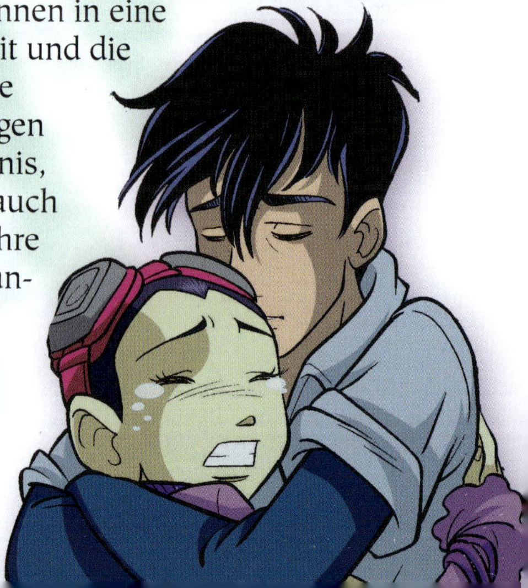

Verbundenheit, Treue und Zweifel prägen auch das Liebesleben der W.i.t.c.h. Bei Will und Matt herrscht endlich pures Glück vor, Hay Lin muss verkraften, dass Eric in eine andere Stadt zieht, und Taranee erkennt, dass Nigel sie bremst, statt sie zu unterstützen. Dass sie ihn einfach sitzenlässt, weil ein anderer Junge in ihrem Leben aufgetaucht ist, hat ihr allerdings keine Sympathiepunkte eingebracht. Möglicherweise hatte man Taranee bei Disney ohnehin als schwarzes Schaf akzeptiert und sie in dieser Rolle belassen, um der ganzen Story hier und da einen dramaturgischen Kick zu geben. Zeichnungen von Taranee kamen entsprechend immer seltener bei uns an. Dafür hatte Orube sich einen festen Platz in der Fangemeinde erobert.

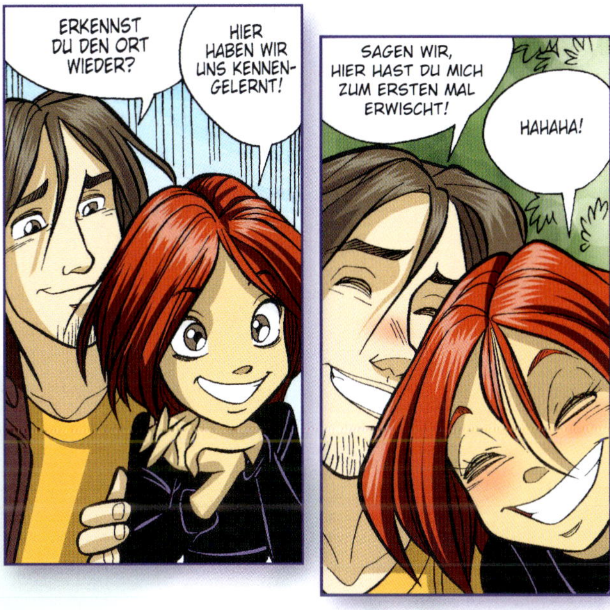

HASS UND LIEBE

Was in dieser ersten Hälfte der neuen Staffel wohl am meisten berührt, das sind die Schicksale von Cedric und Orube. Cedric wurde vom Orakel all seiner Kräfte beraubt. Ihm ist es gestattet, als Mensch in Heatherfield einen neuen Weg einzuschlagen. Doch er ist zerfressen von Hass und verachtet die menschliche Schwäche. Orube ist eine Kriegerin aus Basiliade, der alle menschlichen Regungen zu Beginn suspekt waren, weil sie der Selbstdisziplin und Fokussierung auf den Kampf im Wege stehen. Doch je mehr sie sich auf die menschliche Welt und die W.i.t.c.h. einlässt, desto mehr entwickelt auch sie Gefühle. Als Cedric und Orube sich in Heatherfield begegnen, passiert etwas, womit beide nicht gerechnet haben: Sie beginnen etwas füreinander zu empfinden. Es ist sicher ihre Herkunft aus einer anderen Welt, die sie nun auf der Erde zu Schicksalsverwandten macht. Aber da ist noch etwas anderes, zutiefst Menschliches, das sie verbindet. Orube gelingt es, Cedric zum Lachen zu bringen. Kein hämisches, boshaftes Lachen, sondern ein offenes, das von Herzen kommt. Das konnte ihr nur gelingen, weil beide durch ihr Leben auf der Erde den Menschen immer ähnlicher geworden sind.

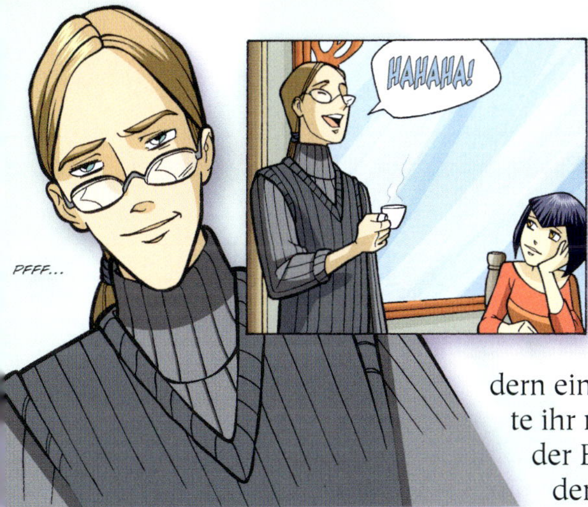

Was uns am meisten beschäftigte, war die Frage, wie es mit Orube und Cedric weitergehen würde. Da waren die anderen W.i.t.c.h. fast Nebensache. Was für ein Plot! Wir fieberten auf jede neue Ausgabe hin! Und auf ein Wiedersehen mit We! Versprochen: Es wird wieder atemberaubend, magisch, mystisch und megastark!

Monika Werner
(redaktionelle Leitung des W.i.t.c.h.-Magazins)

Wer sind die W.I.T.C.H.?

Die fünf Mädchen scheinen ganz normale Teenagerinnen zu sein. Sie gehen auf dieselbe Schule, das Sheffield Institute in Heatherfield, und haben sich miteinander angefreundet. Gemeinsam besuchen sie ihre Klassen, haben Liebeskummer, zanken sich untereinander oder mit ihren Eltern. Eines Tages finden sie heraus, dass magische Kräfte in ihnen schlummern und sie einen wichtigen Auftrag zu erfüllen haben …

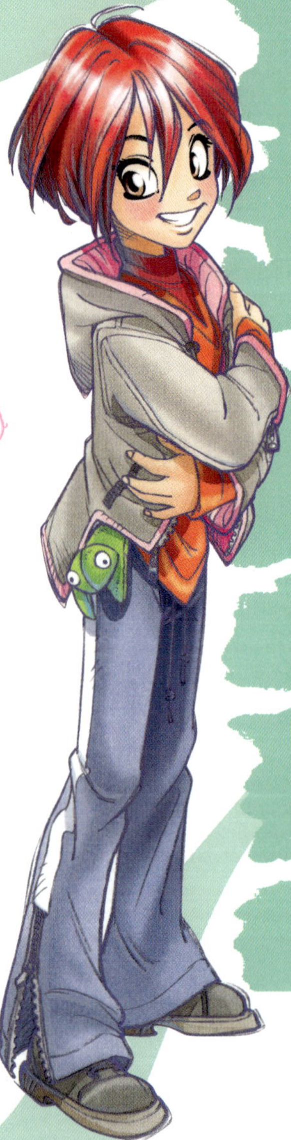

Will

Sie wurde am 19. Januar geboren. Ihr Sternzeichen ist Steinbock. Will ist zuweilen recht schüchtern, sensibel und leicht verletzlich. Doch in Notlagen zeigt sie, wie entschlossen und mutig sie ist. Es ist ihre Angewohnheit, sich beim Nachdenken eine Haarsträhne um den Finger zu wickeln. Ihre Lieblingsfächer sind Biologie, Chemie und Physik. Außerdem liebt sie alle Wassersportarten und die Froschfiguren, die sie in ihrem Zimmer sammelt. Sie hat eine Pollenallergie, aber Tierhaare machen ihr glücklicherweise nichts aus, denn sie liebt Tiere über alles. Will lebt gemeinsam mit ihrer Mutter Susan in einem Vorort von Heatherfield, nahe des Strandes.

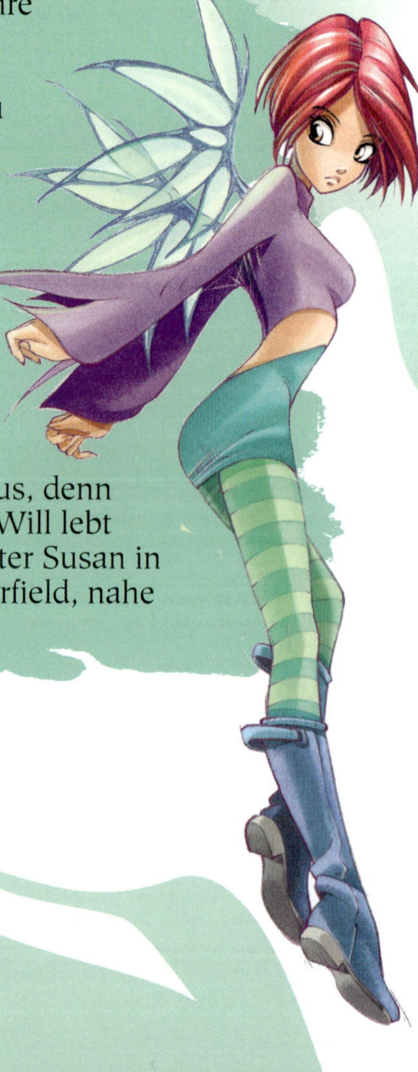

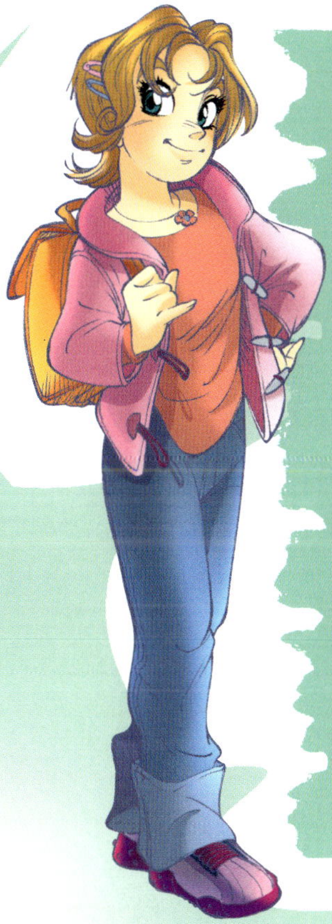

Irma

Irma wurde am 13. März geboren und ihr Sternzeichen ist Fische. Sie ist die Lebhafteste und Gesprächigste der fünf Mädchen und zeichnet sich durch ihr außergewöhnliches Temperament aus. Nur ihre engsten Freunde wissen, was für eine hoffnungslose Romantikerin sie ist. Sie liebt ihre Schildkröte Lattich und langes ausgiebiges Baden. Ihre besondere Hingabe gilt Taschen und Rucksäcken, von denen sie eine beachtliche Sammlung besitzt. Gemeinsam mit ihrem Vater, ihrer Stiefmutter und ihrem kleinen Bruder lebt sie in einem alten Haus in Heatherfield.

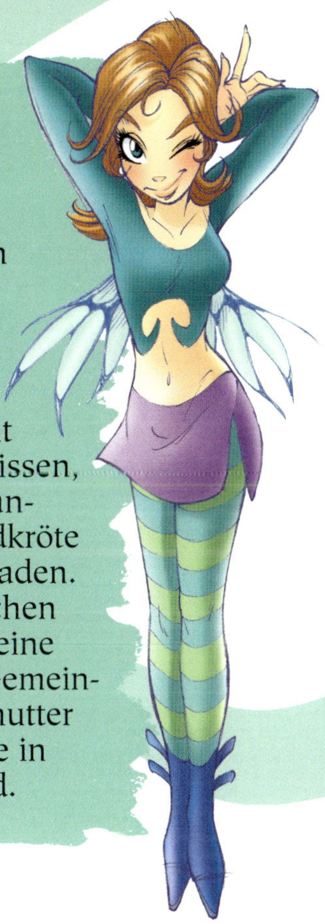

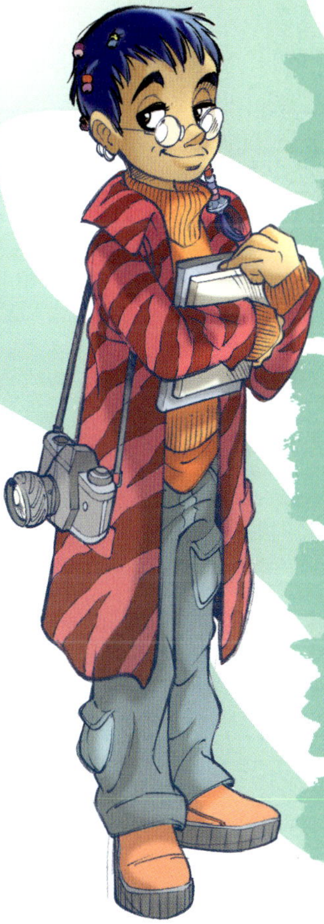

Taranee

Taranee hat am 23. März Geburtstag und ihr Sternzeichen ist Widder. Taranee ist eher ruhig und in sich gekehrt, aber sie mag es, alles unter Kontrolle zu haben. Neuen Dingen nähert sie sich generell mit Zurückhaltung. Die größten Probleme bereitet ihr ihre eigene Zerstreutheit. Taranee liest leidenschaftlich gerne, spielt Basketball, hört klassische Musik und liebt es zu fotografieren (es sei denn, ihr Motiv sind Insekten). Neuerdings hat sie auch das Tanzen wieder für sich entdeckt. Ihr Lieblingsfach in der Schule ist Mathematik. Sie lebt gemeinsam mit ihrer Mutter, ihrem Vater und ihrem großen Bruder Peter in einem Haus in Heatherfield.

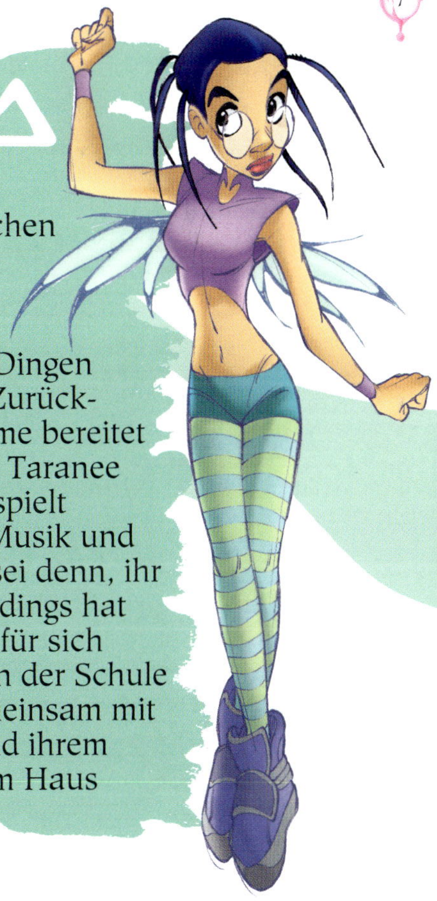

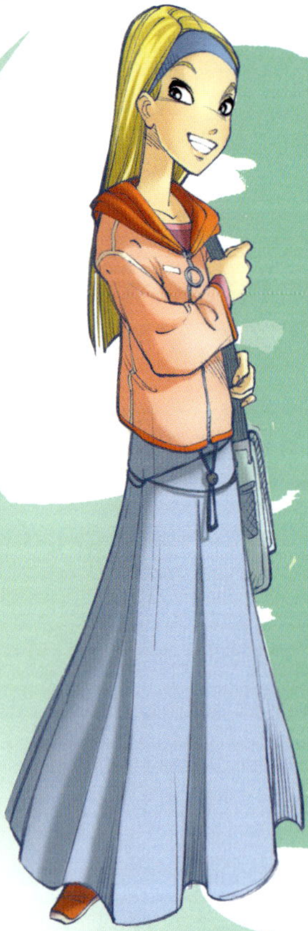

Cornelia

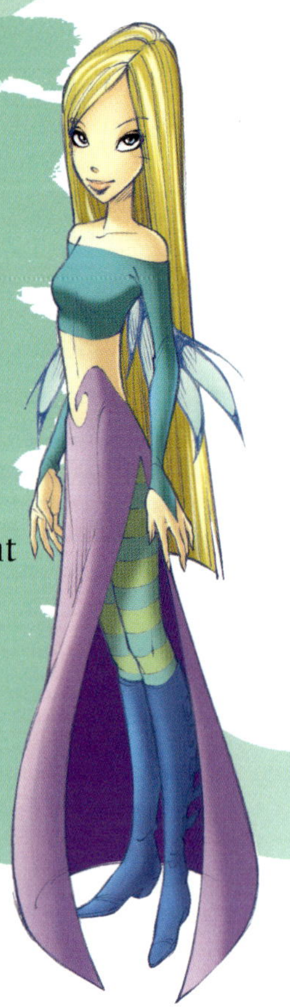

Cornelia wurde am 10. Mai geboren und ihr Sternzeichen ist Stier. Gesprächig ist sie nicht gerade, aber wenn sie Sticheleien austeilt, dann treffen sie meistens. Sie liebt Schlittschuhlaufen und ist als modebewusstes Mädchen gerne in Geschäften unterwegs. Außerdem hat sie eine Schwäche für Kuscheltiere, gibt das aber nicht gerne zu. Cornelia hat Angst vor Wasser, denn sie kann nicht gut schwimmen. Gemeinsam mit ihren Eltern und ihrer jüngeren Schwester Lilian lebt sie in einem sehr eleganten Stadtteil von Heatherfield.

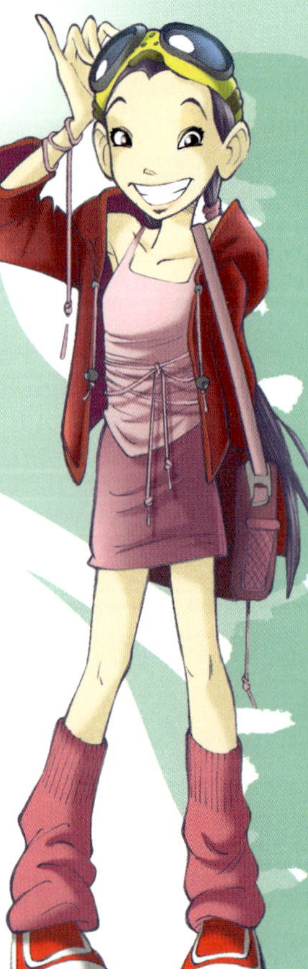

Hay Lin

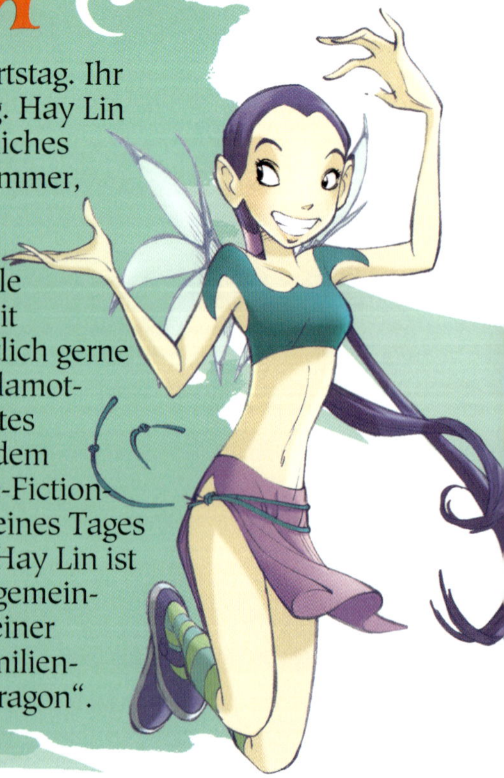

Sie hat am 4. Juni Geburtstag. Ihr Sternzeichen ist Zwilling. Hay Lin hat ein sanftes und fröhliches Naturell und schafft es immer, mit Optimismus nach vorne zu blicken. Sie ist eine sehr verständnisvolle Freundin. In ihrer Freizeit zeichnet sie leidenschaftlich gerne und entwirft und näht Klamotten. Deshalb ist ihr liebstes Schulfach Kunst. Außerdem ist sie ein großer Science-Fiction-Fan und träumt davon, eines Tages mal ein UFO zu sehen. Hay Lin ist ein Einzelkind und lebt gemeinsam mit ihren Eltern in einer Wohnung über dem Familienrestaurant „The Silver Dragon“.

ZEIT DER VERÄNDERUNG

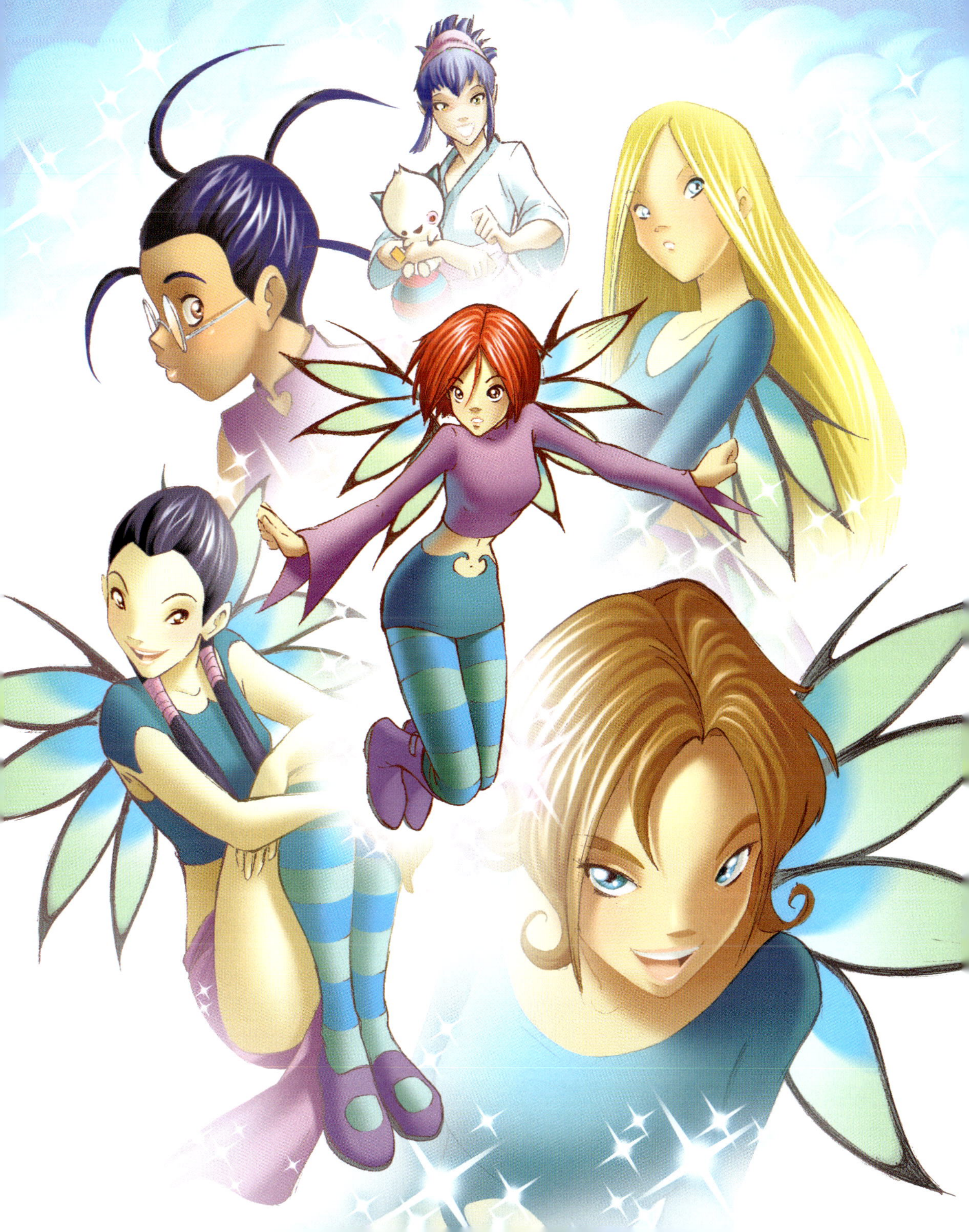

„Eine wahre Kriegerin erkennt,
wann sie Hilfe braucht.“

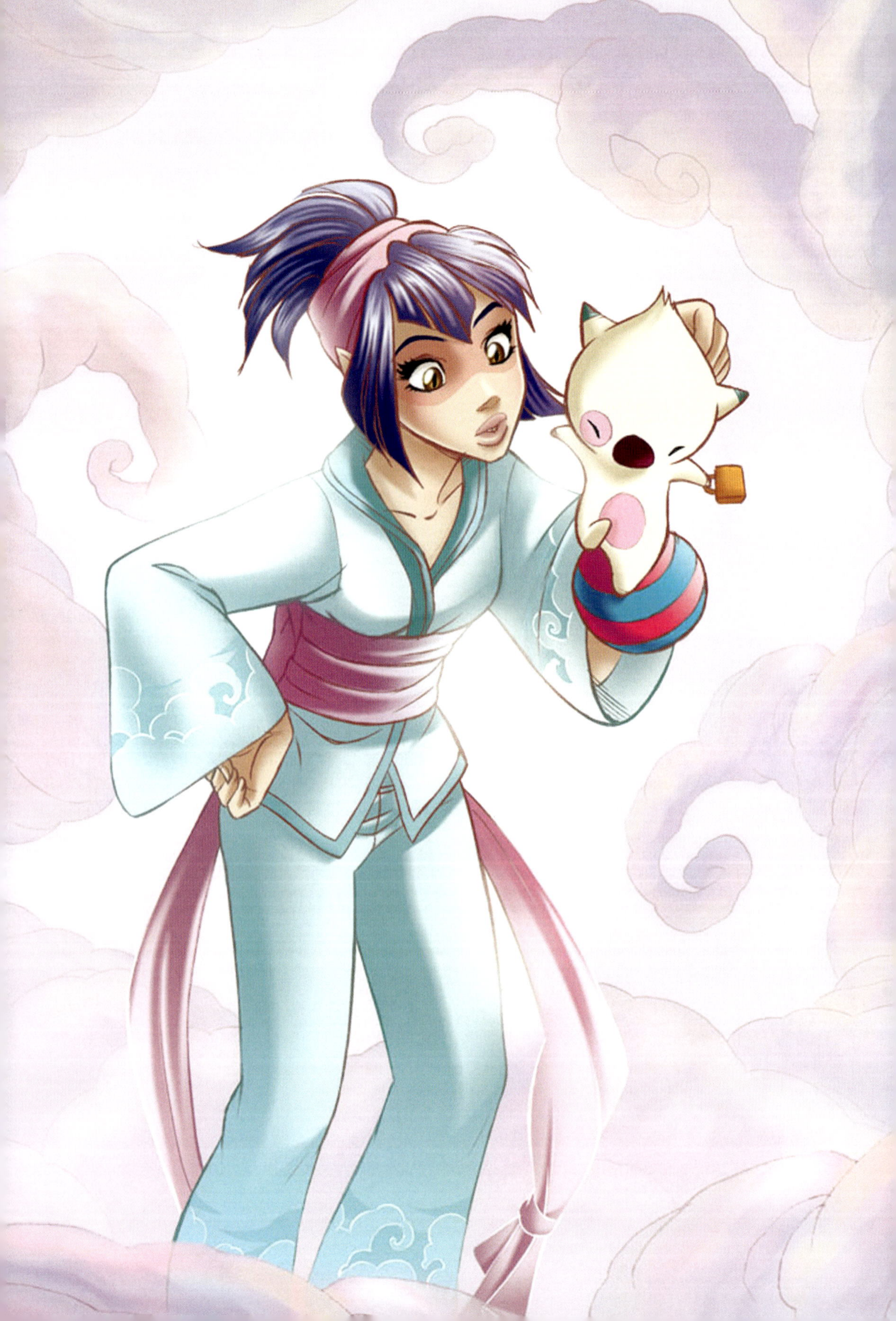

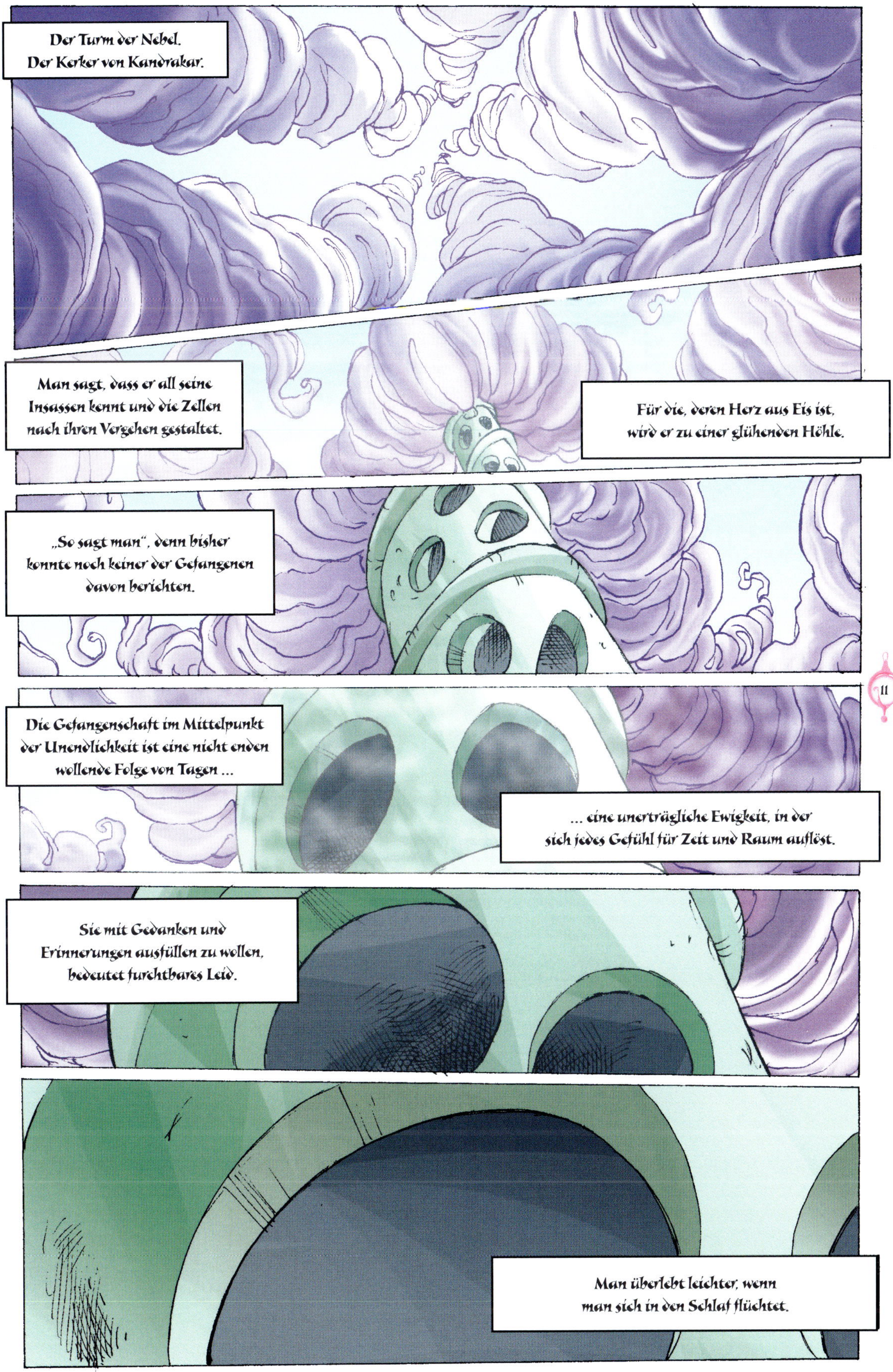

Der Turm der Nebel.
Der Kerker von Kandrakar.
Man sagt, dass er all seine Insassen kennt und die Zellen nach ihren Vergehen gestaltet.
Für die, deren Herz aus Eis ist, wird er zu einer glühenden Höhle.
„So sagt man", denn bisher konnte noch keiner der Gefangenen davon berichten.
Die Gefangenschaft im Mittelpunkt der Unendlichkeit ist eine nicht enden wollende Folge von Tagen ...
... eine unerträgliche Ewigkeit, in der sich jedes Gefühl für Zeit und Raum auflöst.
Sie mit Gedanken und Erinnerungen ausfüllen zu wollen, bedeutet furchtbares Leid.
Man überlebt leichter, wenn man sich in den Schlaf flüchtet.

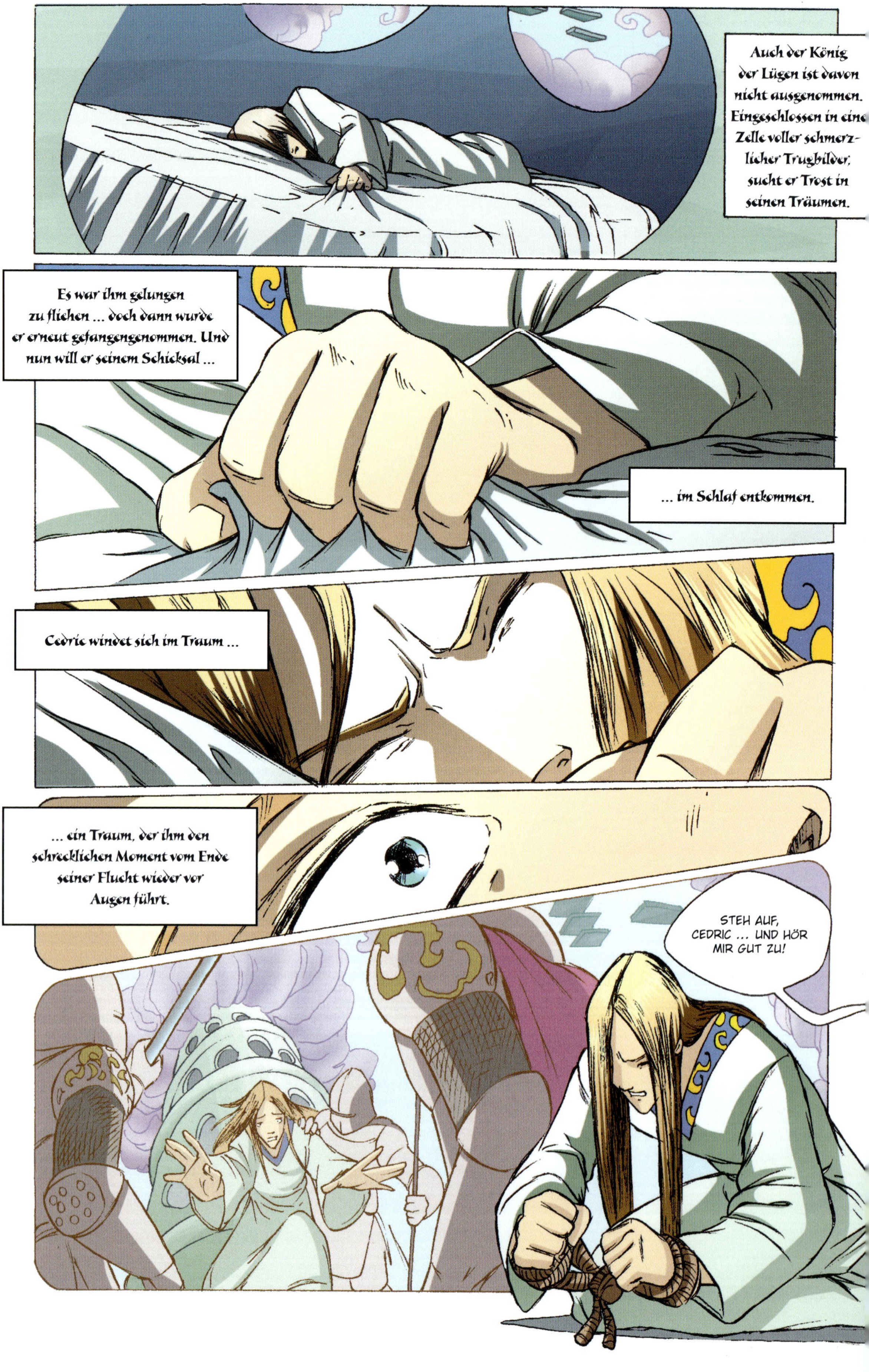
Auch der König der Lügen ist davon nicht ausgenommen. Eingeschlossen in eine Zelle voller schmerzlicher Trugbilder, sucht er Trost in seinen Träumen.
Es war ihm gelungen zu fliehen ... doch dann wurde er erneut gefangengenommen. Und nun will er seinem Schicksal ...
... im Schlaf entkommen.
Cedric windet sich im Traum ...
... ein Traum, der ihm den schrecklichen Moment vom Ende seiner Flucht wieder vor Augen führt.
STEH AUF, CEDRIC ... UND HÖR MIR GUT ZU!

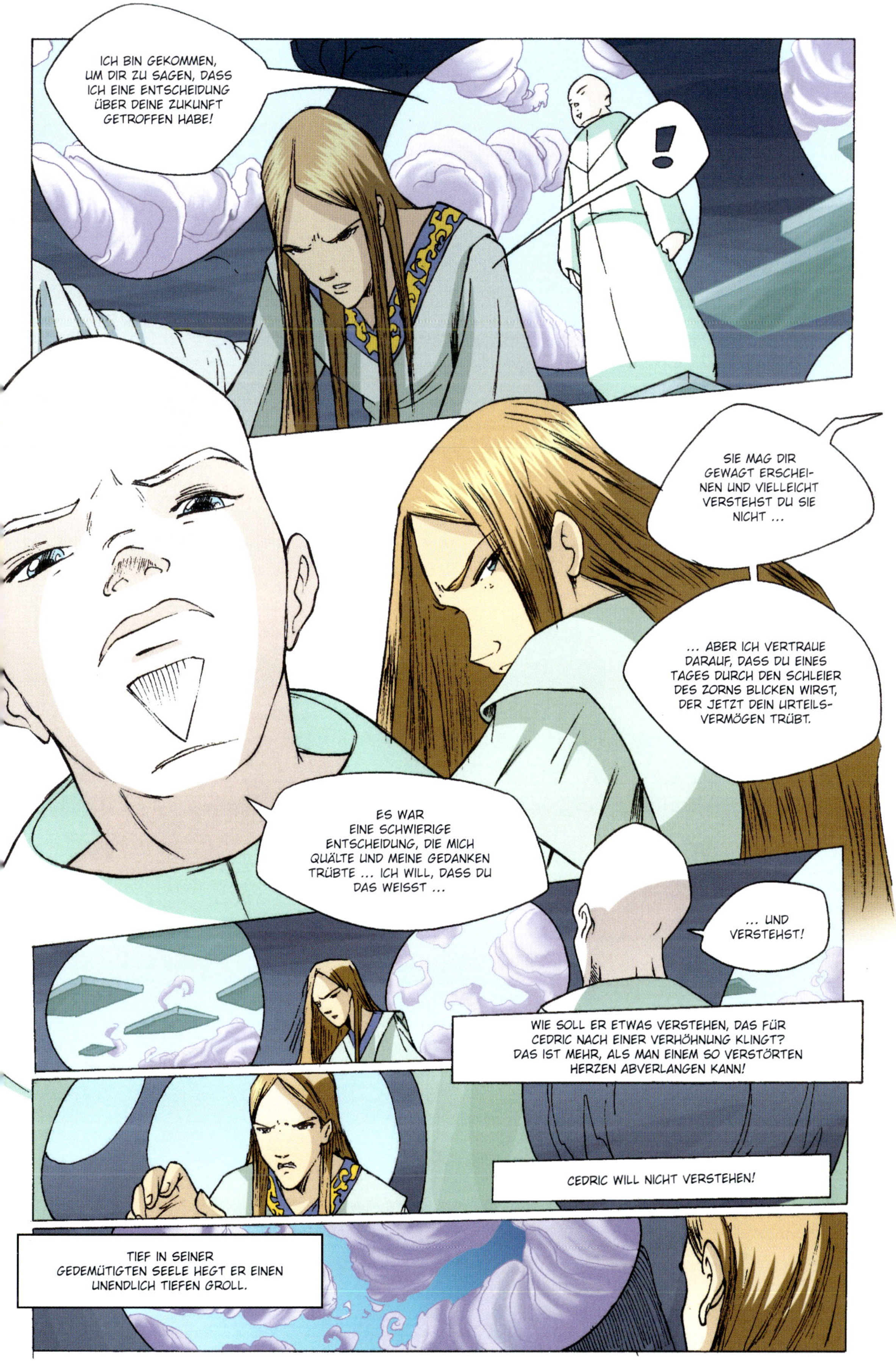
ICH BIN GEKOMMEN, UM DIR ZU SAGEN, DASS ICH EINE ENTSCHEIDUNG ÜBER DEINE ZUKUNFT GETROFFEN HABE!
!
SIE MAG DIR GEWAGT ERSCHEINEN UND VIELLEICHT VERSTEHST DU SIE NICHT ...
... ABER ICH VERTRAUE DARAUF, DASS DU EINES TAGES DURCH DEN SCHLEIER DES ZORNS BLICKEN WIRST, DER JETZT DEIN URTEILSVERMÖGEN TRÜBT.
ES WAR EINE SCHWIERIGE ENTSCHEIDUNG, DIE MICH QUÄLTE UND MEINE GEDANKEN TRÜBTE ... ICH WILL, DASS DU DAS WEISST ...
... UND VERSTEHST!
WIE SOLL ER ETWAS VERSTEHEN, DAS FÜR CEDRIC NACH EINER VERHÖHNUNG KLINGT? DAS IST MEHR, ALS MAN EINEM SO VERSTÖRTEN HERZEN ABVERLANGEN KANN!
CEDRIC WILL NICHT VERSTEHEN!
TIEF IN SEINER GEDEMÜTIGTEN SEELE HEGT ER EINEN UNENDLICH TIEFEN GROLL.

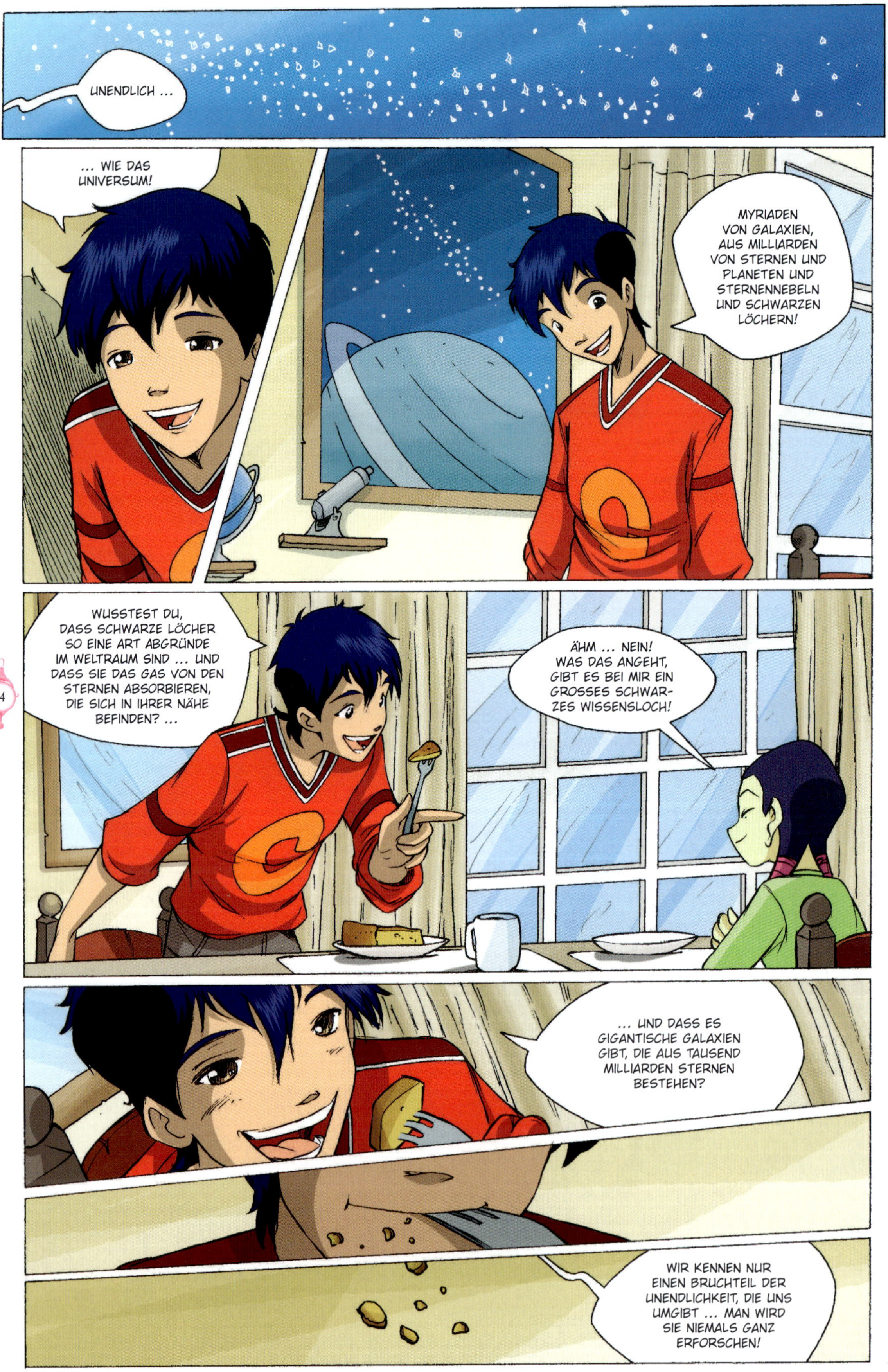
UNENDLICH …
… WIE DAS UNIVERSUM!
MYRIADEN VON GALAXIEN, AUS MILLIARDEN VON STERNEN UND PLANETEN UND STERNENNEBELN UND SCHWARZEN LÖCHERN!
WUSSTEST DU, DASS SCHWARZE LÖCHER SO EINE ART ABGRÜNDE IM WELTRAUM SIND … UND DASS SIE DAS GAS VON DEN STERNEN ABSORBIEREN, DIE SICH IN IHRER NÄHE BEFINDEN? …
ÄHM … NEIN! WAS DAS ANGEHT, GIBT ES BEI MIR EIN GROSSES SCHWARZES WISSENSLOCH!
… UND DASS ES GIGANTISCHE GALAXIEN GIBT, DIE AUS TAUSEND MILLIARDEN STERNEN BESTEHEN?
WIR KENNEN NUR EINEN BRUCHTEIL DER UNENDLICHKEIT, DIE UNS UMGIBT … MAN WIRD SIE NIEMALS GANZ ERFORSCHEN!

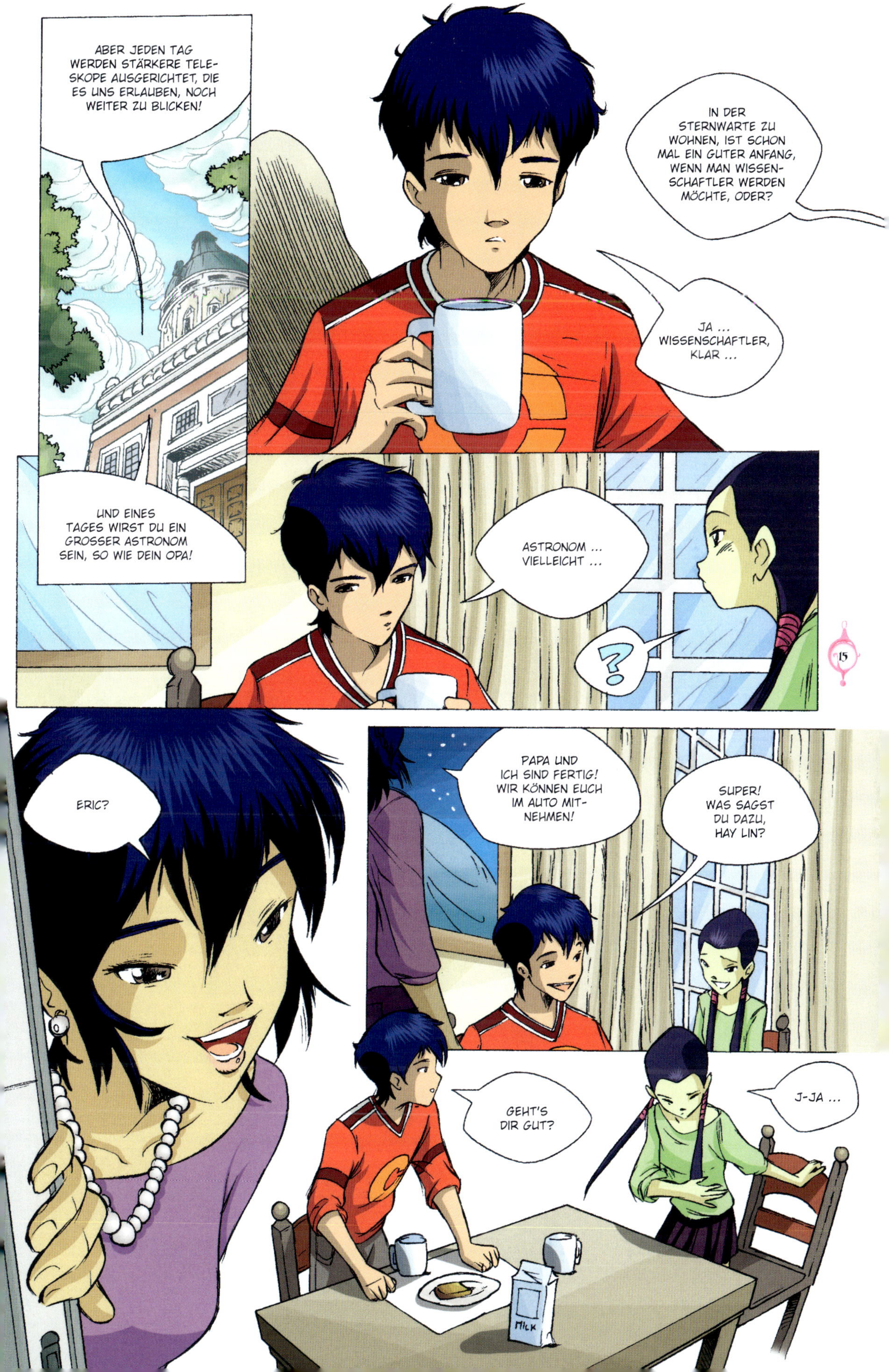
ABER JEDEN TAG WERDEN STÄRKERE TELE-SKOPE AUSGERICHTET, DIE ES UNS ERLAUBEN, NOCH WEITER ZU BLICKEN!
IN DER STERNWARTE ZU WOHNEN, IST SCHON MAL EIN GUTER ANFANG, WENN MAN WISSEN-SCHAFTLER WERDEN MÖCHTE, ODER?
JA ... WISSENSCHAFTLER, KLAR ...
UND EINES TAGES WIRST DU EIN GROSSER ASTRONOM SEIN, SO WIE DEIN OPA!
ASTRONOM ... VIELLEICHT ...
?
ERIC?
PAPA UND ICH SIND FERTIG! WIR KÖNNEN EUCH IM AUTO MIT-NEHMEN!
SUPER! WAS SAGST DU DAZU, HAY LIN?
GEHT'S DIR GUT?
J-JA ...
MILK

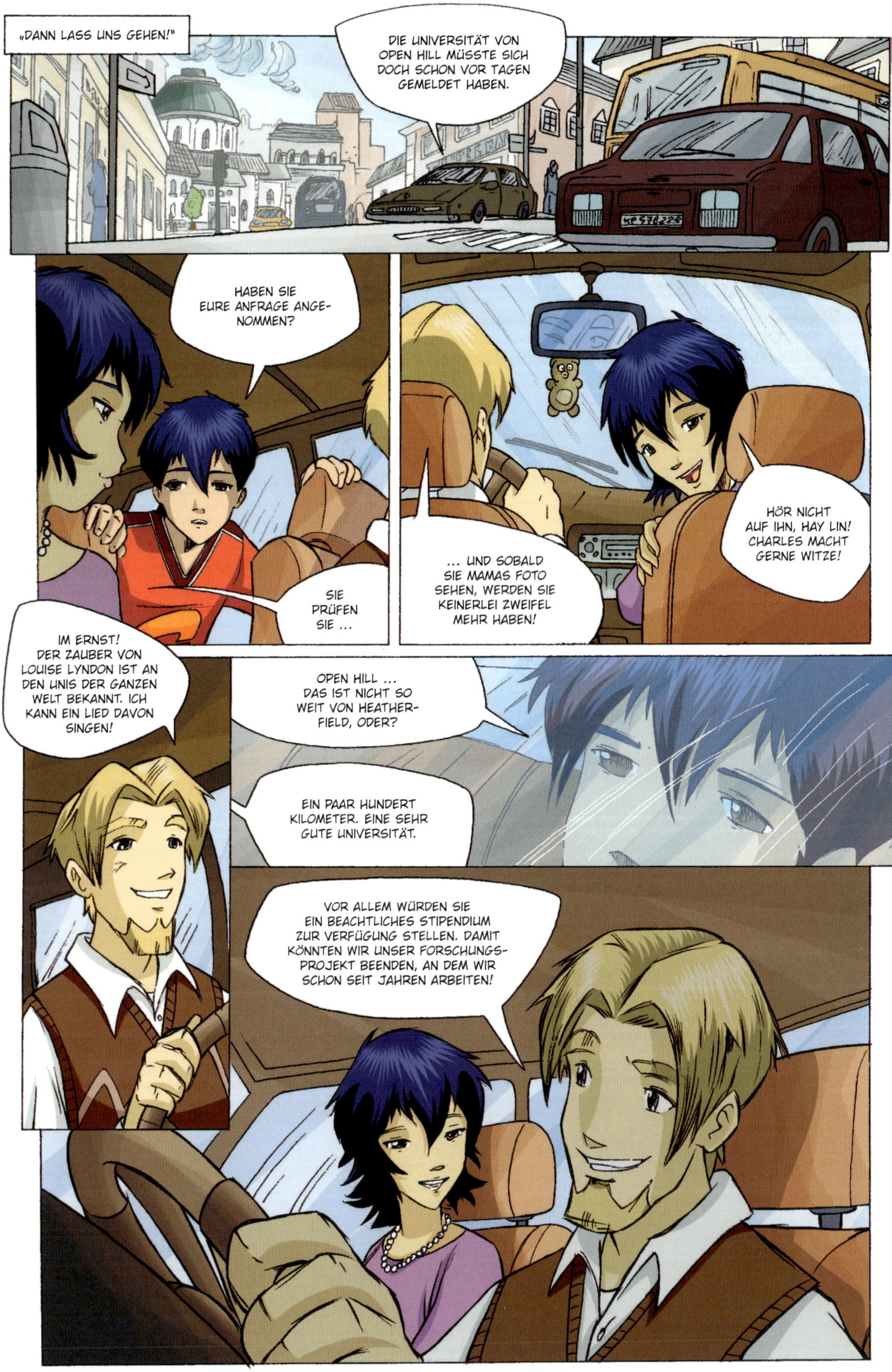
„DANN LASS UNS GEHEN!"
DIE UNIVERSITÄT VON OPEN HILL MÜSSTE SICH DOCH SCHON VOR TAGEN GEMELDET HABEN.
HABEN SIE EURE ANFRAGE ANGENOMMEN?
SIE PRÜFEN SIE ...
... UND SOBALD SIE MAMAS FOTO SEHEN, WERDEN SIE KEINERLEI ZWEIFEL MEHR HABEN!
HÖR NICHT AUF IHN, HAY LIN! CHARLES MACHT GERNE WITZE!
IM ERNST! DER ZAUBER VON LOUISE LYNDON IST AN DEN UNIS DER GANZEN WELT BEKANNT. ICH KANN EIN LIED DAVON SINGEN!
OPEN HILL ... DAS IST NICHT SO WEIT VON HEATHERFIELD, ODER?
EIN PAAR HUNDERT KILOMETER. EINE SEHR GUTE UNIVERSITÄT.
VOR ALLEM WÜRDEN SIE EIN BEACHTLICHES STIPENDIUM ZUR VERFÜGUNG STELLEN. DAMIT KÖNNTEN WIR UNSER FORSCHUNGSPROJEKT BEENDEN, AN DEM WIR SCHON SEIT JAHREN ARBEITEN!

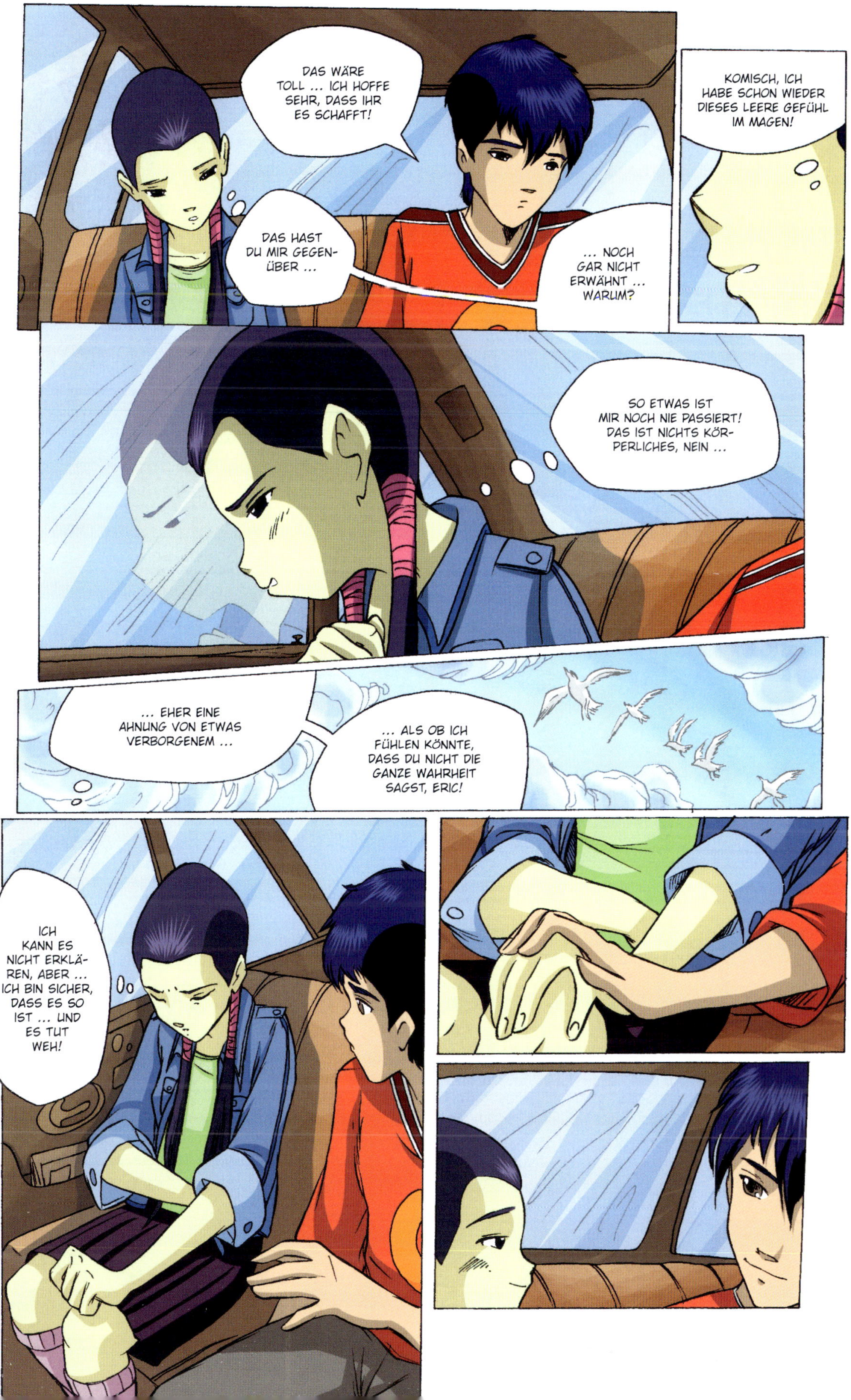
DAS WÄRE TOLL ... ICH HOFFE SEHR, DASS IHR ES SCHAFFT!
DAS HAST DU MIR GEGENÜBER ...
... NOCH GAR NICHT ERWÄHNT ... WARUM?
KOMISCH, ICH HABE SCHON WIEDER DIESES LEERE GEFÜHL IM MAGEN!
SO ETWAS IST MIR NOCH NIE PASSIERT! DAS IST NICHTS KÖRPERLICHES, NEIN ...
... EHER EINE AHNUNG VON ETWAS VERBORGENEM ...
... ALS OB ICH FÜHLEN KÖNNTE, DASS DU NICHT DIE GANZE WAHRHEIT SAGST, ERIC!
ICH KANN ES NICHT ERKLÄREN, ABER ... ICH BIN SICHER, DASS ES SO IST ... UND ES TUT WEH!

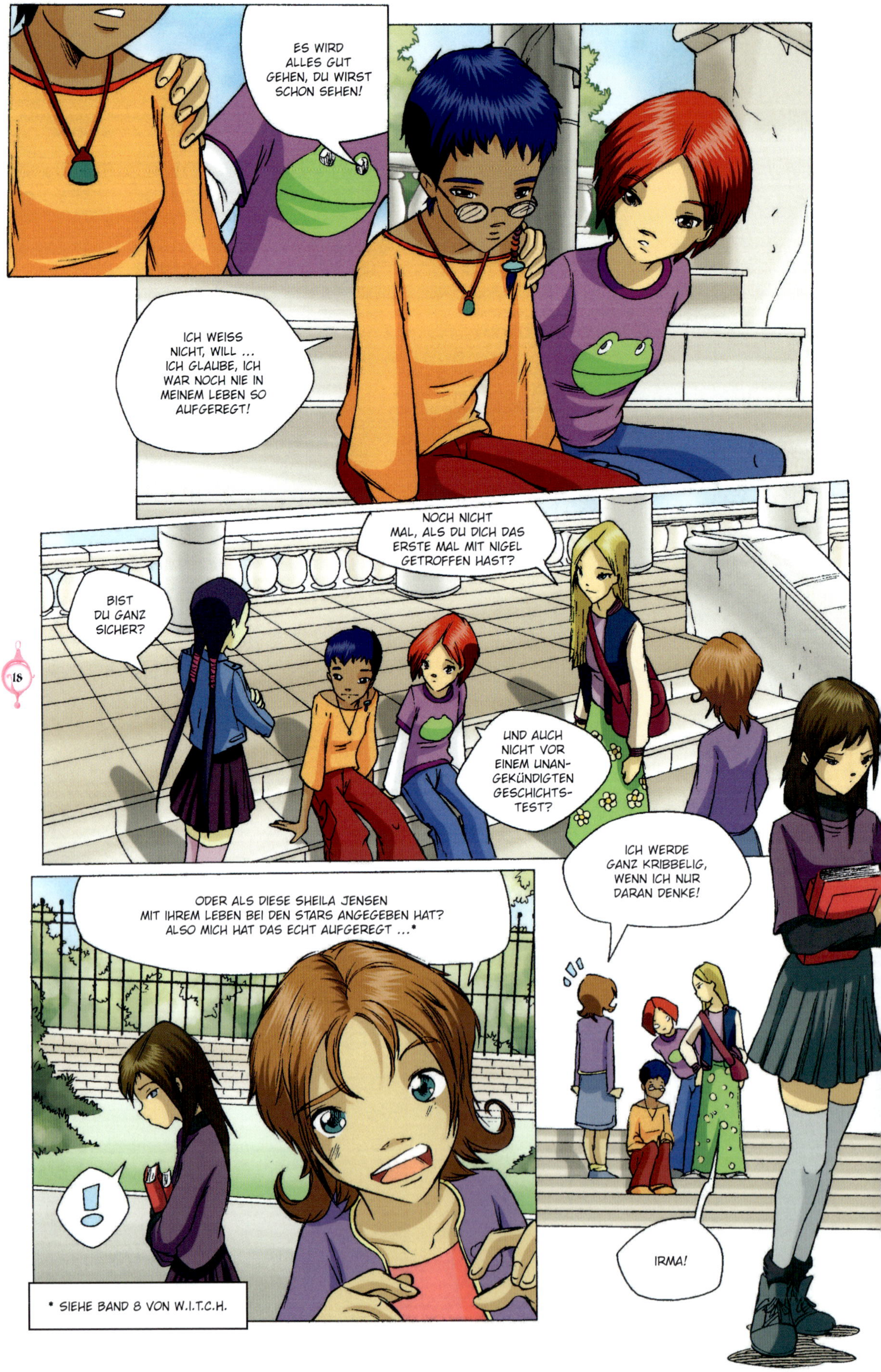

ES WIRD ALLES GUT GEHEN, DU WIRST SCHON SEHEN!
ICH WEISS NICHT, WILL ... ICH GLAUBE, ICH WAR NOCH NIE IN MEINEM LEBEN SO AUFGEREGT!
BIST DU GANZ SICHER?
NOCH NICHT MAL, ALS DU DICH DAS ERSTE MAL MIT NIGEL GETROFFEN HAST?
UND AUCH NICHT VOR EINEM UNAN-GEKÜNDIGTEN GESCHICHTS-TEST?
ICH WERDE GANZ KRIBBELIG, WENN ICH NUR DARAN DENKE!
ODER ALS DIESE SHEILA JENSEN MIT IHREM LEBEN BEI DEN STARS ANGEGEBEN HAT? ALSO MICH HAT DAS ECHT AUFGEREGT ...*
!
IRMA!
* SIEHE BAND 8 VON W.I.T.C.H.

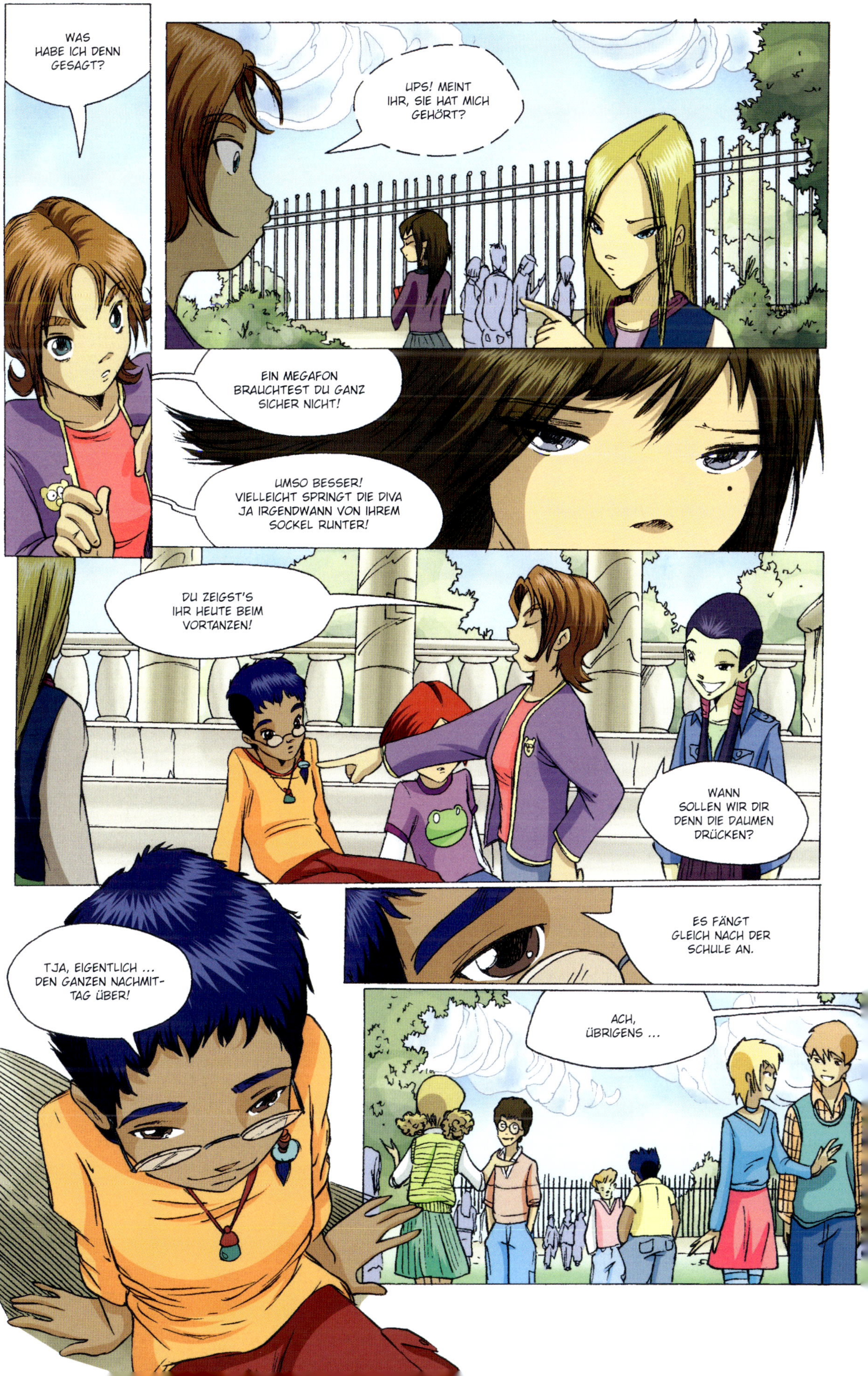
WAS HABE ICH DENN GESAGT?
UPS! MEINT IHR, SIE HAT MICH GEHÖRT?
EIN MEGAFON BRAUCHTEST DU GANZ SICHER NICHT!
UMSO BESSER! VIELLEICHT SPRINGT DIE DIVA JA IRGENDWANN VON IHREM SOCKEL RUNTER!
DU ZEIGST'S IHR HEUTE BEIM VORTANZEN!
WANN SOLLEN WIR DIR DENN DIE DAUMEN DRÜCKEN?
ES FÄNGT GLEICH NACH DER SCHULE AN.
TJA, EIGENTLICH ... DEN GANZEN NACHMIT-TAG ÜBER!
ACH, ÜBRIGENS ...

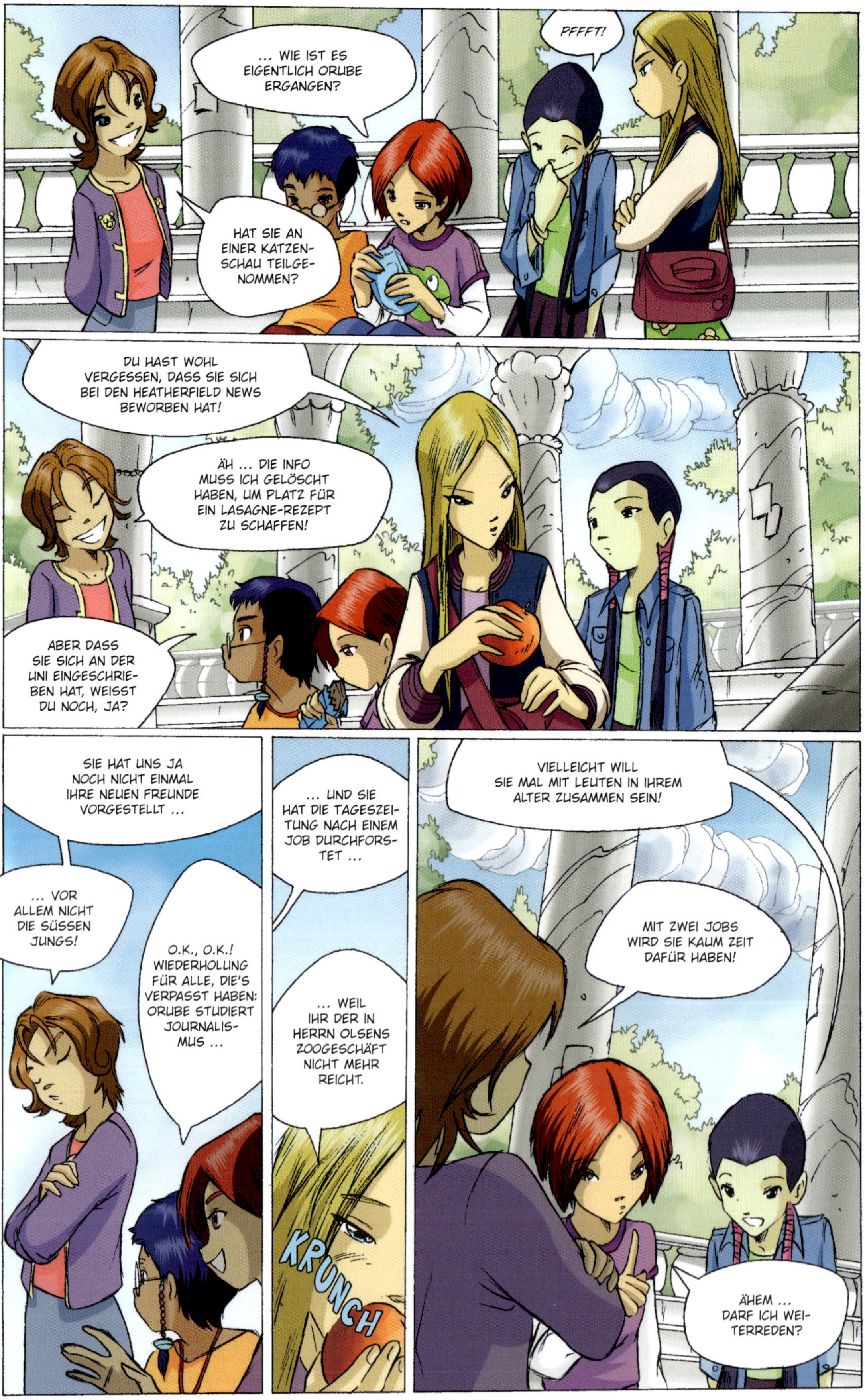

... WIE IST ES EIGENTLICH ORUBE ERGANGEN?
PFFFT!
HAT SIE AN EINER KATZEN-SCHAU TEILGE-NOMMEN?
DU HAST WOHL VERGESSEN, DASS SIE SICH BEI DEN HEATHERFIELD NEWS BEWORBEN HAT!
ÄH ... DIE INFO MUSS ICH GELÖSCHT HABEN, UM PLATZ FÜR EIN LASAGNE-REZEPT ZU SCHAFFEN!
ABER DASS SIE SICH AN DER UNI EINGESCHRIE-BEN HAT, WEISST DU NOCH, JA?
SIE HAT UNS JA NOCH NICHT EINMAL IHRE NEUEN FREUNDE VORGESTELLT ...
... VOR ALLEM NICHT DIE SÜSSEN JUNGS!
O.K., O.K.! WIEDERHOLUNG FÜR ALLE, DIE'S VERPASST HABEN: ORUBE STUDIERT JOURNALIS-MUS ...
... UND SIE HAT DIE TAGESZEI-TUNG NACH EINEM JOB DURCHFORS-TET ...
... WEIL IHR DER IN HERRN OLSENS ZOOGESCHÄFT NICHT MEHR REICHT.
KRUNCH
VIELLEICHT WILL SIE MAL MIT LEUTEN IN IHREM ALTER ZUSAMMEN SEIN!
MIT ZWEI JOBS WIRD SIE KAUM ZEIT DAFÜR HABEN!
ÄHEM ... DARF ICH WEI-TERREDEN?

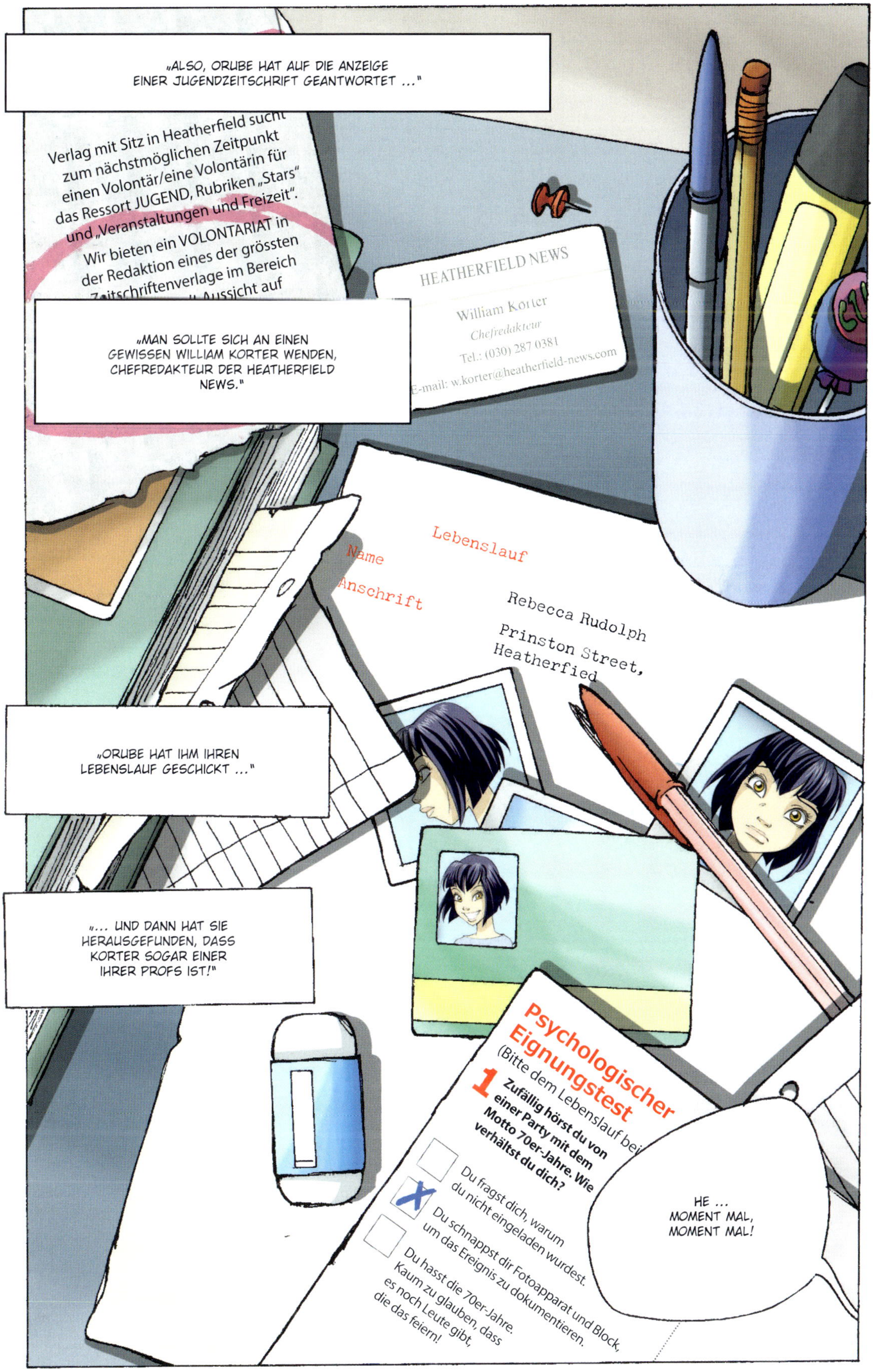
„ALSO, ORUBE HAT AUF DIE ANZEIGE EINER JUGENDZEITSCHRIFT GEANTWORTET ..."
Verlag mit Sitz in Heatherfield sucht zum nächstmöglichen Zeitpunkt einen Volontär/eine Volontärin für das Ressort JUGEND, Rubriken „Stars" und „Veranstaltungen und Freizeit". Wir bieten ein VOLONTARIAT in der Redaktion eines der grössten
HEATHERFIELD NEWS
William Korter
Chefredakteur
Tel.: (030) 287 0381
E-mail: w.korter@heatherfield-news.com
„MAN SOLLTE SICH AN EINEN GEWISSEN WILLIAM KORTER WENDEN, CHEFREDAKTEUR DER HEATHERFIELD NEWS."
Lebenslauf
Name
Anschrift
Rebecca Rudolph
Prinston Street, Heatherfied
„ORUBE HAT IHM IHREN LEBENSLAUF GESCHICKT ..."
„... UND DANN HAT SIE HERAUSGEFUNDEN, DASS KORTER SOGAR EINER IHRER PROFS IST!"
Psychologischer Eignungstest
(Bitte dem Lebenslauf bei
1 Zufällig hörst du von einer Party mit dem Motto 70er-Jahre. Wie verhältst du dich?
Du fragst dich, warum du nicht eingeladen wurdest.
Du schnappst dir Fotoapparat und Block, um das Ereignis zu dokumentieren.
Du hasst die 70er-Jahre. Kaum zu glauben, dass es noch Leute gibt, die das feiern!
HE ... MOMENT MAL, MOMENT MAL!

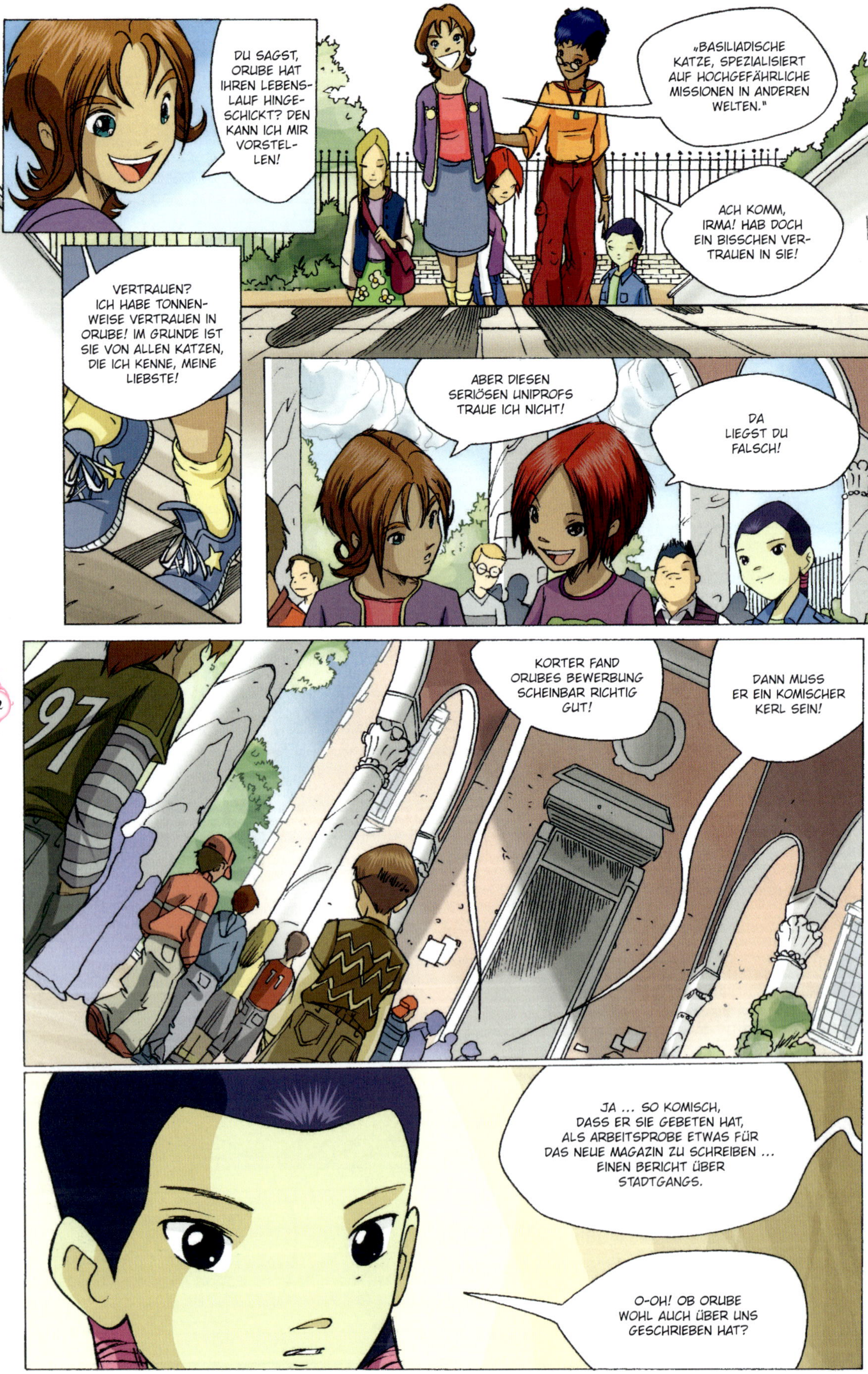
DU SAGST, ORUBE HAT IHREN LEBENSLAUF HINGESCHICKT? DEN KANN ICH MIR VORSTELLEN!
„BASILIADISCHE KATZE, SPEZIALISIERT AUF HOCHGEFÄHRLICHE MISSIONEN IN ANDEREN WELTEN."
ACH KOMM, IRMA! HAB DOCH EIN BISSCHEN VERTRAUEN IN SIE!
VERTRAUEN? ICH HABE TONNENWEISE VERTRAUEN IN ORUBE! IM GRUNDE IST SIE VON ALLEN KATZEN, DIE ICH KENNE, MEINE LIEBSTE!
ABER DIESEN SERIÖSEN UNIPROFS TRAUE ICH NICHT!
DA LIEGST DU FALSCH!
KORTER FAND ORUBES BEWERBUNG SCHEINBAR RICHTIG GUT!
DANN MUSS ER EIN KOMISCHER KERL SEIN!
JA ... SO KOMISCH, DASS ER SIE GEBETEN HAT, ALS ARBEITSPROBE ETWAS FÜR DAS NEUE MAGAZIN ZU SCHREIBEN ... EINEN BERICHT ÜBER STADTGANGS.
O-OH! OB ORUBE WOHL AUCH ÜBER UNS GESCHRIEBEN HAT?

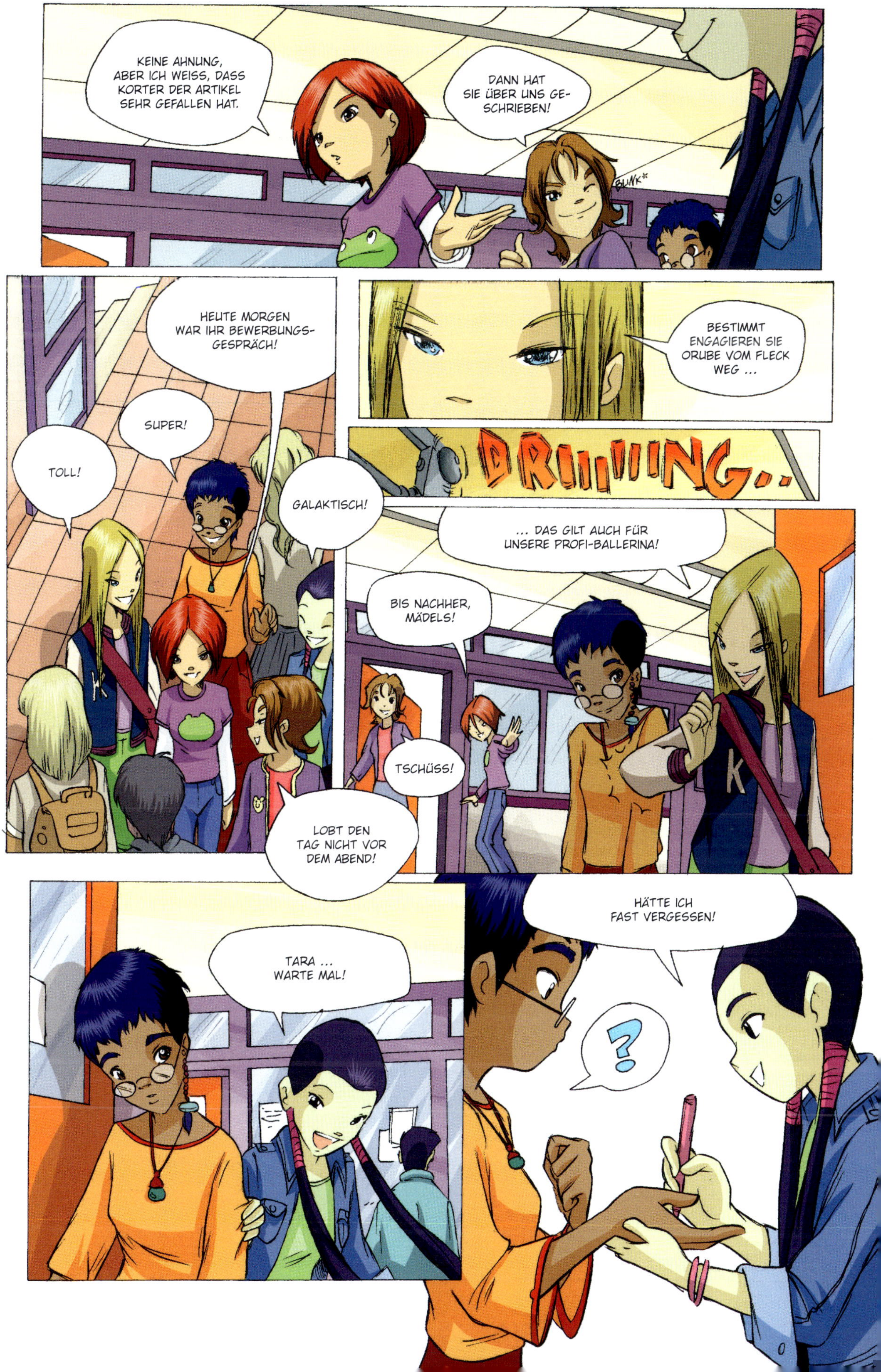
KEINE AHNUNG, ABER ICH WEISS, DASS KORTER DER ARTIKEL SEHR GEFALLEN HAT.
DANN HAT SIE ÜBER UNS GE-SCHRIEBEN!
BLINK*
HEUTE MORGEN WAR IHR BEWERBUNGS-GESPRÄCH!
SUPER!
TOLL!
GALAKTISCH!
LOBT DEN TAG NICHT VOR DEM ABEND!
BESTIMMT ENGAGIEREN SIE ORUBE VOM FLECK WEG …
DRIIIIING..
… DAS GILT AUCH FÜR UNSERE PROFI-BALLERINA!
BIS NACHHER, MÄDELS!
TSCHÜSS!
TARA … WARTE MAL!
HÄTTE ICH FAST VERGESSEN!
?

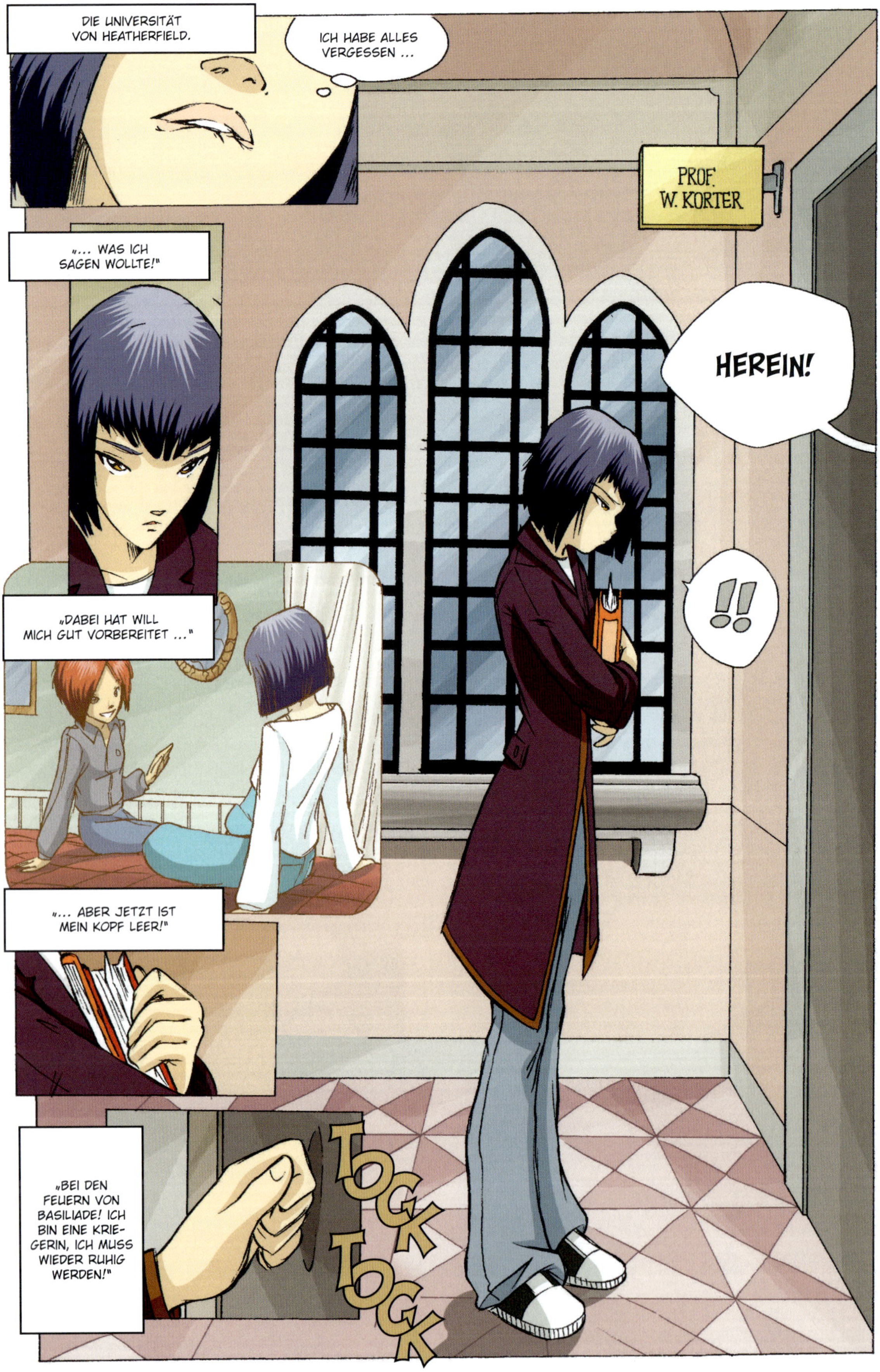
DIE UNIVERSITÄT VON HEATHERFIELD.
ICH HABE ALLES VERGESSEN …
PROF. W. KORTER
„… WAS ICH SAGEN WOLLTE!"
HEREIN!
„DABEI HAT WILL MICH GUT VORBEREITET …"
!!
„… ABER JETZT IST MEIN KOPF LEER!"
„BEI DEN FEUERN VON BASILIADE! ICH BIN EINE KRIEGERIN, ICH MUSS WIEDER RUHIG WERDEN!"
TOCK TOCK

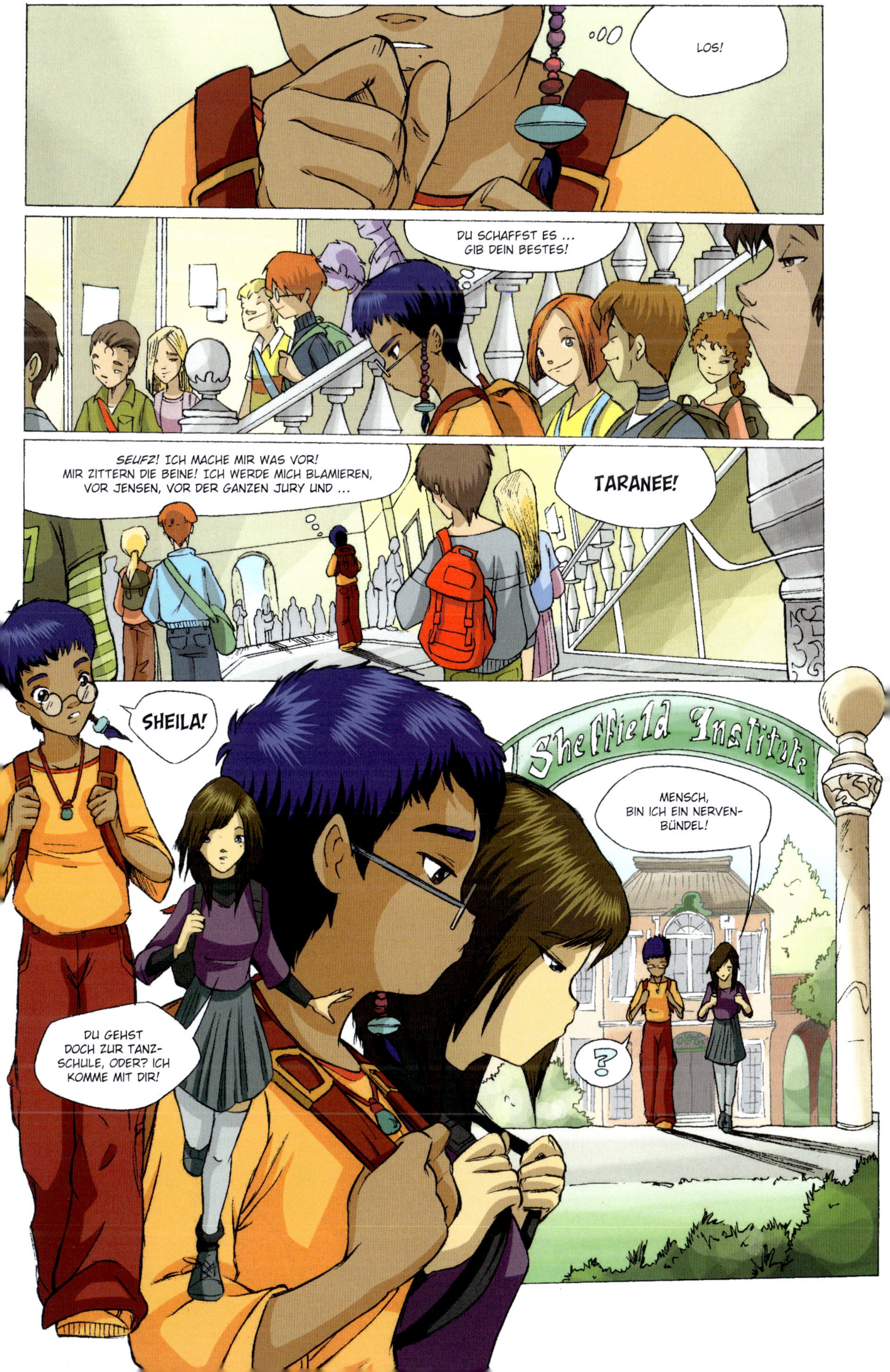
LOS!
DU SCHAFFST ES ... GIB DEIN BESTES!
SEUFZ! ICH MACHE MIR WAS VOR! MIR ZITTERN DIE BEINE! ICH WERDE MICH BLAMIEREN, VOR JENSEN, VOR DER GANZEN JURY UND ...
TARANEE!
SHEILA!
Sheffield Institute
MENSCH, BIN ICH EIN NERVENBÜNDEL!
DU GEHST DOCH ZUR TANZSCHULE, ODER? ICH KOMME MIT DIR!
?

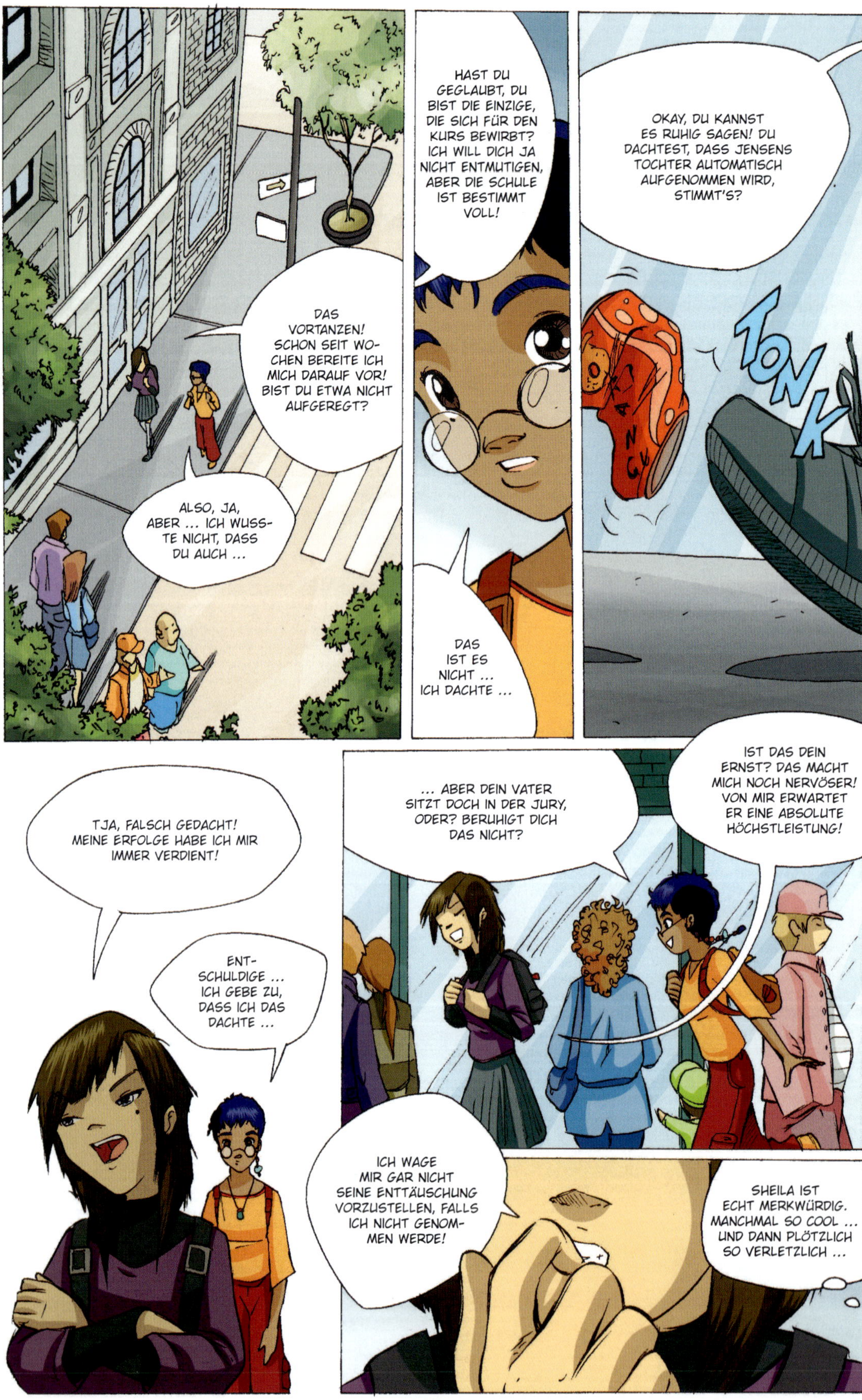
DAS VORTANZEN! SCHON SEIT WOCHEN BEREITE ICH MICH DARAUF VOR! BIST DU ETWA NICHT AUFGEREGT?
ALSO, JA, ABER … ICH WUSSTE NICHT, DASS DU AUCH …
HAST DU GEGLAUBT, DU BIST DIE EINZIGE, DIE SICH FÜR DEN KURS BEWIRBT? ICH WILL DICH JA NICHT ENTMUTIGEN, ABER DIE SCHULE IST BESTIMMT VOLL!
DAS IST ES NICHT … ICH DACHTE …
OKAY, DU KANNST ES RUHIG SAGEN! DU DACHTEST, DASS JENSENS TOCHTER AUTOMATISCH AUFGENOMMEN WIRD, STIMMT'S?
TONK
TJA, FALSCH GEDACHT! MEINE ERFOLGE HABE ICH MIR IMMER VERDIENT!
ENTSCHULDIGE … ICH GEBE ZU, DASS ICH DAS DACHTE …
… ABER DEIN VATER SITZT DOCH IN DER JURY, ODER? BERUHIGT DICH DAS NICHT?
IST DAS DEIN ERNST? DAS MACHT MICH NOCH NERVÖSER! VON MIR ERWARTET ER EINE ABSOLUTE HÖCHSTLEISTUNG!
ICH WAGE MIR GAR NICHT SEINE ENTTÄUSCHUNG VORZUSTELLEN, FALLS ICH NICHT GENOMMEN WERDE!
SHEILA IST ECHT MERKWÜRDIG. MANCHMAL SO COOL … UND DANN PLÖTZLICH SO VERLETZLICH …

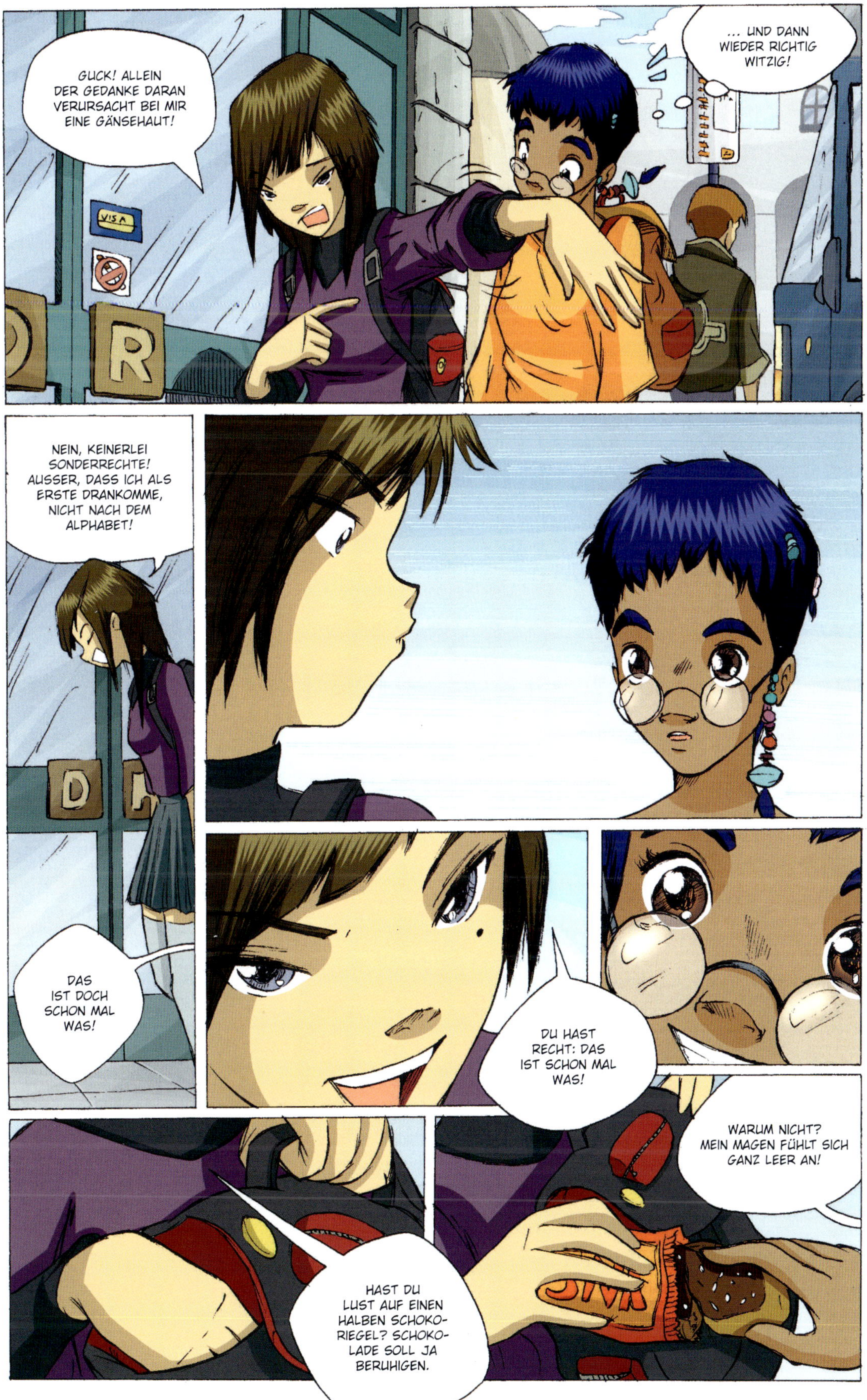
GUCK! ALLEIN DER GEDANKE DARAN VERURSACHT BEI MIR EINE GÄNSEHAUT!
... UND DANN WIEDER RICHTIG WITZIG!
NEIN, KEINERLEI SONDERRECHTE! AUSSER, DASS ICH ALS ERSTE DRANKOMME, NICHT NACH DEM ALPHABET!
DAS IST DOCH SCHON MAL WAS!
DU HAST RECHT: DAS IST SCHON MAL WAS!
WARUM NICHT? MEIN MAGEN FÜHLT SICH GANZ LEER AN!
HAST DU LUST AUF EINEN HALBEN SCHOKO-RIEGEL? SCHOKO-LADE SOLL JA BERUHIGEN.

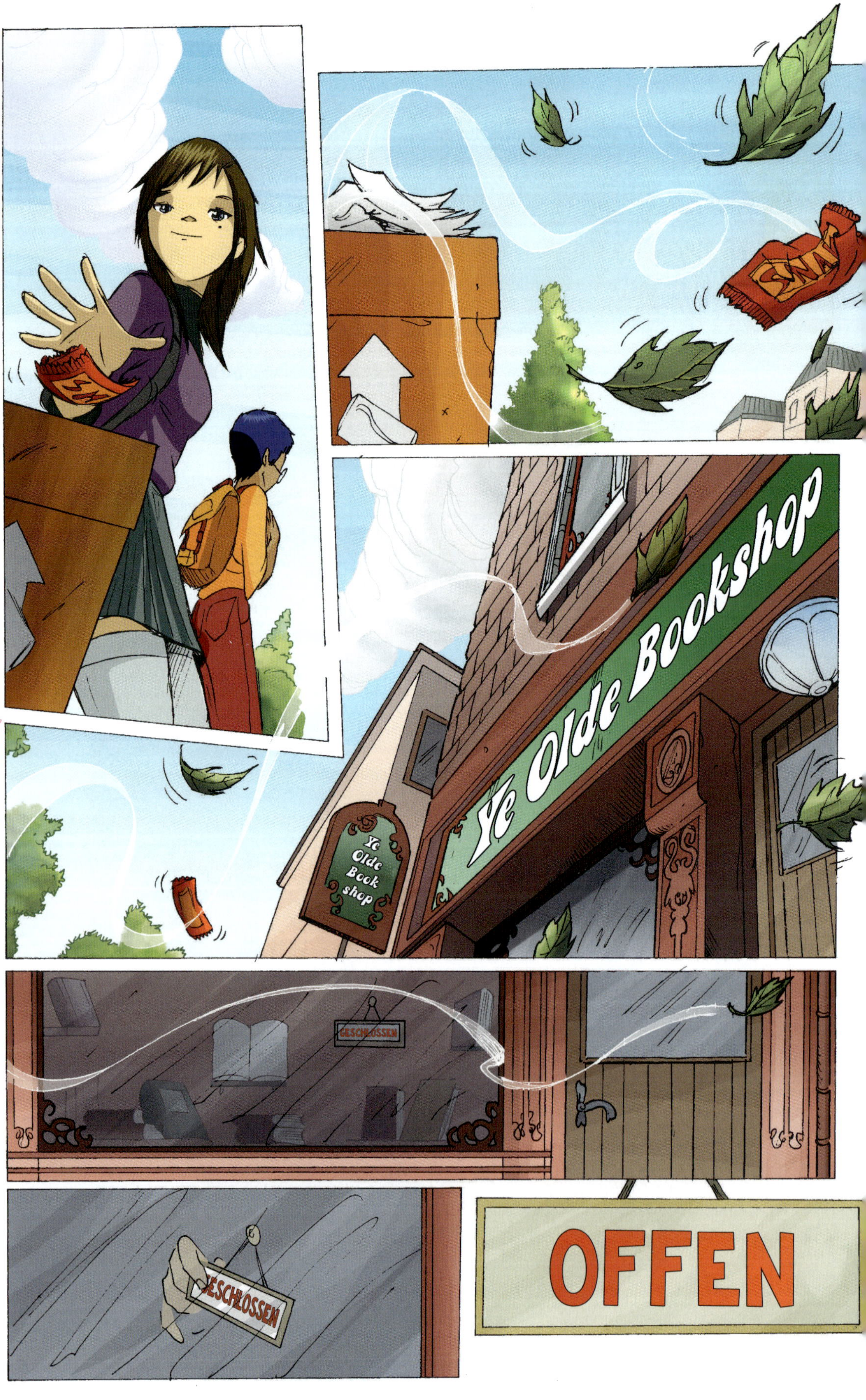
Ye Olde Bookshop
Ye Olde Book shop
GESCHLOSSEN
GESCHLOSSEN
OFFEN

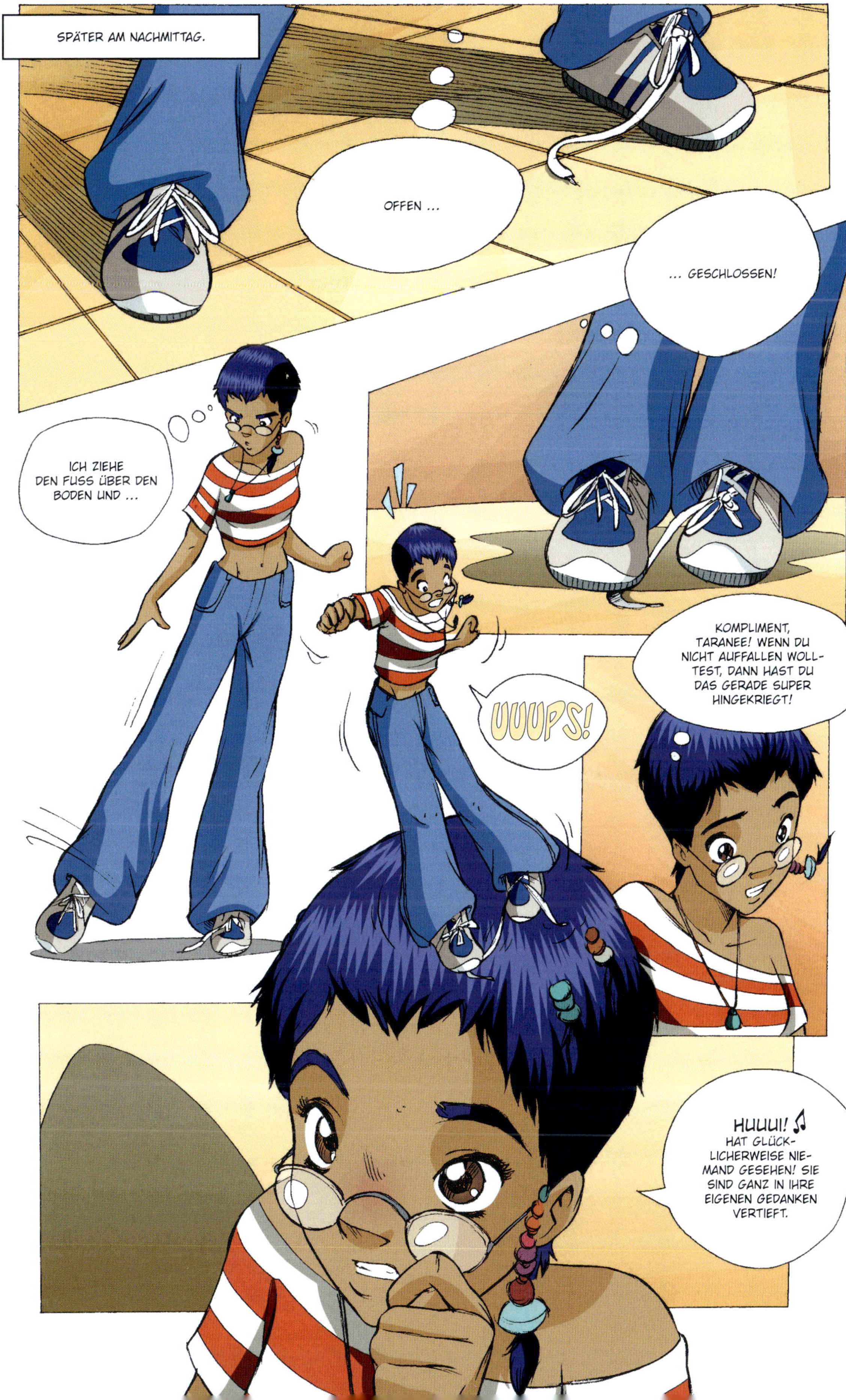
SPÄTER AM NACHMITTAG.
OFFEN ...
... GESCHLOSSEN!
ICH ZIEHE DEN FUSS ÜBER DEN BODEN UND ...
UUUPS!
KOMPLIMENT, TARANEE! WENN DU NICHT AUFFALLEN WOLLTEST, DANN HAST DU DAS GERADE SUPER HINGEKRIEGT!
HUUUI! HAT GLÜCKLICHERWEISE NIEMAND GESEHEN! SIE SIND GANZ IN IHRE EIGENEN GEDANKEN VERTIEFT.

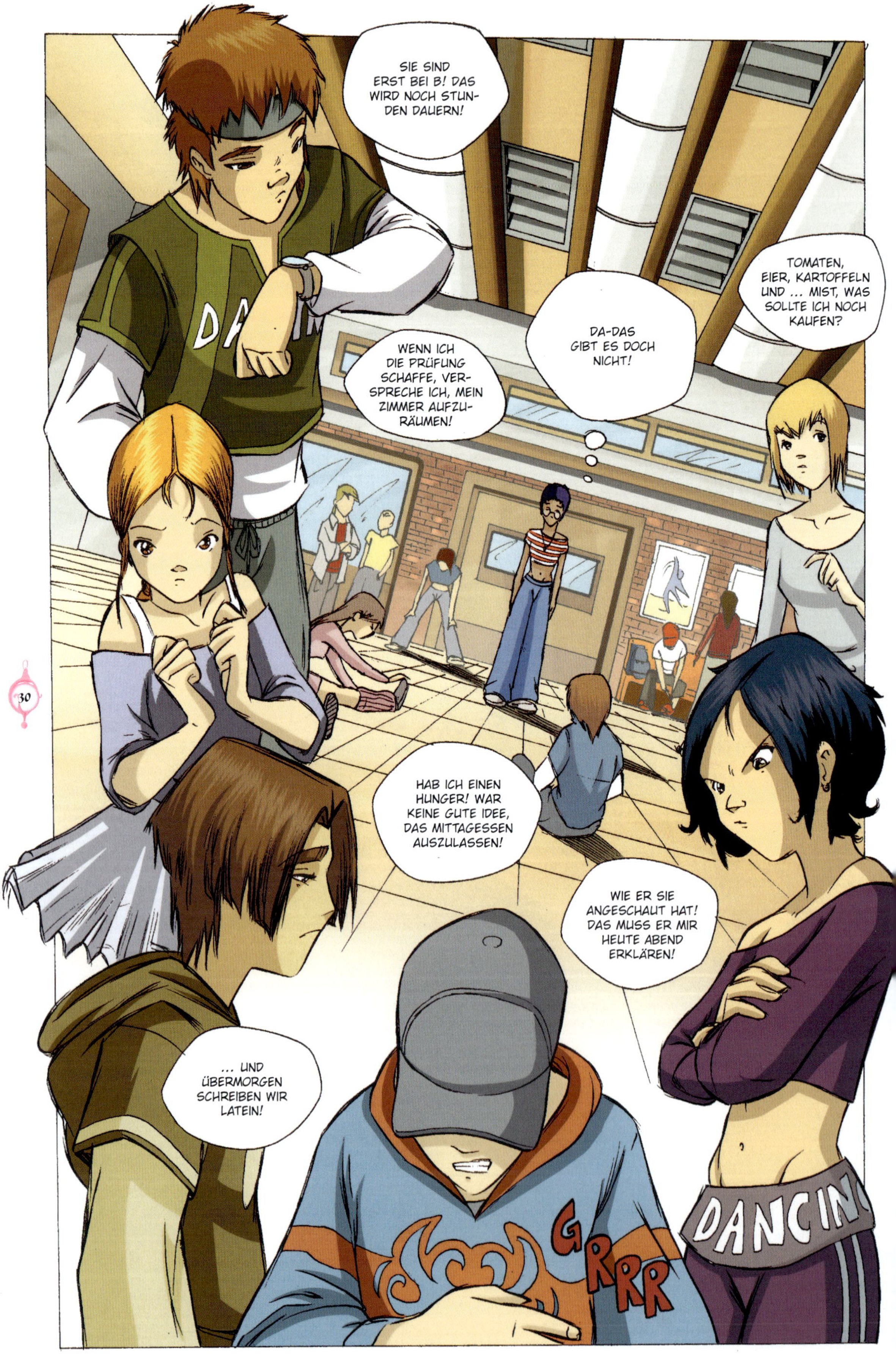
SIE SIND ERST BEI B! DAS WIRD NOCH STUNDEN DAUERN!
WENN ICH DIE PRÜFUNG SCHAFFE, VERSPRECHE ICH, MEIN ZIMMER AUFZURÄUMEN!
DA-DAS GIBT ES DOCH NICHT!
TOMATEN, EIER, KARTOFFELN UND ... MIST, WAS SOLLTE ICH NOCH KAUFEN?
DA
HAB ICH EINEN HUNGER! WAR KEINE GUTE IDEE, DAS MITTAGESSEN AUSZULASSEN!
WIE ER SIE ANGESCHAUT HAT! DAS MUSS ER MIR HEUTE ABEND ERKLÄREN!
... UND ÜBERMORGEN SCHREIBEN WIR LATEIN!
GRRR
DANCIN

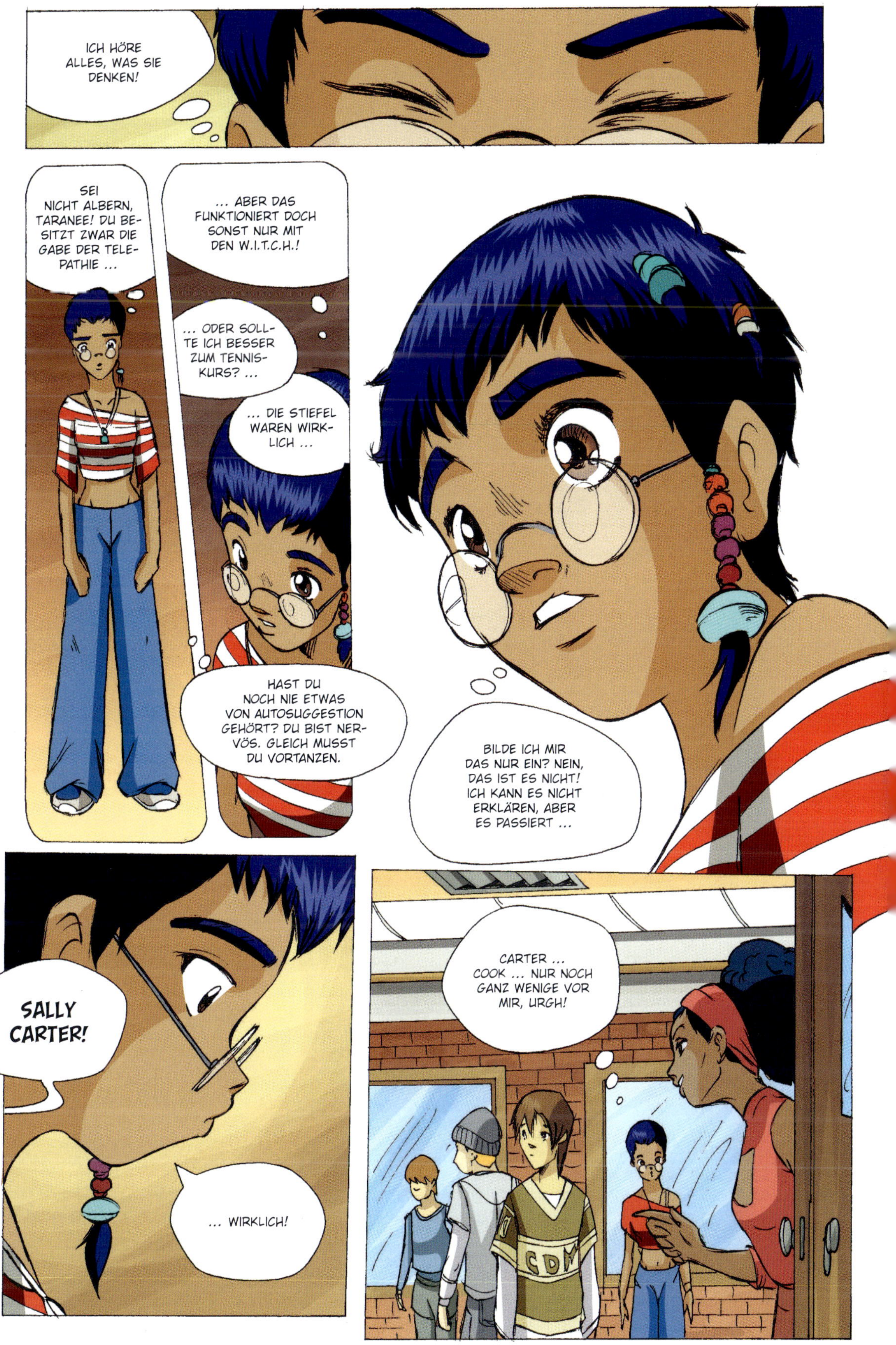
ICH HÖRE ALLES, WAS SIE DENKEN!
SEI NICHT ALBERN, TARANEE! DU BESITZT ZWAR DIE GABE DER TELEPATHIE ...
... ABER DAS FUNKTIONIERT DOCH SONST NUR MIT DEN W.I.T.C.H.!
... ODER SOLLTE ICH BESSER ZUM TENNISKURS? ...
... DIE STIEFEL WAREN WIRKLICH ...
HAST DU NOCH NIE ETWAS VON AUTOSUGGESTION GEHÖRT? DU BIST NERVÖS. GLEICH MUSST DU VORTANZEN.
BILDE ICH MIR DAS NUR EIN? NEIN, DAS IST ES NICHT! ICH KANN ES NICHT ERKLÄREN, ABER ES PASSIERT ...
SALLY CARTER!
... WIRKLICH!
CARTER ... COOK ... NUR NOCH GANZ WENIGE VOR MIR, URGH!

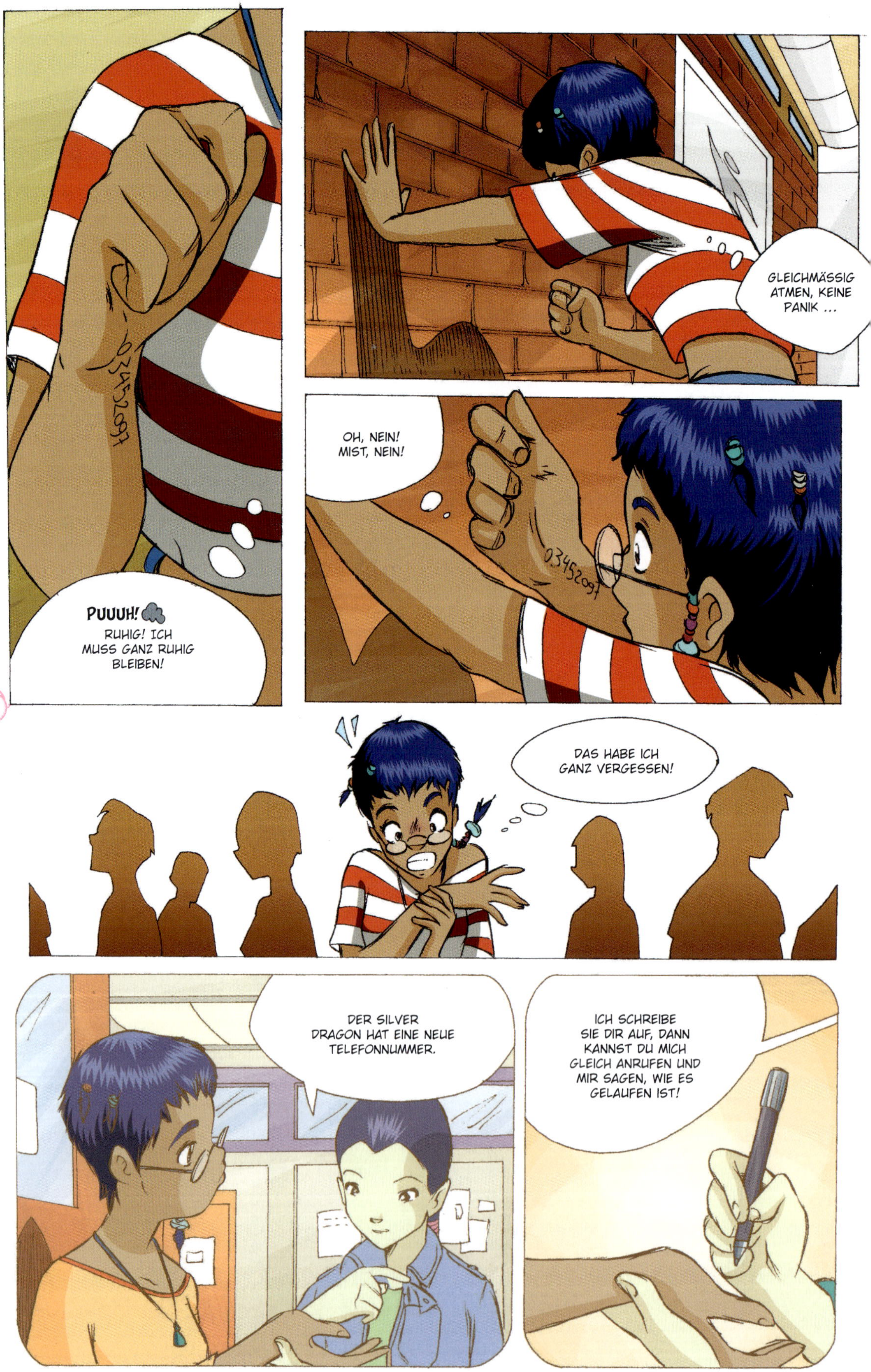
PUUUH!
RUHIG! ICH MUSS GANZ RUHIG BLEIBEN!
03452097
GLEICHMÄSSIG ATMEN, KEINE PANIK ...
OH, NEIN! MIST, NEIN!
03452097
DAS HABE ICH GANZ VERGESSEN!
DER SILVER DRAGON HAT EINE NEUE TELEFONNUMMER.
ICH SCHREIBE SIE DIR AUF, DANN KANNST DU MICH GLEICH ANRUFEN UND MIR SAGEN, WIE ES GELAUFEN IST!

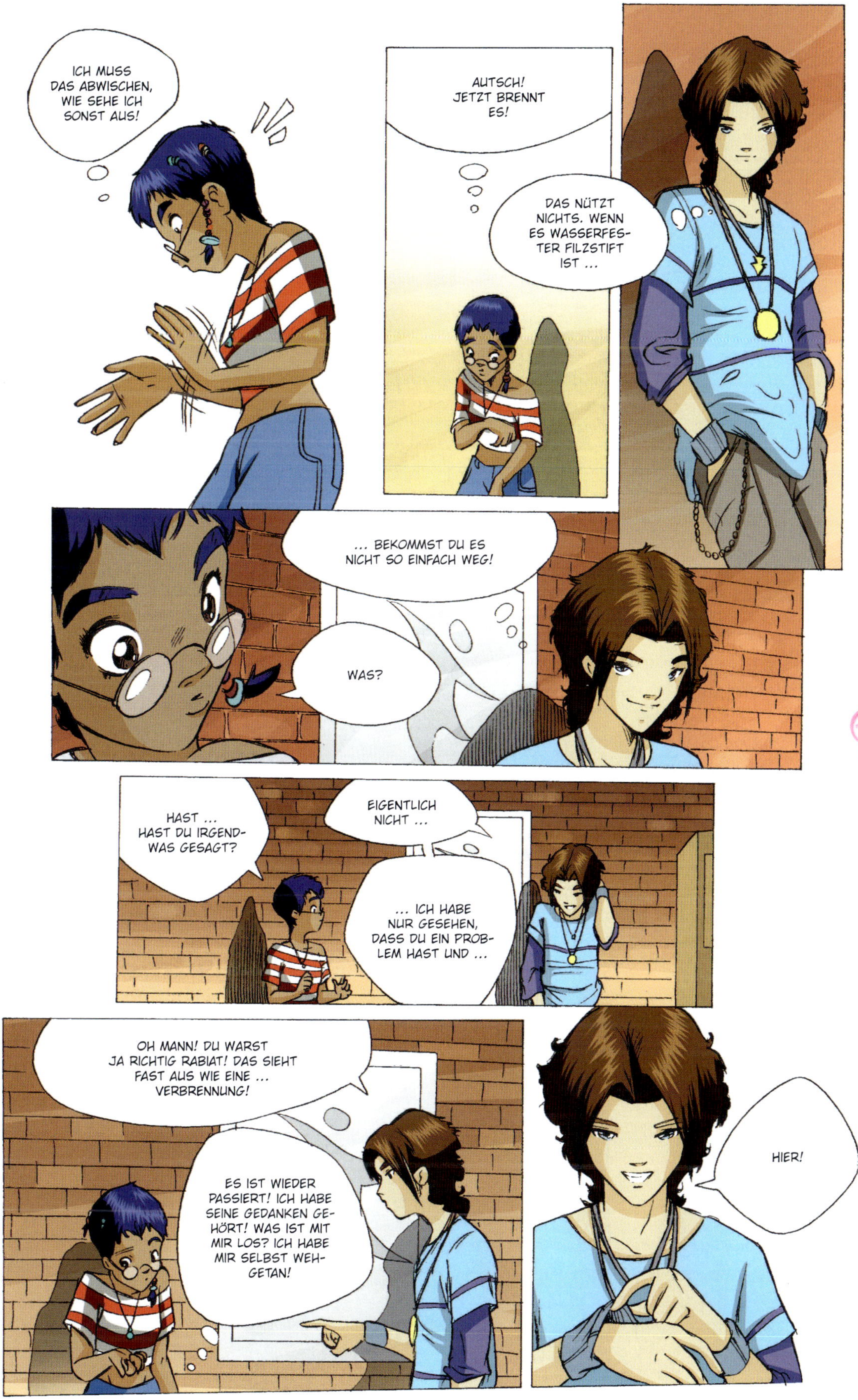
ICH MUSS DAS ABWISCHEN, WIE SEHE ICH SONST AUS!
AUTSCH! JETZT BRENNT ES!
DAS NÜTZT NICHTS. WENN ES WASSERFESTER FILZSTIFT IST ...
... BEKOMMST DU ES NICHT SO EINFACH WEG!
WAS?
HAST ... HAST DU IRGENDWAS GESAGT?
EIGENTLICH NICHT ...
... ICH HABE NUR GESEHEN, DASS DU EIN PROBLEM HAST UND ...
OH MANN! DU WARST JA RICHTIG RABIAT! DAS SIEHT FAST AUS WIE EINE ... VERBRENNUNG!
ES IST WIEDER PASSIERT! ICH HABE SEINE GEDANKEN GEHÖRT! WAS IST MIT MIR LOS? ICH HABE MIR SELBST WEHGETAN!
HIER!

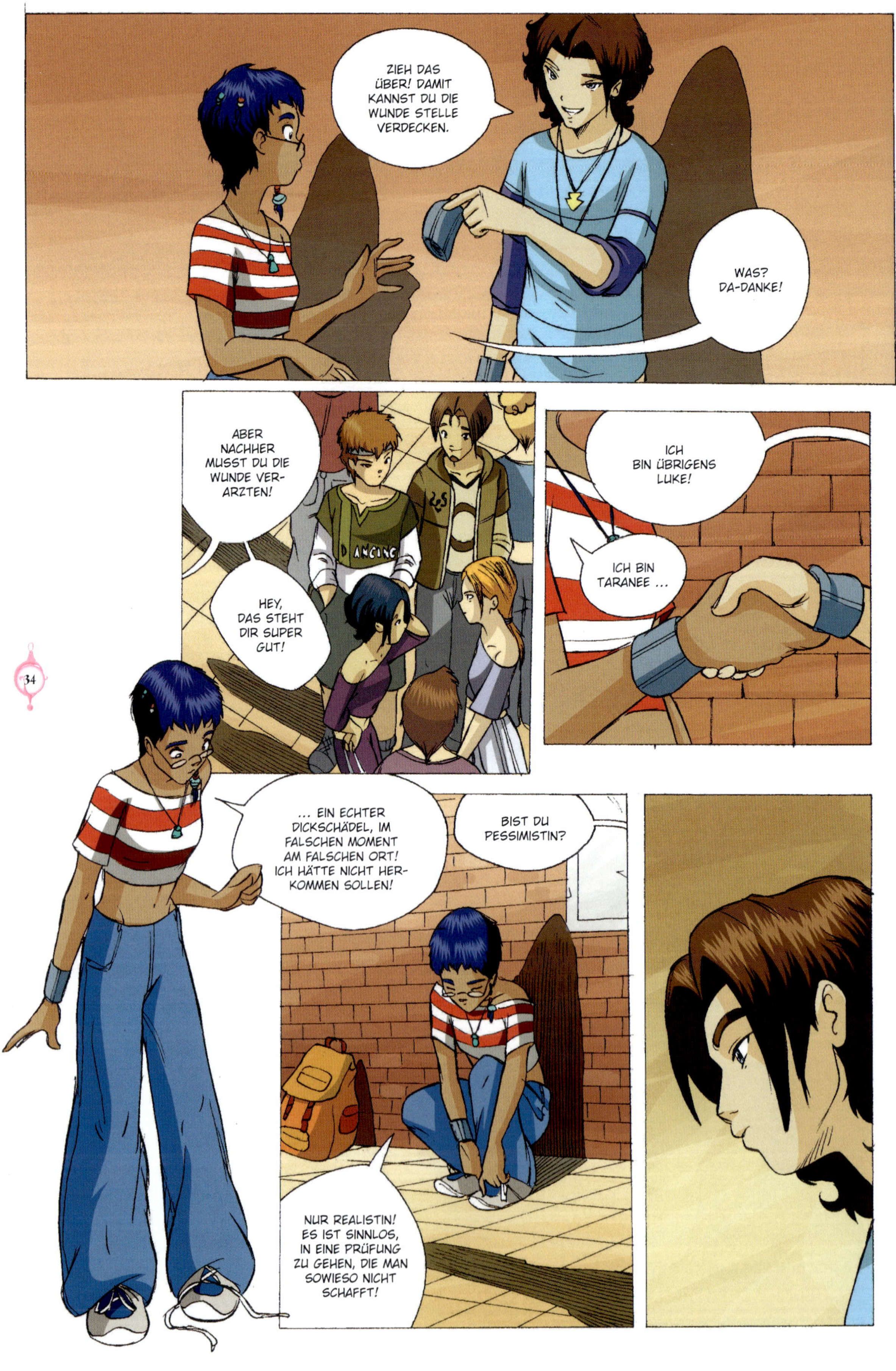
ZIEH DAS ÜBER! DAMIT KANNST DU DIE WUNDE STELLE VERDECKEN.
WAS? DA-DANKE!
ABER NACHHER MUSST DU DIE WUNDE VER-ARZTEN!
HEY, DAS STEHT DIR SUPER GUT!
DANCING
ICH BIN ÜBRIGENS LUKE!
ICH BIN TARANEE ...
... EIN ECHTER DICKSCHÄDEL, IM FALSCHEN MOMENT AM FALSCHEN ORT! ICH HÄTTE NICHT HER-KOMMEN SOLLEN!
BIST DU PESSIMISTIN?
NUR REALISTIN! ES IST SINNLOS, IN EINE PRÜFUNG ZU GEHEN, DIE MAN SOWIESO NICHT SCHAFFT!

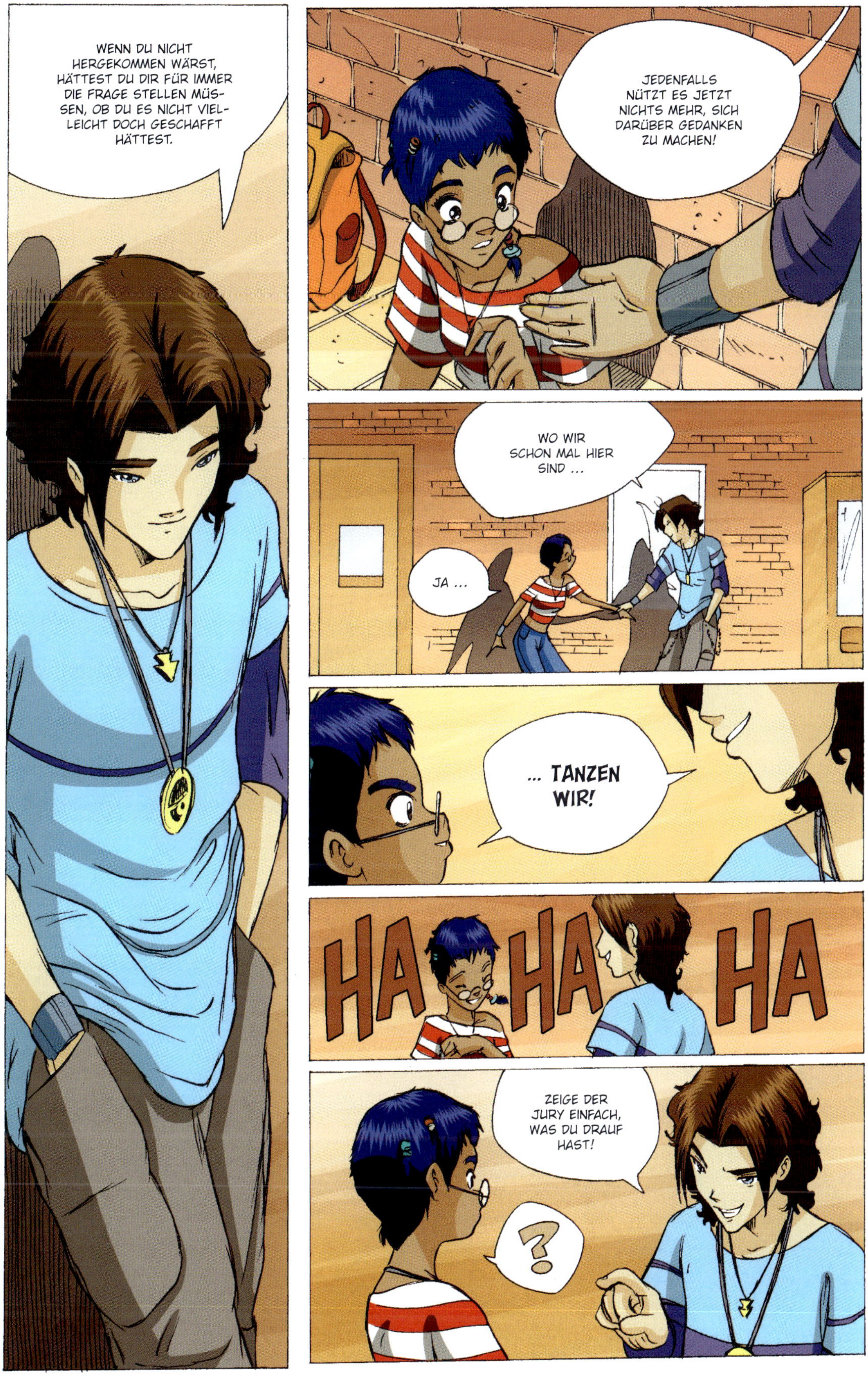
WENN DU NICHT HERGEKOMMEN WÄRST, HÄTTEST DU DIR FÜR IMMER DIE FRAGE STELLEN MÜS-SEN, OB DU ES NICHT VIEL-LEICHT DOCH GESCHAFFT HÄTTEST.
JEDENFALLS NÜTZT ES JETZT NICHTS MEHR, SICH DARÜBER GEDANKEN ZU MACHEN!
WO WIR SCHON MAL HIER SIND ...
JA ...
... TANZEN WIR!
HA HA HA
ZEIGE DER JURY EINFACH, WAS DU DRAUF HAST!
?

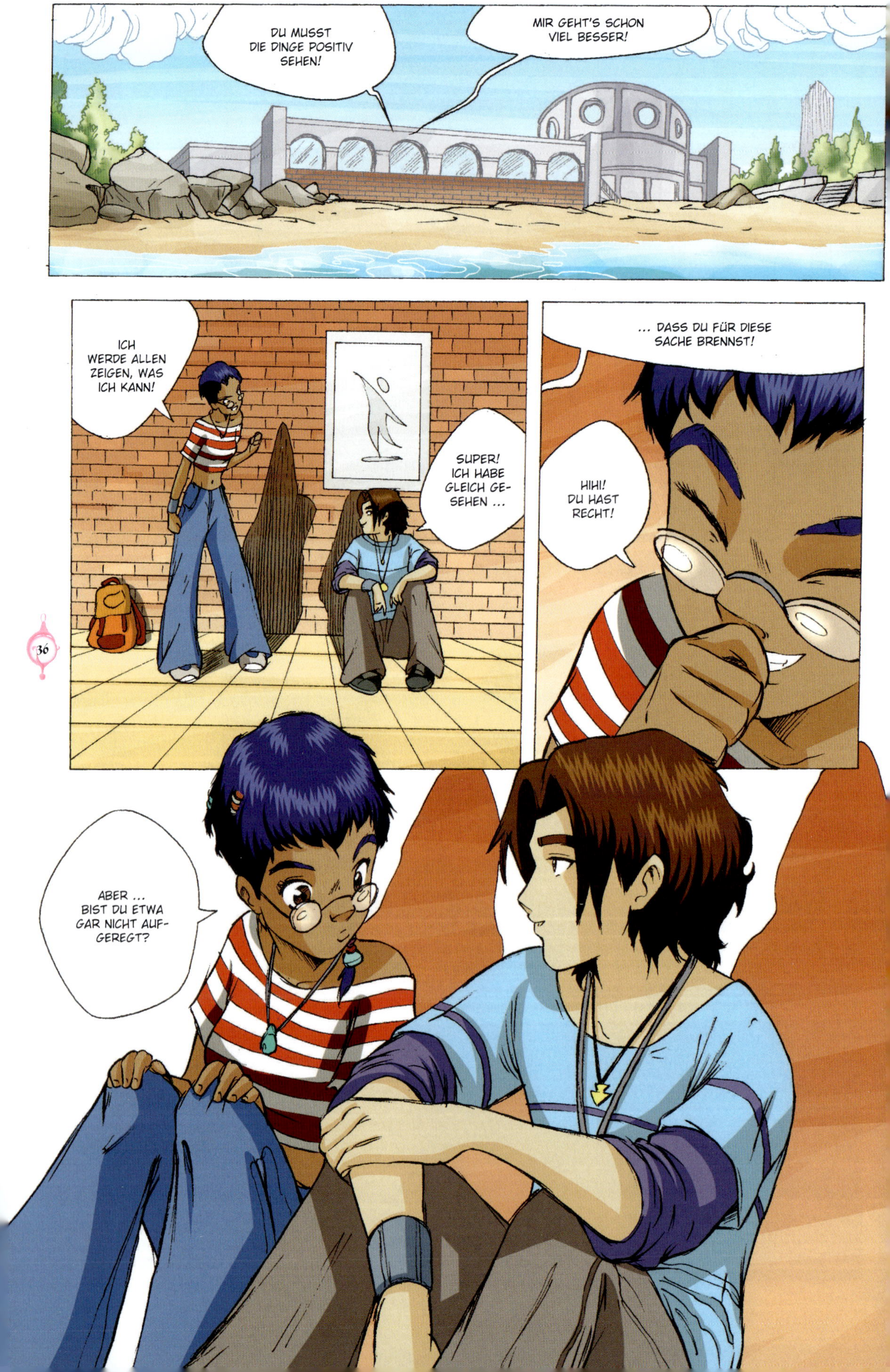
DU MUSST DIE DINGE POSITIV SEHEN!
MIR GEHT'S SCHON VIEL BESSER!
ICH WERDE ALLEN ZEIGEN, WAS ICH KANN!
SUPER! ICH HABE GLEICH GE-SEHEN …
… DASS DU FÜR DIESE SACHE BRENNST!
HIHI! DU HAST RECHT!
ABER … BIST DU ETWA GAR NICHT AUF-GEREGT?

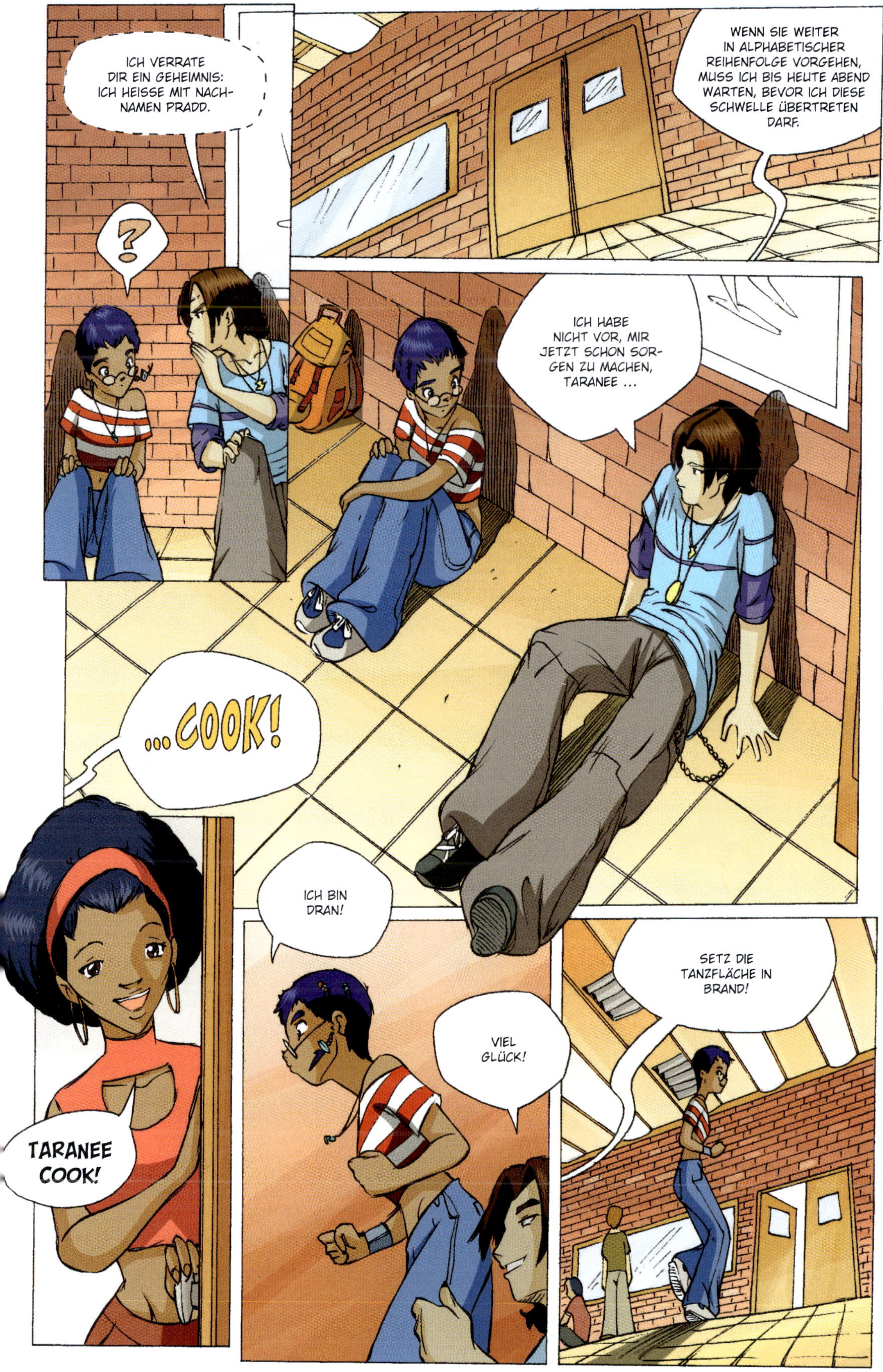
ICH VERRATE DIR EIN GEHEIMNIS: ICH HEISSE MIT NACHNAMEN PRADD.
WENN SIE WEITER IN ALPHABETISCHER REIHENFOLGE VORGEHEN, MUSS ICH BIS HEUTE ABEND WARTEN, BEVOR ICH DIESE SCHWELLE ÜBERTRETEN DARF.
?
ICH HABE NICHT VOR, MIR JETZT SCHON SORGEN ZU MACHEN, TARANEE ...
...COOK!
TARANEE COOK!
ICH BIN DRAN!
VIEL GLÜCK!
SETZ DIE TANZFLÄCHE IN BRAND!

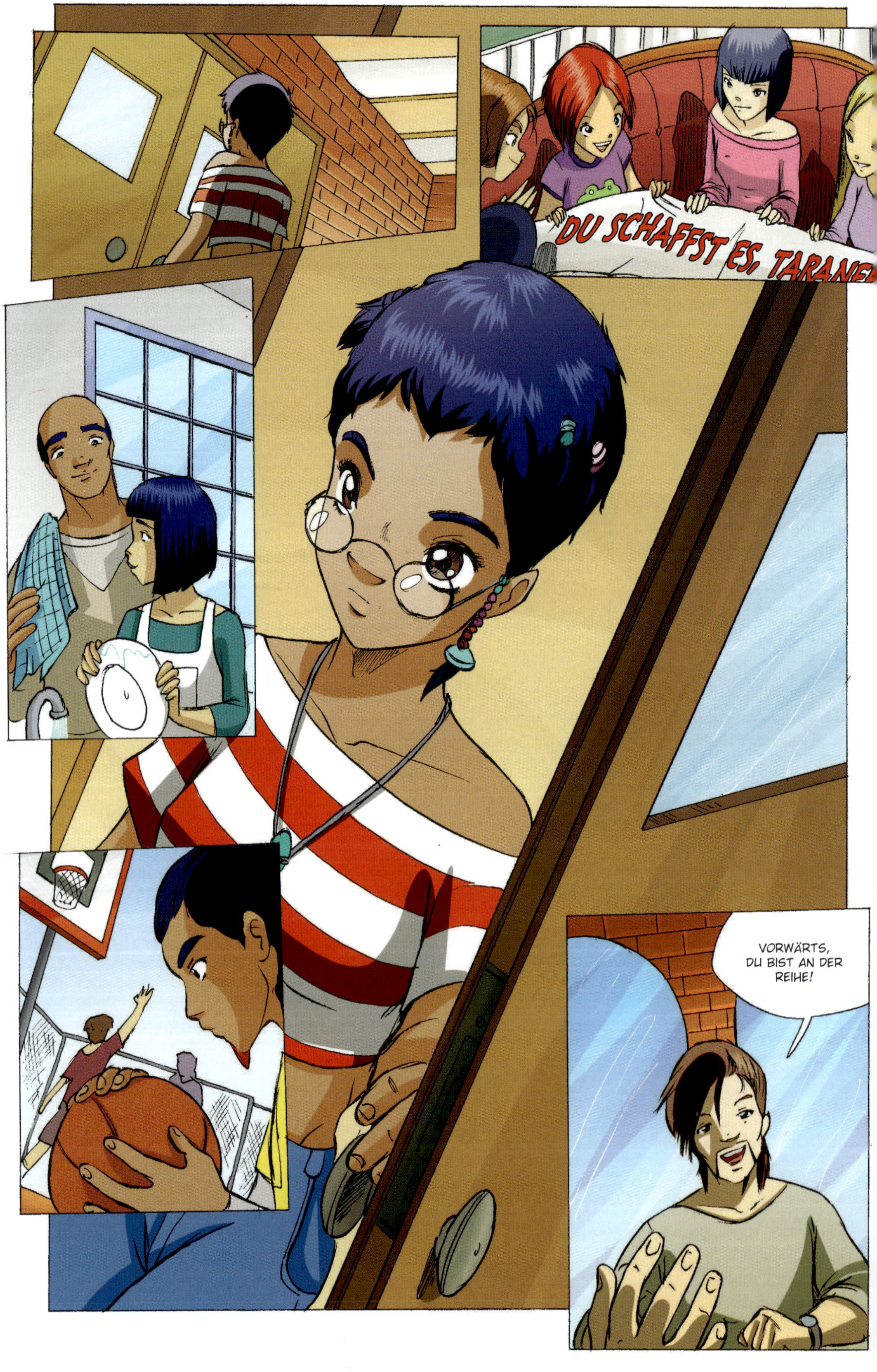
DU SCHAFFST ES,
VORWÄRTS, DU BIST AN DER REIHE!

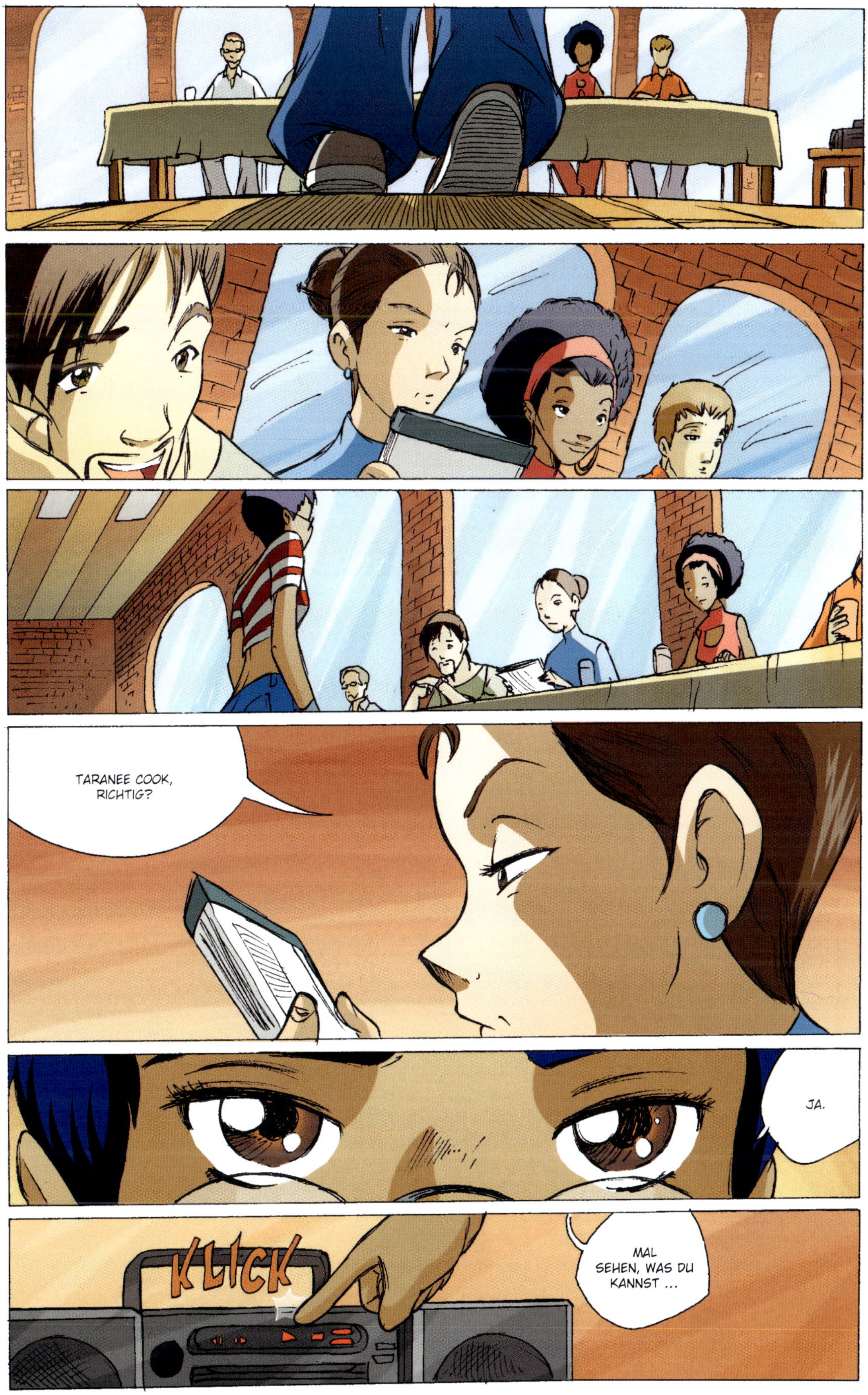
TARANEE COOK, RICHTIG?
JA.
MAL SEHEN, WAS DU KANNST ...
KLICK

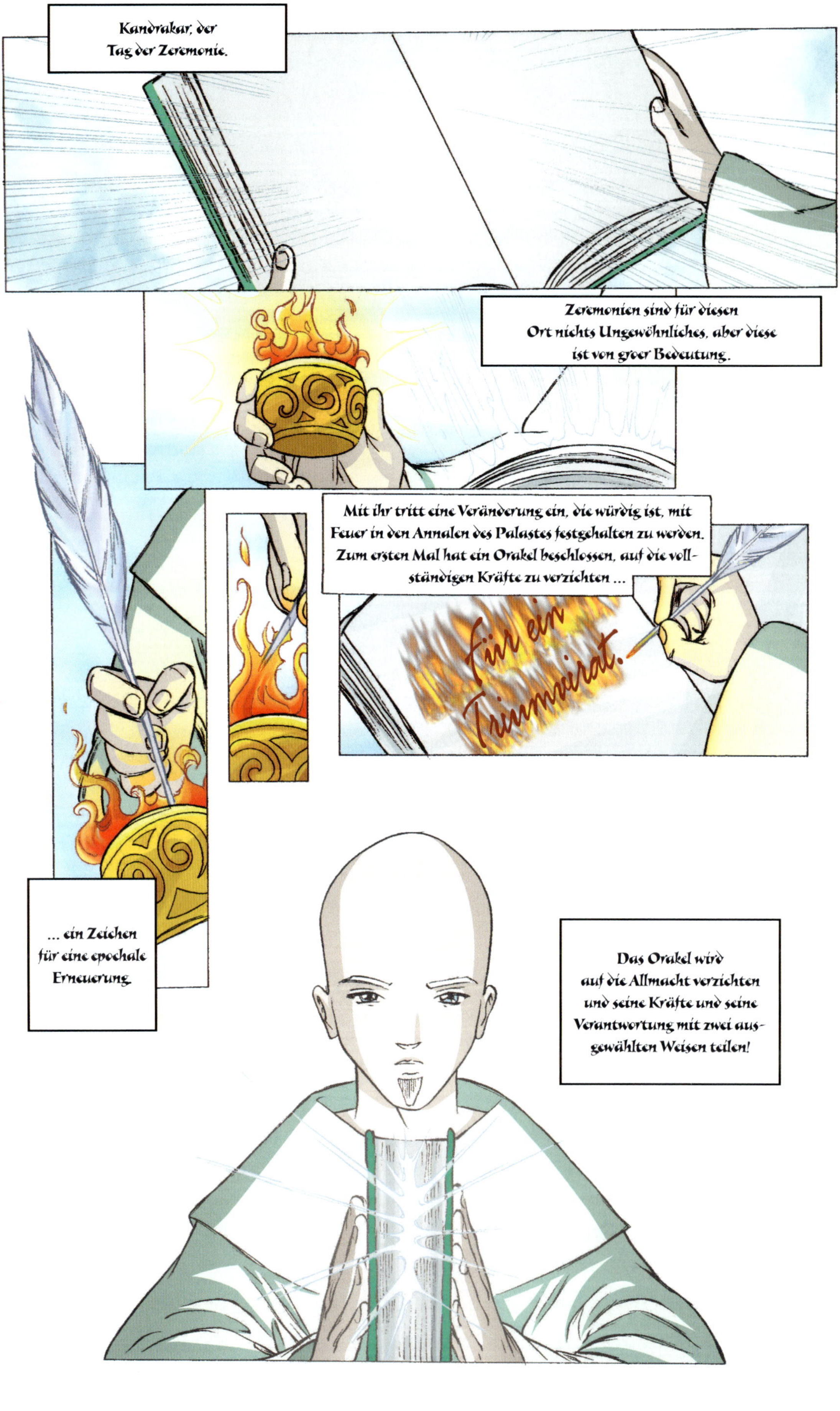
Kandrakar, der Tag der Zeremonie.
Zeremonien sind für diesen Ort nichts Ungewöhnliches, aber diese ist von großer Bedeutung.
Mit ihr tritt eine Veränderung ein, die würdig ist, mit Feuer in den Annalen des Palastes festgehalten zu werden. Zum ersten Mal hat ein Orakel beschlossen, auf die vollständigen Kräfte zu verzichten …
Für ein Triumvirat.
… ein Zeichen für eine epochale Erneuerung.
Das Orakel wird auf die Allmacht verzichten und seine Kräfte und seine Verantwortung mit zwei ausgewählten Weisen teilen!

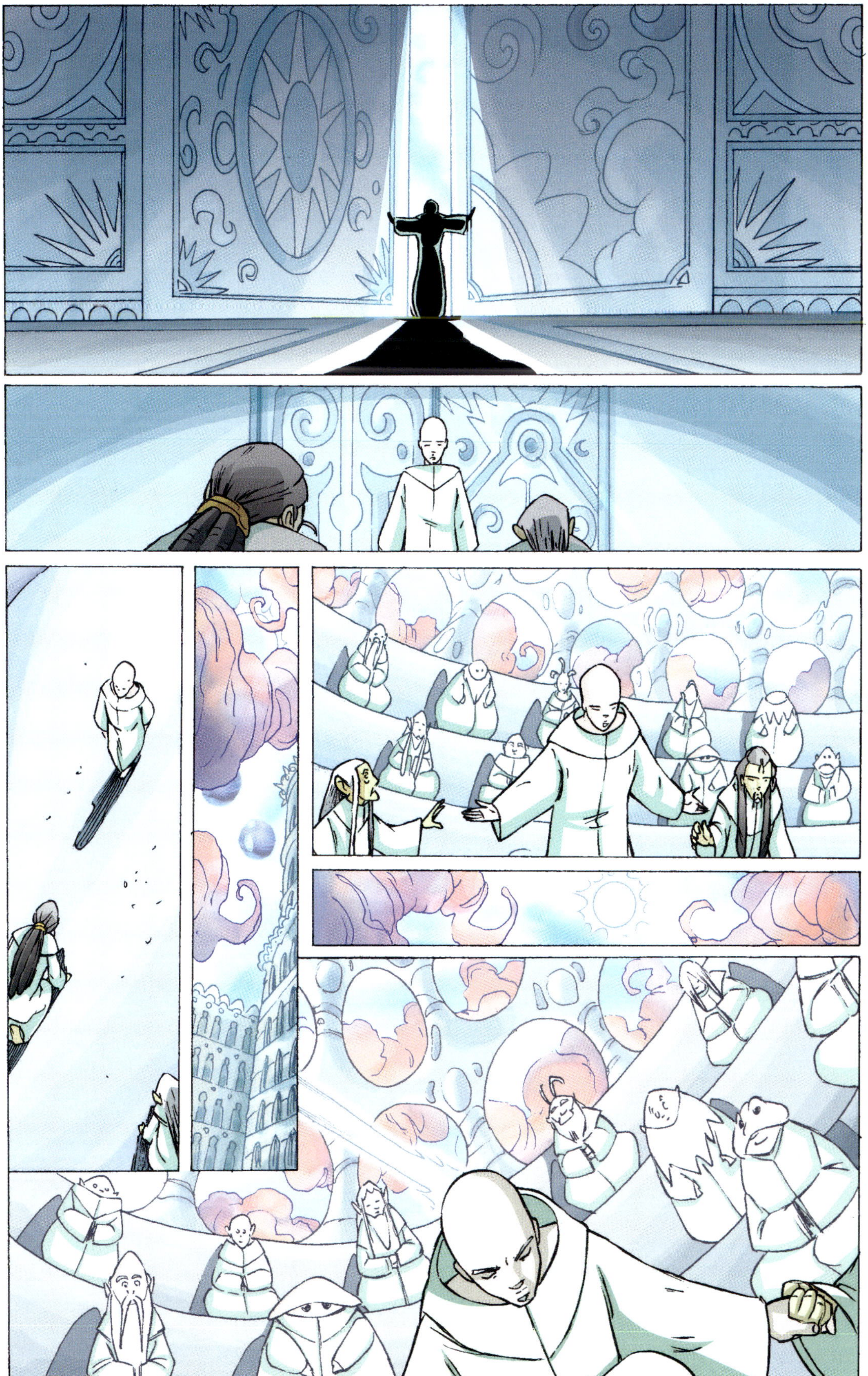

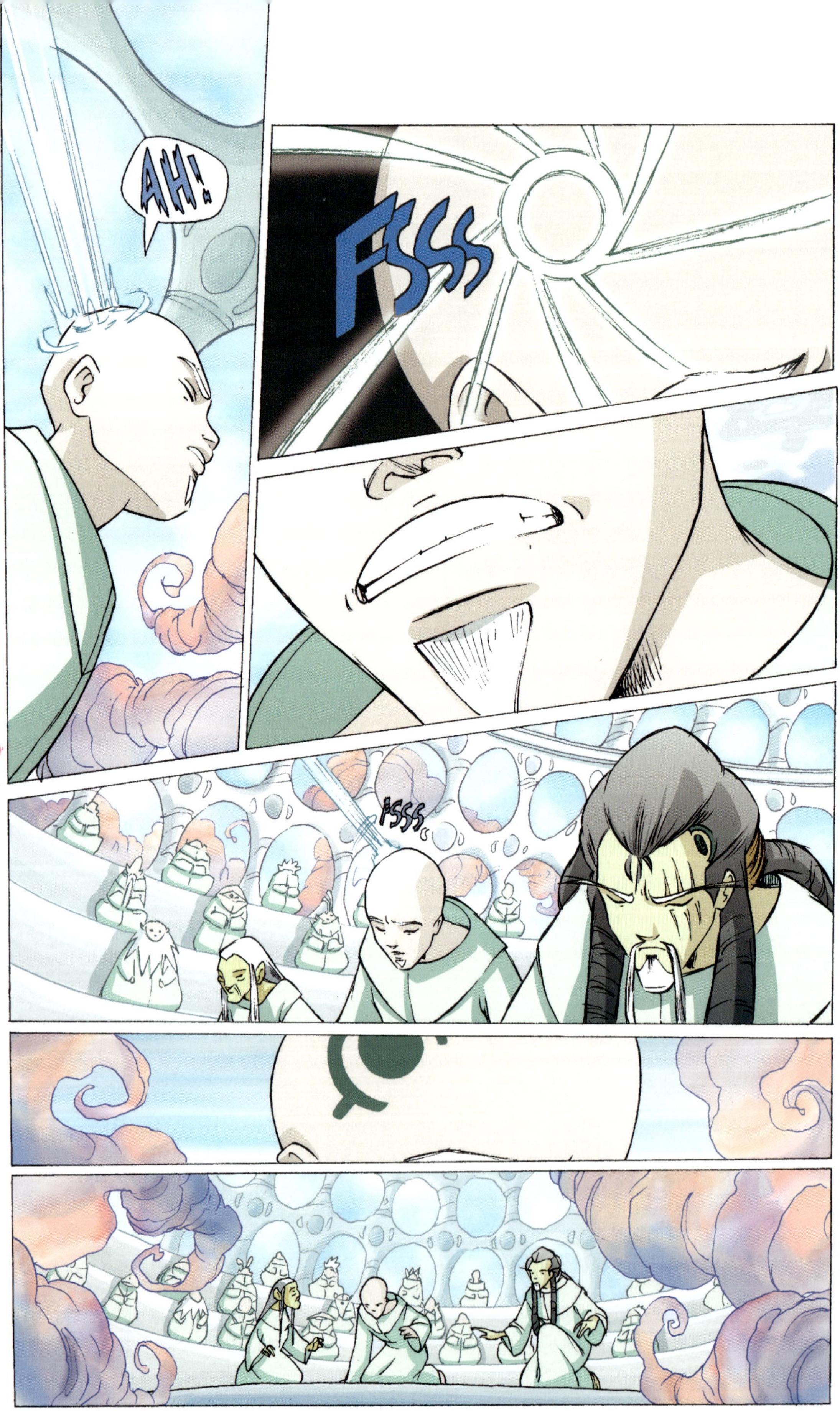
AH!
FSSS
FSSS

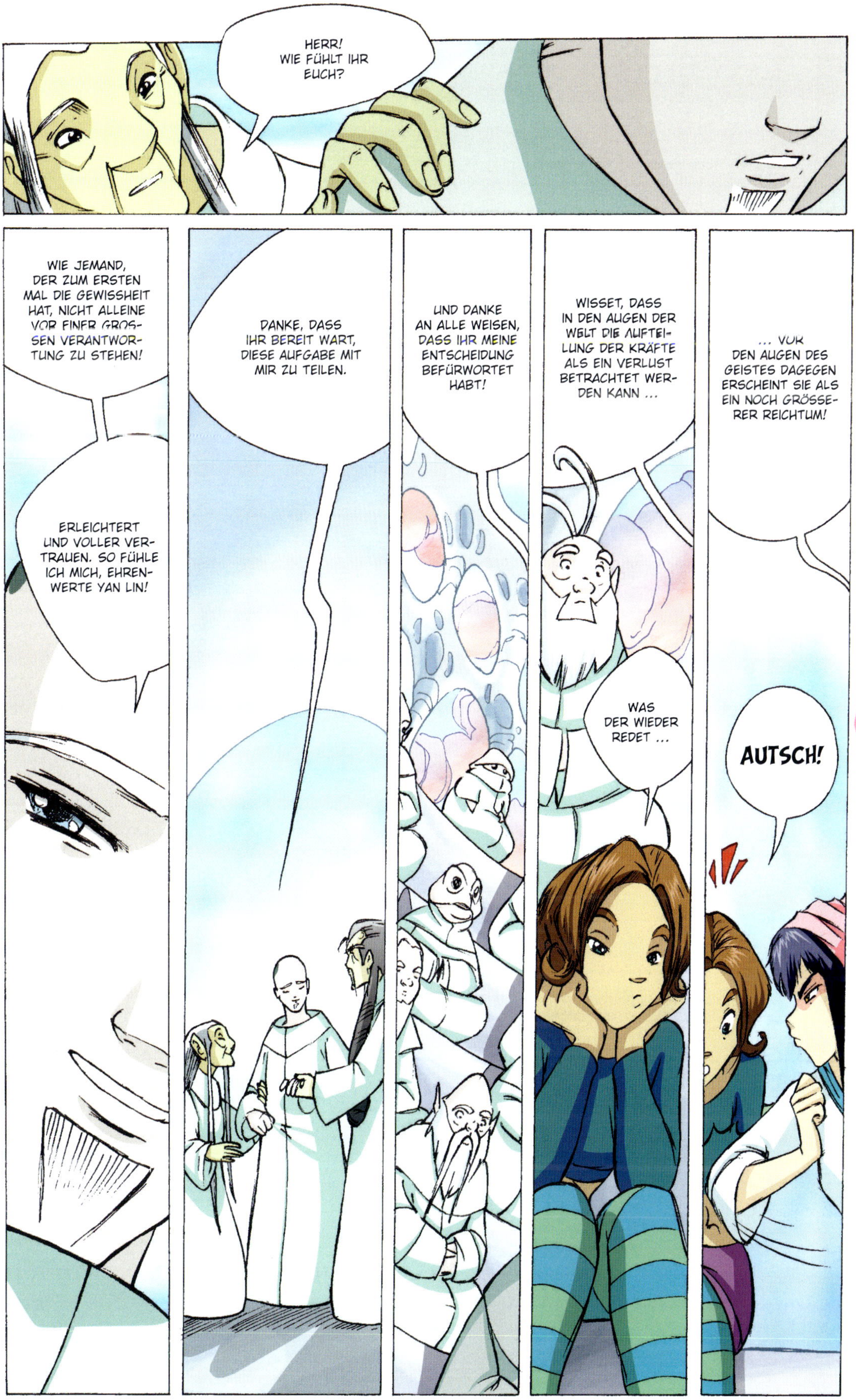
HERR! WIE FÜHLT IHR EUCH?
WIE JEMAND, DER ZUM ERSTEN MAL DIE GEWISSHEIT HAT, NICHT ALLEINE VOR EINER GROSSEN VERANTWORTUNG ZU STEHEN!
ERLEICHTERT UND VOLLER VERTRAUEN. SO FÜHLE ICH MICH, EHRENWERTE YAN LIN!
DANKE, DASS IHR BEREIT WART, DIESE AUFGABE MIT MIR ZU TEILEN.
UND DANKE AN ALLE WEISEN, DASS IHR MEINE ENTSCHEIDUNG BEFÜRWORTET HABT!
WISSET, DASS IN DEN AUGEN DER WELT DIE AUFTEILUNG DER KRÄFTE ALS EIN VERLUST BETRACHTET WERDEN KANN …
WAS DER WIEDER REDET …
… VOR DEN AUGEN DES GEISTES DAGEGEN ERSCHEINT SIE ALS EIN NOCH GRÖSSERER REICHTUM!
AUTSCH!

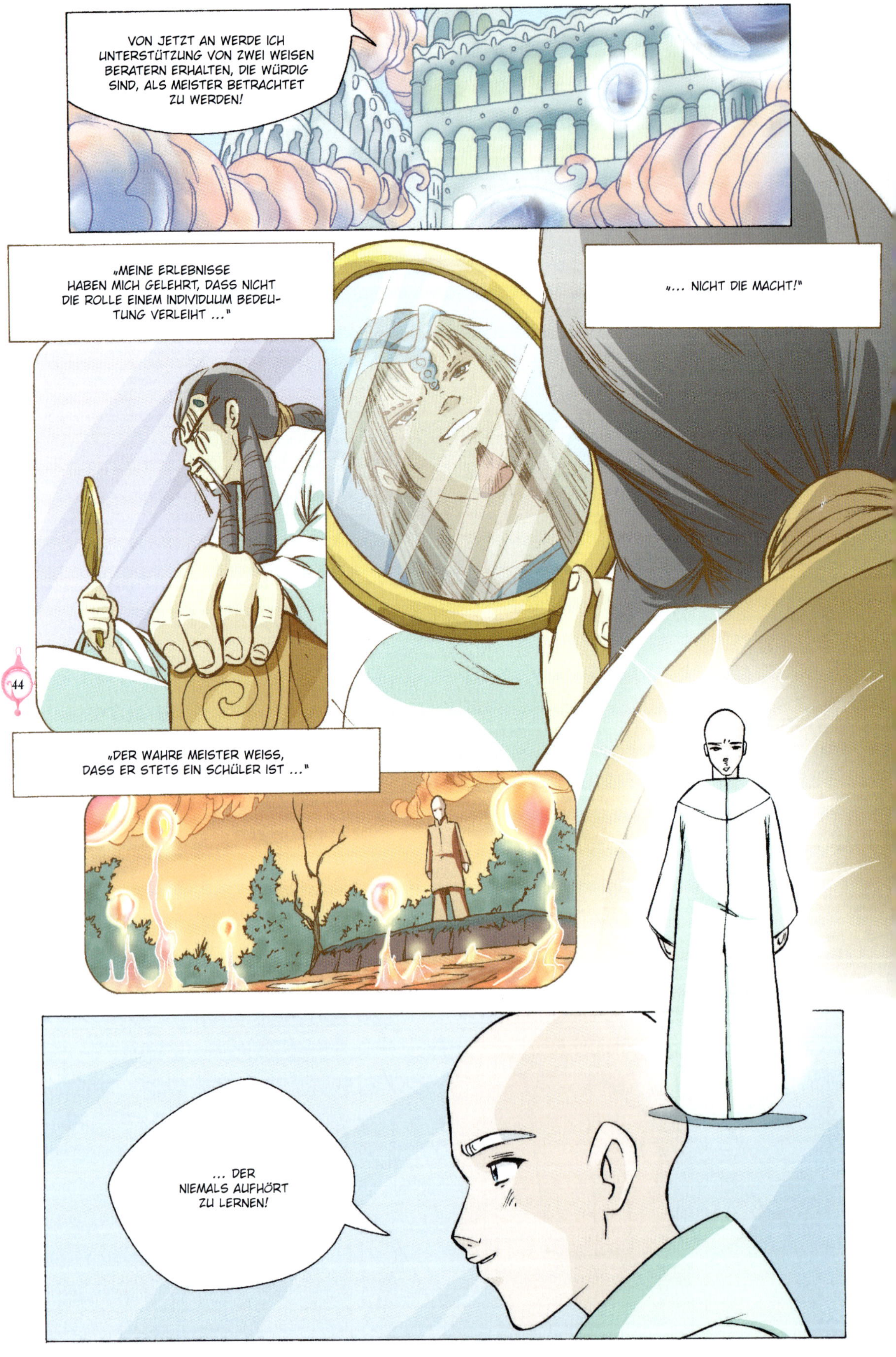
VON JETZT AN WERDE ICH UNTERSTÜTZUNG VON ZWEI WEISEN BERATERN ERHALTEN, DIE WÜRDIG SIND, ALS MEISTER BETRACHTET ZU WERDEN!
„MEINE ERLEBNISSE HABEN MICH GELEHRT, DASS NICHT DIE ROLLE EINEM INDIVIDUUM BEDEUTUNG VERLEIHT ..."
„... NICHT DIE MACHT!"
„DER WAHRE MEISTER WEISS, DASS ER STETS EIN SCHÜLER IST ..."
... DER NIEMALS AUFHÖRT ZU LERNEN!

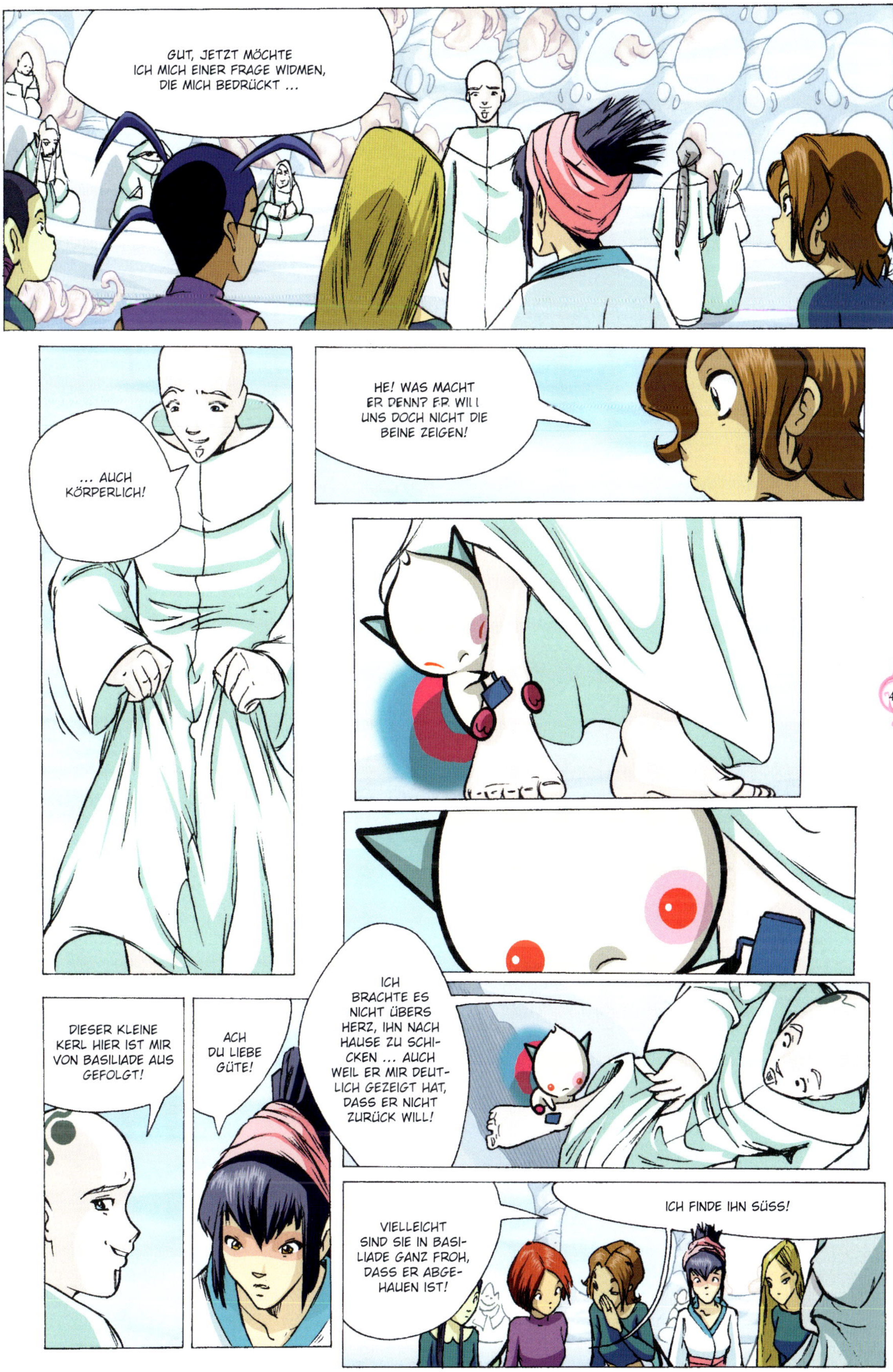
GUT, JETZT MÖCHTE ICH MICH EINER FRAGE WIDMEN, DIE MICH BEDRÜCKT ...
... AUCH KÖRPERLICH!
HE! WAS MACHT ER DENN? ER WILL UNS DOCH NICHT DIE BEINE ZEIGEN!
DIESER KLEINE KERL HIER IST MIR VON BASILIADE AUS GEFOLGT!
ACH DU LIEBE GÜTE!
ICH BRACHTE ES NICHT ÜBERS HERZ, IHN NACH HAUSE ZU SCHICKEN ... AUCH WEIL ER MIR DEUTLICH GEZEIGT HAT, DASS ER NICHT ZURÜCK WILL!
VIELLEICHT SIND SIE IN BASILIADE GANZ FROH, DASS ER ABGEHAUEN IST!
ICH FINDE IHN SÜSS!

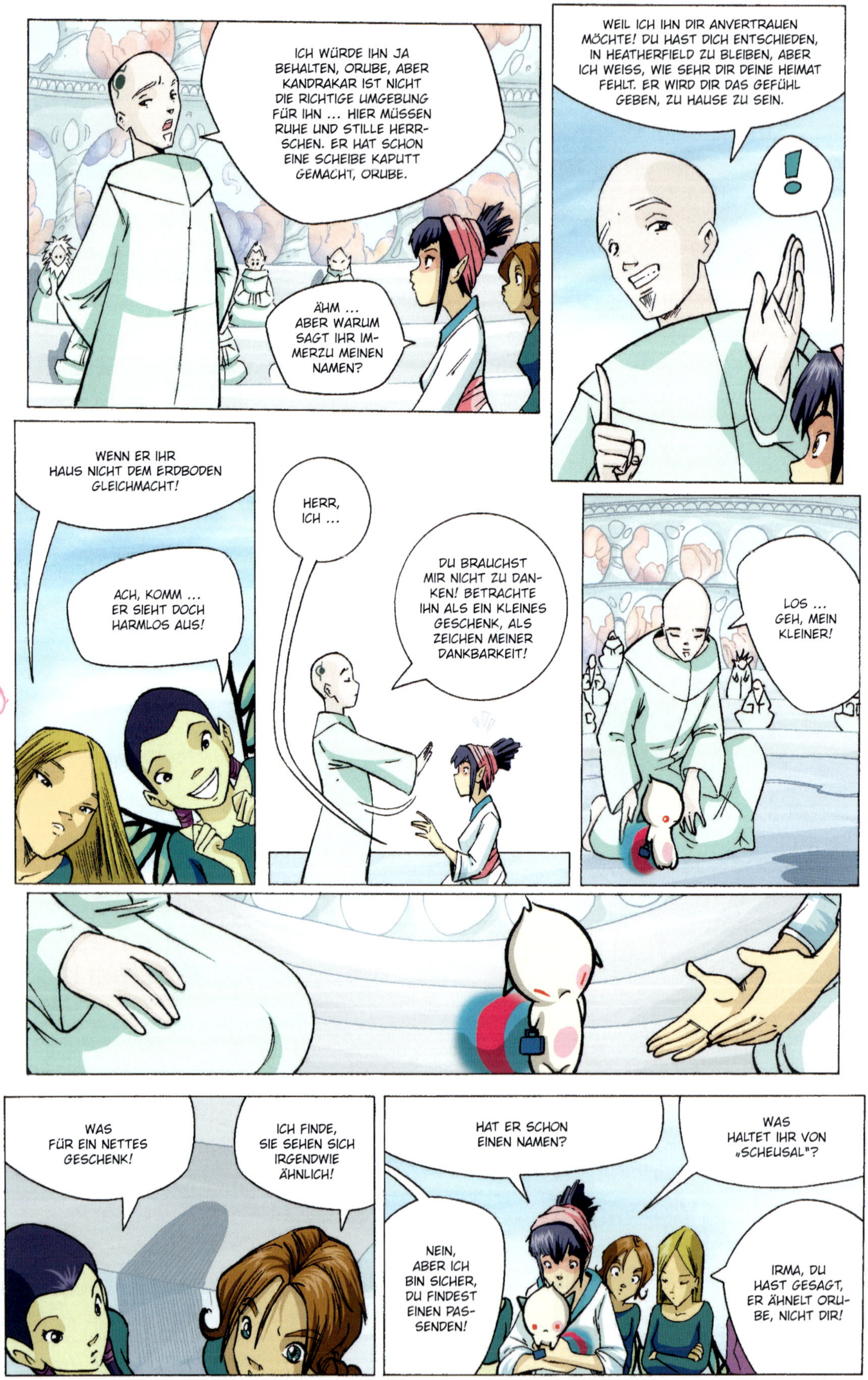
ICH WÜRDE IHN JA BEHALTEN, ORUBE, ABER KANDRAKAR IST NICHT DIE RICHTIGE UMGEBUNG FÜR IHN ... HIER MÜSSEN RUHE UND STILLE HERR-SCHEN. ER HAT SCHON EINE SCHEIBE KAPUTT GEMACHT, ORUBE.
ÄHM ... ABER WARUM SAGT IHR IM-MERZU MEINEN NAMEN?
WEIL ICH IHN DIR ANVERTRAUEN MÖCHTE! DU HAST DICH ENTSCHIEDEN, IN HEATHERFIELD ZU BLEIBEN, ABER ICH WEISS, WIE SEHR DIR DEINE HEIMAT FEHLT. ER WIRD DIR DAS GEFÜHL GEBEN, ZU HAUSE ZU SEIN.
!
WENN ER IHR HAUS NICHT DEM ERDBODEN GLEICHMACHT!
ACH, KOMM ... ER SIEHT DOCH HARMLOS AUS!
HERR, ICH ...
DU BRAUCHST MIR NICHT ZU DAN-KEN! BETRACHTE IHN ALS EIN KLEINES GESCHENK, ALS ZEICHEN MEINER DANKBARKEIT!
LOS ... GEH, MEIN KLEINER!
WAS FÜR EIN NETTES GESCHENK!
ICH FINDE, SIE SEHEN SICH IRGENDWIE ÄHNLICH!
HAT ER SCHON EINEN NAMEN?
WAS HALTET IHR VON „SCHEUSAL"?
NEIN, ABER ICH BIN SICHER, DU FINDEST EINEN PAS-SENDEN!
IRMA, DU HAST GESAGT, ER ÄHNELT ORU-BE, NICHT DIR!

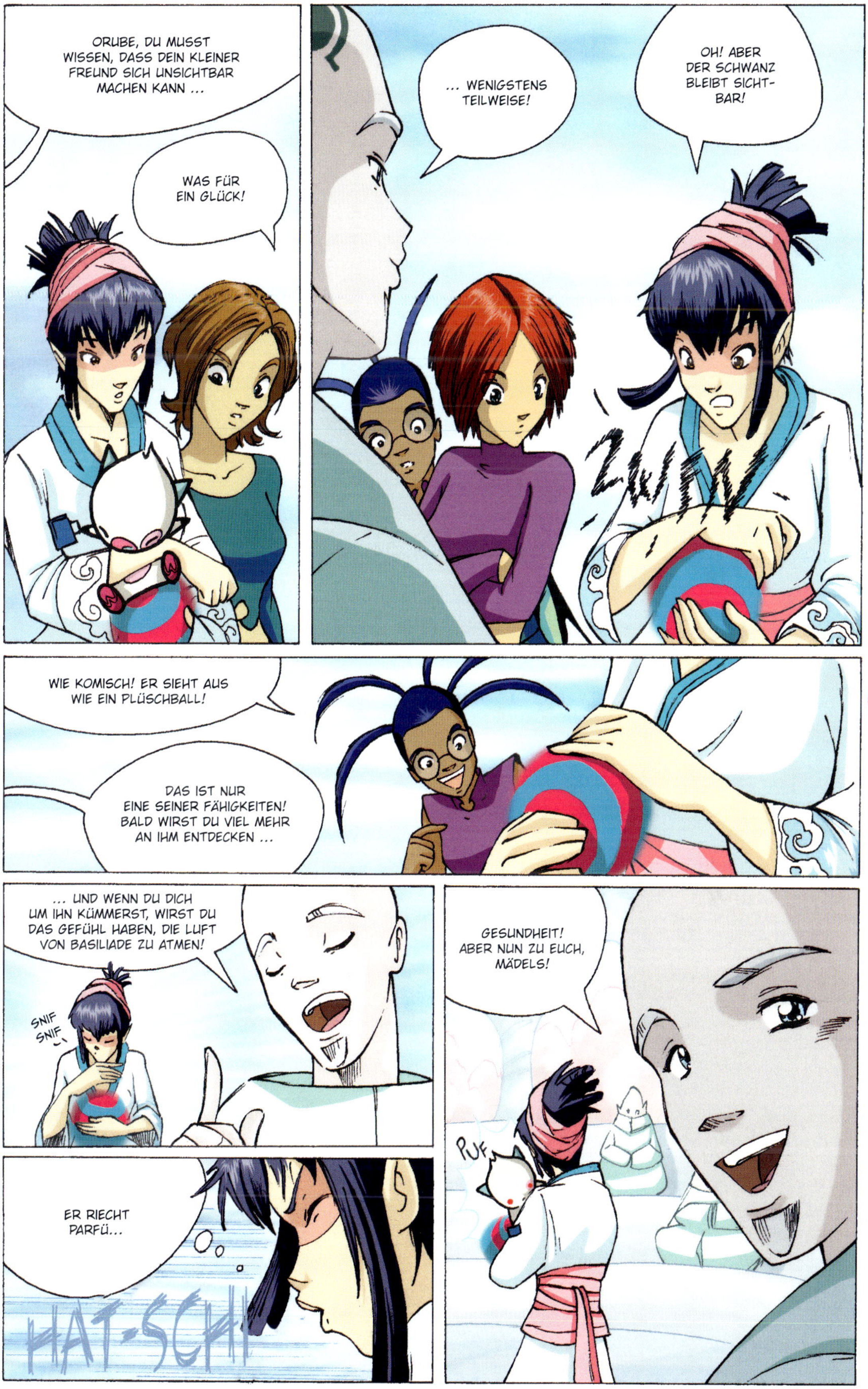

ORUBE, DU MUSST WISSEN, DASS DEIN KLEINER FREUND SICH UNSICHTBAR MACHEN KANN ...
WAS FÜR EIN GLÜCK!
... WENIGSTENS TEILWEISE!
OH! ABER DER SCHWANZ BLEIBT SICHT-BAR!
ZWFN
WIE KOMISCH! ER SIEHT AUS WIE EIN PLÜSCHBALL!
DAS IST NUR EINE SEINER FÄHIGKEITEN! BALD WIRST DU VIEL MEHR AN IHM ENTDECKEN ...
... UND WENN DU DICH UM IHN KÜMMERST, WIRST DU DAS GEFÜHL HABEN, DIE LUFT VON BASILIADE ZU ATMEN!
SNIF SNIF
ER RIECHT PARFÜ...
HAT-SCHI
GESUNDHEIT! ABER NUN ZU EUCH, MÄDELS!
PUF

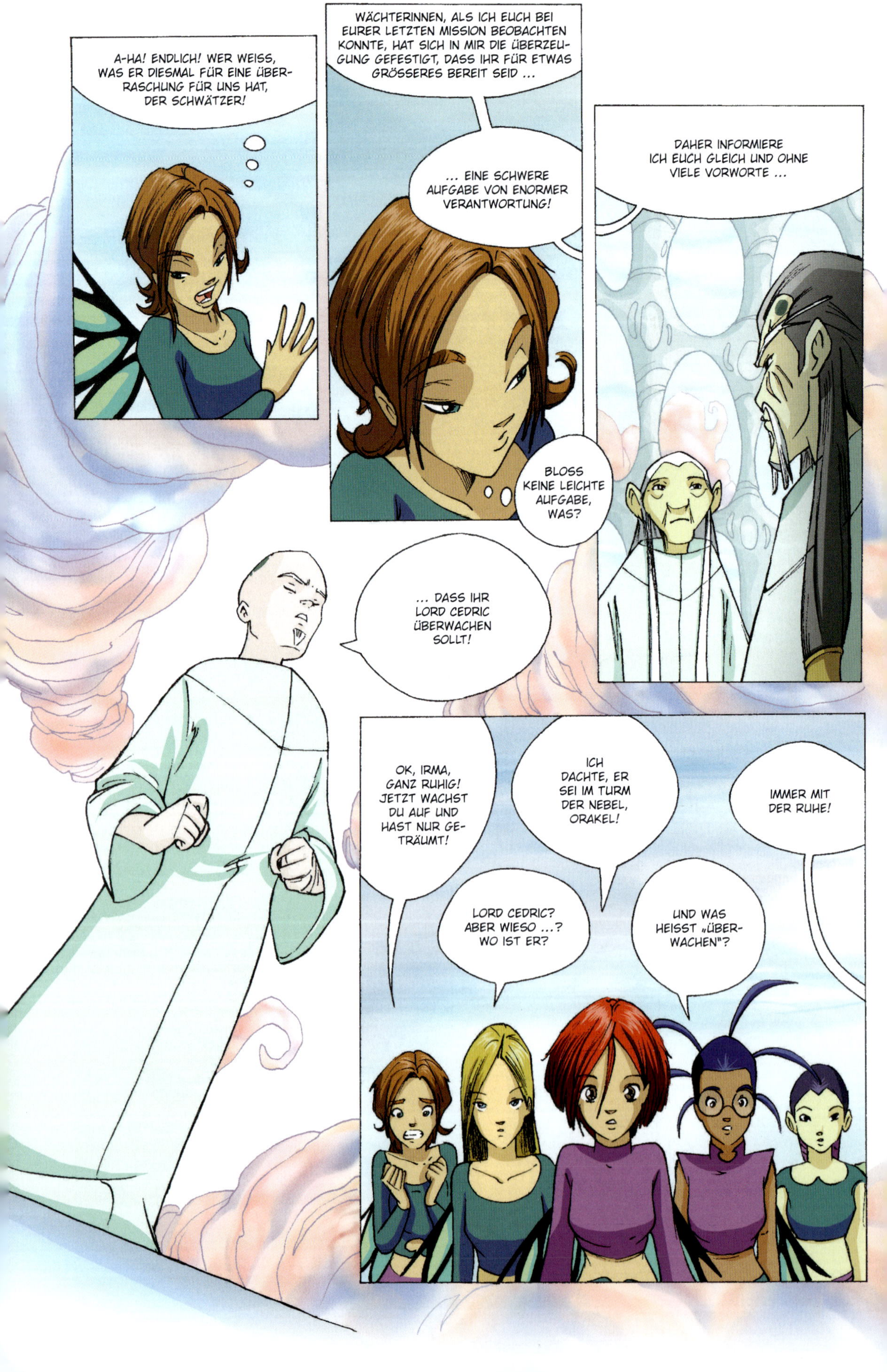
A-HA! ENDLICH! WER WEISS, WAS ER DIESMAL FÜR EINE ÜBER-RASCHUNG FÜR UNS HAT, DER SCHWÄTZER!
WÄCHTERINNEN, ALS ICH EUCH BEI EURER LETZTEN MISSION BEOBACHTEN KONNTE, HAT SICH IN MIR DIE ÜBERZEU-GUNG GEFESTIGT, DASS IHR FÜR ETWAS GRÖSSERES BEREIT SEID …
… EINE SCHWERE AUFGABE VON ENORMER VERANTWORTUNG!
BLOSS KEINE LEICHTE AUFGABE, WAS?
DAHER INFORMIERE ICH EUCH GLEICH UND OHNE VIELE VORWORTE …
… DASS IHR LORD CEDRIC ÜBERWACHEN SOLLT!
OK, IRMA, GANZ RUHIG! JETZT WACHST DU AUF UND HAST NUR GE-TRÄUMT!
ICH DACHTE, ER SEI IM TURM DER NEBEL, ORAKEL!
IMMER MIT DER RUHE!
LORD CEDRIC? ABER WIESO …? WO IST ER?
UND WAS HEISST „ÜBER-WACHEN"?

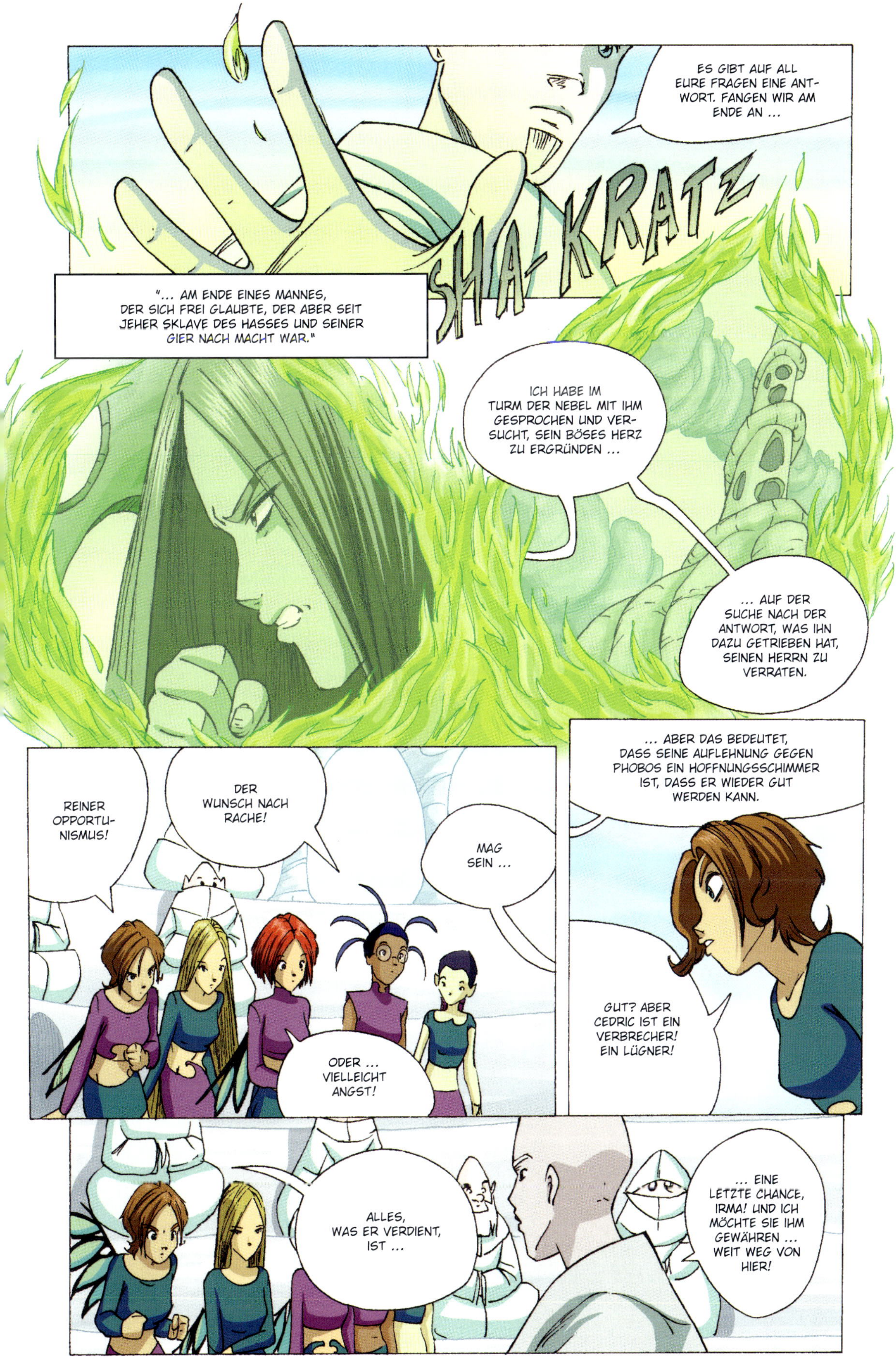
ES GIBT AUF ALL EURE FRAGEN EINE ANTWORT. FANGEN WIR AM ENDE AN …
SHA-KRATZ
"… AM ENDE EINES MANNES, DER SICH FREI GLAUBTE, DER ABER SEIT JEHER SKLAVE DES HASSES UND SEINER GIER NACH MACHT WAR."
ICH HABE IM TURM DER NEBEL MIT IHM GESPROCHEN UND VERSUCHT, SEIN BÖSES HERZ ZU ERGRÜNDEN …
… AUF DER SUCHE NACH DER ANTWORT, WAS IHN DAZU GETRIEBEN HAT, SEINEN HERRN ZU VERRATEN.
REINER OPPORTUNISMUS!
DER WUNSCH NACH RACHE!
MAG SEIN …
ODER … VIELLEICHT ANGST!
… ABER DAS BEDEUTET, DASS SEINE AUFLEHNUNG GEGEN PHOBOS EIN HOFFNUNGSSCHIMMER IST, DASS ER WIEDER GUT WERDEN KANN.
GUT? ABER CEDRIC IST EIN VERBRECHER! EIN LÜGNER!
ALLES, WAS ER VERDIENT, IST …
… EINE LETZTE CHANCE, IRMA! UND ICH MÖCHTE SIE IHM GEWÄHREN … WEIT WEG VON HIER!

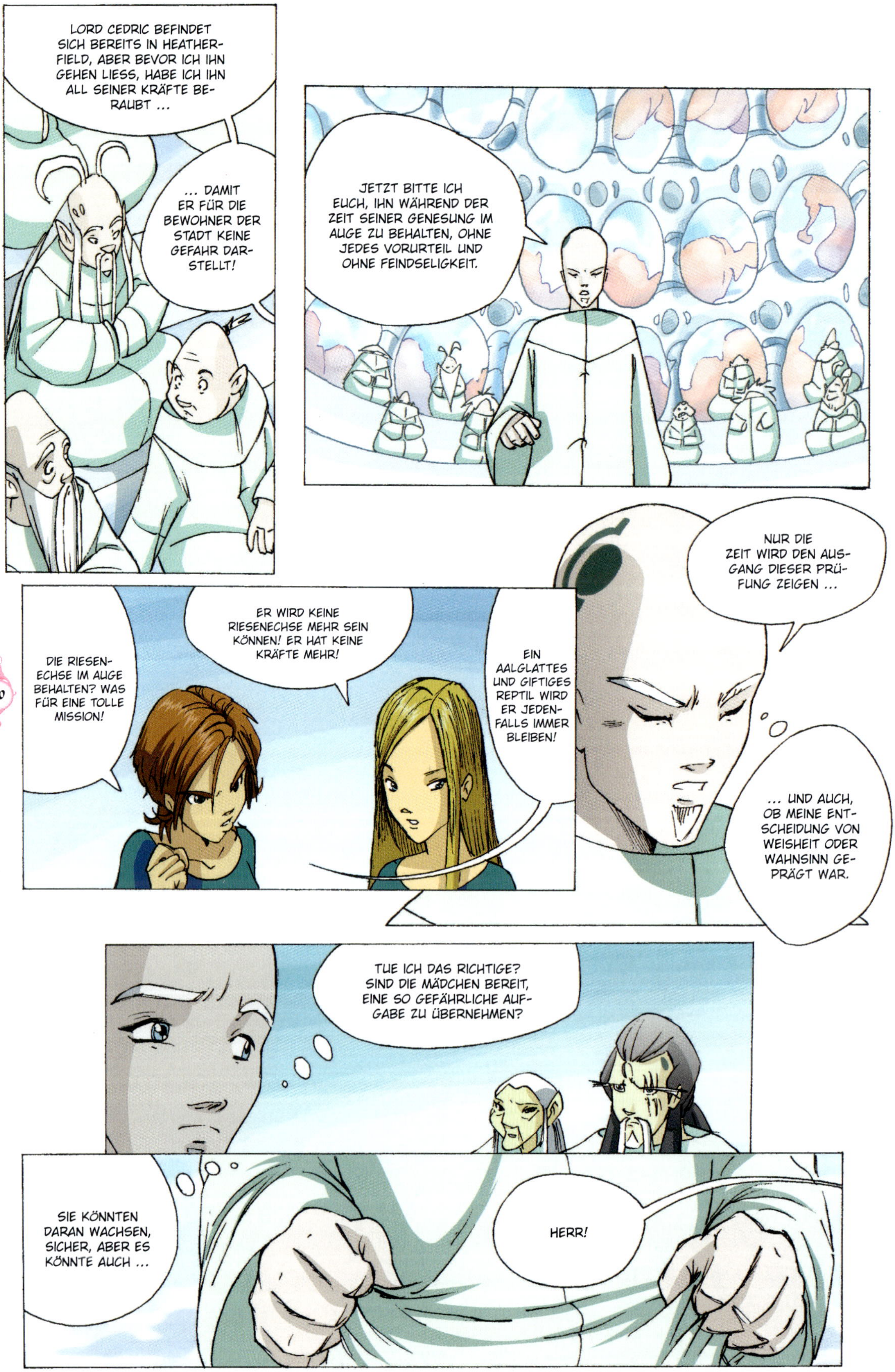
LORD CEDRIC BEFINDET SICH BEREITS IN HEATHER-FIELD, ABER BEVOR ICH IHN GEHEN LIESS, HABE ICH IHN ALL SEINER KRÄFTE BE-RAUBT ...
... DAMIT ER FÜR DIE BEWOHNER DER STADT KEINE GEFAHR DAR-STELLT!
JETZT BITTE ICH EUCH, IHN WÄHREND DER ZEIT SEINER GENESUNG IM AUGE ZU BEHALTEN, OHNE JEDES VORURTEIL UND OHNE FEINDSELIGKEIT.
DIE RIESEN-ECHSE IM AUGE BEHALTEN? WAS FÜR EINE TOLLE MISSION!
ER WIRD KEINE RIESENECHSE MEHR SEIN KÖNNEN! ER HAT KEINE KRÄFTE MEHR!
EIN AALGLATTES UND GIFTIGES REPTIL WIRD ER JEDEN-FALLS IMMER BLEIBEN!
NUR DIE ZEIT WIRD DEN AUS-GANG DIESER PRÜ-FUNG ZEIGEN ...
... UND AUCH, OB MEINE ENT-SCHEIDUNG VON WEISHEIT ODER WAHNSINN GE-PRÄGT WAR.
TUE ICH DAS RICHTIGE? SIND DIE MÄDCHEN BEREIT, EINE SO GEFÄHRLICHE AUF-GABE ZU ÜBERNEHMEN?
SIE KÖNNTEN DARAN WACHSEN, SICHER, ABER ES KÖNNTE AUCH ...
HERR!

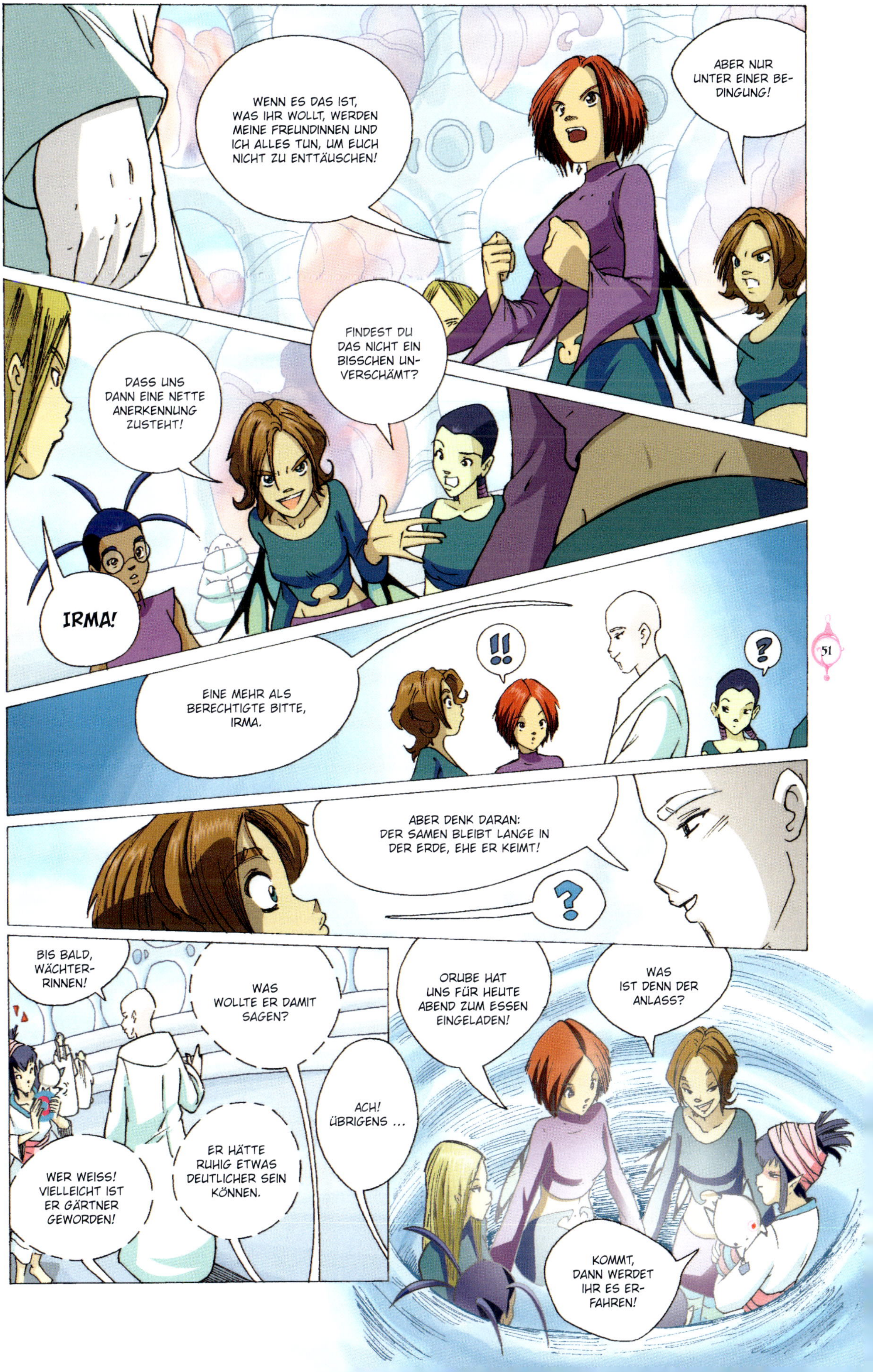
WENN ES DAS IST, WAS IHR WOLLT, WERDEN MEINE FREUNDINNEN UND ICH ALLES TUN, UM EUCH NICHT ZU ENTTÄUSCHEN!
ABER NUR UNTER EINER BEDINGUNG!
DASS UNS DANN EINE NETTE ANERKENNUNG ZUSTEHT!
FINDEST DU DAS NICHT EIN BISSCHEN UNVERSCHÄMT?
IRMA!
!!
?
EINE MEHR ALS BERECHTIGTE BITTE, IRMA.
ABER DENK DARAN: DER SAMEN BLEIBT LANGE IN DER ERDE, EHE ER KEIMT!
?
BIS BALD, WÄCHTERRINNEN!
WAS WOLLTE ER DAMIT SAGEN?
WER WEISS! VIELLEICHT IST ER GÄRTNER GEWORDEN!
ER HÄTTE RUHIG ETWAS DEUTLICHER SEIN KÖNNEN.
ACH! ÜBRIGENS ...
ORUBE HAT UNS FÜR HEUTE ABEND ZUM ESSEN EINGELADEN!
WAS IST DENN DER ANLASS?
KOMMT, DANN WERDET IHR ES ERFAHREN!

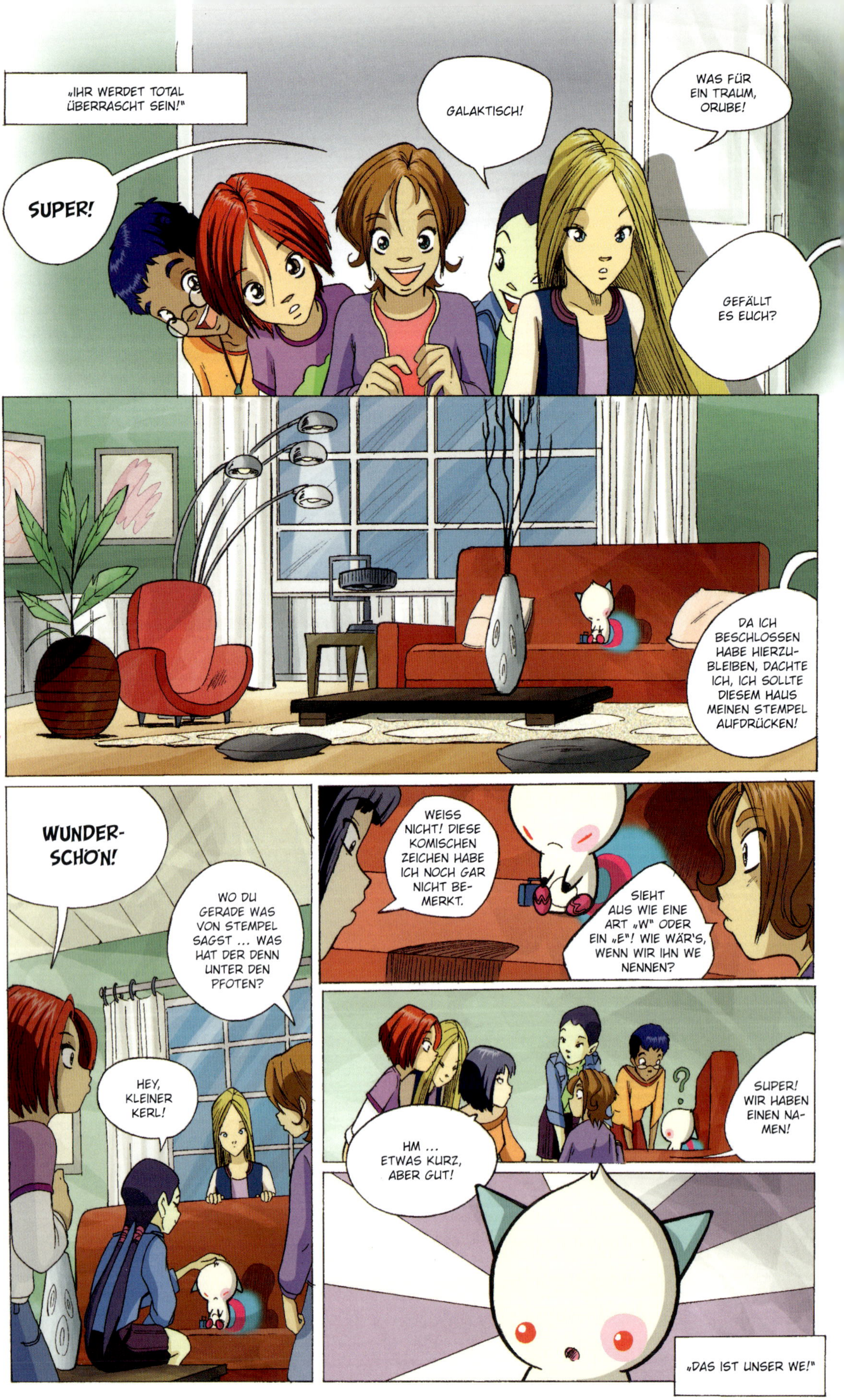
„IHR WERDET TOTAL ÜBERRASCHT SEIN!"
SUPER!
GALAKTISCH!
WAS FÜR EIN TRAUM, ORUBE!
GEFÄLLT ES EUCH?
DA ICH BESCHLOSSEN HABE HIERZU-BLEIBEN, DACHTE ICH, ICH SOLLTE DIESEM HAUS MEINEN STEMPEL AUFDRÜCKEN!
WUNDER-SCHÖN!
WO DU GERADE WAS VON STEMPEL SAGST ... WAS HAT DER DENN UNTER DEN PFOTEN?
HEY, KLEINER KERL!
WEISS NICHT! DIESE KOMISCHEN ZEICHEN HABE ICH NOCH GAR NICHT BE-MERKT.
SIEHT AUS WIE EINE ART „W" ODER EIN „E"! WIE WÄR'S, WENN WIR IHN WE NENNEN?
SUPER! WIR HABEN EINEN NA-MEN!
HM ... ETWAS KURZ, ABER GUT!
„DAS IST UNSER WE!"

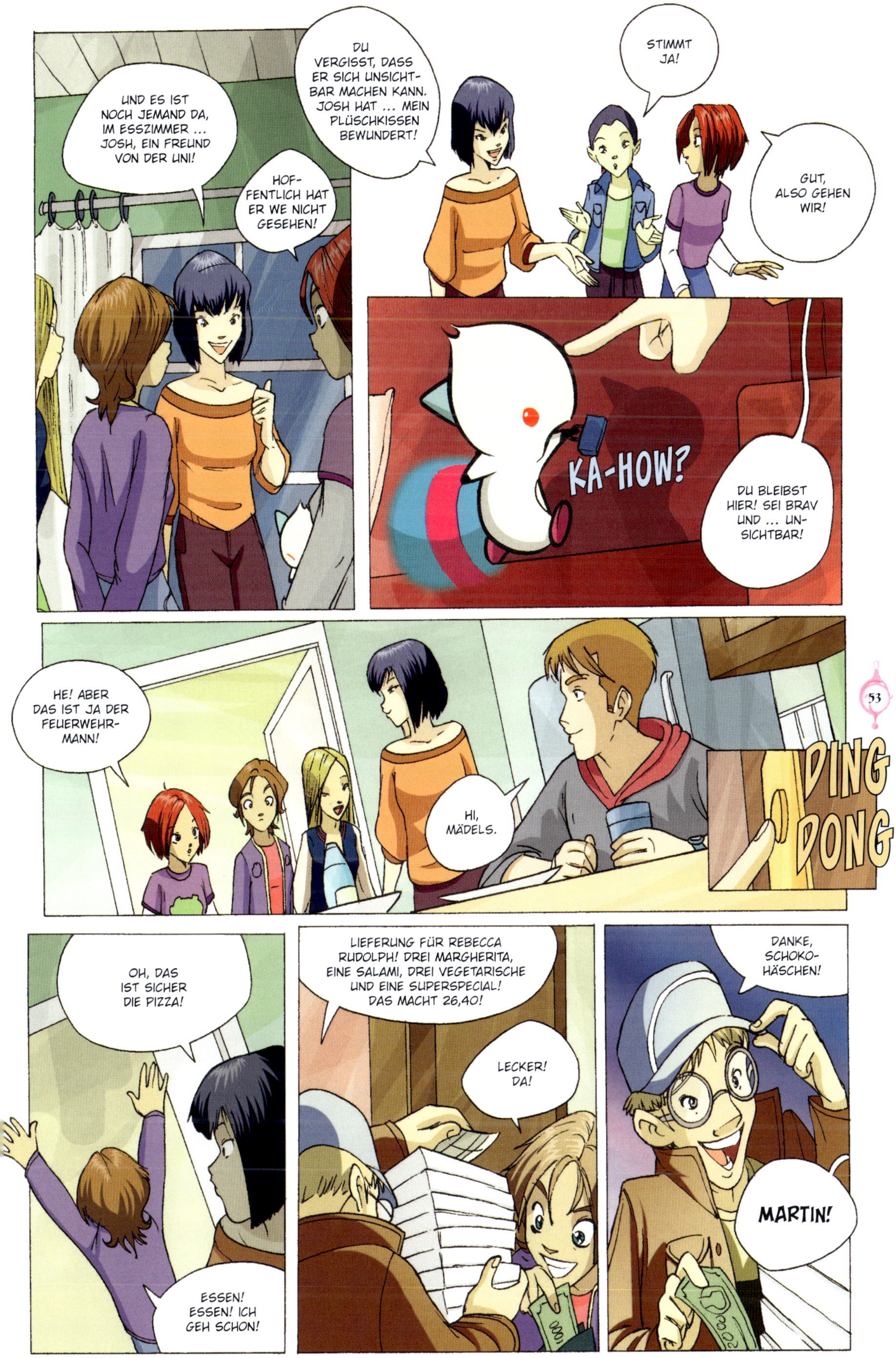
UND ES IST NOCH JEMAND DA, IM ESSZIMMER ... JOSH, EIN FREUND VON DER UNI!
HOF-FENTLICH HAT ER WE NICHT GESEHEN!
DU VERGISST, DASS ER SICH UNSICHT-BAR MACHEN KANN. JOSH HAT ... MEIN PLÜSCHKISSEN BEWUNDERT!
STIMMT JA!
GUT, ALSO GEHEN WIR!
KA-HOW?
DU BLEIBST HIER! SEI BRAV UND ... UN-SICHTBAR!
HE! ABER DAS IST JA DER FEUERWEHR-MANN!
HI, MÄDELS.
DING DONG
OH, DAS IST SICHER DIE PIZZA!
ESSEN! ESSEN! ICH GEH SCHON!
LIEFERUNG FÜR REBECCA RUDOLPH! DREI MARGHERITA, EINE SALAMI, DREI VEGETARISCHE UND EINE SUPERSPECIAL! DAS MACHT 26,40!
LECKER! DA!
DANKE, SCHOKO-HÄSCHEN!
MARTIN!

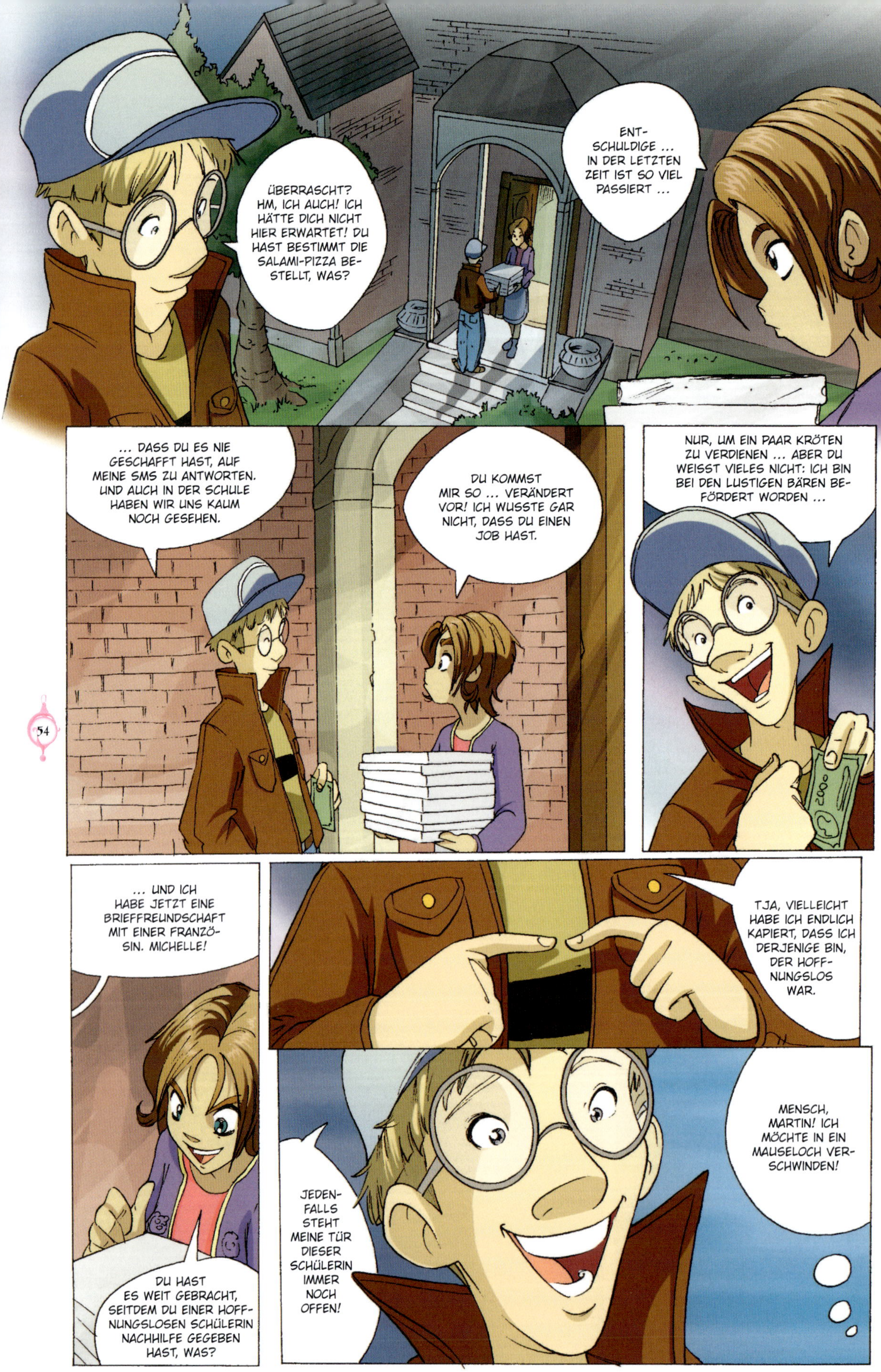
ÜBERRASCHT? HM, ICH AUCH! ICH HÄTTE DICH NICHT HIER ERWARTET! DU HAST BESTIMMT DIE SALAMI-PIZZA BESTELLT, WAS?
ENTSCHULDIGE … IN DER LETZTEN ZEIT IST SO VIEL PASSIERT …
… DASS DU ES NIE GESCHAFFT HAST, AUF MEINE SMS ZU ANTWORTEN. UND AUCH IN DER SCHULE HABEN WIR UNS KAUM NOCH GESEHEN.
DU KOMMST MIR SO … VERÄNDERT VOR! ICH WUSSTE GAR NICHT, DASS DU EINEN JOB HAST.
NUR, UM EIN PAAR KRÖTEN ZU VERDIENEN … ABER DU WEISST VIELES NICHT: ICH BIN BEI DEN LUSTIGEN BÄREN BEFÖRDERT WORDEN …
… UND ICH HABE JETZT EINE BRIEFFREUNDSCHAFT MIT EINER FRANZÖSIN. MICHELLE!
TJA, VIELLEICHT HABE ICH ENDLICH KAPIERT, DASS ICH DERJENIGE BIN, DER HOFFNUNGSLOS WAR.
DU HAST ES WEIT GEBRACHT, SEITDEM DU EINER HOFFNUNGSLOSEN SCHÜLERIN NACHHILFE GEGEBEN HAST, WAS?
JEDENFALLS STEHT MEINE TÜR DIESER SCHÜLERIN IMMER NOCH OFFEN!
MENSCH, MARTIN! ICH MÖCHTE IN EIN MAUSELOCH VERSCHWINDEN!

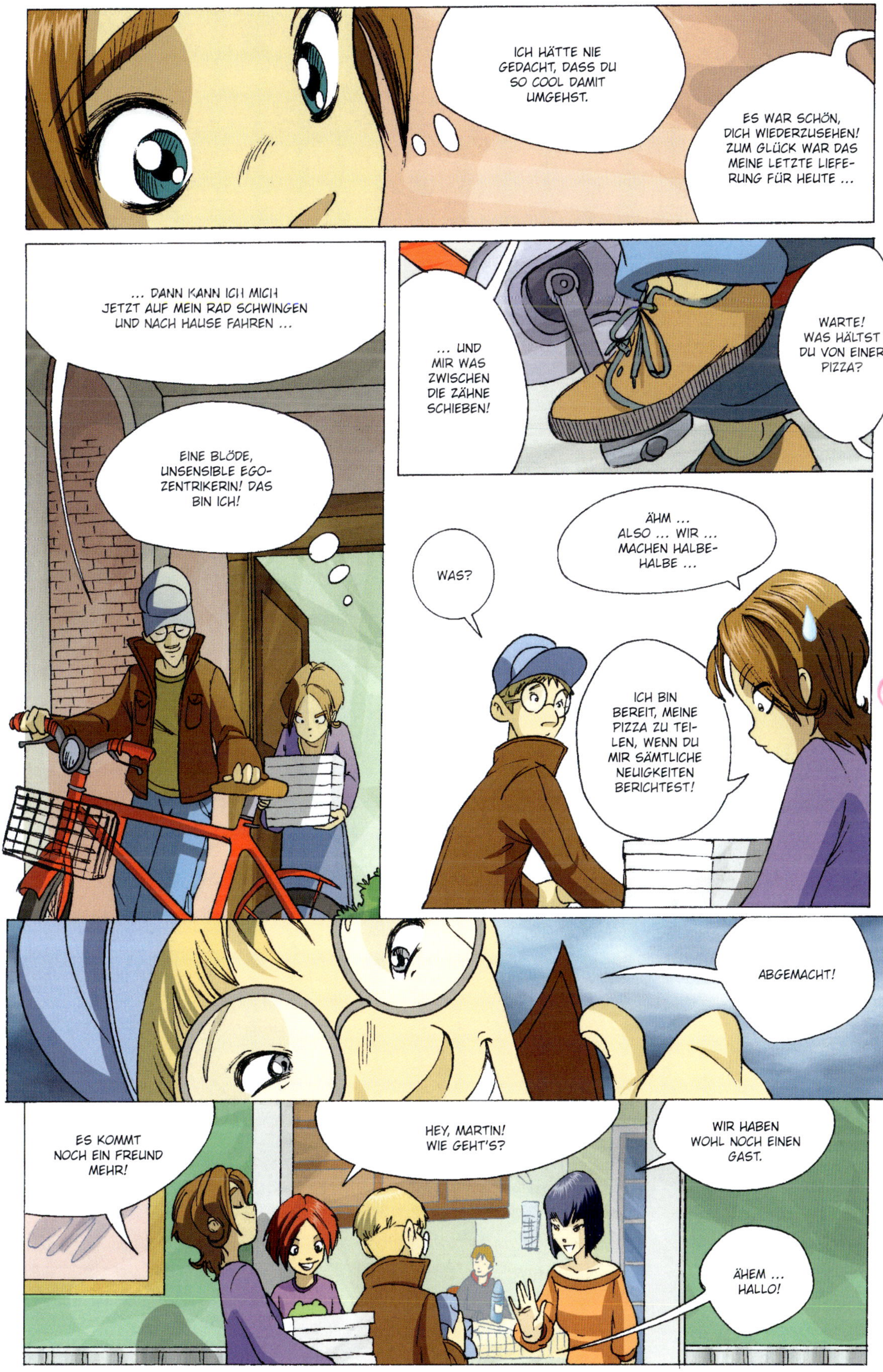
ICH HÄTTE NIE GEDACHT, DASS DU SO COOL DAMIT UMGEHST.
ES WAR SCHÖN, DICH WIEDERZUSEHEN! ZUM GLÜCK WAR DAS MEINE LETZTE LIEFE-RUNG FÜR HEUTE ...
... DANN KANN ICH MICH JETZT AUF MEIN RAD SCHWINGEN UND NACH HAUSE FAHREN ...
EINE BLÖDE, UNSENSIBLE EGO-ZENTRIKERIN! DAS BIN ICH!
... UND MIR WAS ZWISCHEN DIE ZÄHNE SCHIEBEN!
WARTE! WAS HÄLTST DU VON EINER PIZZA?
WAS?
ÄHM ... ALSO ... WIR ... MACHEN HALBE-HALBE ...
ICH BIN BEREIT, MEINE PIZZA ZU TEI-LEN, WENN DU MIR SÄMTLICHE NEUIGKEITEN BERICHTEST!
ABGEMACHT!
ES KOMMT NOCH EIN FREUND MEHR!
HEY, MARTIN! WIE GEHT'S?
WIR HABEN WOHL NOCH EINEN GAST.
ÄHEM ... HALLO!

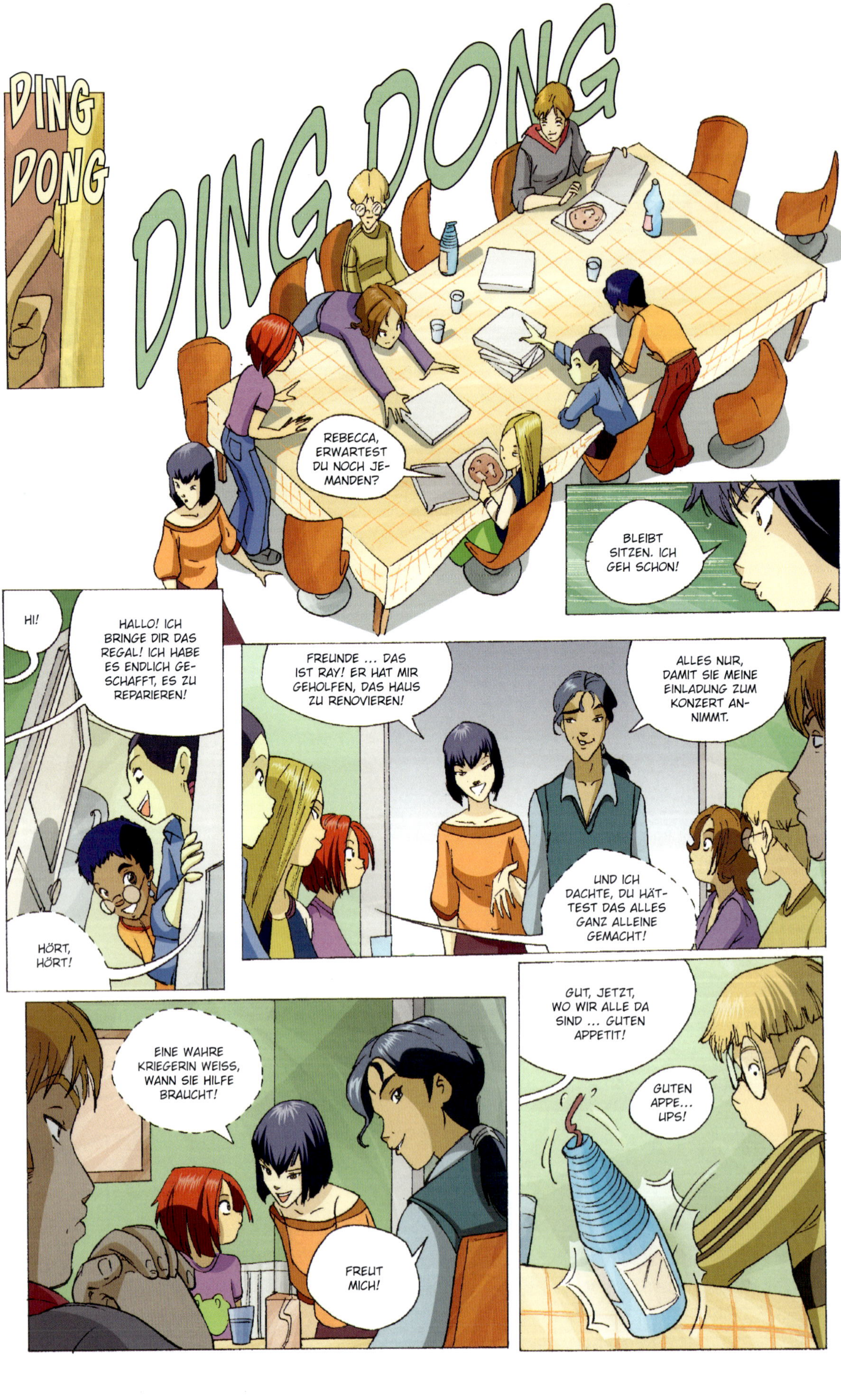
DING DONG
DING DONG
REBECCA, ERWARTEST DU NOCH JEMANDEN?
BLEIBT SITZEN. ICH GEH SCHON!
HI!
HALLO! ICH BRINGE DIR DAS REGAL! ICH HABE ES ENDLICH GESCHAFFT, ES ZU REPARIEREN!
HÖRT, HÖRT!
FREUNDE ... DAS IST RAY! ER HAT MIR GEHOLFEN, DAS HAUS ZU RENOVIEREN!
ALLES NUR, DAMIT SIE MEINE EINLADUNG ZUM KONZERT ANNIMMT.
UND ICH DACHTE, DU HÄTTEST DAS ALLES GANZ ALLEINE GEMACHT!
EINE WAHRE KRIEGERIN WEISS, WANN SIE HILFE BRAUCHT!
FREUT MICH!
GUT, JETZT, WO WIR ALLE DA SIND ... GUTEN APPETIT!
GUTEN APPE... UPS!

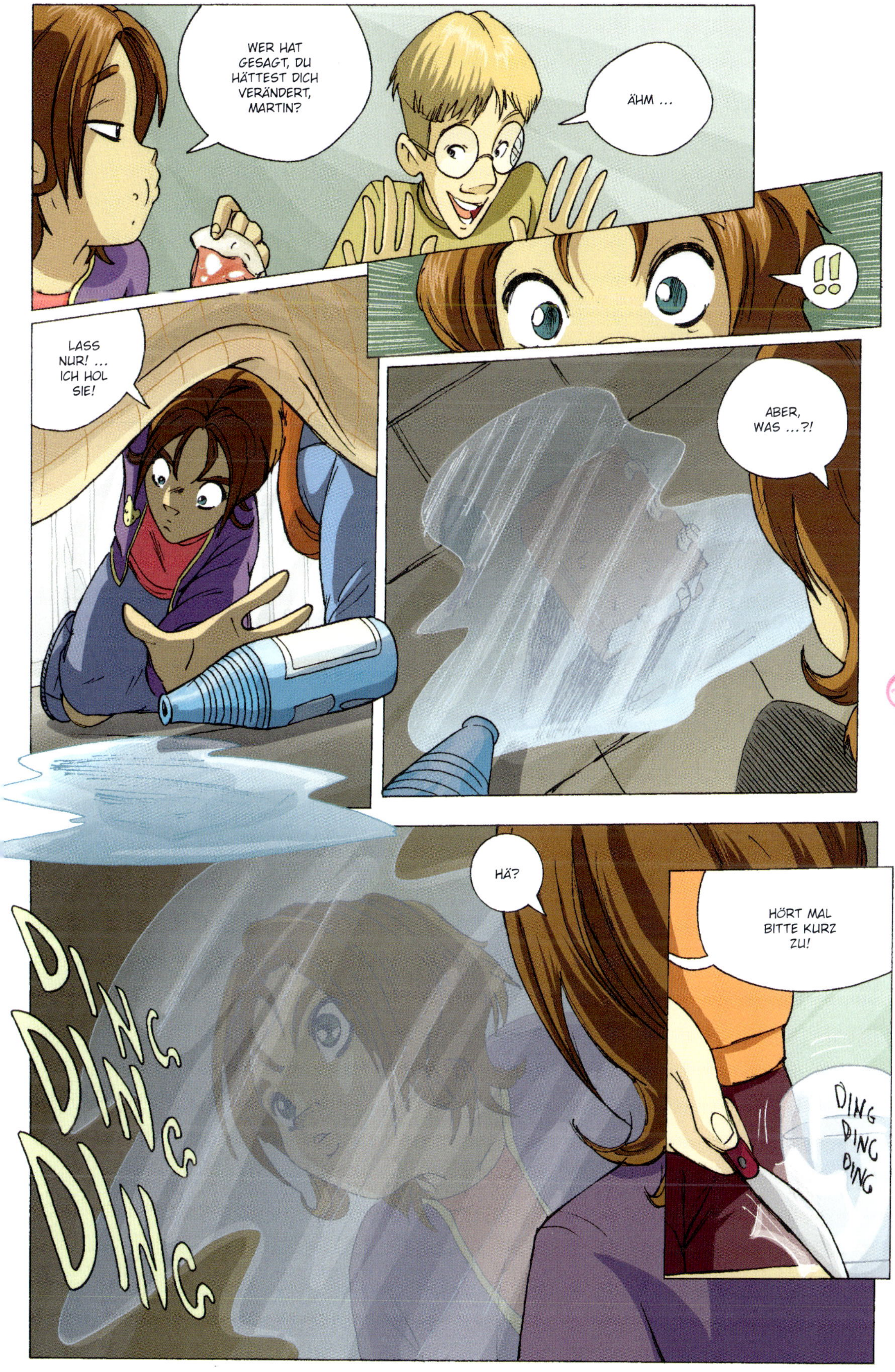
WER HAT GESAGT, DU HÄTTEST DICH VERÄNDERT, MARTIN?
ÄHM ...
!!
LASS NUR! ... ICH HOL SIE!
ABER, WAS ...?!
HÄ?
DING DING DING
HÖRT MAL BITTE KURZ ZU!
DING DING DING

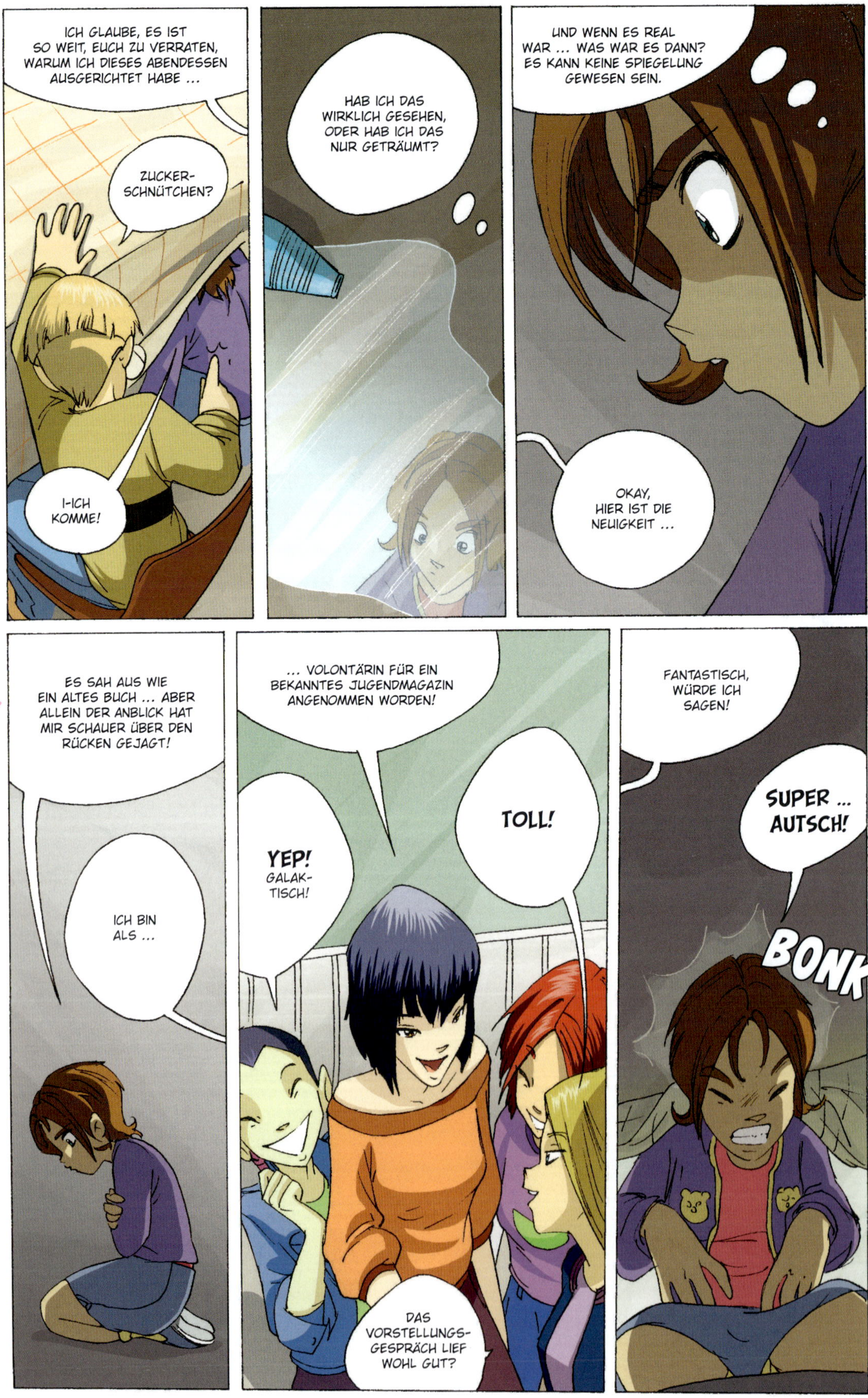

ICH GLAUBE, ES IST SO WEIT, EUCH ZU VERRATEN, WARUM ICH DIESES ABENDESSEN AUSGERICHTET HABE ...
ZUCKER-SCHNÜTCHEN?
I-ICH KOMME!
HAB ICH DAS WIRKLICH GESEHEN, ODER HAB ICH DAS NUR GETRÄUMT?
UND WENN ES REAL WAR ... WAS WAR ES DANN? ES KANN KEINE SPIEGELUNG GEWESEN SEIN.
OKAY, HIER IST DIE NEUIGKEIT ...
ES SAH AUS WIE EIN ALTES BUCH ... ABER ALLEIN DER ANBLICK HAT MIR SCHAUER ÜBER DEN RÜCKEN GEJAGT!
ICH BIN ALS ...
... VOLONTÄRIN FÜR EIN BEKANNTES JUGENDMAGAZIN ANGENOMMEN WORDEN!
YEP! GALAK-TISCH!
TOLL!
DAS VORSTELLUNGS-GESPRÄCH LIEF WOHL GUT?
FANTASTISCH, WÜRDE ICH SAGEN!
SUPER ... AUTSCH!
BONK

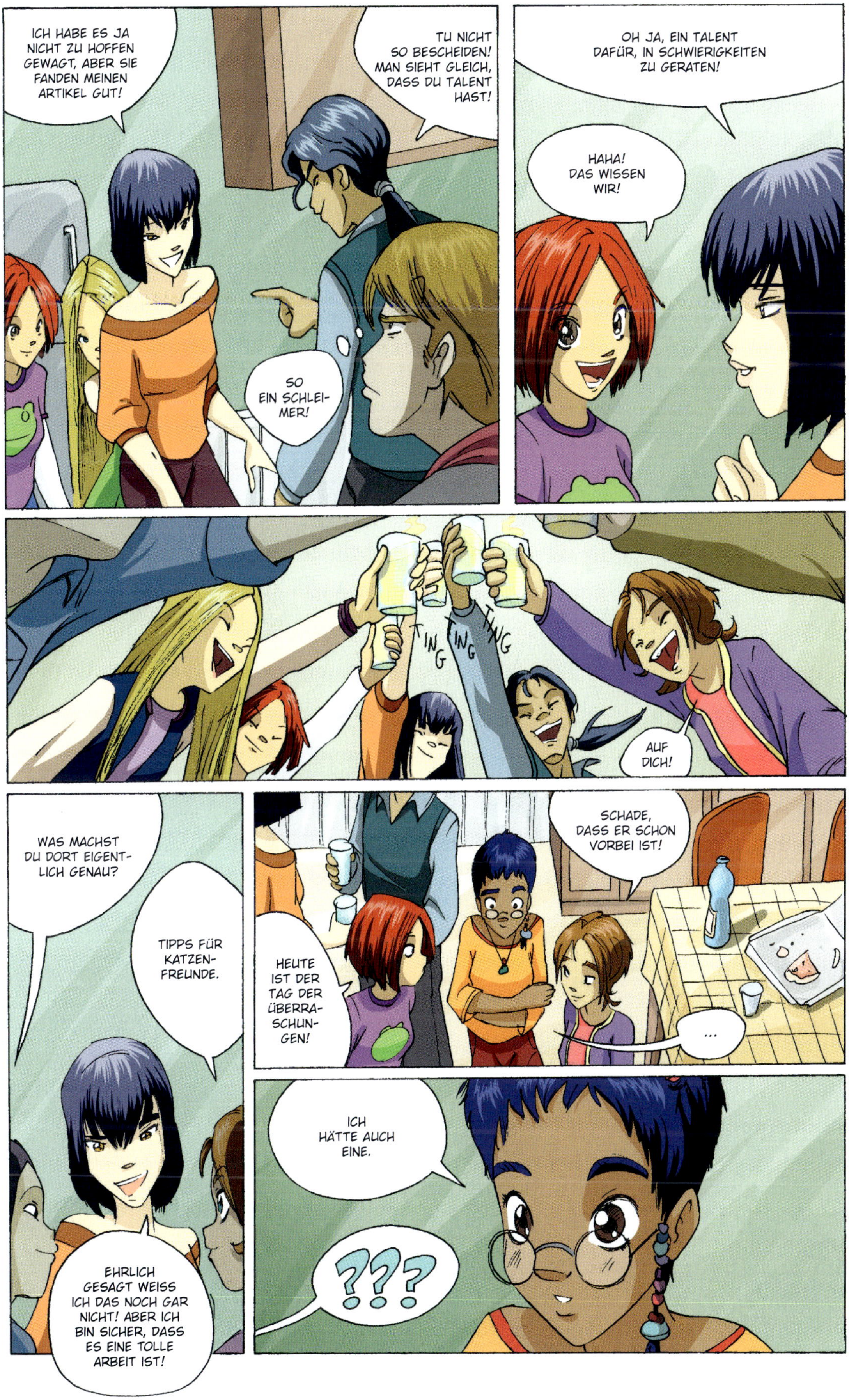
ICH HABE ES JA NICHT ZU HOFFEN GEWAGT, ABER SIE FANDEN MEINEN ARTIKEL GUT!
TU NICHT SO BESCHEIDEN! MAN SIEHT GLEICH, DASS DU TALENT HAST!
SO EIN SCHLEI-MER!
OH JA, EIN TALENT DAFÜR, IN SCHWIERIGKEITEN ZU GERATEN!
HAHA! DAS WISSEN WIR!
KING
TING
TING
AUF DICH!
WAS MACHST DU DORT EIGENT-LICH GENAU?
TIPPS FÜR KATZEN-FREUNDE.
EHRLICH GESAGT WEISS ICH DAS NOCH GAR NICHT! ABER ICH BIN SICHER, DASS ES EINE TOLLE ARBEIT IST!
SCHADE, DASS ER SCHON VORBEI IST!
HEUTE IST DER TAG DER ÜBERRA-SCHUN-GEN!
...
ICH HÄTTE AUCH EINE.
???

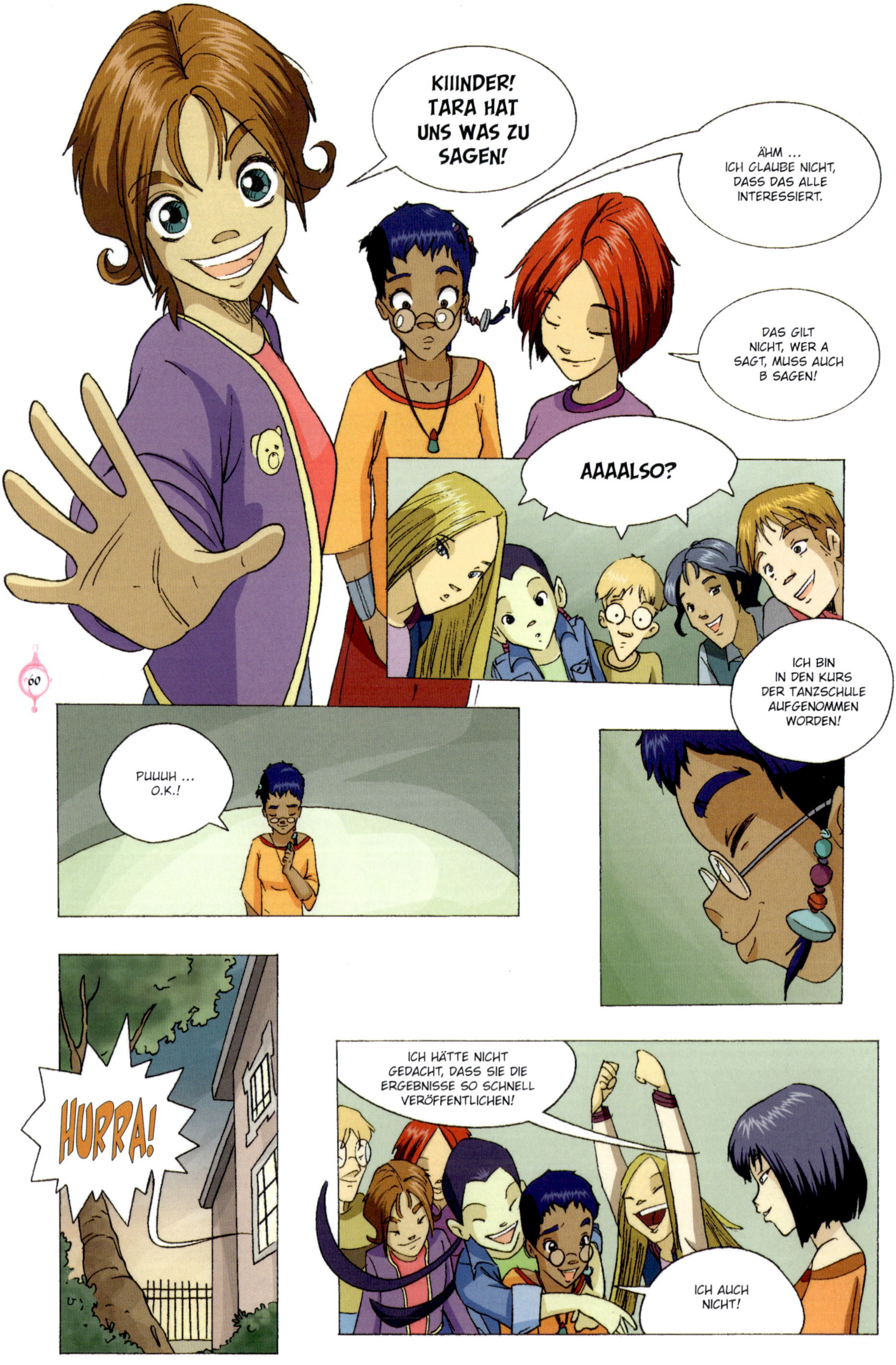
KIIINDER! TARA HAT UNS WAS ZU SAGEN!
ÄHM ... ICH GLAUBE NICHT, DASS DAS ALLE INTERESSIERT.
DAS GILT NICHT, WER A SAGT, MUSS AUCH B SAGEN!
AAAALSO?
ICH BIN IN DEN KURS DER TANZSCHULE AUFGENOMMEN WORDEN!
PUUUH ... O.K.!
HURRA!
ICH HÄTTE NICHT GEDACHT, DASS SIE DIE ERGEBNISSE SO SCHNELL VERÖFFENTLICHEN!
ICH AUCH NICHT!

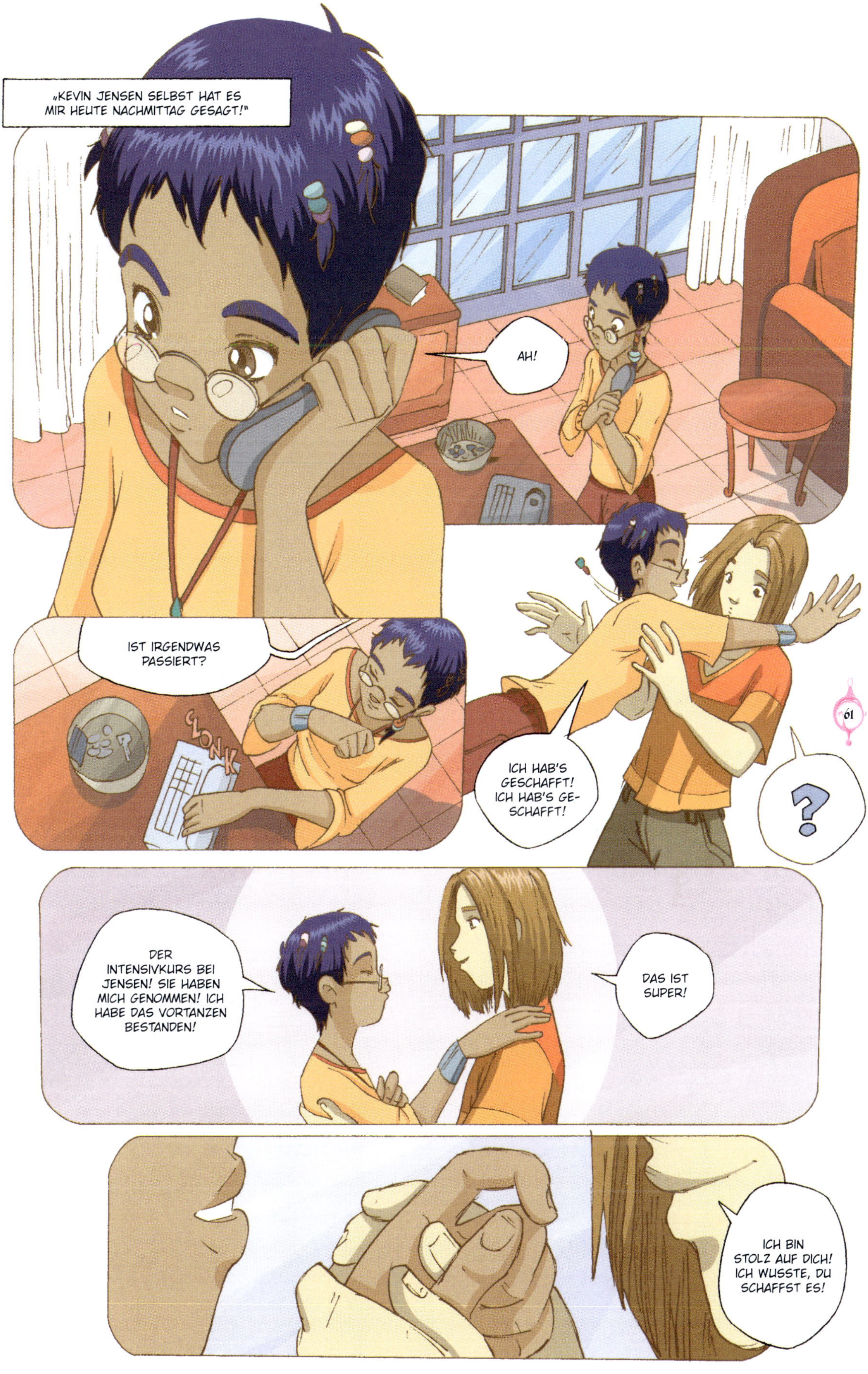
„KEVIN JENSEN SELBST HAT ES MIR HEUTE NACHMITTAG GESAGT!“
AH!
IST IRGENDWAS PASSIERT?
CLONK
ICH HAB'S GESCHAFFT! ICH HAB'S GE-SCHAFFT!
?
DER INTENSIVKURS BEI JENSEN! SIE HABEN MICH GENOMMEN! ICH HABE DAS VORTANZEN BESTANDEN!
DAS IST SUPER!
ICH BIN STOLZ AUF DICH! ICH WUSSTE, DU SCHAFFST ES!

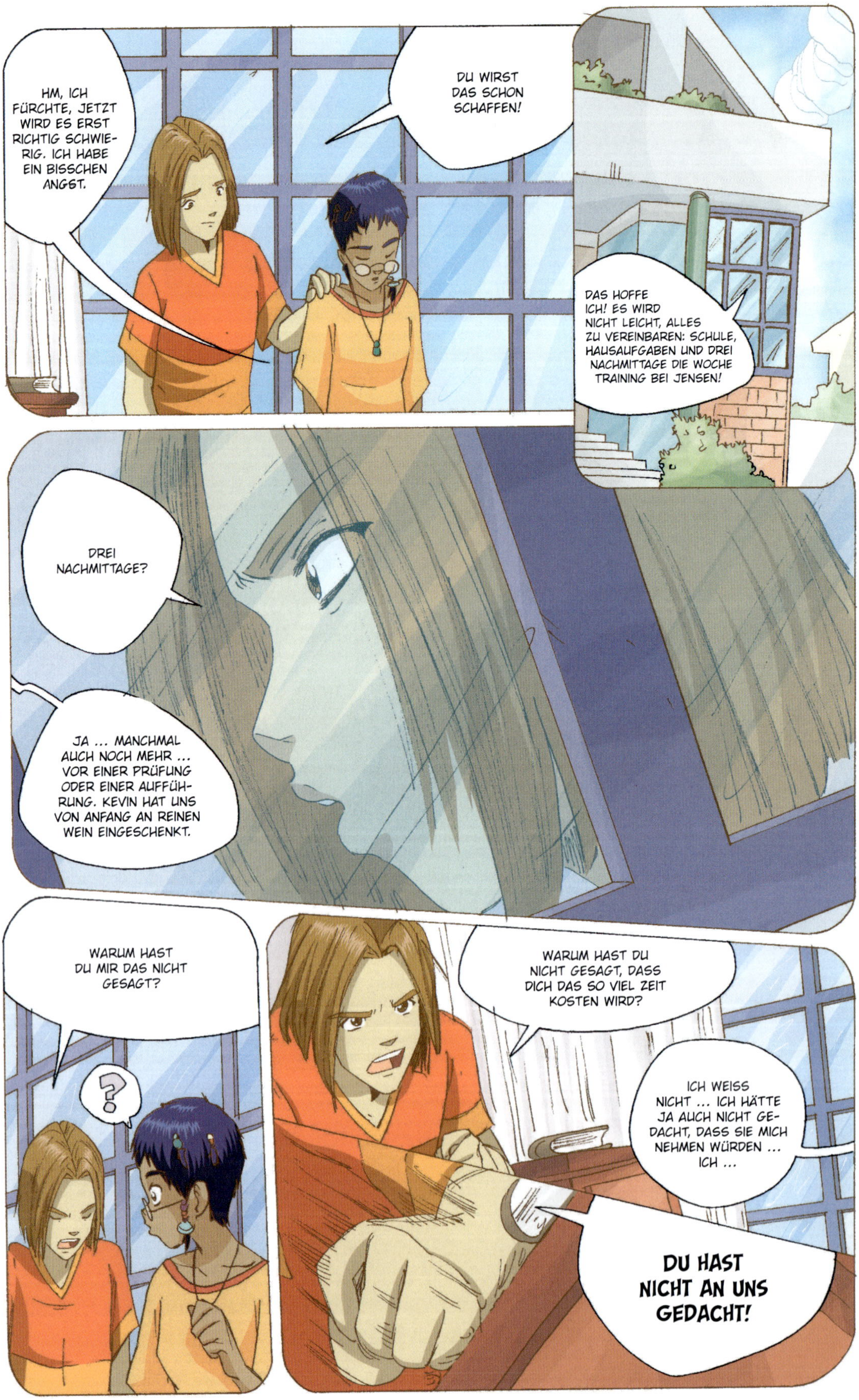
HM, ICH FÜRCHTE, JETZT WIRD ES ERST RICHTIG SCHWIERIG. ICH HABE EIN BISSCHEN ANGST.
DU WIRST DAS SCHON SCHAFFEN!
DAS HOFFE ICH! ES WIRD NICHT LEICHT, ALLES ZU VEREINBAREN: SCHULE, HAUSAUFGABEN UND DREI NACHMITTAGE DIE WOCHE TRAINING BEI JENSEN!
DREI NACHMITTAGE?
JA ... MANCHMAL AUCH NOCH MEHR ... VOR EINER PRÜFUNG ODER EINER AUFFÜHRUNG. KEVIN HAT UNS VON ANFANG AN REINEN WEIN EINGESCHENKT.
WARUM HAST DU MIR DAS NICHT GESAGT?
?
WARUM HAST DU NICHT GESAGT, DASS DICH DAS SO VIEL ZEIT KOSTEN WIRD?
ICH WEISS NICHT ... ICH HÄTTE JA AUCH NICHT GEDACHT, DASS SIE MICH NEHMEN WÜRDEN ... ICH ...
DU HAST NICHT AN UNS GEDACHT!

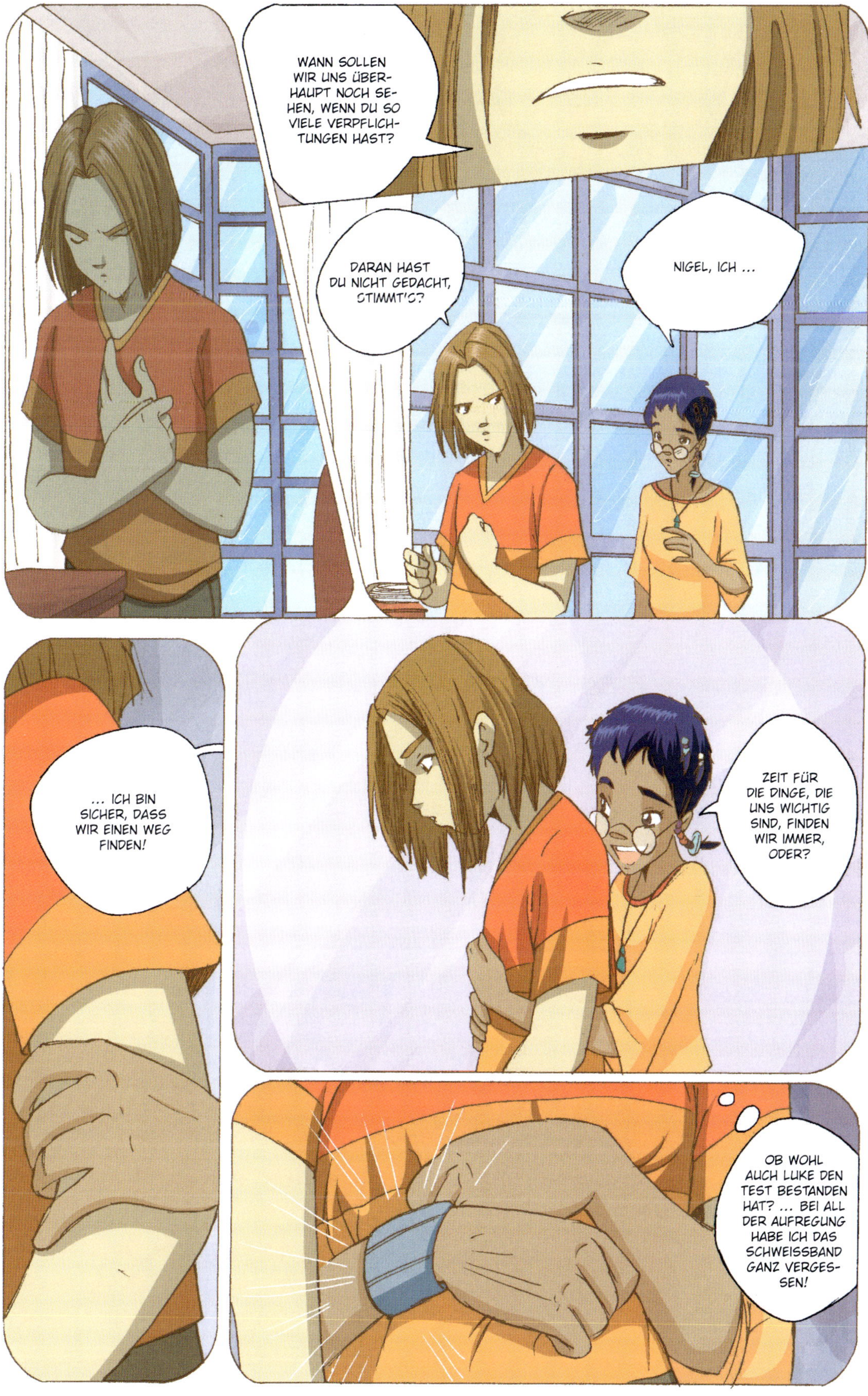
WANN SOLLEN WIR UNS ÜBERHAUPT NOCH SEHEN, WENN DU SO VIELE VERPFLICHTUNGEN HAST?
DARAN HAST DU NICHT GEDACHT, STIMMT'S?
NIGEL, ICH ...
... ICH BIN SICHER, DASS WIR EINEN WEG FINDEN!
ZEIT FÜR DIE DINGE, DIE UNS WICHTIG SIND, FINDEN WIR IMMER, ODER?
OB WOHL AUCH LUKE DEN TEST BESTANDEN HAT? ... BEI ALL DER AUFREGUNG HABE ICH DAS SCHWEISSBAND GANZ VERGESSEN!

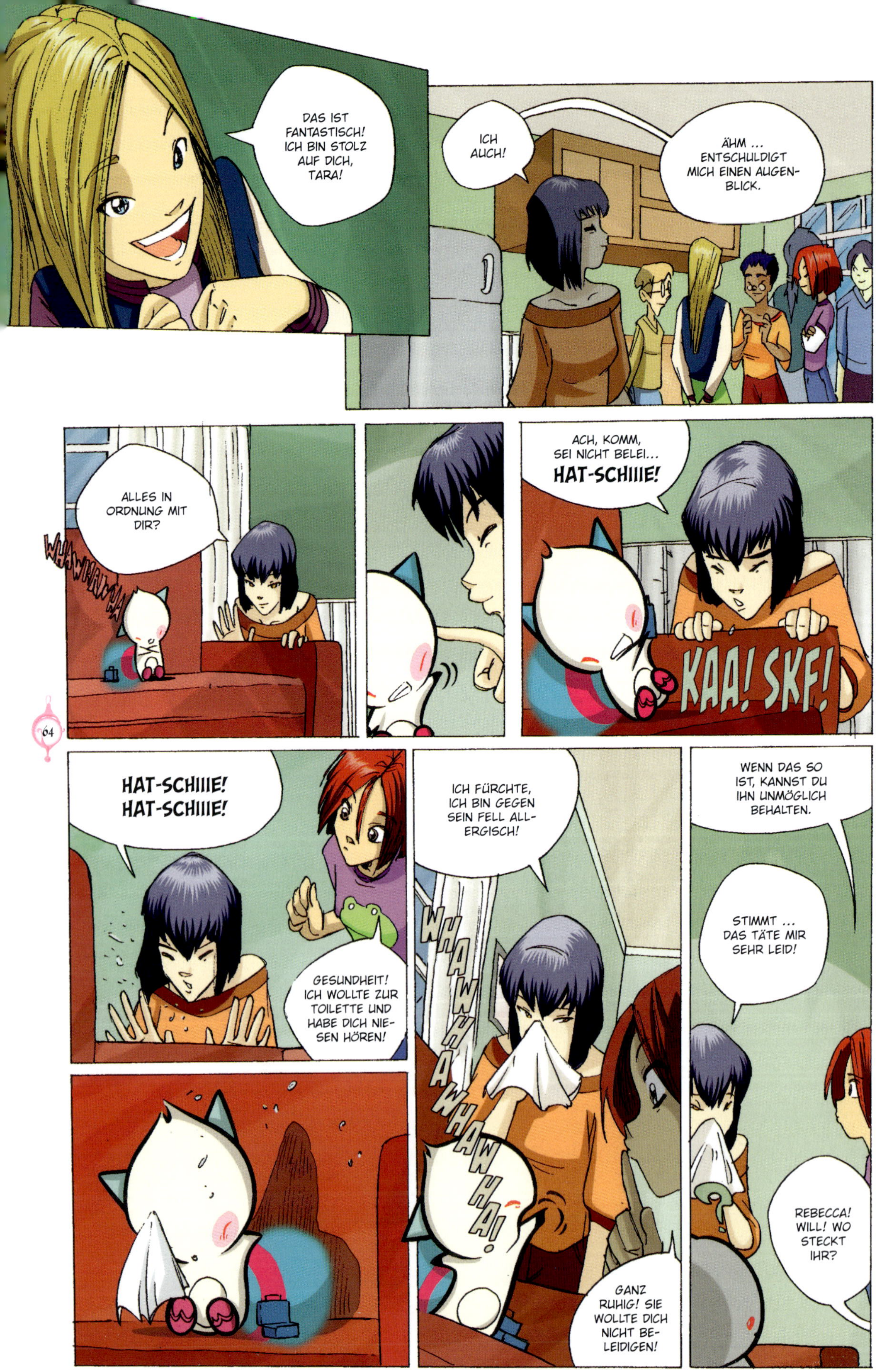
DAS IST FANTASTISCH! ICH BIN STOLZ AUF DICH, TARA!
ICH AUCH!
ÄHM ... ENTSCHULDIGT MICH EINEN AUGEN-BLICK.
ALLES IN ORDNUNG MIT DIR?
ACH, KOMM, SEI NICHT BELEI... HAT-SCHIIIE!
KAA! SKF!
HAT-SCHIIIE! HAT-SCHIIIE!
GESUNDHEIT! ICH WOLLTE ZUR TOILETTE UND HABE DICH NIE-SEN HÖREN!
ICH FÜRCHTE, ICH BIN GEGEN SEIN FELL ALL-ERGISCH!
GANZ RUHIG! SIE WOLLTE DICH NICHT BE-LEIDIGEN!
WENN DAS SO IST, KANNST DU IHN UNMÖGLICH BEHALTEN.
STIMMT ... DAS TÄTE MIR SEHR LEID!
REBECCA! WILL! WO STECKT IHR?

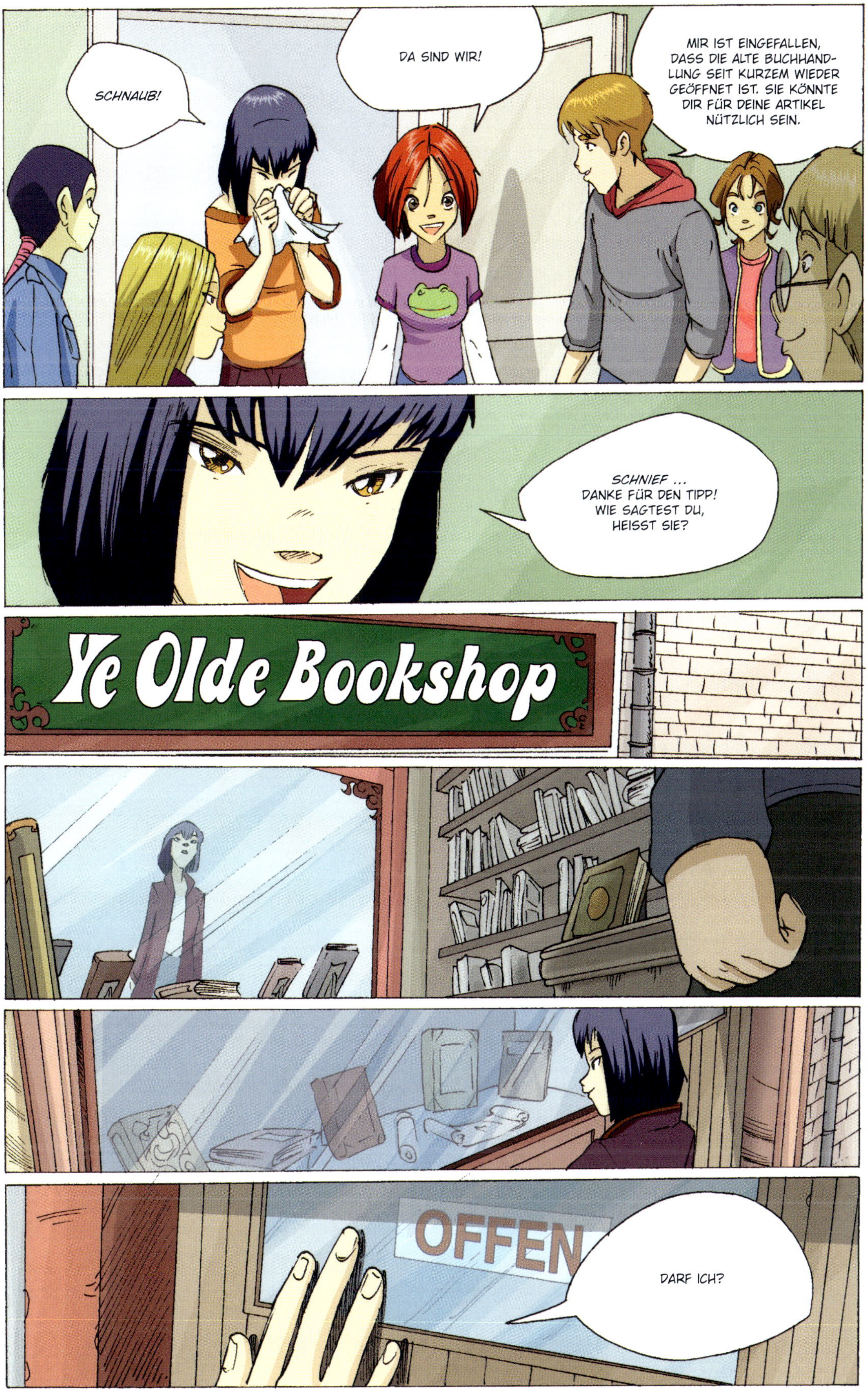
SCHNAUB!
DA SIND WIR!
MIR IST EINGEFALLEN, DASS DIE ALTE BUCHHANDLUNG SEIT KURZEM WIEDER GEÖFFNET IST. SIE KÖNNTE DIR FÜR DEINE ARTIKEL NÜTZLICH SEIN.
SCHNIEF ... DANKE FÜR DEN TIPP! WIE SAGTEST DU, HEISST SIE?
Ye Olde Bookshop
OFFEN
DARF ICH?

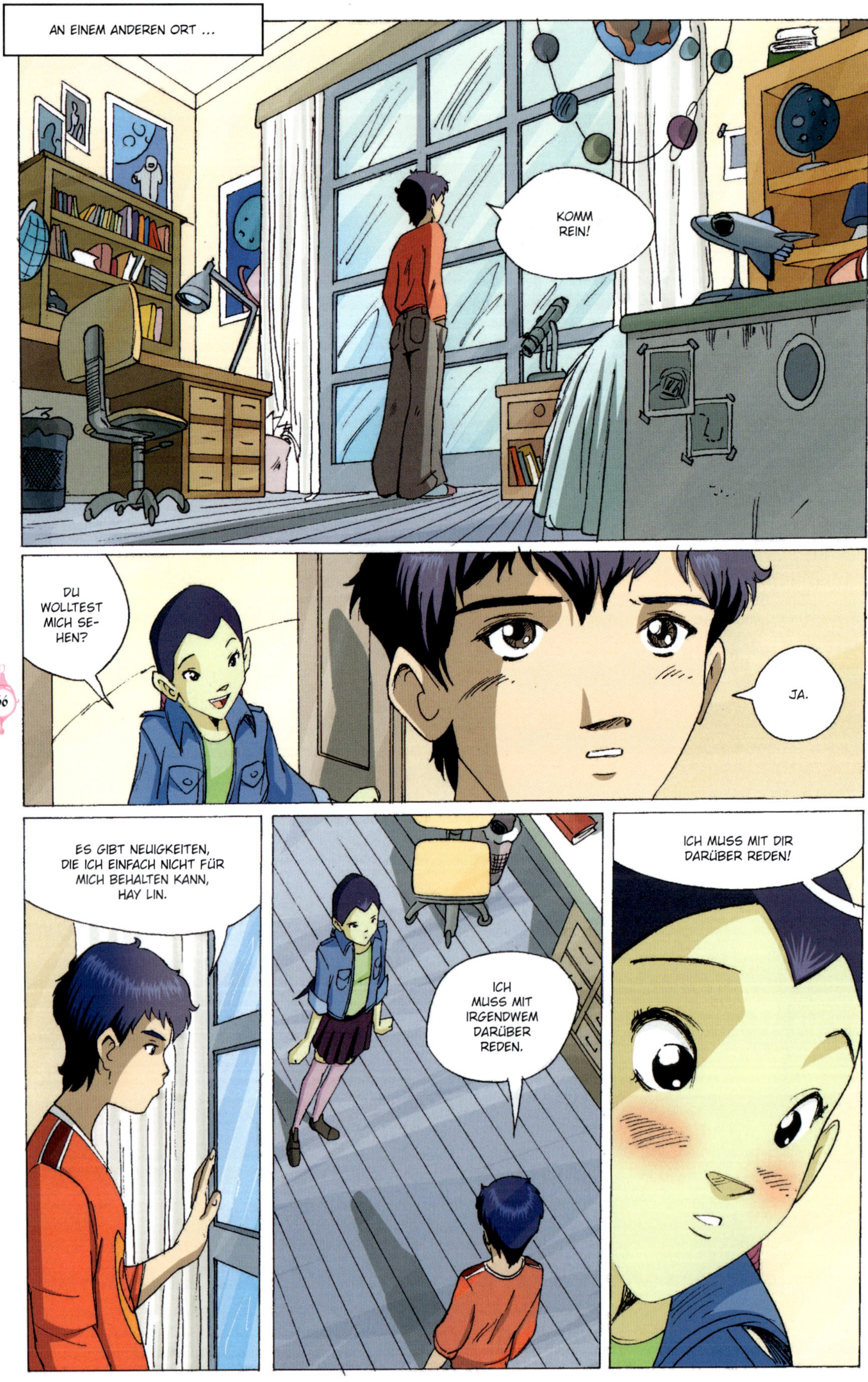
AN EINEM ANDEREN ORT …
KOMM REIN!
DU WOLLTEST MICH SE-HEN?
JA.
ES GIBT NEUIGKEITEN, DIE ICH EINFACH NICHT FÜR MICH BEHALTEN KANN, HAY LIN.
ICH MUSS MIT IRGENDWEM DARÜBER REDEN.
ICH MUSS MIT DIR DARÜBER REDEN!

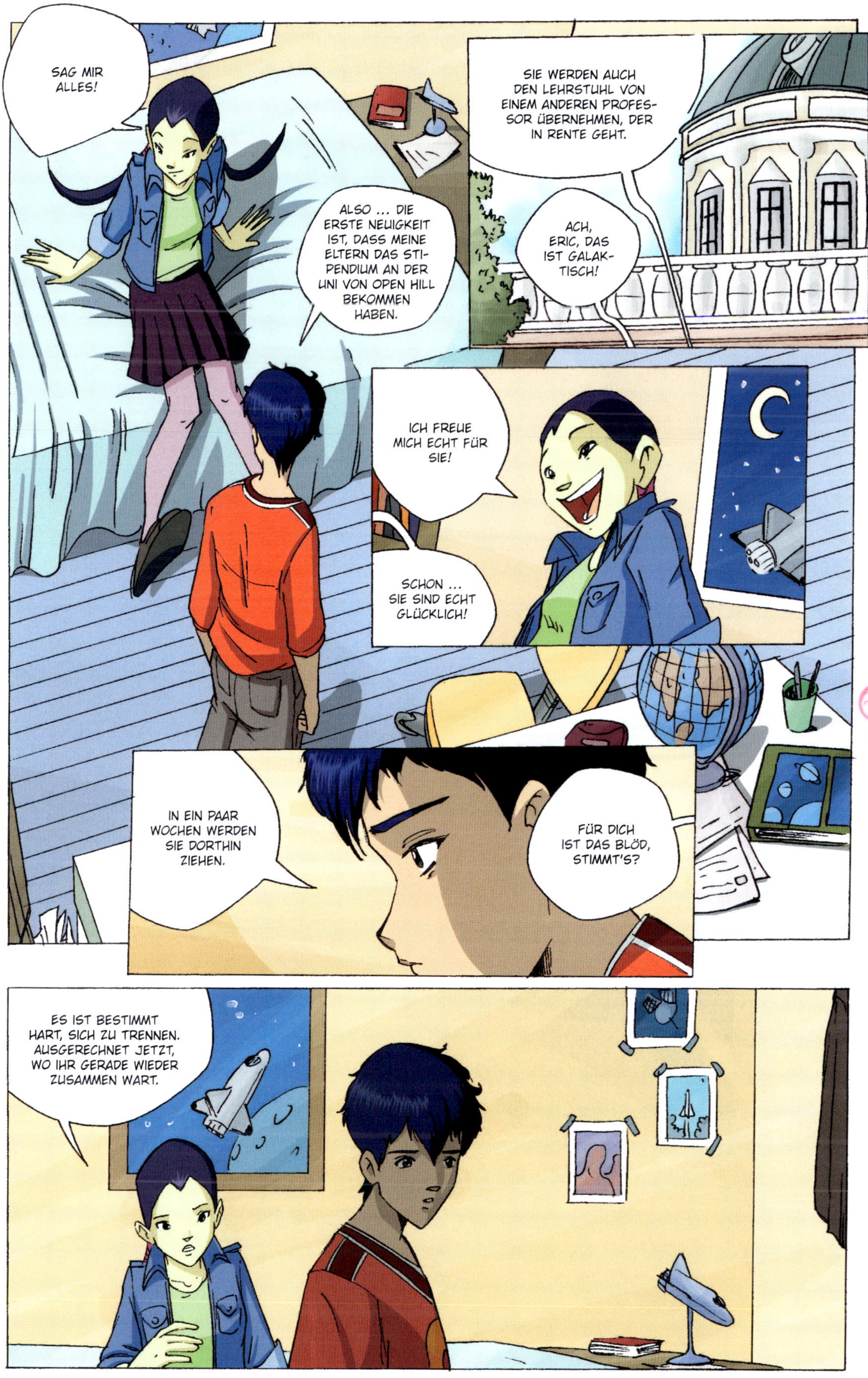
SAG MIR ALLES!
ALSO ... DIE ERSTE NEUIGKEIT IST, DASS MEINE ELTERN DAS STIPENDIUM AN DER UNI VON OPEN HILL BEKOMMEN HABEN.
SIE WERDEN AUCH DEN LEHRSTUHL VON EINEM ANDEREN PROFESSOR ÜBERNEHMEN, DER IN RENTE GEHT.
ACH, ERIC, DAS IST GALAKTISCH!
ICH FREUE MICH ECHT FÜR SIE!
SCHON ... SIE SIND ECHT GLÜCKLICH!
IN EIN PAAR WOCHEN WERDEN SIE DORTHIN ZIEHEN.
FÜR DICH IST DAS BLÖD, STIMMT'S?
ES IST BESTIMMT HART, SICH ZU TRENNEN. AUSGERECHNET JETZT, WO IHR GERADE WIEDER ZUSAMMEN WART.

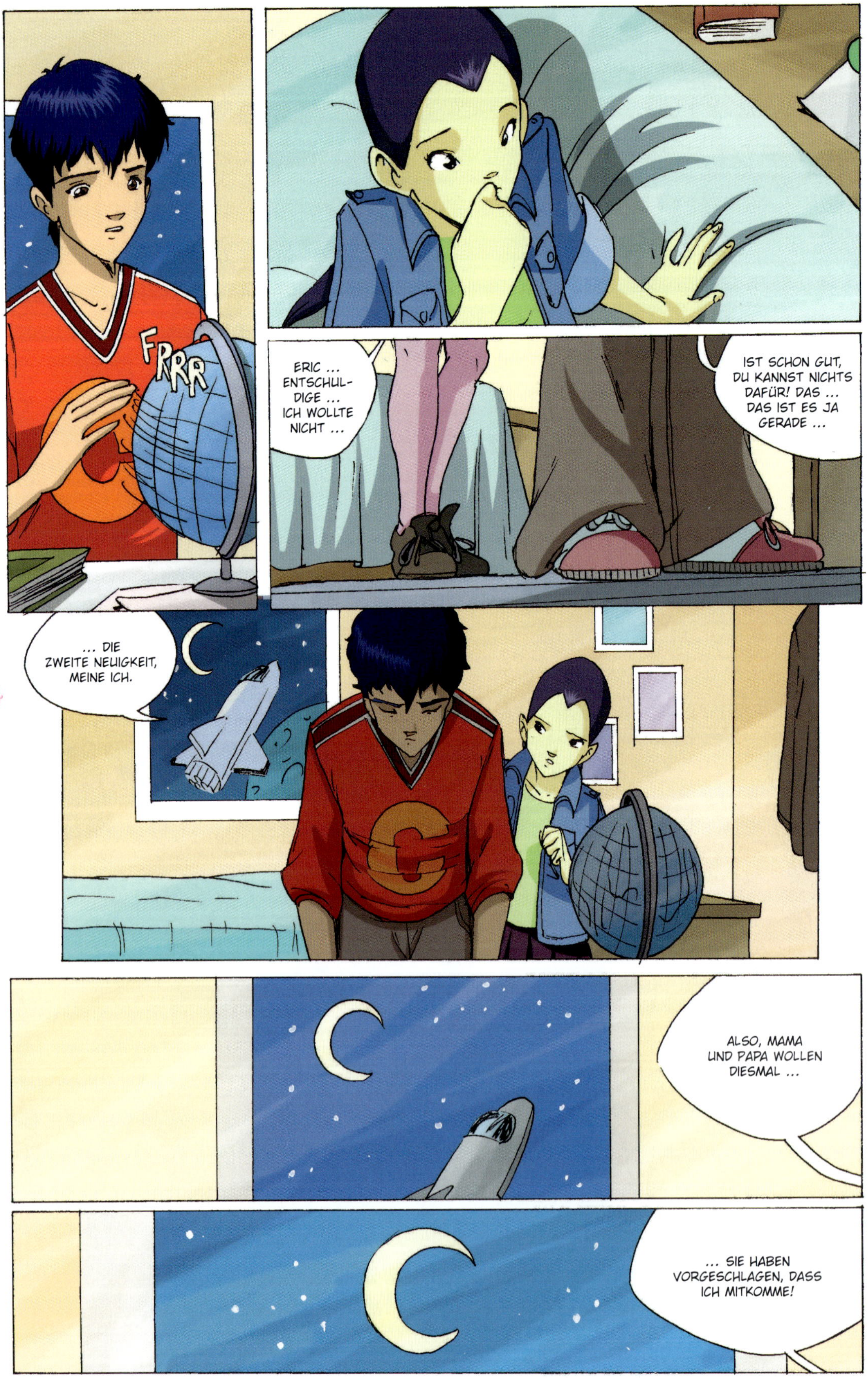
FRRR
ERIC ... ENTSCHULDIGE ... ICH WOLLTE NICHT ...
IST SCHON GUT, DU KANNST NICHTS DAFÜR! DAS ... DAS IST ES JA GERADE ...
... DIE ZWEITE NEUIGKEIT, MEINE ICH.
ALSO, MAMA UND PAPA WOLLEN DIESMAL ...
... SIE HABEN VORGESCHLAGEN, DASS ICH MITKOMME!

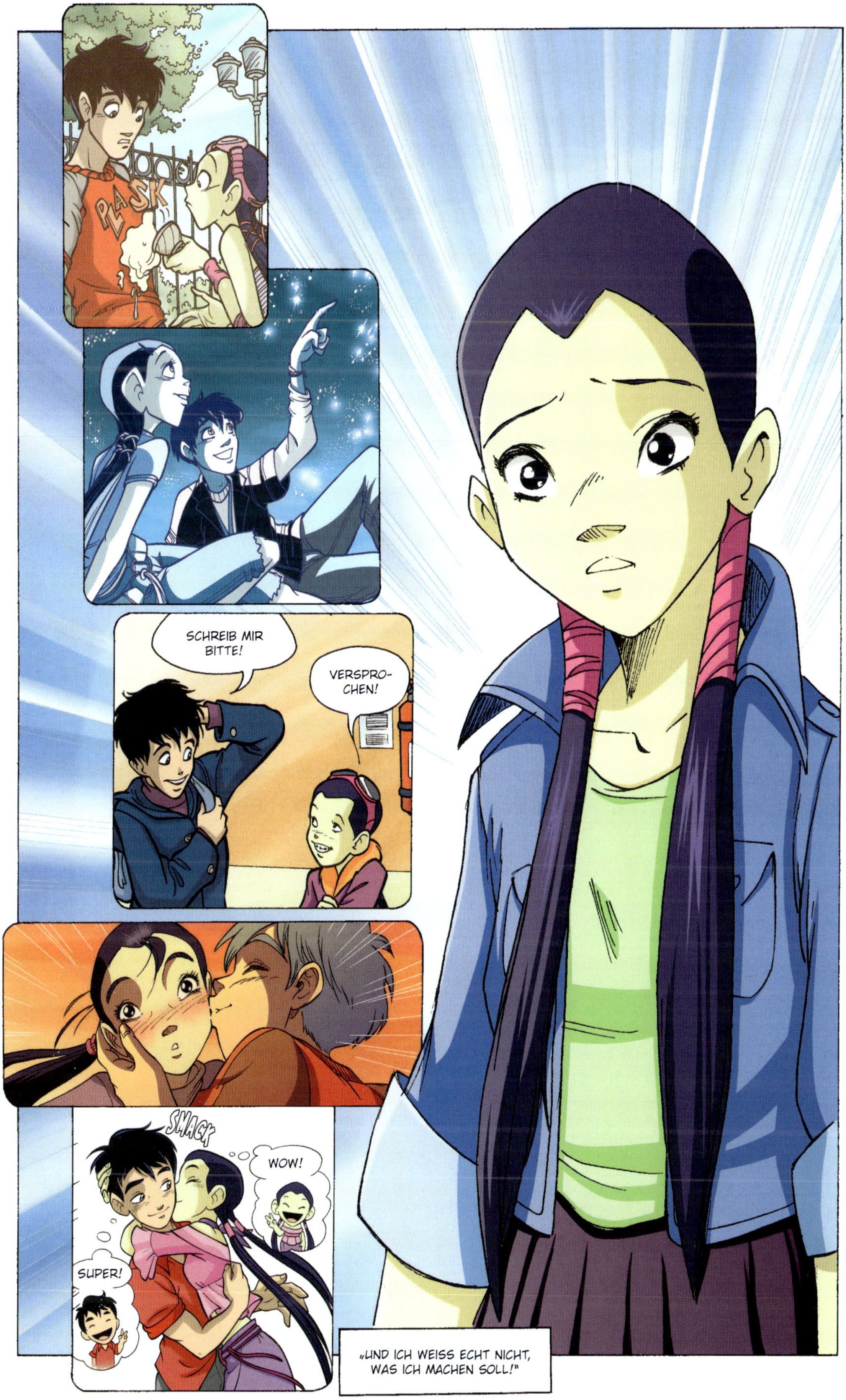
PLASK
SCHREIB MIR BITTE!
VERSPRO-CHEN!
SMACK
WOW!
SUPER!
„UND ICH WEISS ECHT NICHT, WAS ICH MACHEN SOLL!"

AUF ALLE FÄLLE MAGISCH

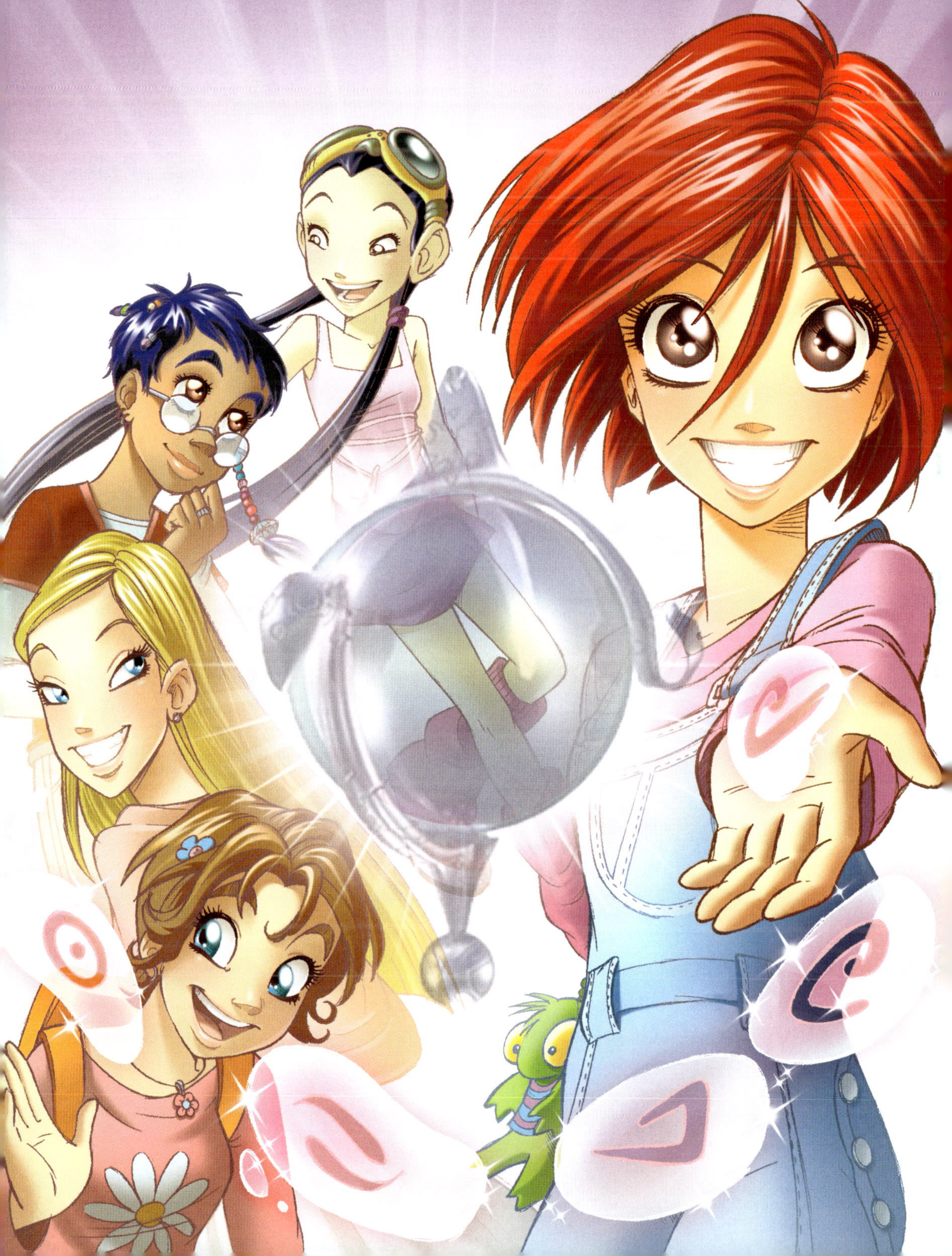

„Du kannst nicht an die Zukunft denken, ehe du nicht die Knoten der Vergangenheit gelöst hast!“

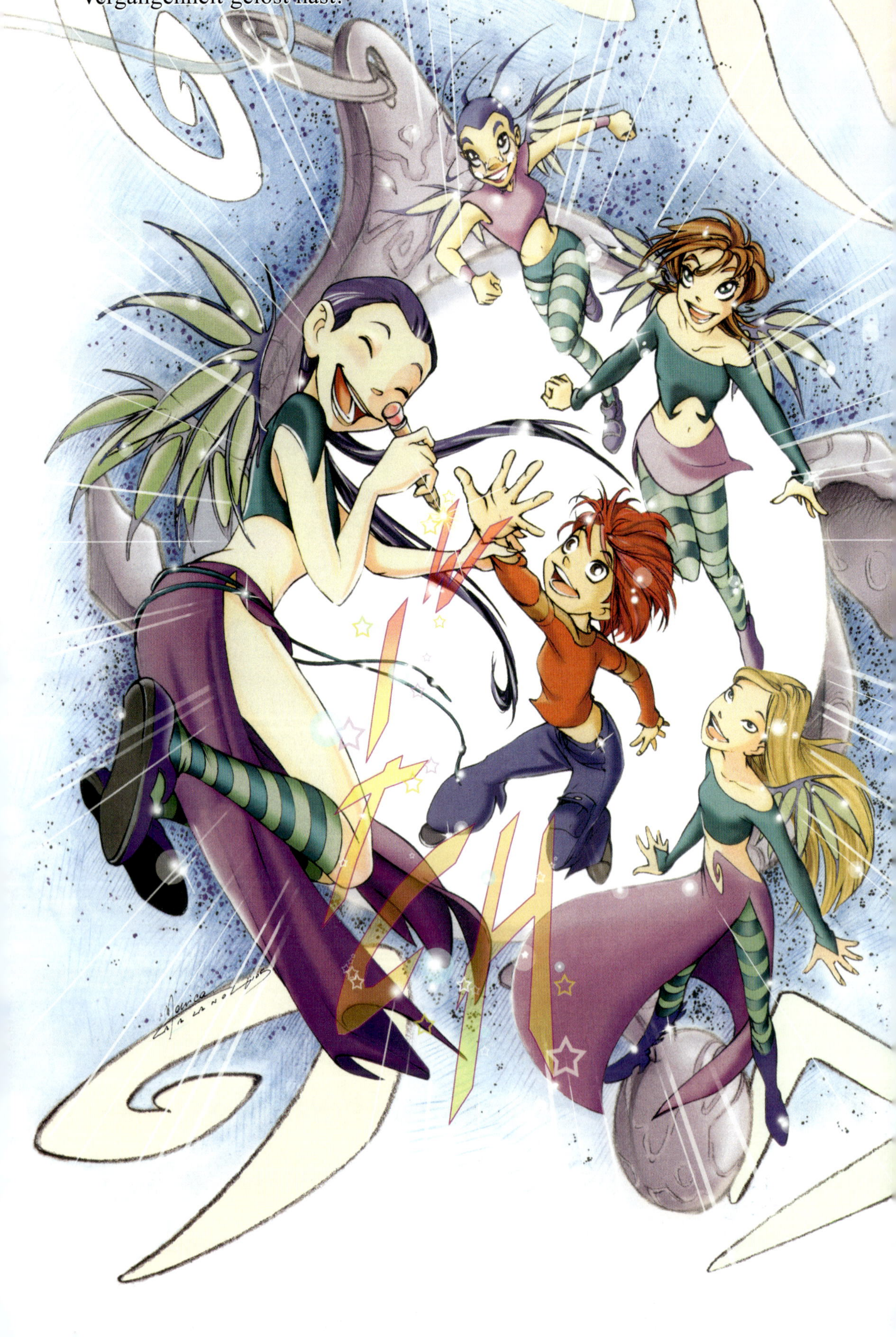

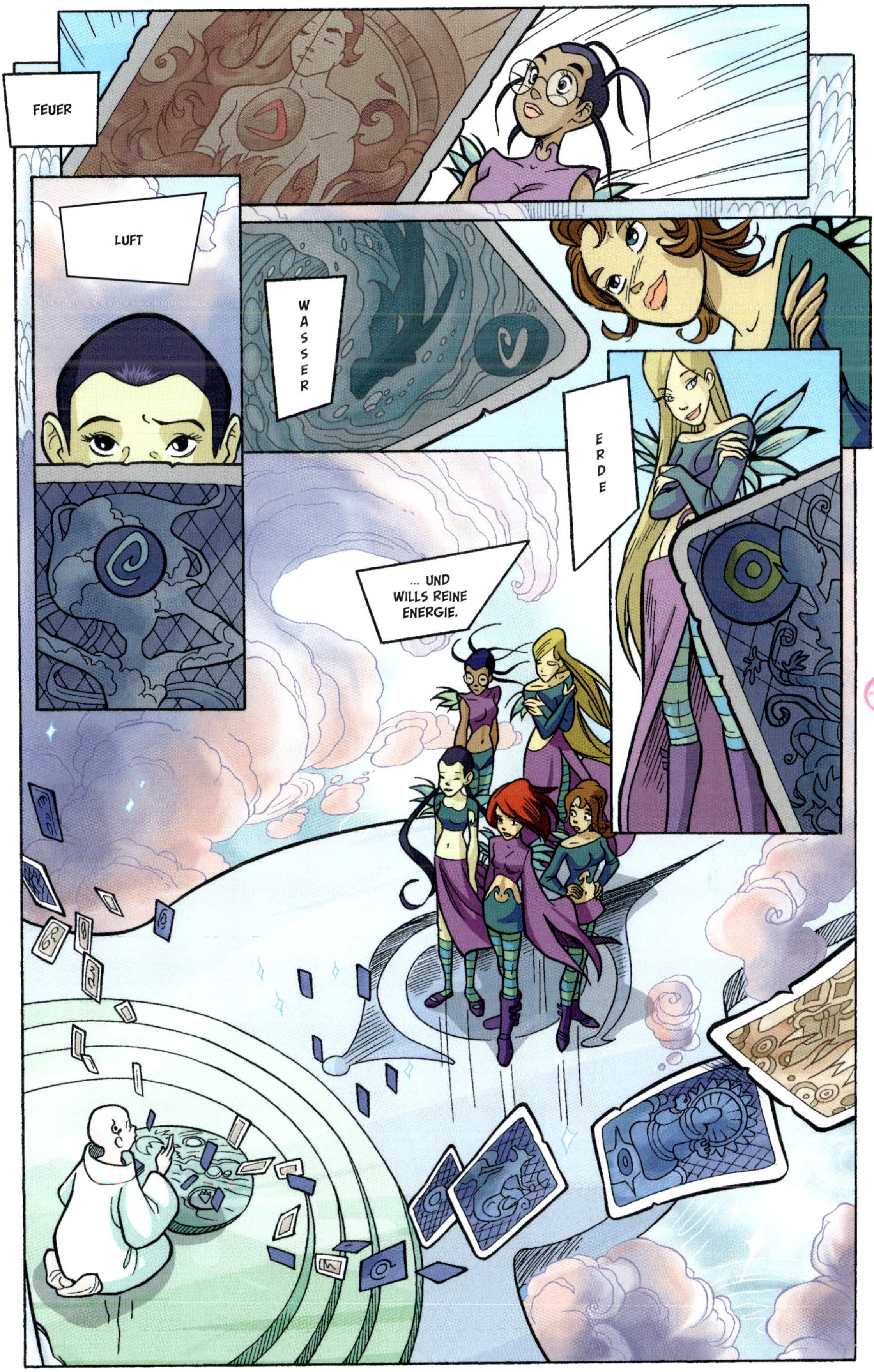
FEUER
LUFT
WASSER
ERDE
... UND WILLS REINE ENERGIE.

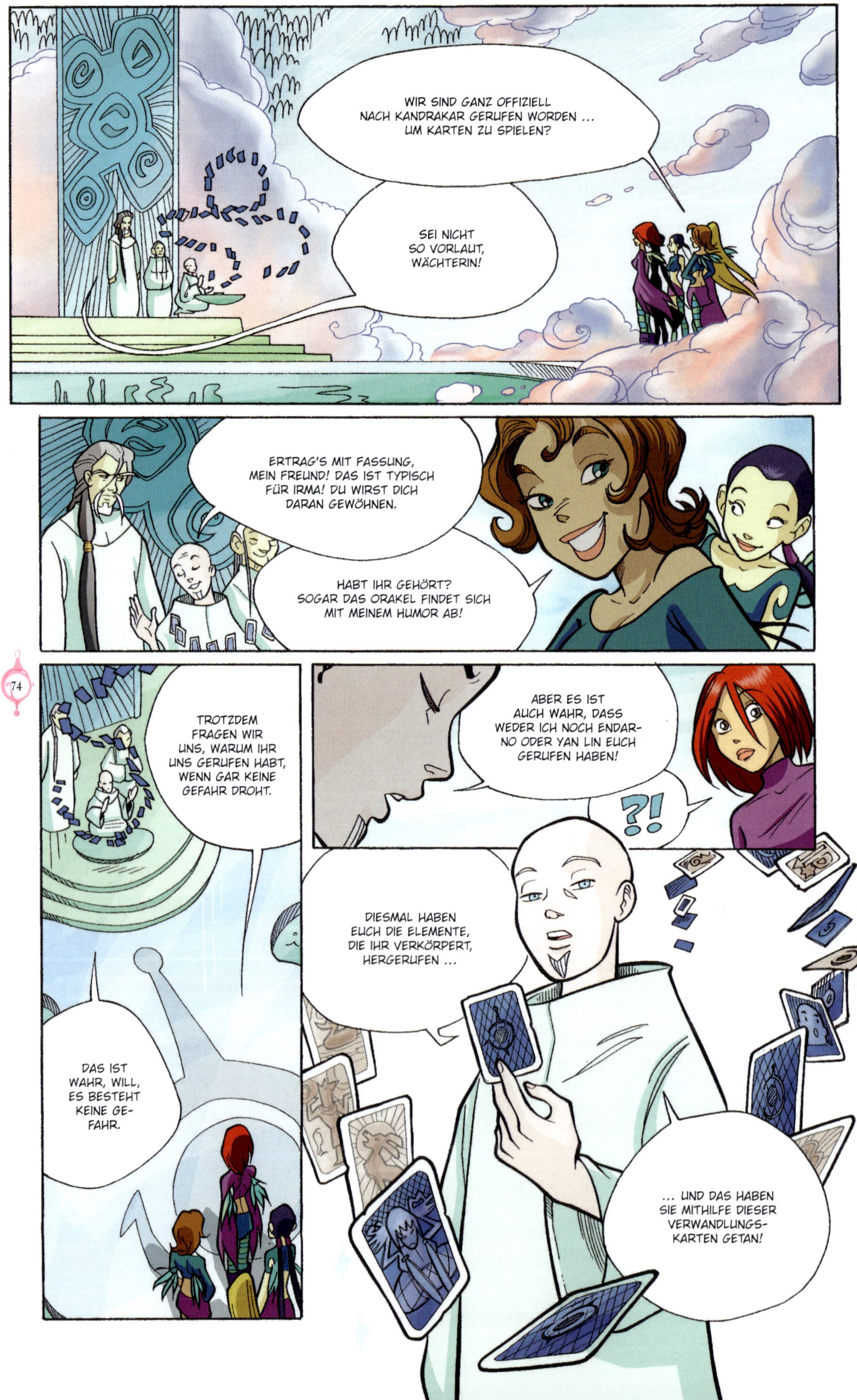
WIR SIND GANZ OFFIZIELL NACH KANDRAKAR GERUFEN WORDEN … UM KARTEN ZU SPIELEN?
SEI NICHT SO VORLAUT, WÄCHTERIN!
ERTRAG'S MIT FASSUNG, MEIN FREUND! DAS IST TYPISCH FÜR IRMA! DU WIRST DICH DARAN GEWÖHNEN.
HABT IHR GEHÖRT? SOGAR DAS ORAKEL FINDET SICH MIT MEINEM HUMOR AB!
TROTZDEM FRAGEN WIR UNS, WARUM IHR UNS GERUFEN HABT, WENN GAR KEINE GEFAHR DROHT.
DAS IST WAHR, WILL, ES BESTEHT KEINE GE-FAHR.
ABER ES IST AUCH WAHR, DASS WEDER ICH NOCH ENDAR-NO ODER YAN LIN EUCH GERUFEN HABEN!
?!
DIESMAL HABEN EUCH DIE ELEMENTE, DIE IHR VERKÖRPERT, HERGERUFEN …
… UND DAS HABEN SIE MITHILFE DIESER VERWANDLUNGS-KARTEN GETAN!

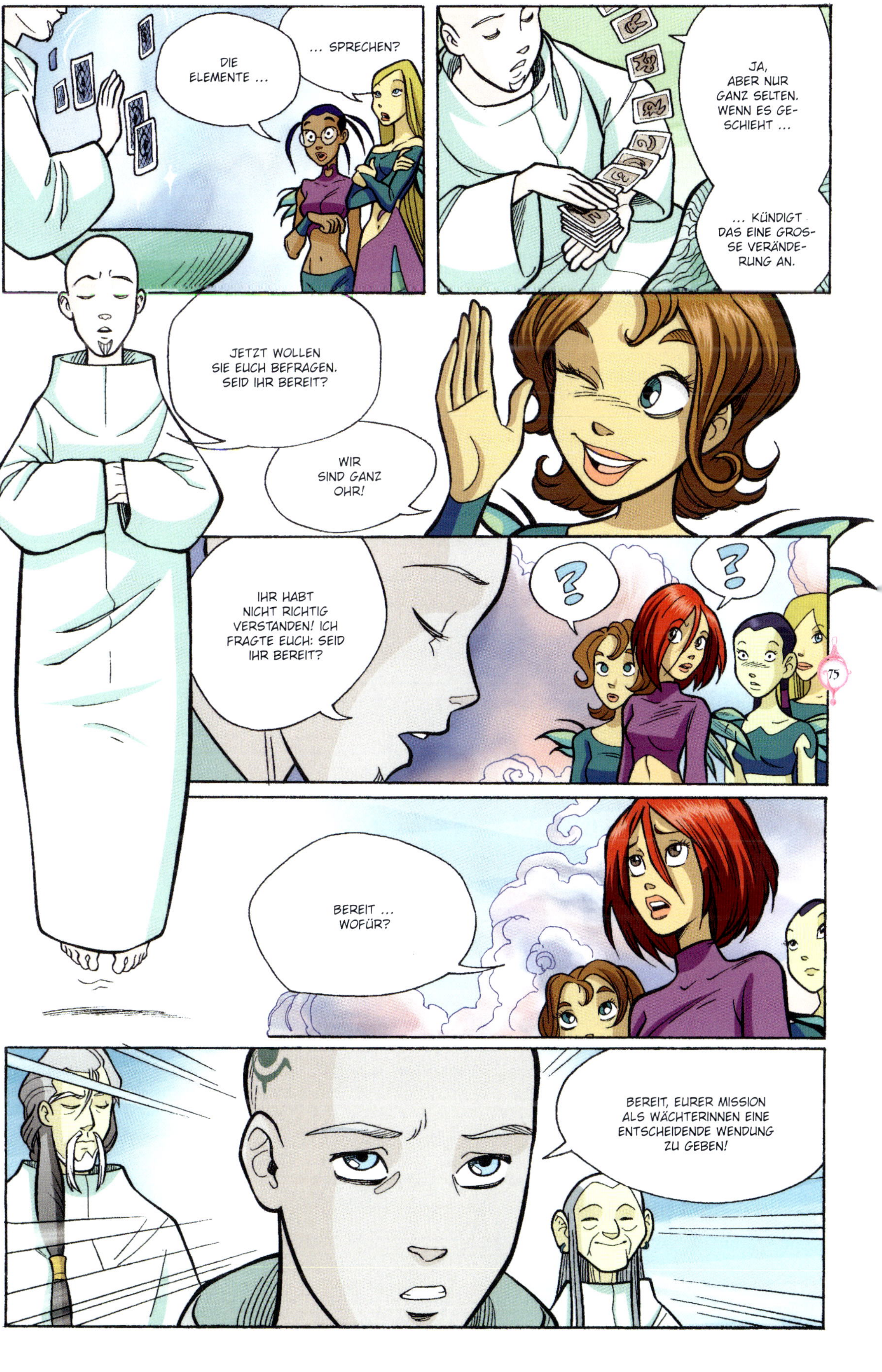
DIE ELEMENTE ...
... SPRECHEN?
JA, ABER NUR GANZ SELTEN. WENN ES GESCHIEHT ...
... KÜNDIGT DAS EINE GROSSE VERÄNDERUNG AN.
JETZT WOLLEN SIE EUCH BEFRAGEN. SEID IHR BEREIT?
WIR SIND GANZ OHR!
IHR HABT NICHT RICHTIG VERSTANDEN! ICH FRAGTE EUCH: SEID IHR BEREIT?
?
?
BEREIT ... WOFÜR?
BEREIT, EURER MISSION ALS WÄCHTERINNEN EINE ENTSCHEIDENDE WENDUNG ZU GEBEN!

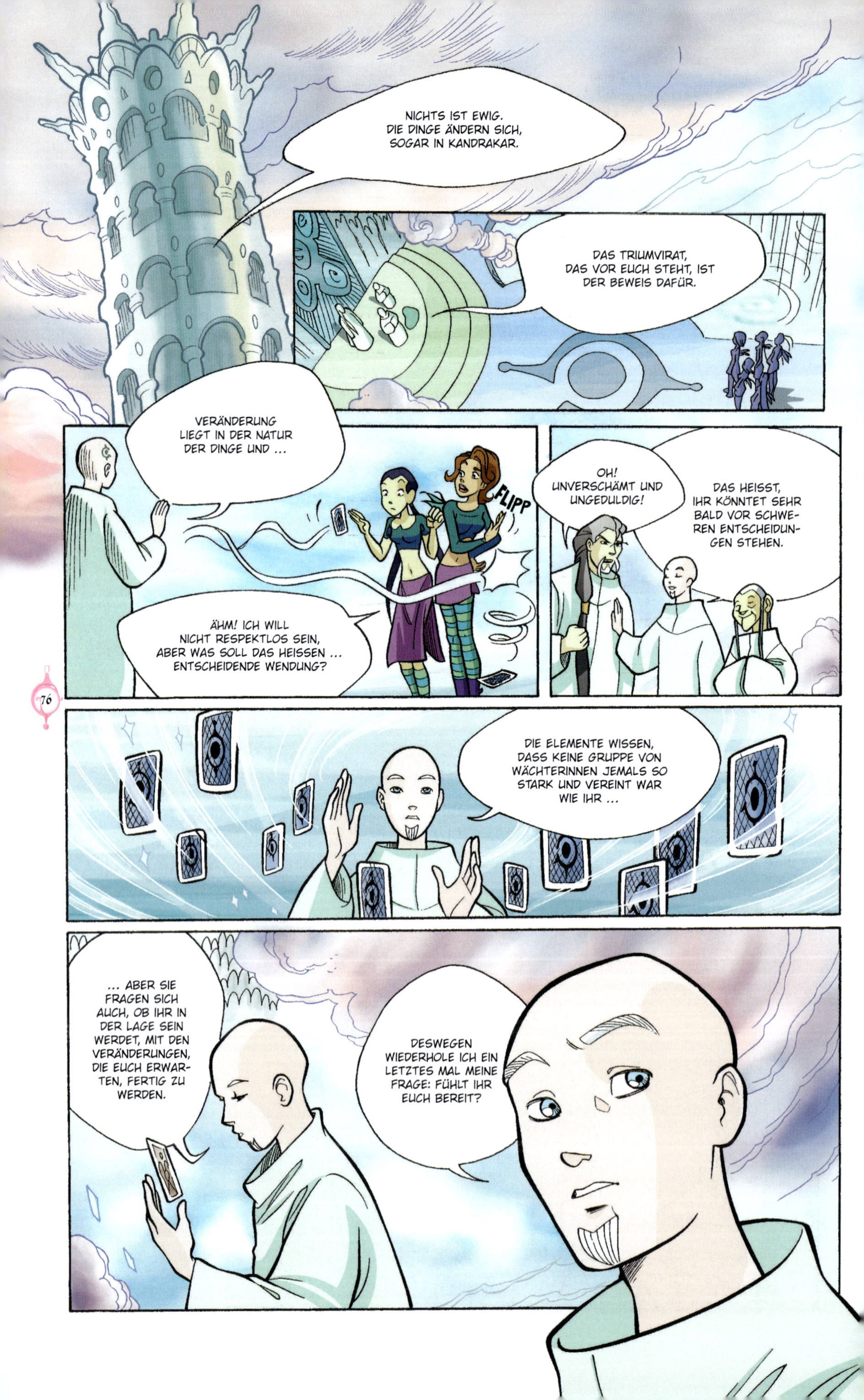
NICHTS IST EWIG. DIE DINGE ÄNDERN SICH, SOGAR IN KANDRAKAR.
DAS TRIUMVIRAT, DAS VOR EUCH STEHT, IST DER BEWEIS DAFÜR.
VERÄNDERUNG LIEGT IN DER NATUR DER DINGE UND ...
FLIPP
ÄHM! ICH WILL NICHT RESPEKTLOS SEIN, ABER WAS SOLL DAS HEISSEN ... ENTSCHEIDENDE WENDUNG?
OH! UNVERSCHÄMT UND UNGEDULDIG!
DAS HEISST, IHR KÖNNTET SEHR BALD VOR SCHWEREN ENTSCHEIDUNGEN STEHEN.
DIE ELEMENTE WISSEN, DASS KEINE GRUPPE VON WÄCHTERINNEN JEMALS SO STARK UND VEREINT WAR WIE IHR ...
... ABER SIE FRAGEN SICH AUCH, OB IHR IN DER LAGE SEIN WERDET, MIT DEN VERÄNDERUNGEN, DIE EUCH ERWARTEN, FERTIG ZU WERDEN.
DESWEGEN WIEDERHOLE ICH EIN LETZTES MAL MEINE FRAGE: FÜHLT IHR EUCH BEREIT?

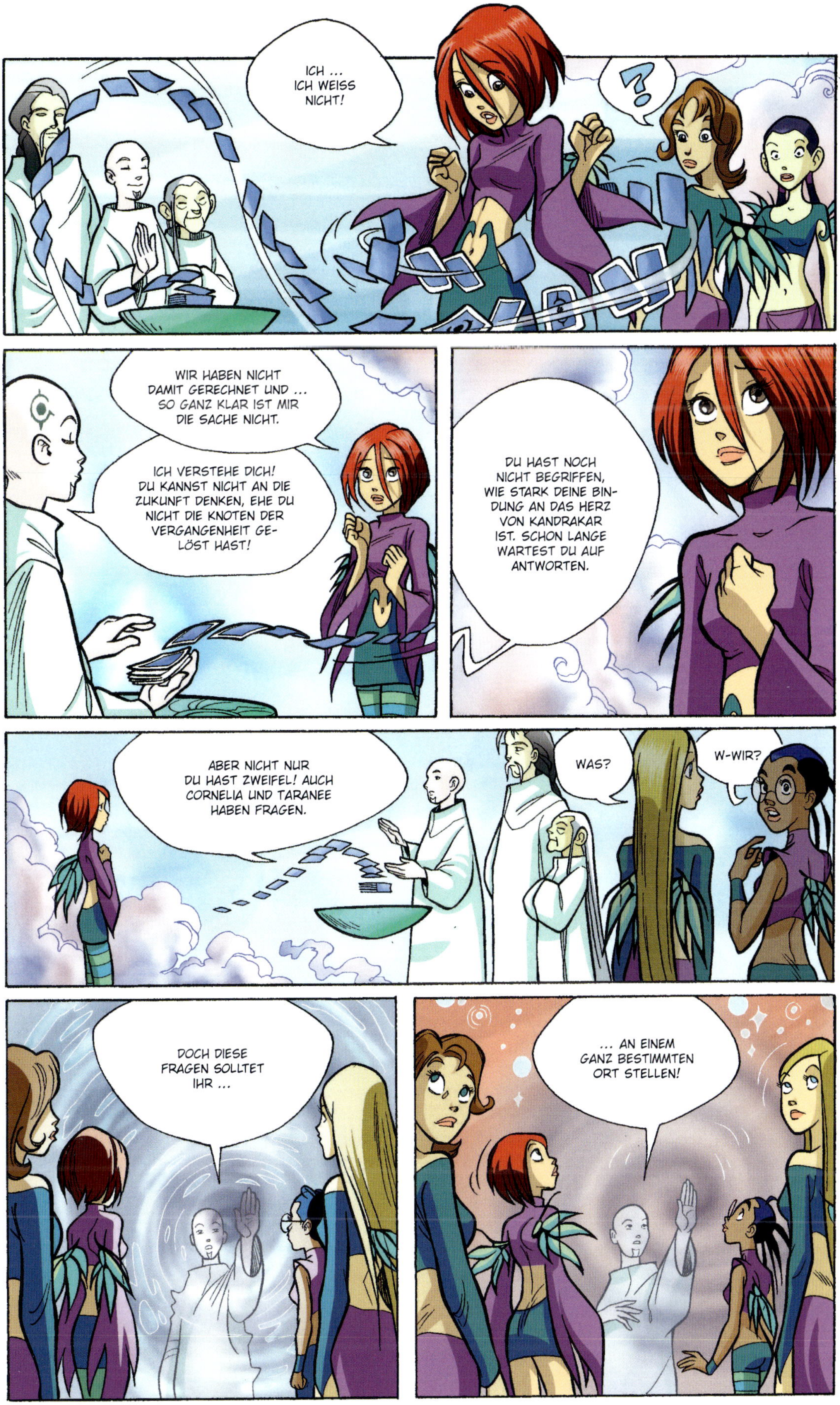
ICH … ICH WEISS NICHT!
?
WIR HABEN NICHT DAMIT GERECHNET UND … SO GANZ KLAR IST MIR DIE SACHE NICHT.
ICH VERSTEHE DICH! DU KANNST NICHT AN DIE ZUKUNFT DENKEN, EHE DU NICHT DIE KNOTEN DER VERGANGENHEIT GELÖST HAST!
DU HAST NOCH NICHT BEGRIFFEN, WIE STARK DEINE BINDUNG AN DAS HERZ VON KANDRAKAR IST. SCHON LANGE WARTEST DU AUF ANTWORTEN.
ABER NICHT NUR DU HAST ZWEIFEL! AUCH CORNELIA UND TARANEE HABEN FRAGEN.
WAS?
W-WIR?
DOCH DIESE FRAGEN SOLLTET IHR …
… AN EINEM GANZ BESTIMMTEN ORT STELLEN!

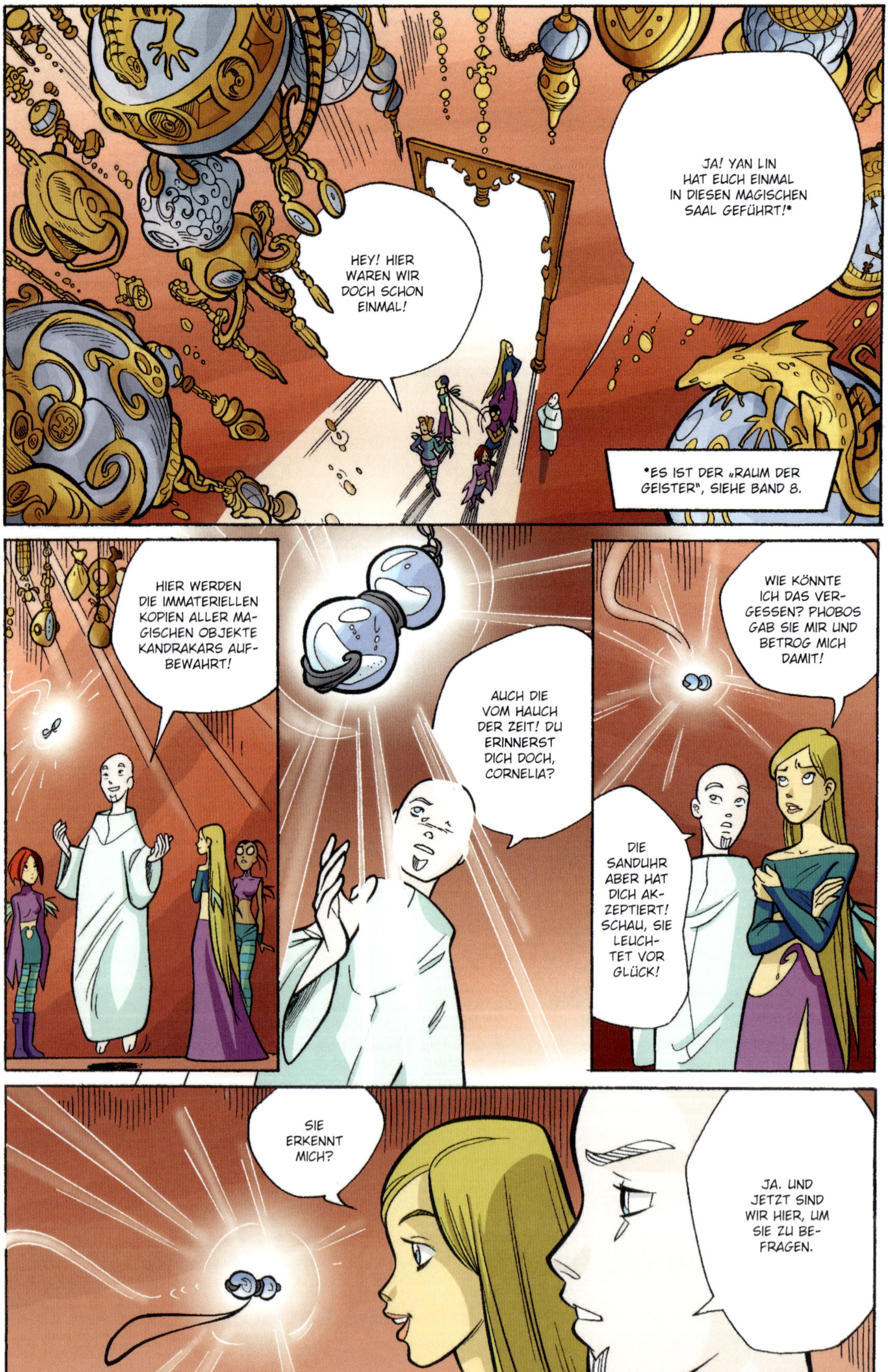
HEY! HIER WAREN WIR DOCH SCHON EINMAL!
JA! YAN LIN HAT EUCH EINMAL IN DIESEN MAGISCHEN SAAL GEFÜHRT!*
*ES IST DER „RAUM DER GEISTER", SIEHE BAND 8.
HIER WERDEN DIE IMMATERIELLEN KOPIEN ALLER MAGISCHEN OBJEKTE KANDRAKARS AUFBEWAHRT!
AUCH DIE VOM HAUCH DER ZEIT! DU ERINNERST DICH DOCH, CORNELIA?
WIE KÖNNTE ICH DAS VERGESSEN? PHOBOS GAB SIE MIR UND BETROG MICH DAMIT!
DIE SANDUHR ABER HAT DICH AKZEPTIERT! SCHAU, SIE LEUCHTET VOR GLÜCK!
SIE ERKENNT MICH?
JA. UND JETZT SIND WIR HIER, UM SIE ZU BEFRAGEN.

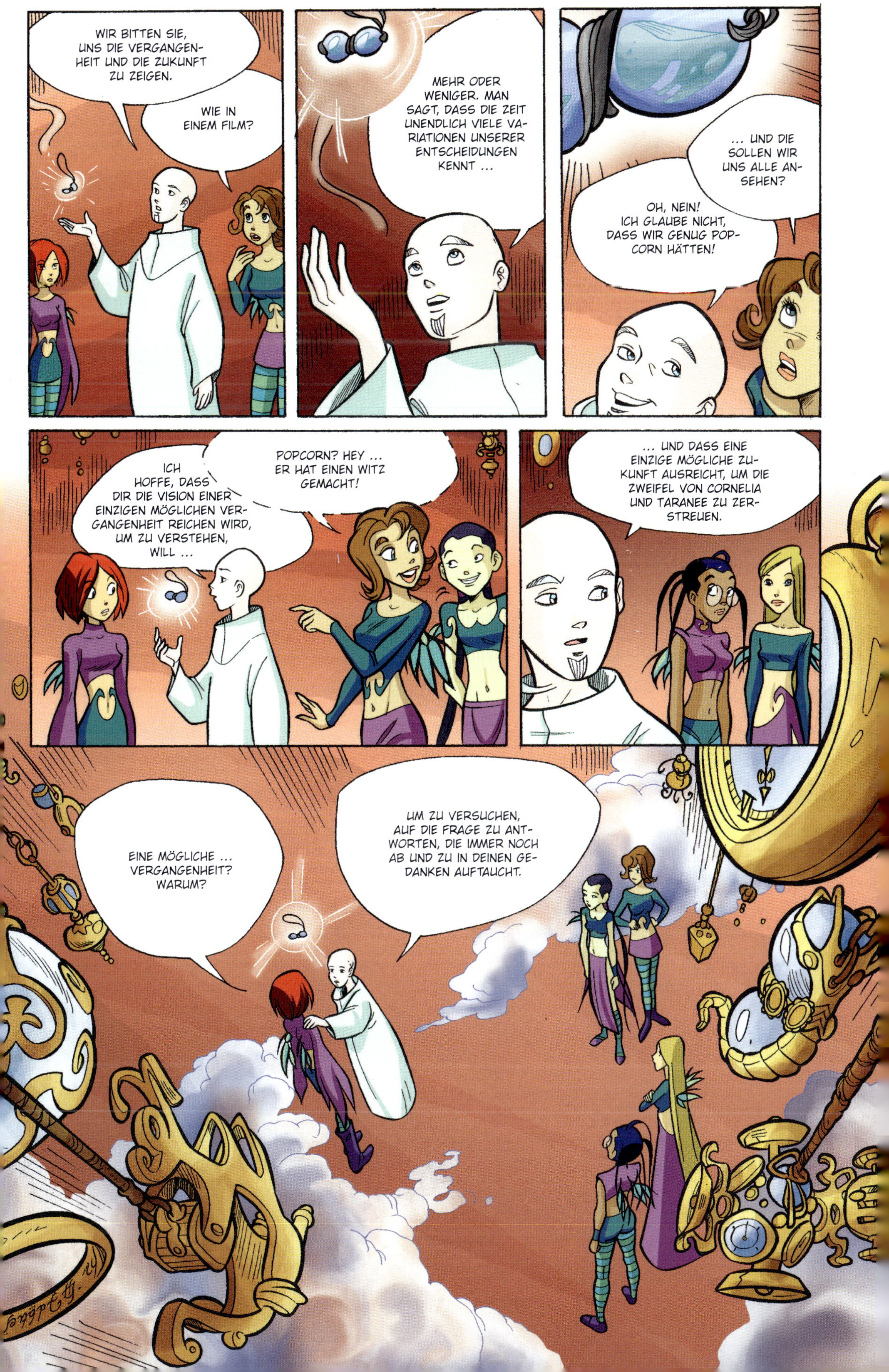
WIR BITTEN SIE, UNS DIE VERGANGENHEIT UND DIE ZUKUNFT ZU ZEIGEN.
WIE IN EINEM FILM?
MEHR ODER WENIGER. MAN SAGT, DASS DIE ZEIT UNENDLICH VIELE VARIATIONEN UNSERER ENTSCHEIDUNGEN KENNT …
… UND DIE SOLLEN WIR UNS ALLE ANSEHEN?
OH, NEIN! ICH GLAUBE NICHT, DASS WIR GENUG POPCORN HÄTTEN!
ICH HOFFE, DASS DIR DIE VISION EINER EINZIGEN MÖGLICHEN VERGANGENHEIT REICHEN WIRD, UM ZU VERSTEHEN, WILL …
POPCORN? HEY … ER HAT EINEN WITZ GEMACHT!
… UND DASS EINE EINZIGE MÖGLICHE ZUKUNFT AUSREICHT, UM DIE ZWEIFEL VON CORNELIA UND TARANEE ZU ZERSTREUEN.
EINE MÖGLICHE … VERGANGENHEIT? WARUM?
UM ZU VERSUCHEN, AUF DIE FRAGE ZU ANTWORTEN, DIE IMMER NOCH AB UND ZU IN DEINEN GEDANKEN AUFTAUCHT.

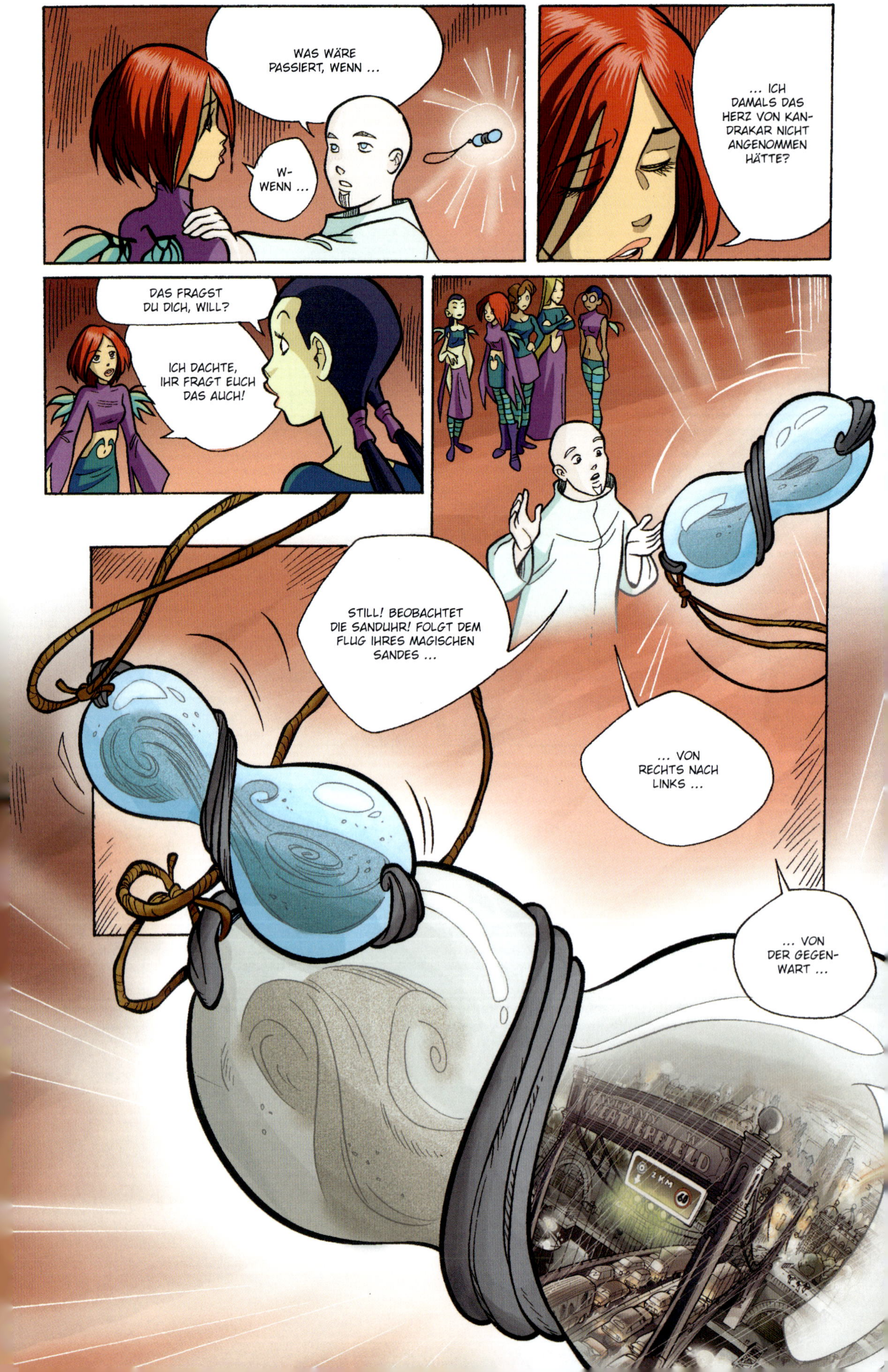
WAS WÄRE PASSIERT, WENN ...
W-WENN ...
... ICH DAMALS DAS HERZ VON KANDRAKAR NICHT ANGENOMMEN HÄTTE?
DAS FRAGST DU DICH, WILL?
ICH DACHTE, IHR FRAGT EUCH DAS AUCH!
STILL! BEOBACHTET DIE SANDUHR! FOLGT DEM FLUG IHRES MAGISCHEN SANDES ...
... VON RECHTS NACH LINKS ...
... VON DER GEGENWART ...
HEATHERFIELD
2 KM

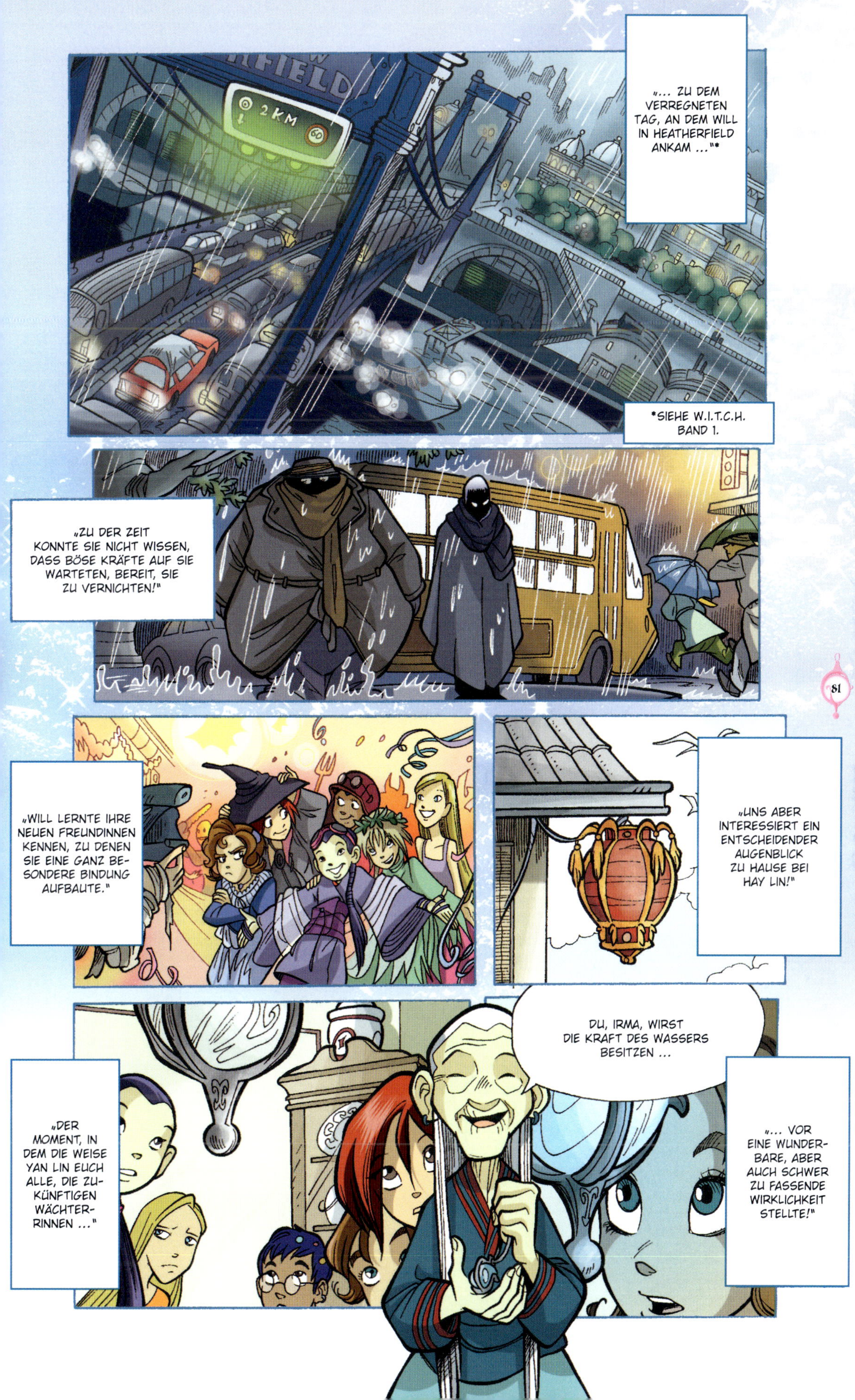
2KM
60
„... ZU DEM VERREGNETEN TAG, AN DEM WILL IN HEATHERFIELD ANKAM ..."*
*SIEHE W.I.T.C.H. BAND 1.
„ZU DER ZEIT KONNTE SIE NICHT WISSEN, DASS BÖSE KRÄFTE AUF SIE WARTETEN, BEREIT, SIE ZU VERNICHTEN!"
„WILL LERNTE IHRE NEUEN FREUNDINNEN KENNEN, ZU DENEN SIE EINE GANZ BESONDERE BINDUNG AUFBAUTE."
„UNS ABER INTERESSIERT EIN ENTSCHEIDENDER AUGENBLICK ZU HAUSE BEI HAY LIN!"
„DER MOMENT, IN DEM DIE WEISE YAN LIN EUCH ALLE, DIE ZUKÜNFTIGEN WÄCHTERINNEN ..."
DU, IRMA, WIRST DIE KRAFT DES WASSERS BESITZEN ...
„... VOR EINE WUNDERBARE, ABER AUCH SCHWER ZU FASSENDE WIRKLICHKEIT STELLTE!"

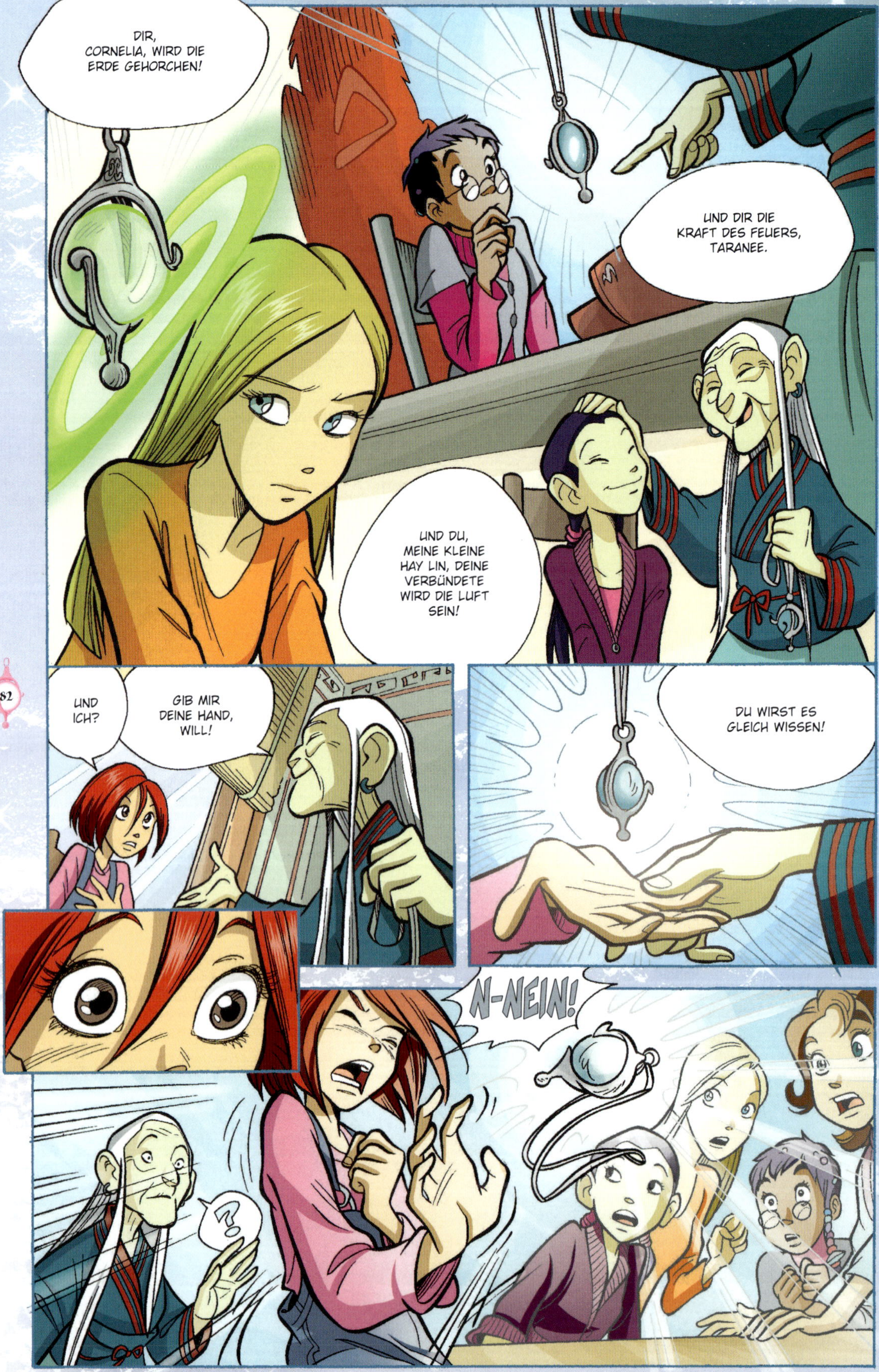
DIR, CORNELIA, WIRD DIE ERDE GEHORCHEN!
UND DIR DIE KRAFT DES FEUERS, TARANEE.
UND DU, MEINE KLEINE HAY LIN, DEINE VERBÜNDETE WIRD DIE LUFT SEIN!
UND ICH?
GIB MIR DEINE HAND, WILL!
DU WIRST ES GLEICH WISSEN!
N-NEIN!
?

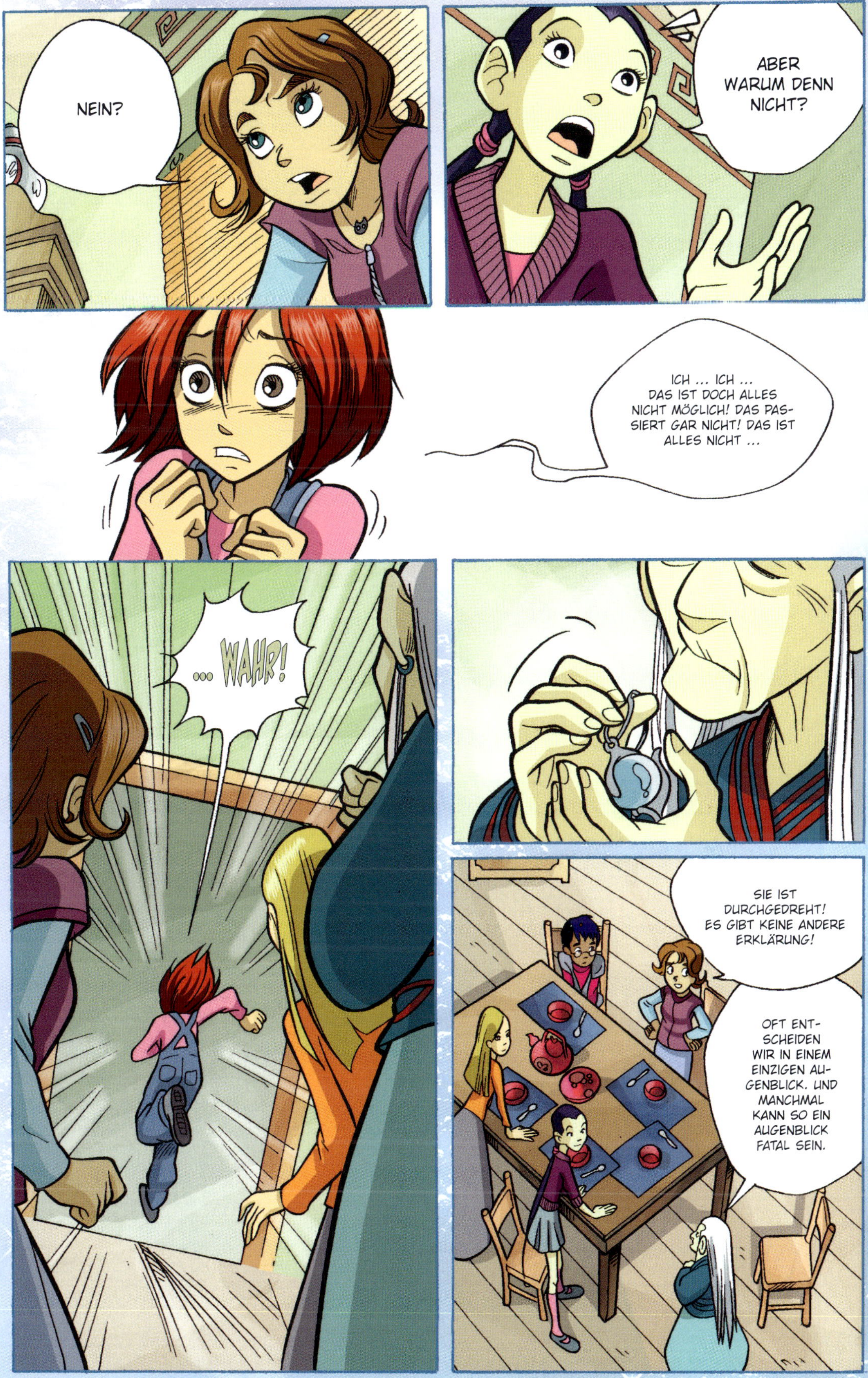
NEIN?
ABER WARUM DENN NICHT?
ICH ... ICH ... DAS IST DOCH ALLES NICHT MÖGLICH! DAS PASSIERT GAR NICHT! DAS IST ALLES NICHT ...
... WAHR!
SIE IST DURCHGEDREHT! ES GIBT KEINE ANDERE ERKLÄRUNG!
OFT ENTSCHEIDEN WIR IN EINEM EINZIGEN AUGENBLICK. UND MANCHMAL KANN SO EIN AUGENBLICK FATAL SEIN.

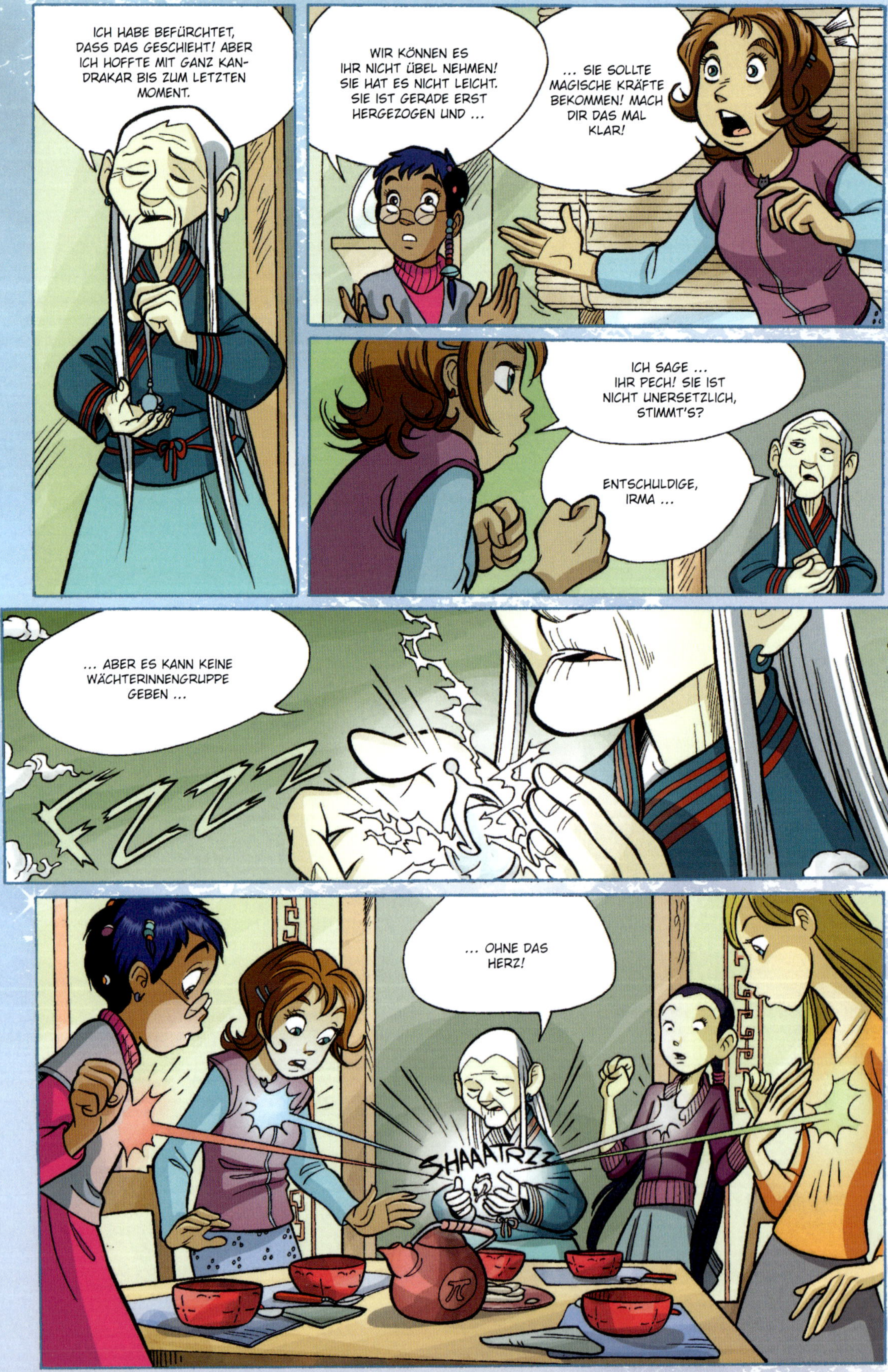
ICH HABE BEFÜRCHTET, DASS DAS GESCHIEHT! ABER ICH HOFFTE MIT GANZ KANDRAKAR BIS ZUM LETZTEN MOMENT.
WIR KÖNNEN ES IHR NICHT ÜBEL NEHMEN! SIE HAT ES NICHT LEICHT. SIE IST GERADE ERST HERGEZOGEN UND ...
... SIE SOLLTE MAGISCHE KRÄFTE BEKOMMEN! MACH DIR DAS MAL KLAR!
ICH SAGE ... IHR PECH! SIE IST NICHT UNERSETZLICH, STIMMT'S?
ENTSCHULDIGE, IRMA ...
... ABER ES KANN KEINE WÄCHTERINNENGRUPPE GEBEN ...
FZZZZ
... OHNE DAS HERZ!
SHAAATRZZ

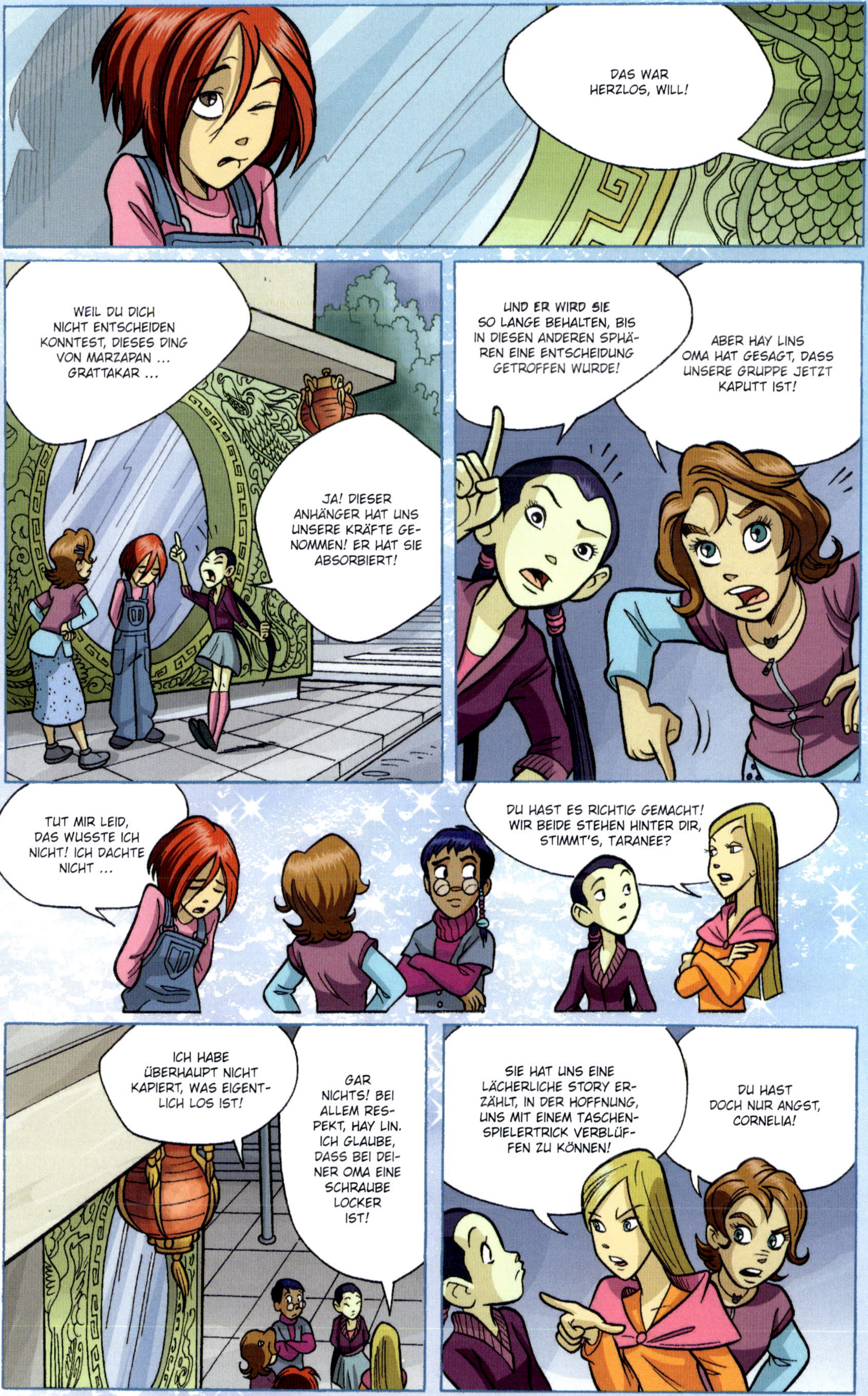
DAS WAR HERZLOS, WILL!
WEIL DU DICH NICHT ENTSCHEIDEN KONNTEST, DIESES DING VON MARZAPAN ... GRATTAKAR ...
JA! DIESER ANHÄNGER HAT UNS UNSERE KRÄFTE GENOMMEN! ER HAT SIE ABSORBIERT!
UND ER WIRD SIE SO LANGE BEHALTEN, BIS IN DIESEN ANDEREN SPHÄREN EINE ENTSCHEIDUNG GETROFFEN WURDE!
ABER HAY LINS OMA HAT GESAGT, DASS UNSERE GRUPPE JETZT KAPUTT IST!
TUT MIR LEID, DAS WUSSTE ICH NICHT! ICH DACHTE NICHT ...
DU HAST ES RICHTIG GEMACHT! WIR BEIDE STEHEN HINTER DIR, STIMMT'S, TARANEE?
ICH HABE ÜBERHAUPT NICHT KAPIERT, WAS EIGENTLICH LOS IST!
GAR NICHTS! BEI ALLEM RESPEKT, HAY LIN. ICH GLAUBE, DASS BEI DEINER OMA EINE SCHRAUBE LOCKER IST!
SIE HAT UNS EINE LÄCHERLICHE STORY ERZÄHLT, IN DER HOFFNUNG, UNS MIT EINEM TASCHENSPIELERTRICK VERBLÜFFEN ZU KÖNNEN!
DU HAST DOCH NUR ANGST, CORNELIA!

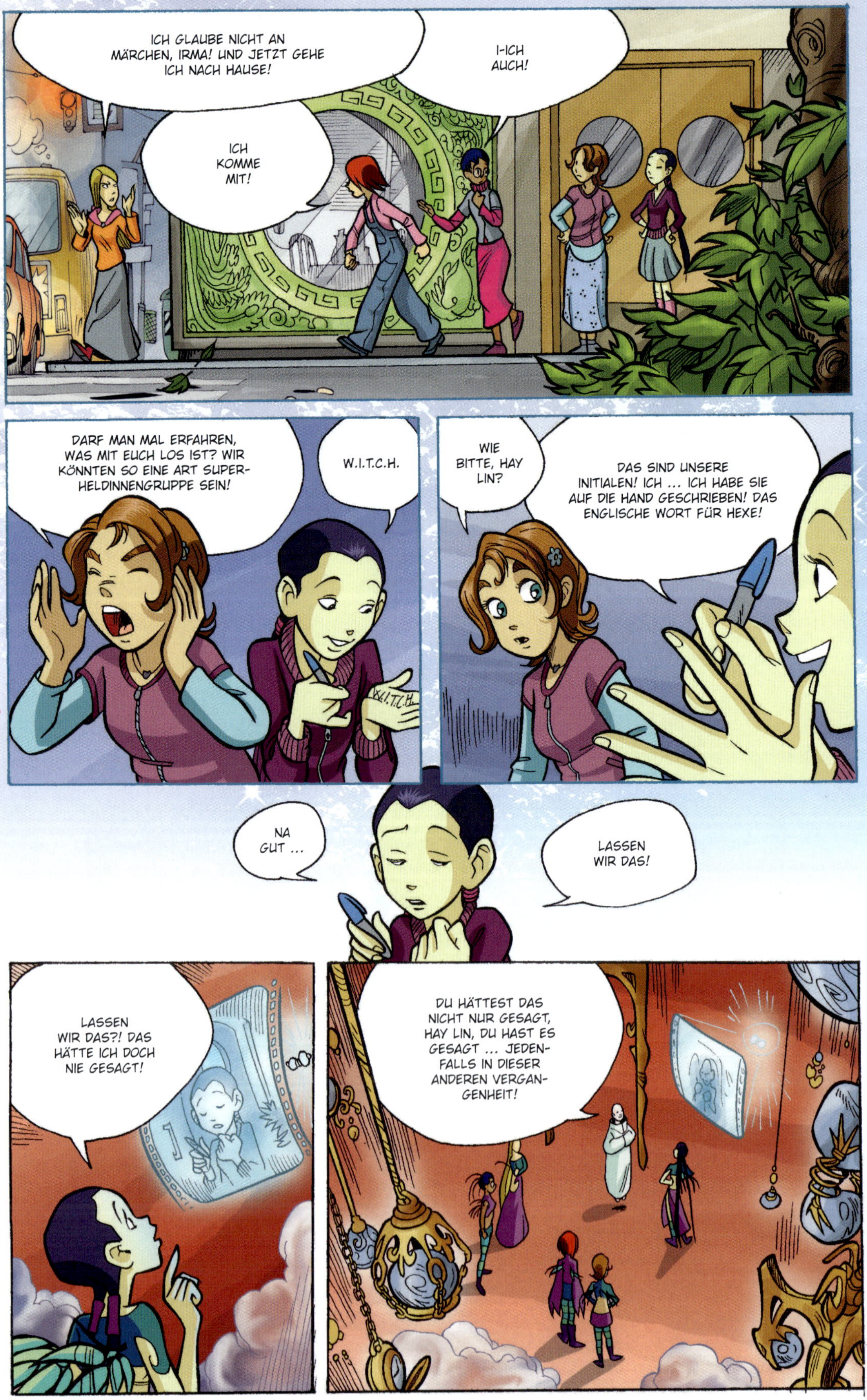

ICH GLAUBE NICHT AN MÄRCHEN, IRMA! UND JETZT GEHE ICH NACH HAUSE!
I-ICH AUCH!
ICH KOMME MIT!
DARF MAN MAL ERFAHREN, WAS MIT EUCH LOS IST? WIR KÖNNTEN SO EINE ART SUPER-HELDINNENGRUPPE SEIN!
W.I.T.C.H.
WIE BITTE, HAY LIN?
DAS SIND UNSERE INITIALEN! ICH ... ICH HABE SIE AUF DIE HAND GESCHRIEBEN! DAS ENGLISCHE WORT FÜR HEXE!
NA GUT ...
LASSEN WIR DAS!
LASSEN WIR DAS?! DAS HÄTTE ICH DOCH NIE GESAGT!
DU HÄTTEST DAS NICHT NUR GESAGT, HAY LIN, DU HAST ES GESAGT ... JEDENFALLS IN DIESER ANDEREN VERGANGENHEIT!

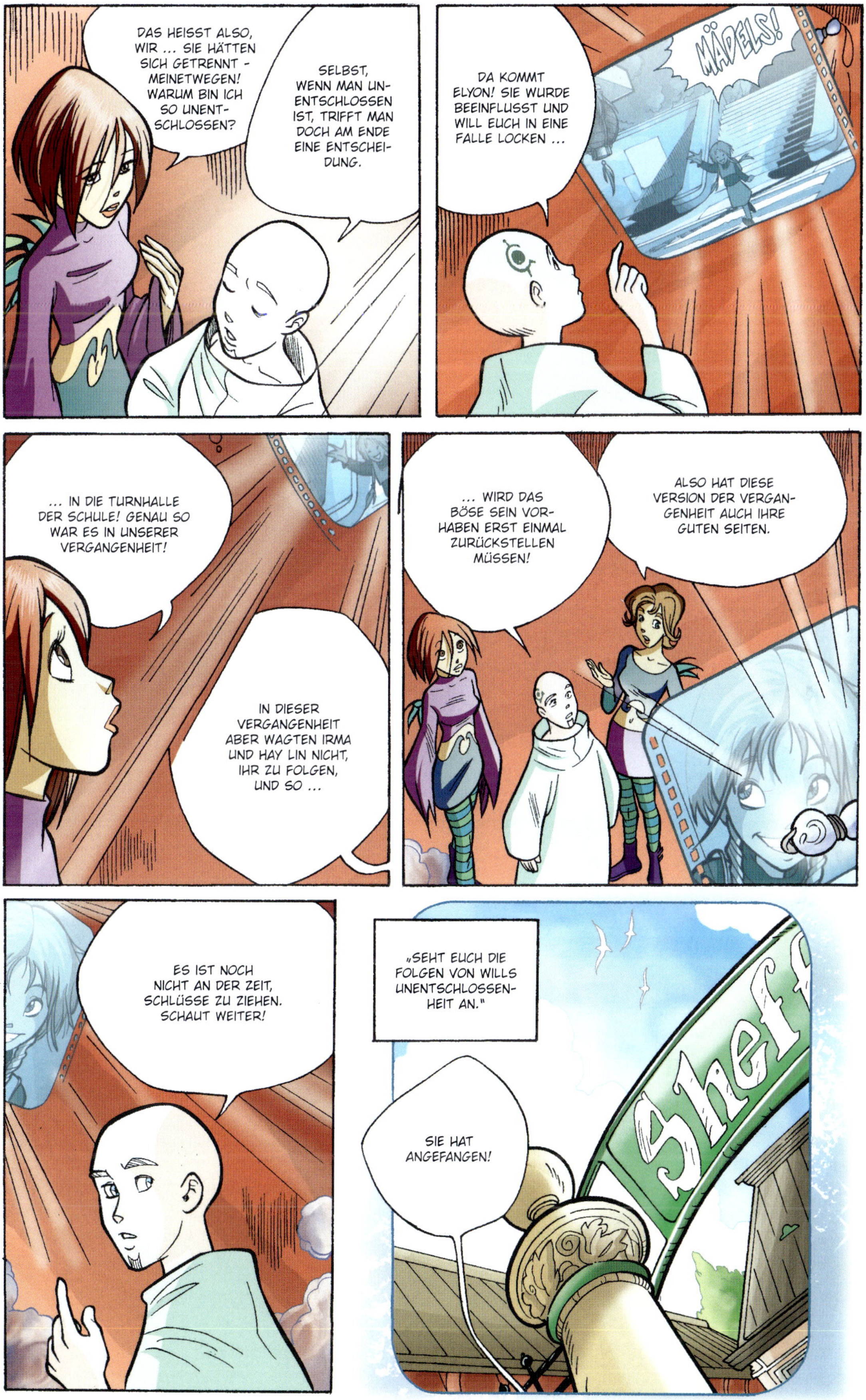
DAS HEISST ALSO, WIR ... SIE HÄTTEN SICH GETRENNT - MEINETWEGEN! WARUM BIN ICH SO UNENT-SCHLOSSEN?
SELBST, WENN MAN UN-ENTSCHLOSSEN IST, TRIFFT MAN DOCH AM ENDE EINE ENTSCHEI-DUNG.
DA KOMMT ELYON! SIE WURDE BEEINFLUSST UND WILL EUCH IN EINE FALLE LOCKEN ...
MÄDELS!
... IN DIE TURNHALLE DER SCHULE! GENAU SO WAR ES IN UNSERER VERGANGENHEIT!
IN DIESER VERGANGENHEIT ABER WAGTEN IRMA UND HAY LIN NICHT, IHR ZU FOLGEN, UND SO ...
... WIRD DAS BÖSE SEIN VOR-HABEN ERST EINMAL ZURÜCKSTELLEN MÜSSEN!
ALSO HAT DIESE VERSION DER VERGAN-GENHEIT AUCH IHRE GUTEN SEITEN.
ES IST NOCH NICHT AN DER ZEIT, SCHLÜSSE ZU ZIEHEN. SCHAUT WEITER!
„SEHT EUCH DIE FOLGEN VON WILLS UNENTSCHLOSSEN-HEIT AN."
SIE HAT ANGEFANGEN!

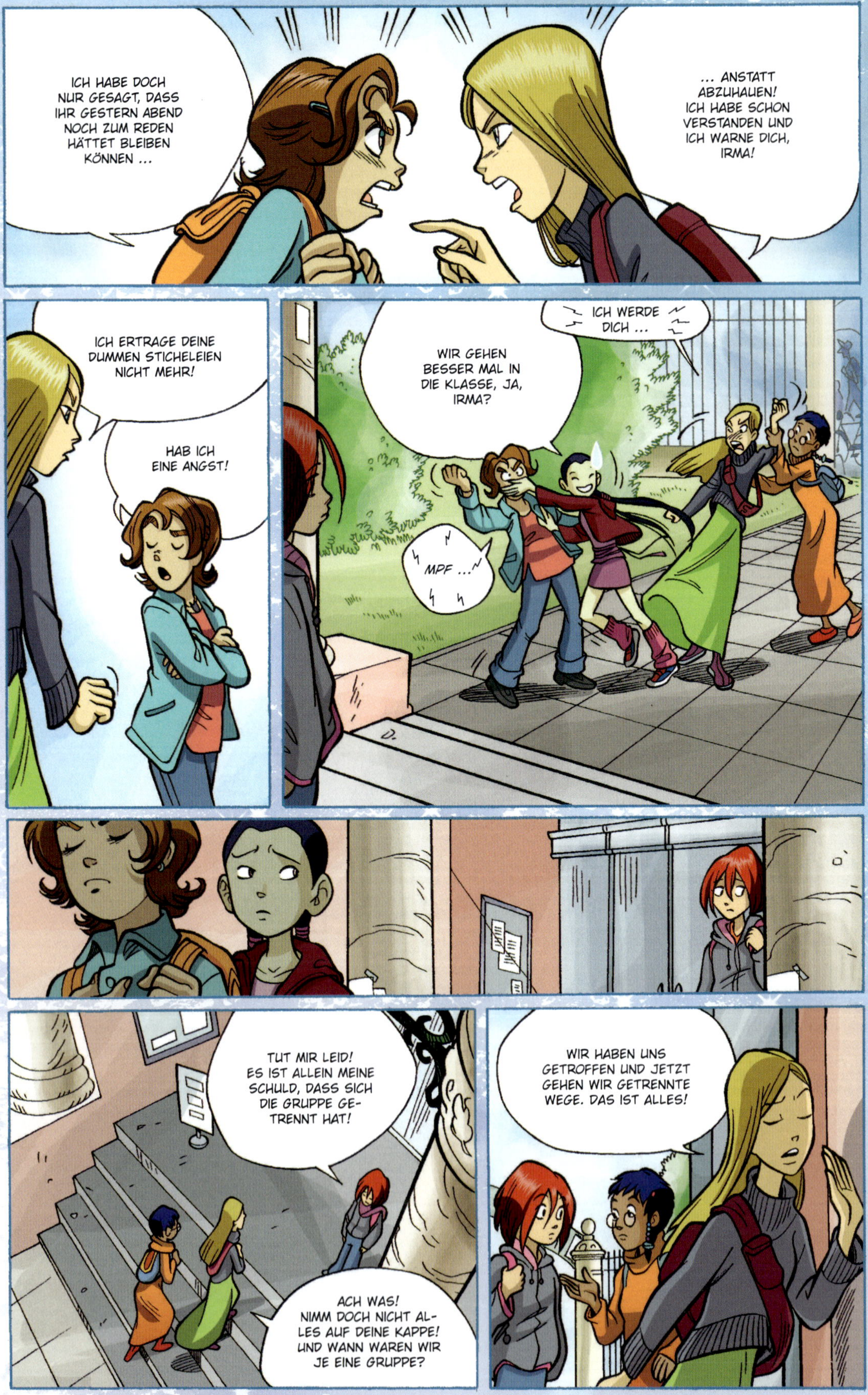

ICH HABE DOCH NUR GESAGT, DASS IHR GESTERN ABEND NOCH ZUM REDEN HÄTTET BLEIBEN KÖNNEN ...
... ANSTATT ABZUHAUEN! ICH HABE SCHON VERSTANDEN UND ICH WARNE DICH, IRMA!
ICH ERTRAGE DEINE DUMMEN STICHELEIEN NICHT MEHR!
HAB ICH EINE ANGST!
WIR GEHEN BESSER MAL IN DIE KLASSE, JA, IRMA?
ICH WERDE DICH ...
MPF ...
TUT MIR LEID! ES IST ALLEIN MEINE SCHULD, DASS SICH DIE GRUPPE GE- TRENNT HAT!
ACH WAS! NIMM DOCH NICHT AL- LES AUF DEINE KAPPE! UND WANN WAREN WIR JE EINE GRUPPE?
WIR HABEN UNS GETROFFEN UND JETZT GEHEN WIR GETRENNTE WEGE. DAS IST ALLES!

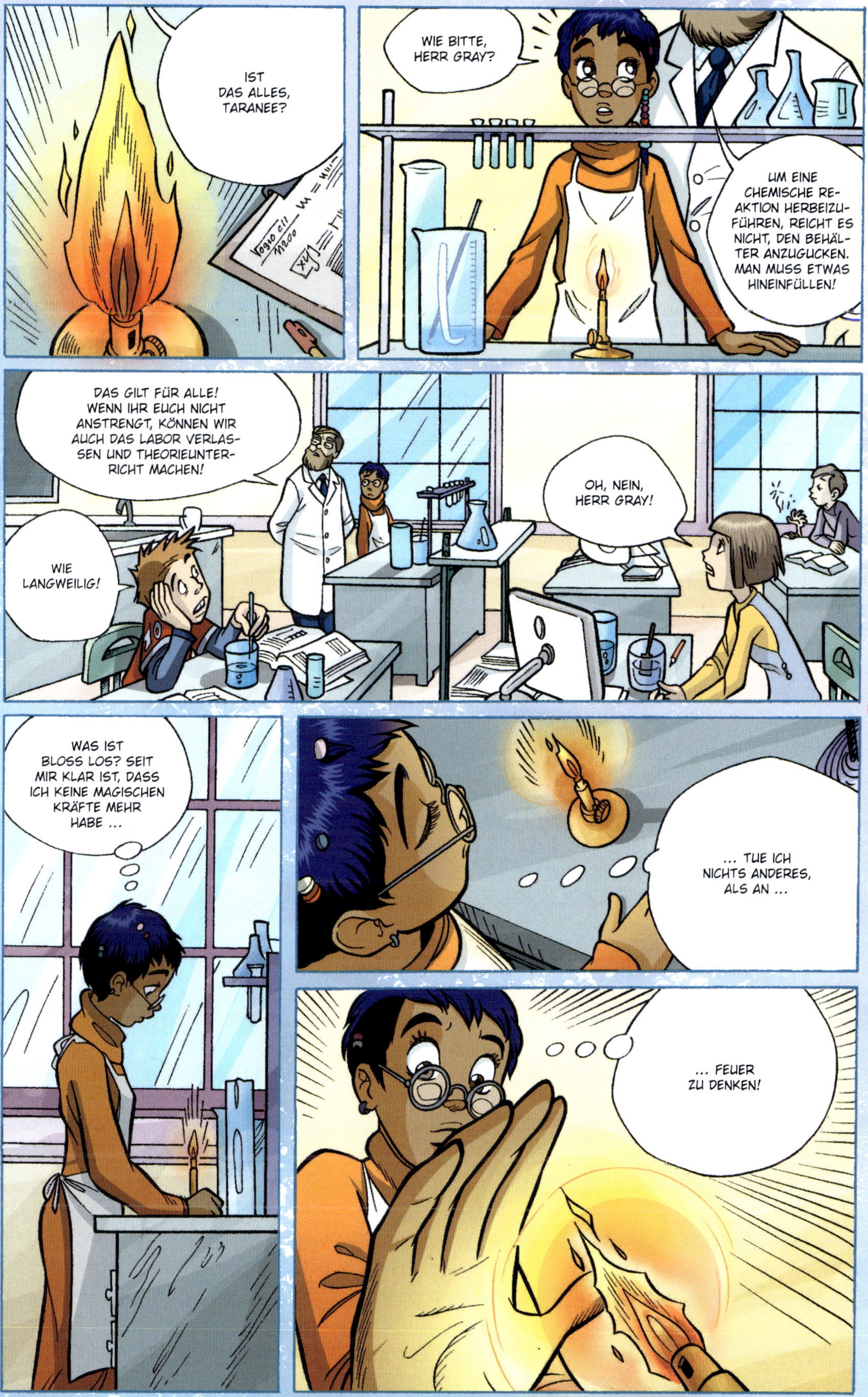
IST DAS ALLES, TARANEE?
WIE BITTE, HERR GRAY?
UM EINE CHEMISCHE REAKTION HERBEIZUFÜHREN, REICHT ES NICHT, DEN BEHÄLTER ANZUGUCKEN. MAN MUSS ETWAS HINEINFÜLLEN!
DAS GILT FÜR ALLE! WENN IHR EUCH NICHT ANSTRENGT, KÖNNEN WIR AUCH DAS LABOR VERLASSEN UND THEORIEUNTERRICHT MACHEN!
WIE LANGWEILIG!
OH, NEIN, HERR GRAY!
WAS IST BLOSS LOS? SEIT MIR KLAR IST, DASS ICH KEINE MAGISCHEN KRÄFTE MEHR HABE ...
... TUE ICH NICHTS ANDERES, ALS AN ...
... FEUER ZU DENKEN!

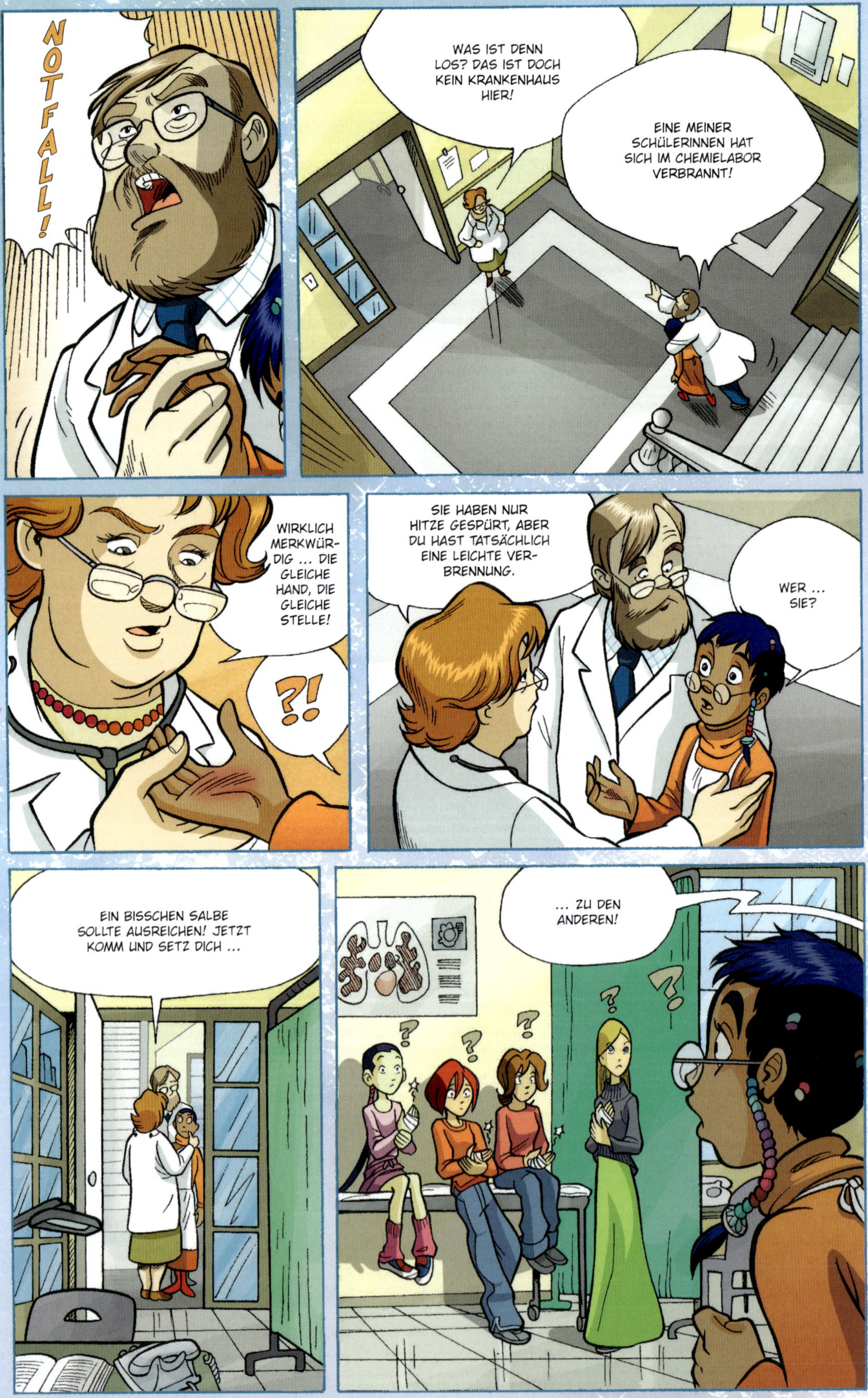
NOTFALL!
WAS IST DENN LOS? DAS IST DOCH KEIN KRANKENHAUS HIER!
EINE MEINER SCHÜLERINNEN HAT SICH IM CHEMIELABOR VERBRANNT!
WIRKLICH MERKWÜR-DIG ... DIE GLEICHE HAND, DIE GLEICHE STELLE!
?!
SIE HABEN NUR HITZE GESPÜRT, ABER DU HAST TATSÄCHLICH EINE LEICHTE VER-BRENNUNG.
WER ... SIE?
EIN BISSCHEN SALBE SOLLTE AUSREICHEN! JETZT KOMM UND SETZ DICH ...
... ZU DEN ANDEREN!

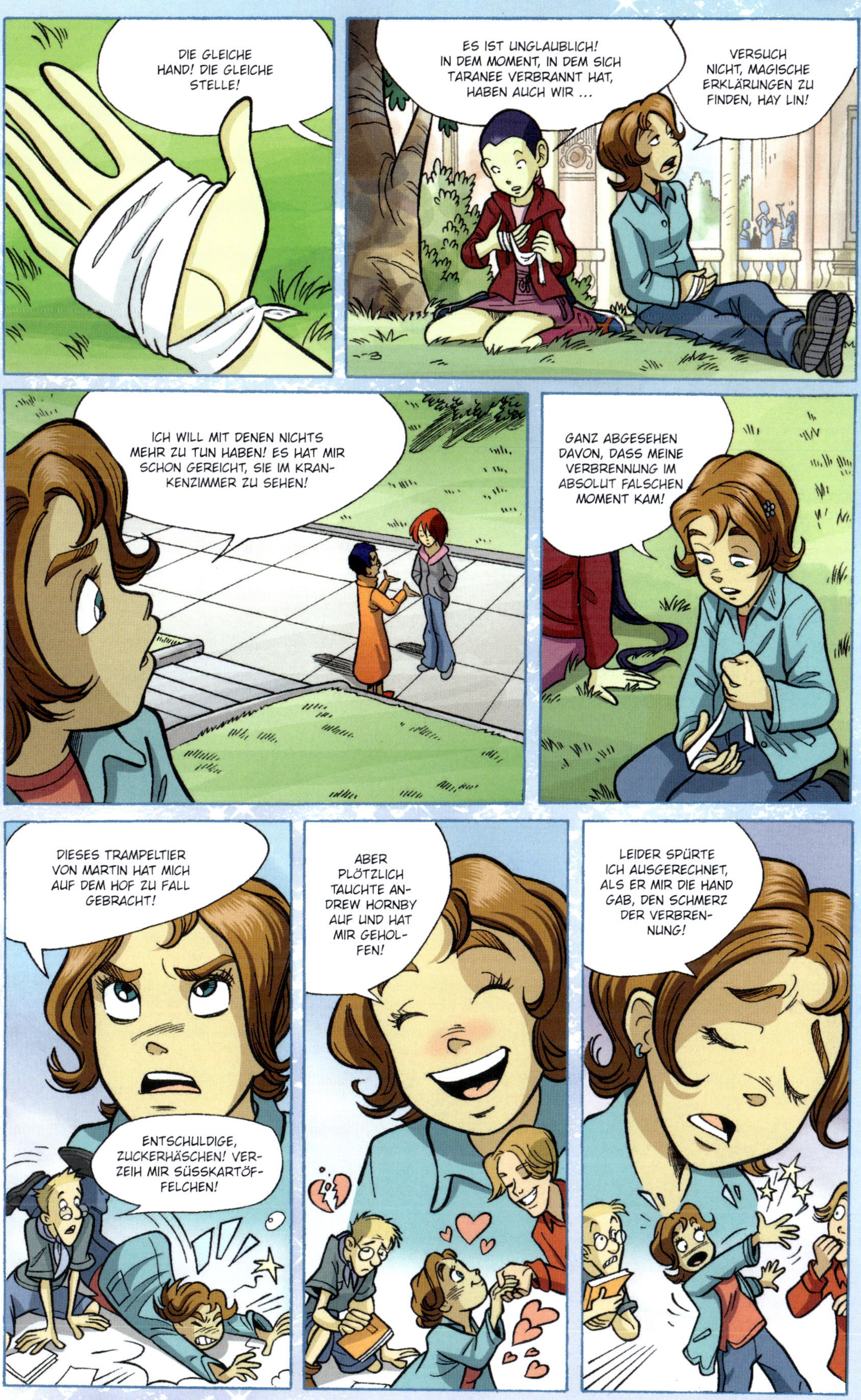
DIE GLEICHE HAND! DIE GLEICHE STELLE!
ES IST UNGLAUBLICH! IN DEM MOMENT, IN DEM SICH TARANEE VERBRANNT HAT, HABEN AUCH WIR ...
VERSUCH NICHT, MAGISCHE ERKLÄRUNGEN ZU FINDEN, HAY LIN!
ICH WILL MIT DENEN NICHTS MEHR ZU TUN HABEN! ES HAT MIR SCHON GEREICHT, SIE IM KRANKENZIMMER ZU SEHEN!
GANZ ABGESEHEN DAVON, DASS MEINE VERBRENNUNG IM ABSOLUT FALSCHEN MOMENT KAM!
DIESES TRAMPELTIER VON MARTIN HAT MICH AUF DEM HOF ZU FALL GEBRACHT!
ENTSCHULDIGE, ZUCKERHÄSCHEN! VERZEIH MIR SÜSSKARTÖFFELCHEN!
ABER PLÖTZLICH TAUCHTE ANDREW HORNBY AUF UND HAT MIR GEHOLFEN!
LEIDER SPÜRTE ICH AUSGERECHNET, ALS ER MIR DIE HAND GAB, DEN SCHMERZ DER VERBRENNUNG!

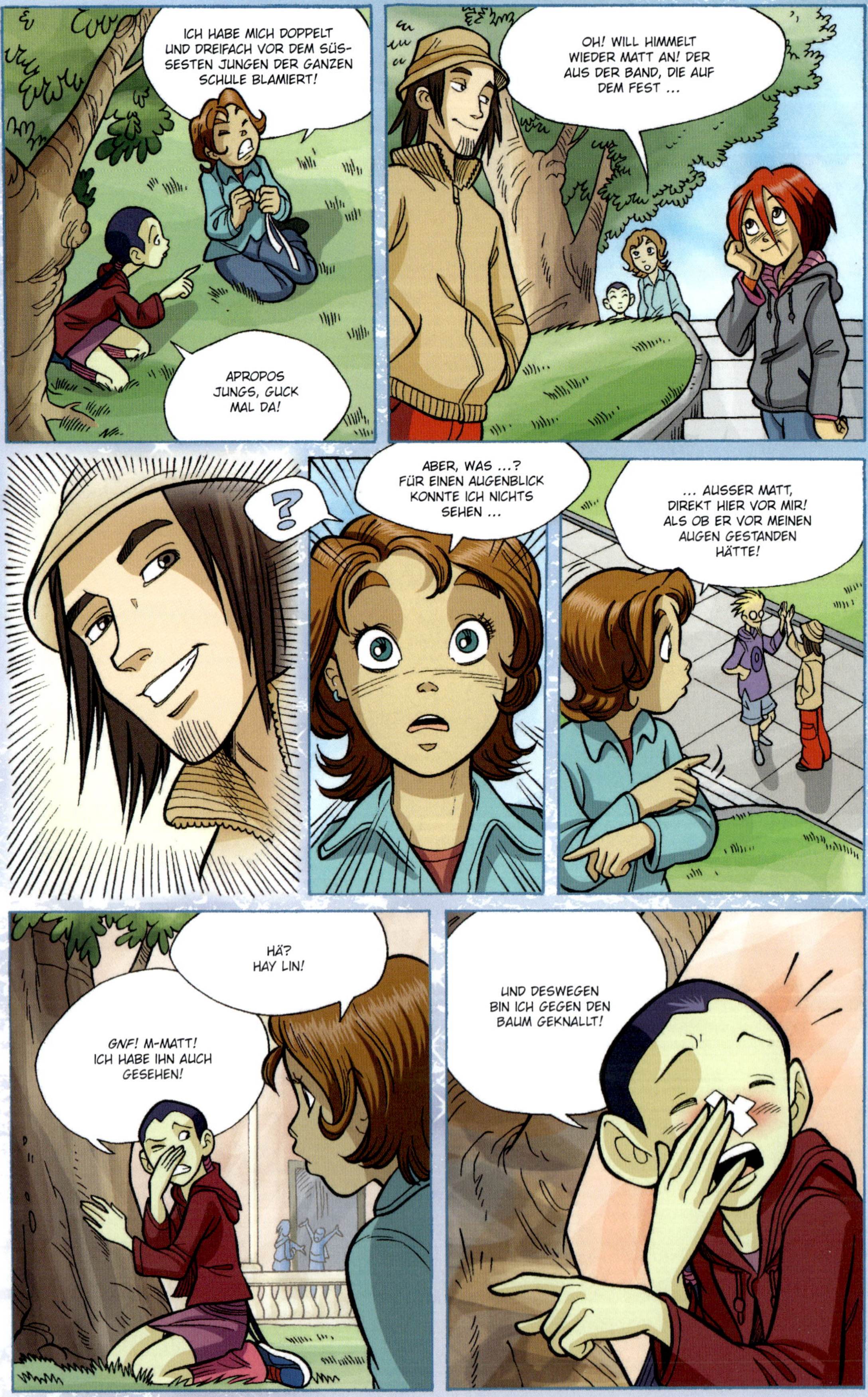
ICH HABE MICH DOPPELT UND DREIFACH VOR DEM SÜS-SESTEN JUNGEN DER GANZEN SCHULE BLAMIERT!
APROPOS JUNGS, GUCK MAL DA!
OH! WILL HIMMELT WIEDER MATT AN! DER AUS DER BAND, DIE AUF DEM FEST ...
?
ABER, WAS ...? FÜR EINEN AUGENBLICK KONNTE ICH NICHTS SEHEN ...
... AUSSER MATT, DIREKT HIER VOR MIR! ALS OB ER VOR MEINEN AUGEN GESTANDEN HÄTTE!
HÄ? HAY LIN!
GNF! M-MATT! ICH HABE IHN AUCH GESEHEN!
UND DESWEGEN BIN ICH GEGEN DEN BAUM GEKNALLT!

92

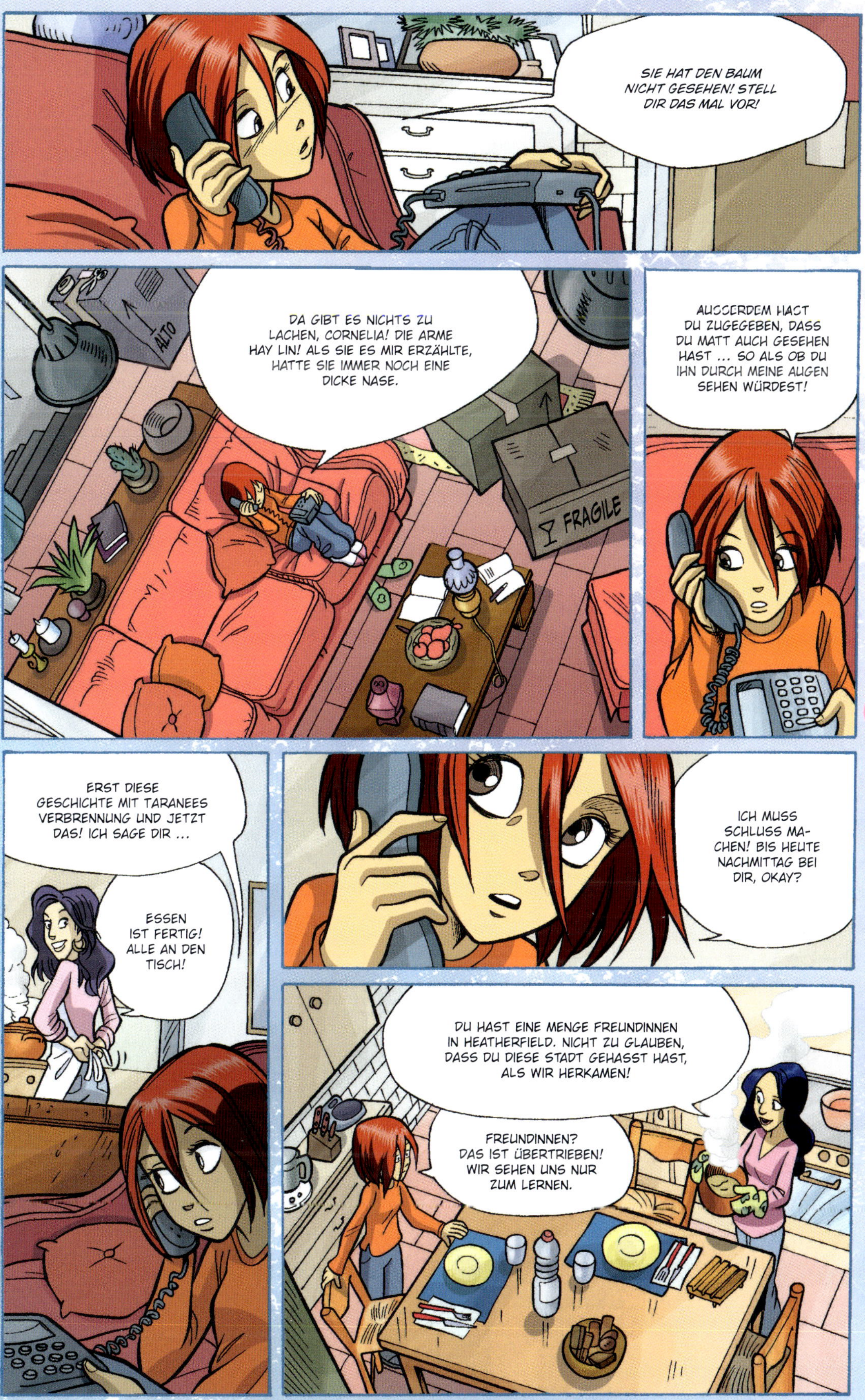
SIE HAT DEN BAUM NICHT GESEHEN! STELL DIR DAS MAL VOR!
DA GIBT ES NICHTS ZU LACHEN, CORNELIA! DIE ARME HAY LIN! ALS SIE ES MIR ERZÄHLTE, HATTE SIE IMMER NOCH EINE DICKE NASE.
FRAGILE
AUSSERDEM HAST DU ZUGEGEBEN, DASS DU MATT AUCH GESEHEN HAST ... SO ALS OB DU IHN DURCH MEINE AUGEN SEHEN WÜRDEST!
ERST DIESE GESCHICHTE MIT TARANEES VERBRENNUNG UND JETZT DAS! ICH SAGE DIR ...
ESSEN IST FERTIG! ALLE AN DEN TISCH!
ICH MUSS SCHLUSS MACHEN! BIS HEUTE NACHMITTAG BEI DIR, OKAY?
DU HAST EINE MENGE FREUNDINNEN IN HEATHERFIELD. NICHT ZU GLAUBEN, DASS DU DIESE STADT GEHASST HAST, ALS WIR HERKAMEN!
FREUNDINNEN? DAS IST ÜBERTRIEBEN! WIR SEHEN UNS NUR ZUM LERNEN.

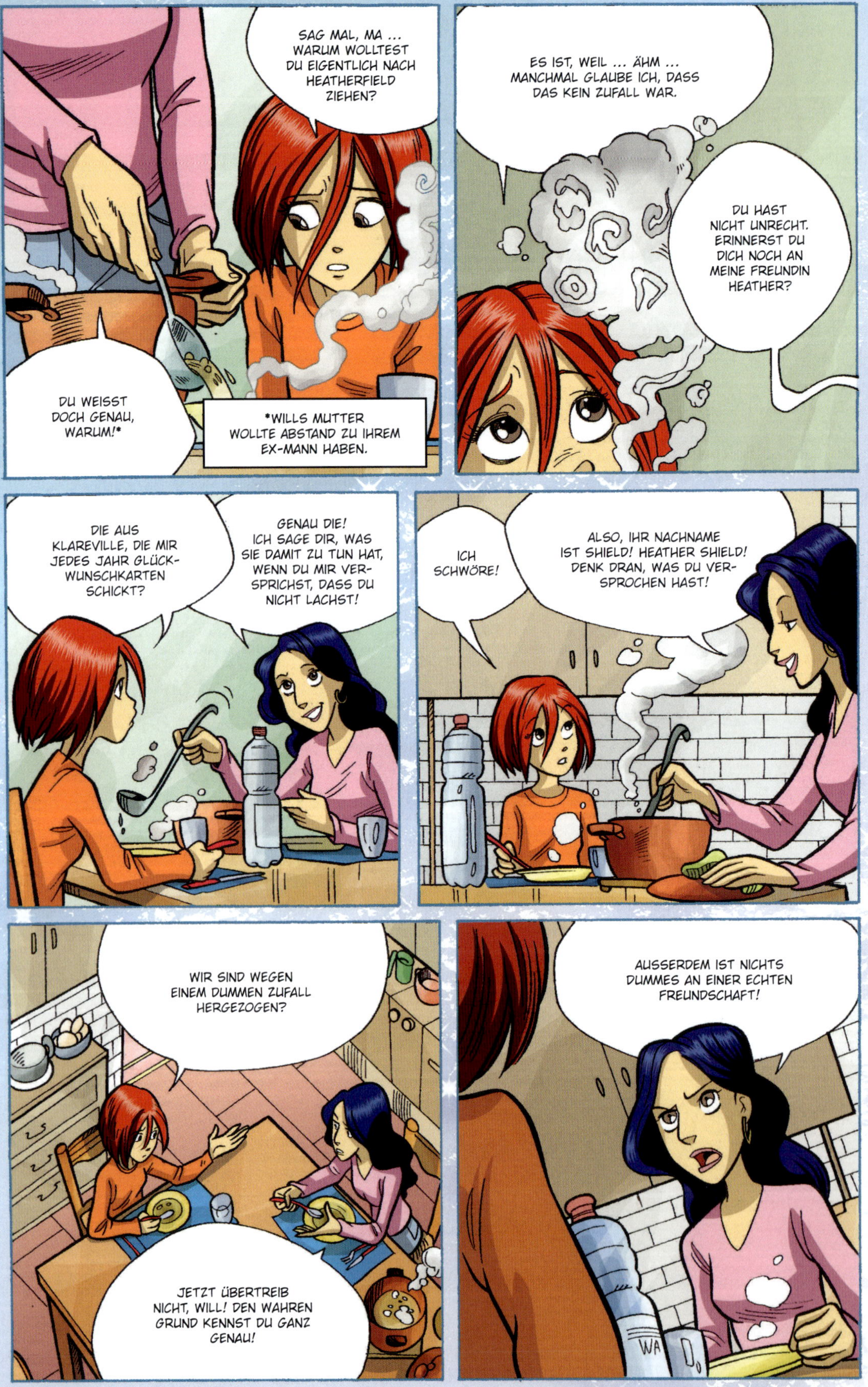
SAG MAL, MA ... WARUM WOLLTEST DU EIGENTLICH NACH HEATHERFIELD ZIEHEN?
DU WEISST DOCH GENAU, WARUM!*
*WILLS MUTTER WOLLTE ABSTAND ZU IHREM EX-MANN HABEN.
ES IST, WEIL ... ÄHM ... MANCHMAL GLAUBE ICH, DASS DAS KEIN ZUFALL WAR.
DU HAST NICHT UNRECHT. ERINNERST DU DICH NOCH AN MEINE FREUNDIN HEATHER?
DIE AUS KLAREVILLE, DIE MIR JEDES JAHR GLÜCK-WUNSCHKARTEN SCHICKT?
GENAU DIE! ICH SAGE DIR, WAS SIE DAMIT ZU TUN HAT, WENN DU MIR VER-SPRICHST, DASS DU NICHT LACHST!
ICH SCHWÖRE!
ALSO, IHR NACHNAME IST SHIELD! HEATHER SHIELD! DENK DRAN, WAS DU VER-SPROCHEN HAST!
WIR SIND WEGEN EINEM DUMMEN ZUFALL HERGEZOGEN?
JETZT ÜBERTREIB NICHT, WILL! DEN WAHREN GRUND KENNST DU GANZ GENAU!
AUSSERDEM IST NICHTS DUMMES AN EINER ECHTEN FREUNDSCHAFT!

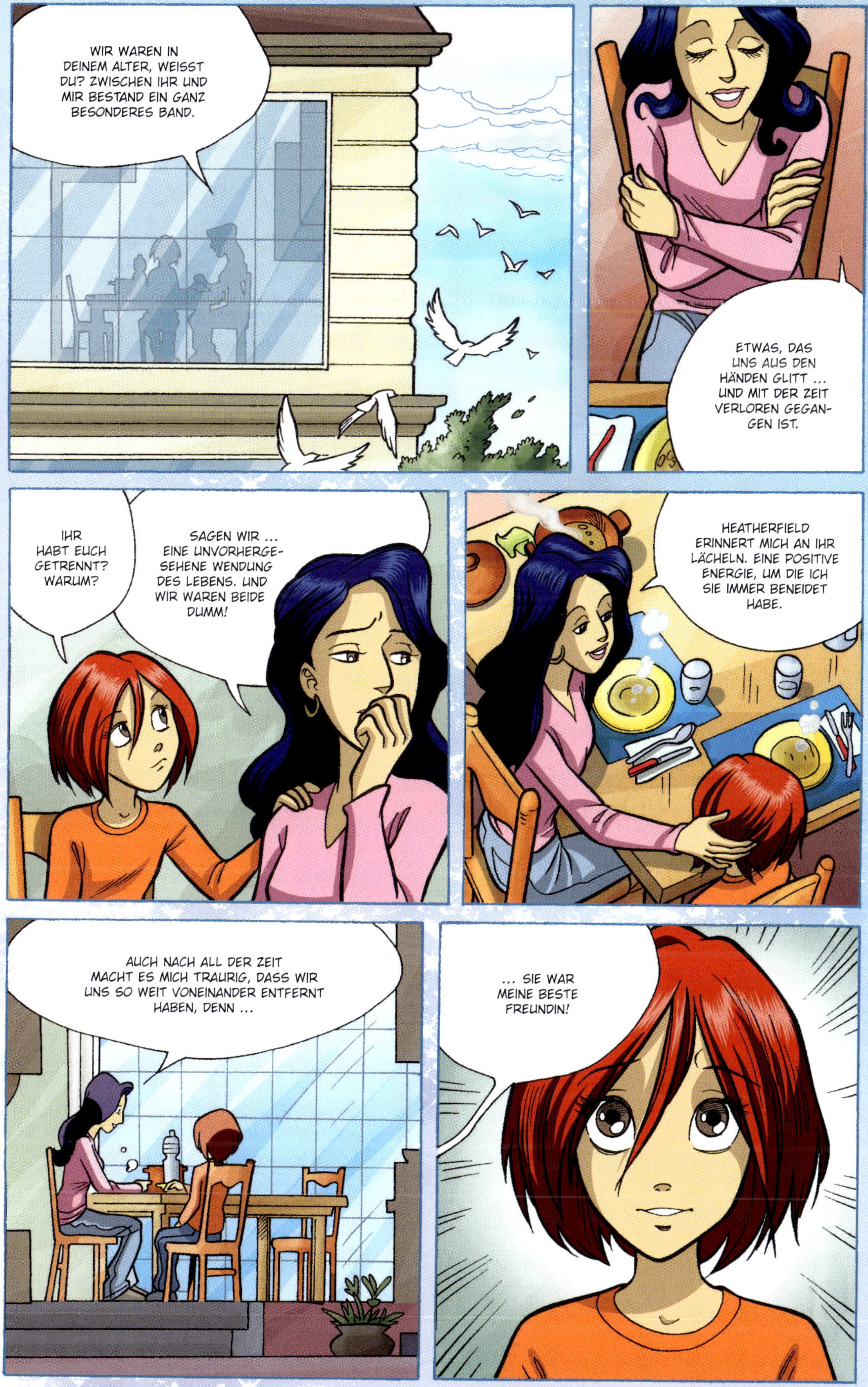
WIR WAREN IN DEINEM ALTER, WEISST DU? ZWISCHEN IHR UND MIR BESTAND EIN GANZ BESONDERES BAND.
ETWAS, DAS UNS AUS DEN HÄNDEN GLITT ... UND MIT DER ZEIT VERLOREN GEGANGEN IST.
IHR HABT EUCH GETRENNT? WARUM?
SAGEN WIR ... EINE UNVORHERGESEHENE WENDUNG DES LEBENS. UND WIR WAREN BEIDE DUMM!
HEATHERFIELD ERINNERT MICH AN IHR LÄCHELN. EINE POSITIVE ENERGIE, UM DIE ICH SIE IMMER BENEIDET HABE.
AUCH NACH ALL DER ZEIT MACHT ES MICH TRAURIG, DASS WIR UNS SO WEIT VONEINANDER ENTFERNT HABEN, DENN ...
... SIE WAR MEINE BESTE FREUNDIN!

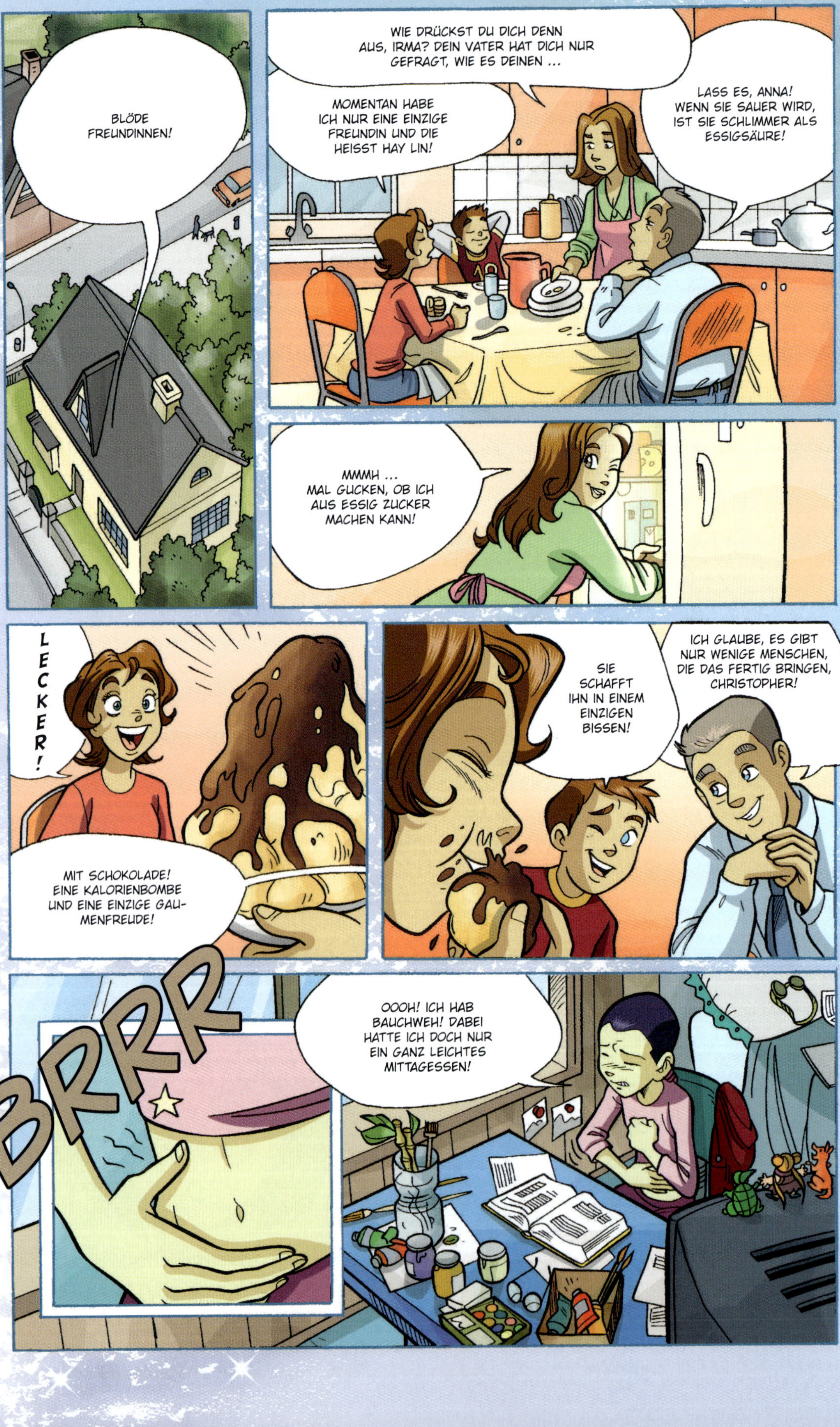
BLÖDE FREUNDINNEN!
WIE DRÜCKST DU DICH DENN AUS, IRMA? DEIN VATER HAT DICH NUR GEFRAGT, WIE ES DEINEN ...
MOMENTAN HABE ICH NUR EINE EINZIGE FREUNDIN UND DIE HEISST HAY LIN!
LASS ES, ANNA! WENN SIE SAUER WIRD, IST SIE SCHLIMMER ALS ESSIGSÄURE!
MMMH ... MAL GUCKEN, OB ICH AUS ESSIG ZUCKER MACHEN KANN!
LECKER!
MIT SCHOKOLADE! EINE KALORIENBOMBE UND EINE EINZIGE GAUMENFREUDE!
SIE SCHAFFT IHN IN EINEM EINZIGEN BISSEN!
ICH GLAUBE, ES GIBT NUR WENIGE MENSCHEN, DIE DAS FERTIG BRINGEN, CHRISTOPHER!
BRRR
OOOH! ICH HAB BAUCHWEH! DABEI HATTE ICH DOCH NUR EIN GANZ LEICHTES MITTAGESSEN!

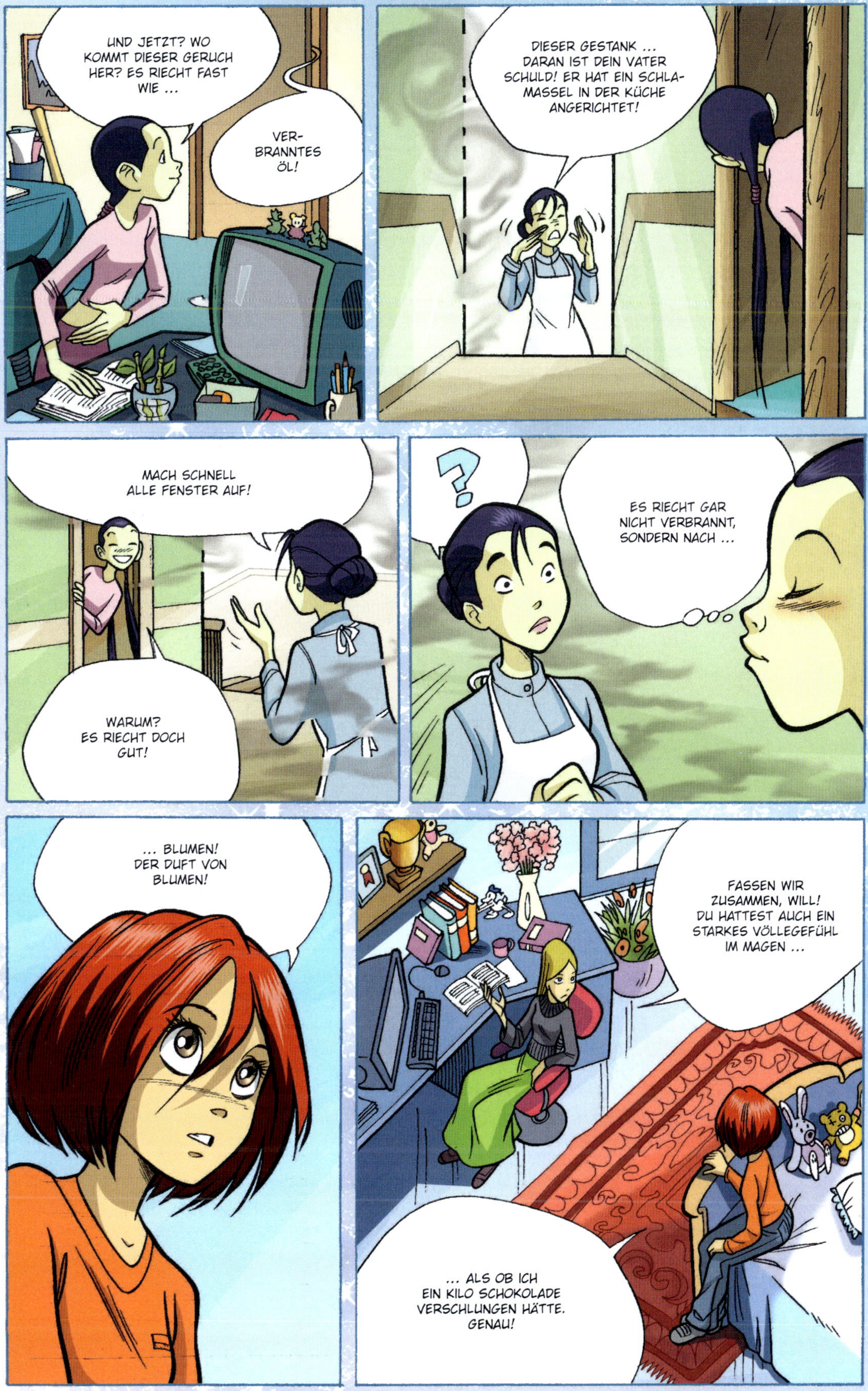
UND JETZT? WO KOMMT DIESER GERUCH HER? ES RIECHT FAST WIE ...
VER-BRANNTES ÖL!
DIESER GESTANK ... DARAN IST DEIN VATER SCHULD! ER HAT EIN SCHLA-MASSEL IN DER KÜCHE ANGERICHTET!
MACH SCHNELL ALLE FENSTER AUF!
WARUM? ES RIECHT DOCH GUT!
?
ES RIECHT GAR NICHT VERBRANNT, SONDERN NACH ...
... BLUMEN! DER DUFT VON BLUMEN!
FASSEN WIR ZUSAMMEN, WILL! DU HATTEST AUCH EIN STARKES VÖLLEGEFÜHL IM MAGEN ...
... ALS OB ICH EIN KILO SCHOKOLADE VERSCHLUNGEN HÄTTE. GENAU!

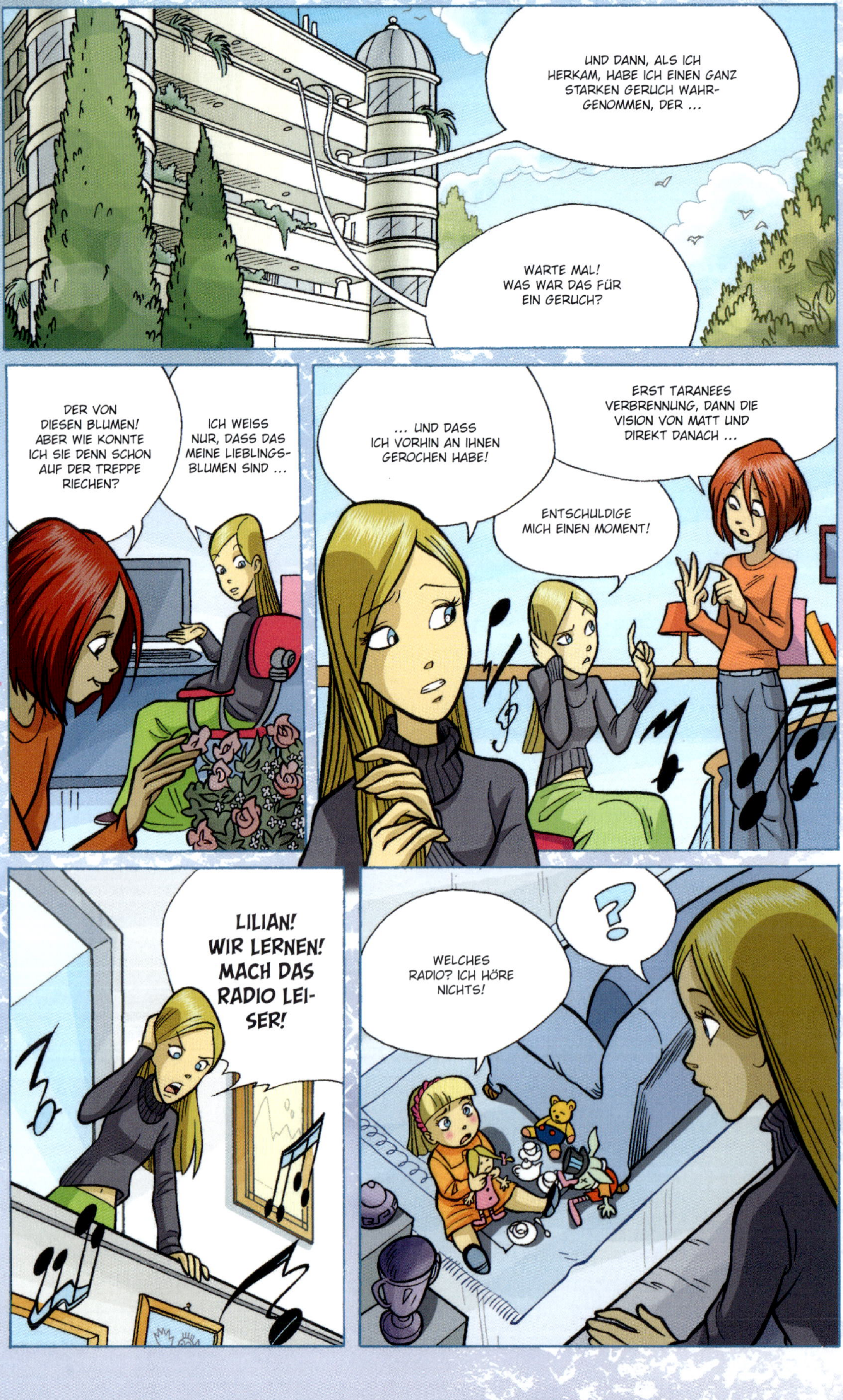

UND DANN, ALS ICH HERKAM, HABE ICH EINEN GANZ STARKEN GERUCH WAHR-GENOMMEN, DER ...
WARTE MAL! WAS WAR DAS FÜR EIN GERUCH?
DER VON DIESEN BLUMEN! ABER WIE KONNTE ICH SIE DENN SCHON AUF DER TREPPE RIECHEN?
ICH WEISS NUR, DASS DAS MEINE LIEBLINGS-BLUMEN SIND ...
... UND DASS ICH VORHIN AN IHNEN GEROCHEN HABE!
ERST TARANEES VERBRENNUNG, DANN DIE VISION VON MATT UND DIREKT DANACH ...
ENTSCHULDIGE MICH EINEN MOMENT!
LILIAN! WIR LERNEN! MACH DAS RADIO LEI-SER!
WELCHES RADIO? ICH HÖRE NICHTS!
?

98

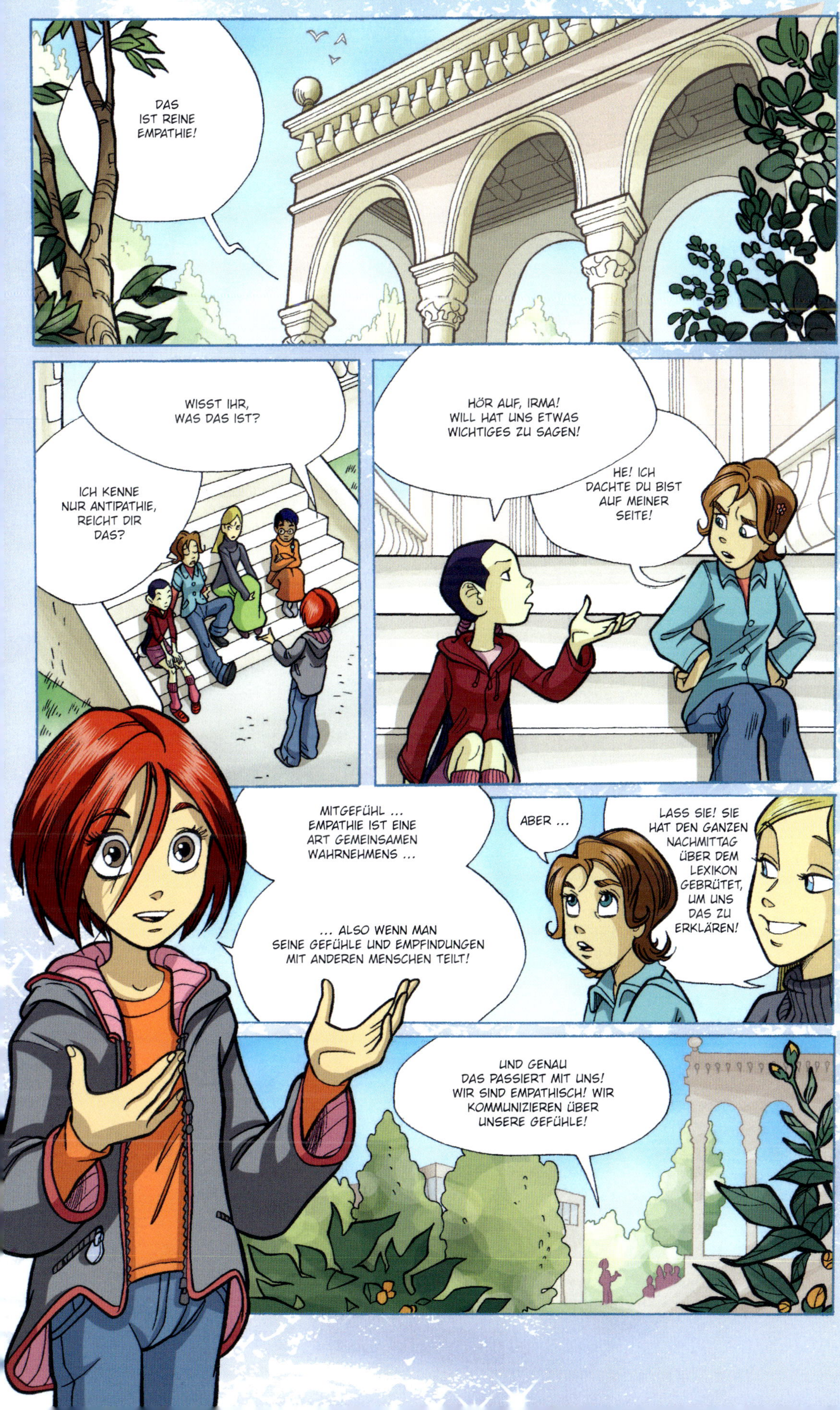
DAS IST REINE EMPATHIE!
WISST IHR, WAS DAS IST?
ICH KENNE NUR ANTIPATHIE, REICHT DIR DAS?
HÖR AUF, IRMA! WILL HAT UNS ETWAS WICHTIGES ZU SAGEN!
HE! ICH DACHTE DU BIST AUF MEINER SEITE!
MITGEFÜHL ... EMPATHIE IST EINE ART GEMEINSAMEN WAHRNEHMENS ...
... ALSO WENN MAN SEINE GEFÜHLE UND EMPFINDUNGEN MIT ANDEREN MENSCHEN TEILT!
ABER ...
LASS SIE! SIE HAT DEN GANZEN NACHMITTAG ÜBER DEM LEXIKON GEBRÜTET, UM UNS DAS ZU ERKLÄREN!
UND GENAU DAS PASSIERT MIT UNS! WIR SIND EMPATHISCH! WIR KOMMUNIZIEREN ÜBER UNSERE GEFÜHLE!

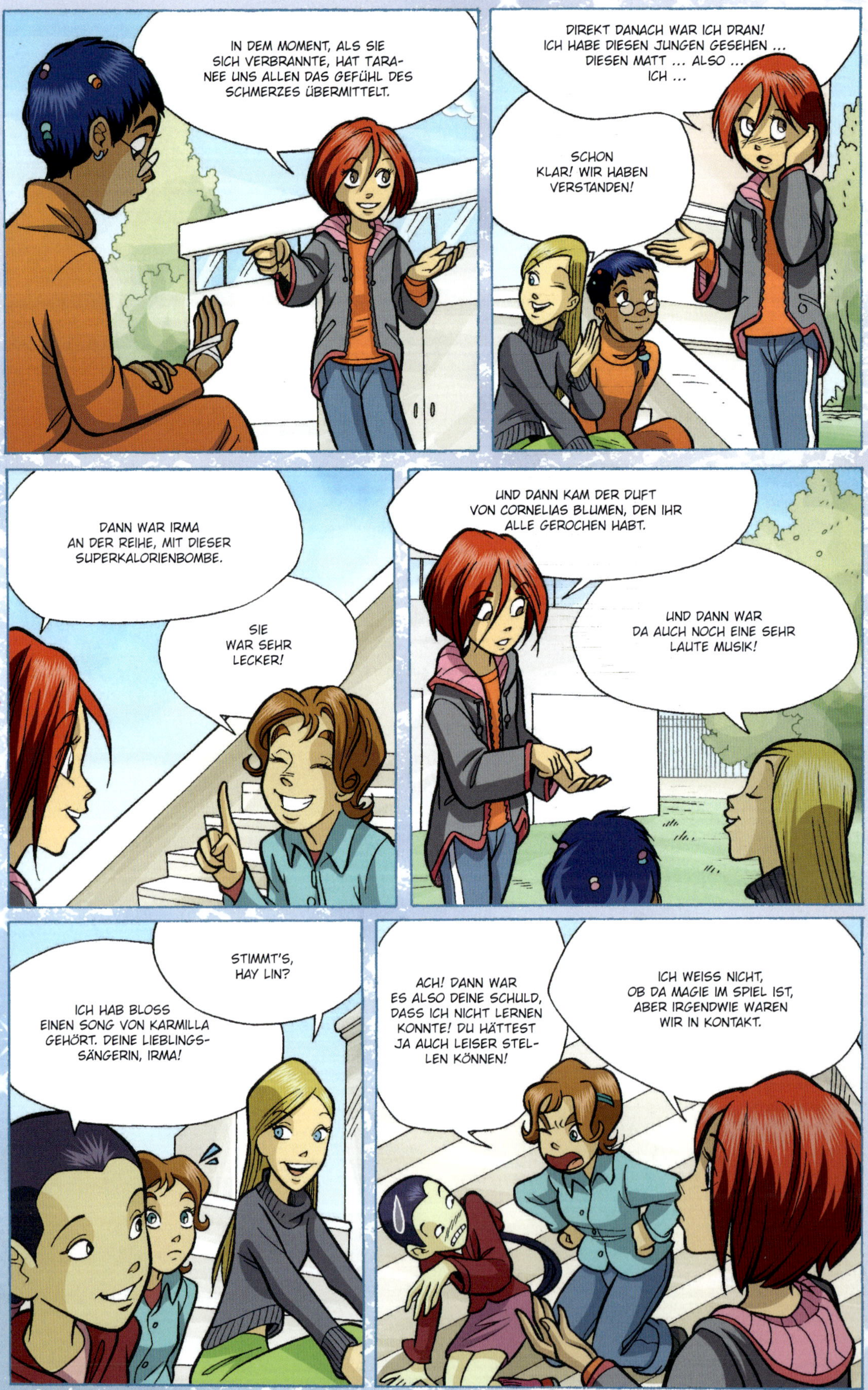
IN DEM MOMENT, ALS SIE SICH VERBRANNTE, HAT TARANEE UNS ALLEN DAS GEFÜHL DES SCHMERZES ÜBERMITTELT.
DIREKT DANACH WAR ICH DRAN! ICH HABE DIESEN JUNGEN GESEHEN ... DIESEN MATT ... ALSO ... ICH ...
SCHON KLAR! WIR HABEN VERSTANDEN!
DANN WAR IRMA AN DER REIHE, MIT DIESER SUPERKALORIENBOMBE.
SIE WAR SEHR LECKER!
UND DANN KAM DER DUFT VON CORNELIAS BLUMEN, DEN IHR ALLE GEROCHEN HABT.
UND DANN WAR DA AUCH NOCH EINE SEHR LAUTE MUSIK!
STIMMT'S, HAY LIN?
ICH HAB BLOSS EINEN SONG VON KARMILLA GEHÖRT. DEINE LIEBLINGS-SÄNGERIN, IRMA!
ACH! DANN WAR ES ALSO DEINE SCHULD, DASS ICH NICHT LERNEN KONNTE! DU HÄTTEST JA AUCH LEISER STEL-LEN KÖNNEN!
ICH WEISS NICHT, OB DA MAGIE IM SPIEL IST, ABER IRGENDWIE WAREN WIR IN KONTAKT.

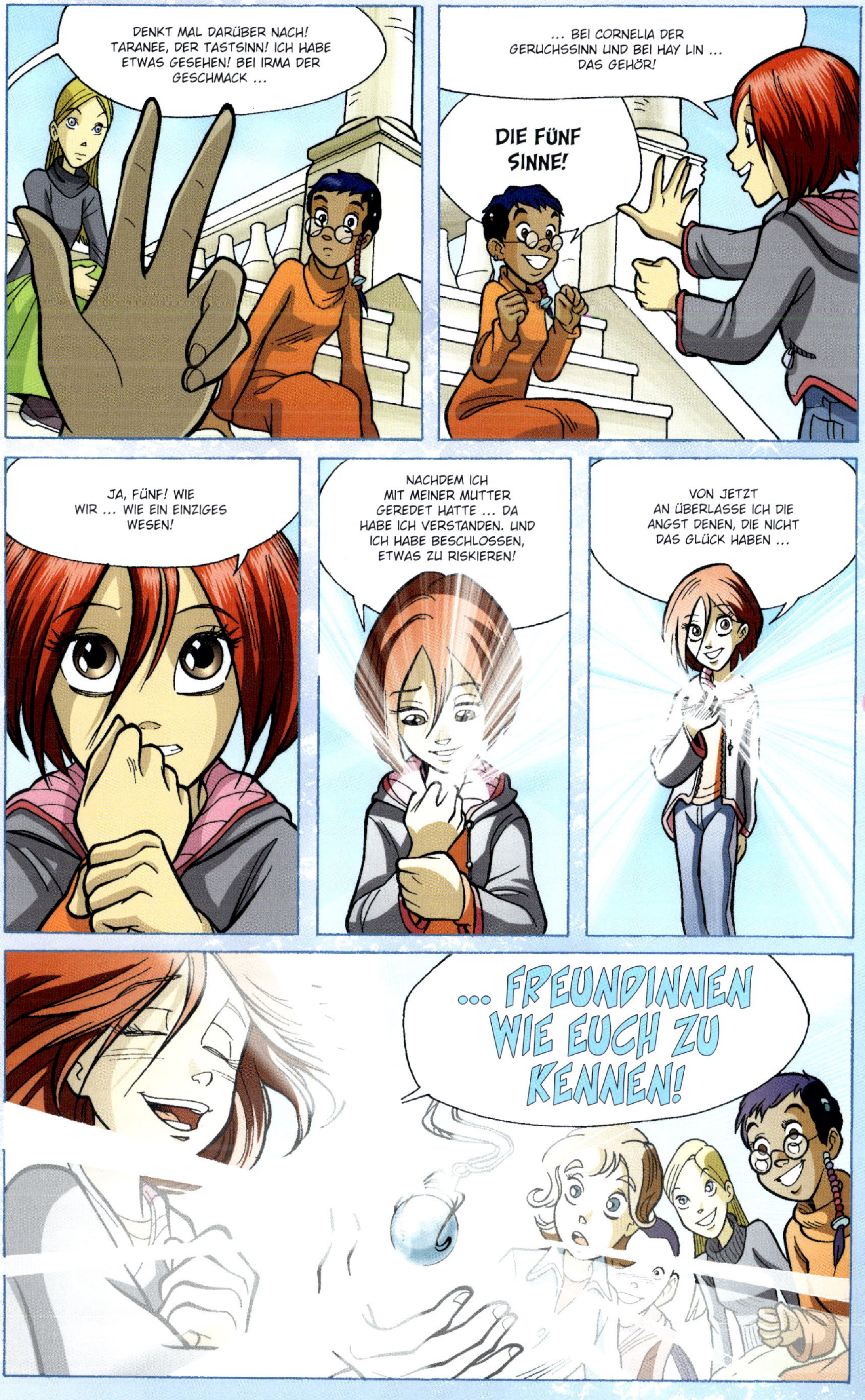
DENKT MAL DARÜBER NACH! TARANEE, DER TASTSINN! ICH HABE ETWAS GESEHEN! BEI IRMA DER GESCHMACK ...
... BEI CORNELIA DER GERUCHSSINN UND BEI HAY LIN ... DAS GEHÖR!
DIE FÜNF SINNE!
JA, FÜNF! WIE WIR ... WIE EIN EINZIGES WESEN!
NACHDEM ICH MIT MEINER MUTTER GEREDET HATTE ... DA HABE ICH VERSTANDEN. UND ICH HABE BESCHLOSSEN, ETWAS ZU RISKIEREN!
VON JETZT AN ÜBERLASSE ICH DIE ANGST DENEN, DIE NICHT DAS GLÜCK HABEN ...
... FREUNDINNEN WIE EUCH ZU KENNEN!

101

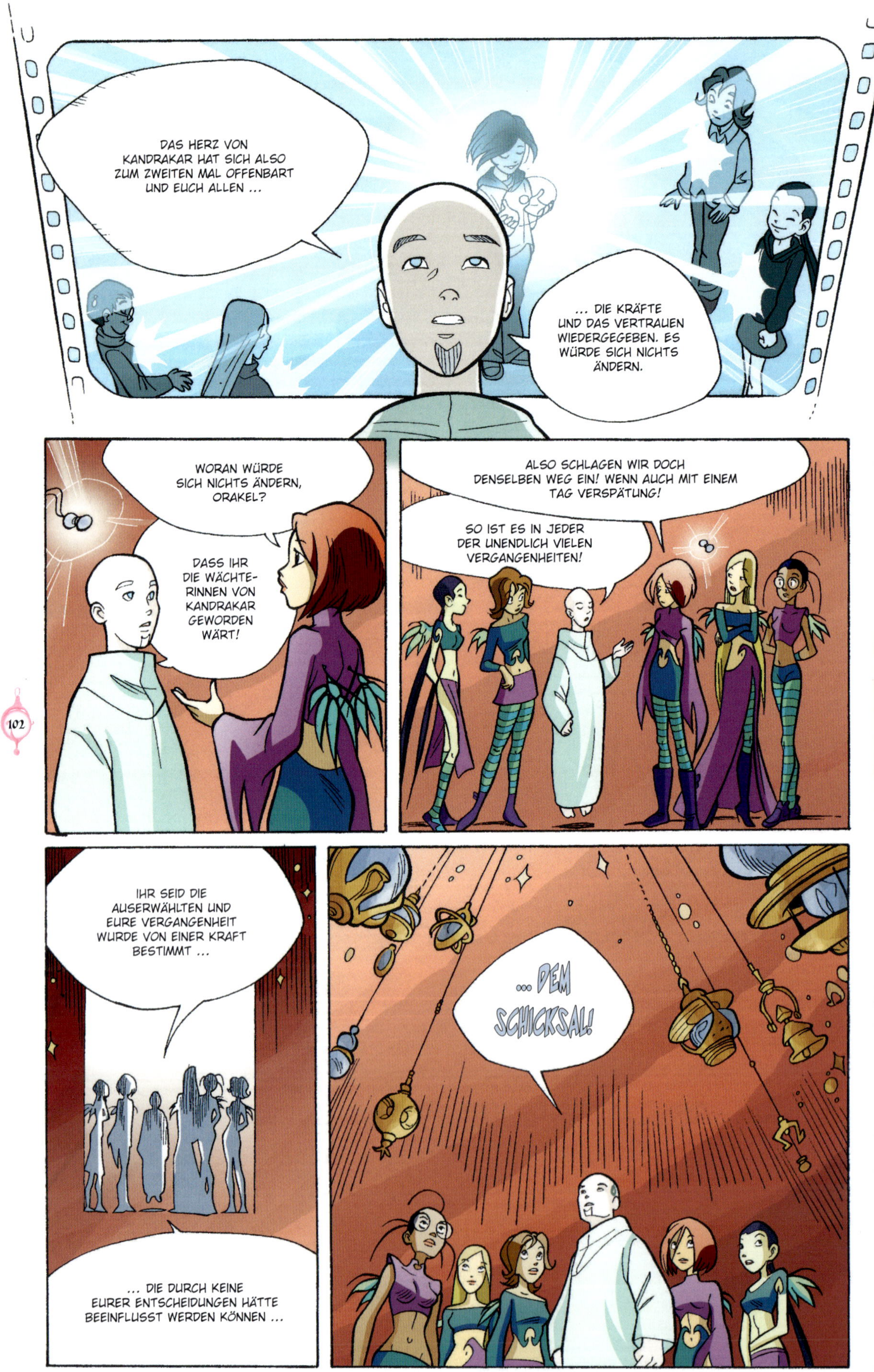
DAS HERZ VON KANDRAKAR HAT SICH ALSO ZUM ZWEITEN MAL OFFENBART UND EUCH ALLEN ...
... DIE KRÄFTE UND DAS VERTRAUEN WIEDERGEGEBEN. ES WÜRDE SICH NICHTS ÄNDERN.
WORAN WÜRDE SICH NICHTS ÄNDERN, ORAKEL?
DASS IHR DIE WÄCHTERINNEN VON KANDRAKAR GEWORDEN WÄRT!
ALSO SCHLAGEN WIR DOCH DENSELBEN WEG EIN! WENN AUCH MIT EINEM TAG VERSPÄTUNG!
SO IST ES IN JEDER DER UNENDLICH VIELEN VERGANGENHEITEN!
IHR SEID DIE AUSERWÄHLTEN UND EURE VERGANGENHEIT WURDE VON EINER KRAFT BESTIMMT ...
... DIE DURCH KEINE EURER ENTSCHEIDUNGEN HÄTTE BEEINFLUSST WERDEN KÖNNEN ...
... DEM SCHICKSAL!

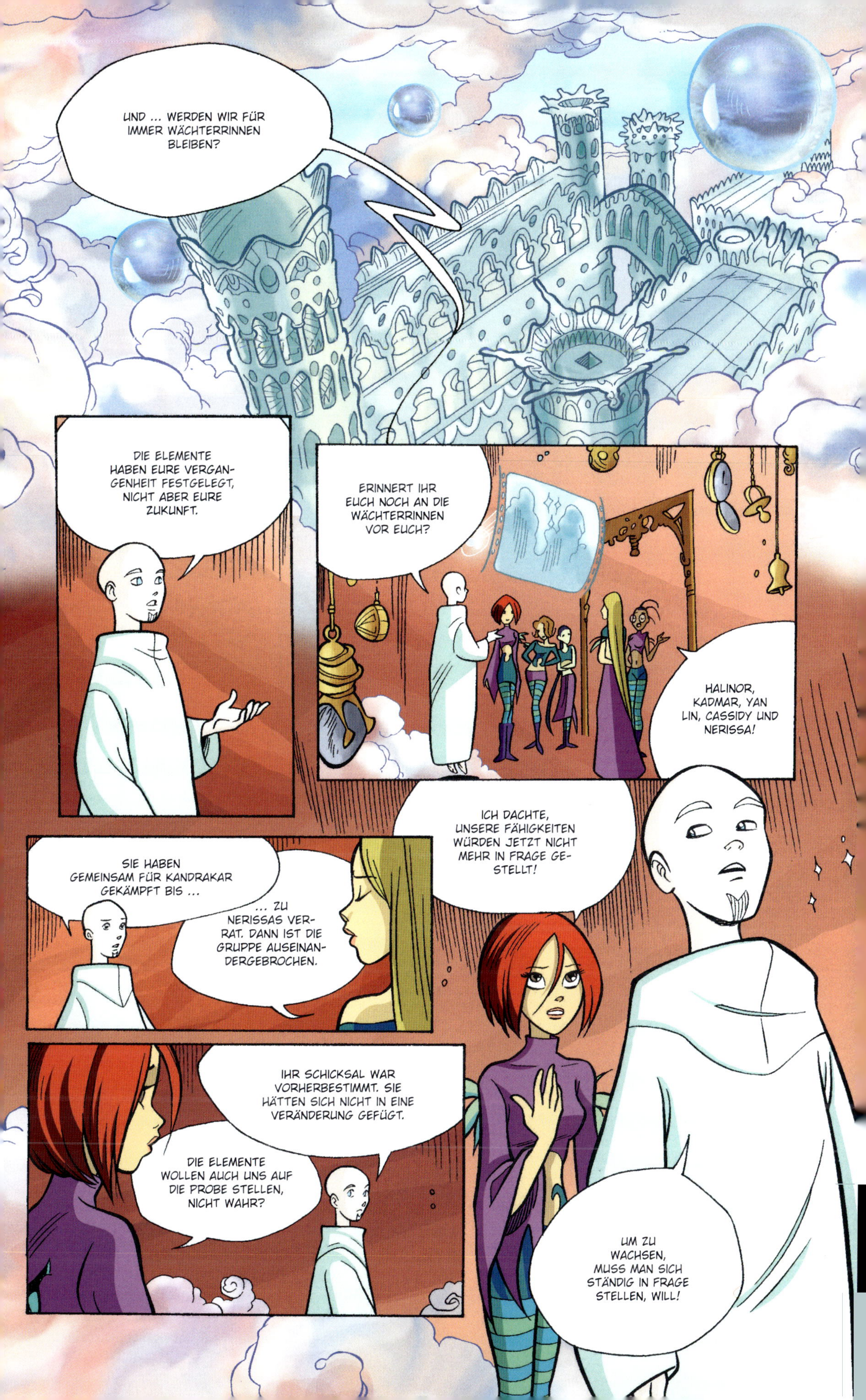
UND ... WERDEN WIR FÜR IMMER WÄCHTERRINNEN BLEIBEN?
DIE ELEMENTE HABEN EURE VERGANGENHEIT FESTGELEGT, NICHT ABER EURE ZUKUNFT.
ERINNERT IHR EUCH NOCH AN DIE WÄCHTERRINNEN VOR EUCH?
HALINOR, KADMAR, YAN LIN, CASSIDY UND NERISSA!
SIE HABEN GEMEINSAM FÜR KANDRAKAR GEKÄMPFT BIS ...
... ZU NERISSAS VERRAT. DANN IST DIE GRUPPE AUSEINANDERGEBROCHEN.
ICH DACHTE, UNSERE FÄHIGKEITEN WÜRDEN JETZT NICHT MEHR IN FRAGE GESTELLT!
IHR SCHICKSAL WAR VORHERBESTIMMT. SIE HÄTTEN SICH NICHT IN EINE VERÄNDERUNG GEFÜGT.
DIE ELEMENTE WOLLEN AUCH UNS AUF DIE PROBE STELLEN, NICHT WAHR?
UM ZU WACHSEN, MUSS MAN SICH STÄNDIG IN FRAGE STELLEN, WILL!

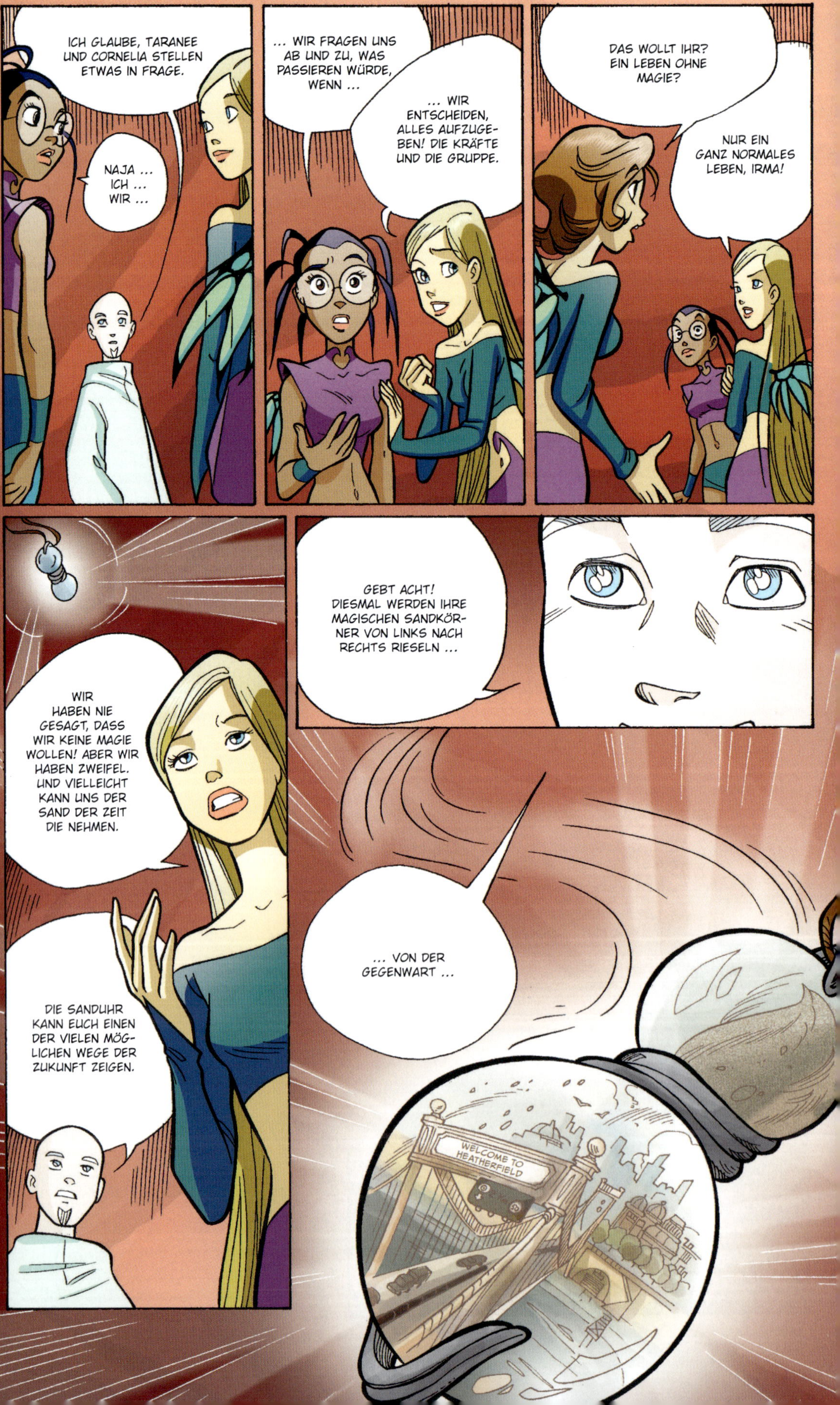

ICH GLAUBE, TARANEE UND CORNELIA STELLEN ETWAS IN FRAGE.
NAJA … ICH … WIR …
… WIR FRAGEN UNS AB UND ZU, WAS PASSIEREN WÜRDE, WENN …
… WIR ENTSCHEIDEN, ALLES AUFZUGEBEN! DIE KRÄFTE UND DIE GRUPPE.
DAS WOLLT IHR? EIN LEBEN OHNE MAGIE?
NUR EIN GANZ NORMALES LEBEN, IRMA!
WIR HABEN NIE GESAGT, DASS WIR KEINE MAGIE WOLLEN! ABER WIR HABEN ZWEIFEL. UND VIELLEICHT KANN UNS DER SAND DER ZEIT DIE NEHMEN.
DIE SANDUHR KANN EUCH EINEN DER VIELEN MÖGLICHEN WEGE DER ZUKUNFT ZEIGEN.
GEBT ACHT! DIESMAL WERDEN IHRE MAGISCHEN SANDKÖRNER VON LINKS NACH RECHTS RIESELN …
… VON DER GEGENWART …
WELCOME TO HEATHERFIELD

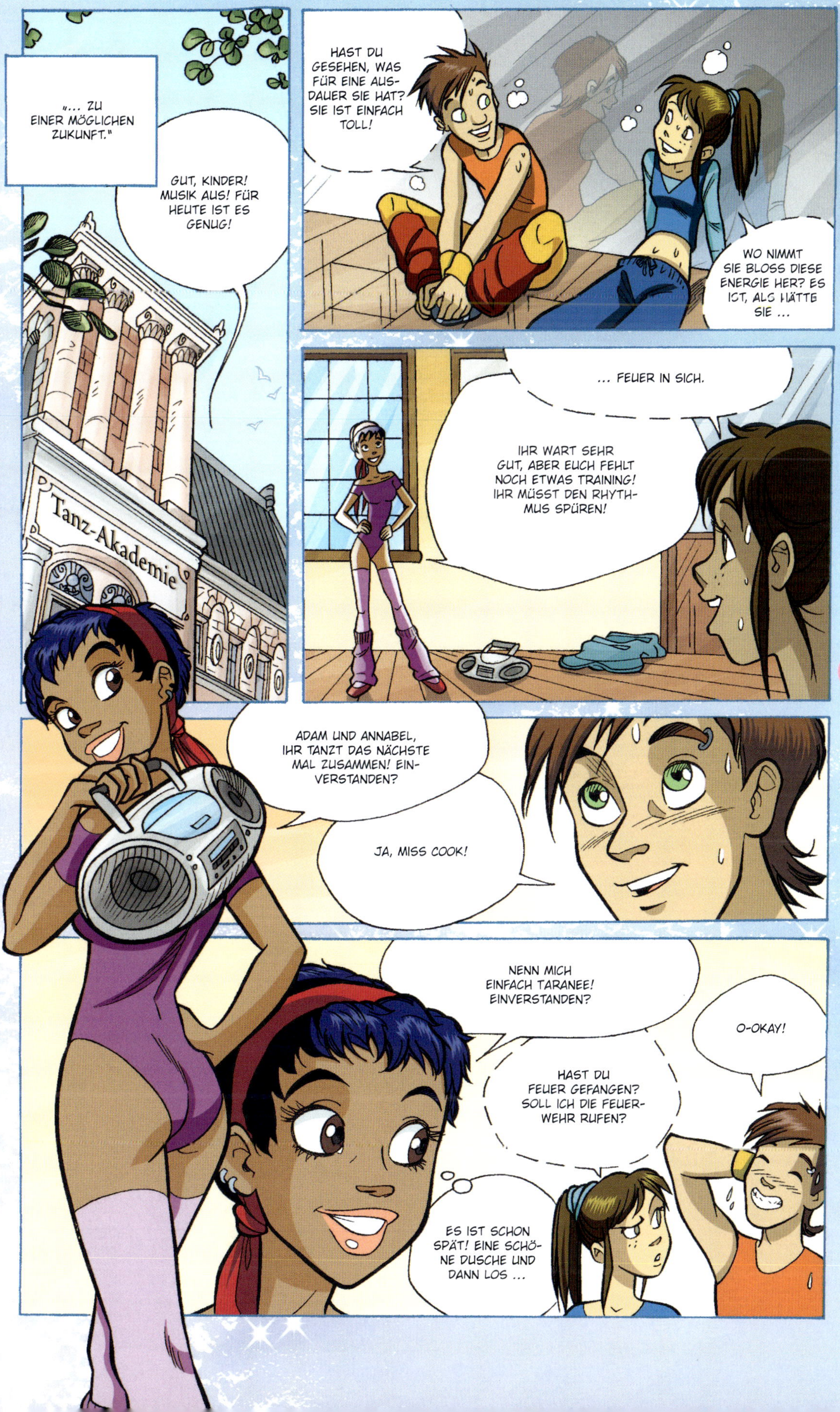

"... ZU EINER MÖGLICHEN ZUKUNFT."
GUT, KINDER! MUSIK AUS! FÜR HEUTE IST ES GENUG!
Tanz-Akademie
HAST DU GESEHEN, WAS FÜR EINE AUSDAUER SIE HAT? SIE IST EINFACH TOLL!
WO NIMMT SIE BLOSS DIESE ENERGIE HER? ES IST, ALS HÄTTE SIE ...
... FEUER IN SICH.
IHR WART SEHR GUT, ABER EUCH FEHLT NOCH ETWAS TRAINING! IHR MÜSST DEN RHYTHMUS SPÜREN!
ADAM UND ANNABEL, IHR TANZT DAS NÄCHSTE MAL ZUSAMMEN! EINVERSTANDEN?
JA, MISS COOK!
NENN MICH EINFACH TARANEE! EINVERSTANDEN?
O-OKAY!
HAST DU FEUER GEFANGEN? SOLL ICH DIE FEUERWEHR RUFEN?
ES IST SCHON SPÄT! EINE SCHÖNE DUSCHE UND DANN LOS ...

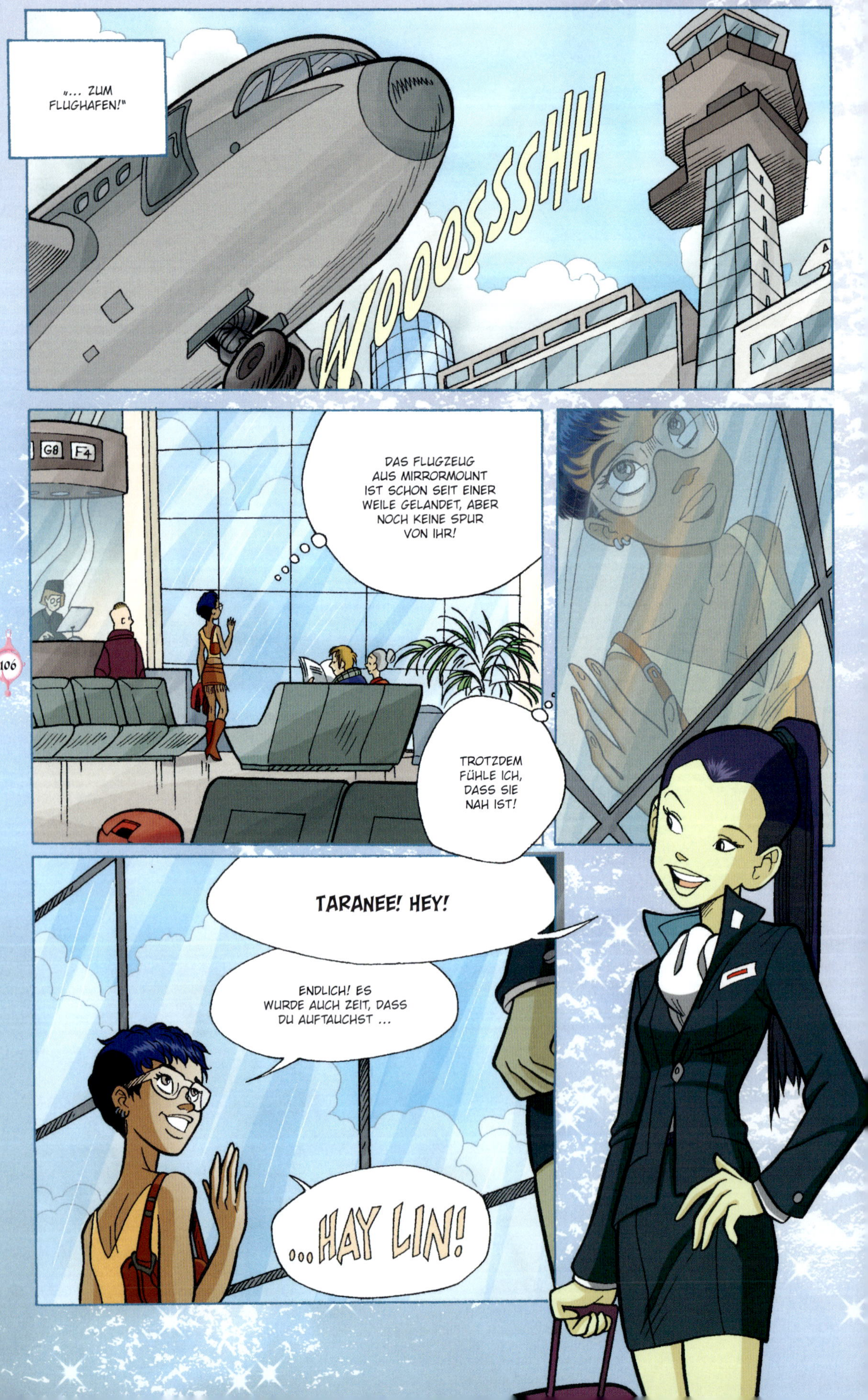
„... ZUM FLUGHAFEN!“
WOOOSSSSHH
G8 F4
DAS FLUGZEUG AUS MIRRORMOUNT IST SCHON SEIT EINER WEILE GELANDET, ABER NOCH KEINE SPUR VON IHR!
TROTZDEM FÜHLE ICH, DASS SIE NAH IST!
TARANEE! HEY!
ENDLICH! ES WURDE AUCH ZEIT, DASS DU AUFTAUCHST ...
...HAY LIN!

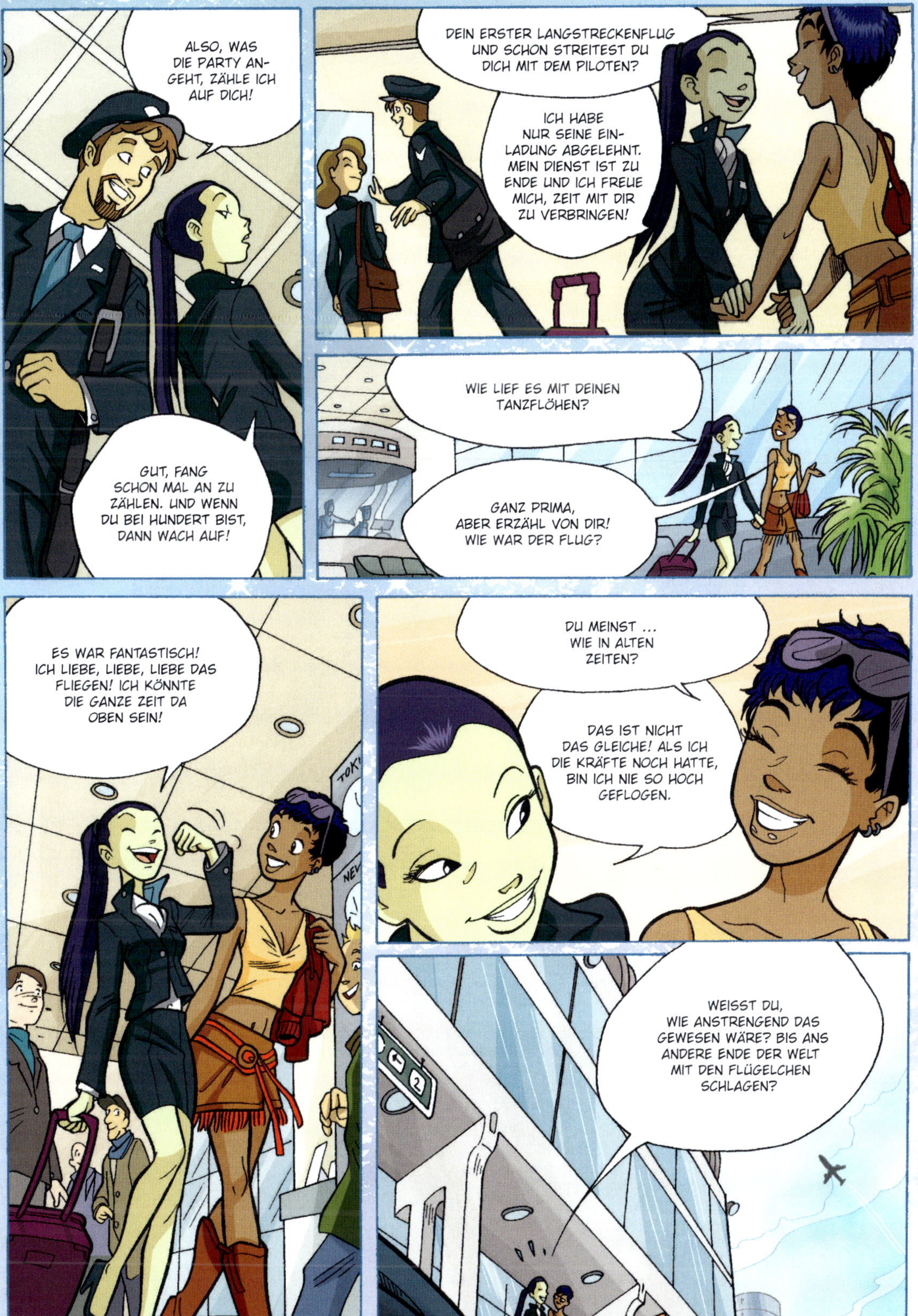
ALSO, WAS DIE PARTY ANGEHT, ZÄHLE ICH AUF DICH!
GUT, FANG SCHON MAL AN ZU ZÄHLEN. UND WENN DU BEI HUNDERT BIST, DANN WACH AUF!
DEIN ERSTER LANGSTRECKENFLUG UND SCHON STREITEST DU DICH MIT DEM PILOTEN?
ICH HABE NUR SEINE EINLADUNG ABGELEHNT. MEIN DIENST IST ZU ENDE UND ICH FREUE MICH, ZEIT MIT DIR ZU VERBRINGEN!
WIE LIEF ES MIT DEINEN TANZFLÖHEN?
GANZ PRIMA, ABER ERZÄHL VON DIR! WIE WAR DER FLUG?
ES WAR FANTASTISCH! ICH LIEBE, LIEBE, LIEBE DAS FLIEGEN! ICH KÖNNTE DIE GANZE ZEIT DA OBEN SEIN!
DU MEINST ... WIE IN ALTEN ZEITEN?
DAS IST NICHT DAS GLEICHE! ALS ICH DIE KRÄFTE NOCH HATTE, BIN ICH NIE SO HOCH GEFLOGEN.
WEISST DU, WIE ANSTRENGEND DAS GEWESEN WÄRE? BIS ANS ANDERE ENDE DER WELT MIT DEN FLÜGELCHEN SCHLAGEN?
TAXI

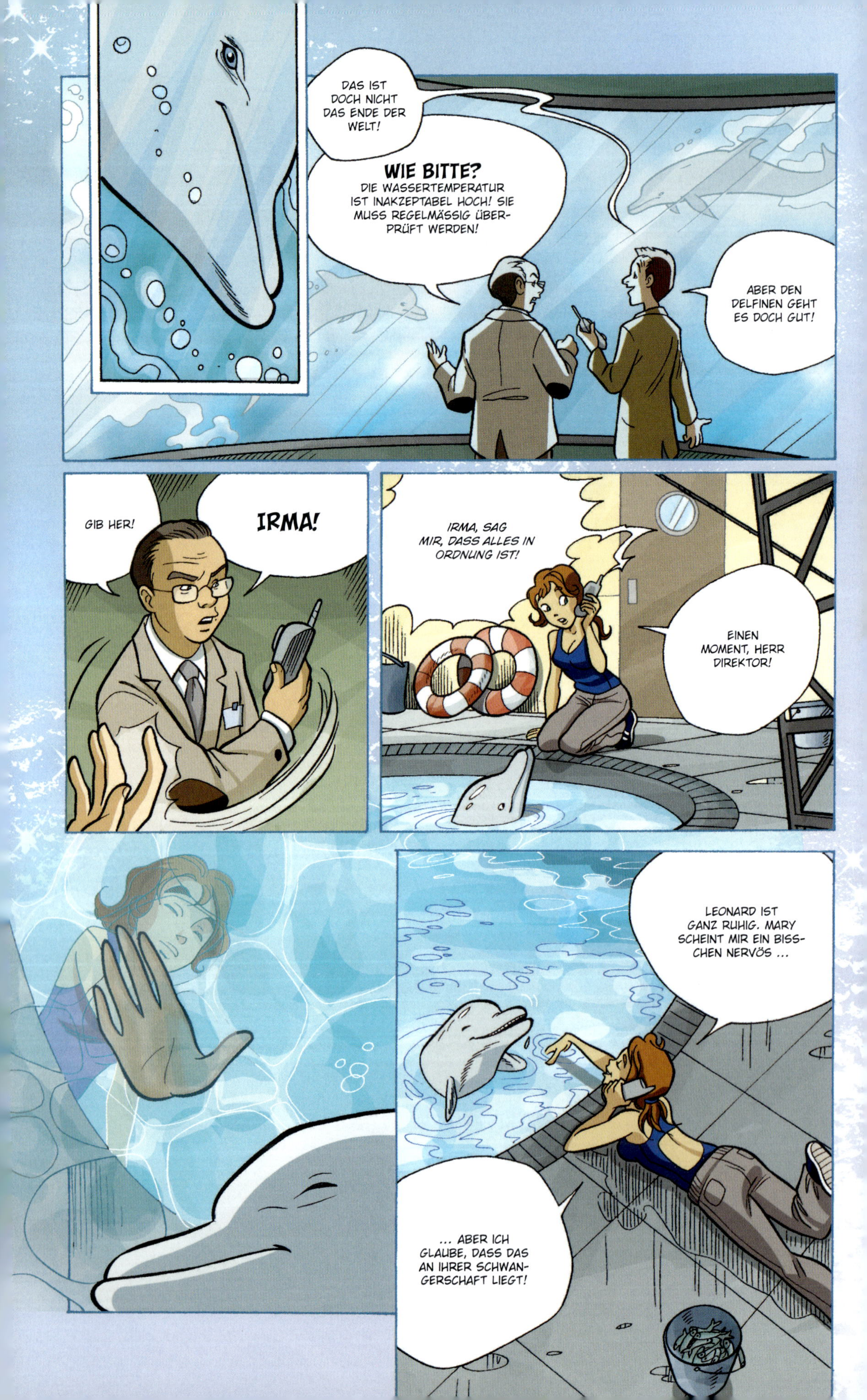
DAS IST DOCH NICHT DAS ENDE DER WELT!
WIE BITTE? DIE WASSERTEMPERATUR IST INAKZEPTABEL HOCH! SIE MUSS REGELMÄSSIG ÜBERPRÜFT WERDEN!
ABER DEN DELFINEN GEHT ES DOCH GUT!
GIB HER!
IRMA!
IRMA, SAG MIR, DASS ALLES IN ORDNUNG IST!
EINEN MOMENT, HERR DIREKTOR!
LEONARD IST GANZ RUHIG. MARY SCHEINT MIR EIN BISSCHEN NERVÖS ...
... ABER ICH GLAUBE, DASS DAS AN IHRER SCHWANGERSCHAFT LIEGT!

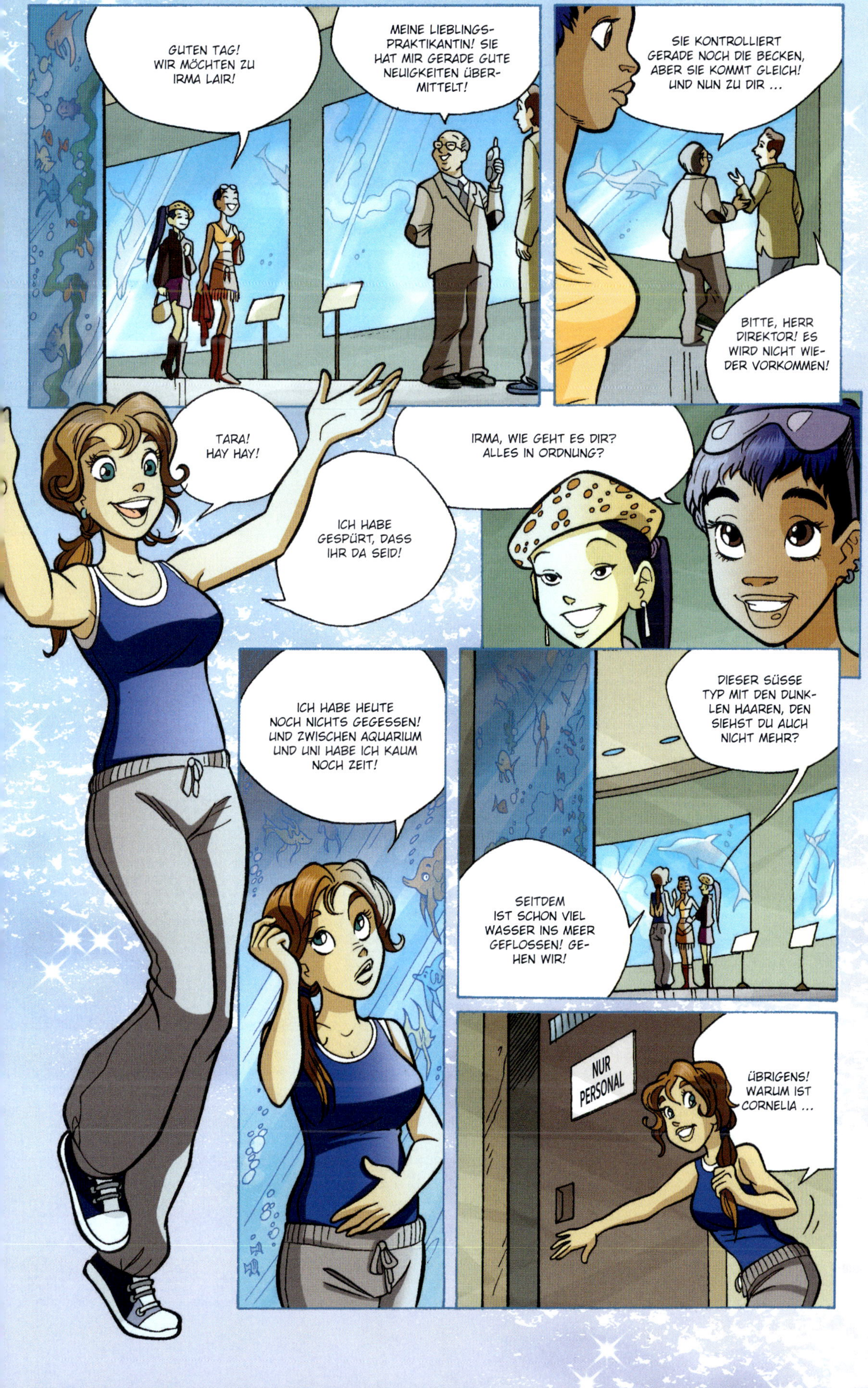
GUTEN TAG! WIR MÖCHTEN ZU IRMA LAIR!
MEINE LIEBLINGS-PRAKTIKANTIN! SIE HAT MIR GERADE GUTE NEUIGKEITEN ÜBER-MITTELT!
SIE KONTROLLIERT GERADE NOCH DIE BECKEN, ABER SIE KOMMT GLEICH! UND NUN ZU DIR ...
BITTE, HERR DIREKTOR! ES WIRD NICHT WIE-DER VORKOMMEN!
TARA! HAY HAY!
IRMA, WIE GEHT ES DIR? ALLES IN ORDNUNG?
ICH HABE GESPÜRT, DASS IHR DA SEID!
ICH HABE HEUTE NOCH NICHTS GEGESSEN! UND ZWISCHEN AQUARIUM UND UNI HABE ICH KAUM NOCH ZEIT!
DIESER SÜSSE TYP MIT DEN DUNK-LEN HAAREN, DEN SIEHST DU AUCH NICHT MEHR?
SEITDEM IST SCHON VIEL WASSER INS MEER GEFLOSSEN! GE-HEN WIR!
NUR PERSONAL
ÜBRIGENS! WARUM IST CORNELIA ...

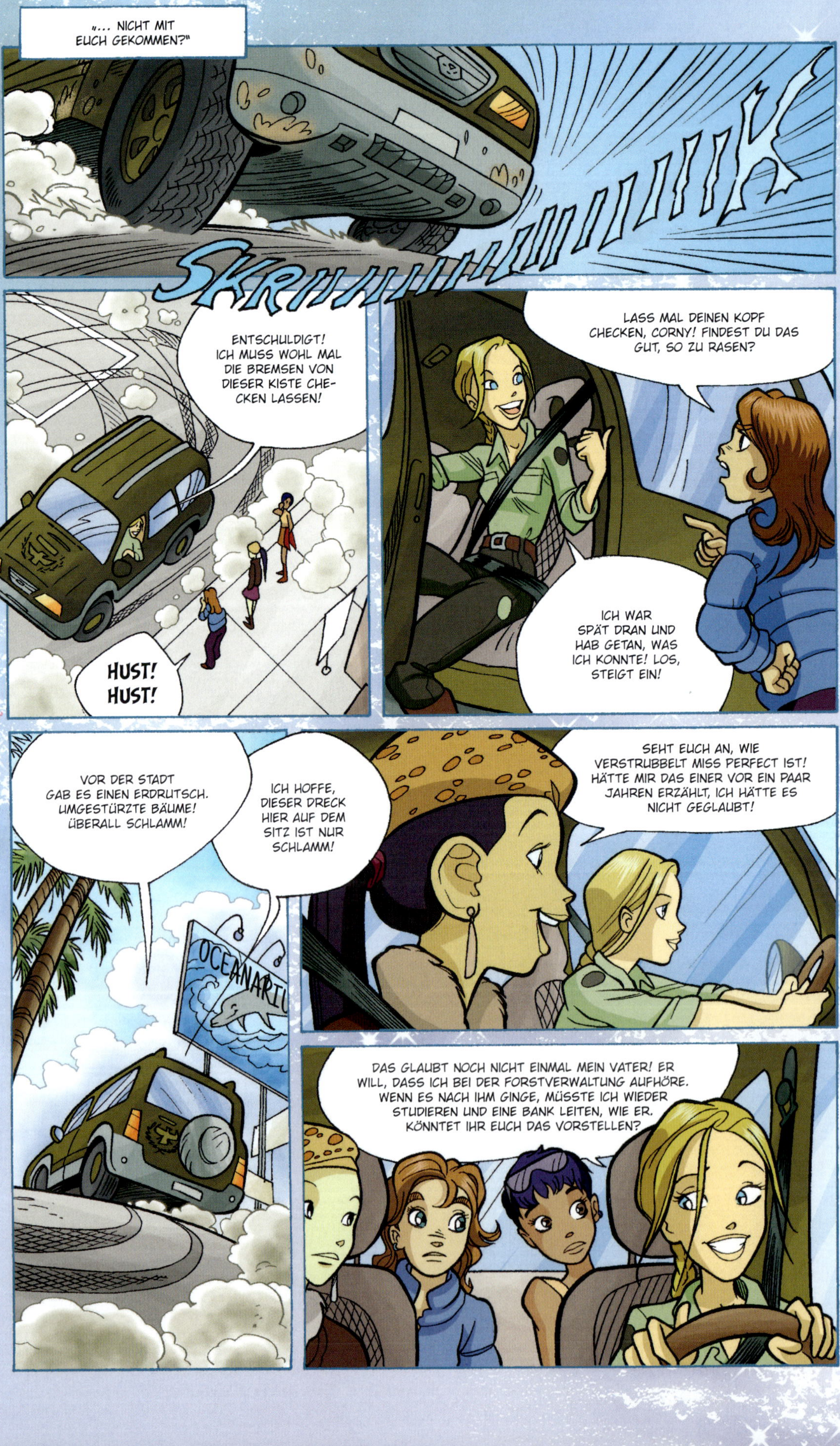
„... NICHT MIT EUCH GEKOMMEN?"
SKRIIIIIIIIIIIIIIIIIIIIIIIK
ENTSCHULDIGT! ICH MUSS WOHL MAL DIE BREMSEN VON DIESER KISTE CHECKEN LASSEN!
HUST! HUST!
LASS MAL DEINEN KOPF CHECKEN, CORNY! FINDEST DU DAS GUT, SO ZU RASEN?
ICH WAR SPÄT DRAN UND HAB GETAN, WAS ICH KONNTE! LOS, STEIGT EIN!
VOR DER STADT GAB ES EINEN ERDRUTSCH. UMGESTÜRZTE BÄUME! ÜBERALL SCHLAMM!
ICH HOFFE, DIESER DRECK HIER AUF DEM SITZ IST NUR SCHLAMM!
OCEANARIU
SEHT EUCH AN, WIE VERSTRUBBELT MISS PERFECT IST! HÄTTE MIR DAS EINER VOR EIN PAAR JAHREN ERZÄHLT, ICH HÄTTE ES NICHT GEGLAUBT!
DAS GLAUBT NOCH NICHT EINMAL MEIN VATER! ER WILL, DASS ICH BEI DER FORSTVERWALTUNG AUFHÖRE. WENN ES NACH IHM GINGE, MÜSSTE ICH WIEDER STUDIEREN UND EINE BANK LEITEN, WIE ER. KÖNNTET IHR EUCH DAS VORSTELLEN?

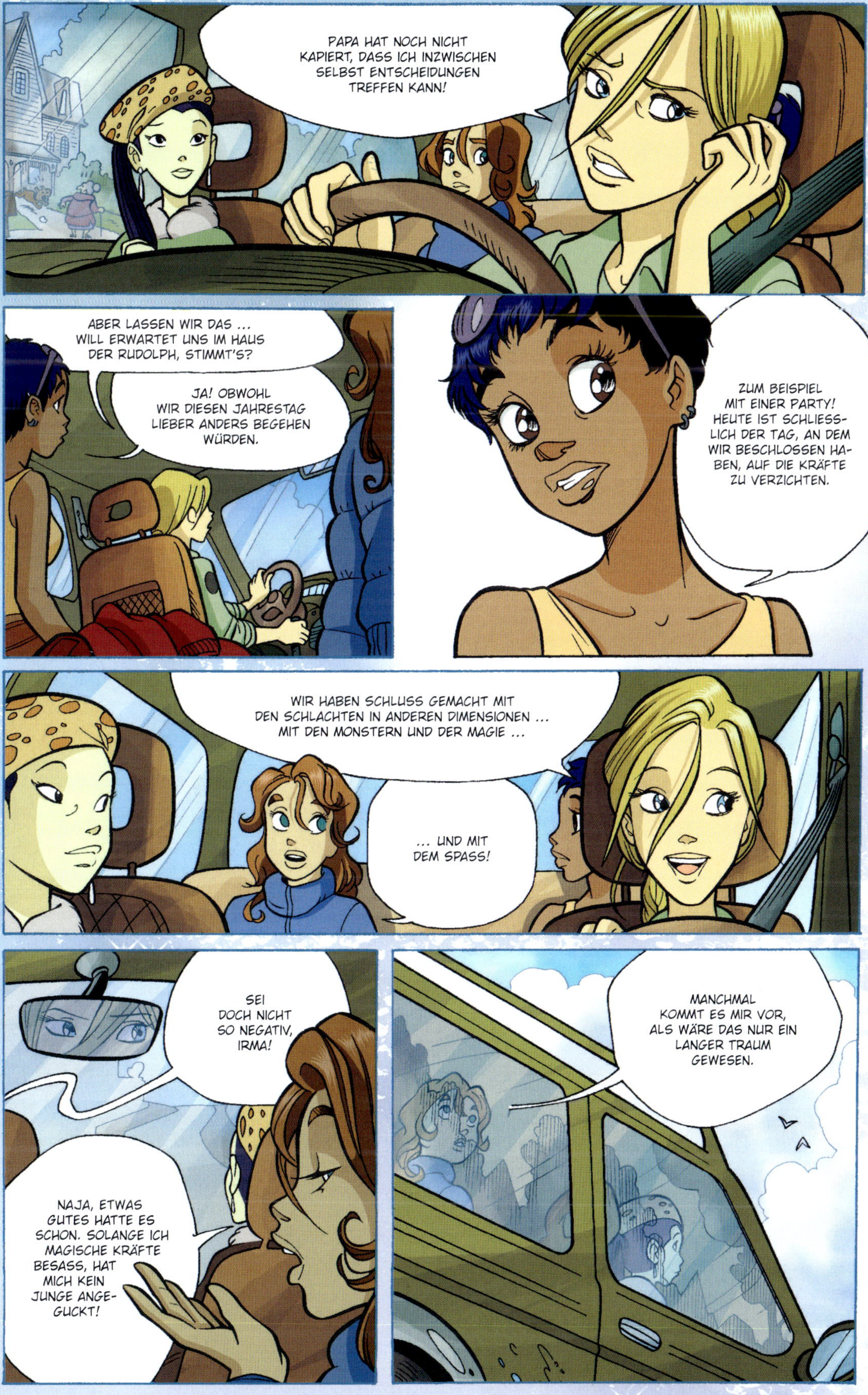
PAPA HAT NOCH NICHT KAPIERT, DASS ICH INZWISCHEN SELBST ENTSCHEIDUNGEN TREFFEN KANN!
ABER LASSEN WIR DAS ... WILL ERWARTET UNS IM HAUS DER RUDOLPH, STIMMT'S?
JA! OBWOHL WIR DIESEN JAHRESTAG LIEBER ANDERS BEGEHEN WÜRDEN.
ZUM BEISPIEL MIT EINER PARTY! HEUTE IST SCHLIESS-LICH DER TAG, AN DEM WIR BESCHLOSSEN HA-BEN, AUF DIE KRÄFTE ZU VERZICHTEN.
WIR HABEN SCHLUSS GEMACHT MIT DEN SCHLACHTEN IN ANDEREN DIMENSIONEN ... MIT DEN MONSTERN UND DER MAGIE ...
... UND MIT DEM SPASS!
SEI DOCH NICHT SO NEGATIV, IRMA!
NAJA, ETWAS GUTES HATTE ES SCHON. SOLANGE ICH MAGISCHE KRÄFTE BESASS, HAT MICH KEIN JUNGE ANGE-GUCKT!
MANCHMAL KOMMT ES MIR VOR, ALS WÄRE DAS NUR EIN LANGER TRAUM GEWESEN.

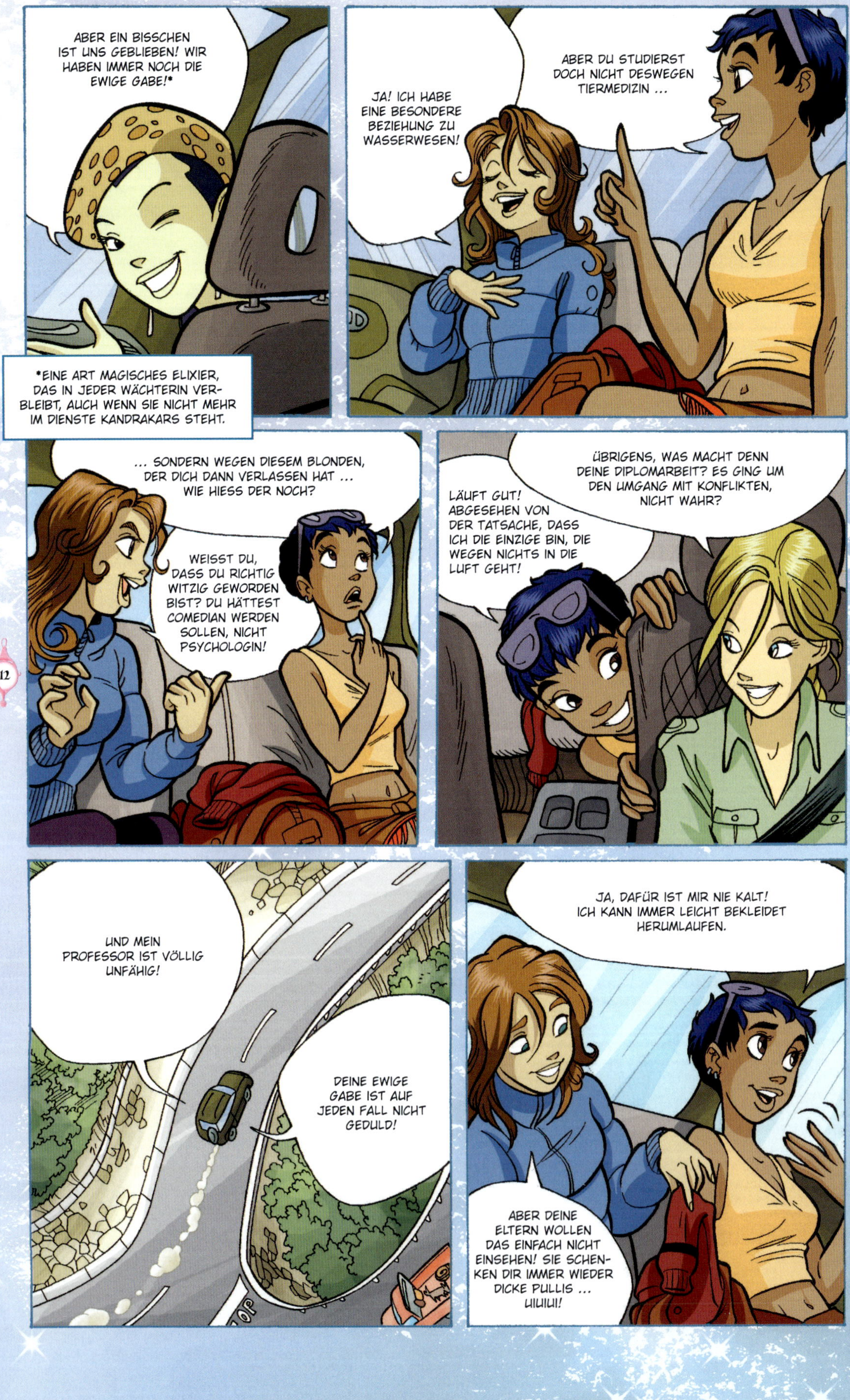
ABER EIN BISSCHEN IST UNS GEBLIEBEN! WIR HABEN IMMER NOCH DIE EWIGE GABE!*
*EINE ART MAGISCHES ELIXIER, DAS IN JEDER WÄCHTERIN VERBLEIBT, AUCH WENN SIE NICHT MEHR IM DIENSTE KANDRAKARS STEHT.
ABER DU STUDIERST DOCH NICHT DESWEGEN TIERMEDIZIN ...
JA! ICH HABE EINE BESONDERE BEZIEHUNG ZU WASSERWESEN!
... SONDERN WEGEN DIESEM BLONDEN, DER DICH DANN VERLASSEN HAT ... WIE HIESS DER NOCH?
WEISST DU, DASS DU RICHTIG WITZIG GEWORDEN BIST? DU HÄTTEST COMEDIAN WERDEN SOLLEN, NICHT PSYCHOLOGIN!
ÜBRIGENS, WAS MACHT DENN DEINE DIPLOMARBEIT? ES GING UM DEN UMGANG MIT KONFLIKTEN, NICHT WAHR?
LÄUFT GUT! ABGESEHEN VON DER TATSACHE, DASS ICH DIE EINZIGE BIN, DIE WEGEN NICHTS IN DIE LUFT GEHT!
UND MEIN PROFESSOR IST VÖLLIG UNFÄHIG!
DEINE EWIGE GABE IST AUF JEDEN FALL NICHT GEDULD!
JA, DAFÜR IST MIR NIE KALT! ICH KANN IMMER LEICHT BEKLEIDET HERUMLAUFEN.
ABER DEINE ELTERN WOLLEN DAS EINFACH NICHT EINSEHEN! SIE SCHENKEN DIR IMMER WIEDER DICKE PULLIS ... UIUIUI!

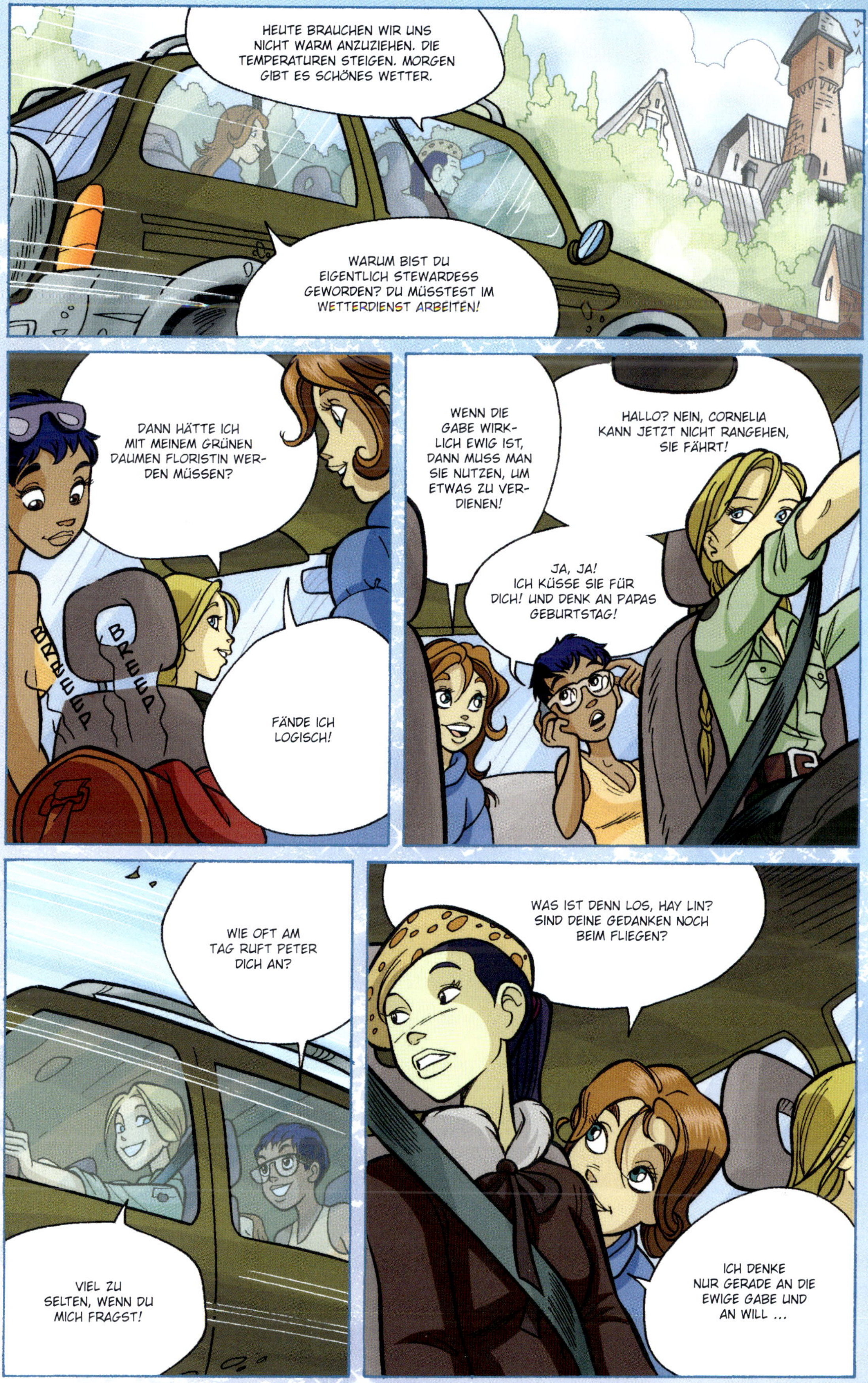

HEUTE BRAUCHEN WIR UNS NICHT WARM ANZUZIEHEN. DIE TEMPERATUREN STEIGEN. MORGEN GIBT ES SCHÖNES WETTER.
WARUM BIST DU EIGENTLICH STEWARDESS GEWORDEN? DU MÜSSTEST IM WETTERDIENST ARBEITEN!
DANN HÄTTE ICH MIT MEINEM GRÜNEN DAUMEN FLORISTIN WERDEN MÜSSEN?
BREEP
BREEEP
FÄNDE ICH LOGISCH!
WENN DIE GABE WIRKLICH EWIG IST, DANN MUSS MAN SIE NUTZEN, UM ETWAS ZU VERDIENEN!
HALLO? NEIN, CORNELIA KANN JETZT NICHT RANGEHEN, SIE FÄHRT!
JA, JA! ICH KÜSSE SIE FÜR DICH! UND DENK AN PAPAS GEBURTSTAG!
WIE OFT AM TAG RUFT PETER DICH AN?
VIEL ZU SELTEN, WENN DU MICH FRAGST!
WAS IST DENN LOS, HAY LIN? SIND DEINE GEDANKEN NOCH BEIM FLIEGEN?
ICH DENKE NUR GERADE AN DIE EWIGE GABE UND AN WILL ...

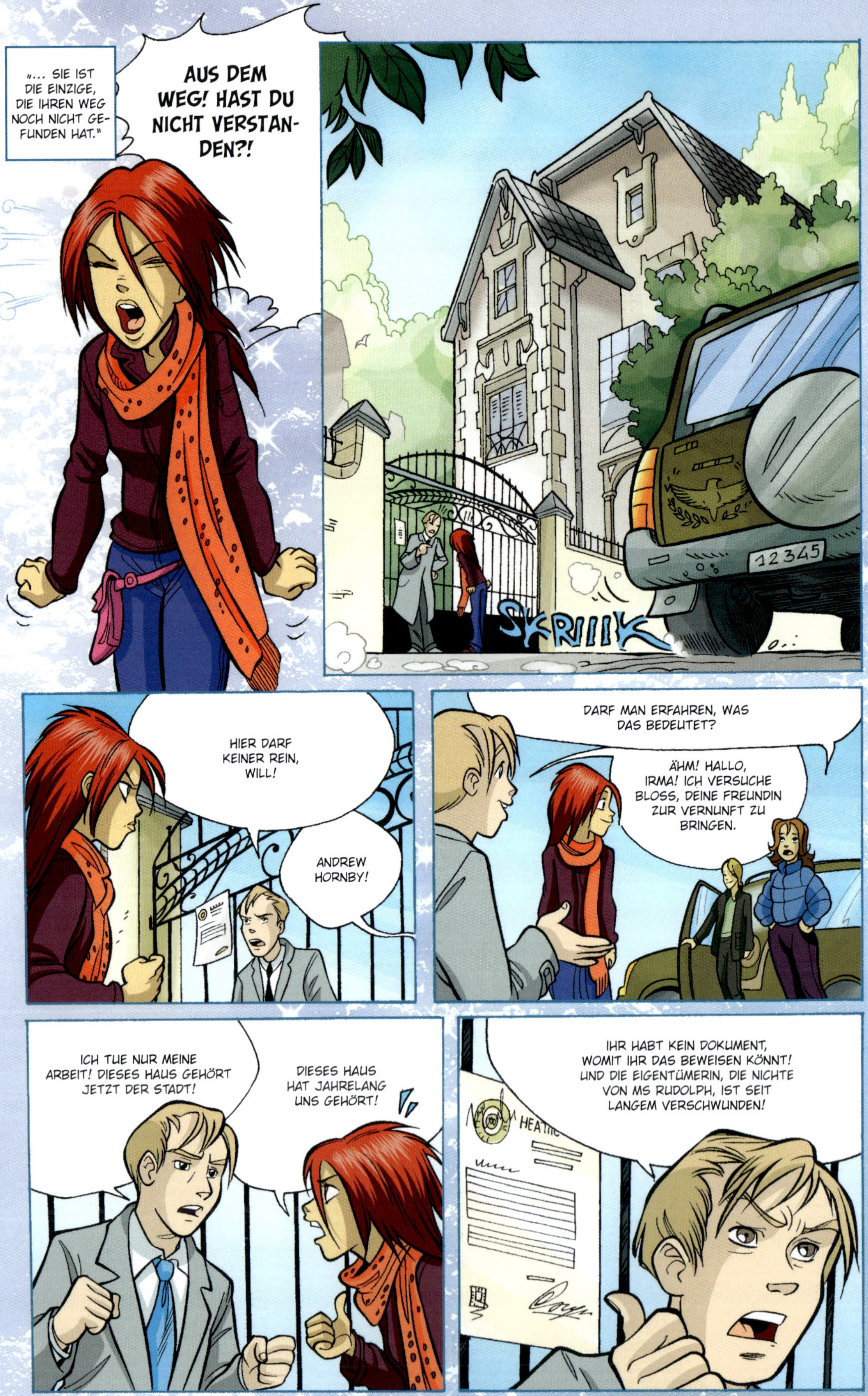
„... SIE IST DIE EINZIGE, DIE IHREN WEG NOCH NICHT GEFUNDEN HAT."
AUS DEM WEG! HAST DU NICHT VERSTANDEN?!
12345
SKRIIIK
HIER DARF KEINER REIN, WILL!
ANDREW HORNBY!
DARF MAN ERFAHREN, WAS DAS BEDEUTET?
ÄHM! HALLO, IRMA! ICH VERSUCHE BLOSS, DEINE FREUNDIN ZUR VERNUNFT ZU BRINGEN.
ICH TUE NUR MEINE ARBEIT! DIESES HAUS GEHÖRT JETZT DER STADT!
DIESES HAUS HAT JAHRELANG UNS GEHÖRT!
IHR HABT KEIN DOKUMENT, WOMIT IHR DAS BEWEISEN KÖNNT! UND DIE EIGENTÜMERIN, DIE NICHTE VON MS RUDOLPH, IST SEIT LANGEM VERSCHWUNDEN!

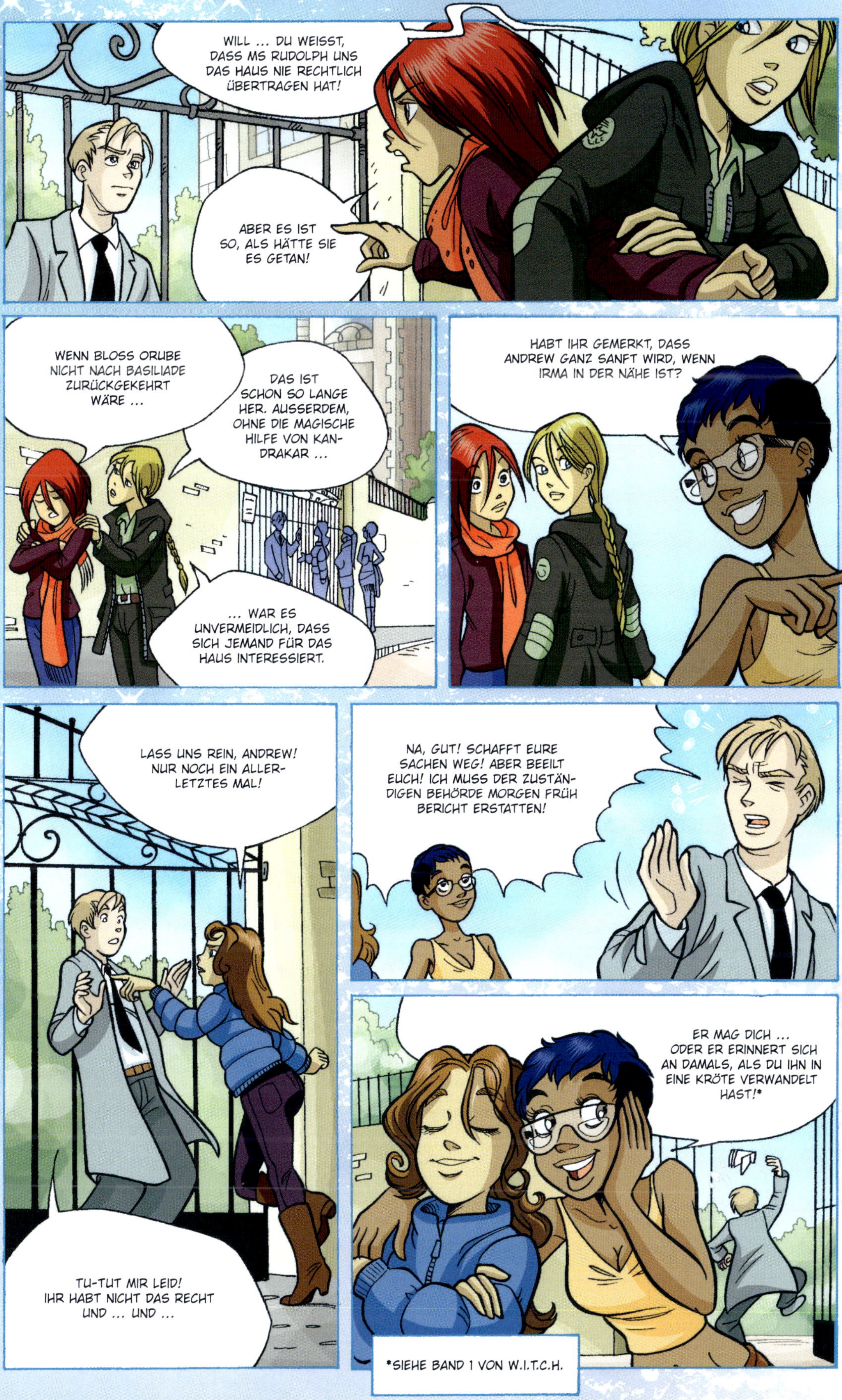
WILL … DU WEISST, DASS MS RUDOLPH UNS DAS HAUS NIE RECHTLICH ÜBERTRAGEN HAT!
ABER ES IST SO, ALS HÄTTE SIE ES GETAN!
WENN BLOSS ORUBE NICHT NACH BASILIADE ZURÜCKGEKEHRT WÄRE …
DAS IST SCHON SO LANGE HER. AUSSERDEM, OHNE DIE MAGISCHE HILFE VON KANDRAKAR …
… WAR ES UNVERMEIDLICH, DASS SICH JEMAND FÜR DAS HAUS INTERESSIERT.
HABT IHR GEMERKT, DASS ANDREW GANZ SANFT WIRD, WENN IRMA IN DER NÄHE IST?
LASS UNS REIN, ANDREW! NUR NOCH EIN ALLERLETZTES MAL!
TU-TUT MIR LEID! IHR HABT NICHT DAS RECHT UND … UND …
NA, GUT! SCHAFFT EURE SACHEN WEG! ABER BEEILT EUCH! ICH MUSS DER ZUSTÄNDIGEN BEHÖRDE MORGEN FRÜH BERICHT ERSTATTEN!
ER MAG DICH … ODER ER ERINNERT SICH AN DAMALS, ALS DU IHN IN EINE KRÖTE VERWANDELT HAST!*
*SIEHE BAND 1 VON W.I.T.C.H.

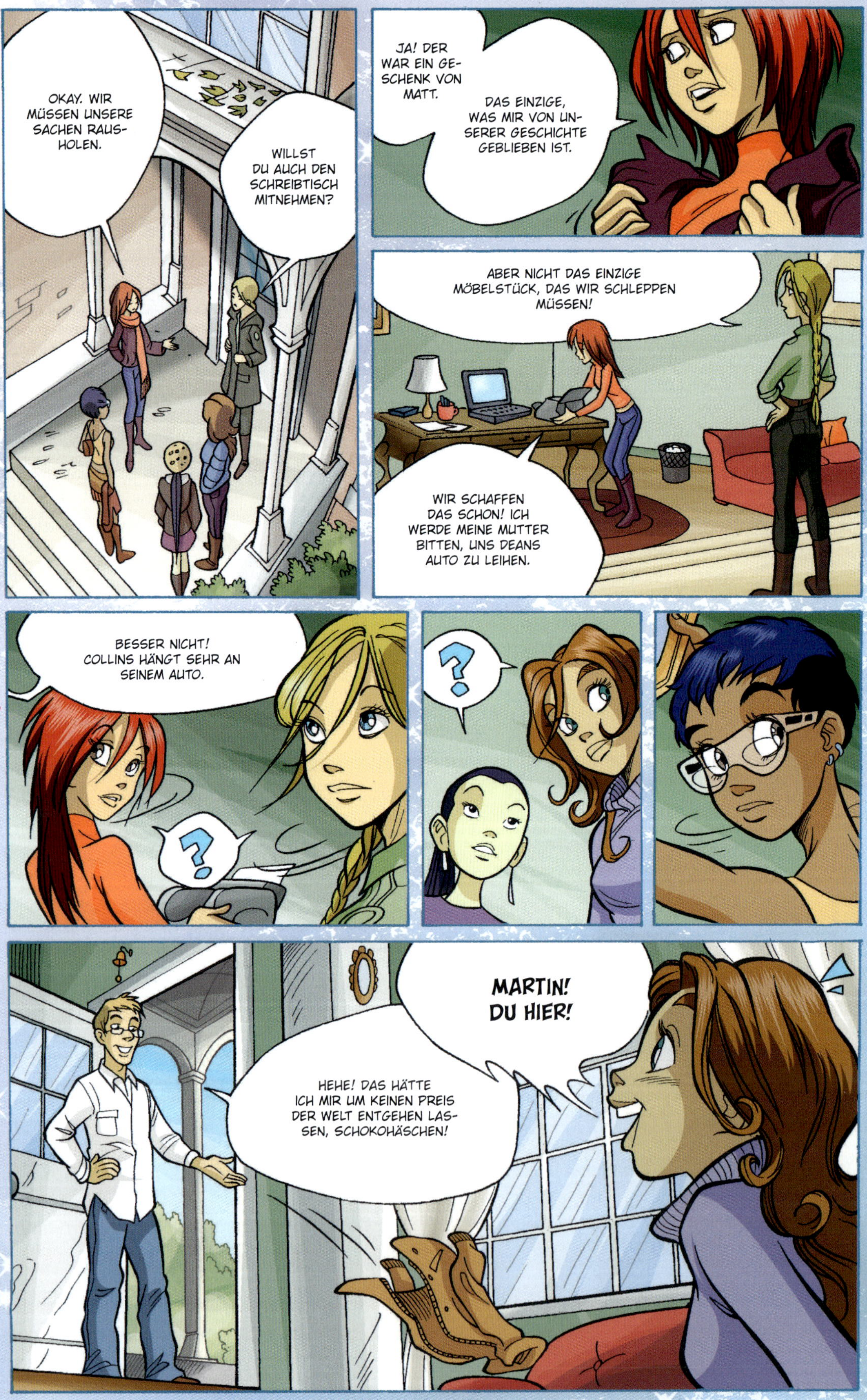
OKAY. WIR MÜSSEN UNSERE SACHEN RAUSHOLEN.
WILLST DU AUCH DEN SCHREIBTISCH MITNEHMEN?
JA! DER WAR EIN GESCHENK VON MATT.
DAS EINZIGE, WAS MIR VON UNSERER GESCHICHTE GEBLIEBEN IST.
ABER NICHT DAS EINZIGE MÖBELSTÜCK, DAS WIR SCHLEPPEN MÜSSEN!
WIR SCHAFFEN DAS SCHON! ICH WERDE MEINE MUTTER BITTEN, UNS DEANS AUTO ZU LEIHEN.
BESSER NICHT! COLLINS HÄNGT SEHR AN SEINEM AUTO.
?
?
MARTIN! DU HIER!
HEHE! DAS HÄTTE ICH MIR UM KEINEN PREIS DER WELT ENTGEHEN LASSEN, SCHOKOHÄSCHEN!

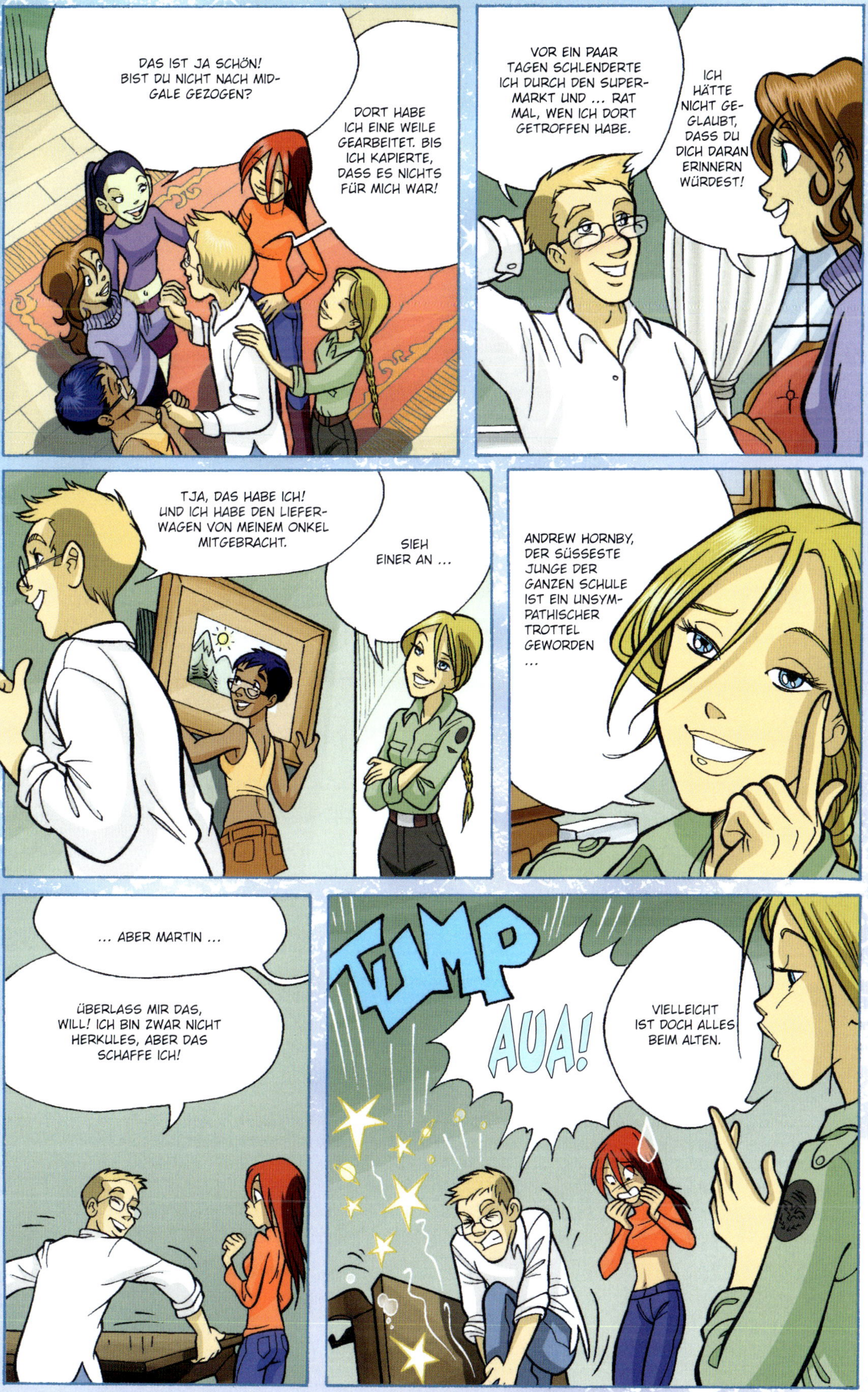
DAS IST JA SCHÖN! BIST DU NICHT NACH MID-GALE GEZOGEN?
DORT HABE ICH EINE WEILE GEARBEITET. BIS ICH KAPIERTE, DASS ES NICHTS FÜR MICH WAR!
VOR EIN PAAR TAGEN SCHLENDERTE ICH DURCH DEN SUPER-MARKT UND ... RAT MAL, WEN ICH DORT GETROFFEN HABE.
ICH HÄTTE NICHT GE-GLAUBT, DASS DU DICH DARAN ERINNERN WÜRDEST!
TJA, DAS HABE ICH! UND ICH HABE DEN LIEFER-WAGEN VON MEINEM ONKEL MITGEBRACHT.
SIEH EINER AN ...
ANDREW HORNBY, DER SÜSSESTE JUNGE DER GANZEN SCHULE IST EIN UNSYM-PATHISCHER TROTTEL GEWORDEN ...
... ABER MARTIN ...
ÜBERLASS MIR DAS, WILL! ICH BIN ZWAR NICHT HERKULES, ABER DAS SCHAFFE ICH!
TUMP
AUA!
VIELLEICHT IST DOCH ALLES BEIM ALTEN.

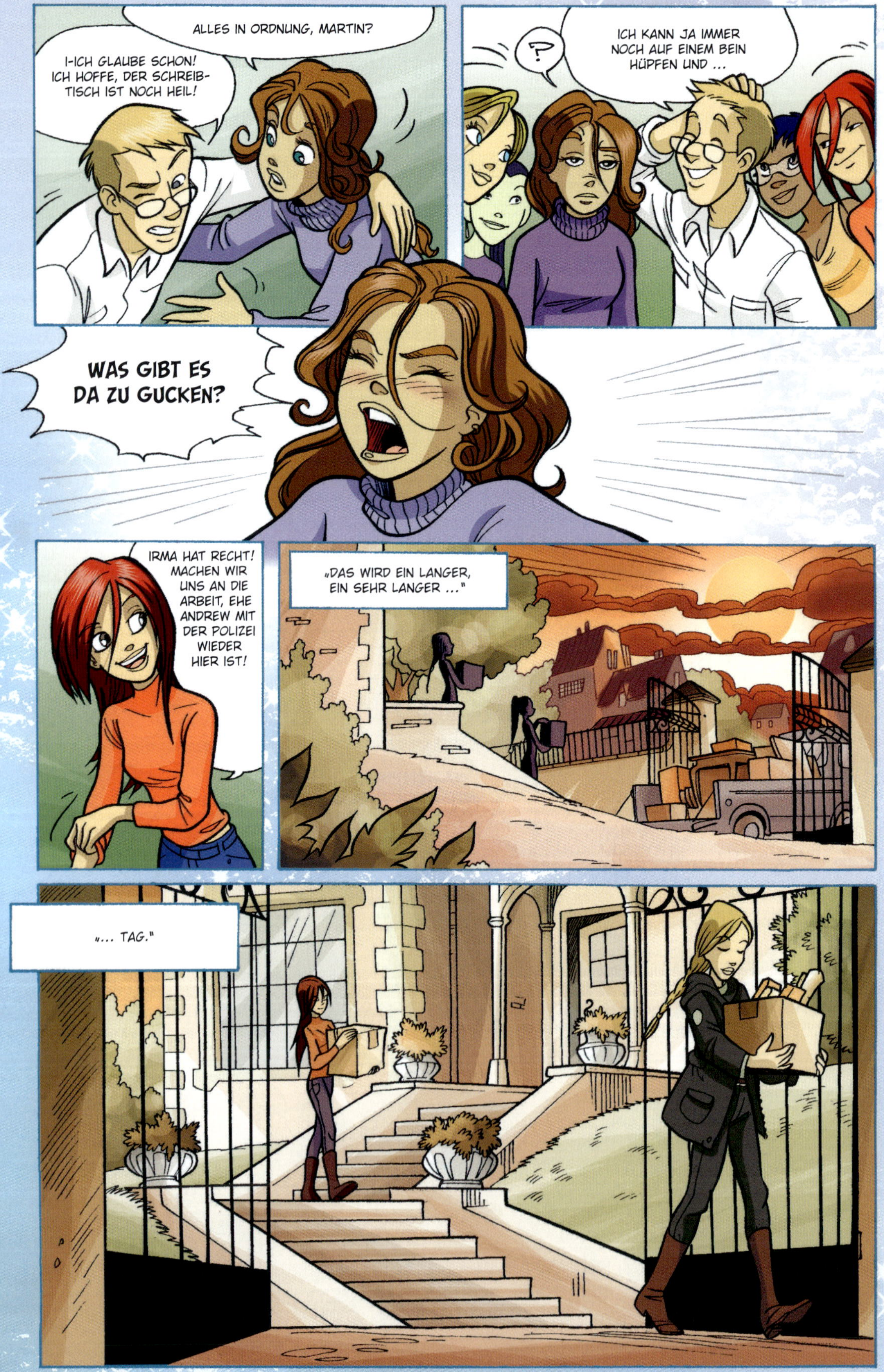
ALLES IN ORDNUNG, MARTIN?
I-ICH GLAUBE SCHON! ICH HOFFE, DER SCHREIB-TISCH IST NOCH HEIL!
?
ICH KANN JA IMMER NOCH AUF EINEM BEIN HÜPFEN UND ...
WAS GIBT ES DA ZU GUCKEN?
IRMA HAT RECHT! MACHEN WIR UNS AN DIE ARBEIT, EHE ANDREW MIT DER POLIZEI WIEDER HIER IST!
„DAS WIRD EIN LANGER, EIN SEHR LANGER ..."
„... TAG."

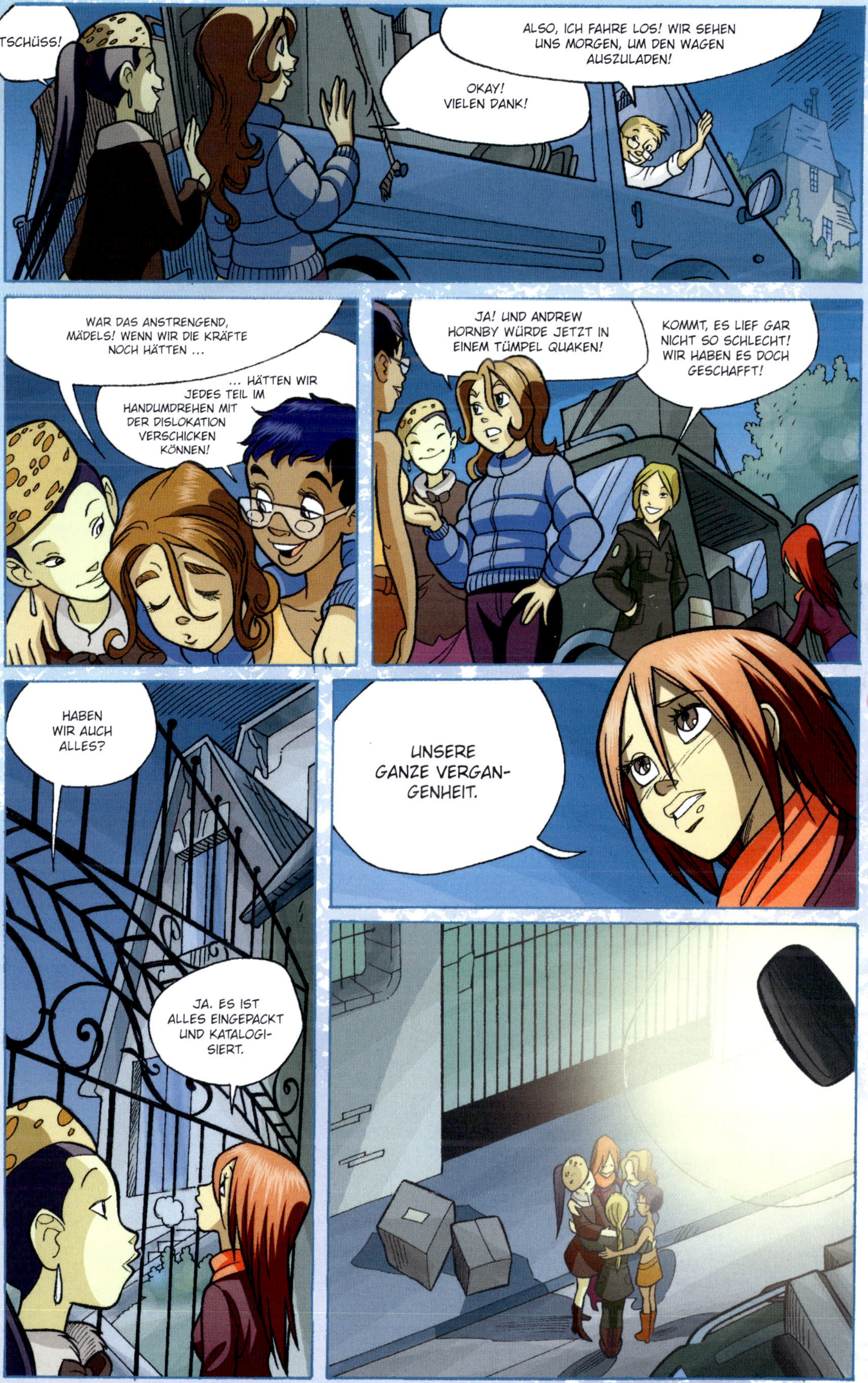
TSCHÜSS!
ALSO, ICH FAHRE LOS! WIR SEHEN UNS MORGEN, UM DEN WAGEN AUSZULADEN!
OKAY! VIELEN DANK!
WAR DAS ANSTRENGEND, MÄDELS! WENN WIR DIE KRÄFTE NOCH HÄTTEN ...
... HÄTTEN WIR JEDES TEIL IM HANDUMDREHEN MIT DER DISLOKATION VERSCHICKEN KÖNNEN!
JA! UND ANDREW HORNBY WÜRDE JETZT IN EINEM TÜMPEL QUAKEN!
KOMMT, ES LIEF GAR NICHT SO SCHLECHT! WIR HABEN ES DOCH GESCHAFFT!
HABEN WIR AUCH ALLES?
JA. ES IST ALLES EINGEPACKT UND KATALOGI-SIERT.
UNSERE GANZE VERGAN-GENHEIT.

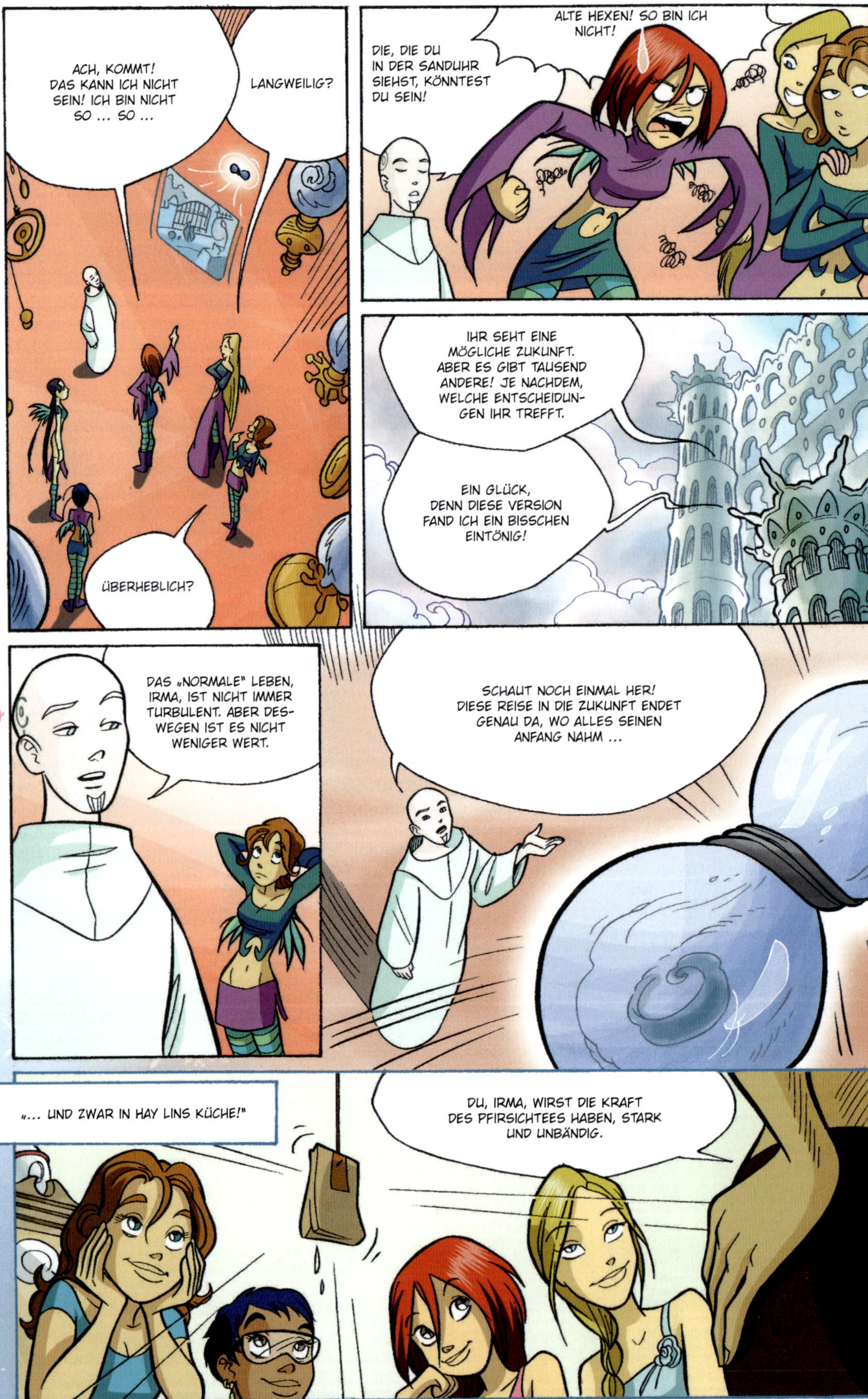
ACH, KOMMT! DAS KANN ICH NICHT SEIN! ICH BIN NICHT SO ... SO ...
LANGWEILIG?
ÜBERHEBLICH?
DIE, DIE DU IN DER SANDUHR SIEHST, KÖNNTEST DU SEIN!
ALTE HEXEN! SO BIN ICH NICHT!
IHR SEHT EINE MÖGLICHE ZUKUNFT. ABER ES GIBT TAUSEND ANDERE! JE NACHDEM, WELCHE ENTSCHEIDUNGEN IHR TREFFT.
EIN GLÜCK, DENN DIESE VERSION FAND ICH EIN BISSCHEN EINTÖNIG!
DAS „NORMALE" LEBEN, IRMA, IST NICHT IMMER TURBULENT. ABER DESWEGEN IST ES NICHT WENIGER WERT.
SCHAUT NOCH EINMAL HER! DIESE REISE IN DIE ZUKUNFT ENDET GENAU DA, WO ALLES SEINEN ANFANG NAHM ...
„... UND ZWAR IN HAY LINS KÜCHE!"
DU, IRMA, WIRST DIE KRAFT DES PFIRSICHTEES HABEN, STARK UND UNBÄNDIG.

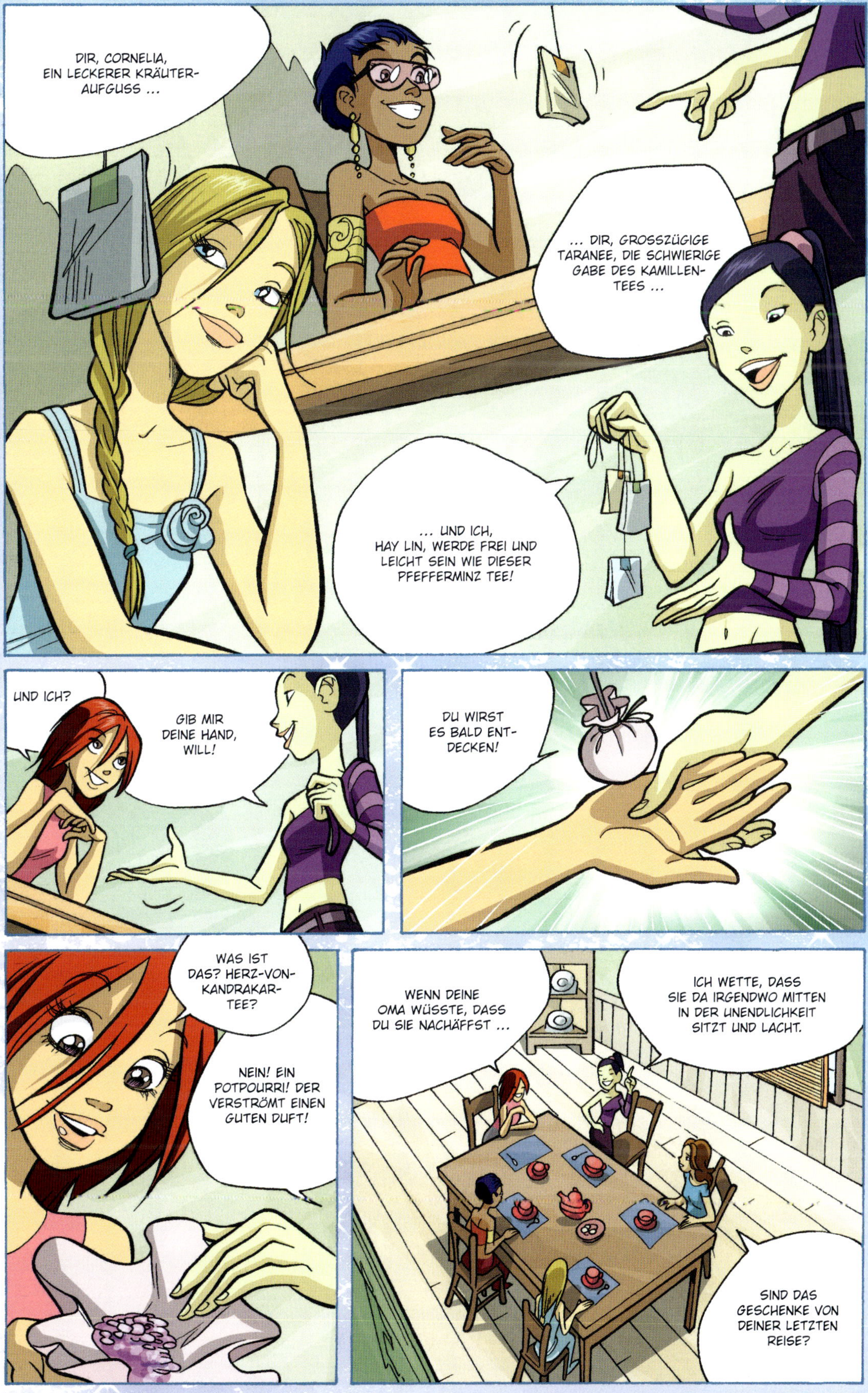
DIR, CORNELIA, EIN LECKERER KRÄUTER-AUFGUSS ...
... DIR, GROSSZÜGIGE TARANEE, DIE SCHWIERIGE GABE DES KAMILLEN-TEES ...
... UND ICH, HAY LIN, WERDE FREI UND LEICHT SEIN WIE DIESER PFEFFERMINZ TEE!
UND ICH?
GIB MIR DEINE HAND, WILL!
DU WIRST ES BALD ENT-DECKEN!
WAS IST DAS? HERZ-VON-KANDRAKAR-TEE?
NEIN! EIN POTPOURRI! DER VERSTRÖMT EINEN GUTEN DUFT!
WENN DEINE OMA WÜSSTE, DASS DU SIE NACHÄFFST ...
ICH WETTE, DASS SIE DA IRGENDWO MITTEN IN DER UNENDLICHKEIT SITZT UND LACHT.
SIND DAS GESCHENKE VON DEINER LETZTEN REISE?

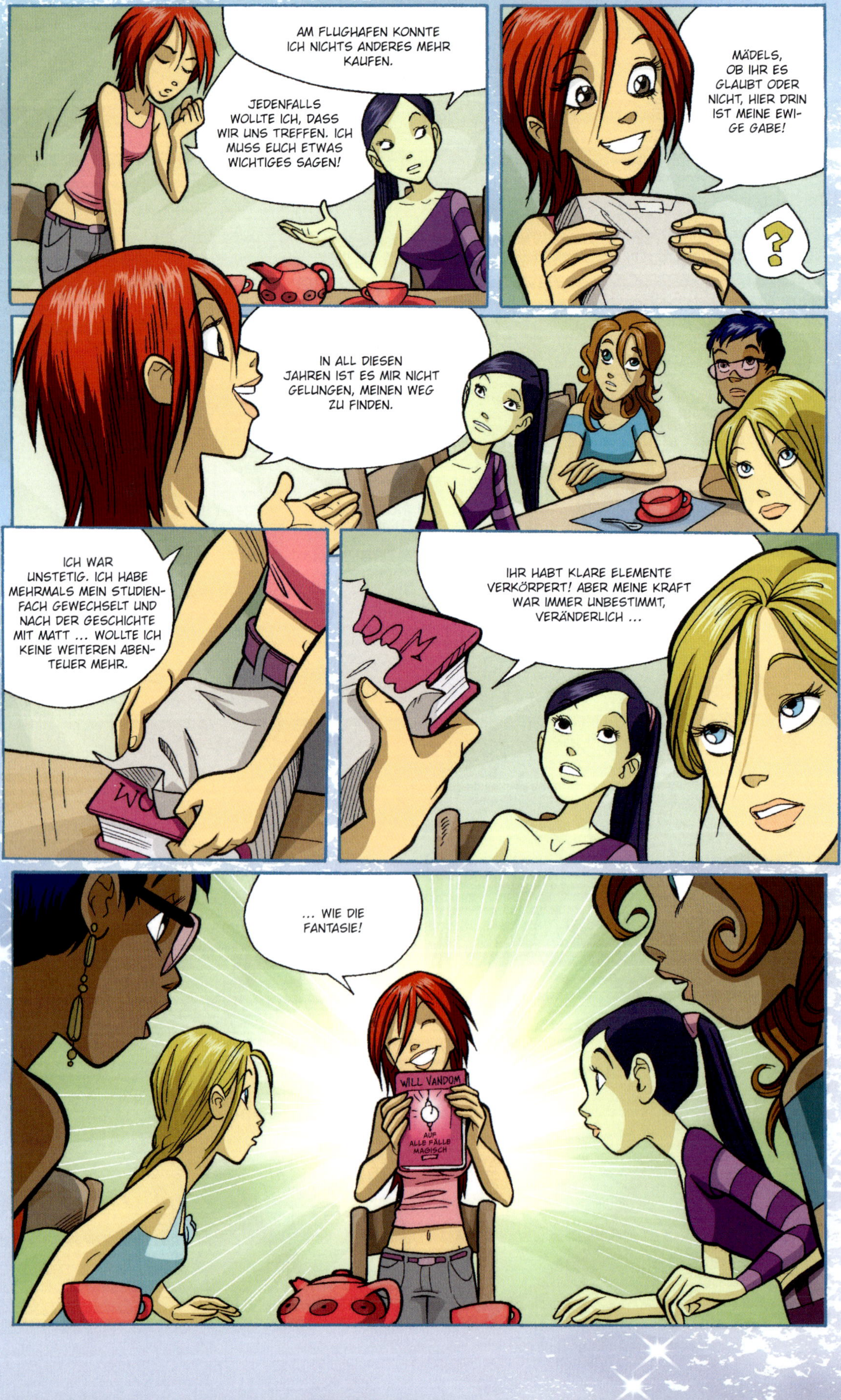
AM FLUGHAFEN KONNTE ICH NICHTS ANDERES MEHR KAUFEN.
JEDENFALLS WOLLTE ICH, DASS WIR UNS TREFFEN. ICH MUSS EUCH ETWAS WICHTIGES SAGEN!
MÄDELS, OB IHR ES GLAUBT ODER NICHT, HIER DRIN IST MEINE EWIGE GABE!
?
IN ALL DIESEN JAHREN IST ES MIR NICHT GELUNGEN, MEINEN WEG ZU FINDEN.
ICH WAR UNSTETIG. ICH HABE MEHRMALS MEIN STUDIENFACH GEWECHSELT UND NACH DER GESCHICHTE MIT MATT ... WOLLTE ICH KEINE WEITEREN ABENTEUER MEHR.
IHR HABT KLARE ELEMENTE VERKÖRPERT! ABER MEINE KRAFT WAR IMMER UNBESTIMMT, VERÄNDERLICH ...
... WIE DIE FANTASIE!
WILL VANDOM
AUF ALLE FÄLLE MAGISCH

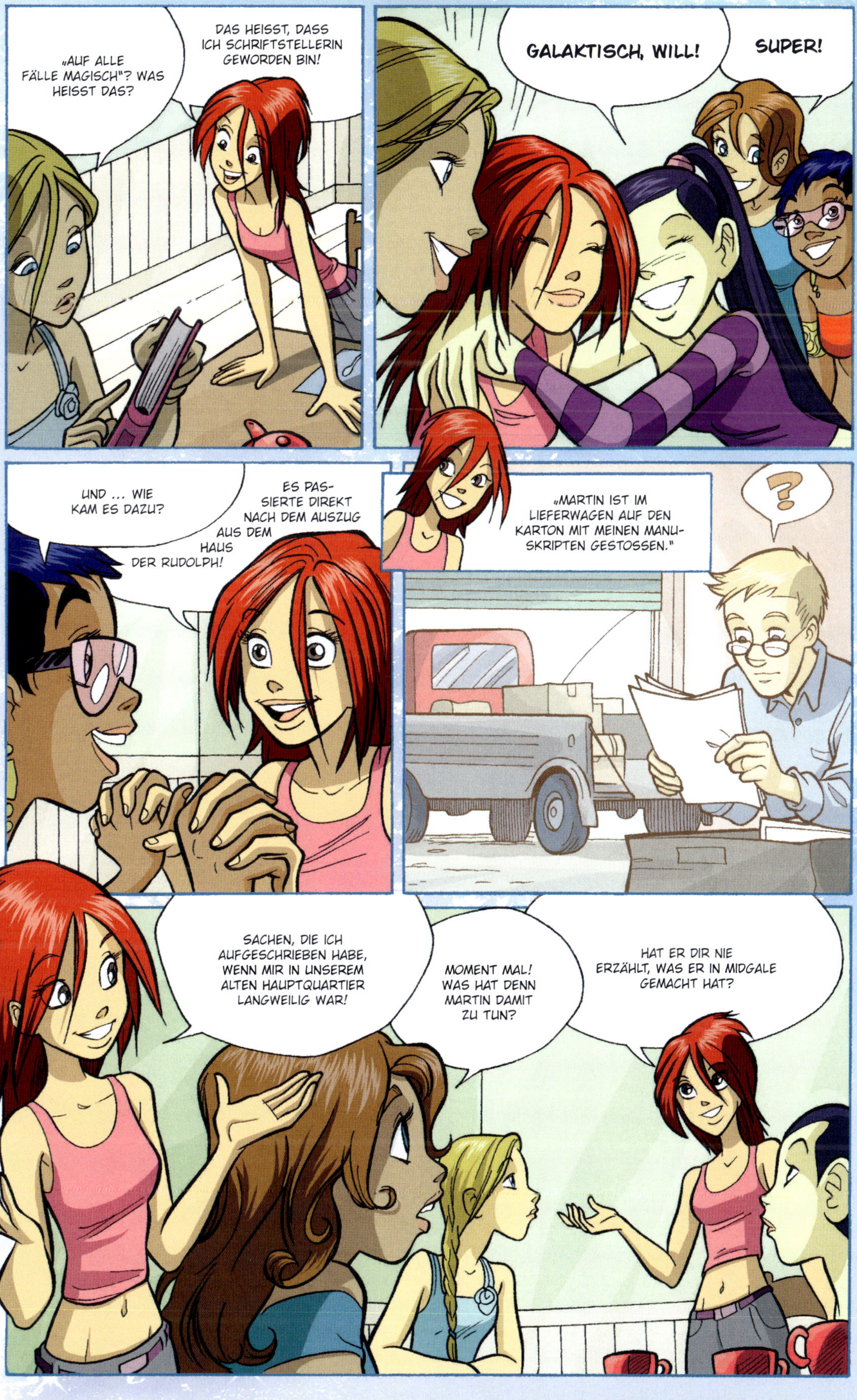

„AUF ALLE FÄLLE MAGISCH"? WAS HEISST DAS?
DAS HEISST, DASS ICH SCHRIFTSTELLERIN GEWORDEN BIN!
GALAKTISCH, WILL!
SUPER!
UND ... WIE KAM ES DAZU?
ES PASSIERTE DIREKT NACH DEM AUSZUG AUS DEM HAUS DER RUDOLPH!
„MARTIN IST IM LIEFERWAGEN AUF DEN KARTON MIT MEINEN MANUSKRIPTEN GESTOSSEN."
?
SACHEN, DIE ICH AUFGESCHRIEBEN HABE, WENN MIR IN UNSEREM ALTEN HAUPTQUARTIER LANGWEILIG WAR!
MOMENT MAL! WAS HAT DENN MARTIN DAMIT ZU TUN?
HAT ER DIR NIE ERZÄHLT, WAS ER IN MIDGALE GEMACHT HAT?

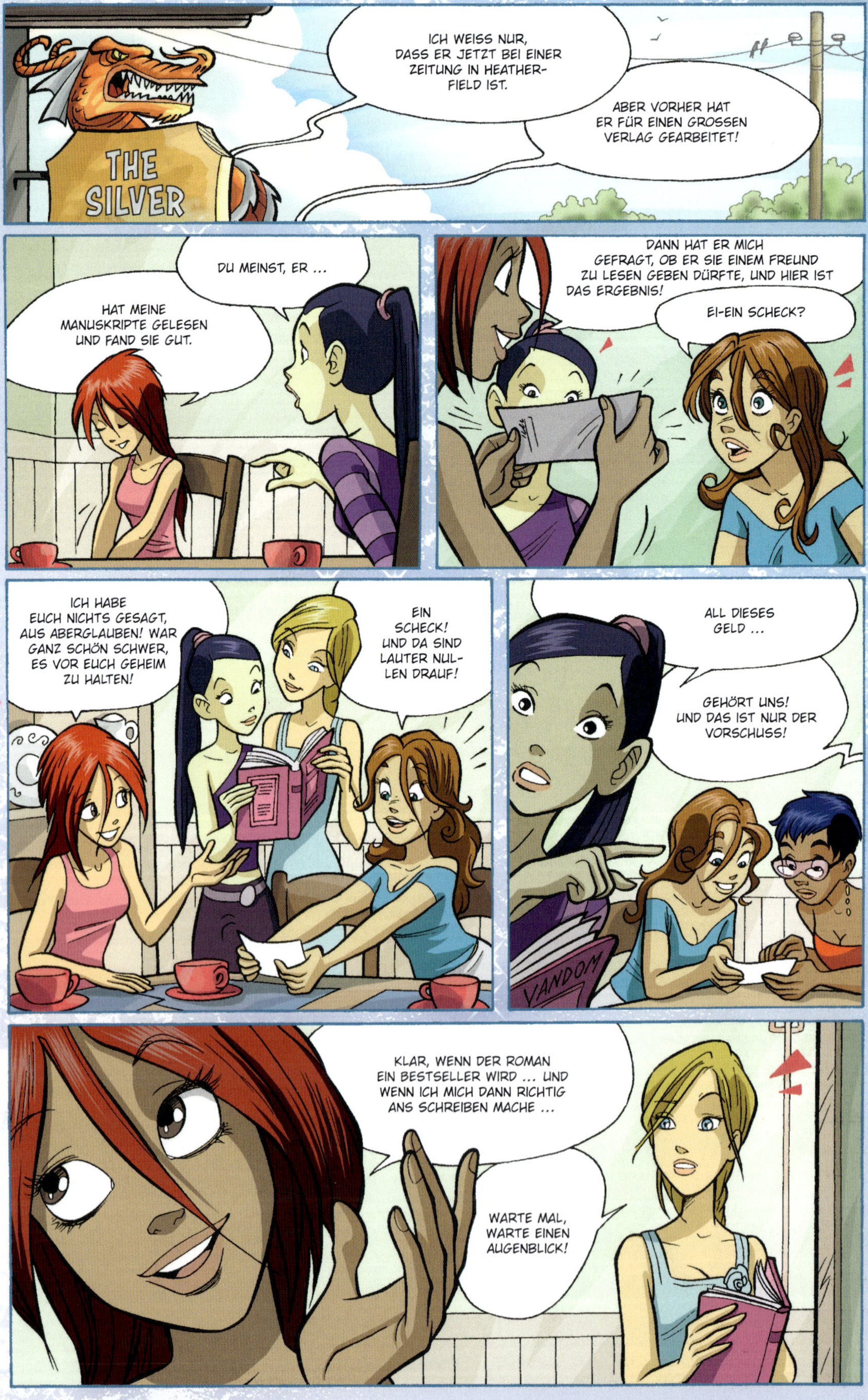
THE SILVER
ICH WEISS NUR, DASS ER JETZT BEI EINER ZEITUNG IN HEATHER-FIELD IST.
ABER VORHER HAT ER FÜR EINEN GROSSEN VERLAG GEARBEITET!
DU MEINST, ER ...
HAT MEINE MANUSKRIPTE GELESEN UND FAND SIE GUT.
DANN HAT ER MICH GEFRAGT, OB ER SIE EINEM FREUND ZU LESEN GEBEN DÜRFTE, UND HIER IST DAS ERGEBNIS!
EI-EIN SCHECK?
ICH HABE EUCH NICHTS GESAGT, AUS ABERGLAUBEN! WAR GANZ SCHÖN SCHWER, ES VOR EUCH GEHEIM ZU HALTEN!
EIN SCHECK! UND DA SIND LAUTER NUL-LEN DRAUF!
ALL DIESES GELD ...
GEHÖRT UNS! UND DAS IST NUR DER VORSCHUSS!
VANDOM
KLAR, WENN DER ROMAN EIN BESTSELLER WIRD ... UND WENN ICH MICH DANN RICHTIG ANS SCHREIBEN MACHE ...
WARTE MAL, WARTE EINEN AUGENBLICK!

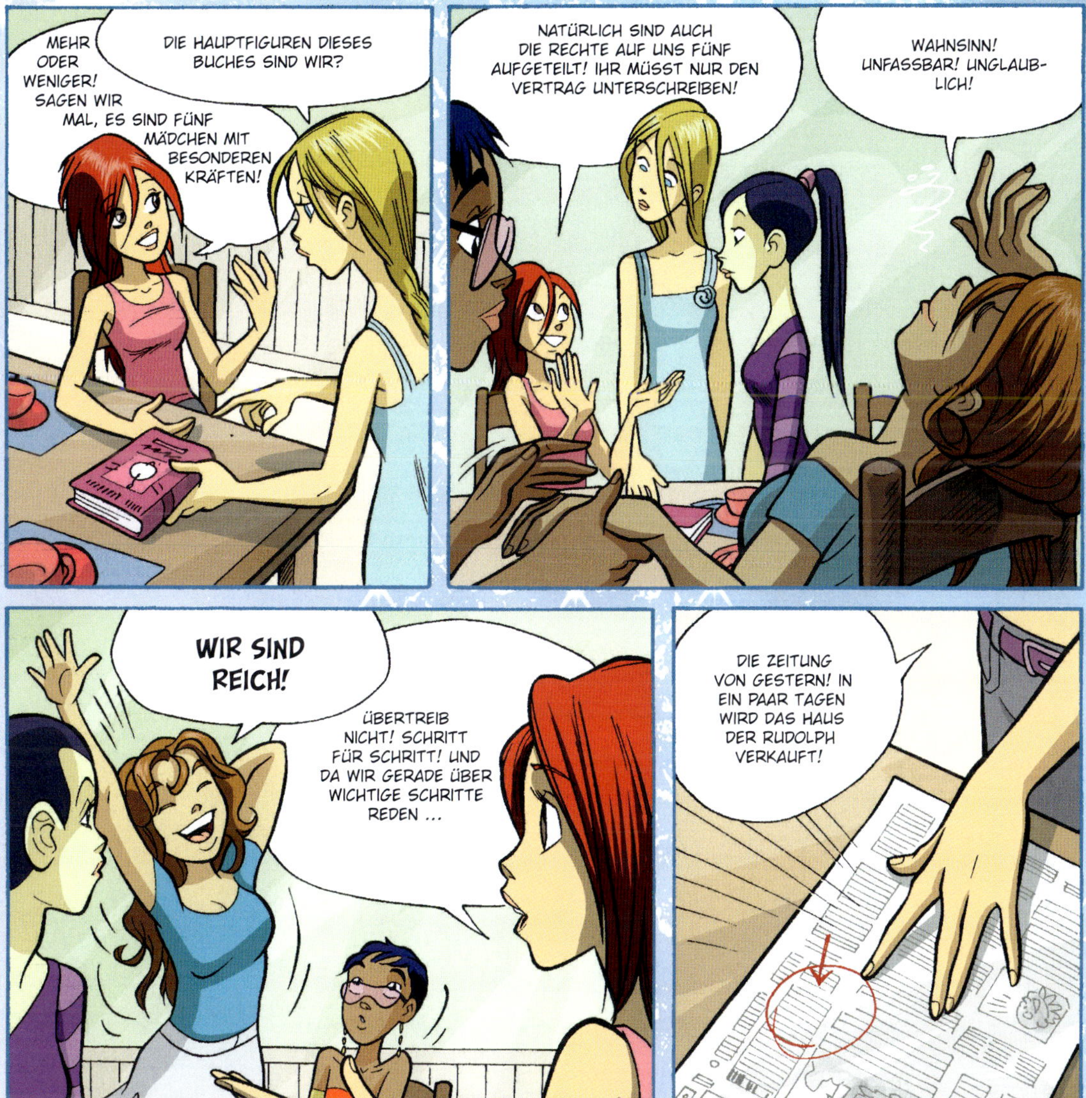
DIE HAUPTFIGUREN DIESES BUCHES SIND WIR?
MEHR ODER WENIGER! SAGEN WIR MAL, ES SIND FÜNF MÄDCHEN MIT BESONDEREN KRÄFTEN!
NATÜRLICH SIND AUCH DIE RECHTE AUF UNS FÜNF AUFGETEILT! IHR MÜSST NUR DEN VERTRAG UNTERSCHREIBEN!
WAHNSINN! UNFASSBAR! UNGLAUB-LICH!
WIR SIND REICH!
ÜBERTREIB NICHT! SCHRITT FÜR SCHRITT! UND DA WIR GERADE ÜBER WICHTIGE SCHRITTE REDEN ...
DIE ZEITUNG VON GESTERN! IN EIN PAAR TAGEN WIRD DAS HAUS DER RUDOLPH VERKAUFT!
DENKT IHR AUCH, WAS ICH GERADE DENKE?

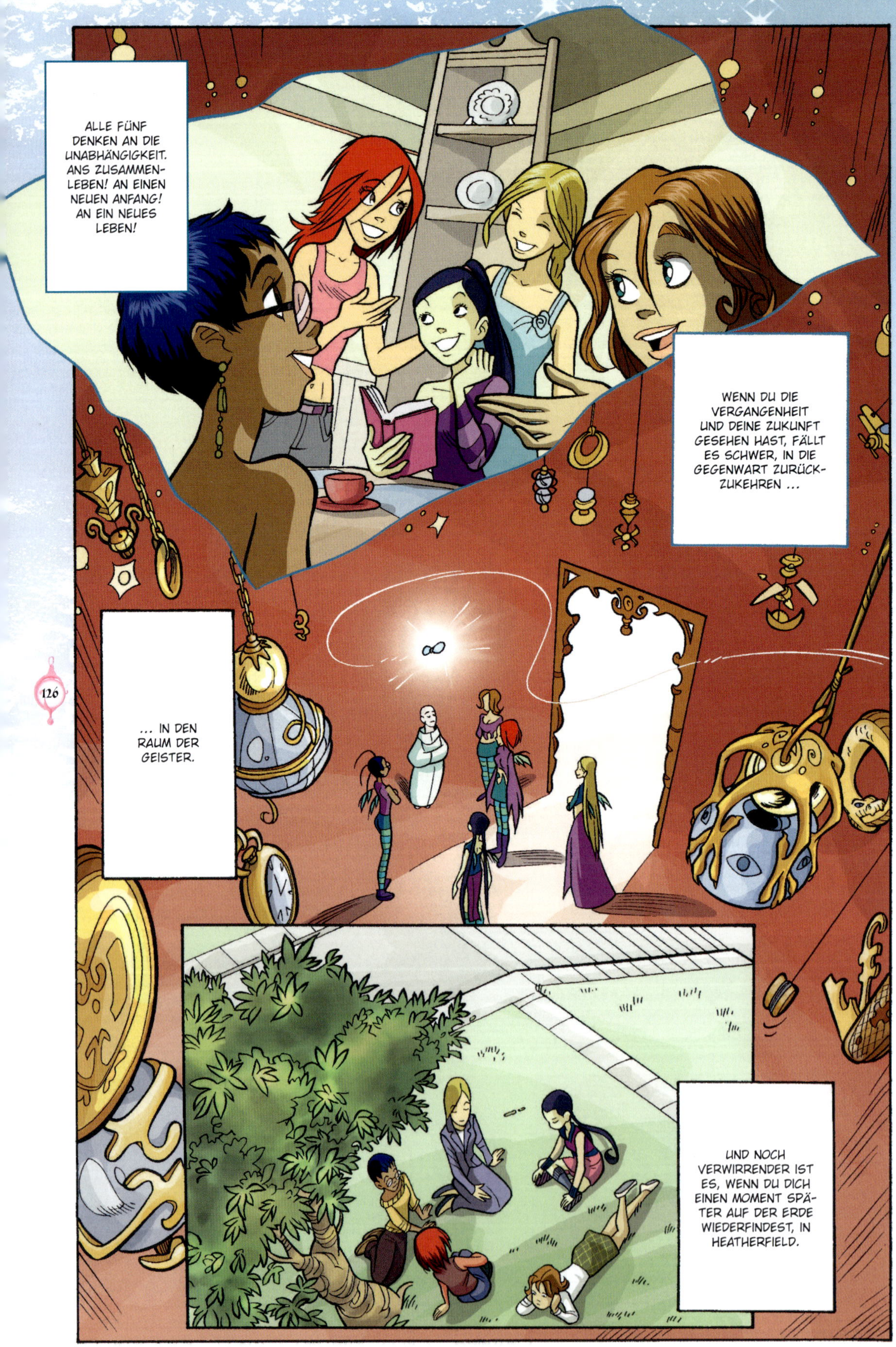
ALLE FÜNF DENKEN AN DIE UNABHÄNGIGKEIT. ANS ZUSAMMEN-LEBEN! AN EINEN NEUEN ANFANG! AN EIN NEUES LEBEN!
WENN DU DIE VERGANGENHEIT UND DEINE ZUKUNFT GESEHEN HAST, FÄLLT ES SCHWER, IN DIE GEGENWART ZURÜCK-ZUKEHREN ...
... IN DEN RAUM DER GEISTER.
UND NOCH VERWIRRENDER IST ES, WENN DU DICH EINEN MOMENT SPÄ-TER AUF DER ERDE WIEDERFINDEST, IN HEATHERFIELD.

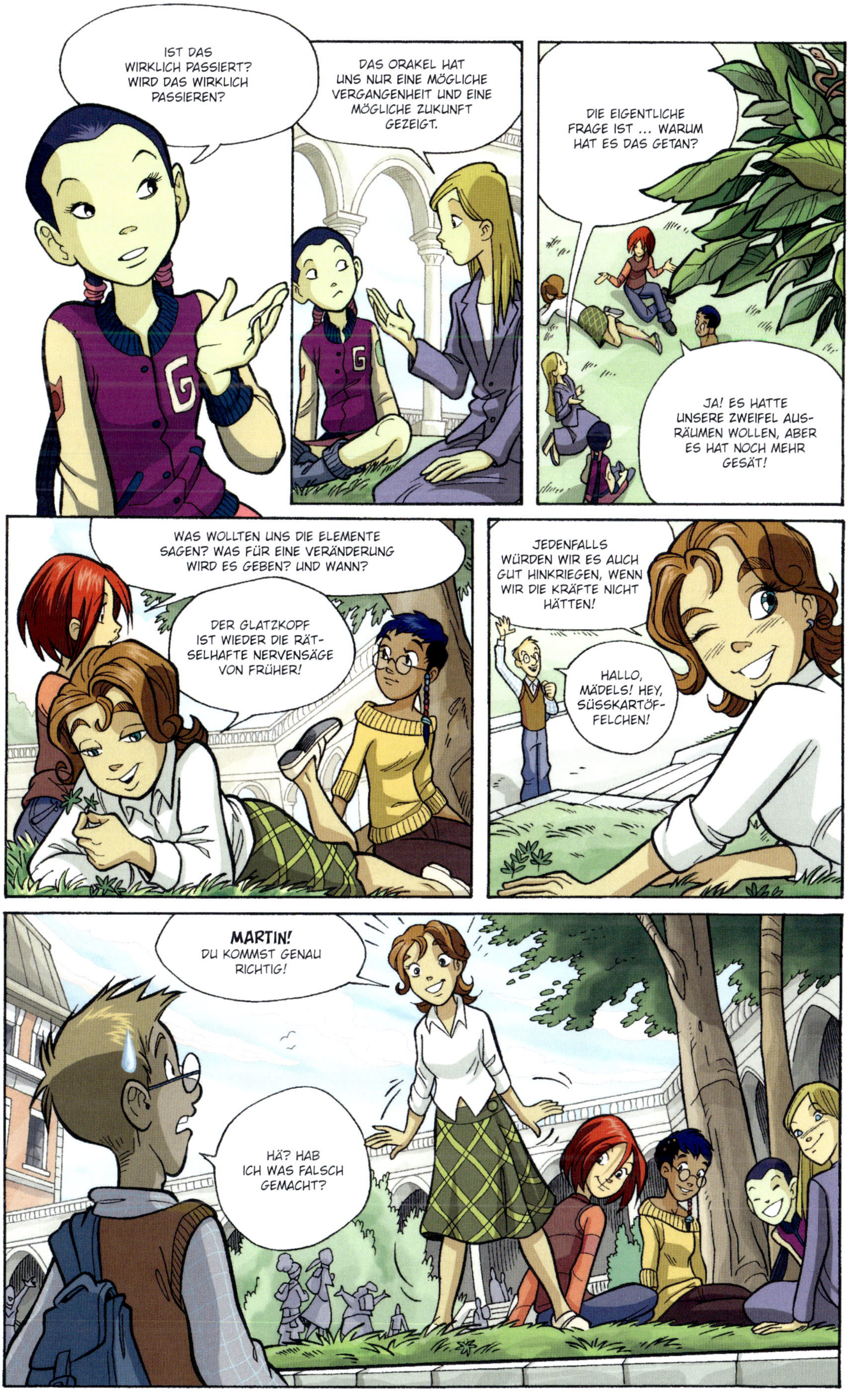
IST DAS WIRKLICH PASSIERT? WIRD DAS WIRKLICH PASSIEREN?
DAS ORAKEL HAT UNS NUR EINE MÖGLICHE VERGANGENHEIT UND EINE MÖGLICHE ZUKUNFT GEZEIGT.
DIE EIGENTLICHE FRAGE IST ... WARUM HAT ES DAS GETAN?
JA! ES HATTE UNSERE ZWEIFEL AUSRÄUMEN WOLLEN, ABER ES HAT NOCH MEHR GESÄT!
WAS WOLLTEN UNS DIE ELEMENTE SAGEN? WAS FÜR EINE VERÄNDERUNG WIRD ES GEBEN? UND WANN?
DER GLATZKOPF IST WIEDER DIE RÄTSELHAFTE NERVENSÄGE VON FRÜHER!
JEDENFALLS WÜRDEN WIR ES AUCH GUT HINKRIEGEN, WENN WIR DIE KRÄFTE NICHT HÄTTEN!
HALLO, MÄDELS! HEY, SÜSSKARTÖFFELCHEN!
MARTIN! DU KOMMST GENAU RICHTIG!
HÄ? HAB ICH WAS FALSCH GEMACHT?

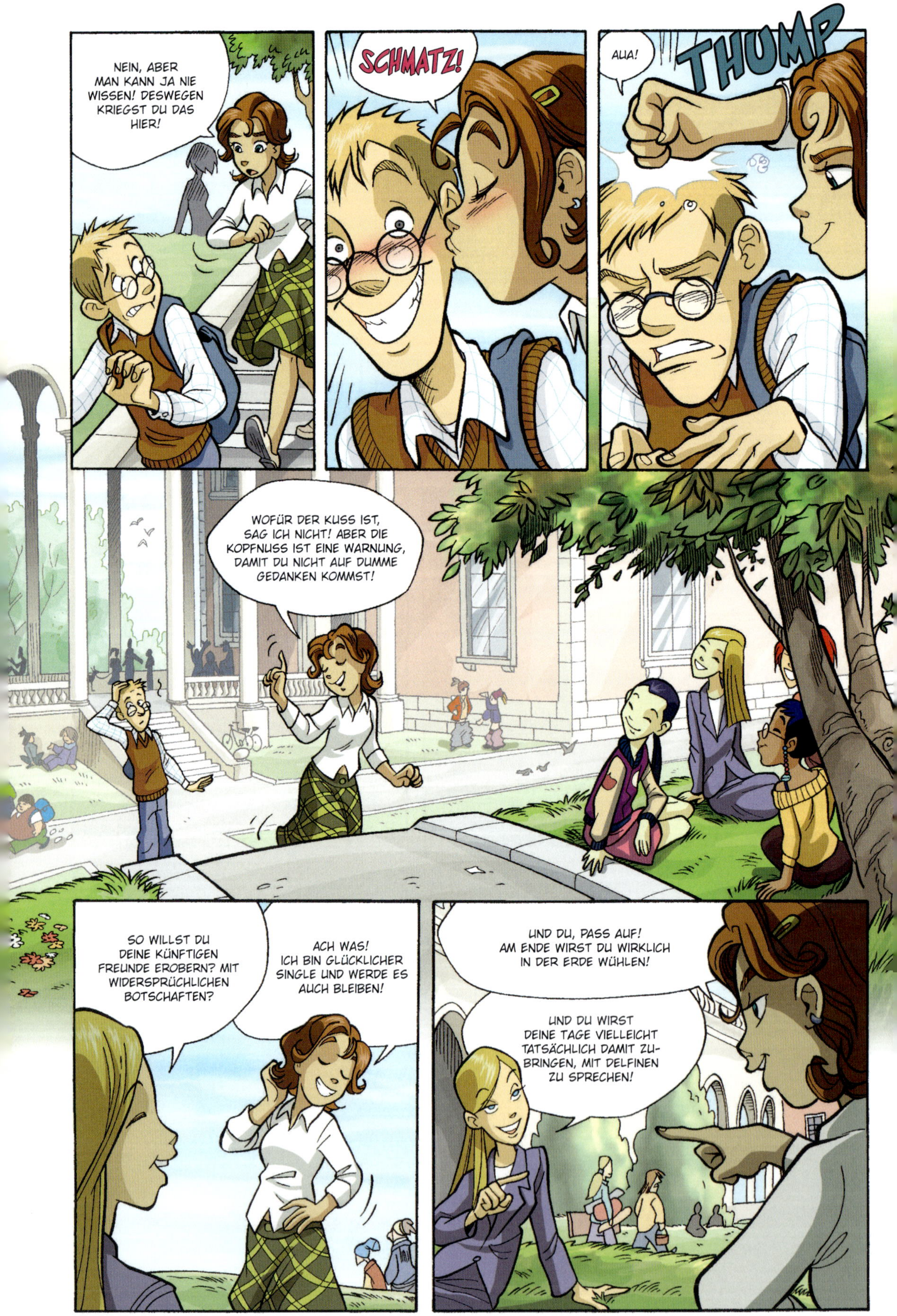
NEIN, ABER MAN KANN JA NIE WISSEN! DESWEGEN KRIEGST DU DAS HIER!
SCHMATZ!
AUA!
THUMP
WOFÜR DER KUSS IST, SAG ICH NICHT! ABER DIE KOPFNUSS IST EINE WARNUNG, DAMIT DU NICHT AUF DUMME GEDANKEN KOMMST!
SO WILLST DU DEINE KÜNFTIGEN FREUNDE EROBERN? MIT WIDERSPRÜCHLICHEN BOTSCHAFTEN?
ACH WAS! ICH BIN GLÜCKLICHER SINGLE UND WERDE ES AUCH BLEIBEN!
UND DU, PASS AUF! AM ENDE WIRST DU WIRKLICH IN DER ERDE WÜHLEN!
UND DU WIRST DEINE TAGE VIELLEICHT TATSÄCHLICH DAMIT ZU-BRINGEN, MIT DELFINEN ZU SPRECHEN!

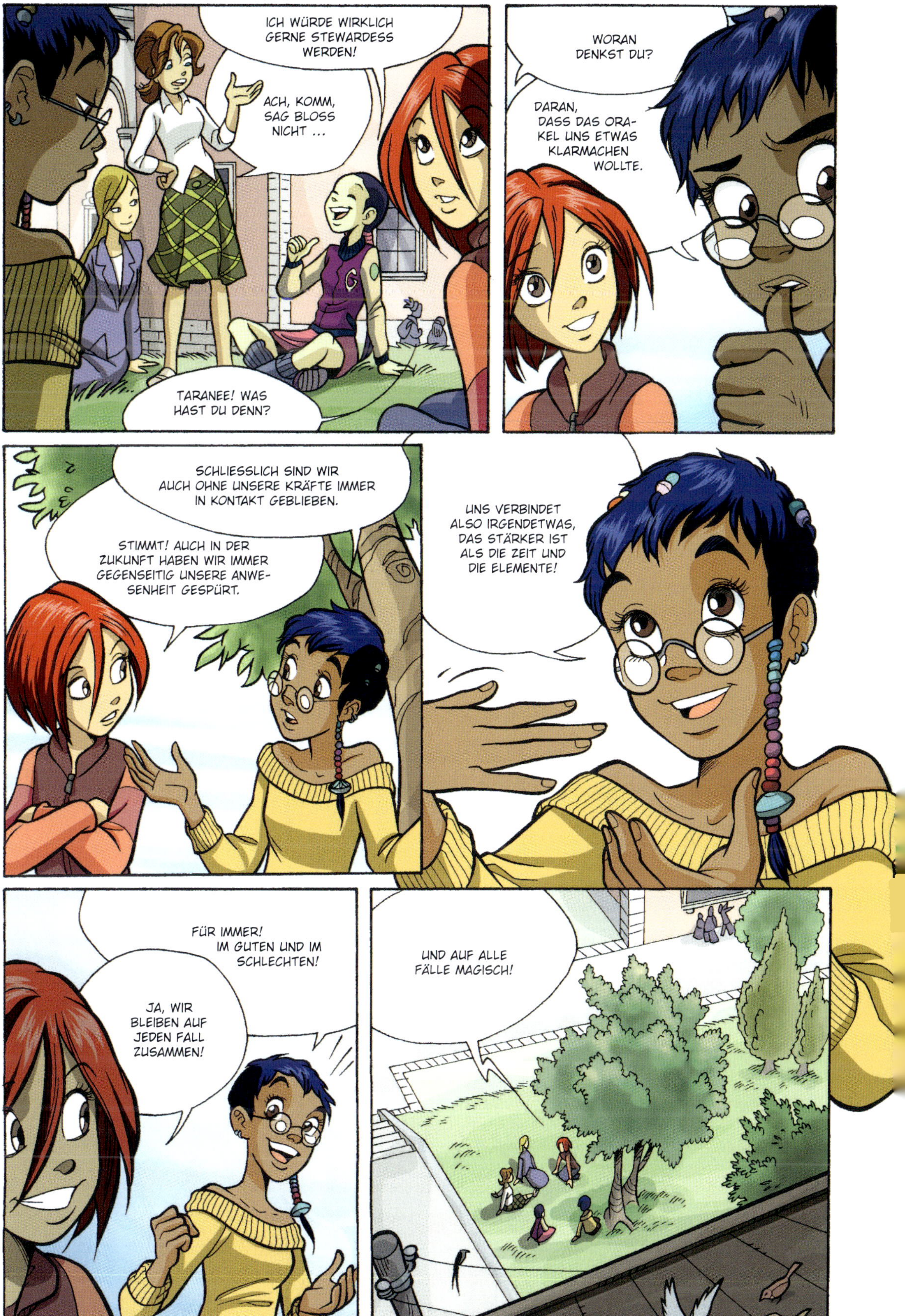
ICH WÜRDE WIRKLICH GERNE STEWARDESS WERDEN!
ACH, KOMM, SAG BLOSS NICHT ...
TARANEE! WAS HAST DU DENN?
WORAN DENKST DU?
DARAN, DASS DAS ORAKEL UNS ETWAS KLARMACHEN WOLLTE.
SCHLIESSLICH SIND WIR AUCH OHNE UNSERE KRÄFTE IMMER IN KONTAKT GEBLIEBEN.
STIMMT! AUCH IN DER ZUKUNFT HABEN WIR IMMER GEGENSEITIG UNSERE ANWESENHEIT GESPÜRT.
UNS VERBINDET ALSO IRGENDETWAS, DAS STÄRKER IST ALS DIE ZEIT UND DIE ELEMENTE!
FÜR IMMER! IM GUTEN UND IM SCHLECHTEN!
JA, WIR BLEIBEN AUF JEDEN FALL ZUSAMMEN!
UND AUF ALLE FÄLLE MAGISCH!

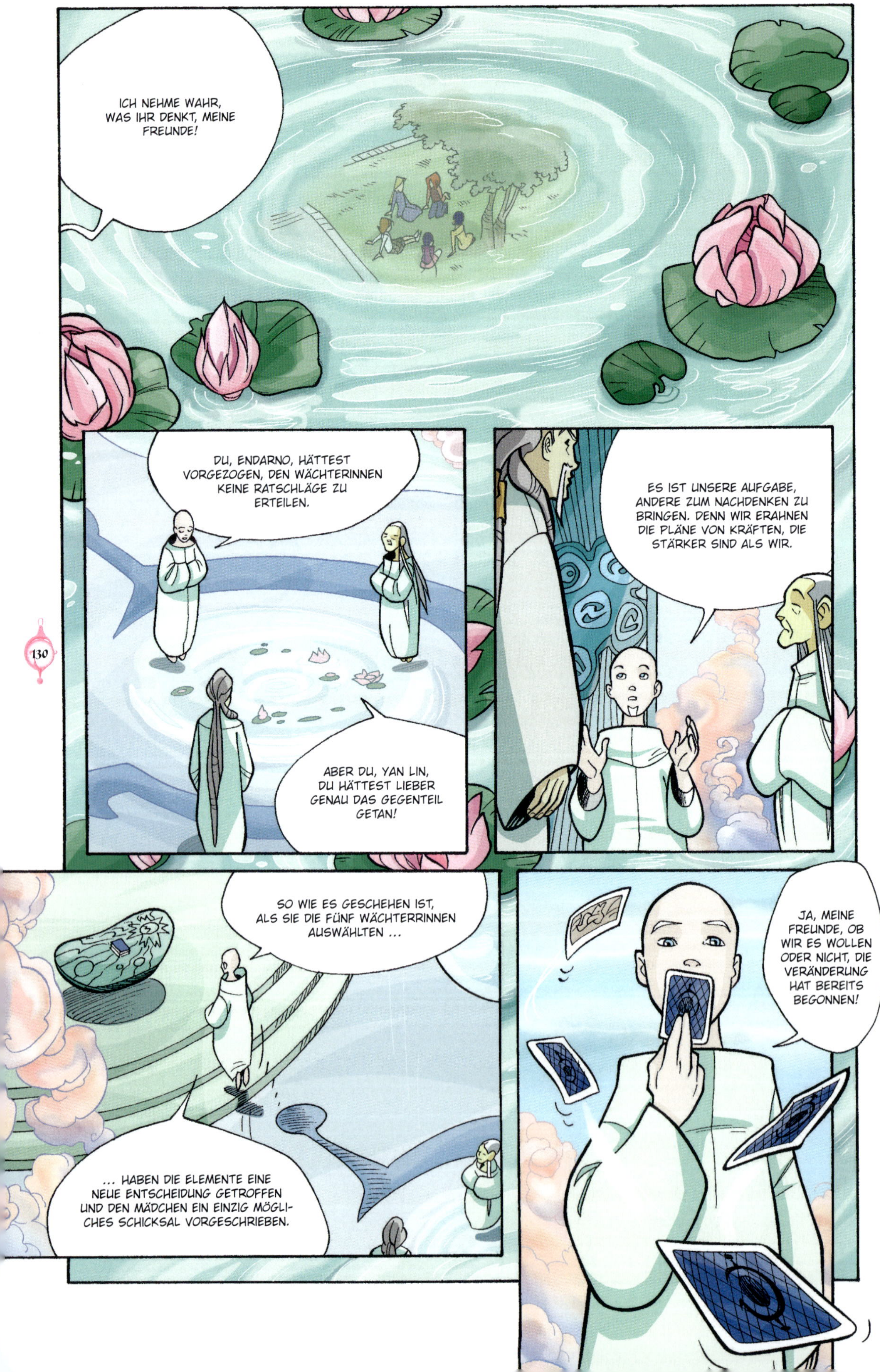
ICH NEHME WAHR, WAS IHR DENKT, MEINE FREUNDE!
DU, ENDARNO, HÄTTEST VORGEZOGEN, DEN WÄCHTERINNEN KEINE RATSCHLÄGE ZU ERTEILEN.
ABER DU, YAN LIN, DU HÄTTEST LIEBER GENAU DAS GEGENTEIL GETAN!
ES IST UNSERE AUFGABE, ANDERE ZUM NACHDENKEN ZU BRINGEN. DENN WIR ERAHNEN DIE PLÄNE VON KRÄFTEN, DIE STÄRKER SIND ALS WIR.
SO WIE ES GESCHEHEN IST, ALS SIE DIE FÜNF WÄCHTERRINNEN AUSWÄHLTEN ...
... HABEN DIE ELEMENTE EINE NEUE ENTSCHEIDUNG GETROFFEN UND DEN MÄDCHEN EIN EINZIG MÖGLI-CHES SCHICKSAL VORGESCHRIEBEN.
JA, MEINE FREUNDE, OB WIR ES WOLLEN ODER NICHT, DIE VERÄNDERUNG HAT BEREITS BEGONNEN!

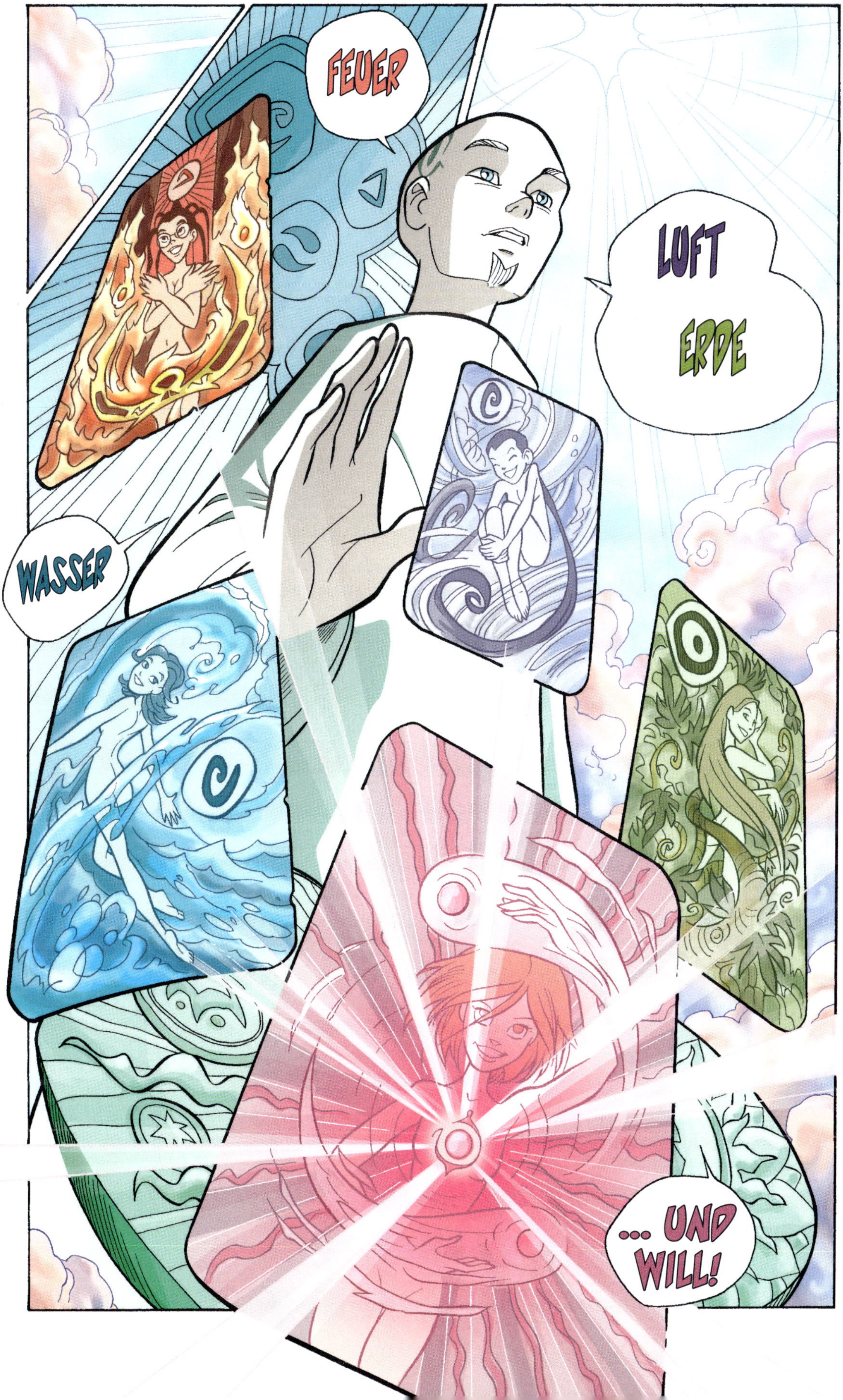
FEUER
LUFT
ERDE
WASSER
... UND WILL!

AUSSER KONTROLLE

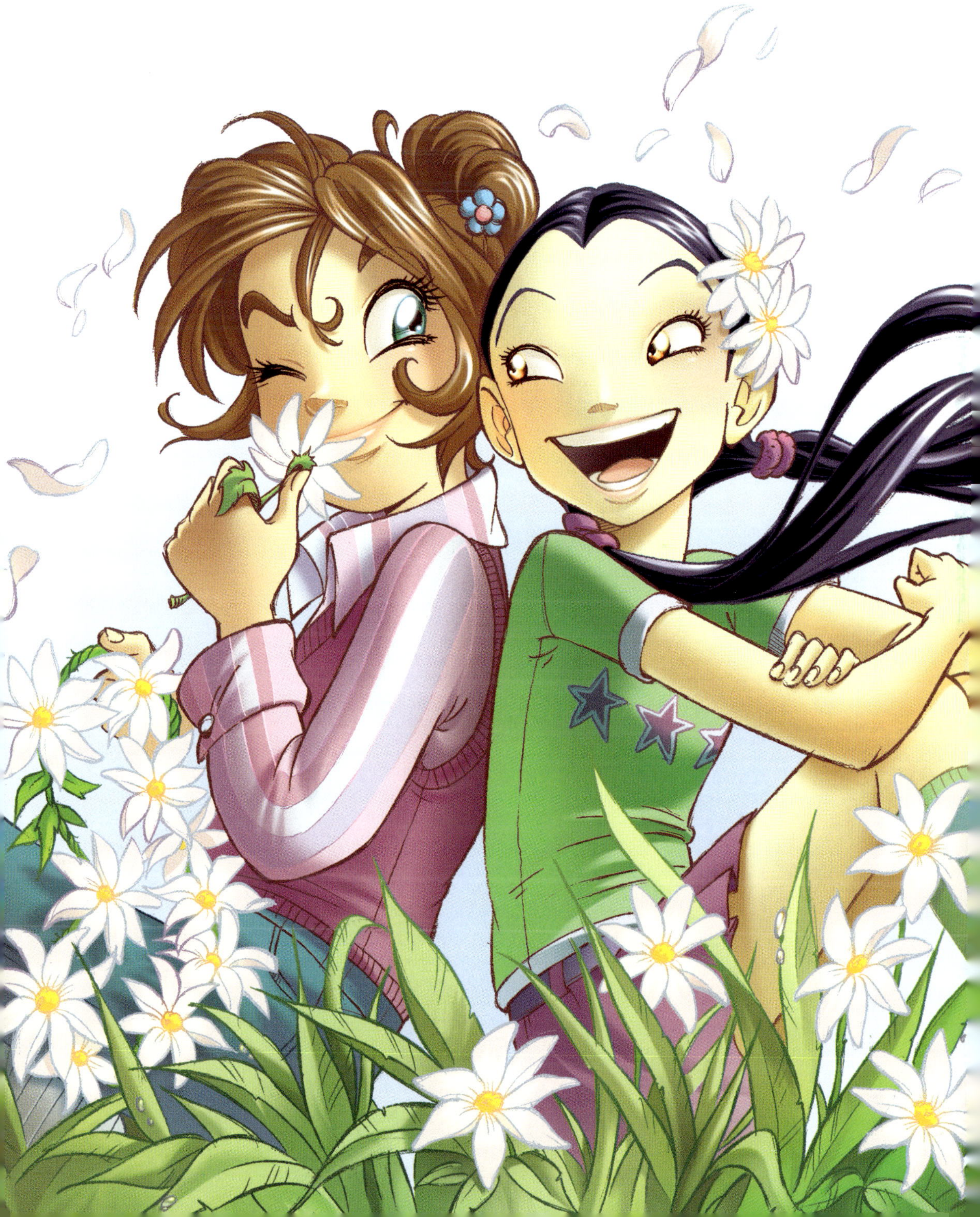

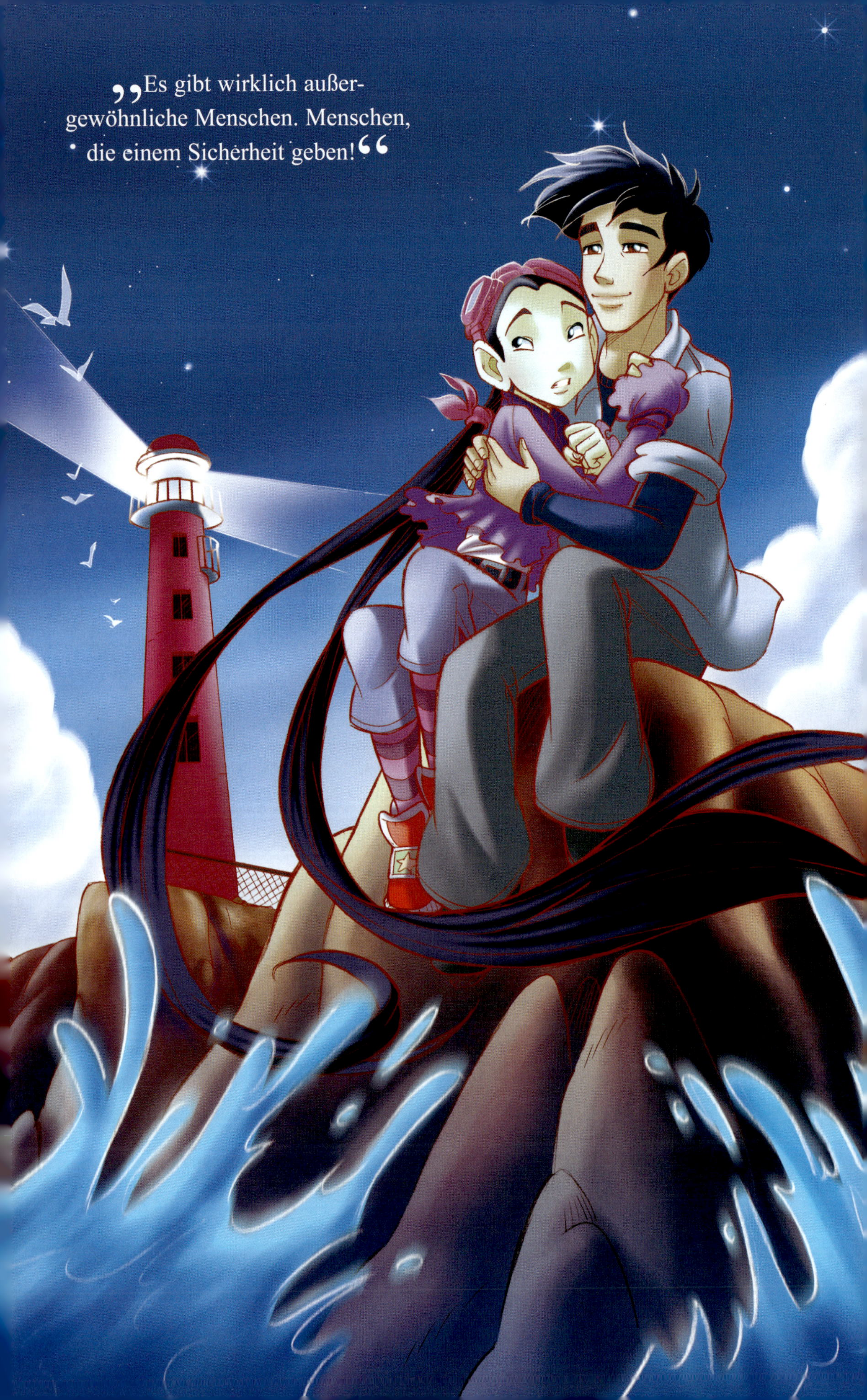
„Es gibt wirklich außergewöhnliche Menschen. Menschen, die einem Sicherheit geben!“

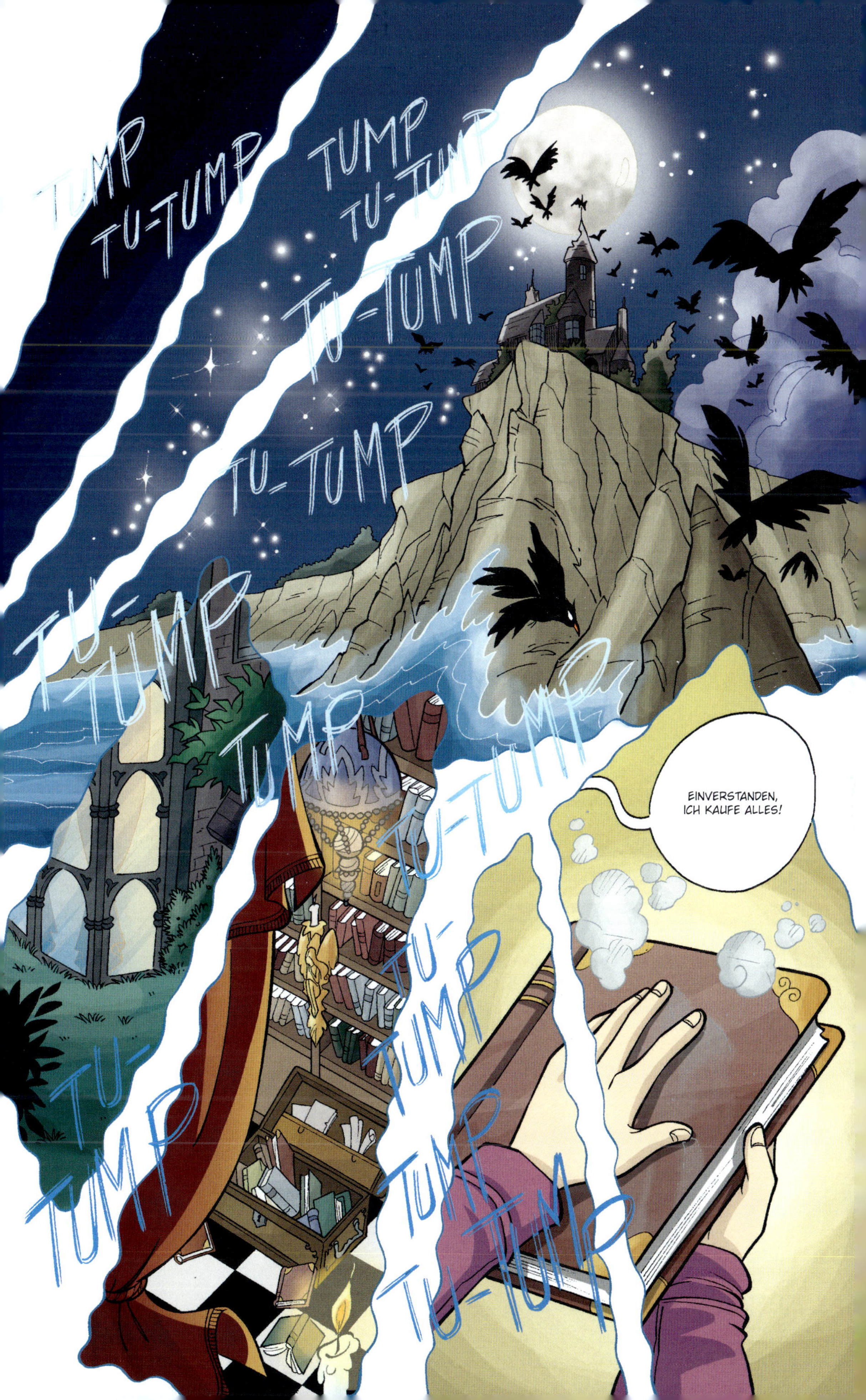
TUMP
TU-TUMP
TUMP
TU-TUMP
TU-TUMP
TU-TUMP
TU-TUMP
TUMP
EINVERSTANDEN, ICH KAUFE ALLES!
TU-TUMP
TU-TUMP
TU-TUMP
TUMP
TU-TUMP

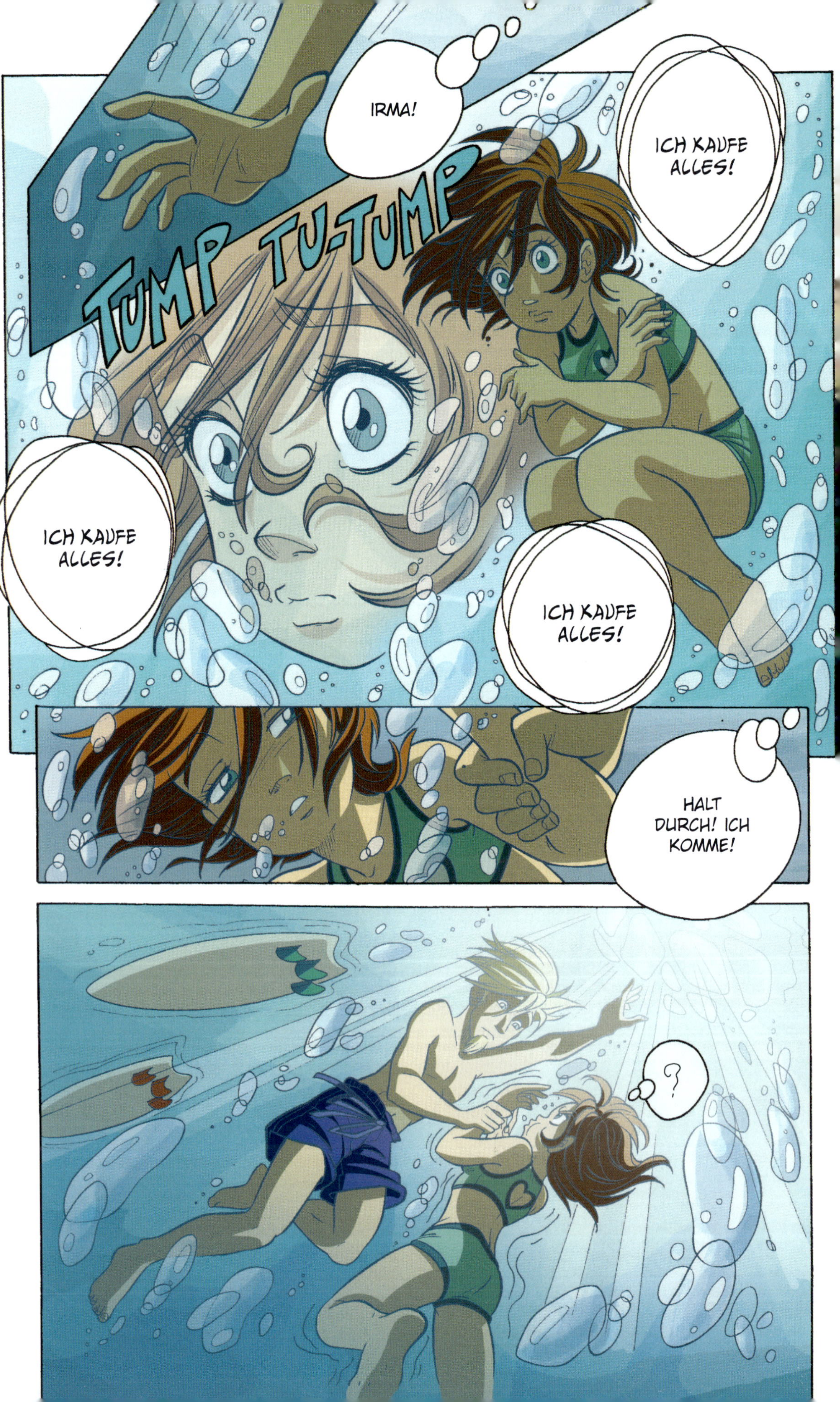
IRMA!
ICH KAUFE ALLES!
TUMP TU-TUMP
ICH KAUFE ALLES!
ICH KAUFE ALLES!
HALT DURCH! ICH KOMME!
?

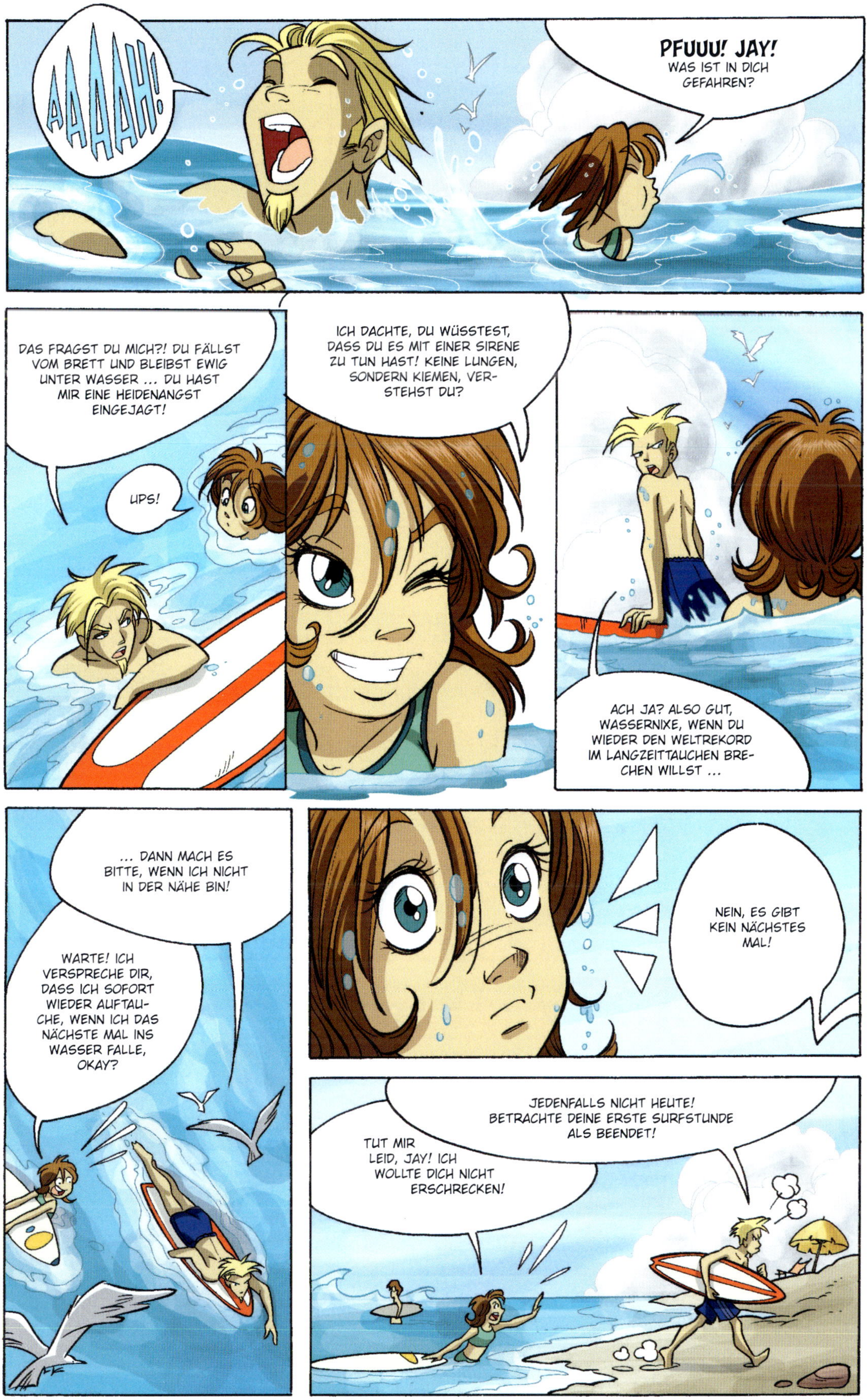
AAAAH!
PFUUU! JAY! WAS IST IN DICH GEFAHREN?
DAS FRAGST DU MICH?! DU FÄLLST VOM BRETT UND BLEIBST EWIG UNTER WASSER ... DU HAST MIR EINE HEIDENANGST EINGEJAGT!
UPS!
ICH DACHTE, DU WÜSSTEST, DASS DU ES MIT EINER SIRENE ZU TUN HAST! KEINE LUNGEN, SONDERN KIEMEN, VERSTEHST DU?
ACH JA? ALSO GUT, WASSERNIXE, WENN DU WIEDER DEN WELTREKORD IM LANGZEITTAUCHEN BRECHEN WILLST ...
... DANN MACH ES BITTE, WENN ICH NICHT IN DER NÄHE BIN!
WARTE! ICH VERSPRECHE DIR, DASS ICH SOFORT WIEDER AUFTAUCHE, WENN ICH DAS NÄCHSTE MAL INS WASSER FALLE, OKAY?
NEIN, ES GIBT KEIN NÄCHSTES MAL!
JEDENFALLS NICHT HEUTE! BETRACHTE DEINE ERSTE SURFSTUNDE ALS BEENDET!
TUT MIR LEID, JAY! ICH WOLLTE DICH NICHT ERSCHRECKEN!

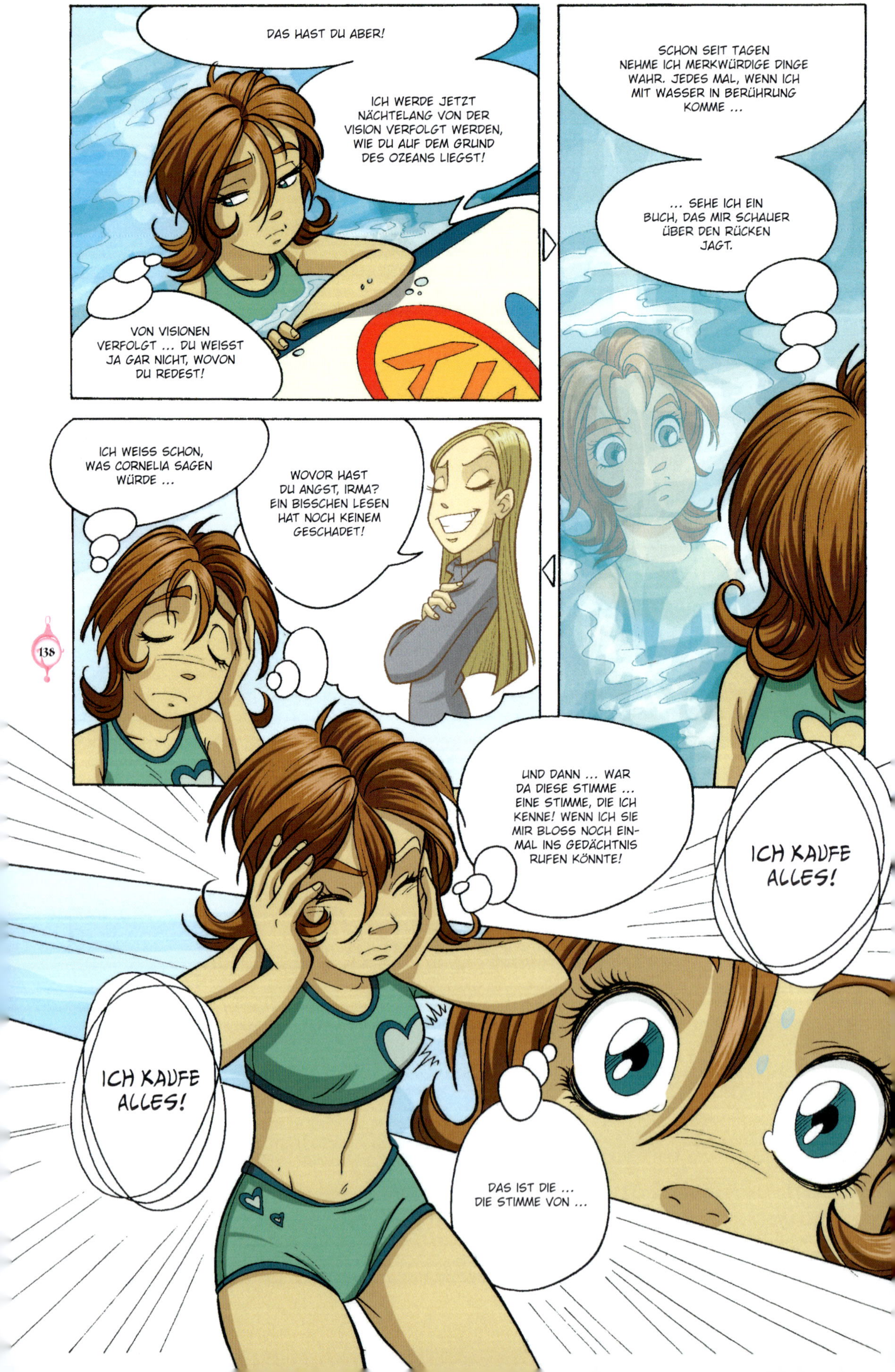
DAS HAST DU ABER!
ICH WERDE JETZT NÄCHTELANG VON DER VISION VERFOLGT WERDEN, WIE DU AUF DEM GRUND DES OZEANS LIEGST!
VON VISIONEN VERFOLGT ... DU WEISST JA GAR NICHT, WOVON DU REDEST!
SCHON SEIT TAGEN NEHME ICH MERKWÜRDIGE DINGE WAHR. JEDES MAL, WENN ICH MIT WASSER IN BERÜHRUNG KOMME ...
... SEHE ICH EIN BUCH, DAS MIR SCHAUER ÜBER DEN RÜCKEN JAGT.
ICH WEISS SCHON, WAS CORNELIA SAGEN WÜRDE ...
WOVOR HAST DU ANGST, IRMA? EIN BISSCHEN LESEN HAT NOCH KEINEM GESCHADET!
UND DANN ... WAR DA DIESE STIMME ... EINE STIMME, DIE ICH KENNE! WENN ICH SIE MIR BLOSS NOCH EINMAL INS GEDÄCHTNIS RUFEN KÖNNTE!
ICH KAUFE ALLES!
ICH KAUFE ALLES!
DAS IST DIE ... DIE STIMME VON ...

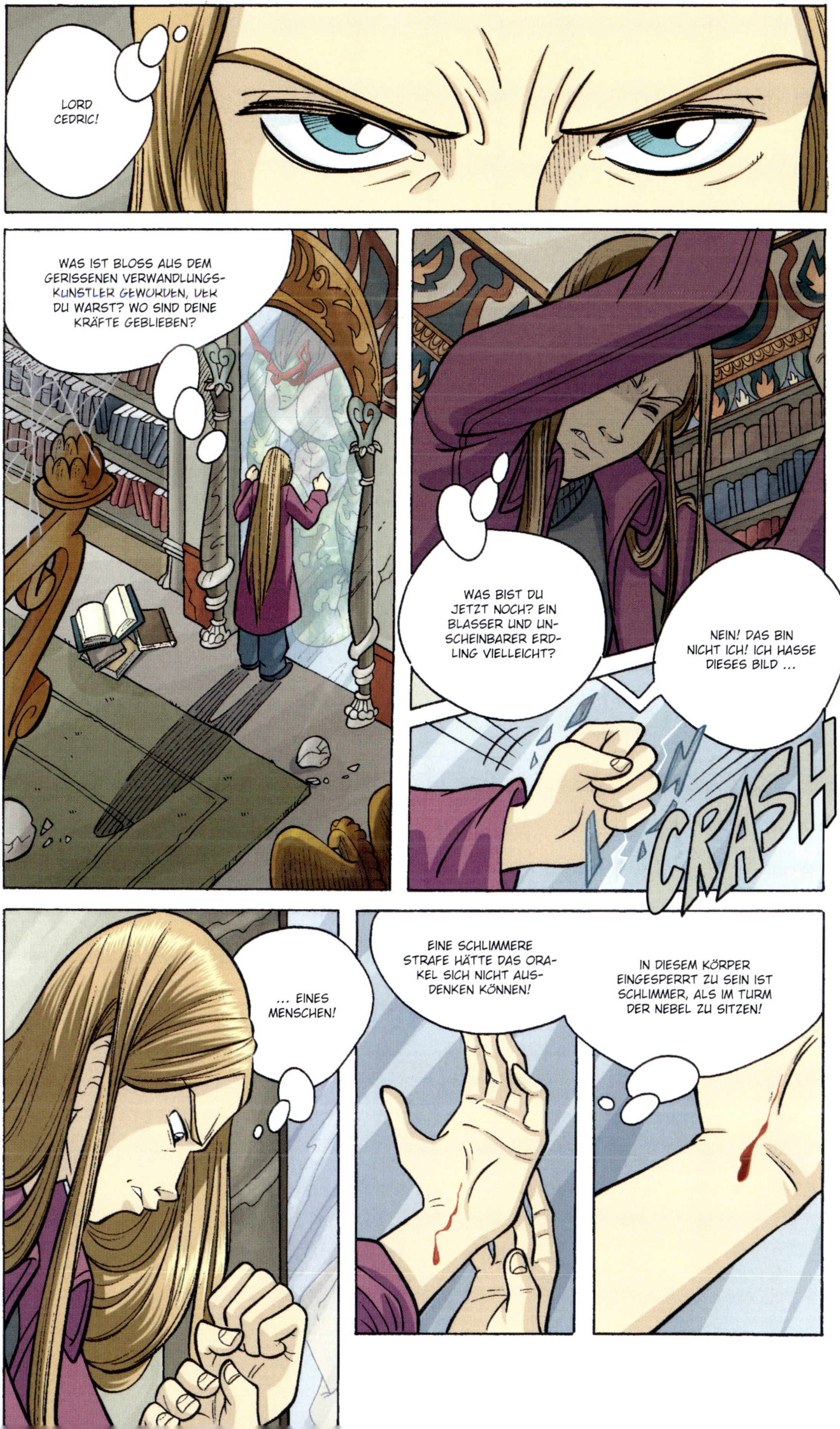
LORD CEDRIC!
WAS IST BLOSS AUS DEM GERISSENEN VERWANDLUNGS-KÜNSTLER GEWORDEN, DER DU WARST? WO SIND DEINE KRÄFTE GEBLIEBEN?
WAS BIST DU JETZT NOCH? EIN BLASSER UND UN-SCHEINBARER ERD-LING VIELLEICHT?
NEIN! DAS BIN NICHT ICH! ICH HASSE DIESES BILD ...
CRASH
... EINES MENSCHEN!
EINE SCHLIMMERE STRAFE HÄTTE DAS ORA-KEL SICH NICHT AUS-DENKEN KÖNNEN!
IN DIESEM KÖRPER EINGESPERRT ZU SEIN IST SCHLIMMER, ALS IM TURM DER NEBEL ZU SITZEN!

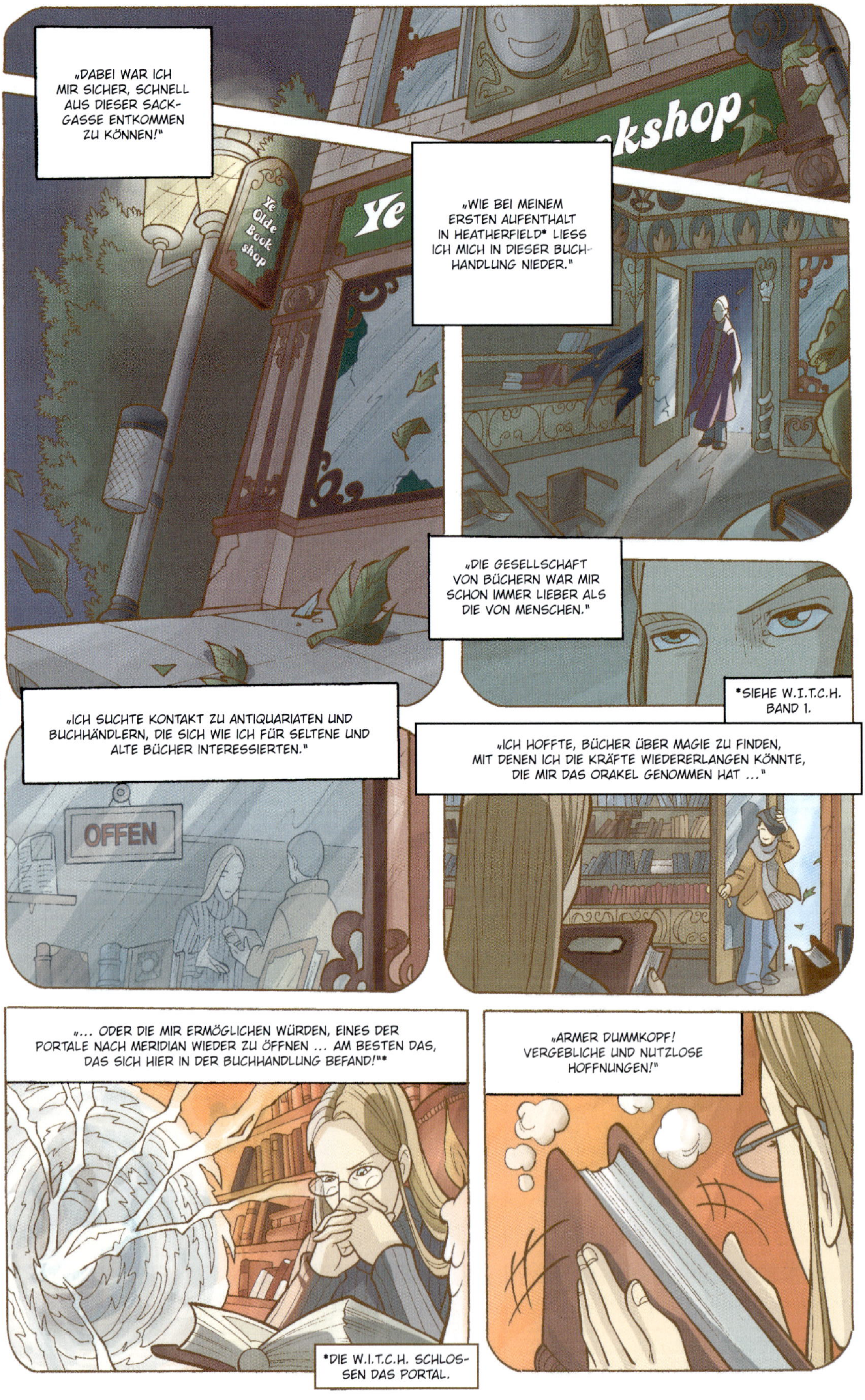
„DABEI WAR ICH MIR SICHER, SCHNELL AUS DIESER SACKGASSE ENTKOMMEN ZU KÖNNEN!"
Ye Olde Bookshop
Ye
kshop
„WIE BEI MEINEM ERSTEN AUFENTHALT IN HEATHERFIELD* LIESS ICH MICH IN DIESER BUCHHANDLUNG NIEDER."
„DIE GESELLSCHAFT VON BÜCHERN WAR MIR SCHON IMMER LIEBER ALS DIE VON MENSCHEN."
*SIEHE W.I.T.C.H. BAND 1.
„ICH SUCHTE KONTAKT ZU ANTIQUARIATEN UND BUCHHÄNDLERN, DIE SICH WIE ICH FÜR SELTENE UND ALTE BÜCHER INTERESSIERTEN."
OFFEN
„ICH HOFFTE, BÜCHER ÜBER MAGIE ZU FINDEN, MIT DENEN ICH DIE KRÄFTE WIEDERERLANGEN KÖNNTE, DIE MIR DAS ORAKEL GENOMMEN HAT …"
„… ODER DIE MIR ERMÖGLICHEN WÜRDEN, EINES DER PORTALE NACH MERIDIAN WIEDER ZU ÖFFNEN … AM BESTEN DAS, DAS SICH HIER IN DER BUCHHANDLUNG BEFAND!"*
*DIE W.I.T.C.H. SCHLOSSEN DAS PORTAL.
„ARMER DUMMKOPF! VERGEBLICHE UND NUTZLOSE HOFFNUNGEN!"

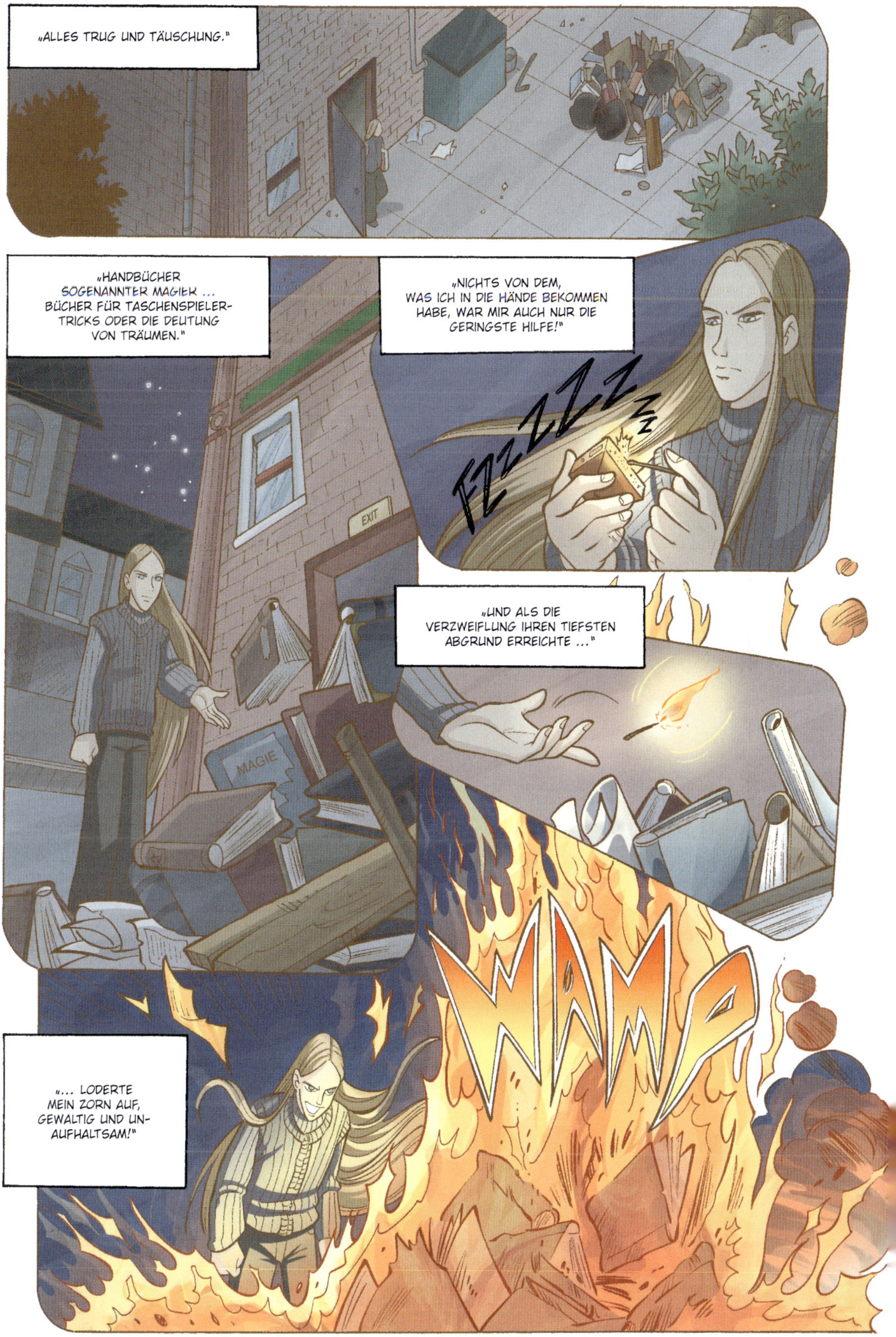
„ALLES TRUG UND TÄUSCHUNG."
„HANDBÜCHER SOGENANNTER MAGIER ... BÜCHER FÜR TASCHENSPIELER-TRICKS ODER DIE DEUTUNG VON TRÄUMEN."
EXIT
MAGIE
„NICHTS VON DEM, WAS ICH IN DIE HÄNDE BEKOMMEN HABE, WAR MIR AUCH NUR DIE GERINGSTE HILFE!"
FZZZZZZ
„UND ALS DIE VERZWEIFLUNG IHREN TIEFSTEN ABGRUND ERREICHTE ..."
WAMP
„... LODERTE MEIN ZORN AUF, GEWALTIG UND UN-AUFHALTSAM!"

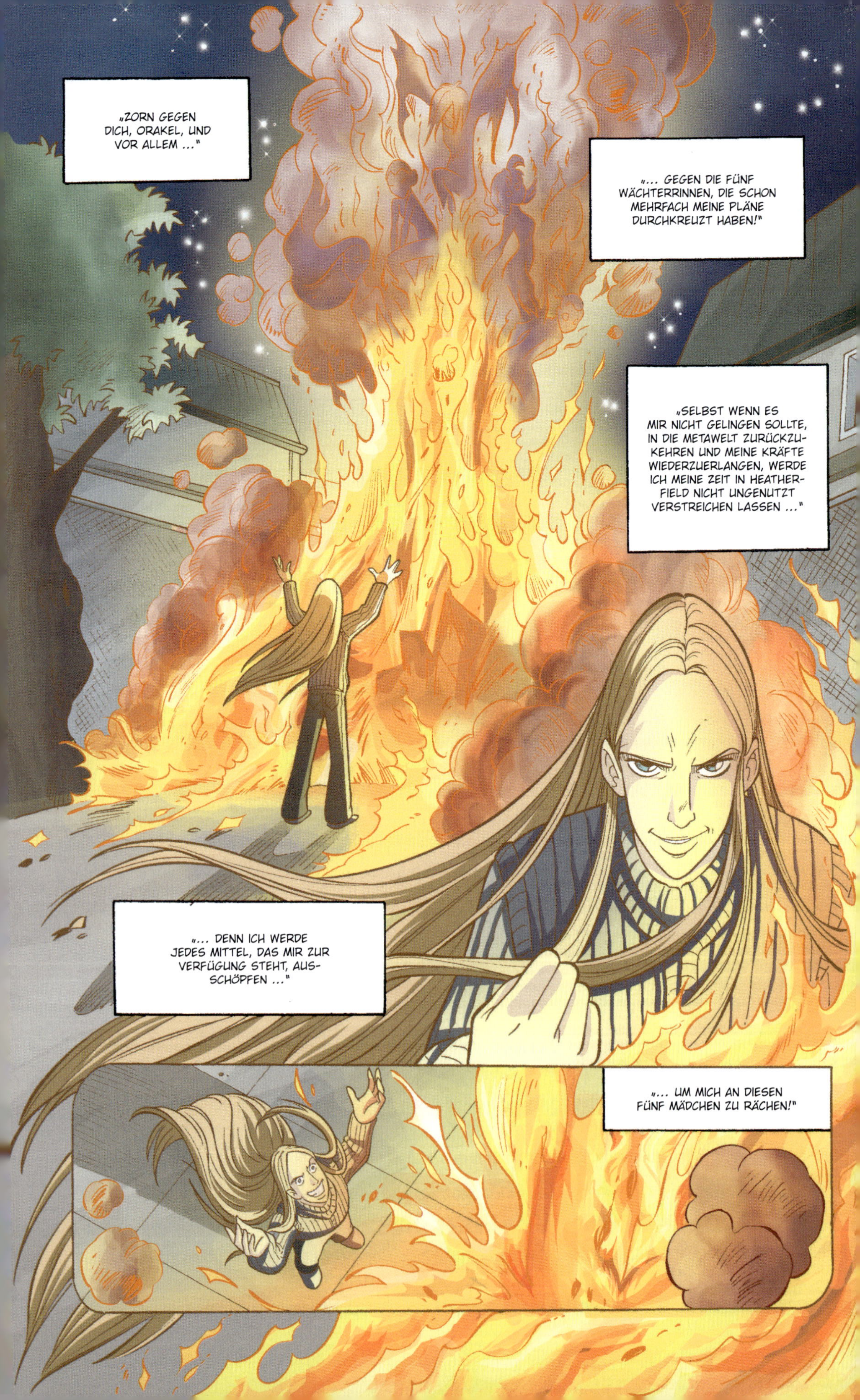
„ZORN GEGEN DICH, ORAKEL, UND VOR ALLEM ..."
„... GEGEN DIE FÜNF WÄCHTERRINNEN, DIE SCHON MEHRFACH MEINE PLÄNE DURCHKREUZT HABEN!"
„SELBST WENN ES MIR NICHT GELINGEN SOLLTE, IN DIE METAWELT ZURÜCKZUKEHREN UND MEINE KRÄFTE WIEDERZUERLANGEN, WERDE ICH MEINE ZEIT IN HEATHERFIELD NICHT UNGENUTZT VERSTREICHEN LASSEN ..."
„... DENN ICH WERDE JEDES MITTEL, DAS MIR ZUR VERFÜGUNG STEHT, AUSSCHÖPFEN ..."
„... UM MICH AN DIESEN FÜNF MÄDCHEN ZU RÄCHEN!"

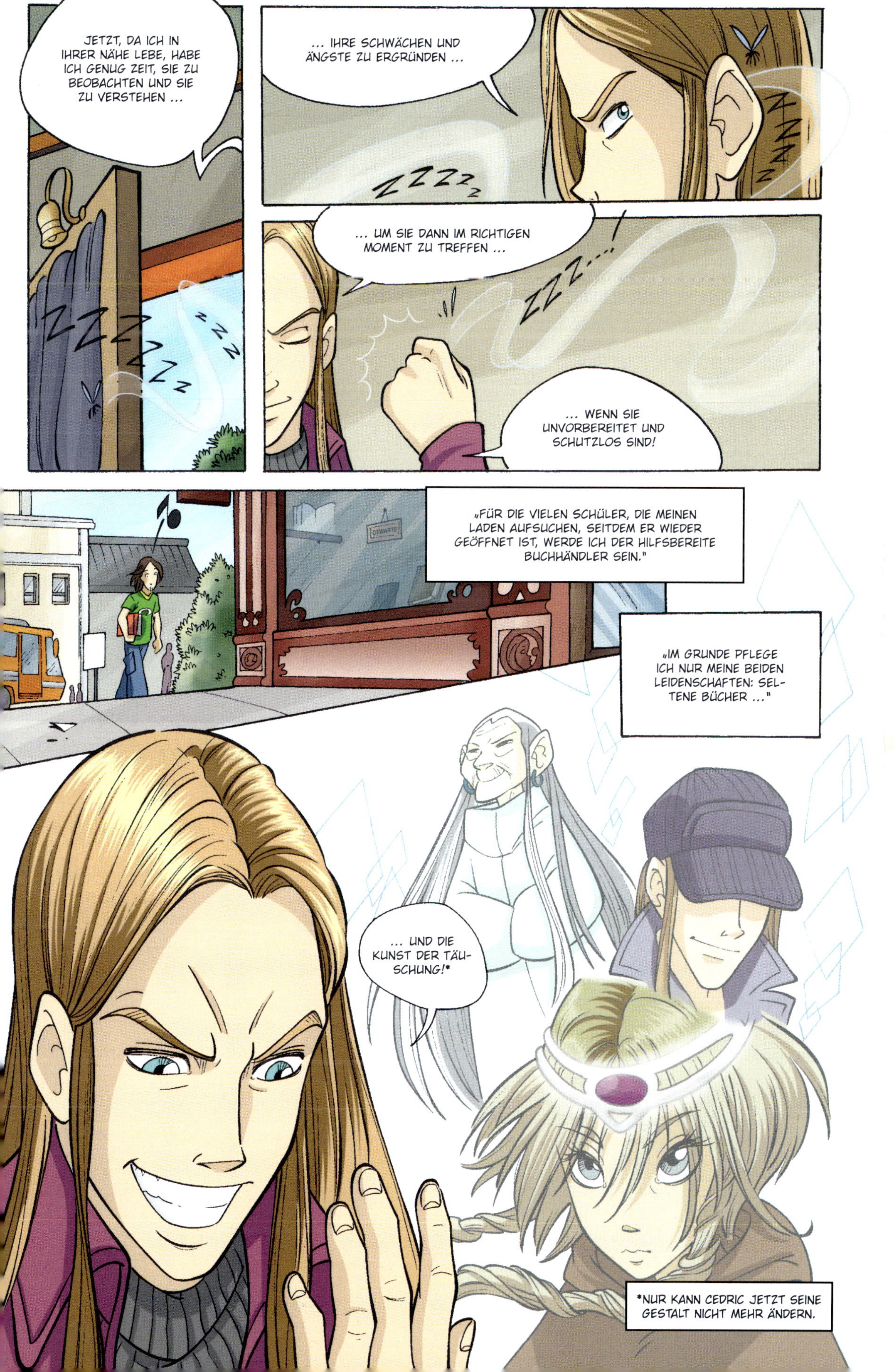
JETZT, DA ICH IN IHRER NÄHE LEBE, HABE ICH GENUG ZEIT, SIE ZU BEOBACHTEN UND SIE ZU VERSTEHEN ...
... IHRE SCHWÄCHEN UND ÄNGSTE ZU ERGRÜNDEN ...
ZZZZZ
... UM SIE DANN IM RICHTIGEN MOMENT ZU TREFFEN ...
ZZZ...!
... WENN SIE UNVORBEREITET UND SCHUTZLOS SIND!
„FÜR DIE VIELEN SCHÜLER, DIE MEINEN LADEN AUFSUCHEN, SEITDEM ER WIEDER GEÖFFNET IST, WERDE ICH DER HILFSBEREITE BUCHHÄNDLER SEIN."
„IM GRUNDE PFLEGE ICH NUR MEINE BEIDEN LEIDENSCHAFTEN: SELTENE BÜCHER ..."
... UND DIE KUNST DER TÄUSCHUNG!*
*NUR KANN CEDRIC JETZT SEINE GESTALT NICHT MEHR ÄNDERN.

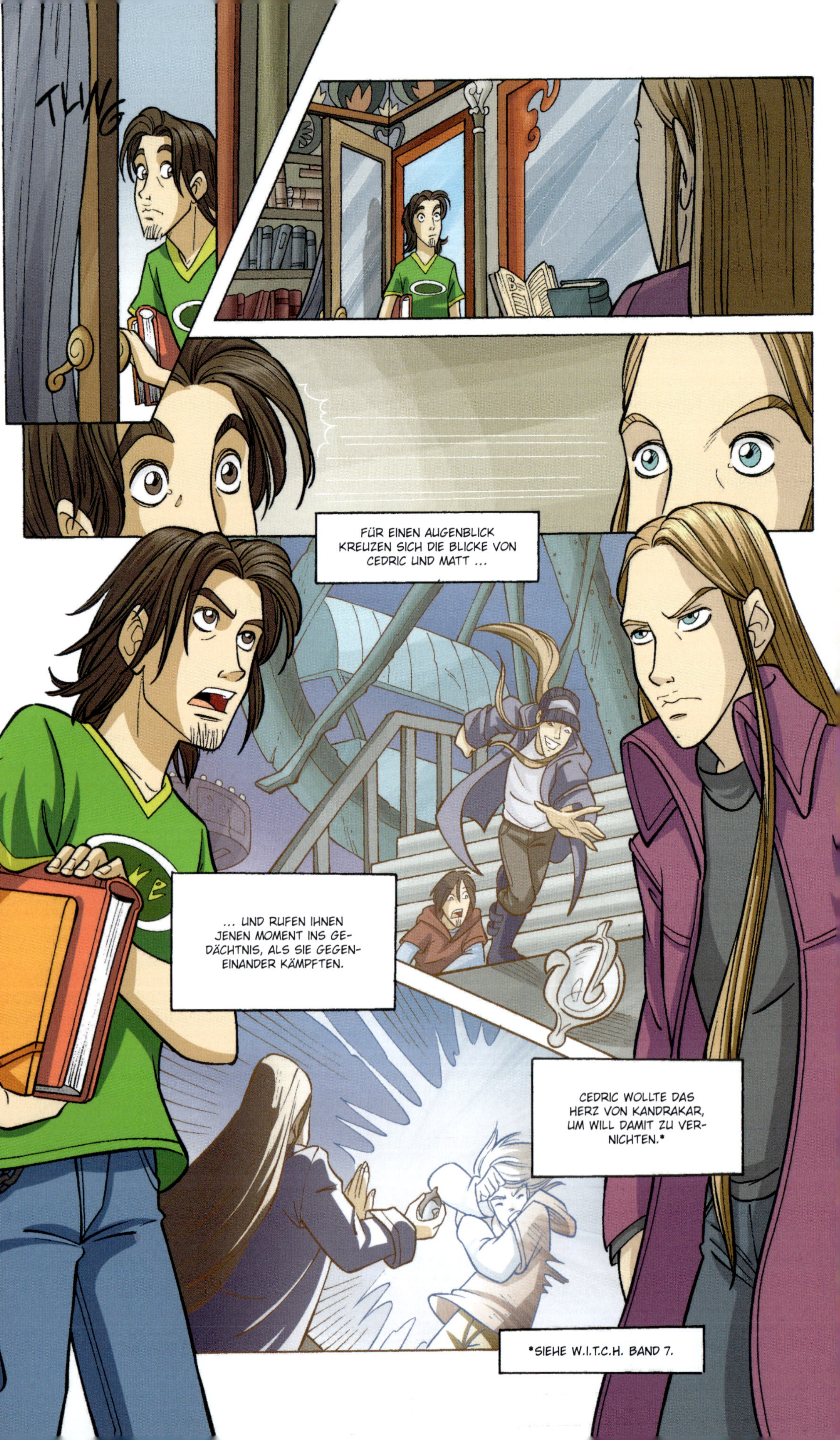
TLING
FÜR EINEN AUGENBLICK KREUZEN SICH DIE BLICKE VON CEDRIC UND MATT ...
... UND RUFEN IHNEN JENEN MOMENT INS GEDÄCHTNIS, ALS SIE GEGENEINANDER KÄMPFTEN.
CEDRIC WOLLTE DAS HERZ VON KANDRAKAR, UM WILL DAMIT ZU VERNICHTEN.*
*SIEHE W.I.T.C.H. BAND 7.

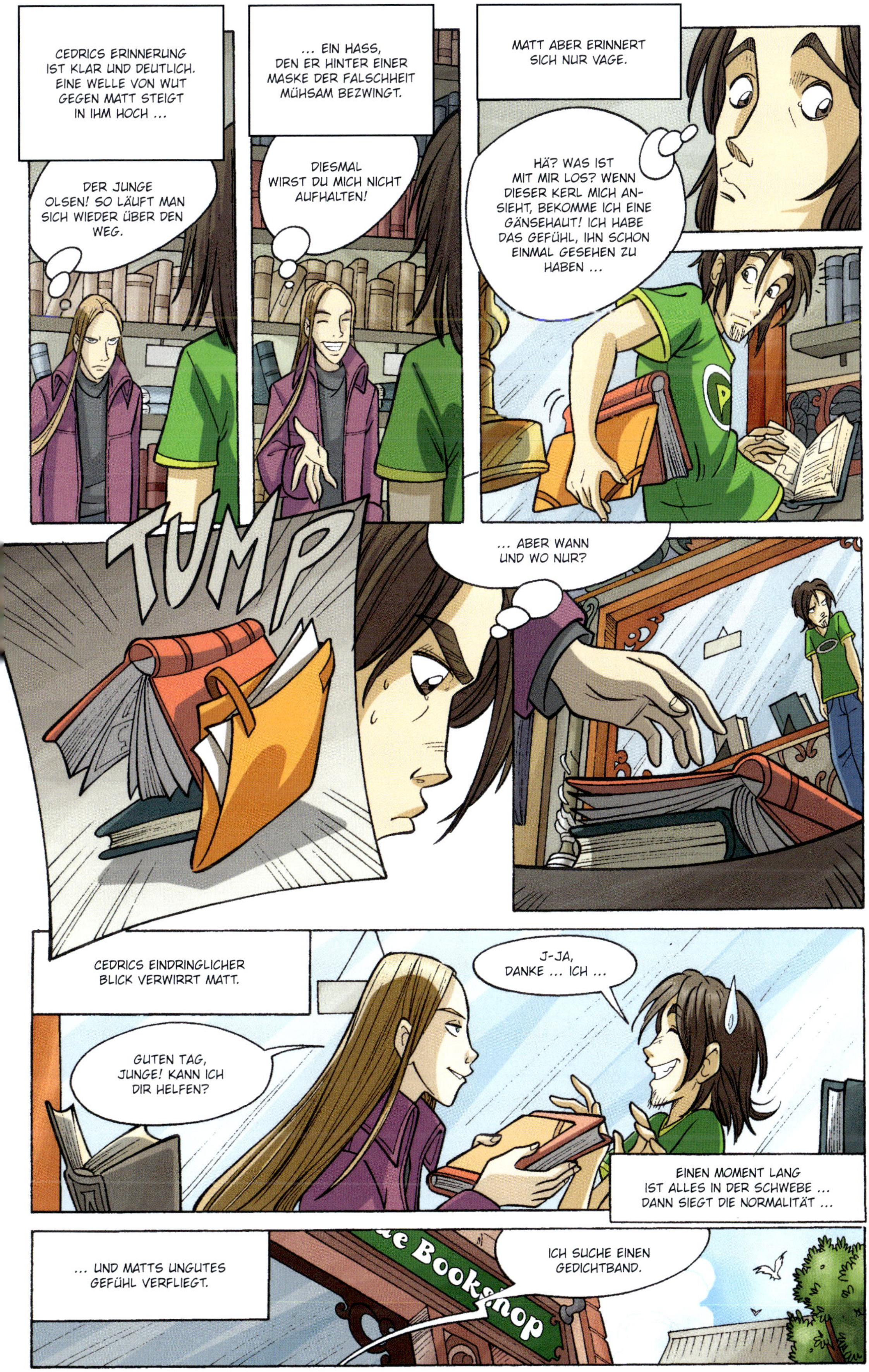

CEDRICS ERINNERUNG IST KLAR UND DEUTLICH. EINE WELLE VON WUT GEGEN MATT STEIGT IN IHM HOCH ...
DER JUNGE OLSEN! SO LÄUFT MAN SICH WIEDER ÜBER DEN WEG.
... EIN HASS, DEN ER HINTER EINER MASKE DER FALSCHHEIT MÜHSAM BEZWINGT.
DIESMAL WIRST DU MICH NICHT AUFHALTEN!
MATT ABER ERINNERT SICH NUR VAGE.
HÄ? WAS IST MIT MIR LOS? WENN DIESER KERL MICH ANSIEHT, BEKOMME ICH EINE GÄNSEHAUT! ICH HABE DAS GEFÜHL, IHN SCHON EINMAL GESEHEN ZU HABEN ...
TUMP
... ABER WANN UND WO NUR?
CEDRICS EINDRINGLICHER BLICK VERWIRRT MATT.
GUTEN TAG, JUNGE! KANN ICH DIR HELFEN?
J-JA, DANKE ... ICH ...
EINEN MOMENT LANG IST ALLES IN DER SCHWEBE ... DANN SIEGT DIE NORMALITÄT ...
... UND MATTS UNGUTES GEFÜHL VERFLIEGT.
Bookshop
ICH SUCHE EINEN GEDICHTBAND.

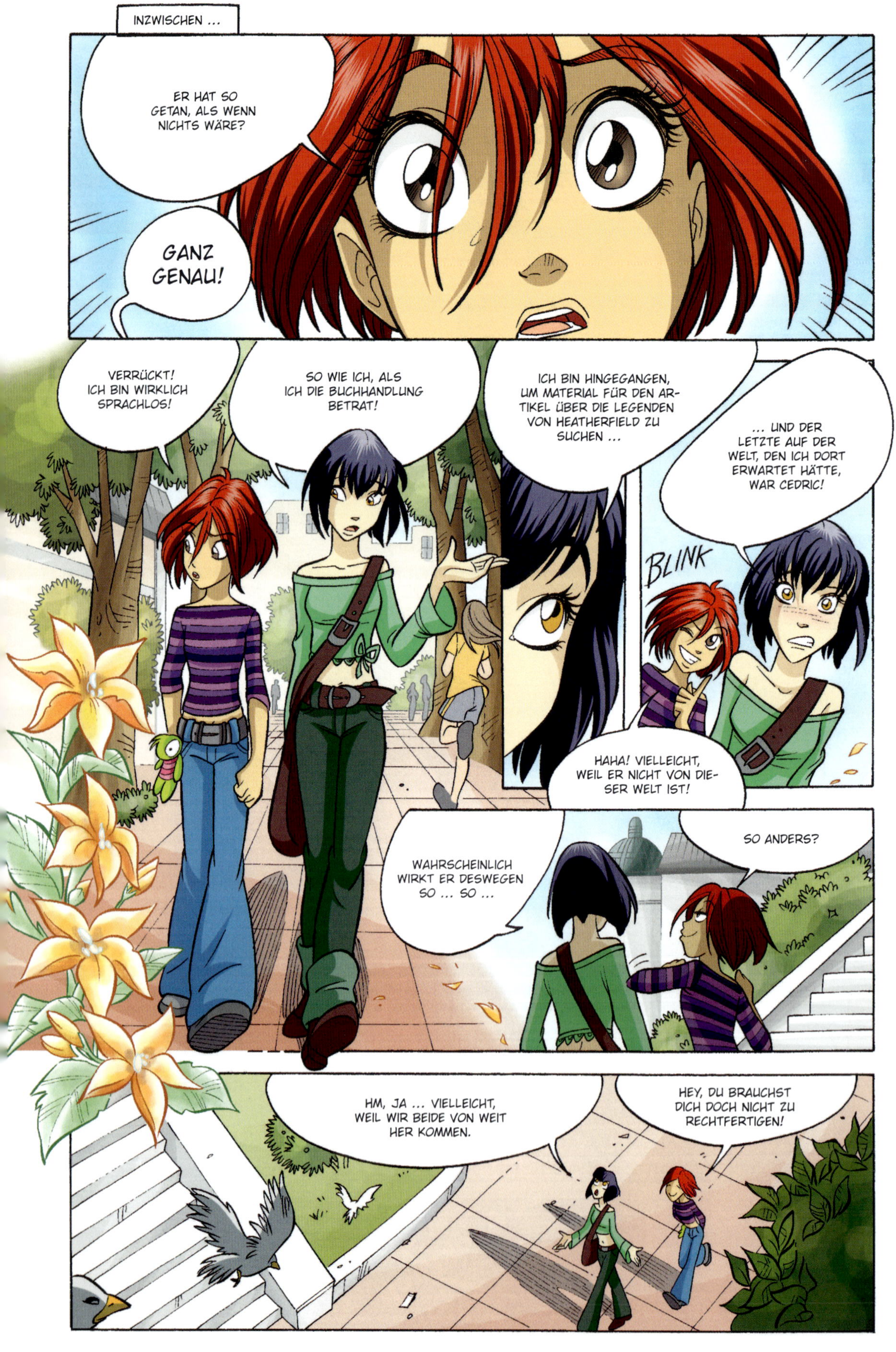
INZWISCHEN ...
ER HAT SO GETAN, ALS WENN NICHTS WÄRE?
GANZ GENAU!
VERRÜCKT! ICH BIN WIRKLICH SPRACHLOS!
SO WIE ICH, ALS ICH DIE BUCHHANDLUNG BETRAT!
ICH BIN HINGEGANGEN, UM MATERIAL FÜR DEN ARTIKEL ÜBER DIE LEGENDEN VON HEATHERFIELD ZU SUCHEN ...
... UND DER LETZTE AUF DER WELT, DEN ICH DORT ERWARTET HÄTTE, WAR CEDRIC!
BLINK
HAHA! VIELLEICHT, WEIL ER NICHT VON DIESER WELT IST!
WAHRSCHEINLICH WIRKT ER DESWEGEN SO ... SO ...
SO ANDERS?
HM, JA ... VIELLEICHT, WEIL WIR BEIDE VON WEIT HER KOMMEN.
HEY, DU BRAUCHST DICH DOCH NICHT ZU RECHTFERTIGEN!

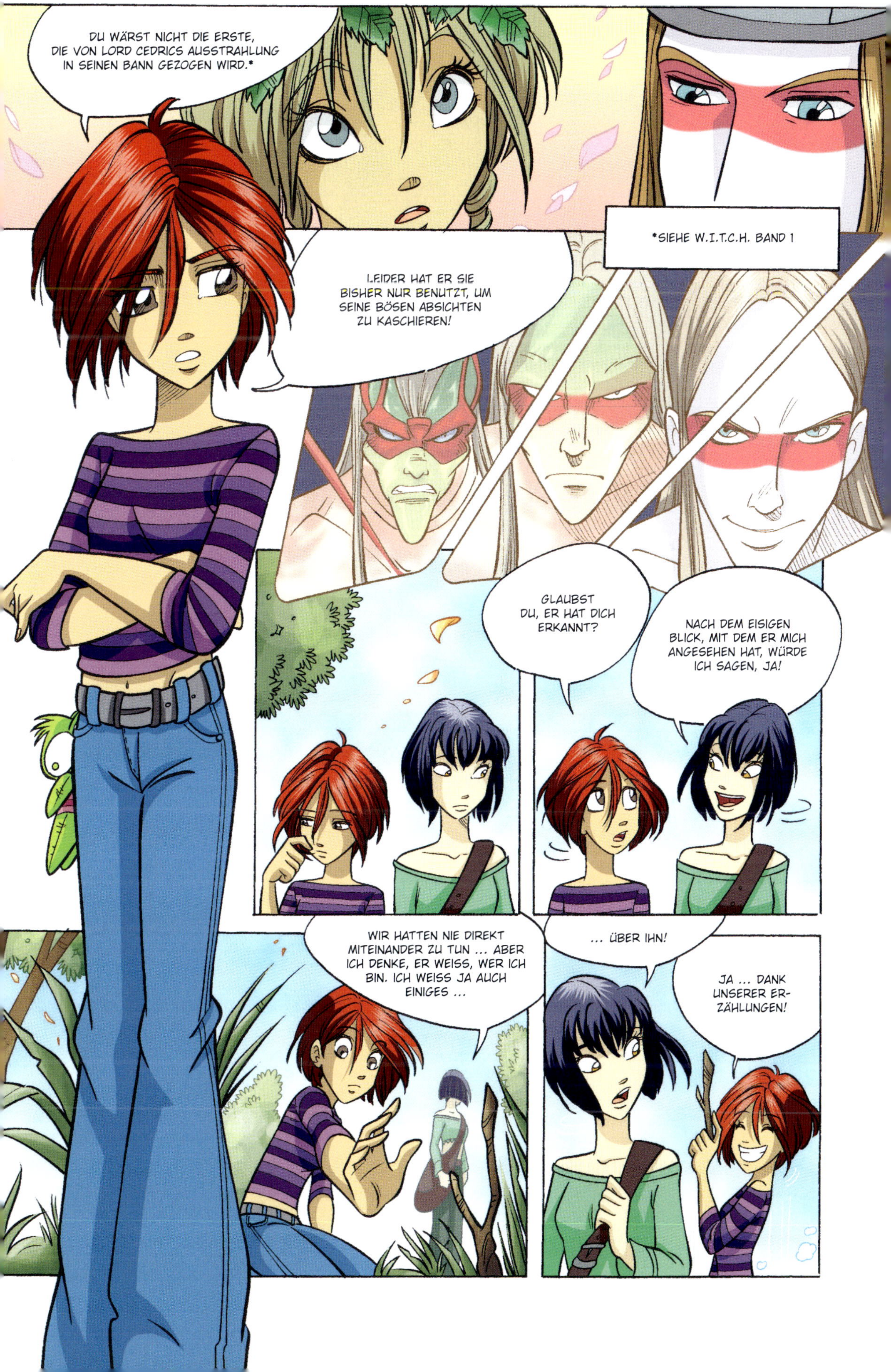
DU WÄRST NICHT DIE ERSTE, DIE VON LORD CEDRICS AUSSTRAHLUNG IN SEINEN BANN GEZOGEN WIRD.*
*SIEHE W.I.T.C.H. BAND 1
LEIDER HAT ER SIE BISHER NUR BENUTZT, UM SEINE BÖSEN ABSICHTEN ZU KASCHIEREN!
GLAUBST DU, ER HAT DICH ERKANNT?
NACH DEM EISIGEN BLICK, MIT DEM ER MICH ANGESEHEN HAT, WÜRDE ICH SAGEN, JA!
WIR HATTEN NIE DIREKT MITEINANDER ZU TUN ... ABER ICH DENKE, ER WEISS, WER ICH BIN. ICH WEISS JA AUCH EINIGES ...
... ÜBER IHN!
JA ... DANK UNSERER ERZÄHLUNGEN!

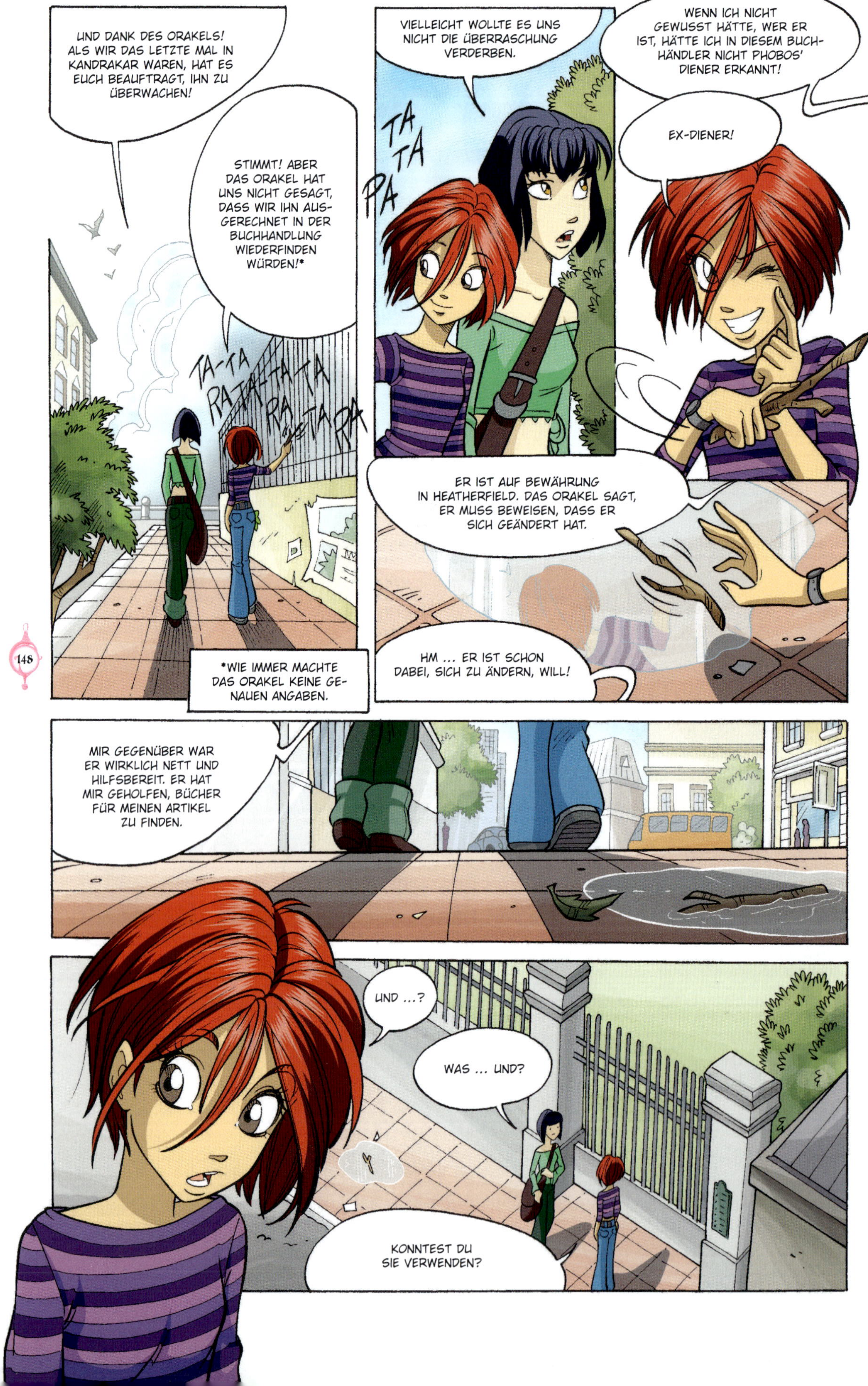
UND DANK DES ORAKELS! ALS WIR DAS LETZTE MAL IN KANDRAKAR WAREN, HAT ES EUCH BEAUFTRAGT, IHN ZU ÜBERWACHEN!
STIMMT! ABER DAS ORAKEL HAT UNS NICHT GESAGT, DASS WIR IHN AUSGERECHNET IN DER BUCHHANDLUNG WIEDERFINDEN WÜRDEN!*
TA-TA RA-TA-TA RA TA TA-TA RA
*WIE IMMER MACHTE DAS ORAKEL KEINE GENAUEN ANGABEN.
VIELLEICHT WOLLTE ES UNS NICHT DIE ÜBERRASCHUNG VERDERBEN.
TA TA TA PA
WENN ICH NICHT GEWUSST HÄTTE, WER ER IST, HÄTTE ICH IN DIESEM BUCHHÄNDLER NICHT PHOBOS' DIENER ERKANNT!
EX-DIENER!
ER IST AUF BEWÄHRUNG IN HEATHERFIELD. DAS ORAKEL SAGT, ER MUSS BEWEISEN, DASS ER SICH GEÄNDERT HAT.
HM ... ER IST SCHON DABEI, SICH ZU ÄNDERN, WILL!
MIR GEGENÜBER WAR ER WIRKLICH NETT UND HILFSBEREIT. ER HAT MIR GEHOLFEN, BÜCHER FÜR MEINEN ARTIKEL ZU FINDEN.
UND ...?
WAS ... UND?
KONNTEST DU SIE VERWENDEN?

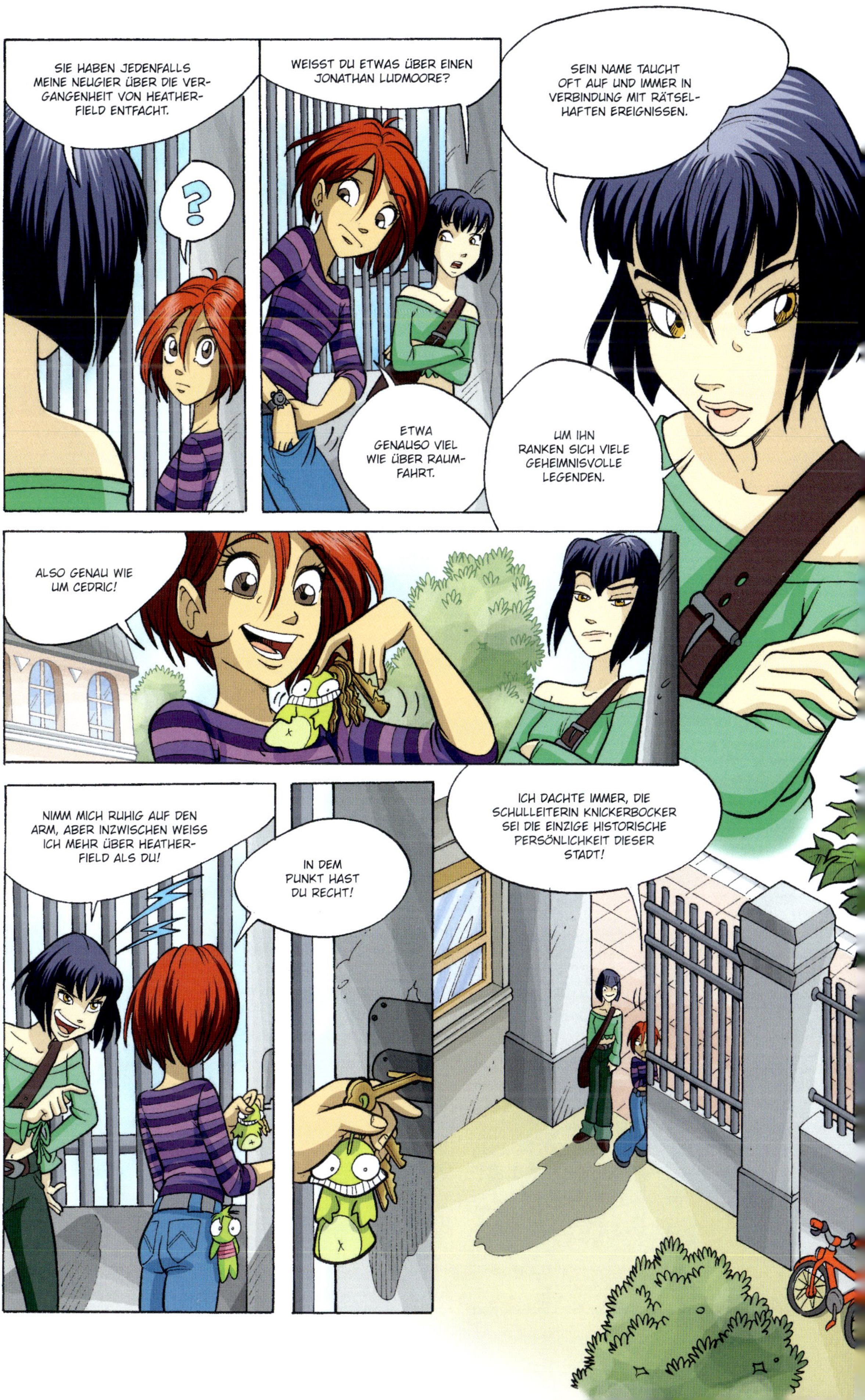
SIE HABEN JEDENFALLS MEINE NEUGIER ÜBER DIE VERGANGENHEIT VON HEATHERFIELD ENTFACHT.
?
WEISST DU ETWAS ÜBER EINEN JONATHAN LUDMOORE?
ETWA GENAUSO VIEL WIE ÜBER RAUMFAHRT.
SEIN NAME TAUCHT OFT AUF UND IMMER IN VERBINDUNG MIT RÄTSELHAFTEN EREIGNISSEN.
UM IHN RANKEN SICH VIELE GEHEIMNISVOLLE LEGENDEN.
ALSO GENAU WIE UM CEDRIC!
NIMM MICH RUHIG AUF DEN ARM, ABER INZWISCHEN WEISS ICH MEHR ÜBER HEATHERFIELD ALS DU!
IN DEM PUNKT HAST DU RECHT!
ICH DACHTE IMMER, DIE SCHULLEITERIN KNICKERBOCKER SEI DIE EINZIGE HISTORISCHE PERSÖNLICHKEIT DIESER STADT!

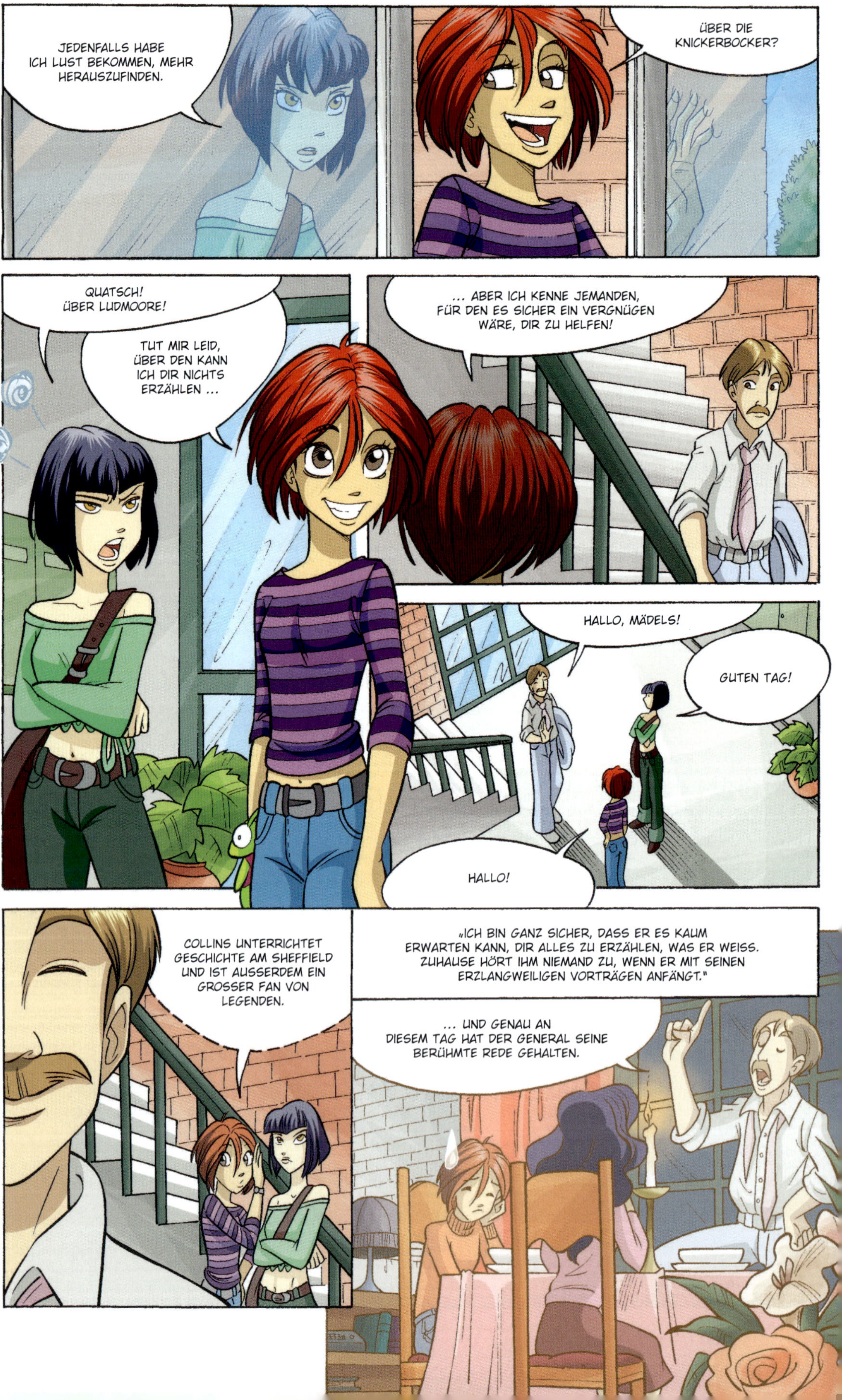
JEDENFALLS HABE ICH LUST BEKOMMEN, MEHR HERAUSZUFINDEN.
ÜBER DIE KNICKERBOCKER?
QUATSCH! ÜBER LUDMOORE!
TUT MIR LEID, ÜBER DEN KANN ICH DIR NICHTS ERZÄHLEN ...
... ABER ICH KENNE JEMANDEN, FÜR DEN ES SICHER EIN VERGNÜGEN WÄRE, DIR ZU HELFEN!
HALLO, MÄDELS!
GUTEN TAG!
HALLO!
COLLINS UNTERRICHTET GESCHICHTE AM SHEFFIELD UND IST AUSSERDEM EIN GROSSER FAN VON LEGENDEN.
„ICH BIN GANZ SICHER, DASS ER ES KAUM ERWARTEN KANN, DIR ALLES ZU ERZÄHLEN, WAS ER WEISS. ZUHAUSE HÖRT IHM NIEMAND ZU, WENN ER MIT SEINEN ERZLANGWEILIGEN VORTRÄGEN ANFÄNGT."
... UND GENAU AN DIESEM TAG HAT DER GENERAL SEINE BERÜHMTE REDE GEHALTEN.

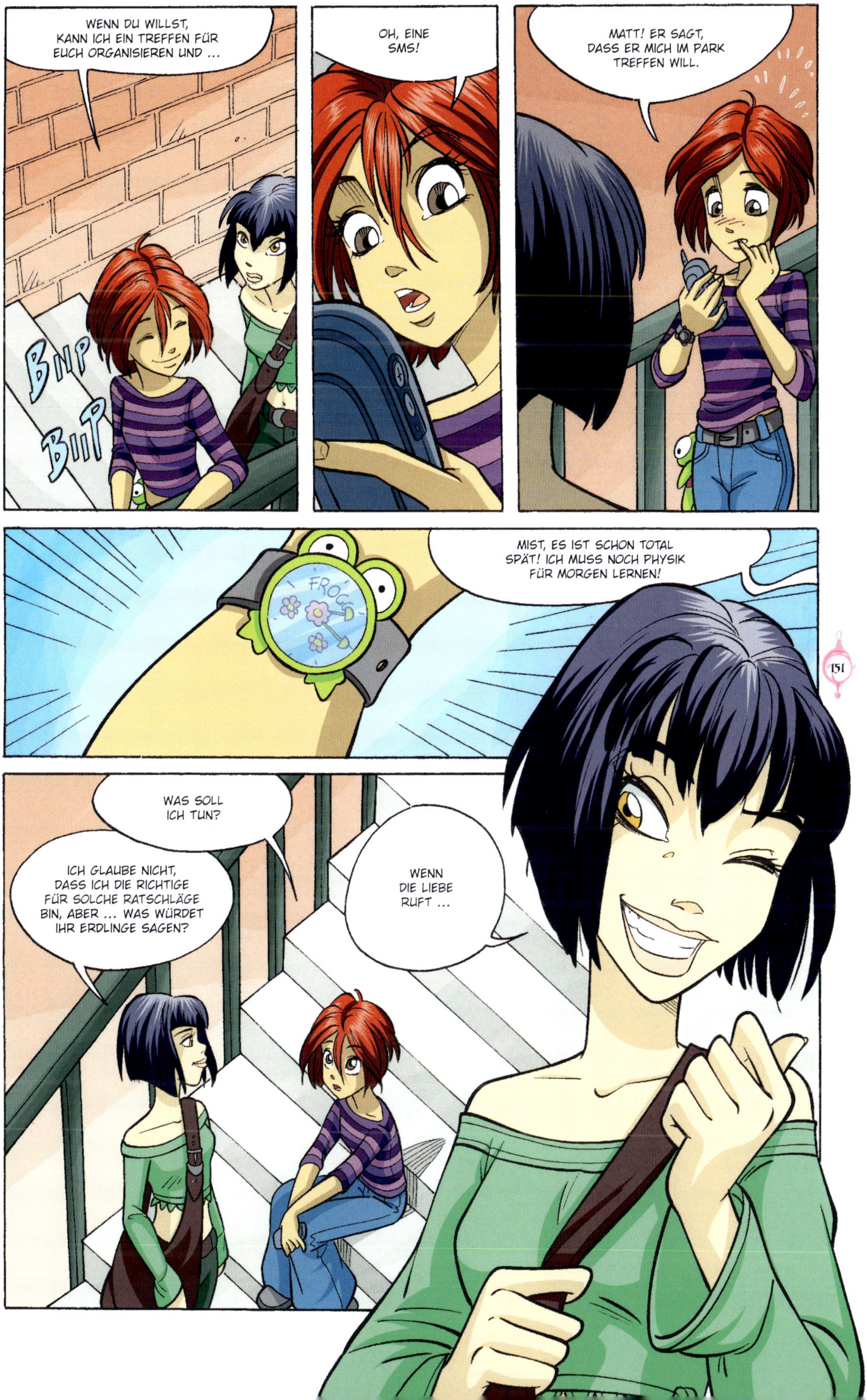
WENN DU WILLST, KANN ICH EIN TREFFEN FÜR EUCH ORGANISIEREN UND ...
BIIP BIIP
OH, EINE SMS!
MATT! ER SAGT, DASS ER MICH IM PARK TREFFEN WILL.
FROGG
MIST, ES IST SCHON TOTAL SPÄT! ICH MUSS NOCH PHYSIK FÜR MORGEN LERNEN!
WAS SOLL ICH TUN?
ICH GLAUBE NICHT, DASS ICH DIE RICHTIGE FÜR SOLCHE RATSCHLÄGE BIN, ABER ... WAS WÜRDET IHR ERDLINGE SAGEN?
WENN DIE LIEBE RUFT ...

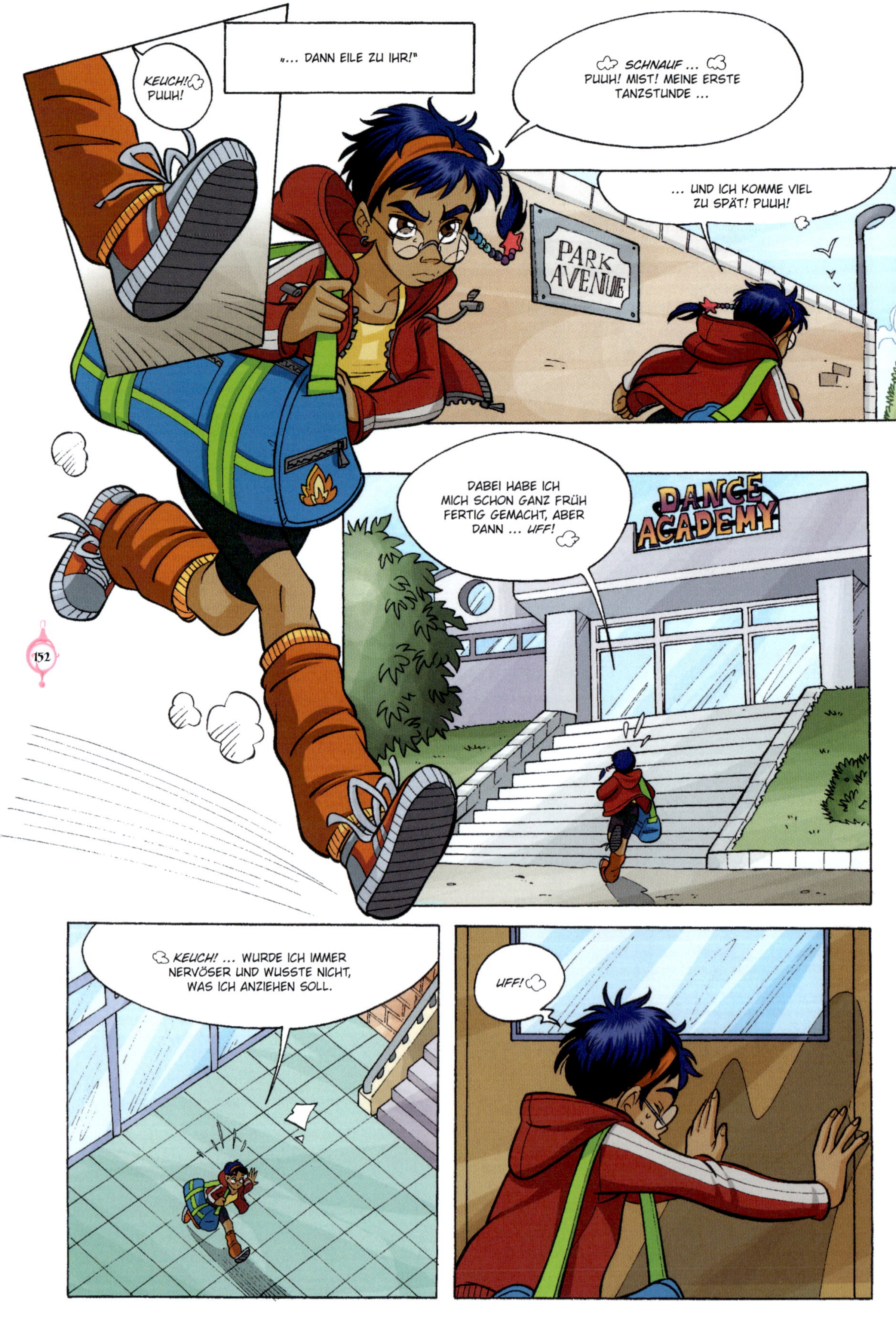
KEUCH! PUUH!
„... DANN EILE ZU IHR!"
SCHNAUF ... PUUH! MIST! MEINE ERSTE TANZSTUNDE ...
... UND ICH KOMME VIEL ZU SPÄT! PUUH!
PARK AVENUE
DANCE ACADEMY
DABEI HABE ICH MICH SCHON GANZ FRÜH FERTIG GEMACHT, ABER DANN ... UFF!
KEUCH! ... WURDE ICH IMMER NERVÖSER UND WUSSTE NICHT, WAS ICH ANZIEHEN SOLL.
UFF!

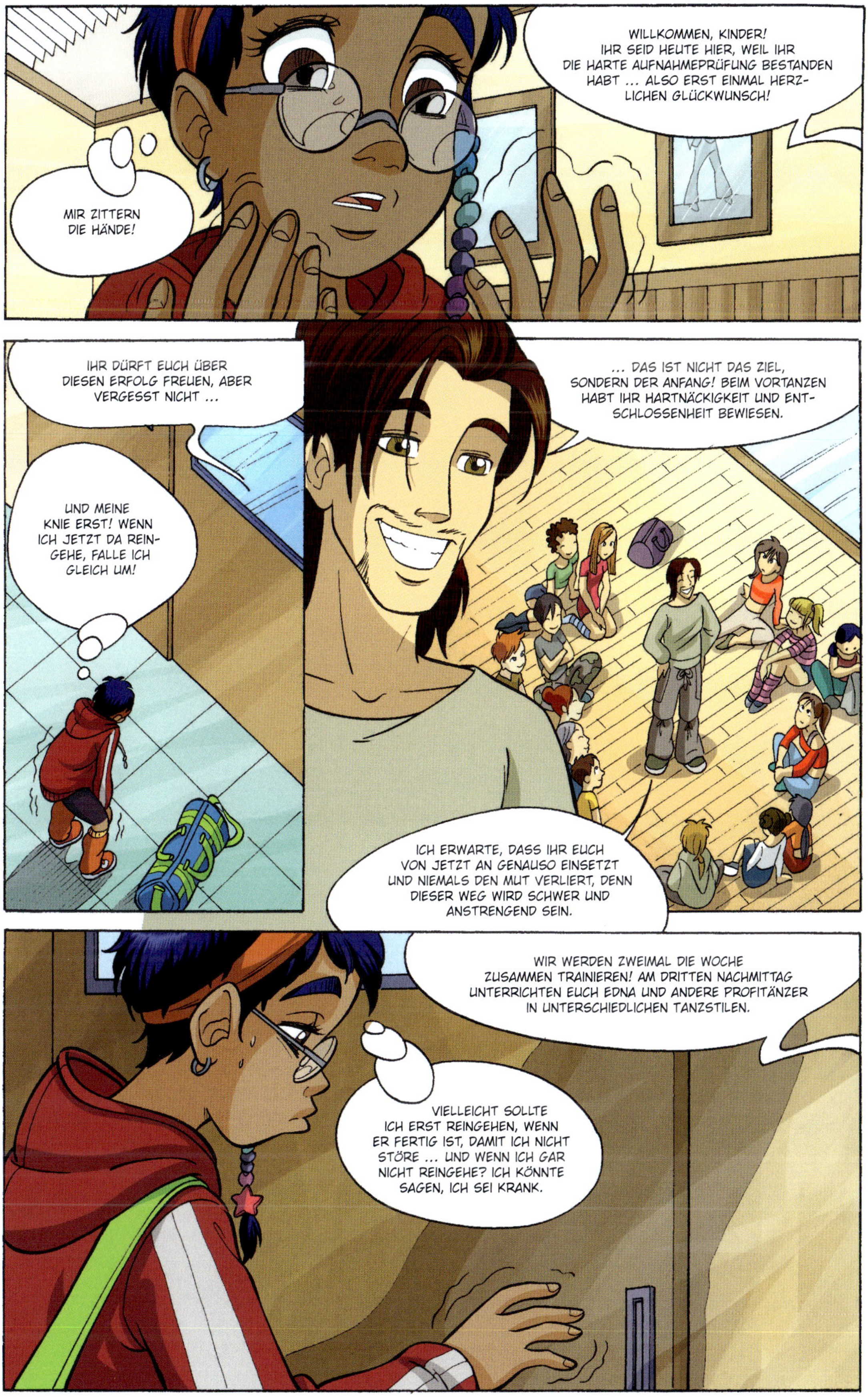

WILLKOMMEN, KINDER! IHR SEID HEUTE HIER, WEIL IHR DIE HARTE AUFNAHMEPRÜFUNG BESTANDEN HABT … ALSO ERST EINMAL HERZLICHEN GLÜCKWUNSCH!
MIR ZITTERN DIE HÄNDE!
IHR DÜRFT EUCH ÜBER DIESEN ERFOLG FREUEN, ABER VERGESST NICHT …
… DAS IST NICHT DAS ZIEL, SONDERN DER ANFANG! BEIM VORTANZEN HABT IHR HARTNÄCKIGKEIT UND ENTSCHLOSSENHEIT BEWIESEN.
UND MEINE KNIE ERST! WENN ICH JETZT DA REINGEHE, FALLE ICH GLEICH UM!
ICH ERWARTE, DASS IHR EUCH VON JETZT AN GENAUSO EINSETZT UND NIEMALS DEN MUT VERLIERT, DENN DIESER WEG WIRD SCHWER UND ANSTRENGEND SEIN.
WIR WERDEN ZWEIMAL DIE WOCHE ZUSAMMEN TRAINIEREN! AM DRITTEN NACHMITTAG UNTERRICHTEN EUCH EDNA UND ANDERE PROFITÄNZER IN UNTERSCHIEDLICHEN TANZSTILEN.
VIELLEICHT SOLLTE ICH ERST REINGEHEN, WENN ER FERTIG IST, DAMIT ICH NICHT STÖRE … UND WENN ICH GAR NICHT REINGEHE? ICH KÖNNTE SAGEN, ICH SEI KRANK.

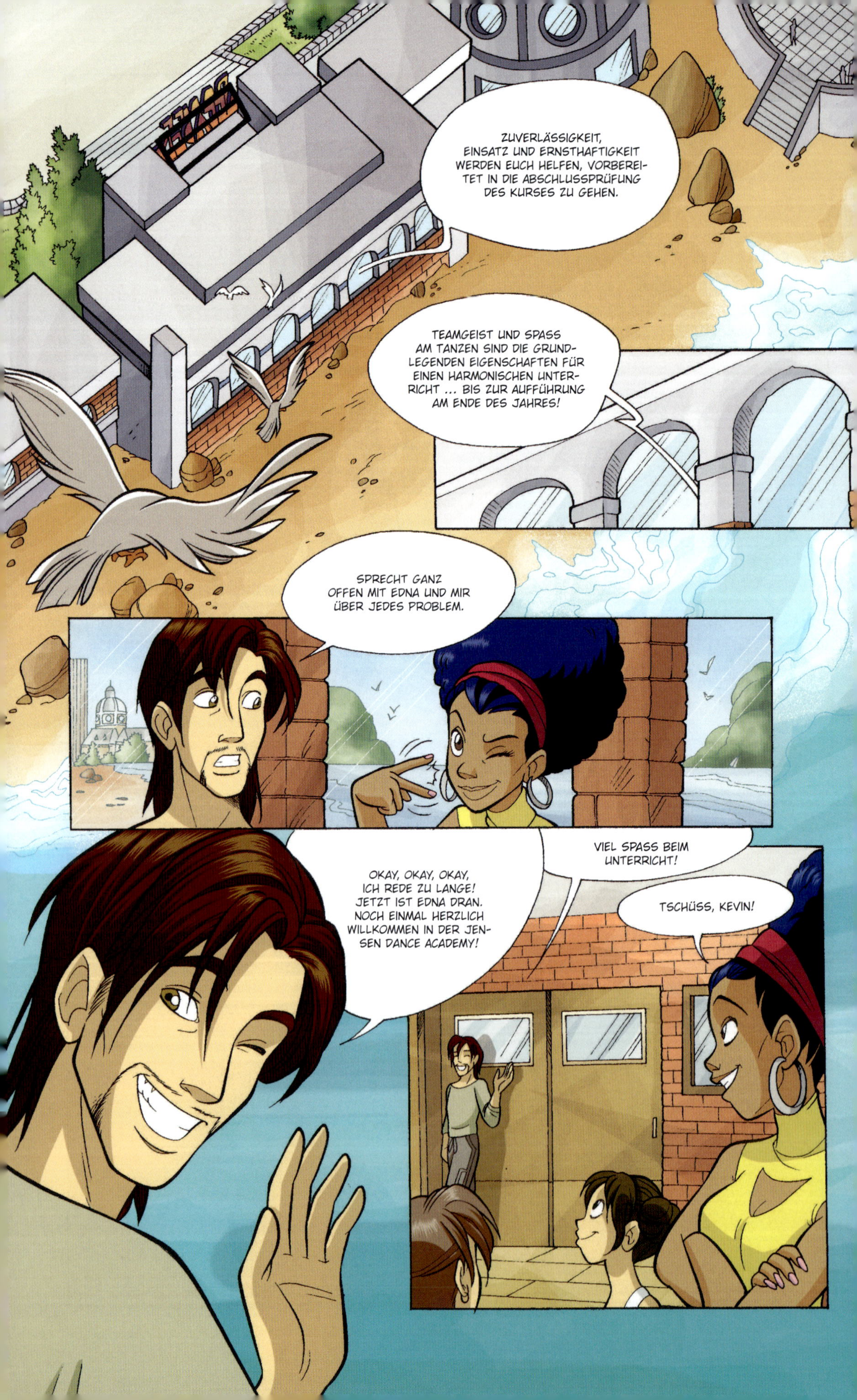
ZUVERLÄSSIGKEIT,
EINSATZ UND ERNSTHAFTIGKEIT
WERDEN EUCH HELFEN, VORBEREI-
TET IN DIE ABSCHLUSSPRÜFUNG
DES KURSES ZU GEHEN.
TEAMGEIST UND SPASS
AM TANZEN SIND DIE GRUND-
LEGENDEN EIGENSCHAFTEN FÜR
EINEN HARMONISCHEN UNTER-
RICHT ... BIS ZUR AUFFÜHRUNG
AM ENDE DES JAHRES!
SPRECHT GANZ
OFFEN MIT EDNA UND MIR
ÜBER JEDES PROBLEM.
OKAY, OKAY, OKAY,
ICH REDE ZU LANGE!
JETZT IST EDNA DRAN.
NOCH EINMAL HERZLICH
WILLKOMMEN IN DER JEN-
SEN DANCE ACADEMY!
VIEL SPASS BEIM
UNTERRICHT!
TSCHÜSS, KEVIN!

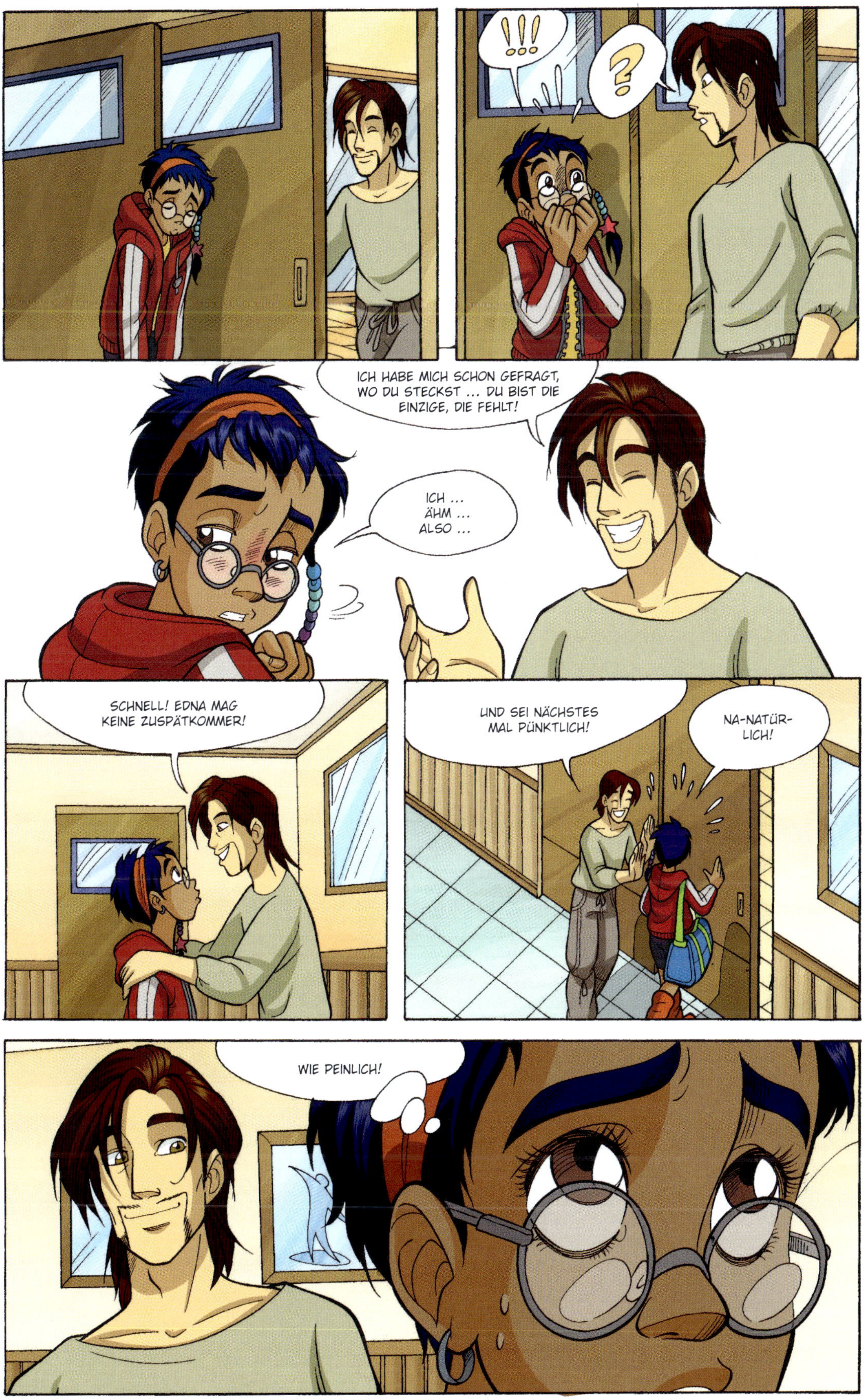
!!!
?
ICH HABE MICH SCHON GEFRAGT, WO DU STECKST ... DU BIST DIE EINZIGE, DIE FEHLT!
ICH ... ÄHM ... ALSO ...
SCHNELL! EDNA MAG KEINE ZUSPÄTKOMMER!
UND SEI NÄCHSTES MAL PÜNKTLICH!
NA-NATÜR-LICH!
WIE PEINLICH!

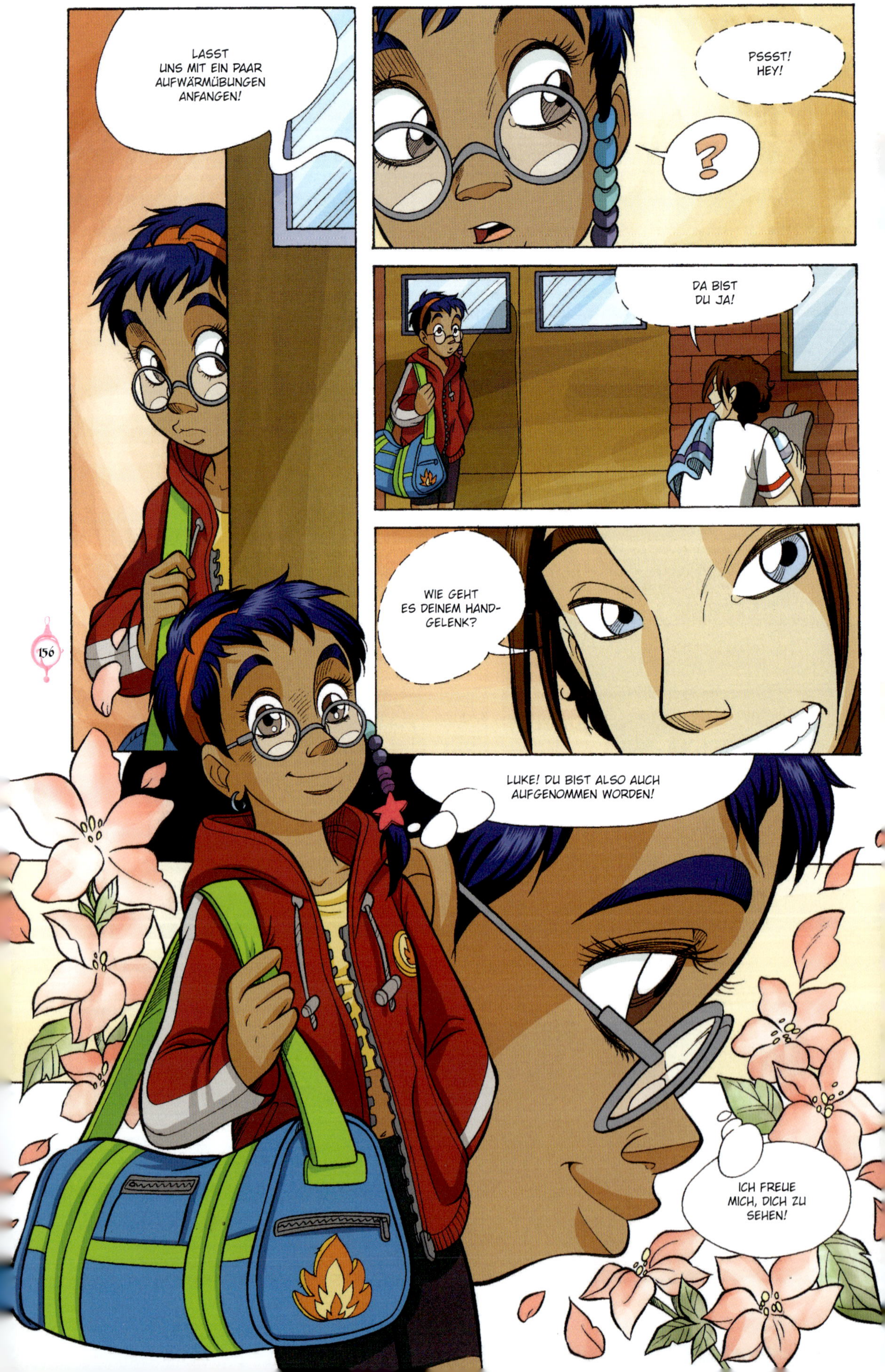
LASST UNS MIT EIN PAAR AUFWÄRMÜBUNGEN ANFANGEN!
PSSST! HEY!
?
DA BIST DU JA!
WIE GEHT ES DEINEM HAND-GELENK?
LUKE! DU BIST ALSO AUCH AUFGENOMMEN WORDEN!
ICH FREUE MICH, DICH ZU SEHEN!

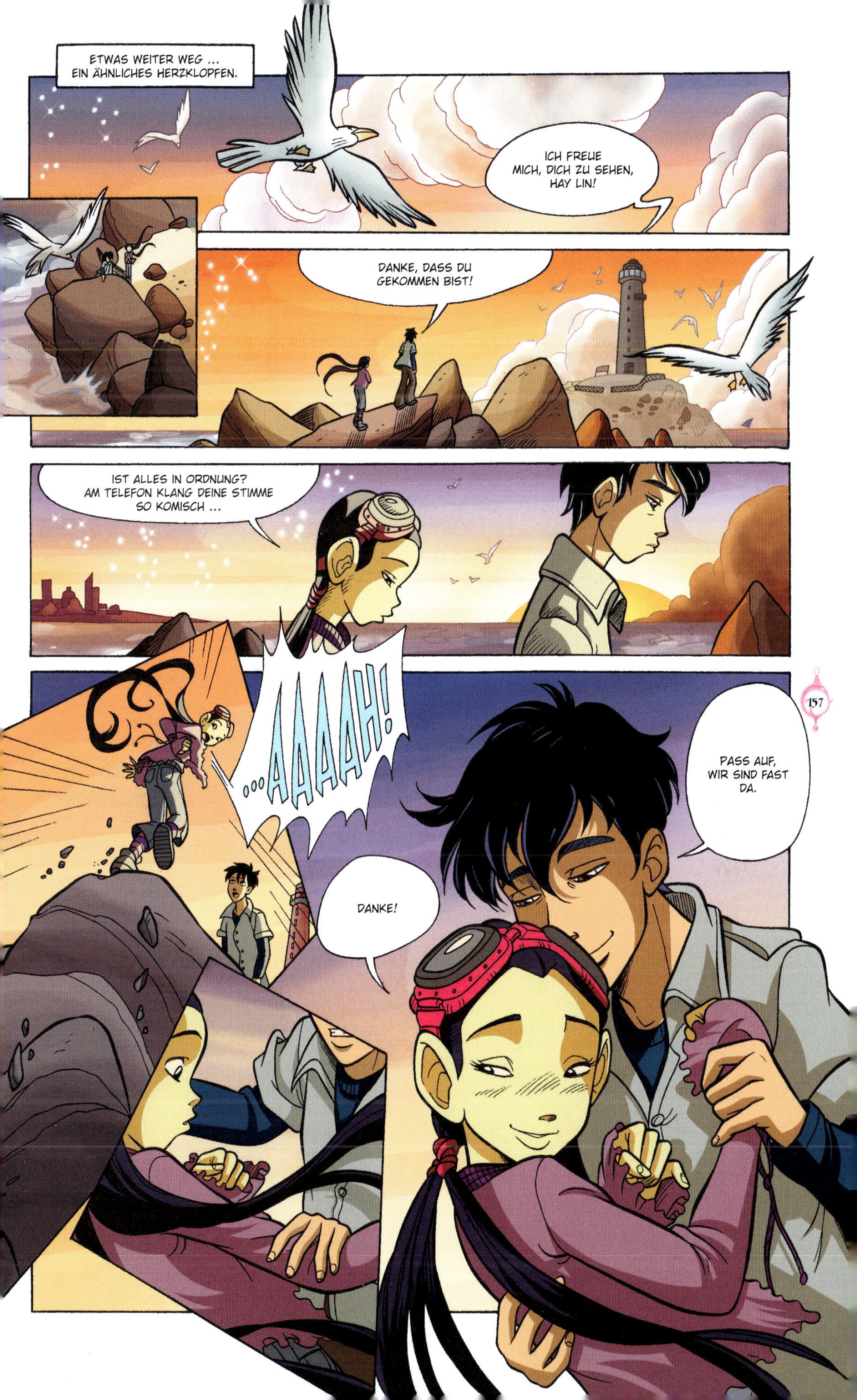

ETWAS WEITER WEG ...
EIN ÄHNLICHES HERZKLOPFEN.
ICH FREUE MICH, DICH ZU SEHEN, HAY LIN!
DANKE, DASS DU GEKOMMEN BIST!
IST ALLES IN ORDNUNG? AM TELEFON KLANG DEINE STIMME SO KOMISCH ...
...AAAAH!
PASS AUF, WIR SIND FAST DA.
DANKE!

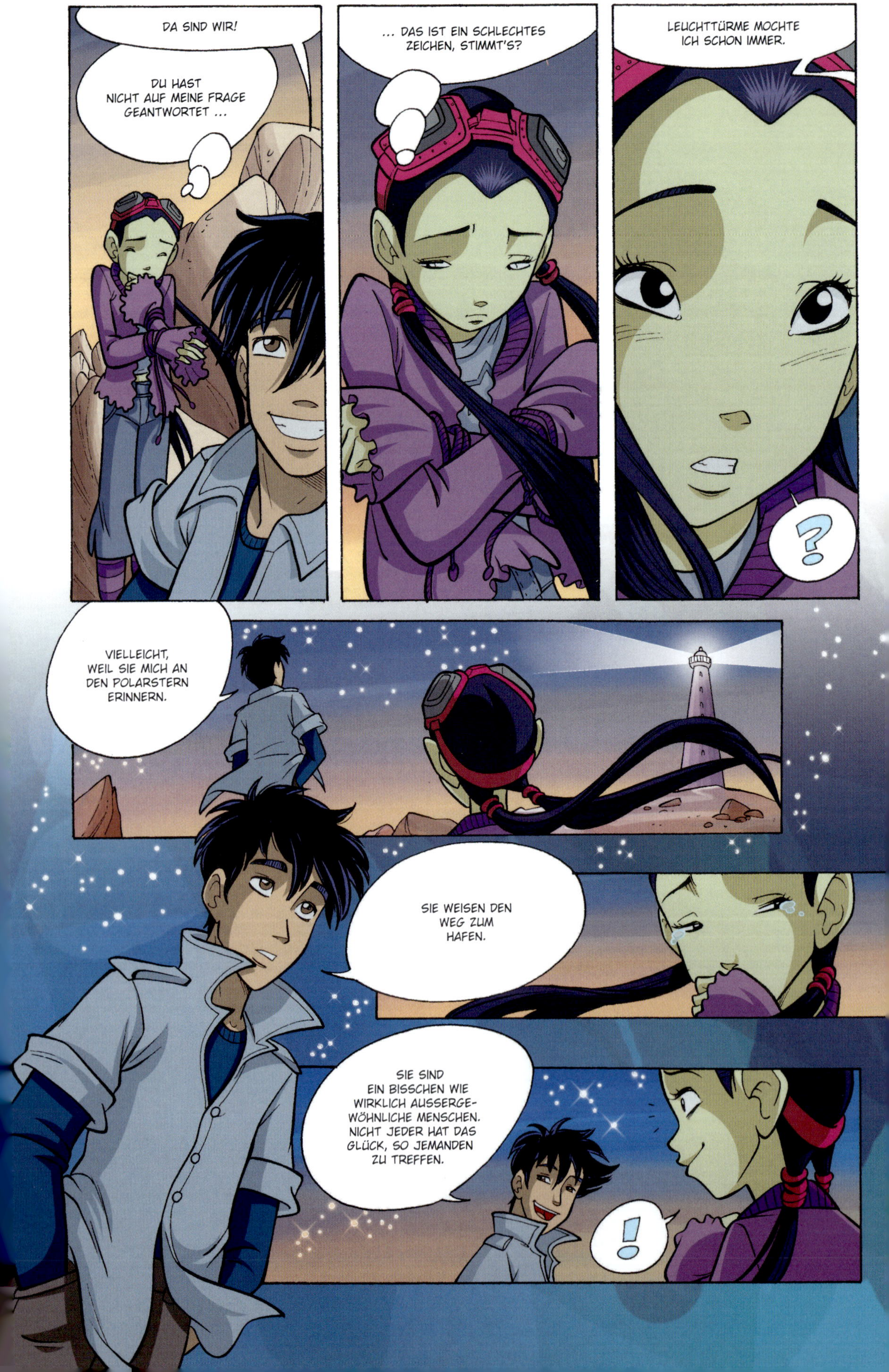
DA SIND WIR!
DU HAST NICHT AUF MEINE FRAGE GEANTWORTET ...
... DAS IST EIN SCHLECHTES ZEICHEN, STIMMT'S?
LEUCHTTÜRME MOCHTE ICH SCHON IMMER.
?
VIELLEICHT, WEIL SIE MICH AN DEN POLARSTERN ERINNERN.
SIE WEISEN DEN WEG ZUM HAFEN.
SIE SIND EIN BISSCHEN WIE WIRKLICH AUSSERGE-WÖHNLICHE MENSCHEN. NICHT JEDER HAT DAS GLÜCK, SO JEMANDEN ZU TREFFEN.
!

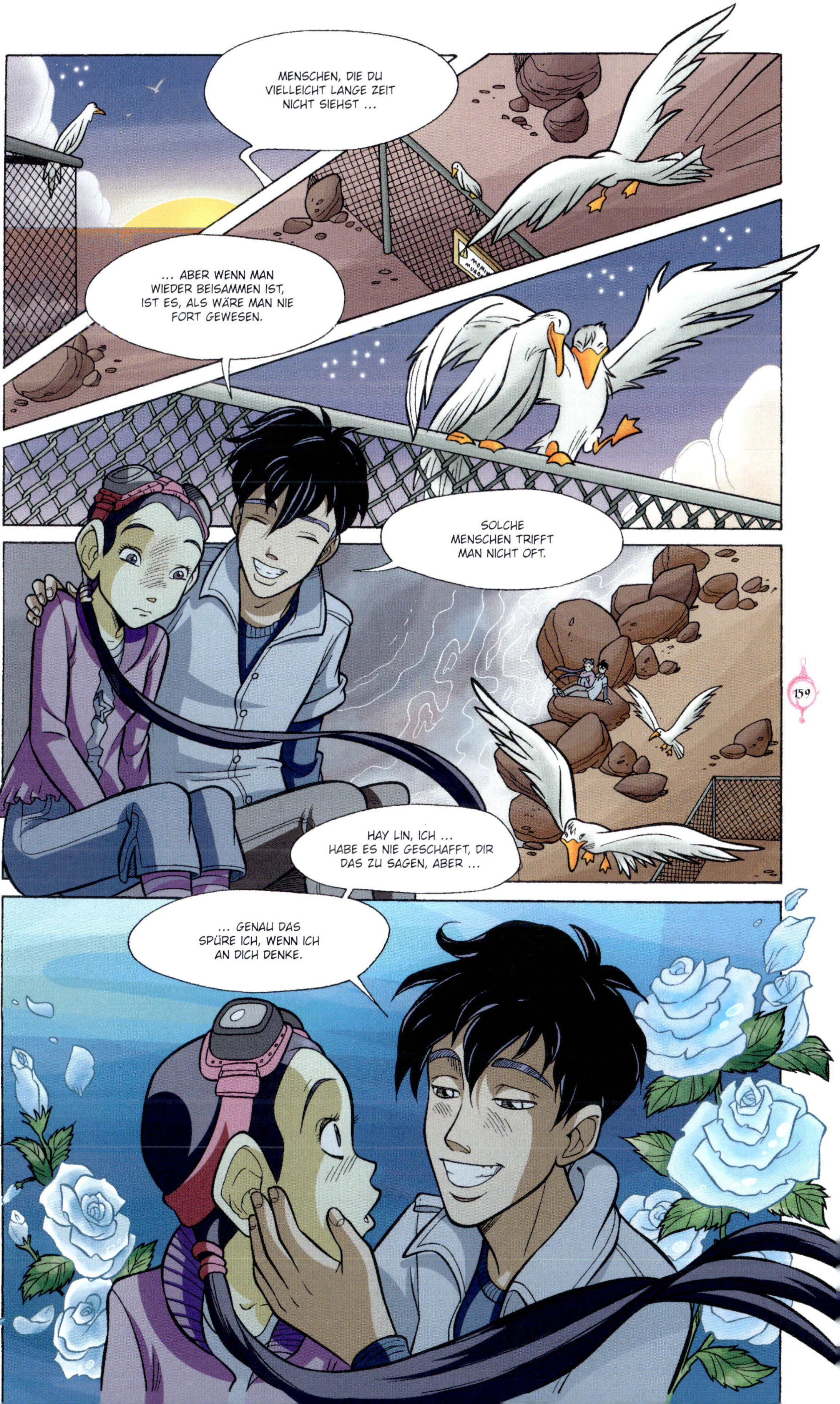
MENSCHEN, DIE DU VIELLEICHT LANGE ZEIT NICHT SIEHST …
… ABER WENN MAN WIEDER BEISAMMEN IST, IST ES, ALS WÄRE MAN NIE FORT GEWESEN.
SOLCHE MENSCHEN TRIFFT MAN NICHT OFT.
HAY LIN, ICH … HABE ES NIE GESCHAFFT, DIR DAS ZU SAGEN, ABER …
… GENAU DAS SPÜRE ICH, WENN ICH AN DICH DENKE.

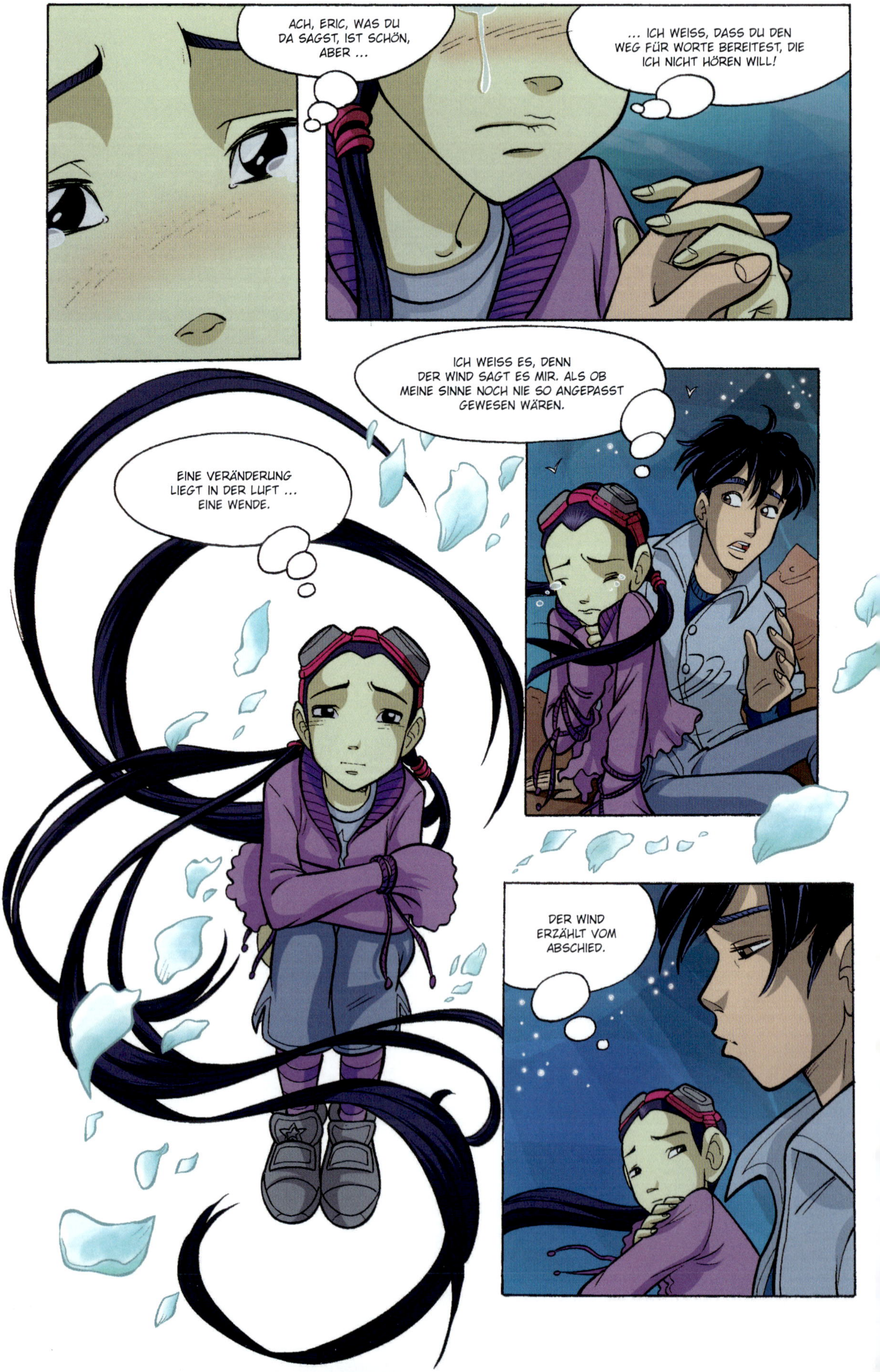
ACH, ERIC, WAS DU DA SAGST, IST SCHÖN, ABER ...
... ICH WEISS, DASS DU DEN WEG FÜR WORTE BEREITEST, DIE ICH NICHT HÖREN WILL!
ICH WEISS ES, DENN DER WIND SAGT ES MIR. ALS OB MEINE SINNE NOCH NIE SO ANGEPASST GEWESEN WÄREN.
EINE VERÄNDERUNG LIEGT IN DER LUFT ... EINE WENDE.
DER WIND ERZÄHLT VOM ABSCHIED.

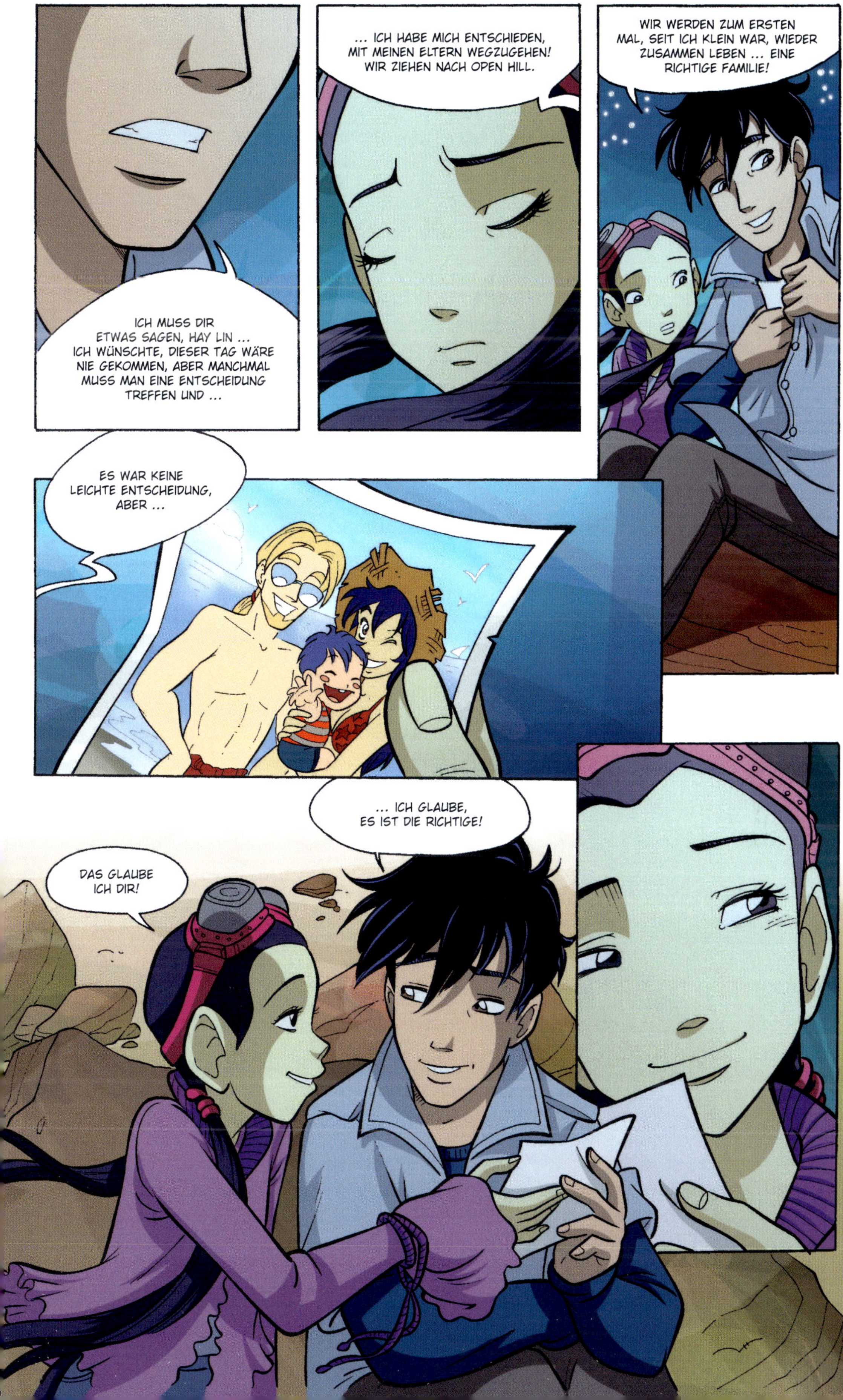
ICH MUSS DIR ETWAS SAGEN, HAY LIN ... ICH WÜNSCHTE, DIESER TAG WÄRE NIE GEKOMMEN, ABER MANCHMAL MUSS MAN EINE ENTSCHEIDUNG TREFFEN UND ...
... ICH HABE MICH ENTSCHIEDEN, MIT MEINEN ELTERN WEGZUGEHEN! WIR ZIEHEN NACH OPEN HILL.
WIR WERDEN ZUM ERSTEN MAL, SEIT ICH KLEIN WAR, WIEDER ZUSAMMEN LEBEN ... EINE RICHTIGE FAMILIE!
ES WAR KEINE LEICHTE ENTSCHEIDUNG, ABER ...
... ICH GLAUBE, ES IST DIE RICHTIGE!
DAS GLAUBE ICH DIR!

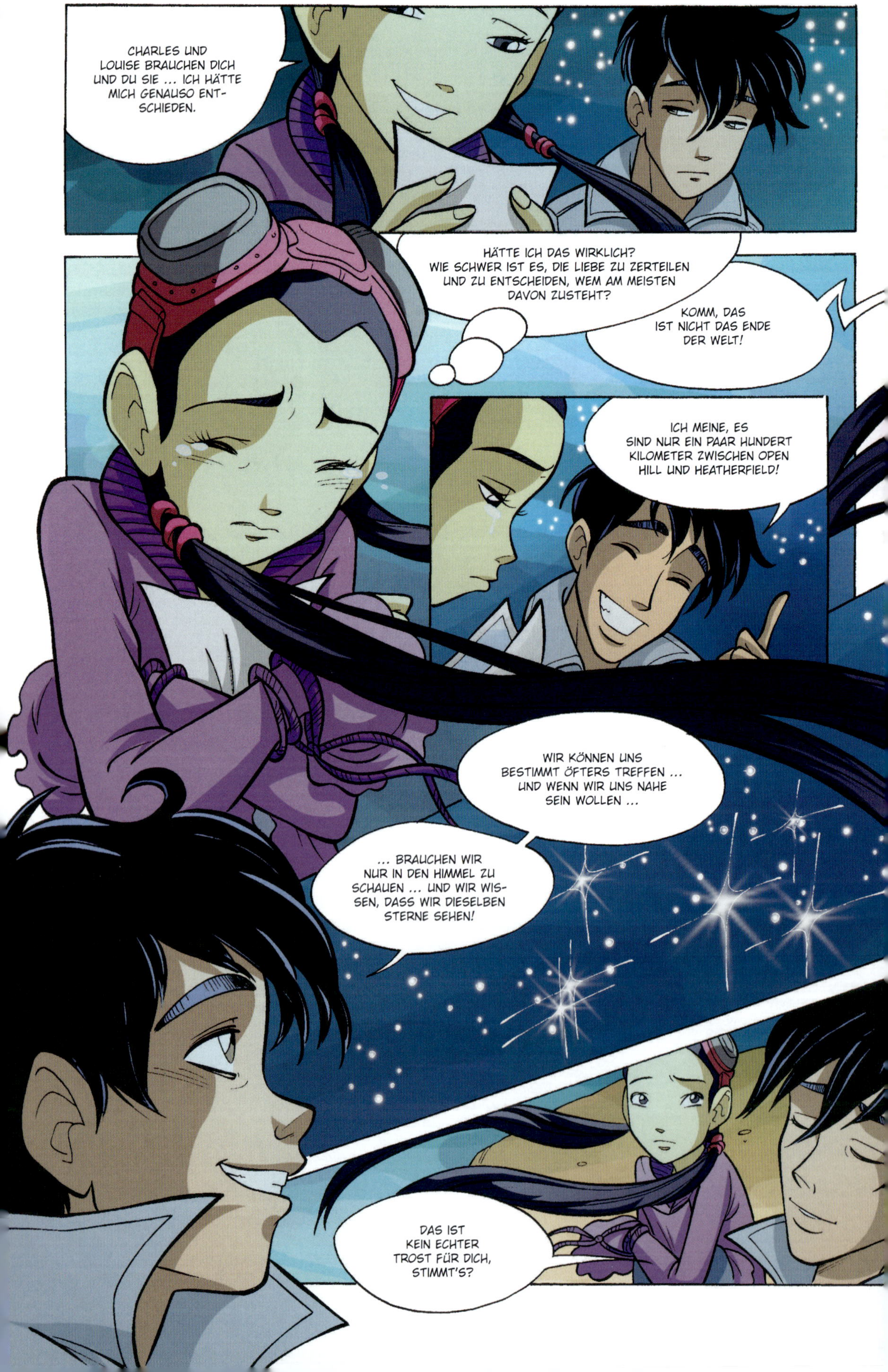
CHARLES UND LOUISE BRAUCHEN DICH UND DU SIE ... ICH HÄTTE MICH GENAUSO ENT-SCHIEDEN.
HÄTTE ICH DAS WIRKLICH? WIE SCHWER IST ES, DIE LIEBE ZU ZERTEILEN UND ZU ENTSCHEIDEN, WEM AM MEISTEN DAVON ZUSTEHT?
KOMM, DAS IST NICHT DAS ENDE DER WELT!
ICH MEINE, ES SIND NUR EIN PAAR HUNDERT KILOMETER ZWISCHEN OPEN HILL UND HEATHERFIELD!
WIR KÖNNEN UNS BESTIMMT ÖFTERS TREFFEN ... UND WENN WIR UNS NAHE SEIN WOLLEN ...
... BRAUCHEN WIR NUR IN DEN HIMMEL ZU SCHAUEN ... UND WIR WIS-SEN, DASS WIR DIESELBEN STERNE SEHEN!
DAS IST KEIN ECHTER TROST FÜR DICH, STIMMT'S?

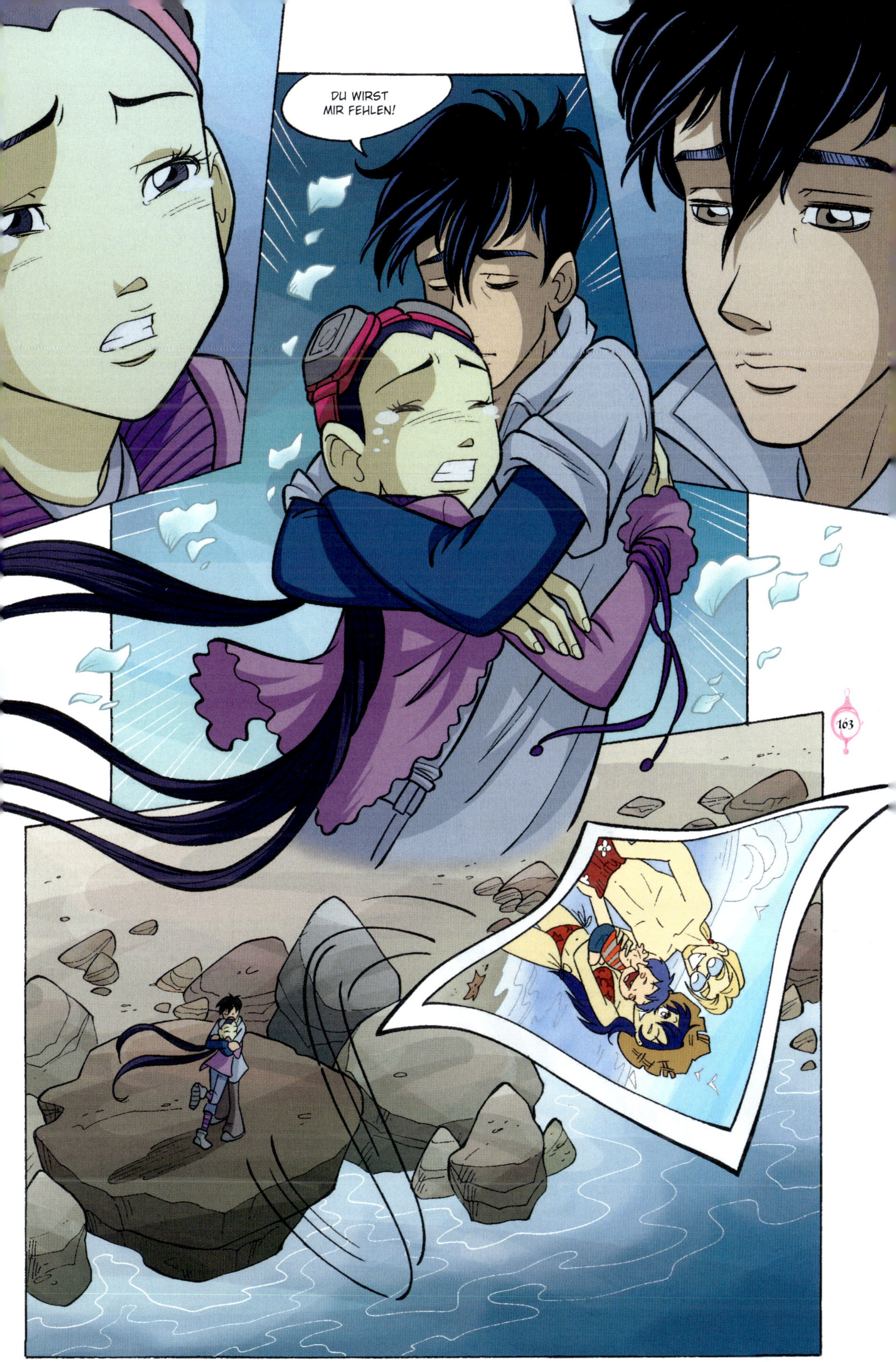
DU WIRST
MIR FEHLEN!

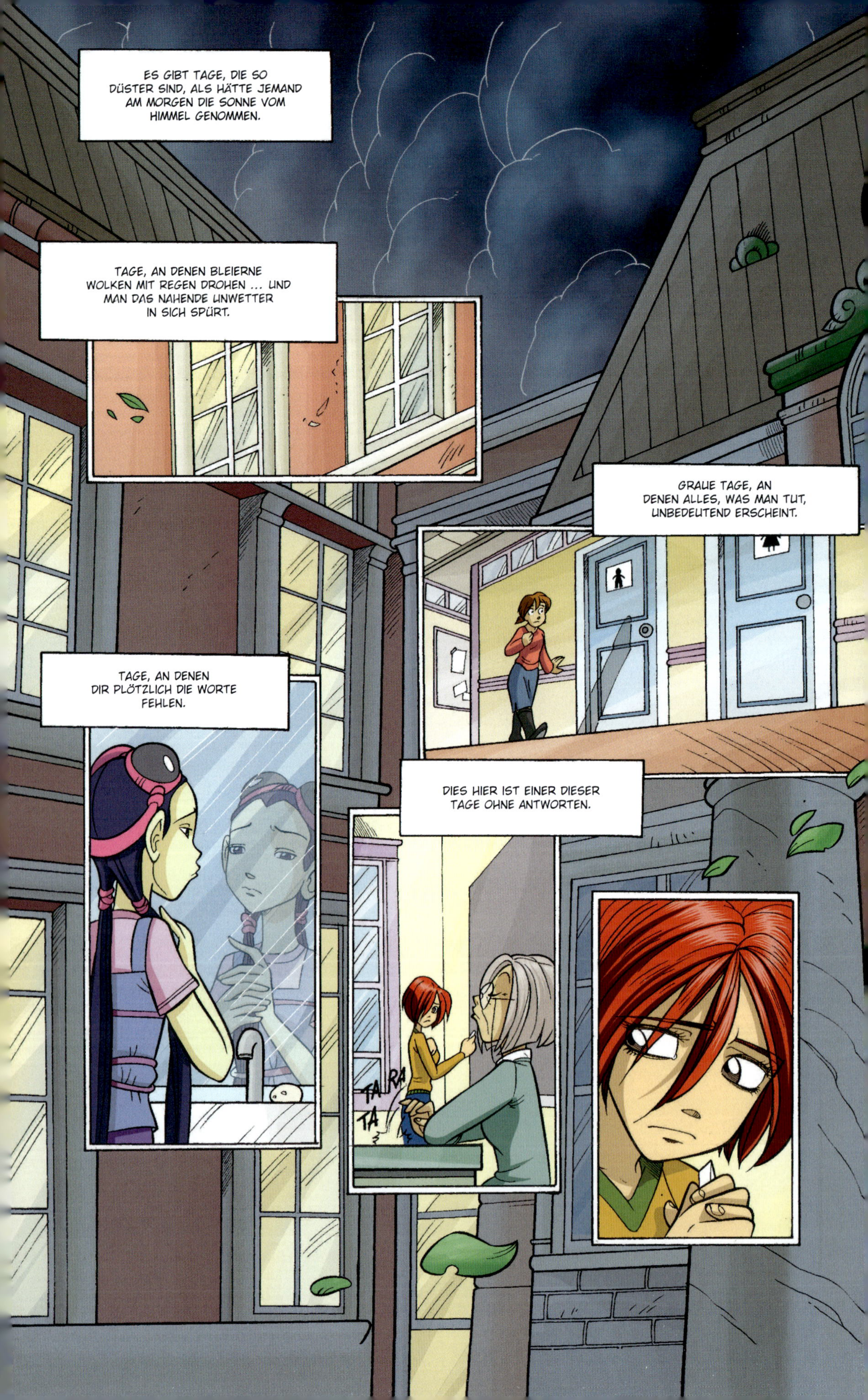
ES GIBT TAGE, DIE SO DÜSTER SIND, ALS HÄTTE JEMAND AM MORGEN DIE SONNE VOM HIMMEL GENOMMEN.
TAGE, AN DENEN BLEIERNE WOLKEN MIT REGEN DROHEN ... UND MAN DAS NAHENDE UNWETTER IN SICH SPÜRT.
GRAUE TAGE, AN DENEN ALLES, WAS MAN TUT, UNBEDEUTEND ERSCHEINT.
TAGE, AN DENEN DIR PLÖTZLICH DIE WORTE FEHLEN.
DIES HIER IST EINER DIESER TAGE OHNE ANTWORTEN.
TA RA TA TA

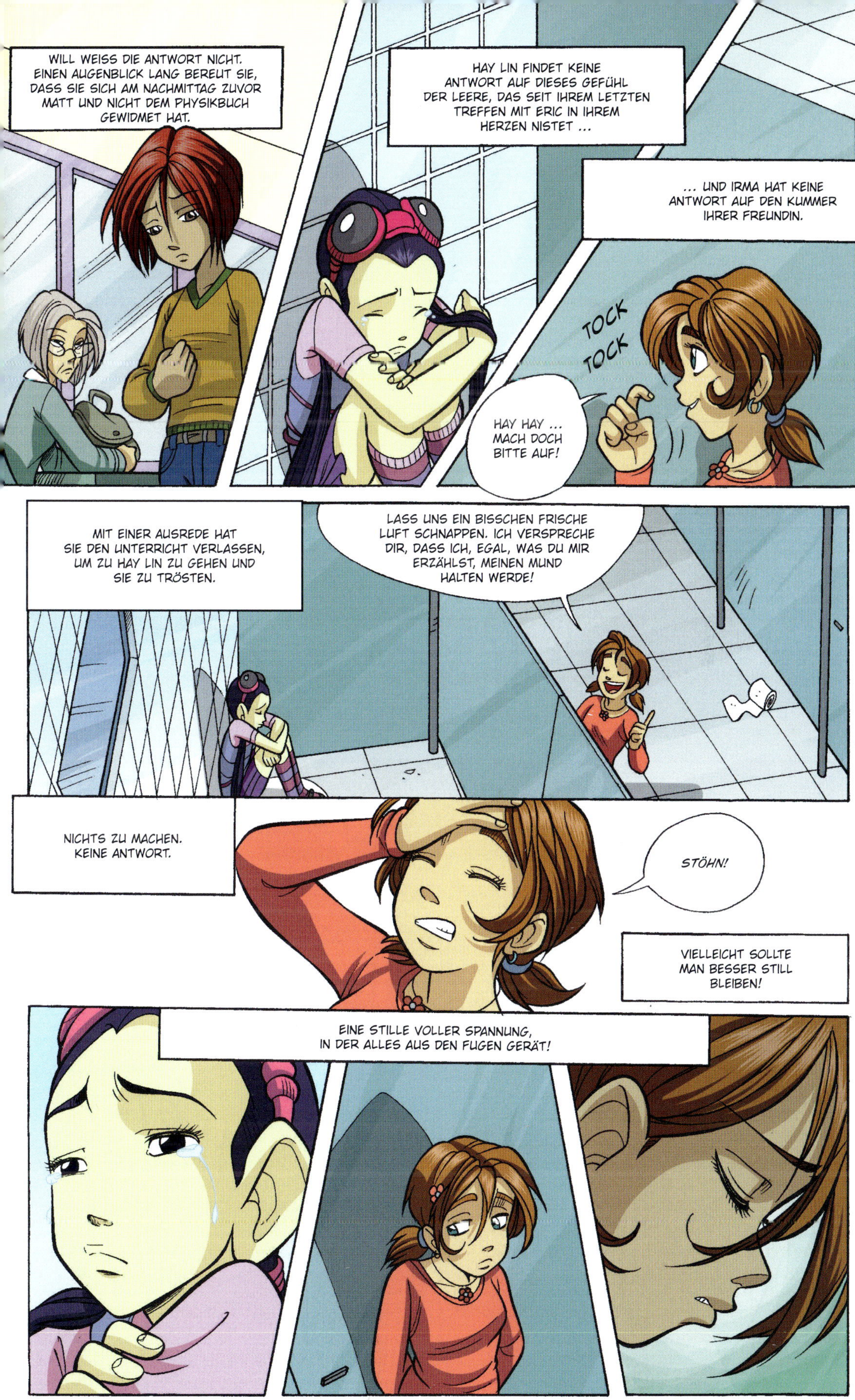
WILL WEISS DIE ANTWORT NICHT. EINEN AUGENBLICK LANG BEREUT SIE, DASS SIE SICH AM NACHMITTAG ZUVOR MATT UND NICHT DEM PHYSIKBUCH GEWIDMET HAT.
HAY LIN FINDET KEINE ANTWORT AUF DIESES GEFÜHL DER LEERE, DAS SEIT IHREM LETZTEN TREFFEN MIT ERIC IN IHREM HERZEN NISTET ...
... UND IRMA HAT KEINE ANTWORT AUF DEN KUMMER IHRER FREUNDIN.
TOCK TOCK
HAY HAY ... MACH DOCH BITTE AUF!
MIT EINER AUSREDE HAT SIE DEN UNTERRICHT VERLASSEN, UM ZU HAY LIN ZU GEHEN UND SIE ZU TRÖSTEN.
LASS UNS EIN BISSCHEN FRISCHE LUFT SCHNAPPEN. ICH VERSPRECHE DIR, DASS ICH, EGAL, WAS DU MIR ERZÄHLST, MEINEN MUND HALTEN WERDE!
NICHTS ZU MACHEN. KEINE ANTWORT.
STÖHN!
VIELLEICHT SOLLTE MAN BESSER STILL BLEIBEN!
EINE STILLE VOLLER SPANNUNG, IN DER ALLES AUS DEN FUGEN GERÄT!

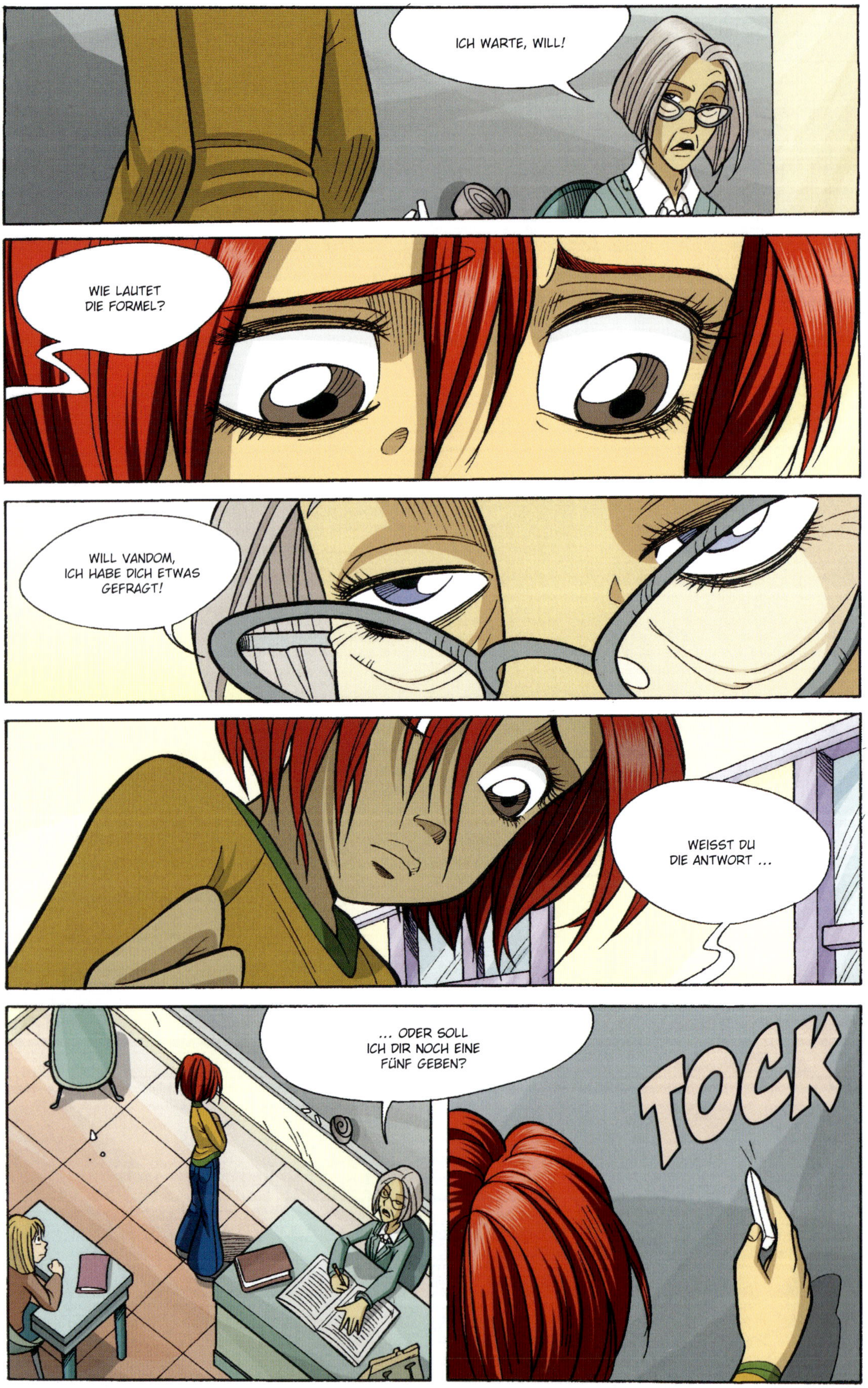
ICH WARTE, WILL!
WIE LAUTET DIE FORMEL?
WILL VANDOM, ICH HABE DICH ETWAS GEFRAGT!
WEISST DU DIE ANTWORT ...
... ODER SOLL ICH DIR NOCH EINE FÜNF GEBEN?
TOCK

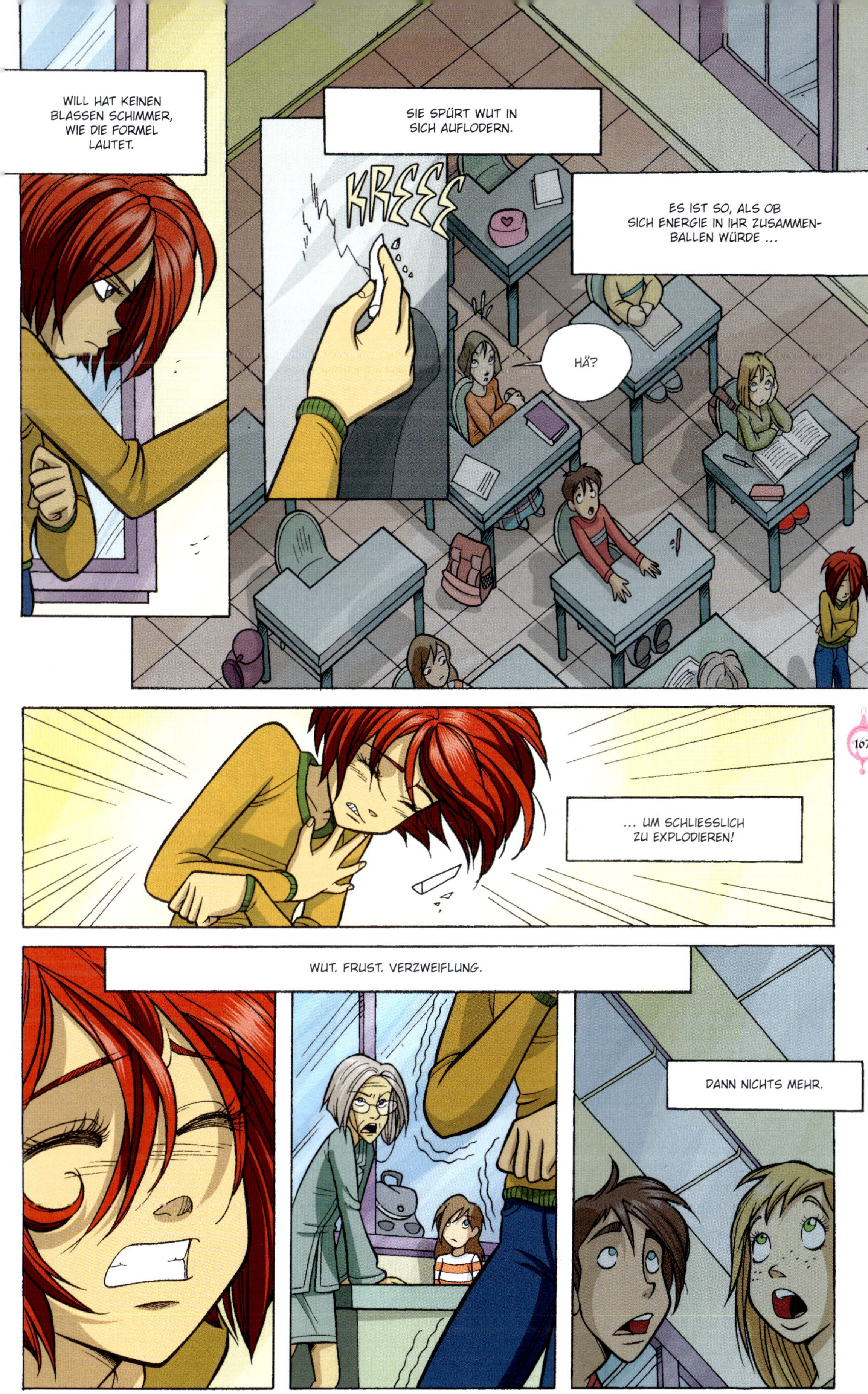
WILL HAT KEINEN BLASSEN SCHIMMER, WIE DIE FORMEL LAUTET.
SIE SPÜRT WUT IN SICH AUFLODERN.
KREEE
ES IST SO, ALS OB SICH ENERGIE IN IHR ZUSAMMENBALLEN WÜRDE ...
HÄ?
... UM SCHLIESSLICH ZU EXPLODIEREN!
WUT. FRUST. VERZWEIFLUNG.
DANN NICHTS MEHR.

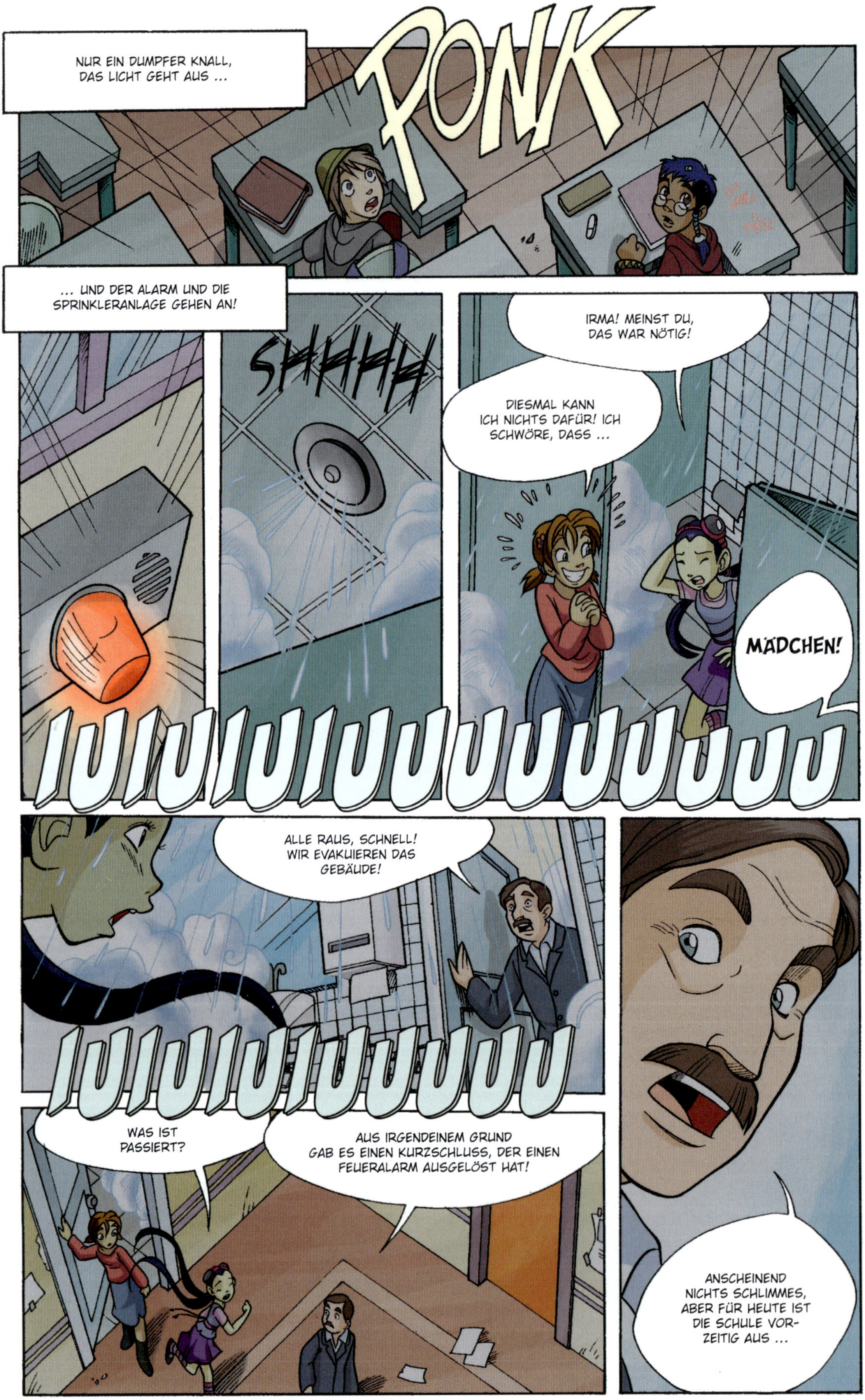

NUR EIN DUMPFER KNALL, DAS LICHT GEHT AUS ...
PONK
... UND DER ALARM UND DIE SPRINKLERANLAGE GEHEN AN!
SHHHH
IRMA! MEINST DU, DAS WAR NÖTIG!
DIESMAL KANN ICH NICHTS DAFÜR! ICH SCHWÖRE, DASS ...
MÄDCHEN!
IUIUIUIUUUUUUUUUU
ALLE RAUS, SCHNELL! WIR EVAKUIEREN DAS GEBÄUDE!
IUIUIUIUUUUUU
WAS IST PASSIERT?
AUS IRGENDEINEM GRUND GAB ES EINEN KURZSCHLUSS, DER EINEN FEUERALARM AUSGELÖST HAT!
ANSCHEINEND NICHTS SCHLIMMES, ABER FÜR HEUTE IST DIE SCHULE VORZEITIG AUS ...

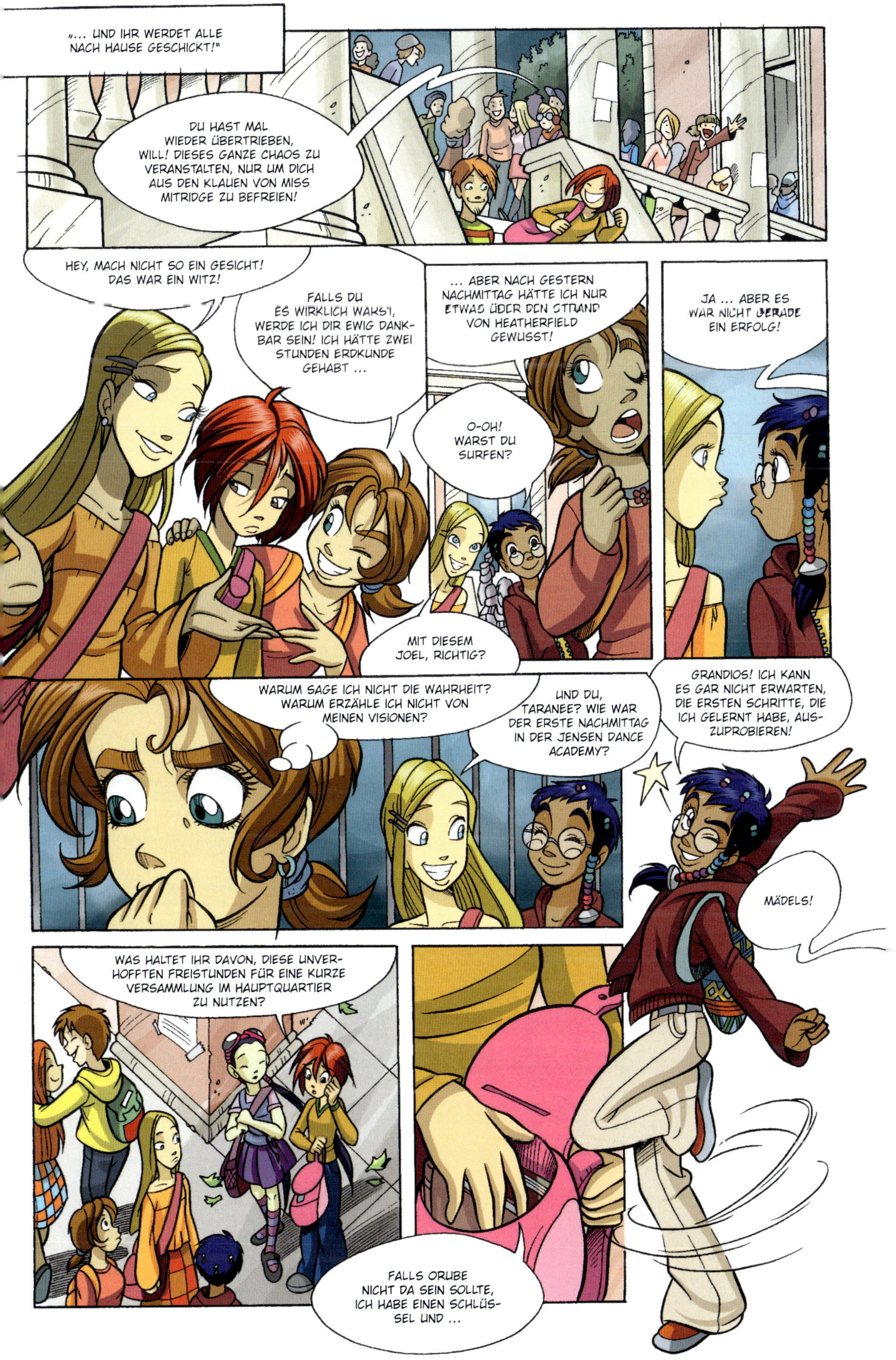
„… UND IHR WERDET ALLE NACH HAUSE GESCHICKT!"
DU HAST MAL WIEDER ÜBERTRIEBEN, WILL! DIESES GANZE CHAOS ZU VERANSTALTEN, NUR UM DICH AUS DEN KLAUEN VON MISS MITRIDGE ZU BEFREIEN!
HEY, MACH NICHT SO EIN GESICHT! DAS WAR EIN WITZ!
FALLS DU ES WIRKLICH WARST, WERDE ICH DIR EWIG DANKBAR SEIN! ICH HÄTTE ZWEI STUNDEN ERDKUNDE GEHABT …
… ABER NACH GESTERN NACHMITTAG HÄTTE ICH NUR ETWAS ÜBER DEN STRAND VON HEATHERFIELD GEWUSST!
O-OH! WARST DU SURFEN?
MIT DIESEM JOEL, RICHTIG?
JA … ABER ES WAR NICHT GERADE EIN ERFOLG!
WARUM SAGE ICH NICHT DIE WAHRHEIT? WARUM ERZÄHLE ICH NICHT VON MEINEN VISIONEN?
UND DU, TARANEE? WIE WAR DER ERSTE NACHMITTAG IN DER JENSEN DANCE ACADEMY?
GRANDIOS! ICH KANN ES GAR NICHT ERWARTEN, DIE ERSTEN SCHRITTE, DIE ICH GELERNT HABE, AUSZUPROBIEREN!
MÄDELS!
WAS HALTET IHR DAVON, DIESE UNVERHOFFTEN FREISTUNDEN FÜR EINE KURZE VERSAMMLUNG IM HAUPTQUARTIER ZU NUTZEN?
FALLS ORUBE NICHT DA SEIN SOLLTE, ICH HABE EINEN SCHLÜSSEL UND …

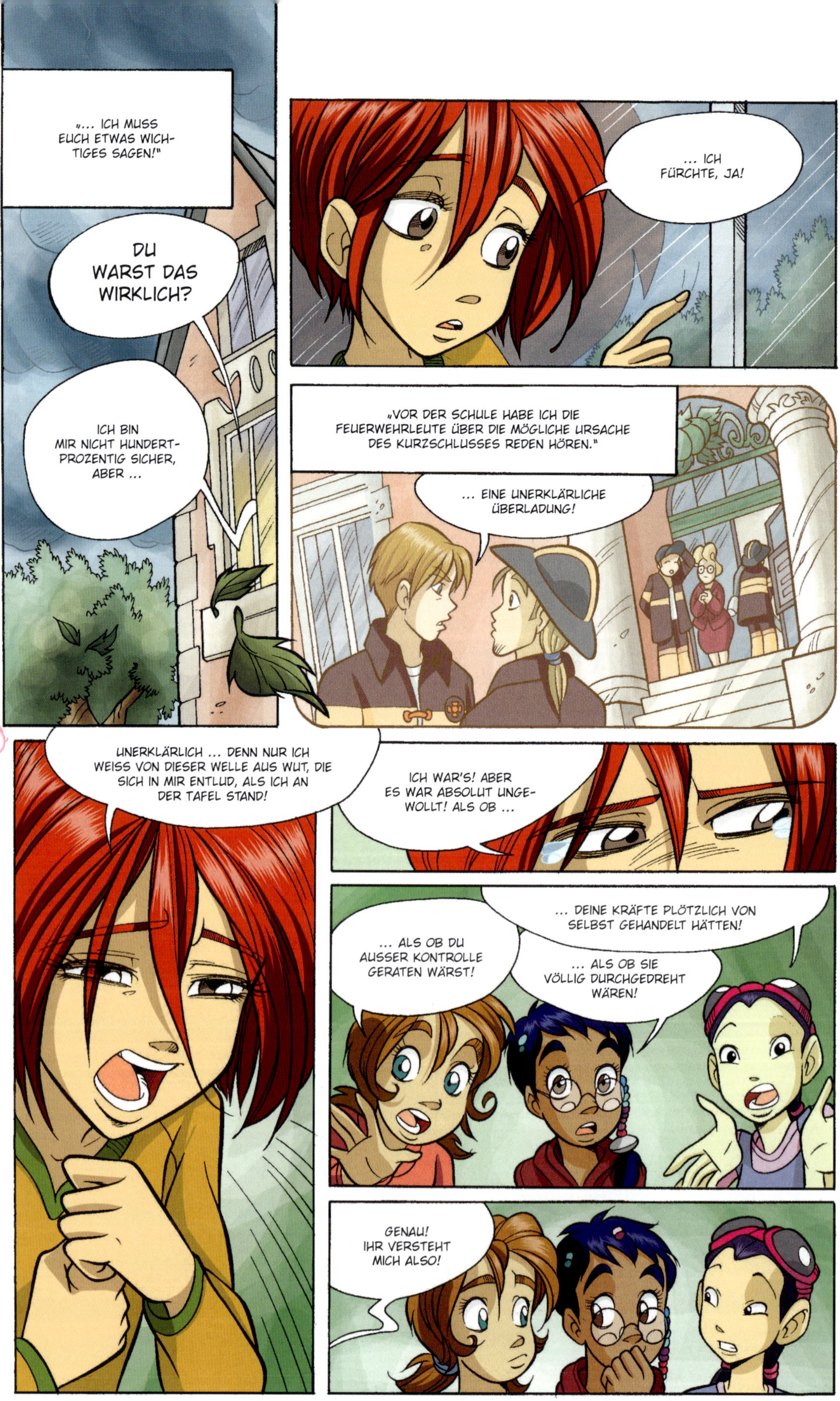
„… ICH MUSS EUCH ETWAS WICHTIGES SAGEN!"
DU WARST DAS WIRKLICH?
ICH BIN MIR NICHT HUNDERTPROZENTIG SICHER, ABER …
… ICH FÜRCHTE, JA!
„VOR DER SCHULE HABE ICH DIE FEUERWEHRLEUTE ÜBER DIE MÖGLICHE URSACHE DES KURZSCHLUSSES REDEN HÖREN."
… EINE UNERKLÄRLICHE ÜBERLADUNG!
UNERKLÄRLICH … DENN NUR ICH WEISS VON DIESER WELLE AUS WUT, DIE SICH IN MIR ENTLUD, ALS ICH AN DER TAFEL STAND!
ICH WAR'S! ABER ES WAR ABSOLUT UNGEWOLLT! ALS OB …
… ALS OB DU AUSSER KONTROLLE GERATEN WÄRST!
… DEINE KRÄFTE PLÖTZLICH VON SELBST GEHANDELT HÄTTEN!
… ALS OB SIE VÖLLIG DURCHGEDREHT WÄREN!
GENAU! IHR VERSTEHT MICH ALSO!

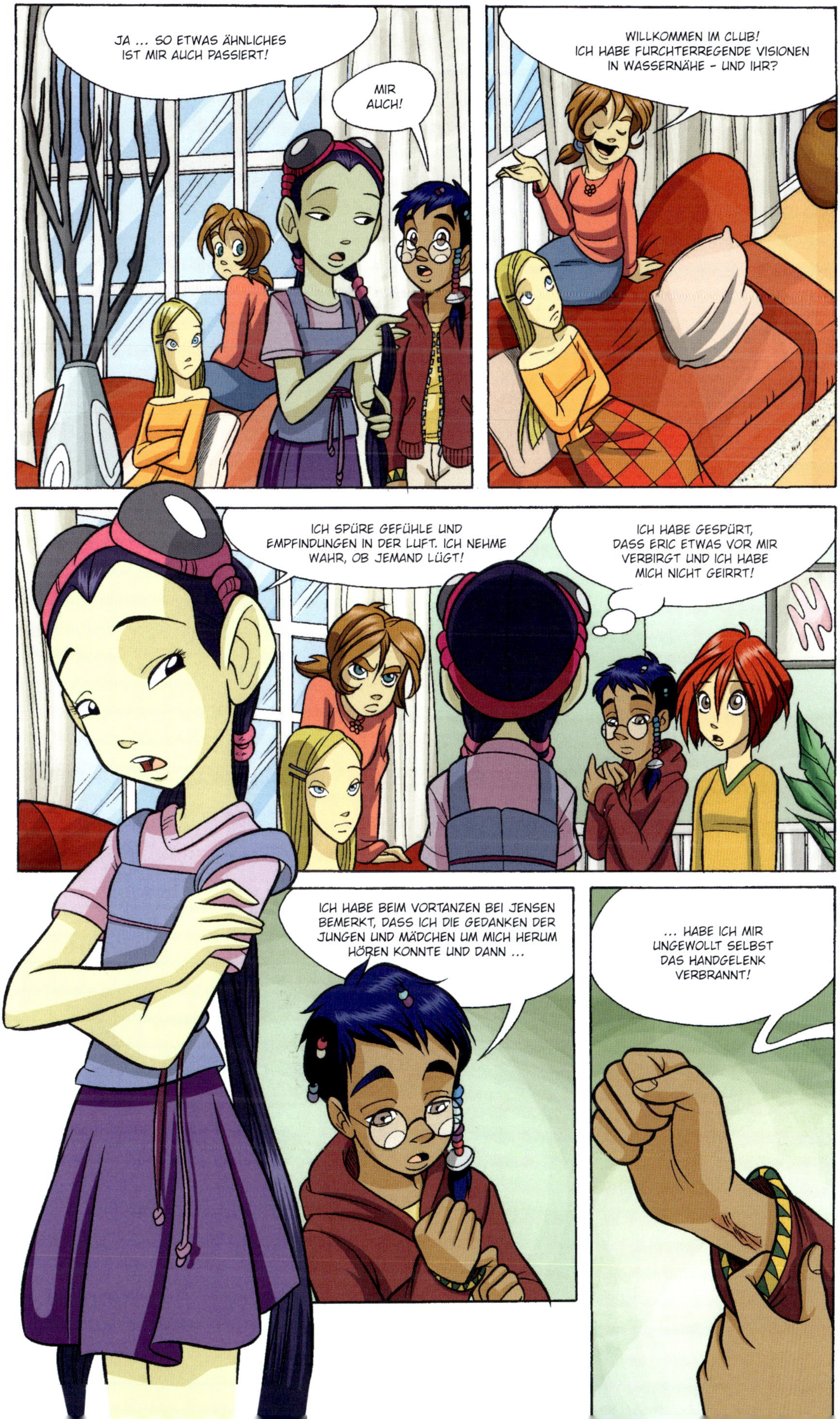
JA ... SO ETWAS ÄHNLICHES IST MIR AUCH PASSIERT!
MIR AUCH!
WILLKOMMEN IM CLUB! ICH HABE FURCHTERREGENDE VISIONEN IN WASSERNÄHE – UND IHR?
ICH SPÜRE GEFÜHLE UND EMPFINDUNGEN IN DER LUFT. ICH NEHME WAHR, OB JEMAND LÜGT!
ICH HABE GESPÜRT, DASS ERIC ETWAS VOR MIR VERBIRGT UND ICH HABE MICH NICHT GEIRRT!
ICH HABE BEIM VORTANZEN BEI JENSEN BEMERKT, DASS ICH DIE GEDANKEN DER JUNGEN UND MÄDCHEN UM MICH HERUM HÖREN KONNTE UND DANN ...
... HABE ICH MIR UNGEWOLLT SELBST DAS HANDGELENK VERBRANNT!

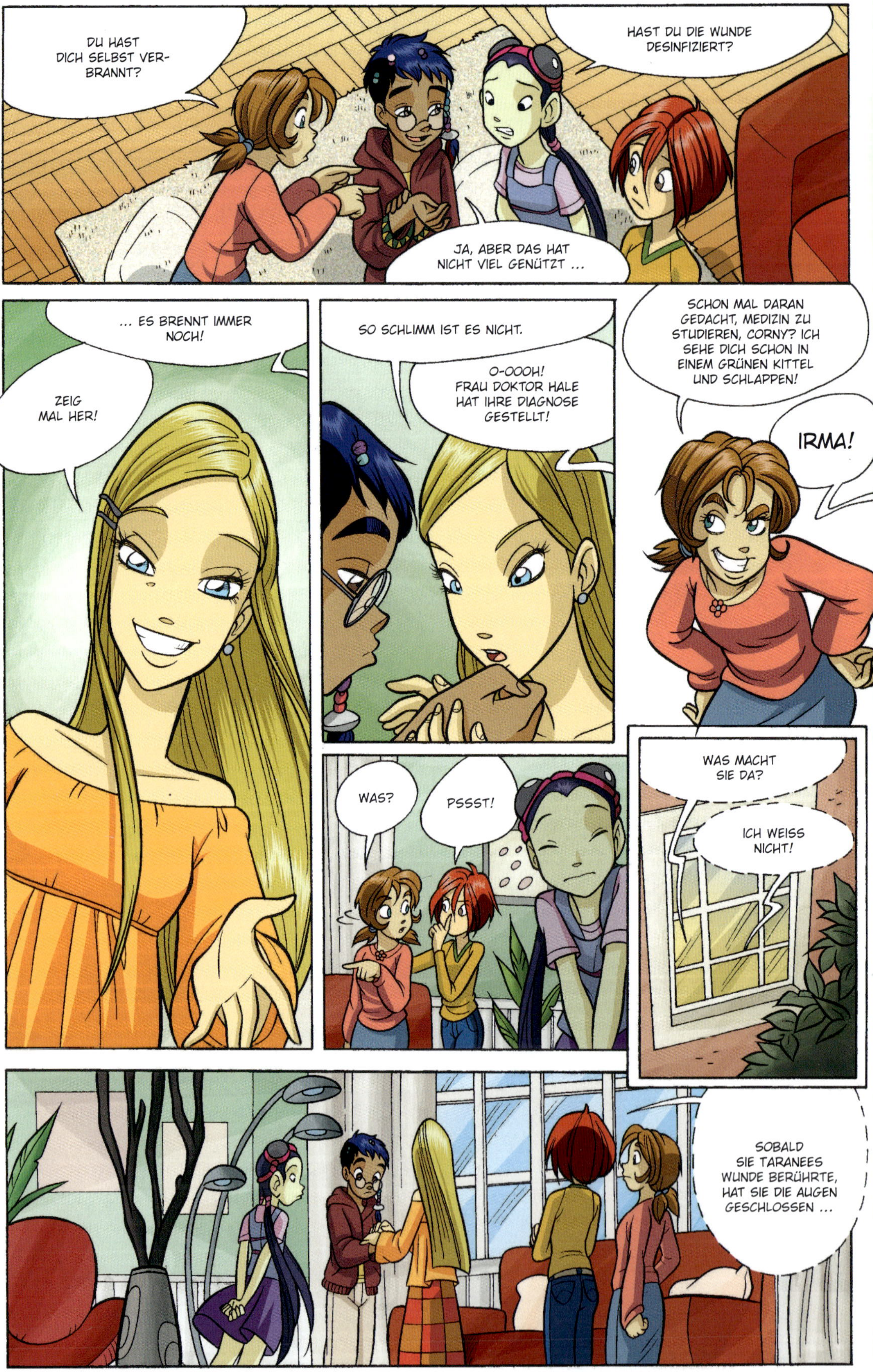
DU HAST DICH SELBST VERBRANNT?
HAST DU DIE WUNDE DESINFIZIERT?
JA, ABER DAS HAT NICHT VIEL GENÜTZT ...
... ES BRENNT IMMER NOCH!
ZEIG MAL HER!
SO SCHLIMM IST ES NICHT.
O-OOOH! FRAU DOKTOR HALE HAT IHRE DIAGNOSE GESTELLT!
SCHON MAL DARAN GEDACHT, MEDIZIN ZU STUDIEREN, CORNY? ICH SEHE DICH SCHON IN EINEM GRÜNEN KITTEL UND SCHLAPPEN!
IRMA!
WAS?
PSSST!
WAS MACHT SIE DA?
ICH WEISS NICHT!
SOBALD SIE TARANEES WUNDE BERÜHRTE, HAT SIE DIE AUGEN GESCHLOSSEN ...

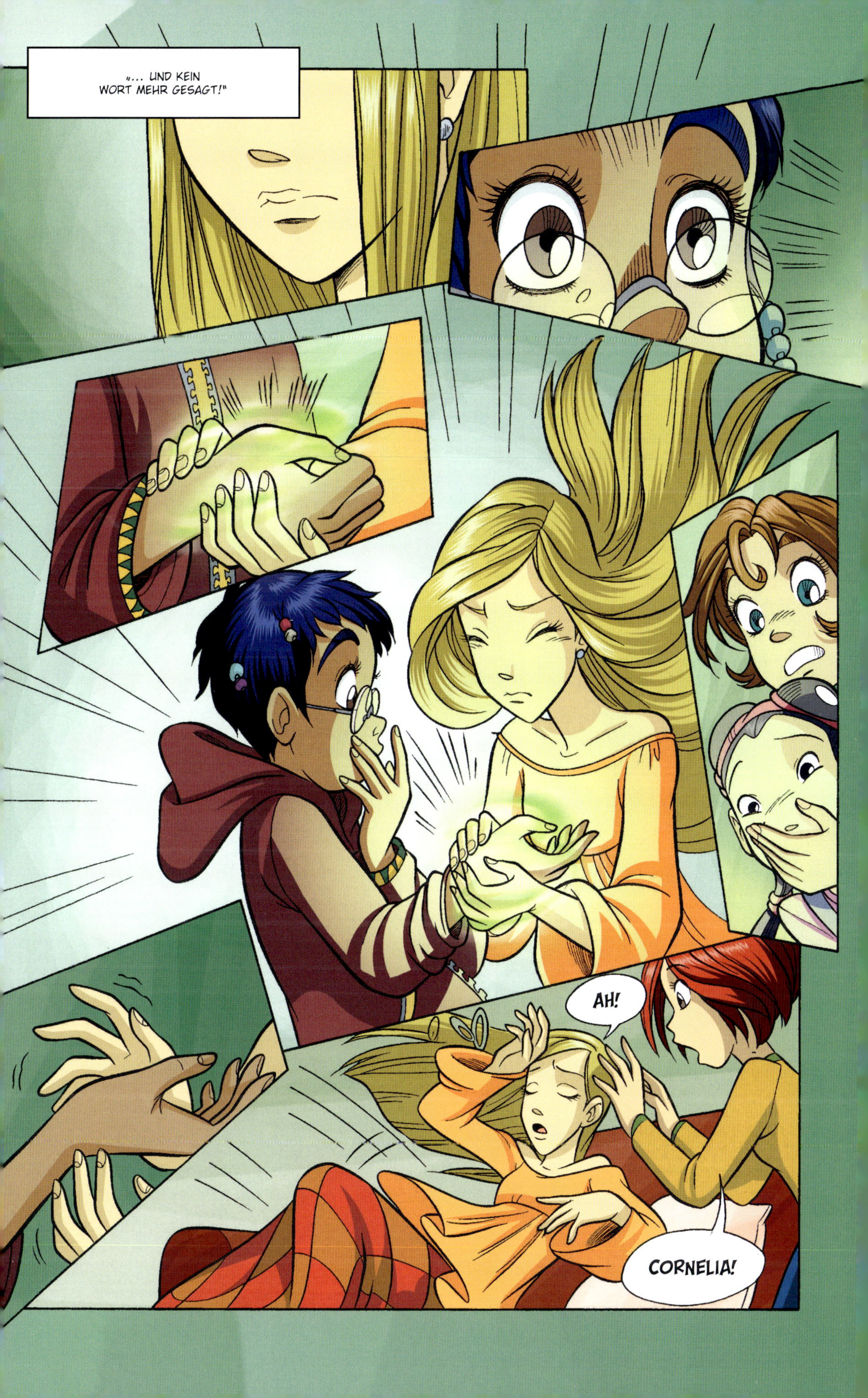
„... UND KEIN WORT MEHR GESAGT!“
AH!
CORNELIA!

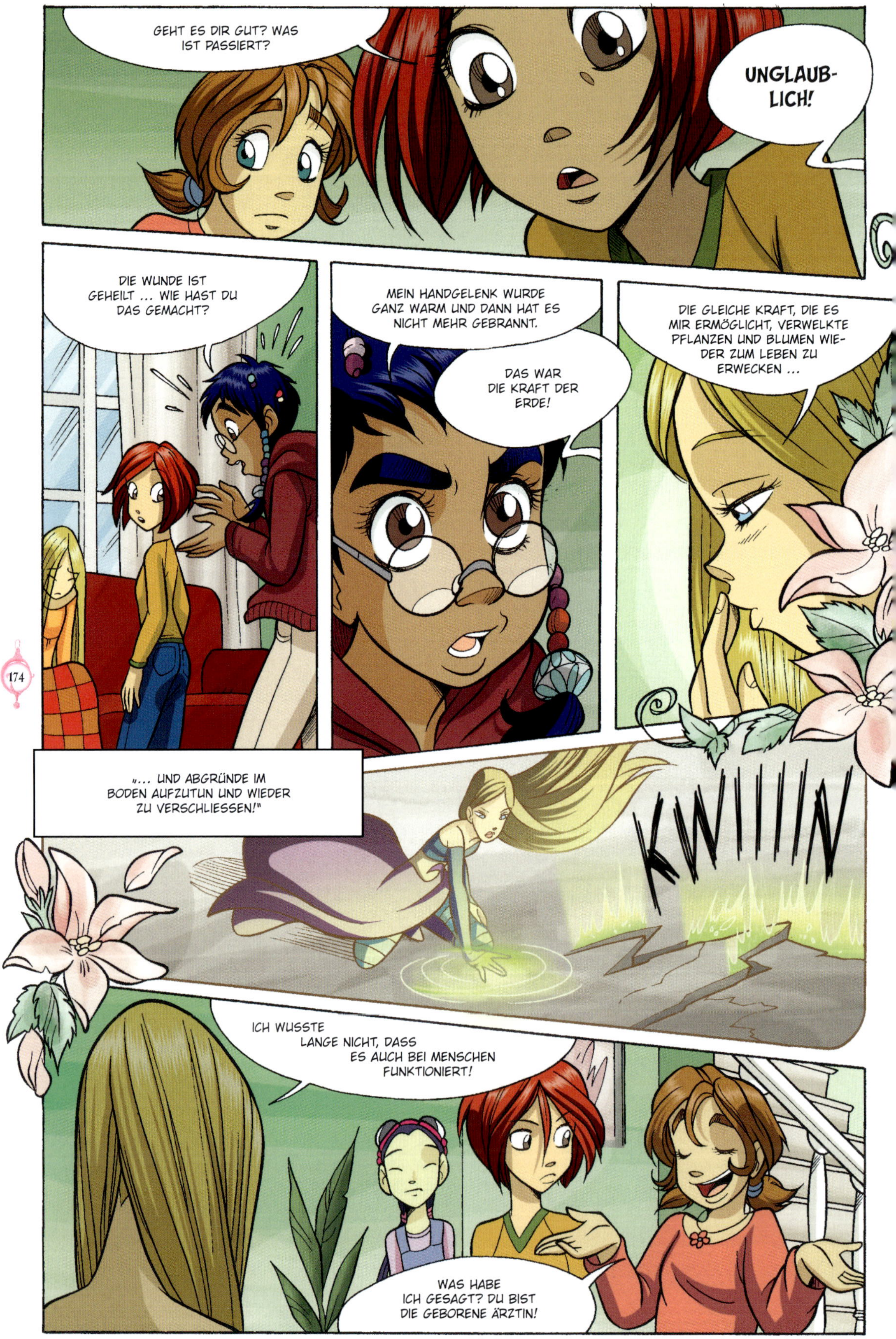
GEHT ES DIR GUT? WAS IST PASSIERT?
UNGLAUB-LICH!
DIE WUNDE IST GEHEILT ... WIE HAST DU DAS GEMACHT?
MEIN HANDGELENK WURDE GANZ WARM UND DANN HAT ES NICHT MEHR GEBRANNT.
DAS WAR DIE KRAFT DER ERDE!
DIE GLEICHE KRAFT, DIE ES MIR ERMÖGLICHT, VERWELKTE PFLANZEN UND BLUMEN WIEDER ZUM LEBEN ZU ERWECKEN ...
„... UND ABGRÜNDE IM BODEN AUFZUTUN UND WIEDER ZU VERSCHLIESSEN!“
KWIIIIN
ICH WUSSTE LANGE NICHT, DASS ES AUCH BEI MENSCHEN FUNKTIONIERT!
WAS HABE ICH GESAGT? DU BIST DIE GEBORENE ÄRZTIN!

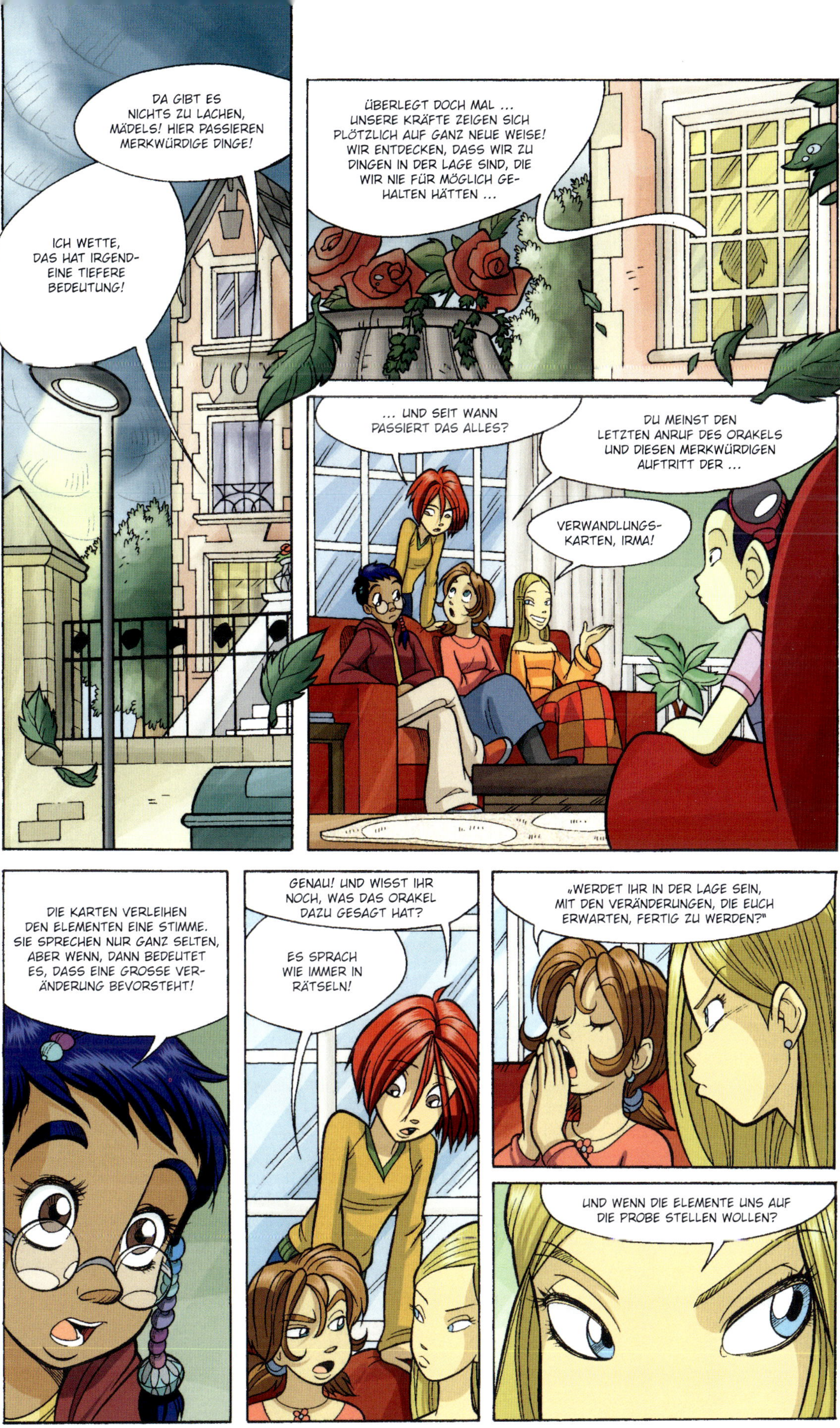
DA GIBT ES NICHTS ZU LACHEN, MÄDELS! HIER PASSIEREN MERKWÜRDIGE DINGE!
ICH WETTE, DAS HAT IRGEND-EINE TIEFERE BEDEUTUNG!
ÜBERLEGT DOCH MAL ... UNSERE KRÄFTE ZEIGEN SICH PLÖTZLICH AUF GANZ NEUE WEISE! WIR ENTDECKEN, DASS WIR ZU DINGEN IN DER LAGE SIND, DIE WIR NIE FÜR MÖGLICH GE-HALTEN HÄTTEN ...
... UND SEIT WANN PASSIERT DAS ALLES?
DU MEINST DEN LETZTEN ANRUF DES ORAKELS UND DIESEN MERKWÜRDIGEN AUFTRITT DER ...
VERWANDLUNGS-KARTEN, IRMA!
DIE KARTEN VERLEIHEN DEN ELEMENTEN EINE STIMME. SIE SPRECHEN NUR GANZ SELTEN, ABER WENN, DANN BEDEUTET ES, DASS EINE GROSSE VER-ÄNDERUNG BEVORSTEHT!
GENAU! UND WISST IHR NOCH, WAS DAS ORAKEL DAZU GESAGT HAT?
ES SPRACH WIE IMMER IN RÄTSELN!
„WERDET IHR IN DER LAGE SEIN, MIT DEN VERÄNDERUNGEN, DIE EUCH ERWARTEN, FERTIG ZU WERDEN?"
UND WENN DIE ELEMENTE UNS AUF DIE PROBE STELLEN WOLLEN?

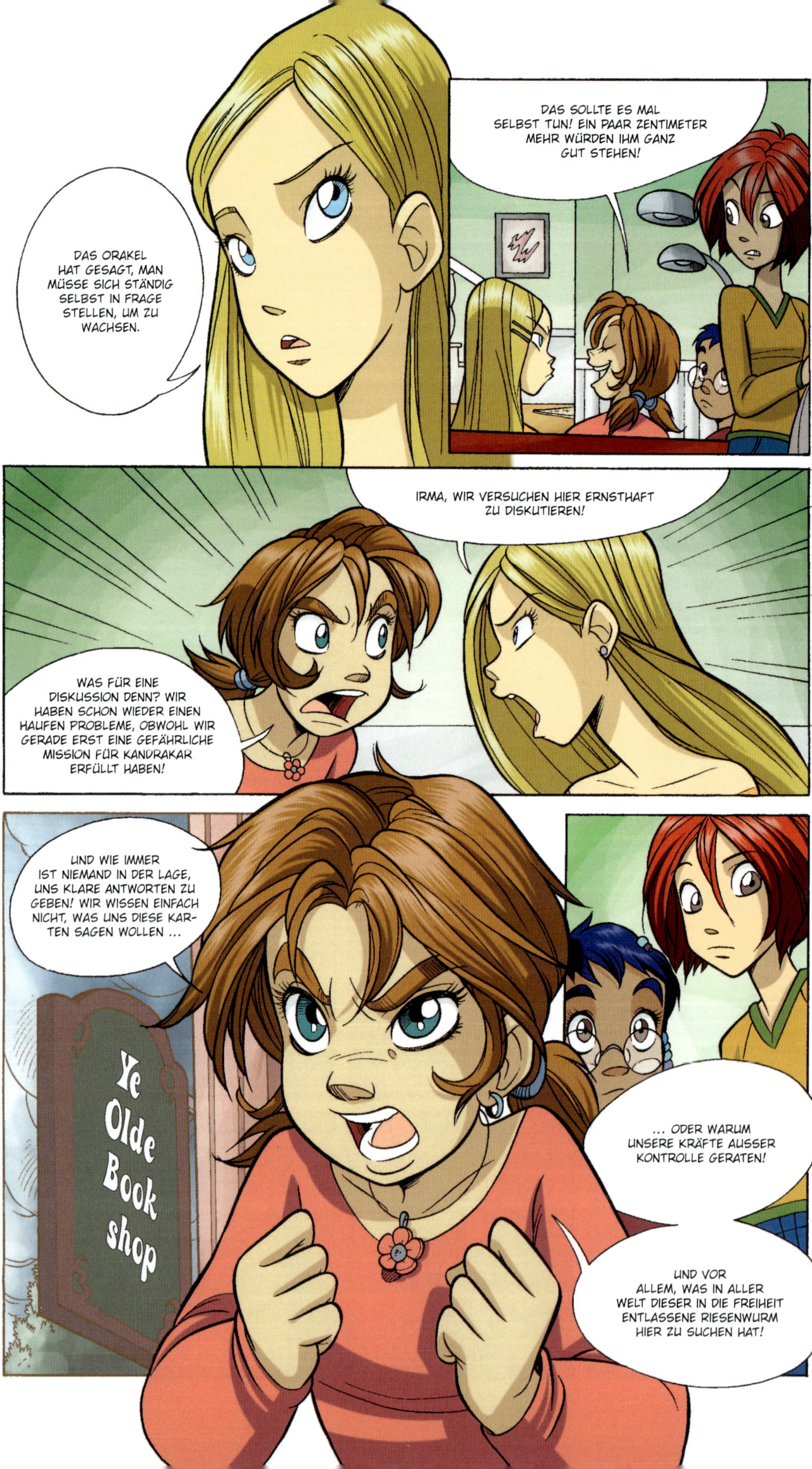
DAS SOLLTE ES MAL SELBST TUN! EIN PAAR ZENTIMETER MEHR WÜRDEN IHM GANZ GUT STEHEN!
DAS ORAKEL HAT GESAGT, MAN MÜSSE SICH STÄNDIG SELBST IN FRAGE STELLEN, UM ZU WACHSEN.
IRMA, WIR VERSUCHEN HIER ERNSTHAFT ZU DISKUTIEREN!
WAS FÜR EINE DISKUSSION DENN? WIR HABEN SCHON WIEDER EINEN HAUFEN PROBLEME, OBWOHL WIR GERADE ERST EINE GEFÄHRLICHE MISSION FÜR KANDRAKAR ERFÜLLT HABEN!
UND WIE IMMER IST NIEMAND IN DER LAGE, UNS KLARE ANTWORTEN ZU GEBEN! WIR WISSEN EINFACH NICHT, WAS UNS DIESE KARTEN SAGEN WOLLEN ...
Ye Olde Book shop
... ODER WARUM UNSERE KRÄFTE AUSSER KONTROLLE GERATEN!
UND VOR ALLEM, WAS IN ALLER WELT DIESER IN DIE FREIHEIT ENTLASSENE RIESENWURM HIER ZU SUCHEN HAT!

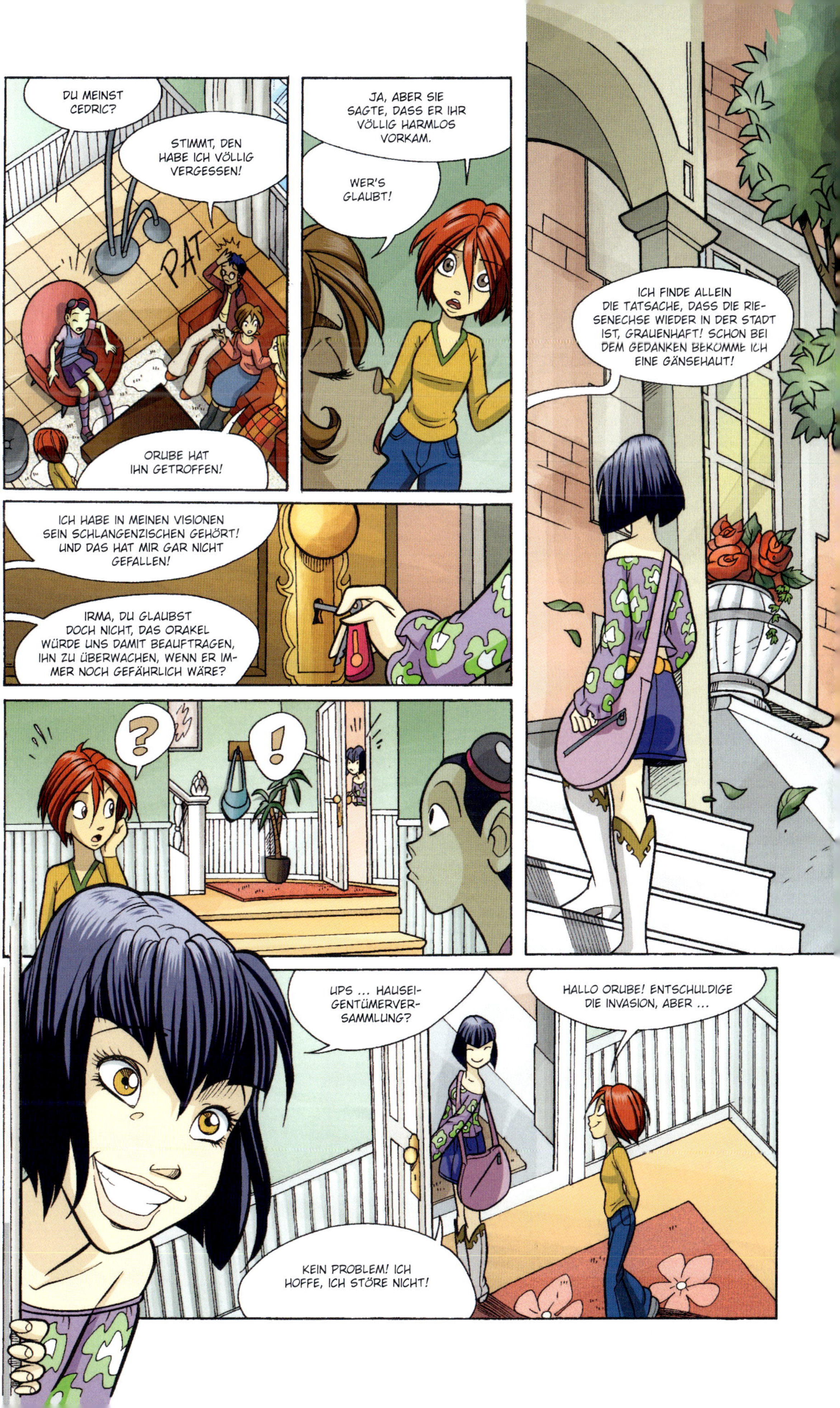
DU MEINST CEDRIC?
STIMMT, DEN HABE ICH VÖLLIG VERGESSEN!
PAT
ORUBE HAT IHN GETROFFEN!
JA, ABER SIE SAGTE, DASS ER IHR VÖLLIG HARMLOS VORKAM.
WER'S GLAUBT!
ICH HABE IN MEINEN VISIONEN SEIN SCHLANGENZISCHEN GEHÖRT! UND DAS HAT MIR GAR NICHT GEFALLEN!
IRMA, DU GLAUBST DOCH NICHT, DAS ORAKEL WÜRDE UNS DAMIT BEAUFTRAGEN, IHN ZU ÜBERWACHEN, WENN ER IMMER NOCH GEFÄHRLICH WÄRE?
ICH FINDE ALLEIN DIE TATSACHE, DASS DIE RIESENECHSE WIEDER IN DER STADT IST, GRAUENHAFT! SCHON BEI DEM GEDANKEN BEKOMME ICH EINE GÄNSEHAUT!
?
!
UPS ... HAUSEIGENTÜMERVERSAMMLUNG?
HALLO ORUBE! ENTSCHULDIGE DIE INVASION, ABER ...
KEIN PROBLEM! ICH HOFFE, ICH STÖRE NICHT!

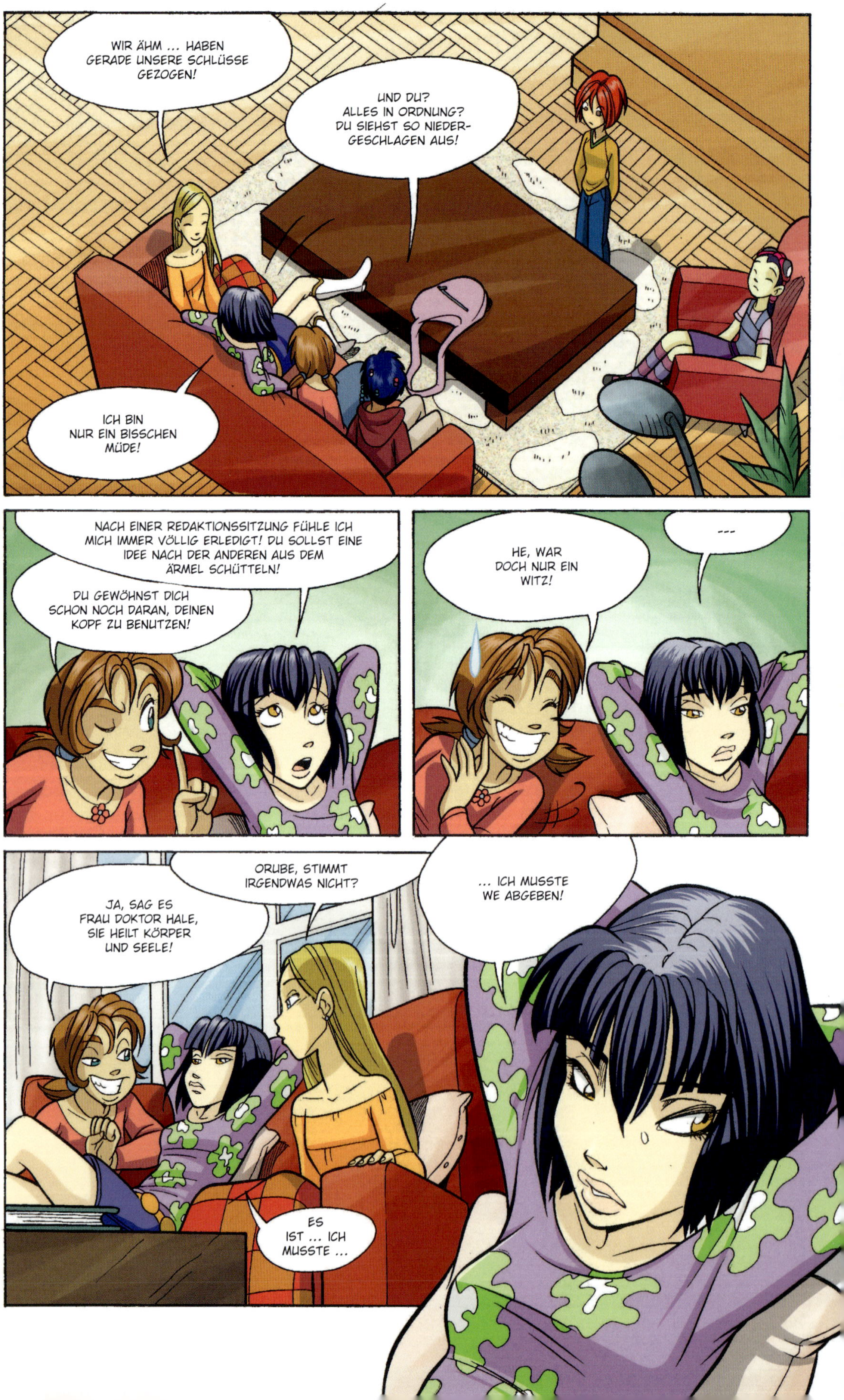
WIR ÄHM … HABEN GERADE UNSERE SCHLÜSSE GEZOGEN!
UND DU? ALLES IN ORDNUNG? DU SIEHST SO NIEDER-GESCHLAGEN AUS!
ICH BIN NUR EIN BISSCHEN MÜDE!
NACH EINER REDAKTIONSSITZUNG FÜHLE ICH MICH IMMER VÖLLIG ERLEDIGT! DU SOLLST EINE IDEE NACH DER ANDEREN AUS DEM ÄRMEL SCHÜTTELN!
DU GEWÖHNST DICH SCHON NOCH DARAN, DEINEN KOPF ZU BENUTZEN!
HE, WAR DOCH NUR EIN WITZ!
...
ORUBE, STIMMT IRGENDWAS NICHT?
JA, SAG ES FRAU DOKTOR HALE, SIE HEILT KÖRPER UND SEELE!
ES IST … ICH MUSSTE …
… ICH MUSSTE WE ABGEBEN!

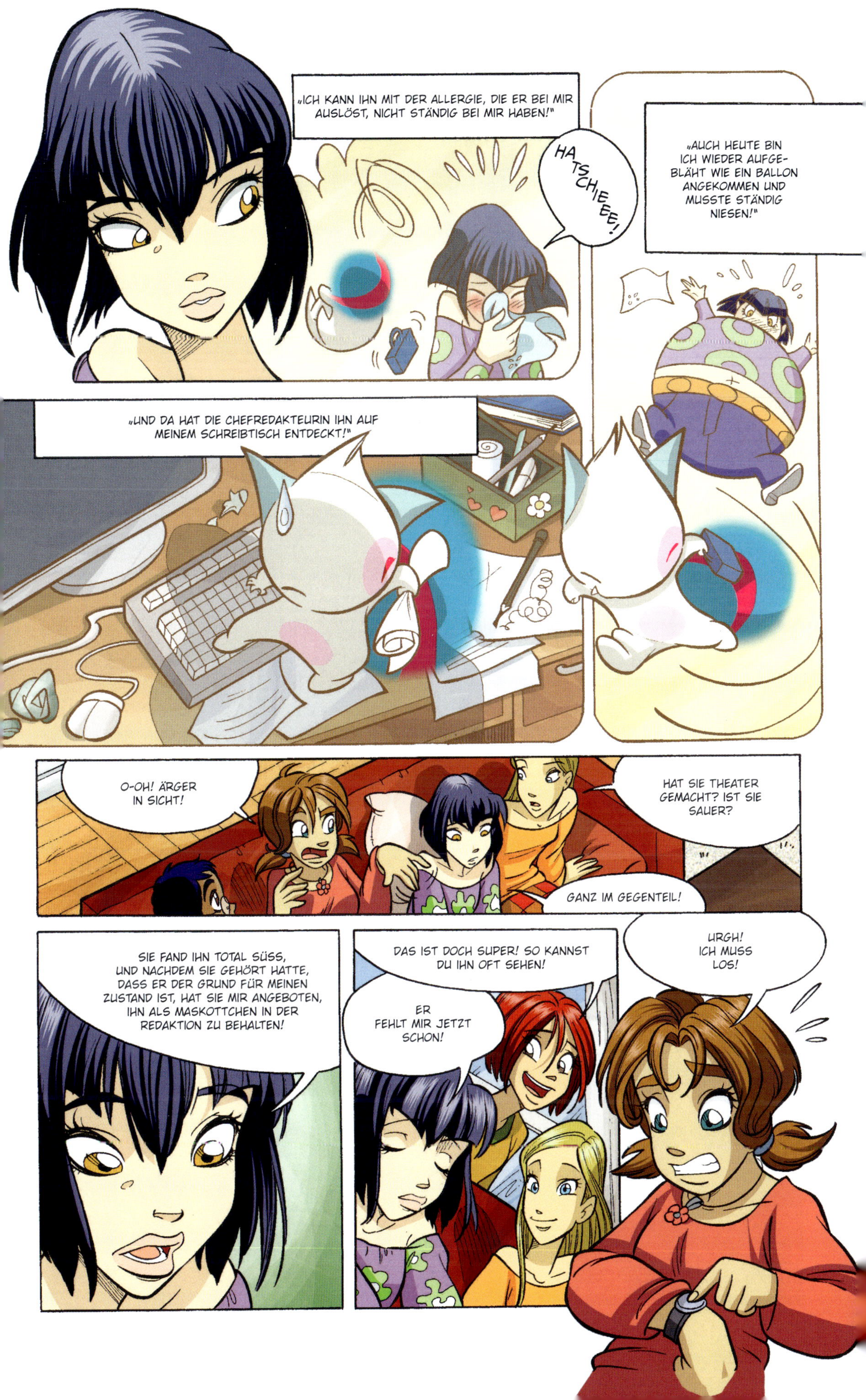
„ICH KANN IHN MIT DER ALLERGIE, DIE ER BEI MIR AUSLÖST, NICHT STÄNDIG BEI MIR HABEN!"
HATSCHIEEE!
„AUCH HEUTE BIN ICH WIEDER AUFGE-BLÄHT WIE EIN BALLON ANGEKOMMEN UND MUSSTE STÄNDIG NIESEN!"
„UND DA HAT DIE CHEFREDAKTEURIN IHN AUF MEINEM SCHREIBTISCH ENTDECKT!"
O-OH! ÄRGER IN SICHT!
HAT SIE THEATER GEMACHT? IST SIE SAUER?
GANZ IM GEGENTEIL!
SIE FAND IHN TOTAL SÜSS, UND NACHDEM SIE GEHÖRT HATTE, DASS ER DER GRUND FÜR MEINEN ZUSTAND IST, HAT SIE MIR ANGEBOTEN, IHN ALS MASKOTTCHEN IN DER REDAKTION ZU BEHALTEN!
DAS IST DOCH SUPER! SO KANNST DU IHN OFT SEHEN!
ER FEHLT MIR JETZT SCHON!
URGH! ICH MUSS LOS!

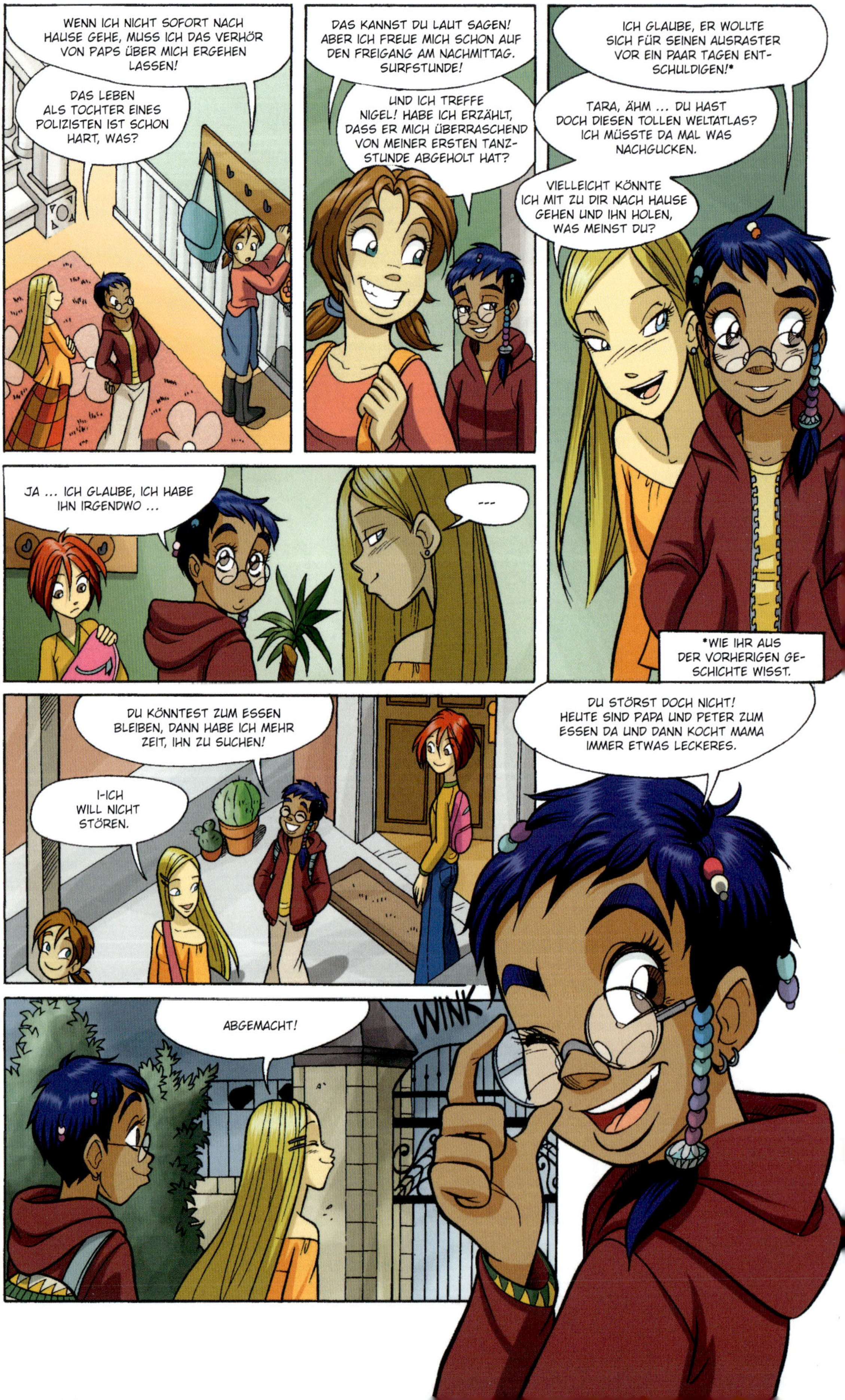
WENN ICH NICHT SOFORT NACH HAUSE GEHE, MUSS ICH DAS VERHÖR VON PAPS ÜBER MICH ERGEHEN LASSEN!
DAS LEBEN ALS TOCHTER EINES POLIZISTEN IST SCHON HART, WAS?
DAS KANNST DU LAUT SAGEN! ABER ICH FREUE MICH SCHON AUF DEN FREIGANG AM NACHMITTAG. SURFSTUNDE!
UND ICH TREFFE NIGEL! HABE ICH ERZÄHLT, DASS ER MICH ÜBERRASCHEND VON MEINER ERSTEN TANZ-STUNDE ABGEHOLT HAT?
ICH GLAUBE, ER WOLLTE SICH FÜR SEINEN AUSRASTER VOR EIN PAAR TAGEN ENT-SCHULDIGEN!*
TARA, ÄHM ... DU HAST DOCH DIESEN TOLLEN WELTATLAS? ICH MÜSSTE DA MAL WAS NACHGUCKEN.
VIELLEICHT KÖNNTE ICH MIT ZU DIR NACH HAUSE GEHEN UND IHN HOLEN, WAS MEINST DU?
*WIE IHR AUS DER VORHERIGEN GE-SCHICHTE WISST.
JA ... ICH GLAUBE, ICH HABE IHN IRGENDWO ...

DU KÖNNTEST ZUM ESSEN BLEIBEN, DANN HABE ICH MEHR ZEIT, IHN ZU SUCHEN!
I-ICH WILL NICHT STÖREN.
DU STÖRST DOCH NICHT! HEUTE SIND PAPA UND PETER ZUM ESSEN DA UND DANN KOCHT MAMA IMMER ETWAS LECKERES.
ABGEMACHT!
WINK

180

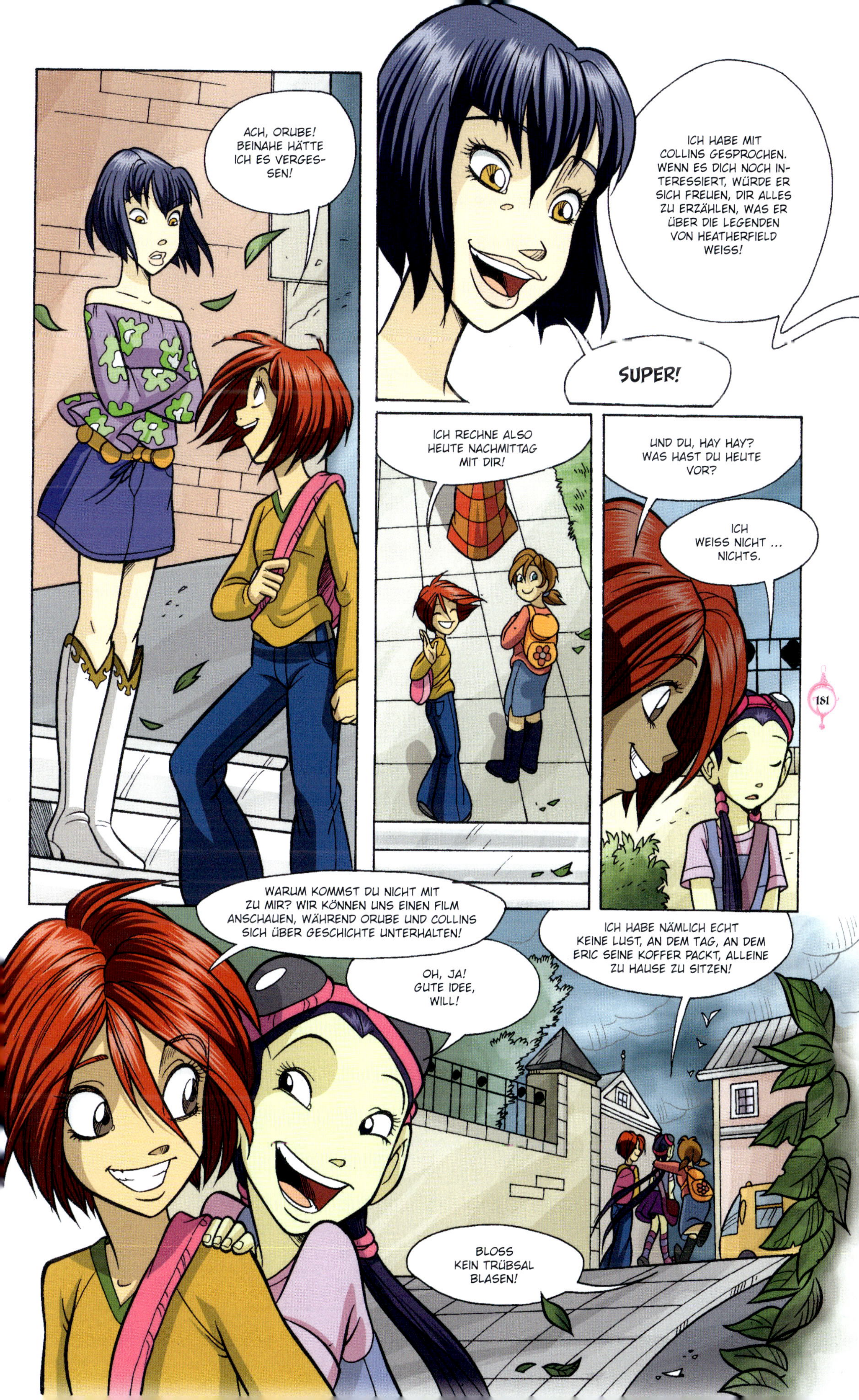
ACH, ORUBE! BEINAHE HÄTTE ICH ES VERGES-SEN!
ICH HABE MIT COLLINS GESPROCHEN. WENN ES DICH NOCH INTERESSIERT, WÜRDE ER SICH FREUEN, DIR ALLES ZU ERZÄHLEN, WAS ER ÜBER DIE LEGENDEN VON HEATHERFIELD WEISS!
SUPER!
ICH RECHNE ALSO HEUTE NACHMITTAG MIT DIR!
UND DU, HAY HAY? WAS HAST DU HEUTE VOR?
ICH WEISS NICHT ... NICHTS.
WARUM KOMMST DU NICHT MIT ZU MIR? WIR KÖNNEN UNS EINEN FILM ANSCHAUEN, WÄHREND ORUBE UND COLLINS SICH ÜBER GESCHICHTE UNTERHALTEN!
OH, JA! GUTE IDEE, WILL!
ICH HABE NÄMLICH ECHT KEINE LUST, AN DEM TAG, AN DEM ERIC SEINE KOFFER PACKT, ALLEINE ZU HAUSE ZU SITZEN!
BLOSS KEIN TRÜBSAL BLASEN!

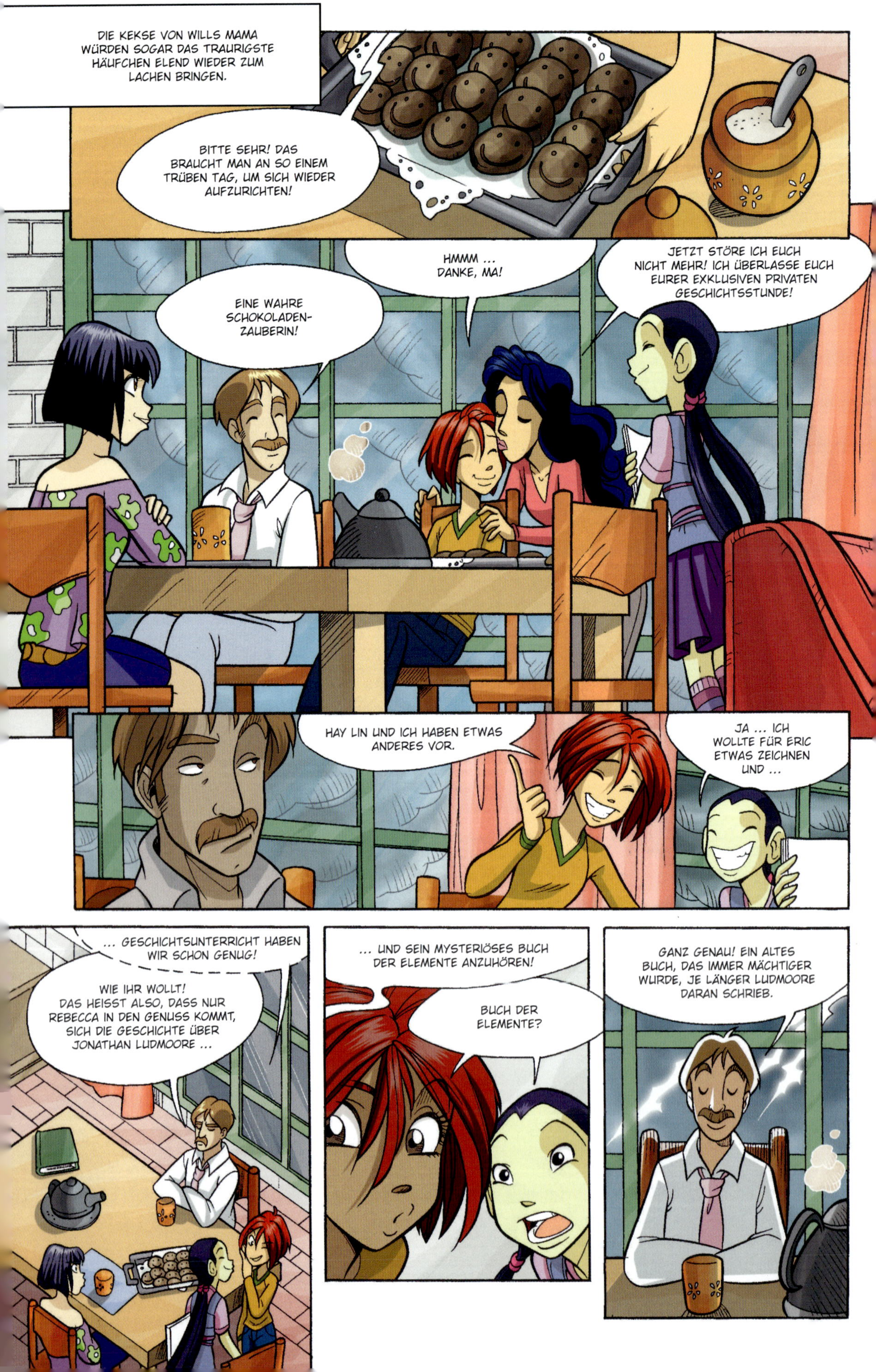
DIE KEKSE VON WILLS MAMA WÜRDEN SOGAR DAS TRAURIGSTE HÄUFCHEN ELEND WIEDER ZUM LACHEN BRINGEN.
BITTE SEHR! DAS BRAUCHT MAN AN SO EINEM TRÜBEN TAG, UM SICH WIEDER AUFZURICHTEN!
EINE WAHRE SCHOKOLADEN-ZAUBERIN!
HMMM ... DANKE, MA!
JETZT STÖRE ICH EUCH NICHT MEHR! ICH ÜBERLASSE EUCH EURER EXKLUSIVEN PRIVATEN GESCHICHTSSTUNDE!
HAY LIN UND ICH HABEN ETWAS ANDERES VOR.
JA ... ICH WOLLTE FÜR ERIC ETWAS ZEICHNEN UND ...
... GESCHICHTSUNTERRICHT HABEN WIR SCHON GENUG!
WIE IHR WOLLT! DAS HEISST ALSO, DASS NUR REBECCA IN DEN GENUSS KOMMT, SICH DIE GESCHICHTE ÜBER JONATHAN LUDMOORE ...
... UND SEIN MYSTERIÖSES BUCH DER ELEMENTE ANZUHÖREN!
BUCH DER ELEMENTE?
GANZ GENAU! EIN ALTES BUCH, DAS IMMER MÄCHTIGER WURDE, JE LÄNGER LUDMOORE DARAN SCHRIEB.

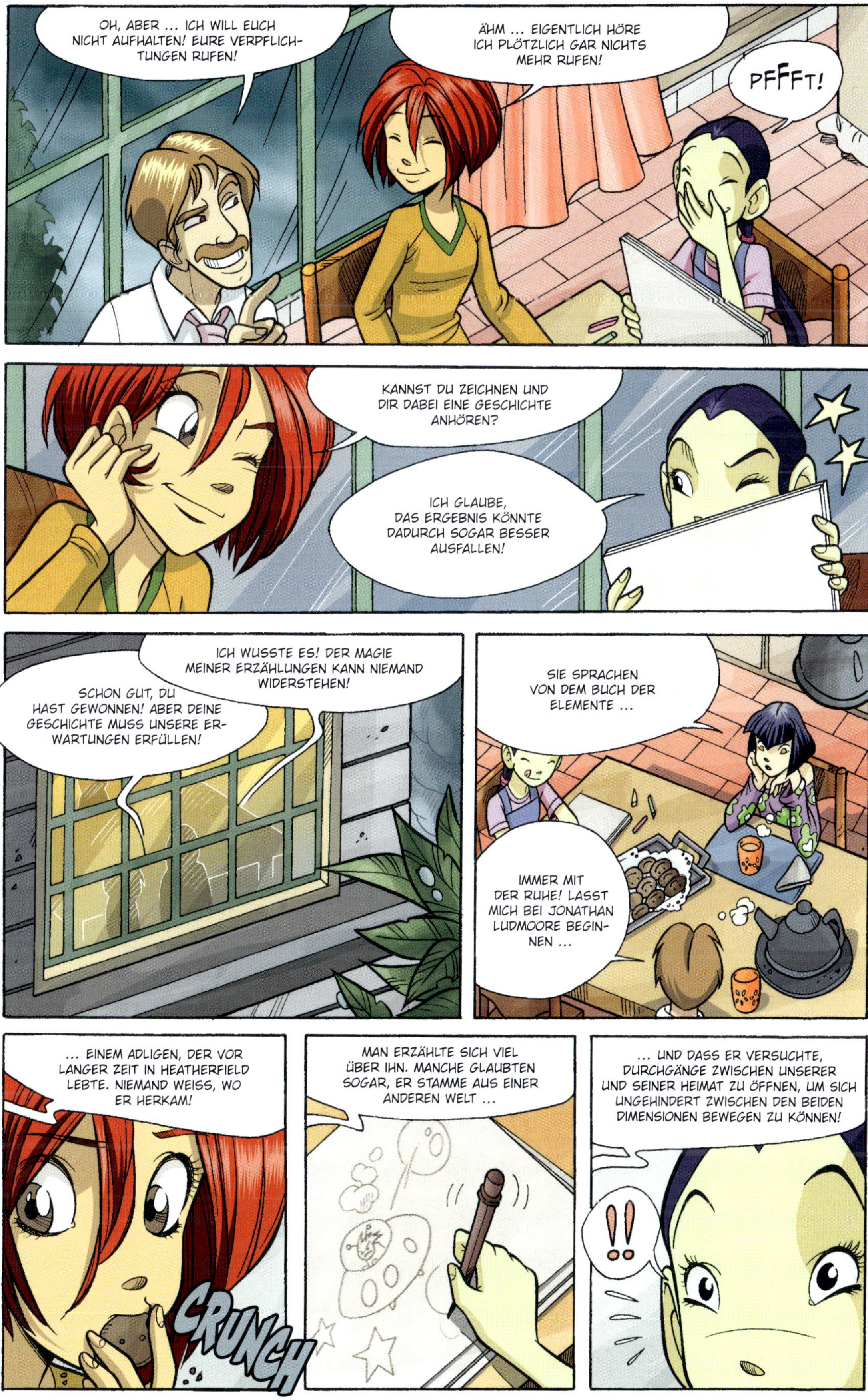
OH, ABER ... ICH WILL EUCH NICHT AUFHALTEN! EURE VERPFLICHTUNGEN RUFEN!
ÄHM ... EIGENTLICH HÖRE ICH PLÖTZLICH GAR NICHTS MEHR RUFEN!
PFFFT!
KANNST DU ZEICHNEN UND DIR DABEI EINE GESCHICHTE ANHÖREN?
ICH GLAUBE, DAS ERGEBNIS KÖNNTE DADURCH SOGAR BESSER AUSFALLEN!
SCHON GUT, DU HAST GEWONNEN! ABER DEINE GESCHICHTE MUSS UNSERE ERWARTUNGEN ERFÜLLEN!
ICH WUSSTE ES! DER MAGIE MEINER ERZÄHLUNGEN KANN NIEMAND WIDERSTEHEN!
SIE SPRACHEN VON DEM BUCH DER ELEMENTE ...
IMMER MIT DER RUHE! LASST MICH BEI JONATHAN LUDMOORE BEGINNEN ...
... EINEM ADLIGEN, DER VOR LANGER ZEIT IN HEATHERFIELD LEBTE. NIEMAND WEISS, WO ER HERKAM!
CRUNCH
MAN ERZÄHLTE SICH VIEL ÜBER IHN. MANCHE GLAUBTEN SOGAR, ER STAMME AUS EINER ANDEREN WELT ...
... UND DASS ER VERSUCHTE, DURCHGÄNGE ZWISCHEN UNSERER UND SEINER HEIMAT ZU ÖFFNEN, UM SICH UNGEHINDERT ZWISCHEN DEN BEIDEN DIMENSIONEN BEWEGEN ZU KÖNNEN!
!!

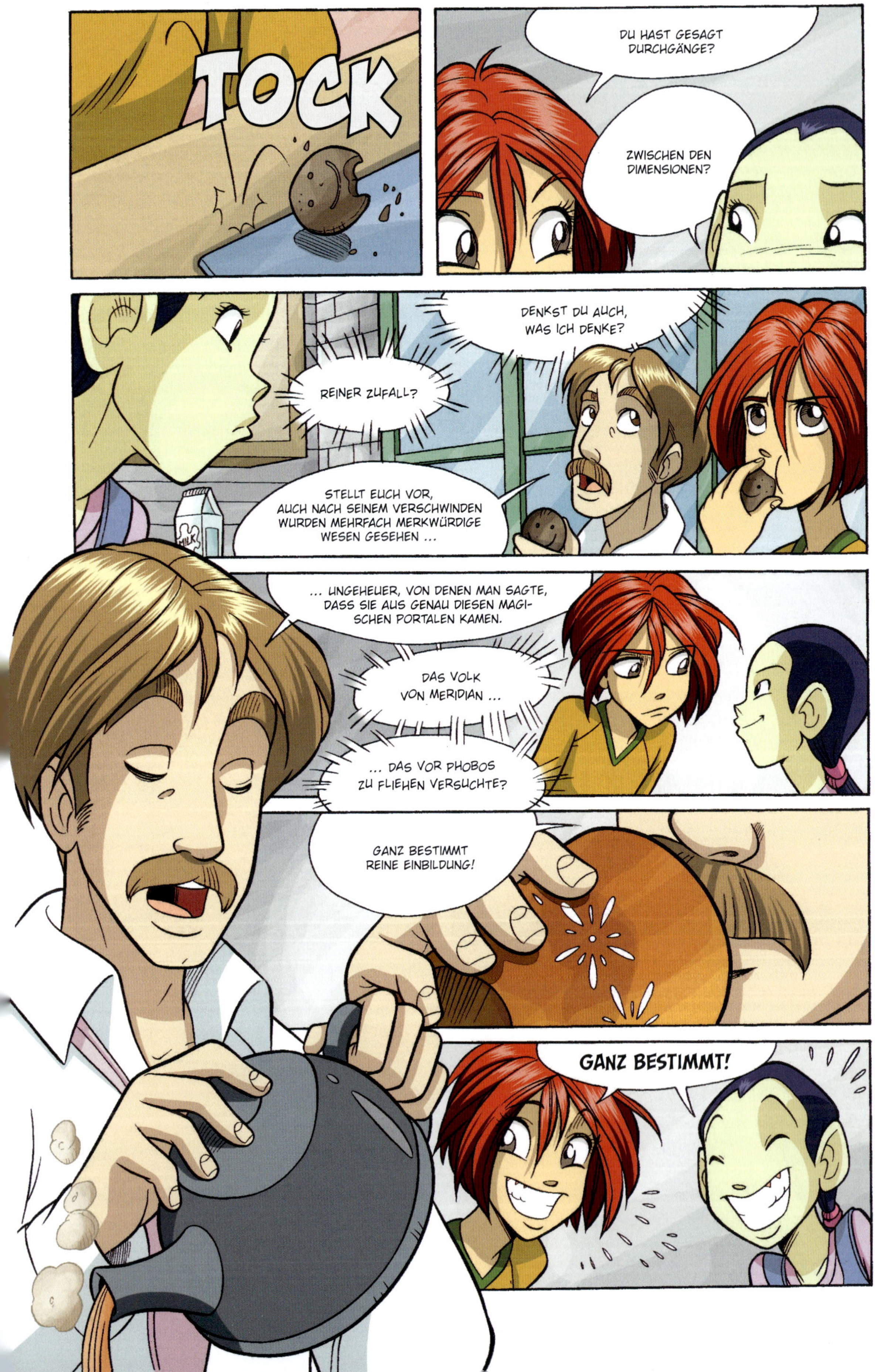
TOCK
DU HAST GESAGT DURCHGÄNGE?
ZWISCHEN DEN DIMENSIONEN?
DENKST DU AUCH, WAS ICH DENKE?
REINER ZUFALL?
STELLT EUCH VOR, AUCH NACH SEINEM VERSCHWINDEN WURDEN MEHRFACH MERKWÜRDIGE WESEN GESEHEN ...
... UNGEHEUER, VON DENEN MAN SAGTE, DASS SIE AUS GENAU DIESEN MAGISCHEN PORTALEN KAMEN.
DAS VOLK VON MERIDIAN ...
... DAS VOR PHOBOS ZU FLIEHEN VERSUCHTE?
GANZ BESTIMMT REINE EINBILDUNG!
GANZ BESTIMMT!

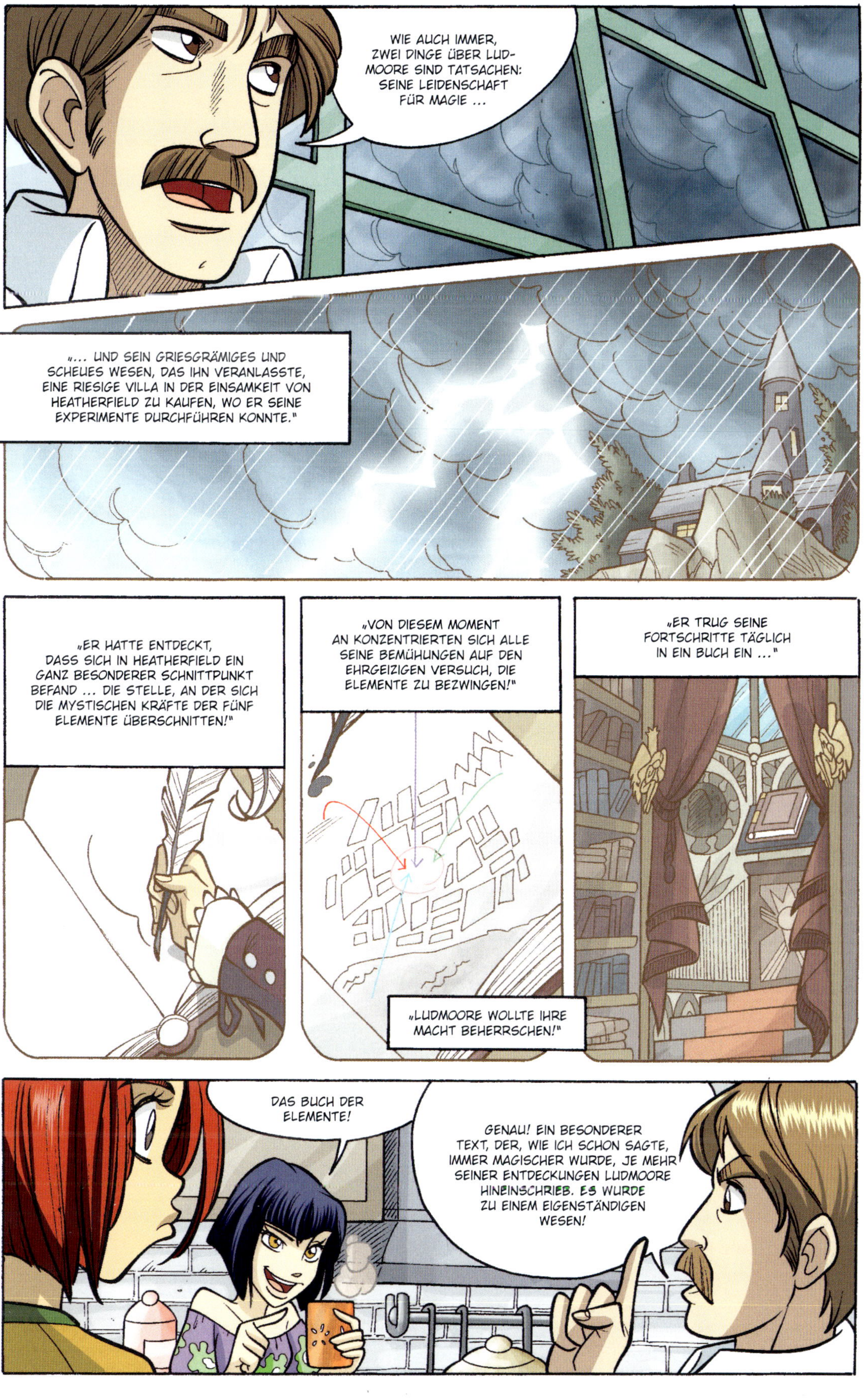
WIE AUCH IMMER, ZWEI DINGE ÜBER LUDMOORE SIND TATSACHEN: SEINE LEIDENSCHAFT FÜR MAGIE …
„… UND SEIN GRIESGRÄMIGES UND SCHEUES WESEN, DAS IHN VERANLASSTE, EINE RIESIGE VILLA IN DER EINSAMKEIT VON HEATHERFIELD ZU KAUFEN, WO ER SEINE EXPERIMENTE DURCHFÜHREN KONNTE."
„ER HATTE ENTDECKT, DASS SICH IN HEATHERFIELD EIN GANZ BESONDERER SCHNITTPUNKT BEFAND … DIE STELLE, AN DER SICH DIE MYSTISCHEN KRÄFTE DER FÜNF ELEMENTE ÜBERSCHNITTEN!"
„VON DIESEM MOMENT AN KONZENTRIERTEN SICH ALLE SEINE BEMÜHUNGEN AUF DEN EHRGEIZIGEN VERSUCH, DIE ELEMENTE ZU BEZWINGEN!"
„LUDMOORE WOLLTE IHRE MACHT BEHERRSCHEN!"
„ER TRUG SEINE FORTSCHRITTE TÄGLICH IN EIN BUCH EIN …"
DAS BUCH DER ELEMENTE!
GENAU! EIN BESONDERER TEXT, DER, WIE ICH SCHON SAGTE, IMMER MAGISCHER WURDE, JE MEHR SEINER ENTDECKUNGEN LUDMOORE HINEINSCHRIEB. ES WURDE ZU EINEM EIGENSTÄNDIGEN WESEN!

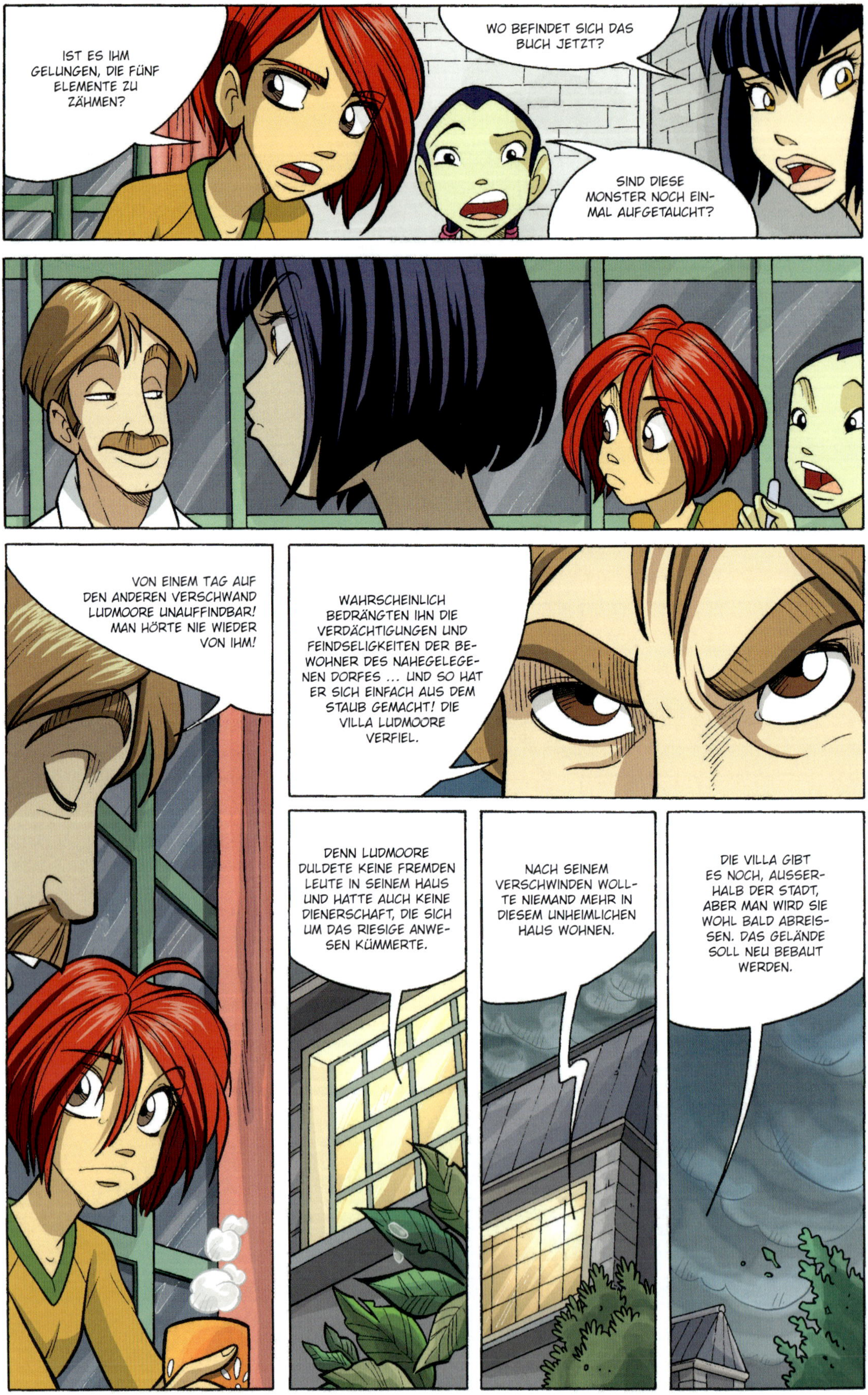
IST ES IHM GELUNGEN, DIE FÜNF ELEMENTE ZU ZÄHMEN?
WO BEFINDET SICH DAS BUCH JETZT?
SIND DIESE MONSTER NOCH EINMAL AUFGETAUCHT?
VON EINEM TAG AUF DEN ANDEREN VERSCHWAND LUDMOORE UNAUFFINDBAR! MAN HÖRTE NIE WIEDER VON IHM!
WAHRSCHEINLICH BEDRÄNGTEN IHN DIE VERDÄCHTIGUNGEN UND FEINDSELIGKEITEN DER BEWOHNER DES NAHEGELEGENEN DORFES ... UND SO HAT ER SICH EINFACH AUS DEM STAUB GEMACHT! DIE VILLA LUDMOORE VERFIEL.
DENN LUDMOORE DULDETE KEINE FREMDEN LEUTE IN SEINEM HAUS UND HATTE AUCH KEINE DIENERSCHAFT, DIE SICH UM DAS RIESIGE ANWESEN KÜMMERTE.
NACH SEINEM VERSCHWINDEN WOLLTE NIEMAND MEHR IN DIESEM UNHEIMLICHEN HAUS WOHNEN.
DIE VILLA GIBT ES NOCH, AUSSERHALB DER STADT, ABER MAN WIRD SIE WOHL BALD ABREISSEN. DAS GELÄNDE SOLL NEU BEBAUT WERDEN.

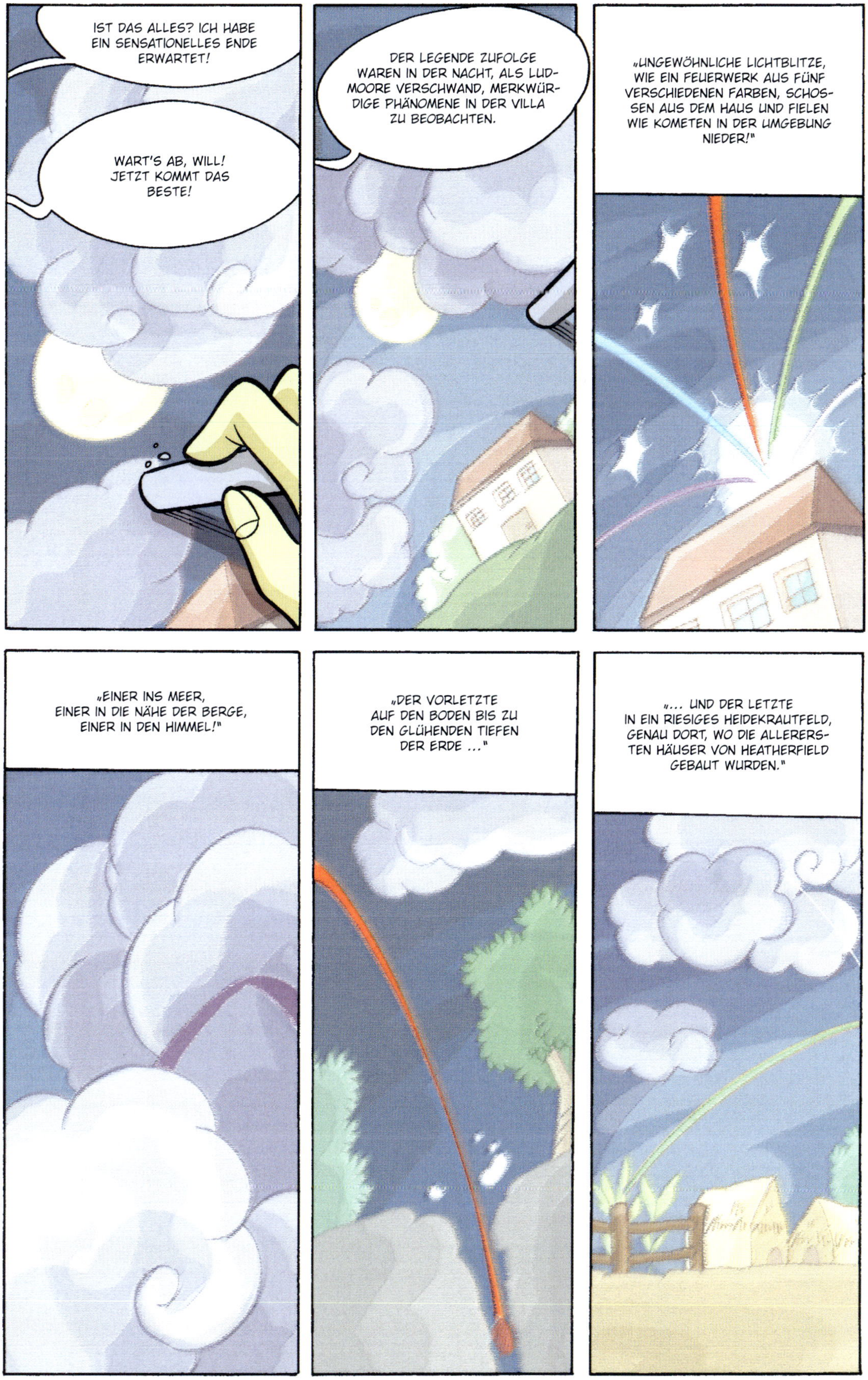
IST DAS ALLES? ICH HABE EIN SENSATIONELLES ENDE ERWARTET!
WART'S AB, WILL! JETZT KOMMT DAS BESTE!
DER LEGENDE ZUFOLGE WAREN IN DER NACHT, ALS LUDMOORE VERSCHWAND, MERKWÜRDIGE PHÄNOMENE IN DER VILLA ZU BEOBACHTEN.
„UNGEWÖHNLICHE LICHTBLITZE, WIE EIN FEUERWERK AUS FÜNF VERSCHIEDENEN FARBEN, SCHOSSEN AUS DEM HAUS UND FIELEN WIE KOMETEN IN DER UMGEBUNG NIEDER!"
„EINER INS MEER, EINER IN DIE NÄHE DER BERGE, EINER IN DEN HIMMEL!"
„DER VORLETZTE AUF DEN BODEN BIS ZU DEN GLÜHENDEN TIEFEN DER ERDE ..."
„... UND DER LETZTE IN EIN RIESIGES HEIDEKRAUTFELD, GENAU DORT, WO DIE ALLERERSTEN HÄUSER VON HEATHERFIELD GEBAUT WURDEN."

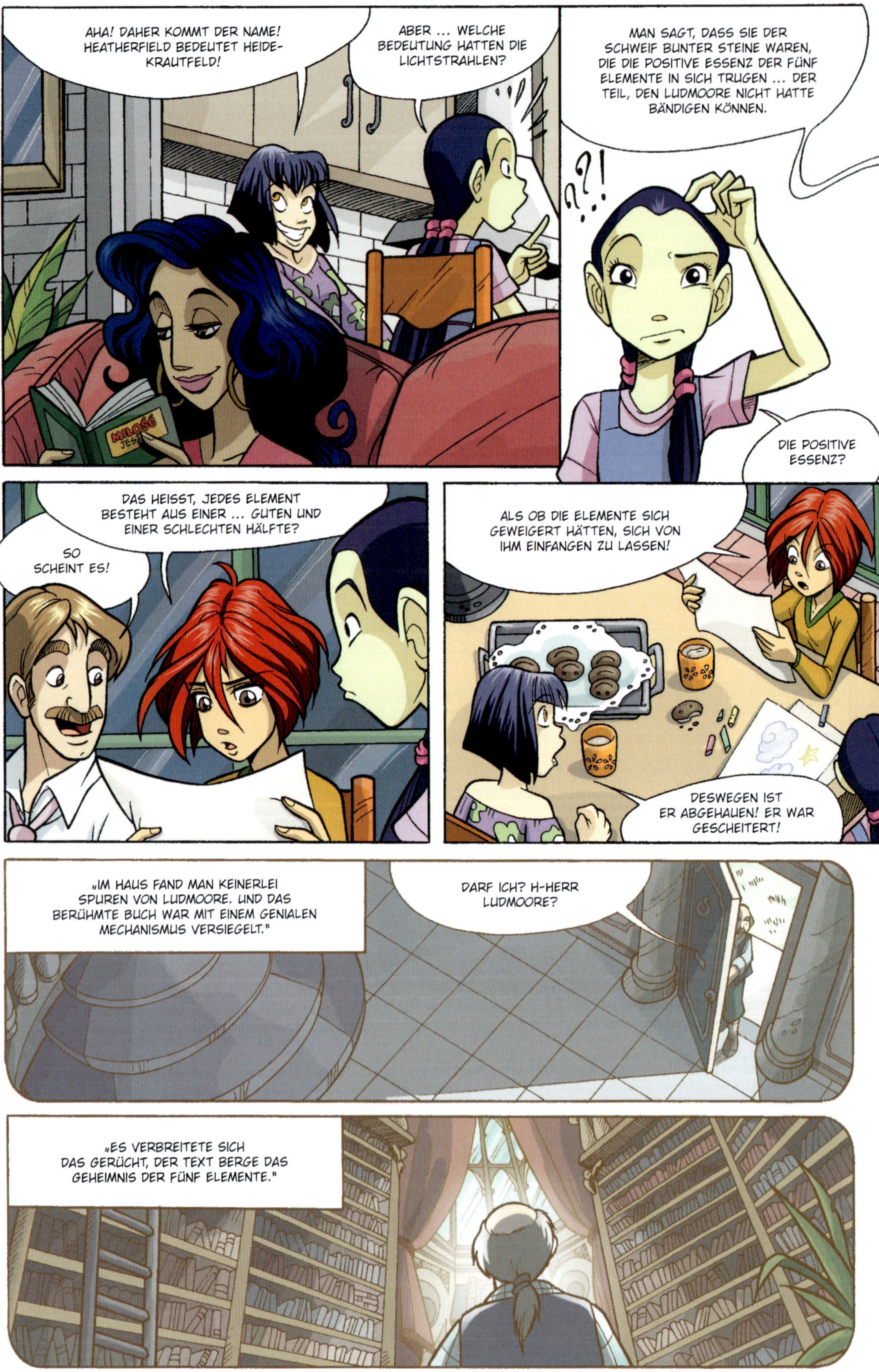
AHA! DAHER KOMMT DER NAME! HEATHERFIELD BEDEUTET HEIDE-KRAUTFELD!
ABER ... WELCHE BEDEUTUNG HATTEN DIE LICHTSTRAHLEN?
MAN SAGT, DASS SIE DER SCHWEIF BUNTER STEINE WAREN, DIE DIE POSITIVE ESSENZ DER FÜNF ELEMENTE IN SICH TRUGEN ... DER TEIL, DEN LUDMOORE NICHT HATTE BÄNDIGEN KÖNNEN.
DIE POSITIVE ESSENZ?
DAS HEISST, JEDES ELEMENT BESTEHT AUS EINER ... GUTEN UND EINER SCHLECHTEN HÄLFTE?
SO SCHEINT ES!
ALS OB DIE ELEMENTE SICH GEWEIGERT HÄTTEN, SICH VON IHM EINFANGEN ZU LASSEN!
DESWEGEN IST ER ABGEHAUEN! ER WAR GESCHEITERT!
„IM HAUS FAND MAN KEINERLEI SPUREN VON LUDMOORE. UND DAS BERÜHMTE BUCH WAR MIT EINEM GENIALEN MECHANISMUS VERSIEGELT."
DARF ICH? H-HERR LUDMOORE?
„ES VERBREITETE SICH DAS GERÜCHT, DER TEXT BERGE DAS GEHEIMNIS DER FÜNF ELEMENTE."

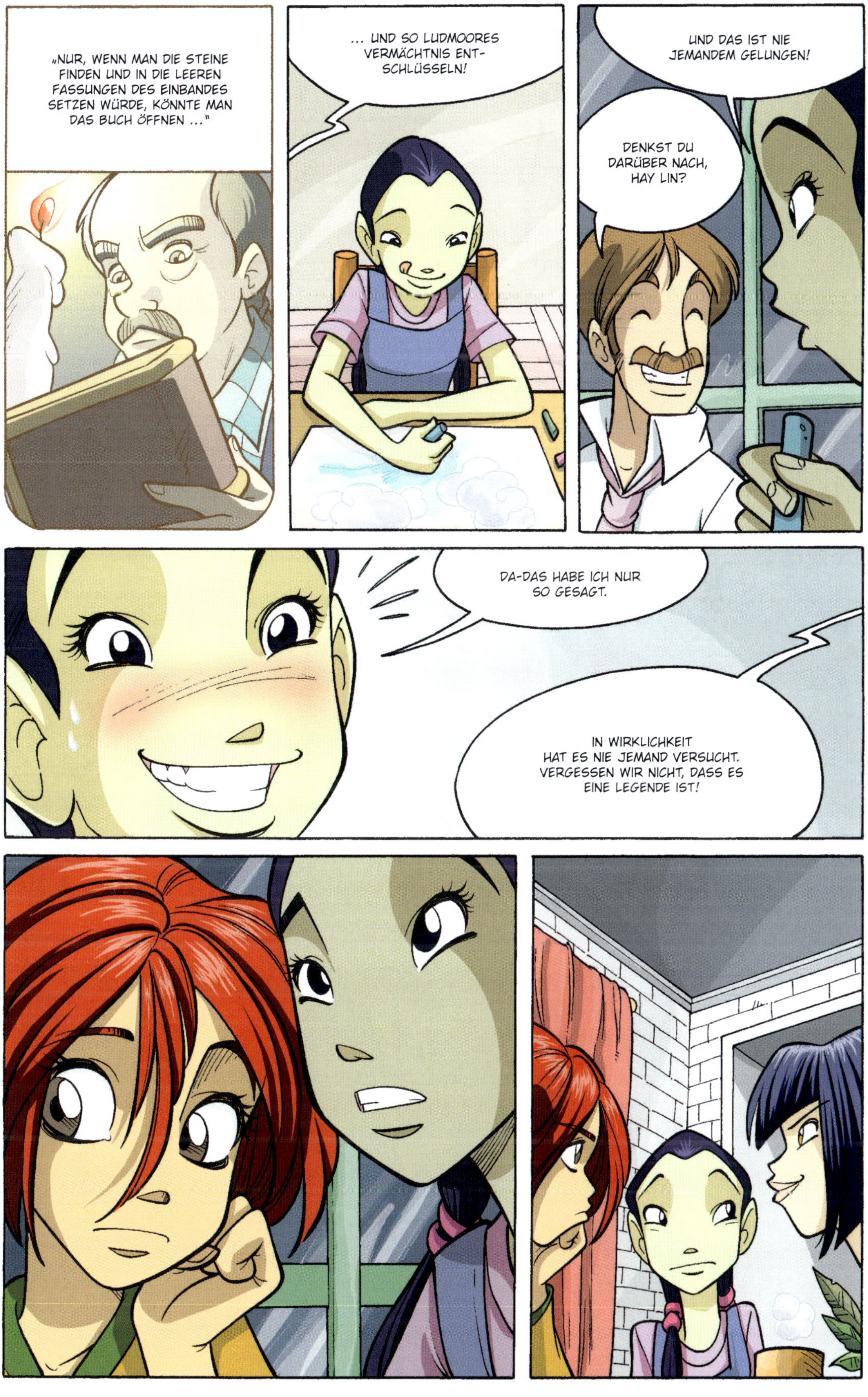
„NUR, WENN MAN DIE STEINE FINDEN UND IN DIE LEEREN FASSUNGEN DES EINBANDES SETZEN WÜRDE, KÖNNTE MAN DAS BUCH ÖFFNEN ..."
... UND SO LUDMOORES VERMÄCHTNIS ENT-SCHLÜSSELN!
UND DAS IST NIE JEMANDEM GELUNGEN!
DENKST DU DARÜBER NACH, HAY LIN?
DA-DAS HABE ICH NUR SO GESAGT.
IN WIRKLICHKEIT HAT ES NIE JEMAND VERSUCHT. VERGESSEN WIR NICHT, DASS ES EINE LEGENDE IST!

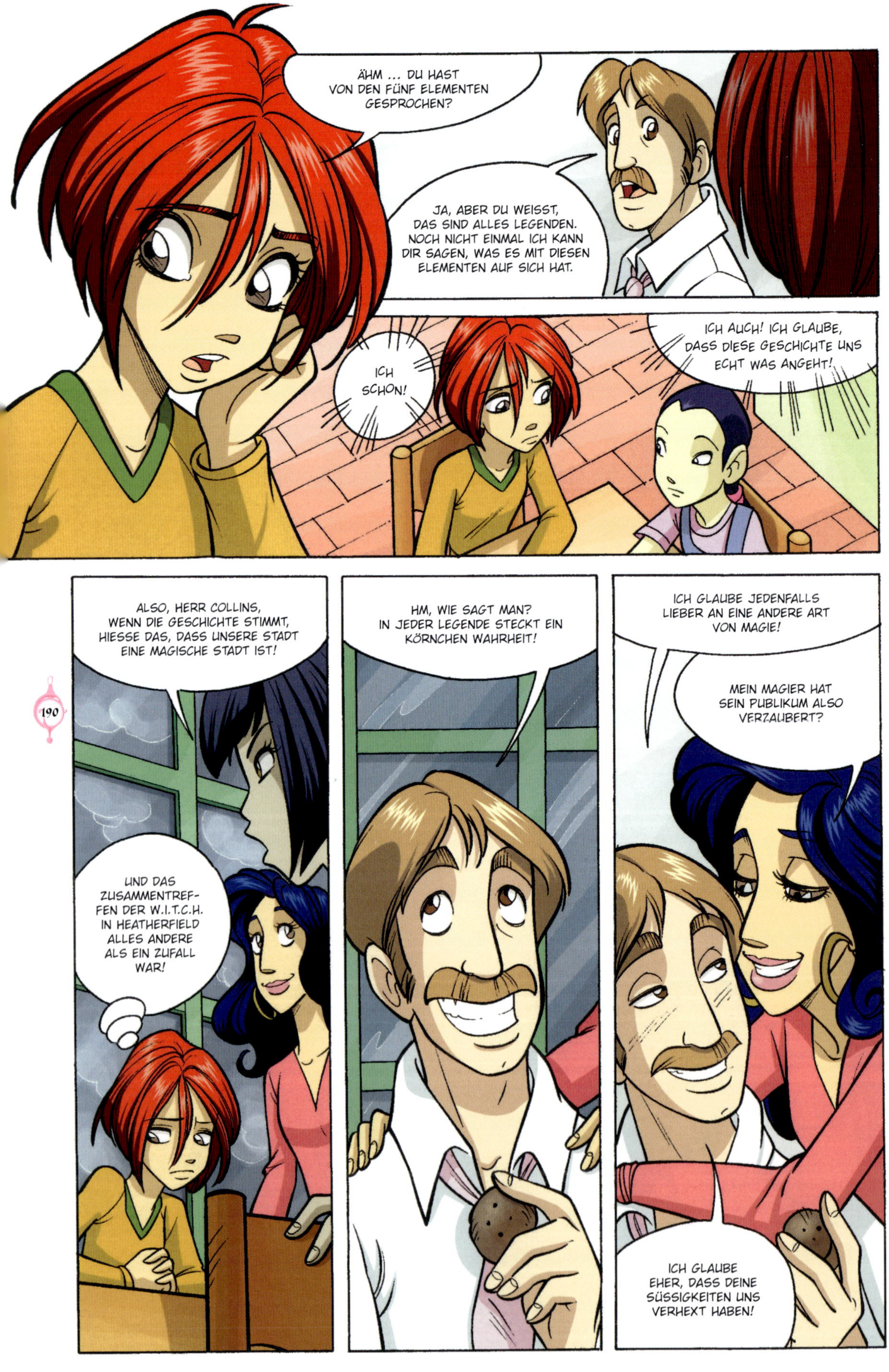
ÄHM … DU HAST VON DEN FÜNF ELEMENTEN GESPROCHEN?
JA, ABER DU WEISST, DAS SIND ALLES LEGENDEN. NOCH NICHT EINMAL ICH KANN DIR SAGEN, WAS ES MIT DIESEN ELEMENTEN AUF SICH HAT.
ICH SCHON!
ICH AUCH! ICH GLAUBE, DASS DIESE GESCHICHTE UNS ECHT WAS ANGEHT!
ALSO, HERR COLLINS, WENN DIE GESCHICHTE STIMMT, HIESSE DAS, DASS UNSERE STADT EINE MAGISCHE STADT IST!
UND DAS ZUSAMMENTREFFEN DER W.I.T.C.H. IN HEATHERFIELD ALLES ANDERE ALS EIN ZUFALL WAR!
HM, WIE SAGT MAN? IN JEDER LEGENDE STECKT EIN KÖRNCHEN WAHRHEIT!
ICH GLAUBE JEDENFALLS LIEBER AN EINE ANDERE ART VON MAGIE!
MEIN MAGIER HAT SEIN PUBLIKUM ALSO VERZAUBERT?
ICH GLAUBE EHER, DASS DEINE SÜSSIGKEITEN UNS VERHEXT HABEN!
190

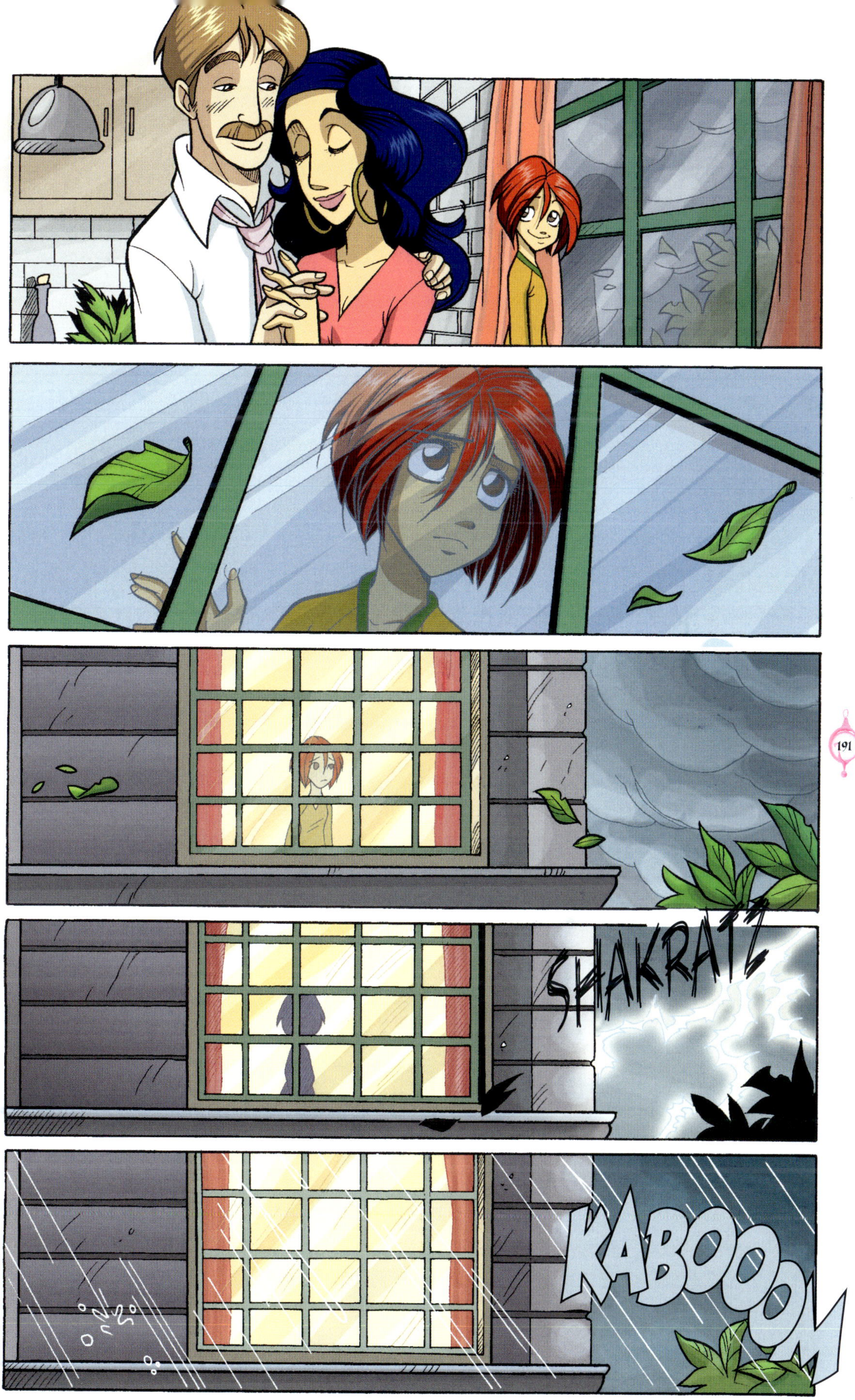
SHAKRATZ
KABOOOM

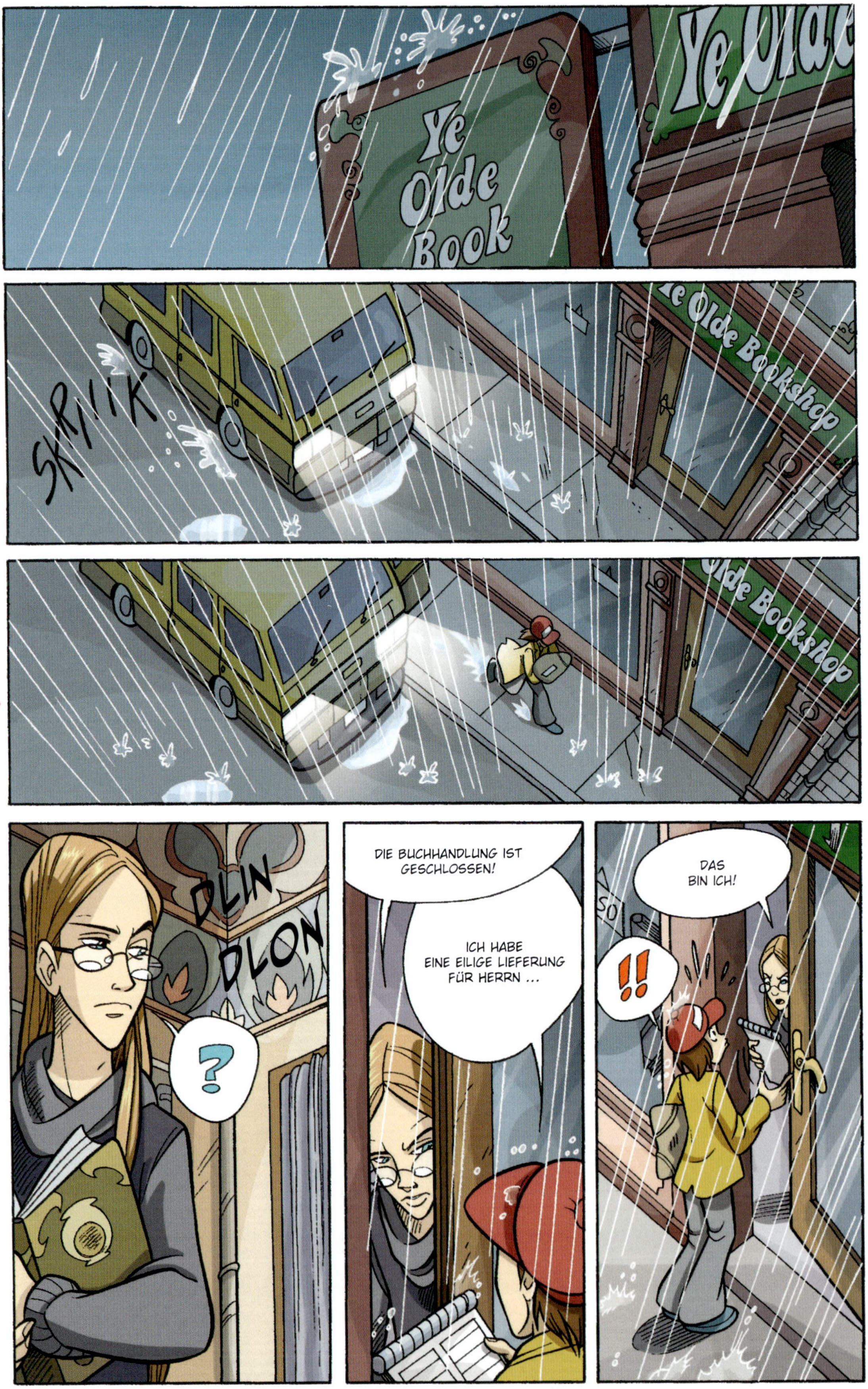
Ye Olde Book
Ye Olde
SKRIIIK
Ye Olde Bookshop
DLIN
DLON
?
DIE BUCHHANDLUNG IST GESCHLOSSEN!
ICH HABE EINE EILIGE LIEFERUNG FÜR HERRN ...
DAS BIN ICH!
!!

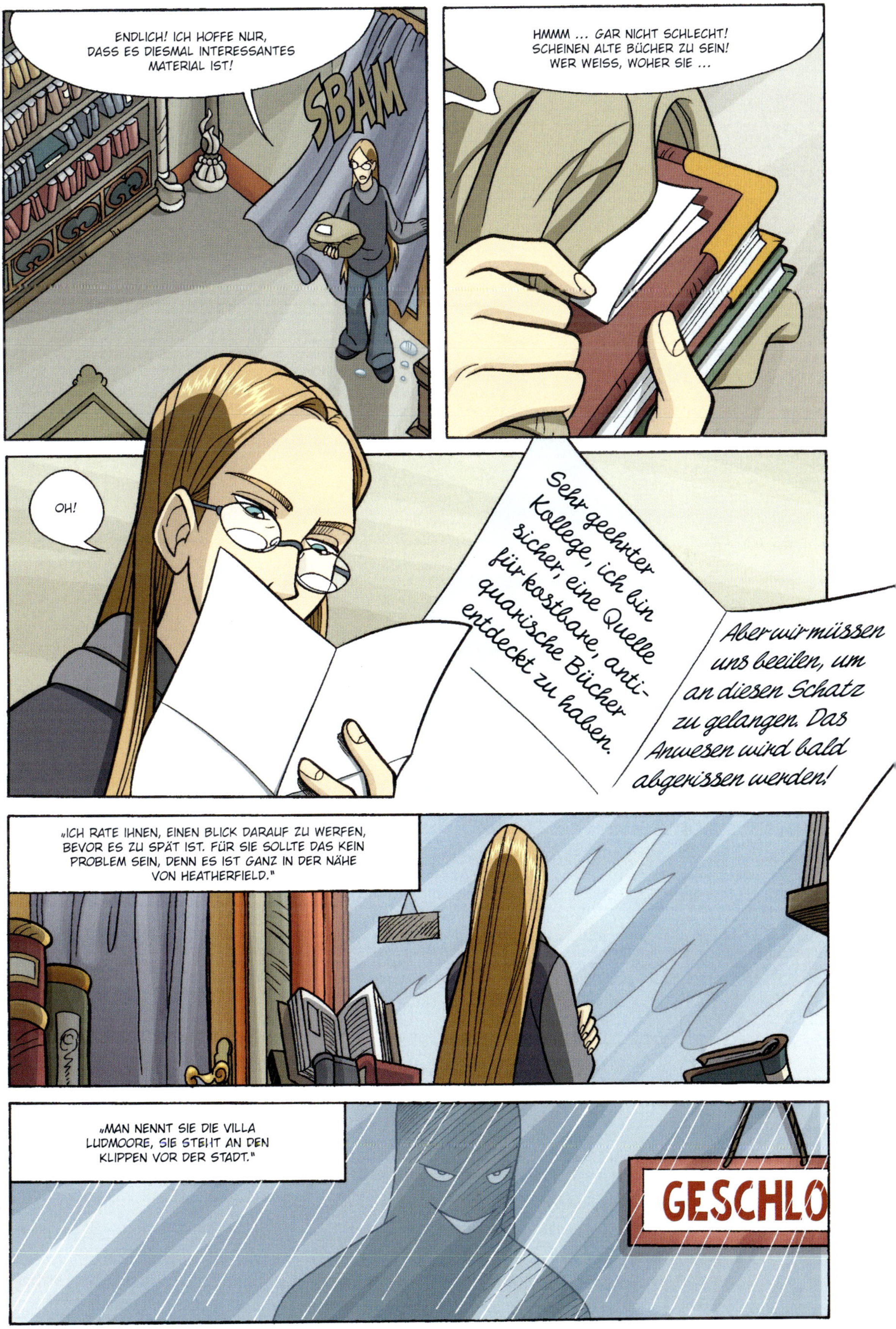
ENDLICH! ICH HOFFE NUR, DASS ES DIESMAL INTERESSANTES MATERIAL IST!
SBAM
HMMM ... GAR NICHT SCHLECHT! SCHEINEN ALTE BÜCHER ZU SEIN! WER WEISS, WOHER SIE ...
OH!
Sehr geehrter Kollege, ich bin sicher, eine Quelle für kostbare, antiquarische Bücher entdeckt zu haben.
Aber wir müssen uns beeilen, um an diesen Schatz zu gelangen. Das Anwesen wird bald abgerissen werden!
„ICH RATE IHNEN, EINEN BLICK DARAUF ZU WERFEN, BEVOR ES ZU SPÄT IST. FÜR SIE SOLLTE DAS KEIN PROBLEM SEIN, DENN ES IST GANZ IN DER NÄHE VON HEATHERFIELD."
„MAN NENNT SIE DIE VILLA LUDMOORE, SIE STEHT AN DEN KLIPPEN VOR DER STADT."
GESCHLO

DAS AUGE DES BUCHES

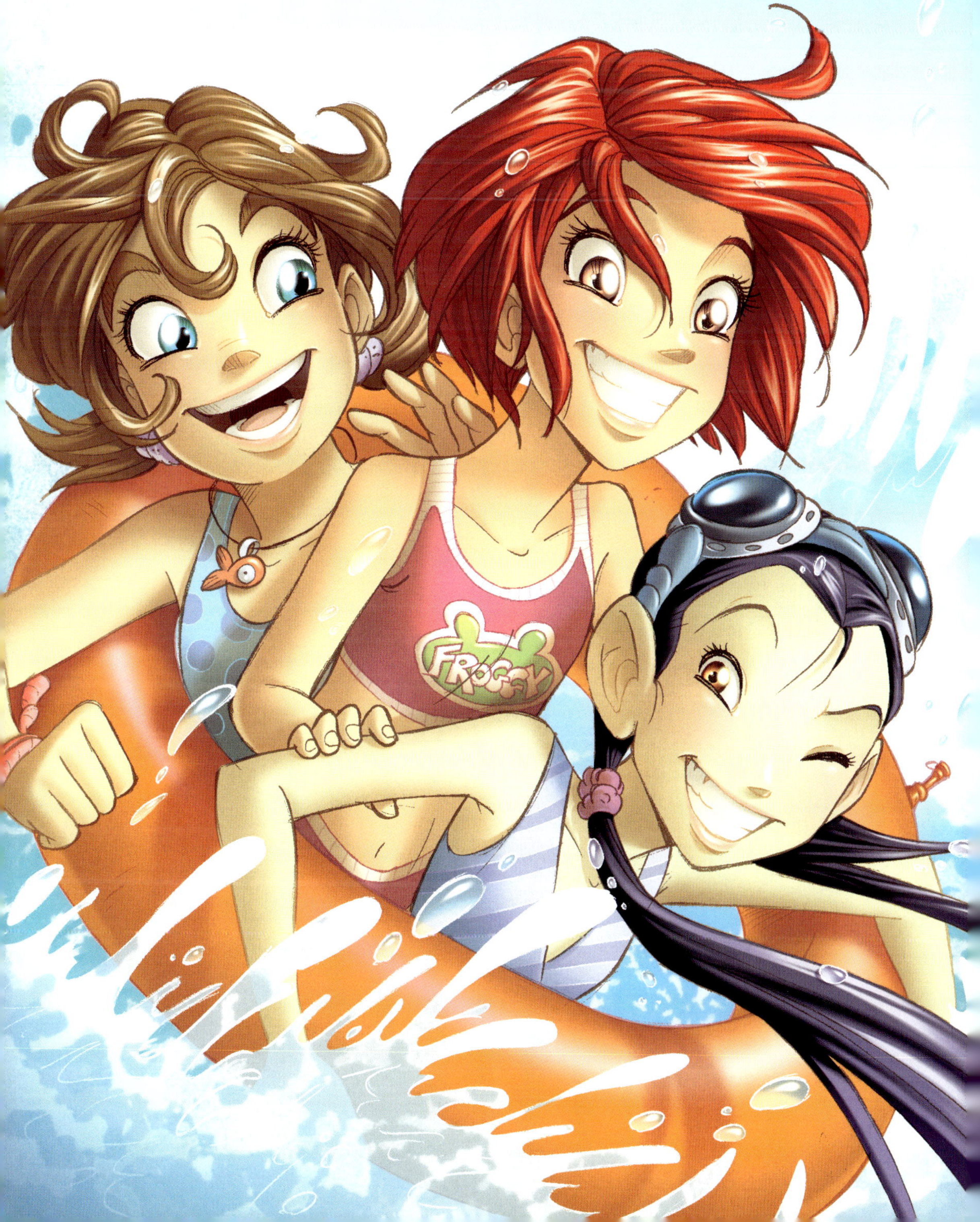

„Wunderbar und melancholisch. Er erinnert mich an den Garten der Flüsterer in Meridian."

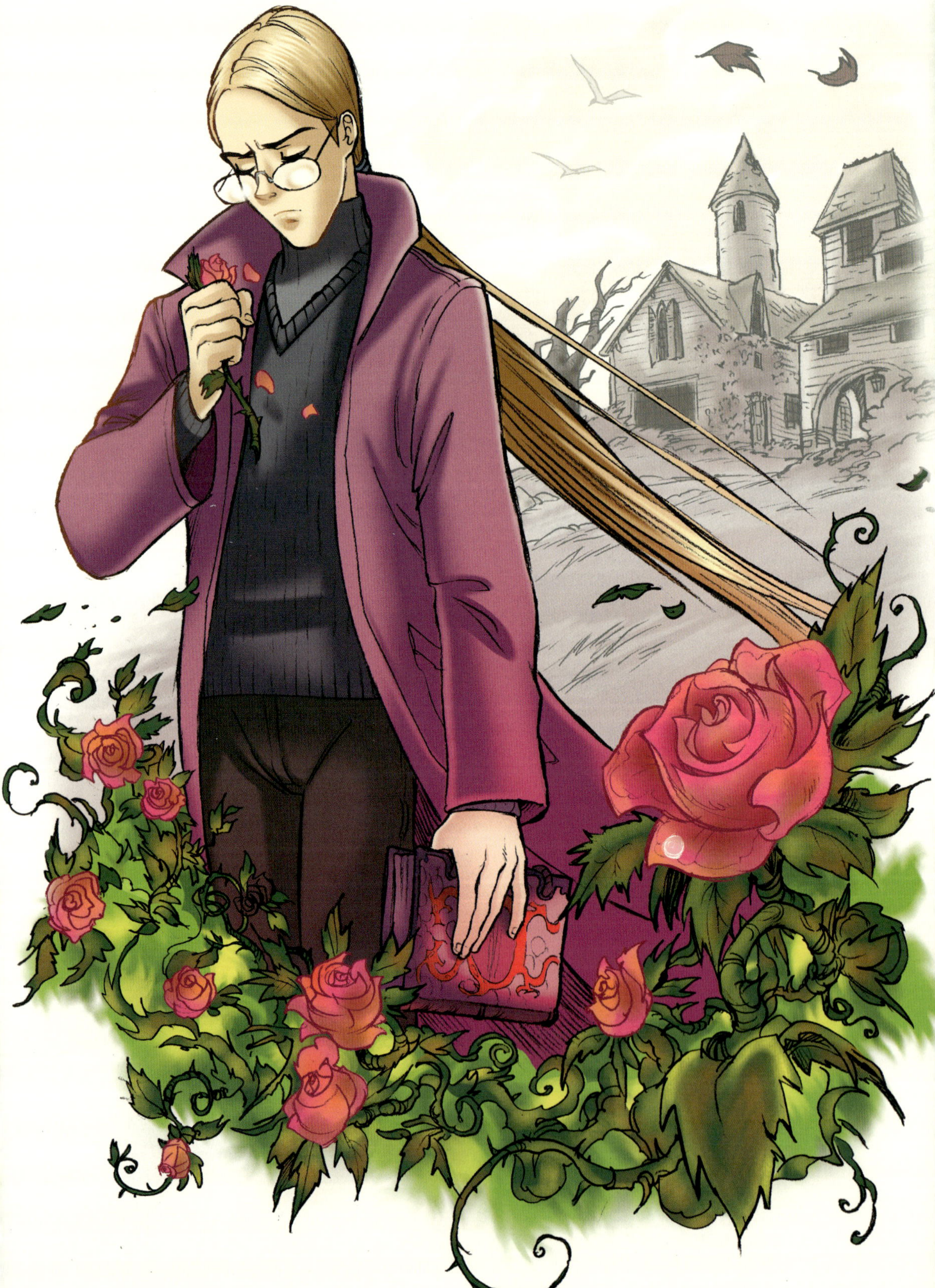

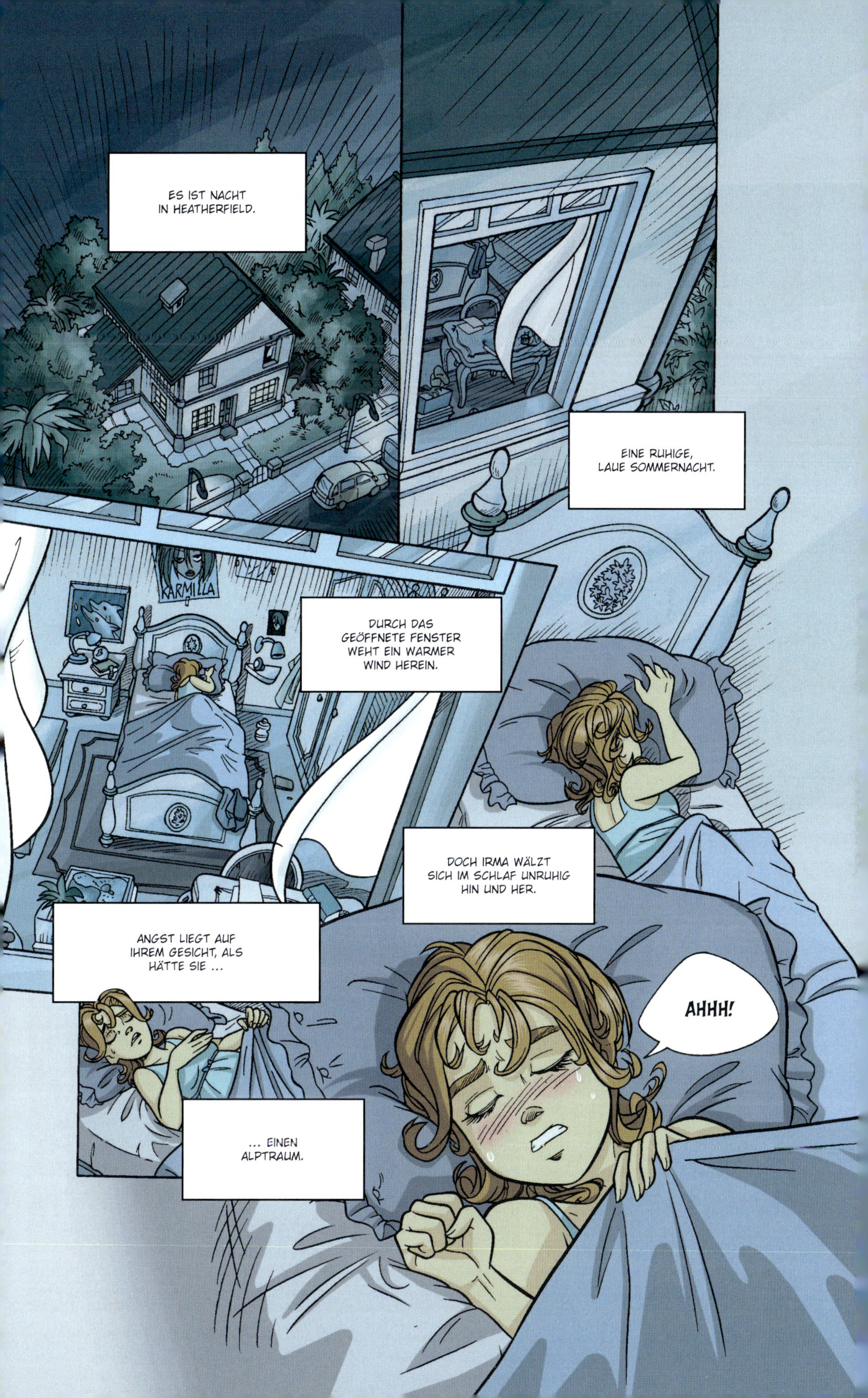

ES IST NACHT IN HEATHERFIELD.
EINE RUHIGE, LAUE SOMMERNACHT.
KARMILLA
DURCH DAS GEÖFFNETE FENSTER WEHT EIN WARMER WIND HEREIN.
DOCH IRMA WÄLZT SICH IM SCHLAF UNRUHIG HIN UND HER.
ANGST LIEGT AUF IHREM GESICHT, ALS HÄTTE SIE ...
AHHH!
... EINEN ALPTRAUM.

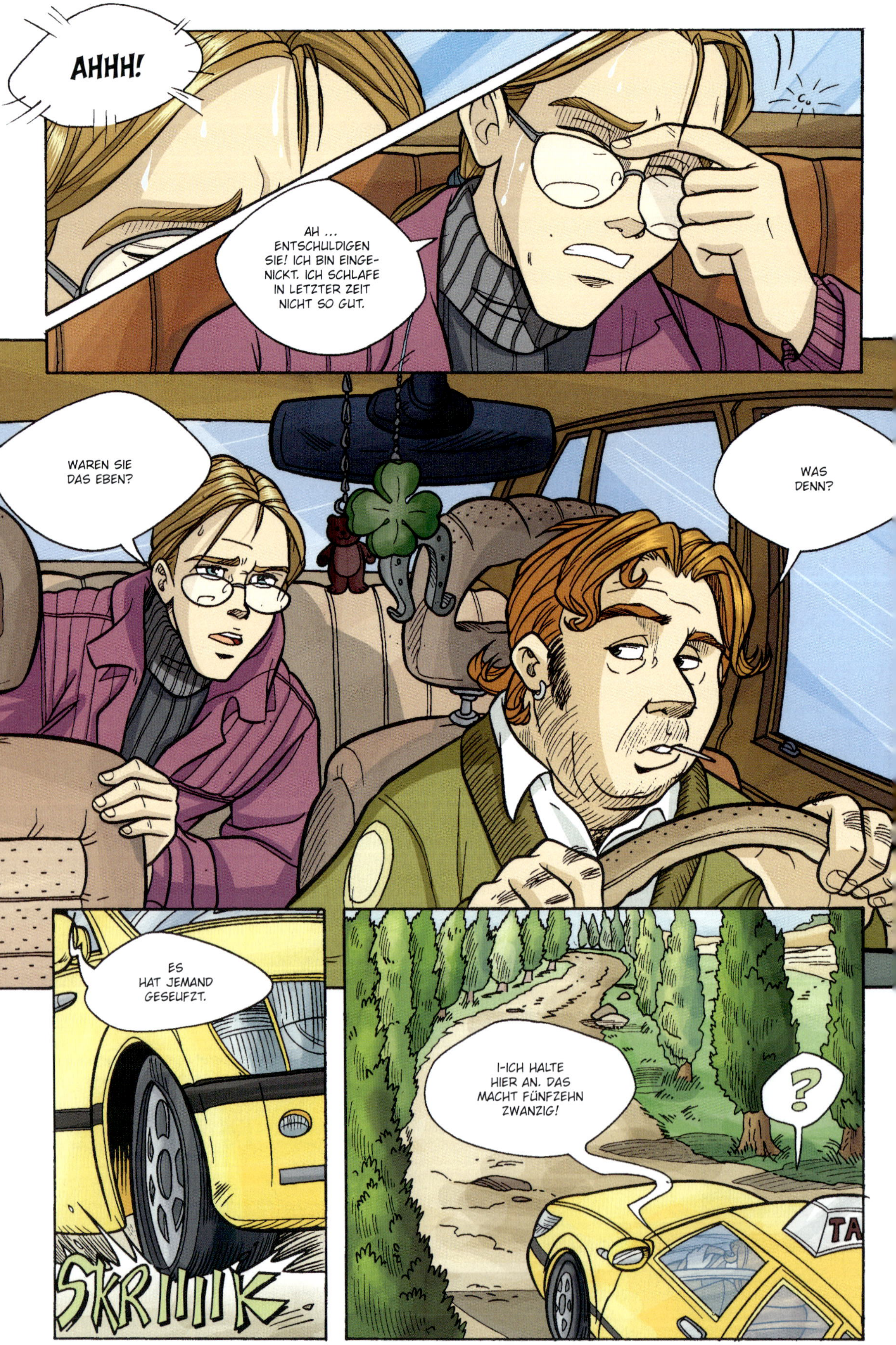
AHHH!
AH ... ENTSCHULDIGEN SIE! ICH BIN EINGE-NICKT. ICH SCHLAFE IN LETZTER ZEIT NICHT SO GUT.
WAREN SIE DAS EBEN?
WAS DENN?
ES HAT JEMAND GESEUFZT.
SKRIIIIK
I-ICH HALTE HIER AN. DAS MACHT FÜNFZEHN ZWANZIG!
?
TA

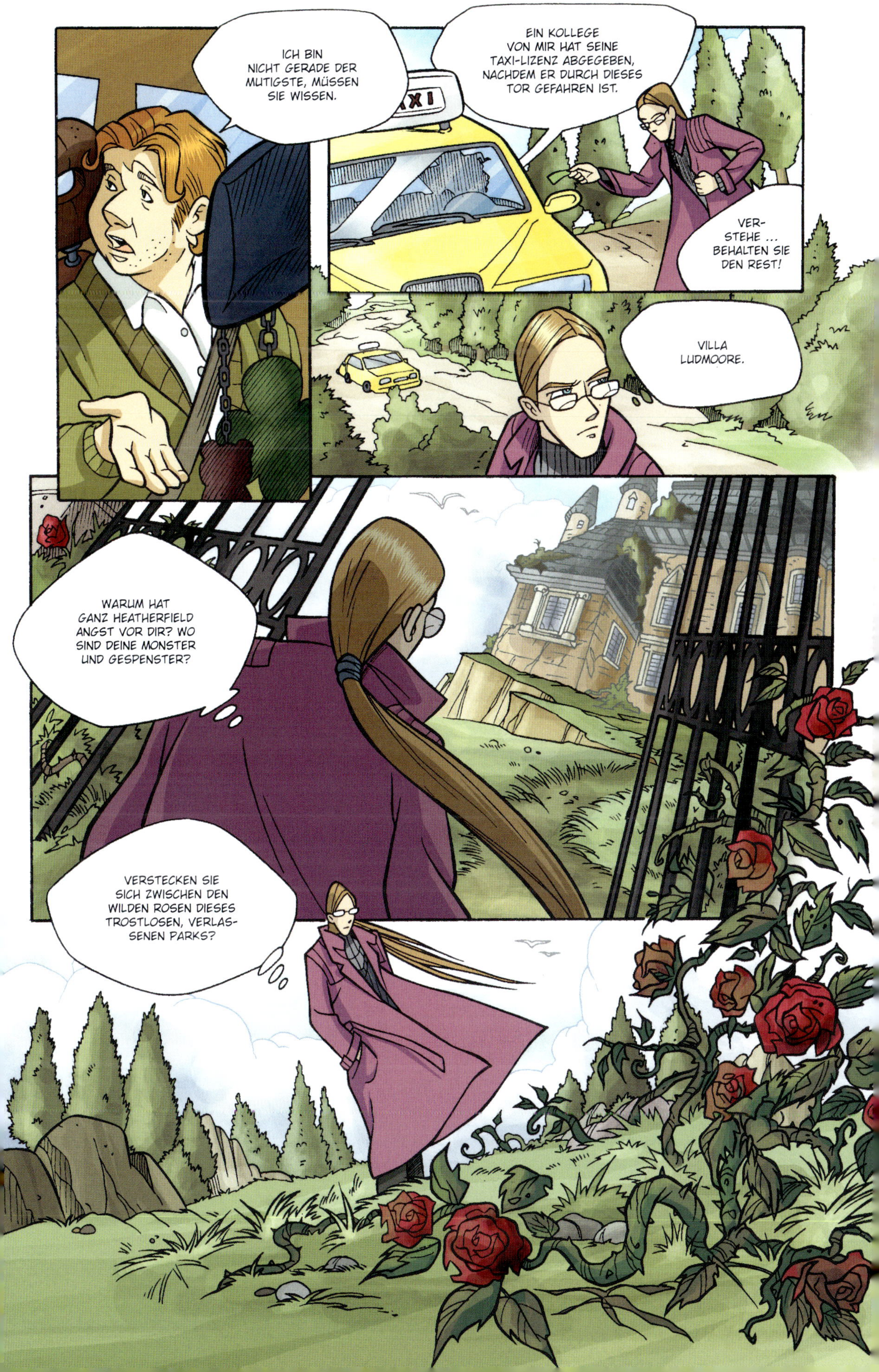
ICH BIN NICHT GERADE DER MUTIGSTE, MÜSSEN SIE WISSEN.
TAXI
EIN KOLLEGE VON MIR HAT SEINE TAXI-LIZENZ ABGEGEBEN, NACHDEM ER DURCH DIESES TOR GEFAHREN IST.
VER-STEHE ... BEHALTEN SIE DEN REST!
VILLA LUDMOORE.
WARUM HAT GANZ HEATHERFIELD ANGST VOR DIR? WO SIND DEINE MONSTER UND GESPENSTER?
VERSTECKEN SIE SICH ZWISCHEN DEN WILDEN ROSEN DIESES TROSTLOSEN, VERLAS-SENEN PARKS?

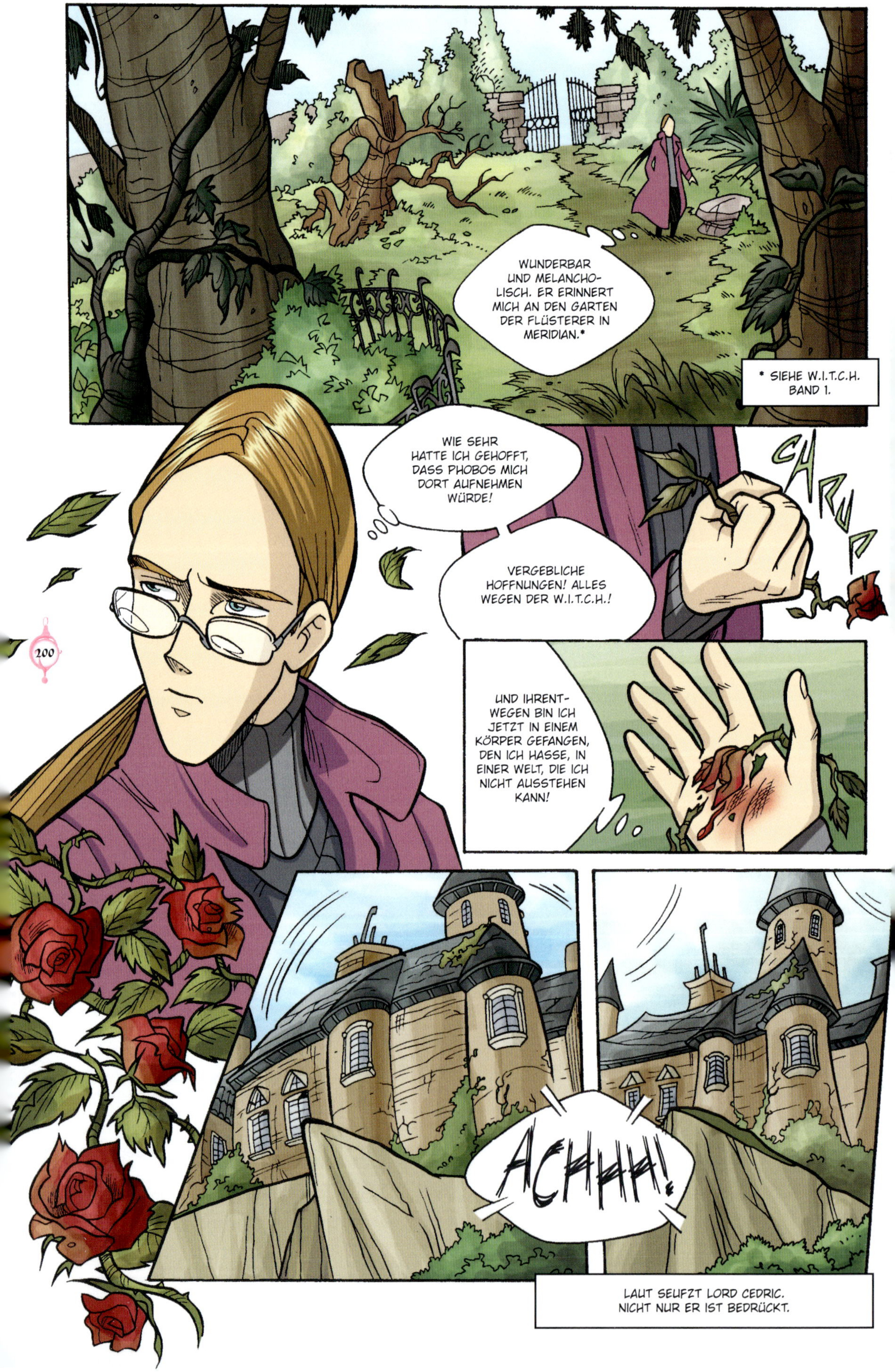
WUNDERBAR UND MELANCHOLISCH. ER ERINNERT MICH AN DEN GARTEN DER FLÜSTERER IN MERIDIAN.*
* SIEHE W.I.T.C.H. BAND 1.
WIE SEHR HATTE ICH GEHOFFT, DASS PHOBOS MICH DORT AUFNEHMEN WÜRDE!
VERGEBLICHE HOFFNUNGEN! ALLES WEGEN DER W.I.T.C.H.!
CHRUNCH
UND IHRENTWEGEN BIN ICH JETZT IN EINEM KÖRPER GEFANGEN, DEN ICH HASSE, IN EINER WELT, DIE ICH NICHT AUSSTEHEN KANN!
ACHHH!
LAUT SEUFZT LORD CEDRIC. NICHT NUR ER IST BEDRÜCKT.

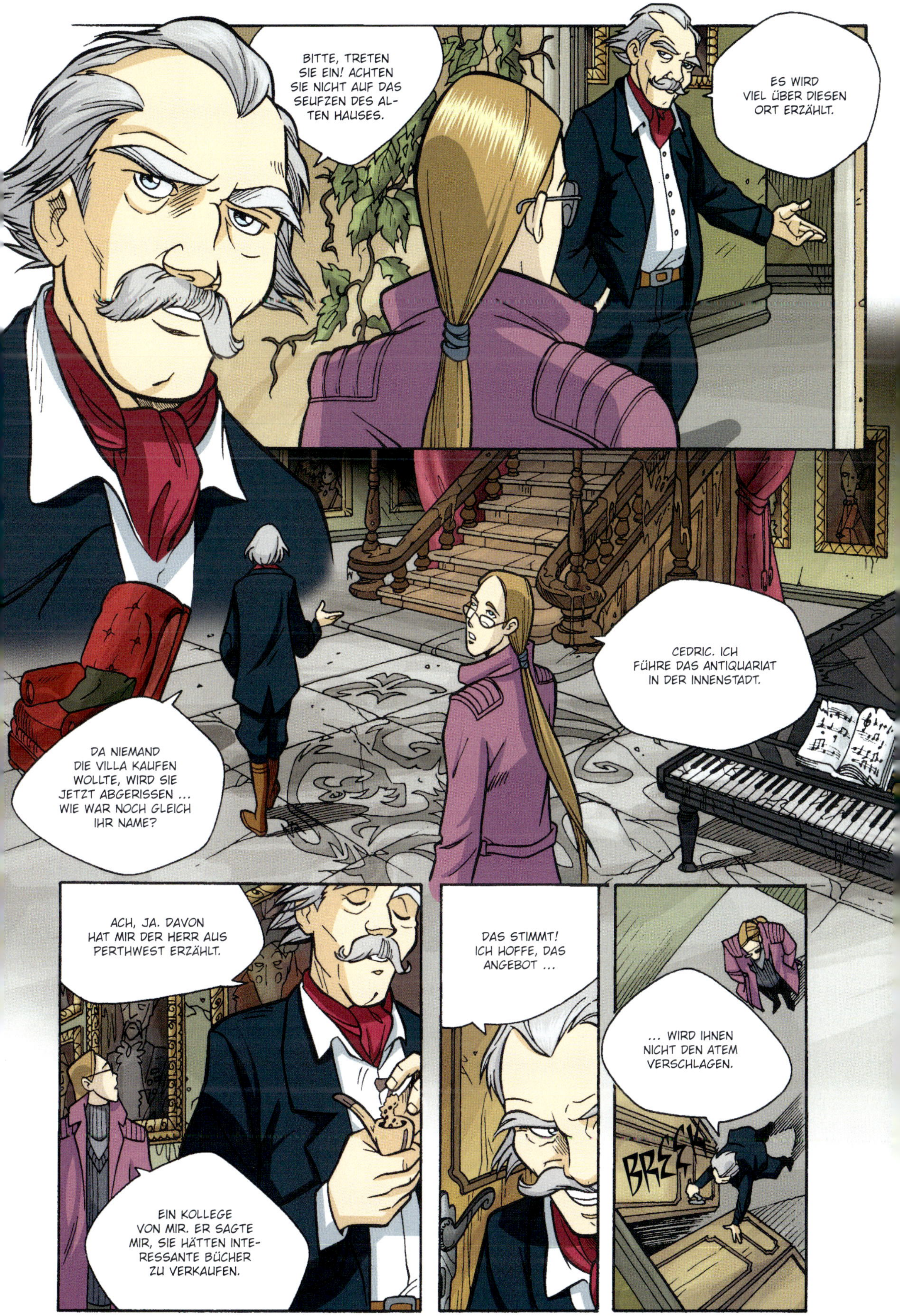
BITTE, TRETEN SIE EIN! ACHTEN SIE NICHT AUF DAS SEUFZEN DES ALTEN HAUSES.
ES WIRD VIEL ÜBER DIESEN ORT ERZÄHLT.
DA NIEMAND DIE VILLA KAUFEN WOLLTE, WIRD SIE JETZT ABGERISSEN ... WIE WAR NOCH GLEICH IHR NAME?
CEDRIC. ICH FÜHRE DAS ANTIQUARIAT IN DER INNENSTADT.
ACH, JA. DAVON HAT MIR DER HERR AUS PERTHWEST ERZÄHLT.
EIN KOLLEGE VON MIR. ER SAGTE MIR, SIE HÄTTEN INTERESSANTE BÜCHER ZU VERKAUFEN.
DAS STIMMT! ICH HOFFE, DAS ANGEBOT ...
... WIRD IHNEN NICHT DEN ATEM VERSCHLAGEN.

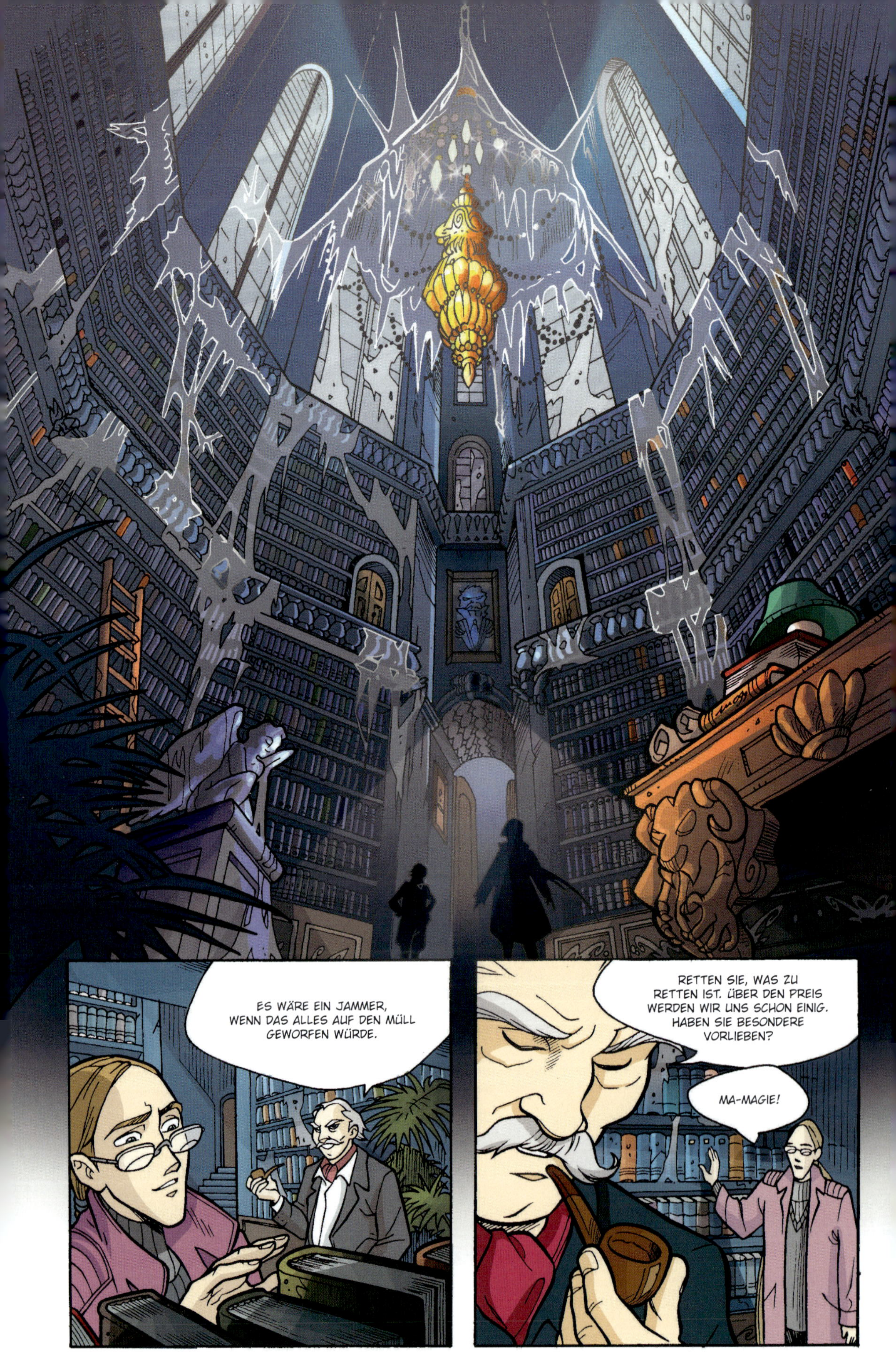
ES WÄRE EIN JAMMER, WENN DAS ALLES AUF DEN MÜLL GEWORFEN WÜRDE.
RETTEN SIE, WAS ZU RETTEN IST. ÜBER DEN PREIS WERDEN WIR UNS SCHON EINIG. HABEN SIE BESONDERE VORLIEBEN?
MA-MAGIE!

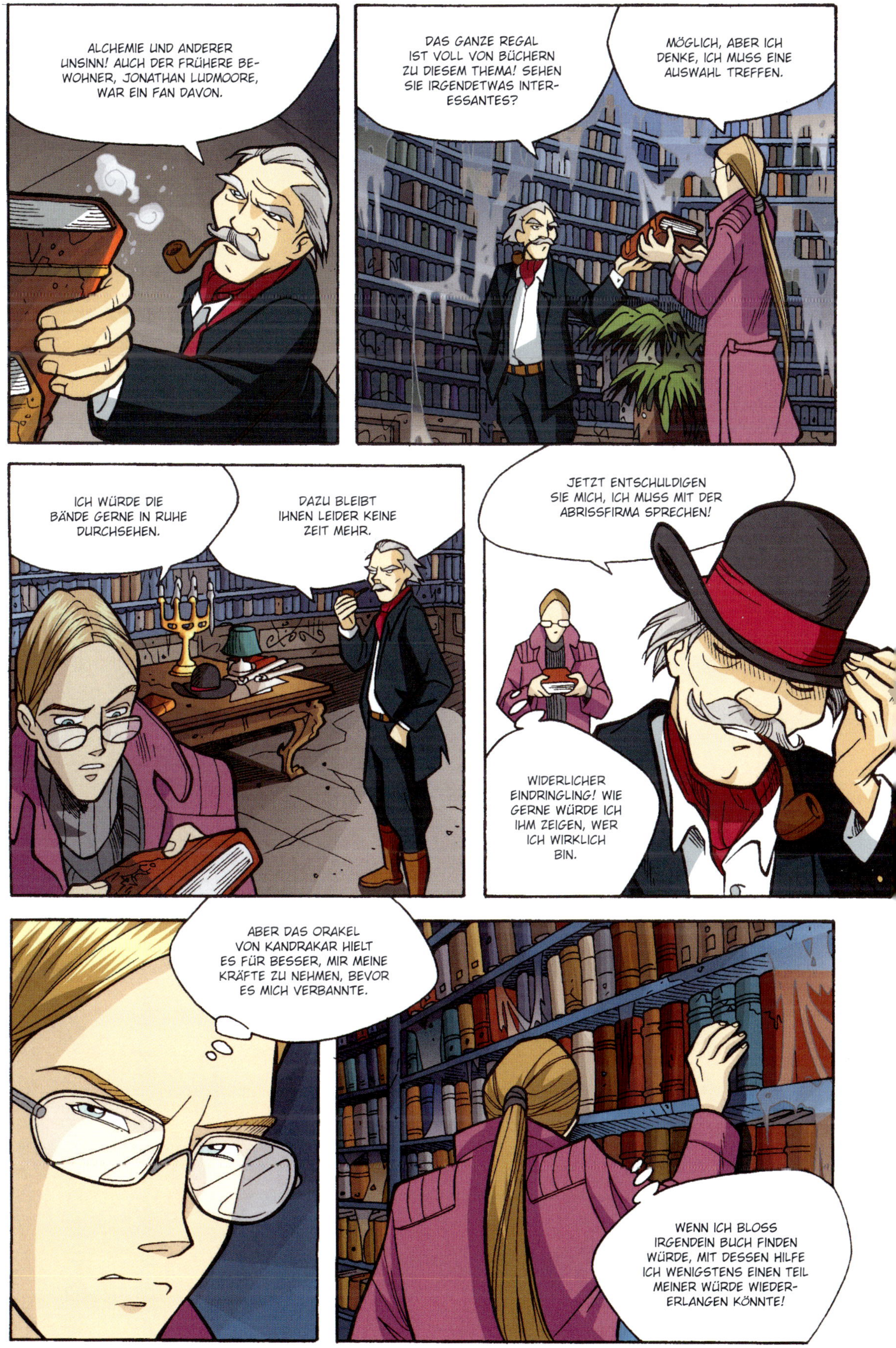
ALCHEMIE UND ANDERER UNSINN! AUCH DER FRÜHERE BEWOHNER, JONATHAN LUDMOORE, WAR EIN FAN DAVON.
DAS GANZE REGAL IST VOLL VON BÜCHERN ZU DIESEM THEMA! SEHEN SIE IRGENDETWAS INTERESSANTES?
MÖGLICH, ABER ICH DENKE, ICH MUSS EINE AUSWAHL TREFFEN.
ICH WÜRDE DIE BÄNDE GERNE IN RUHE DURCHSEHEN.
DAZU BLEIBT IHNEN LEIDER KEINE ZEIT MEHR.
JETZT ENTSCHULDIGEN SIE MICH, ICH MUSS MIT DER ABRISSFIRMA SPRECHEN!
WIDERLICHER EINDRINGLING! WIE GERNE WÜRDE ICH IHM ZEIGEN, WER ICH WIRKLICH BIN.
ABER DAS ORAKEL VON KANDRAKAR HIELT ES FÜR BESSER, MIR MEINE KRÄFTE ZU NEHMEN, BEVOR ES MICH VERBANNTE.
WENN ICH BLOSS IRGENDEIN BUCH FINDEN WÜRDE, MIT DESSEN HILFE ICH WENIGSTENS EINEN TEIL MEINER WÜRDE WIEDERERLANGEN KÖNNTE!

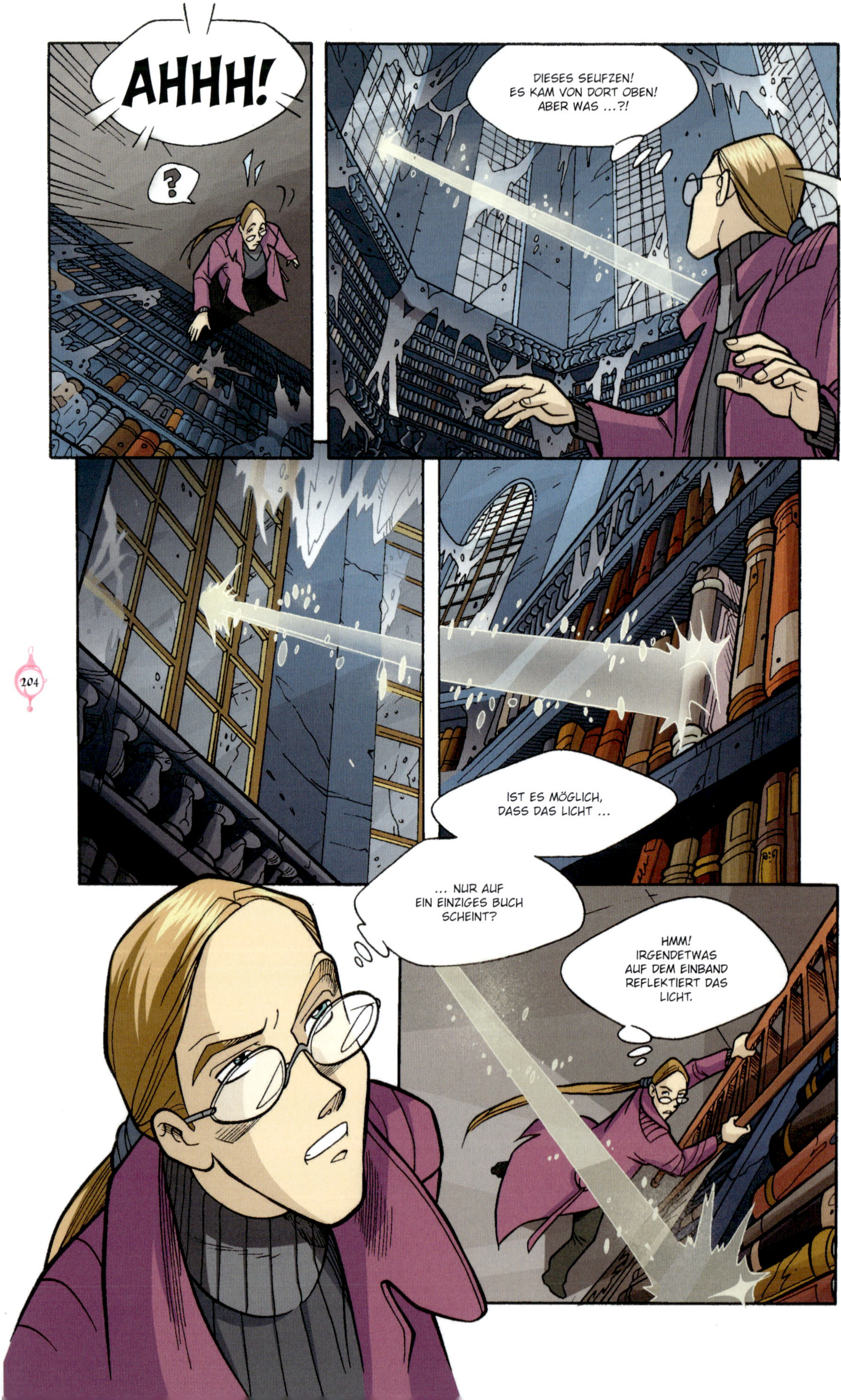
AHHH!
?
DIESES SEUFZEN!
ES KAM VON DORT OBEN!
ABER WAS ...?!
IST ES MÖGLICH,
DASS DAS LICHT ...
... NUR AUF
EIN EINZIGES BUCH
SCHEINT?
HMM!
IRGENDETWAS
AUF DEM EINBAND
REFLEKTIERT DAS
LICHT.

204

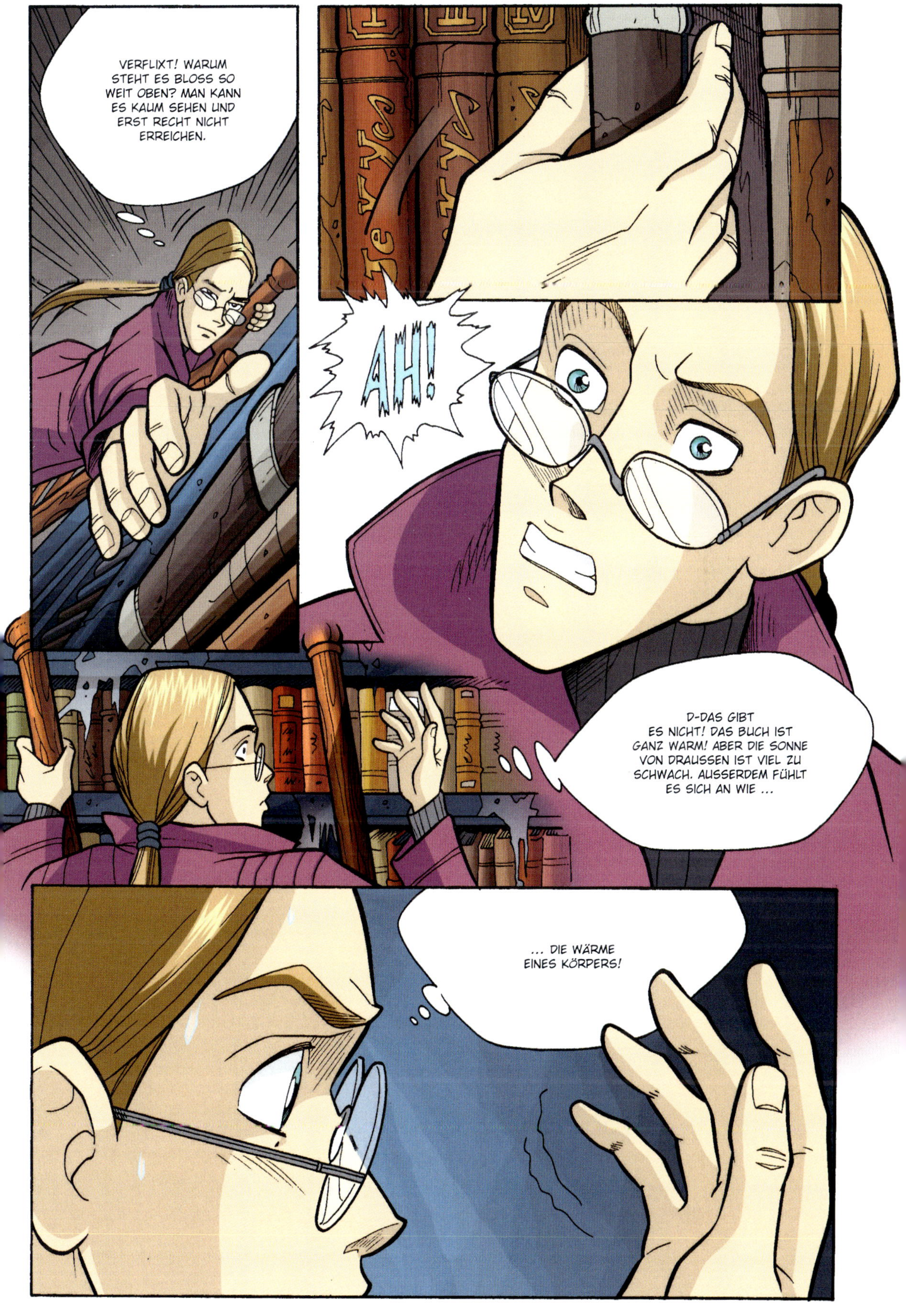
VERFLIXT! WARUM STEHT ES BLOSS SO WEIT OBEN? MAN KANN ES KAUM SEHEN UND ERST RECHT NICHT ERREICHEN.
AH!
D-DAS GIBT ES NICHT! DAS BUCH IST GANZ WARM! ABER DIE SONNE VON DRAUSSEN IST VIEL ZU SCHWACH. AUSSERDEM FÜHLT ES SICH AN WIE ...
... DIE WÄRME EINES KÖRPERS!

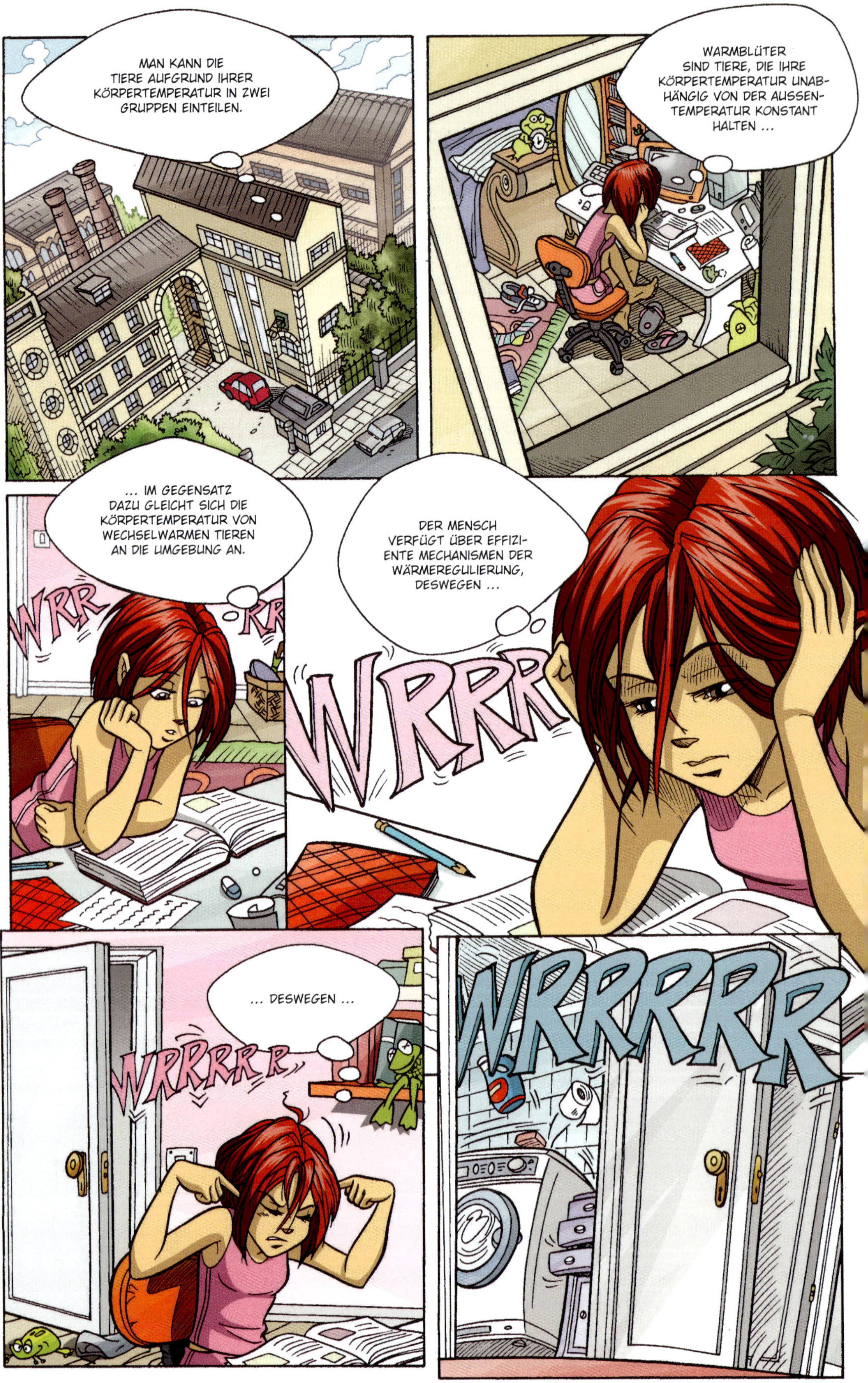

MAN KANN DIE TIERE AUFGRUND IHRER KÖRPERTEMPERATUR IN ZWEI GRUPPEN EINTEILEN.
WARMBLÜTER SIND TIERE, DIE IHRE KÖRPERTEMPERATUR UNABHÄNGIG VON DER AUSSENTEMPERATUR KONSTANT HALTEN ...
... IM GEGENSATZ DAZU GLEICHT SICH DIE KÖRPERTEMPERATUR VON WECHSELWARMEN TIEREN AN DIE UMGEBUNG AN.
WRR
RR
DER MENSCH VERFÜGT ÜBER EFFIZIENTE MECHANISMEN DER WÄRMEREGULIERUNG, DESWEGEN ...
WRRR
... DESWEGEN ...
WRRRRR
WRRRRR

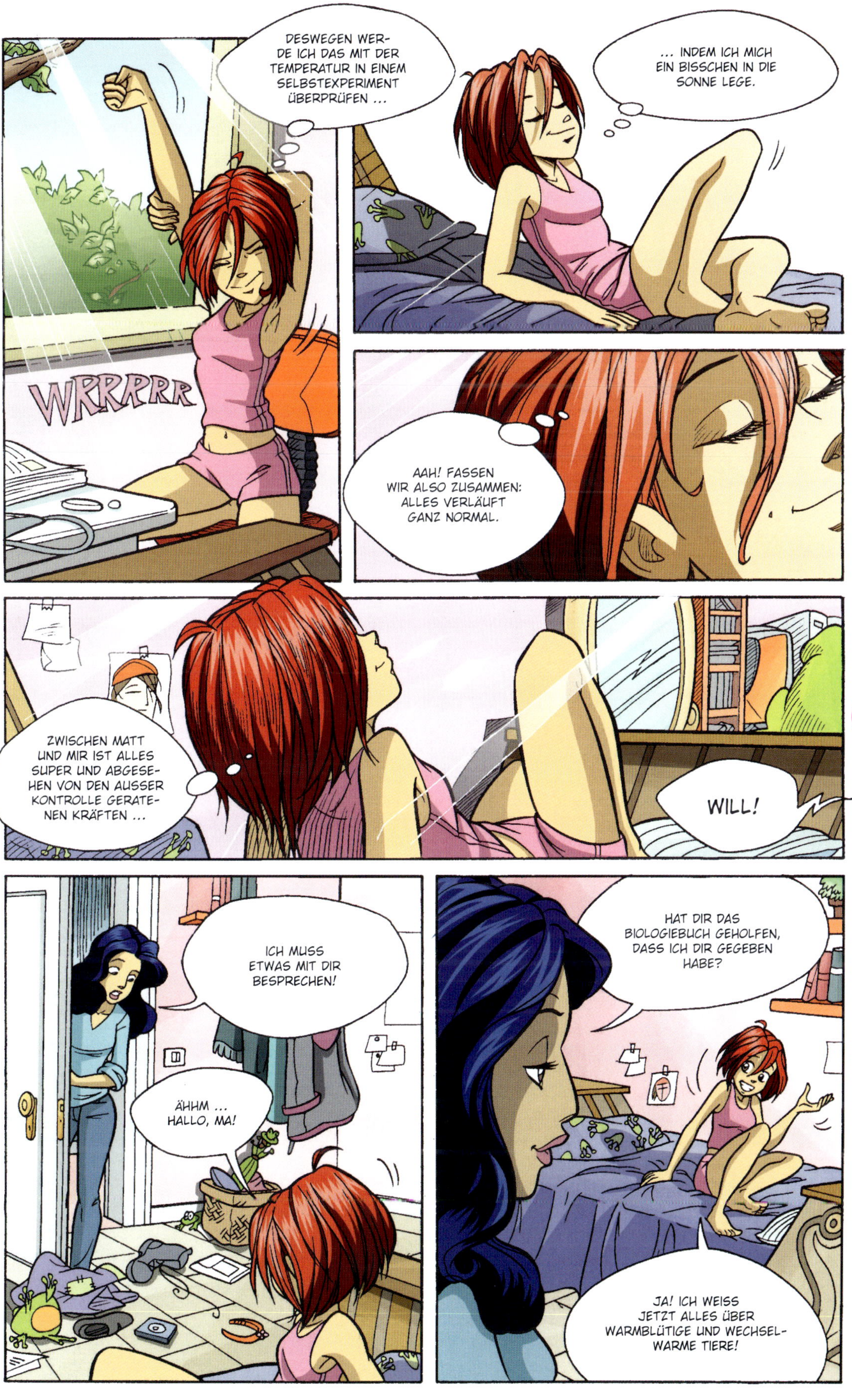
DESWEGEN WERDE ICH DAS MIT DER TEMPERATUR IN EINEM SELBSTEXPERIMENT ÜBERPRÜFEN ...
WRRRRR
... INDEM ICH MICH EIN BISSCHEN IN DIE SONNE LEGE.
AAH! FASSEN WIR ALSO ZUSAMMEN: ALLES VERLÄUFT GANZ NORMAL.
ZWISCHEN MATT UND MIR IST ALLES SUPER UND ABGESEHEN VON DEN AUSSER KONTROLLE GERATENEN KRÄFTEN ...
WILL!
ICH MUSS ETWAS MIT DIR BESPRECHEN!
ÄHHM ... HALLO, MA!
HAT DIR DAS BIOLOGIEBUCH GEHOLFEN, DASS ICH DIR GEGEBEN HABE?
JA! ICH WEISS JETZT ALLES ÜBER WARMBLÜTIGE UND WECHSELWARME TIERE!

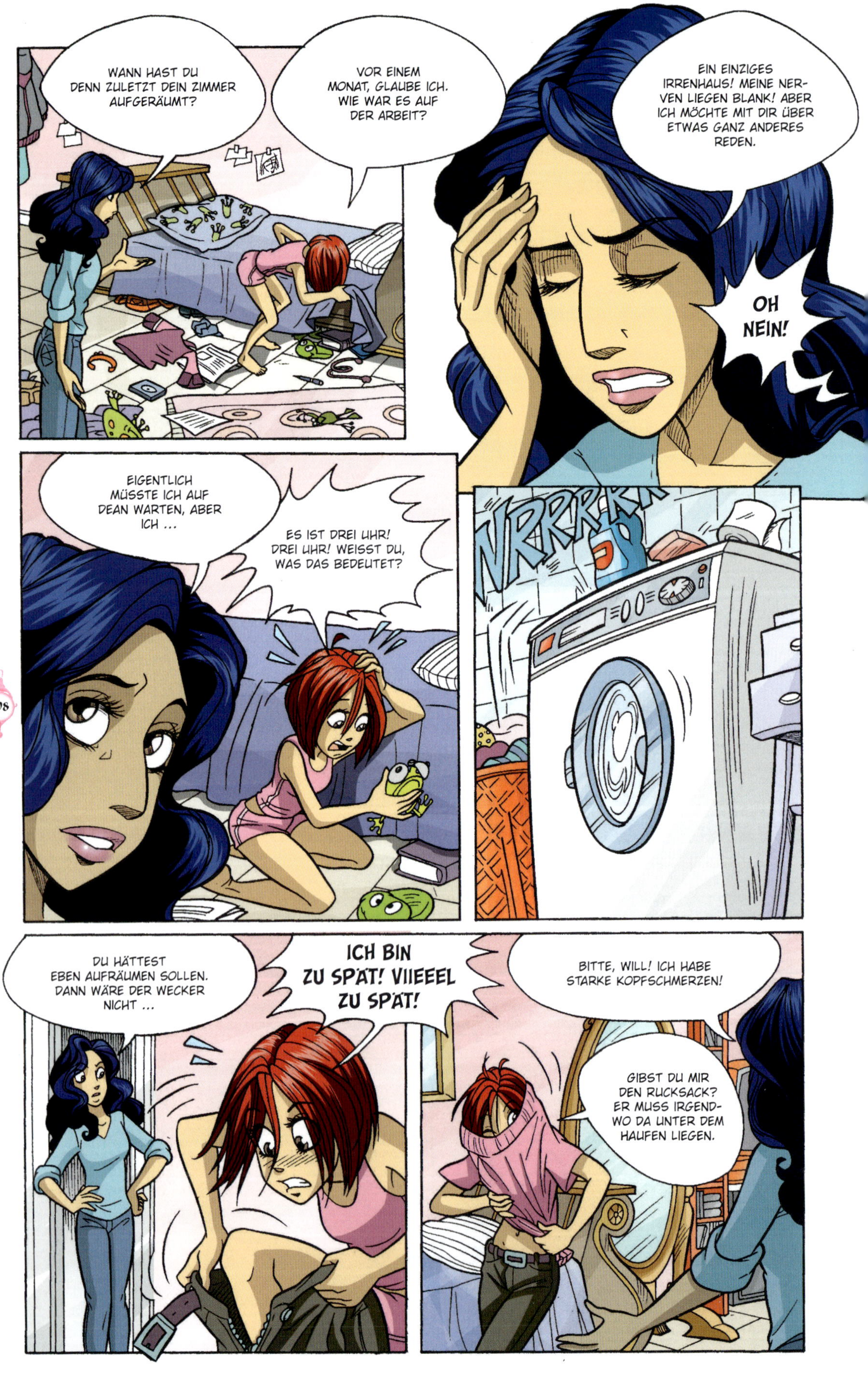
WANN HAST DU DENN ZULETZT DEIN ZIMMER AUFGERÄUMT?
VOR EINEM MONAT, GLAUBE ICH. WIE WAR ES AUF DER ARBEIT?
EIN EINZIGES IRRENHAUS! MEINE NERVEN LIEGEN BLANK! ABER ICH MÖCHTE MIT DIR ÜBER ETWAS GANZ ANDERES REDEN.
OH NEIN!
EIGENTLICH MÜSSTE ICH AUF DEAN WARTEN, ABER ICH …
ES IST DREI UHR! DREI UHR! WEISST DU, WAS DAS BEDEUTET?
NRRRRR
DU HÄTTEST EBEN AUFRÄUMEN SOLLEN. DANN WÄRE DER WECKER NICHT …
ICH BIN ZU SPÄT! VIIEEEL ZU SPÄT!
BITTE, WILL! ICH HABE STARKE KOPFSCHMERZEN!
GIBST DU MIR DEN RUCKSACK? ER MUSS IRGENDWO DA UNTER DEM HAUFEN LIEGEN.

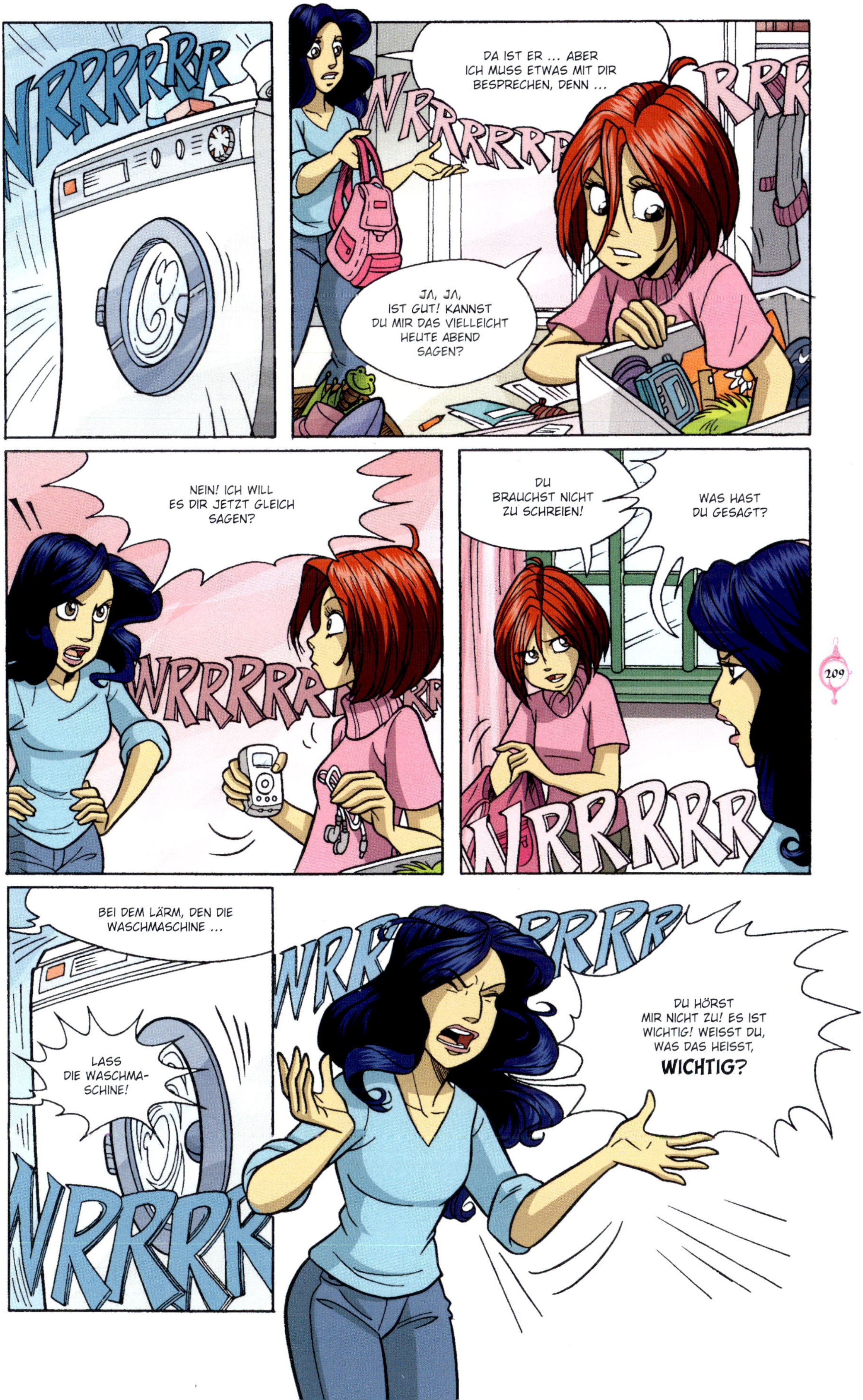
WRRRRRRR
DA IST ER ... ABER ICH MUSS ETWAS MIT DIR BESPRECHEN, DENN ...
WRRRRRRRR
RRR
JA, JA, IST GUT! KANNST DU MIR DAS VIELLEICHT HEUTE ABEND SAGEN?
NEIN! ICH WILL ES DIR JETZT GLEICH SAGEN?
WRRRRRR
DU BRAUCHST NICHT ZU SCHREIEN!
WAS HAST DU GESAGT?
WRRRRR
BEI DEM LÄRM, DEN DIE WASCHMASCHINE ...
WRR
RRRR
LASS DIE WASCHMA-SCHINE!
DU HÖRST MIR NICHT ZU! ES IST WICHTIG! WEISST DU, WAS DAS HEISST, **WICHTIG?**
WRRRRR

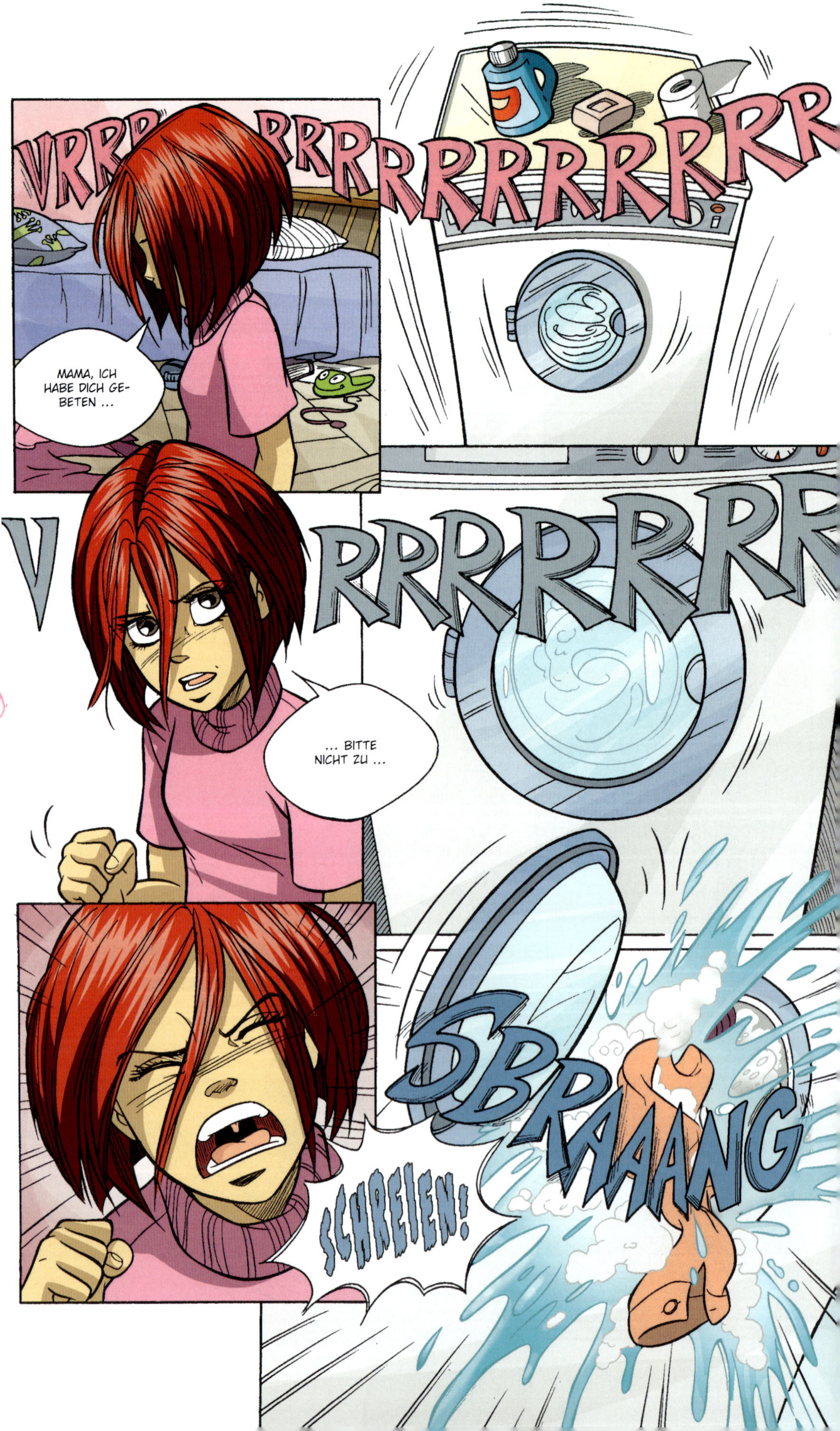
VRRRRRRRRRRRRRRRR
MAMA, ICH HABE DICH GE-BETEN ...
VRRRRRRR
... BITTE NICHT ZU ...
SCHREIEN!
SBRAAANG

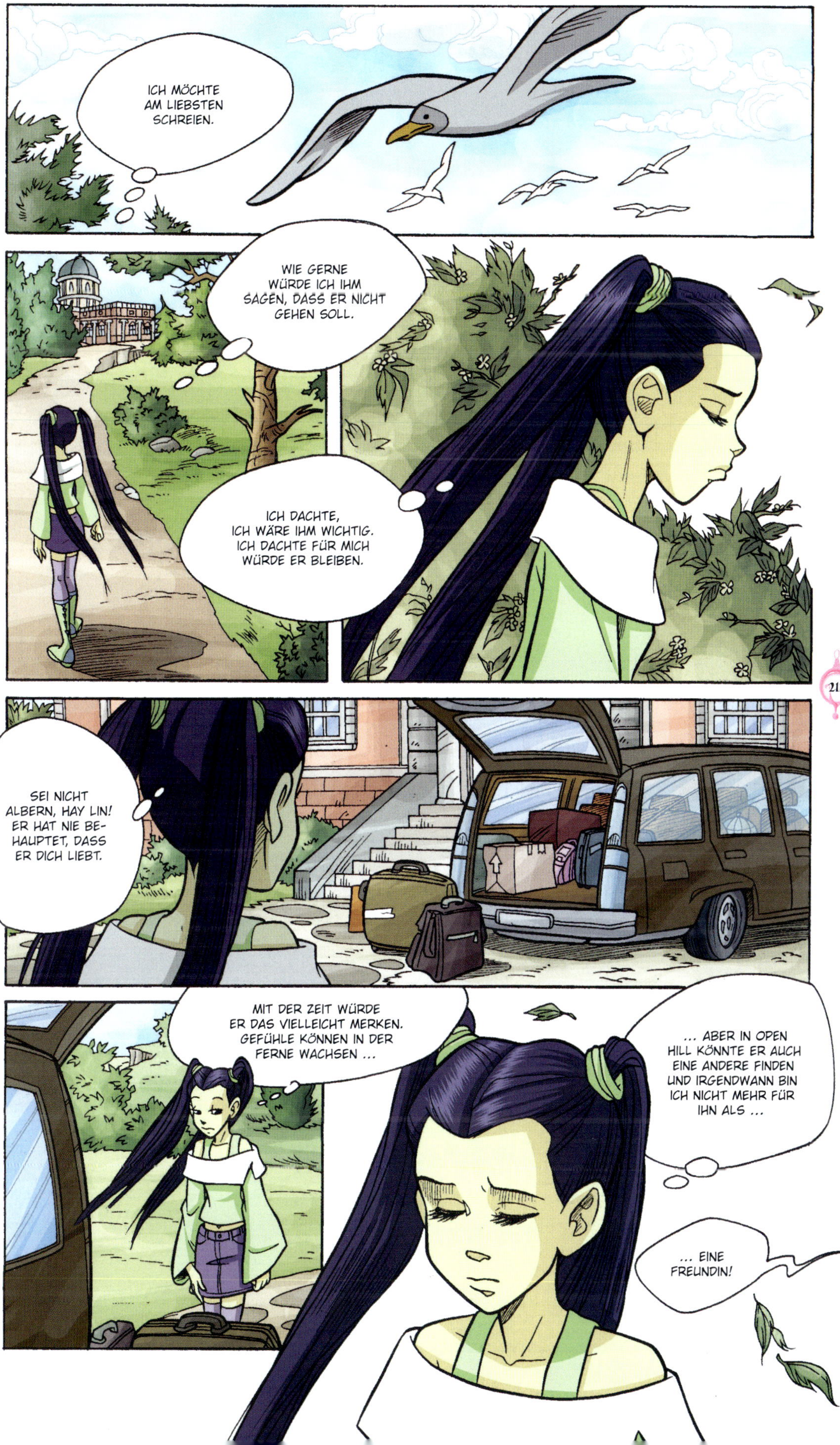
ICH MÖCHTE AM LIEBSTEN SCHREIEN.
WIE GERNE WÜRDE ICH IHM SAGEN, DASS ER NICHT GEHEN SOLL.
ICH DACHTE, ICH WÄRE IHM WICHTIG. ICH DACHTE FÜR MICH WÜRDE ER BLEIBEN.
SEI NICHT ALBERN, HAY LIN! ER HAT NIE BEHAUPTET, DASS ER DICH LIEBT.
MIT DER ZEIT WÜRDE ER DAS VIELLEICHT MERKEN. GEFÜHLE KÖNNEN IN DER FERNE WACHSEN ...
... ABER IN OPEN HILL KÖNNTE ER AUCH EINE ANDERE FINDEN UND IRGENDWANN BIN ICH NICHT MEHR FÜR IHN ALS ...
... EINE FREUNDIN!

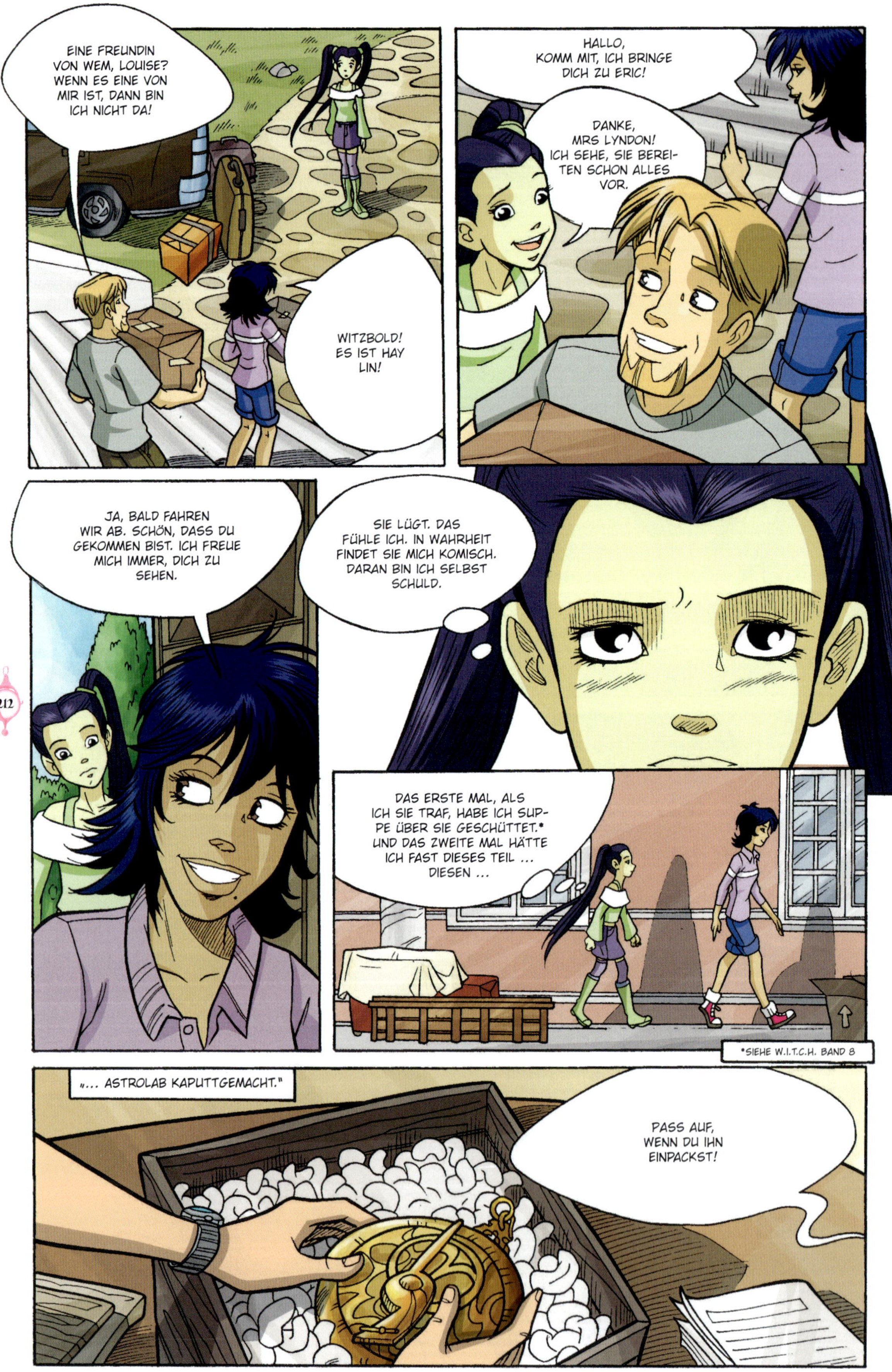
EINE FREUNDIN VON WEM, LOUISE? WENN ES EINE VON MIR IST, DANN BIN ICH NICHT DA!
WITZBOLD! ES IST HAY LIN!
HALLO, KOMM MIT, ICH BRINGE DICH ZU ERIC!
DANKE, MRS LYNDON! ICH SEHE, SIE BEREITEN SCHON ALLES VOR.
JA, BALD FAHREN WIR AB. SCHÖN, DASS DU GEKOMMEN BIST. ICH FREUE MICH IMMER, DICH ZU SEHEN.
SIE LÜGT. DAS FÜHLE ICH. IN WAHRHEIT FINDET SIE MICH KOMISCH. DARAN BIN ICH SELBST SCHULD.
DAS ERSTE MAL, ALS ICH SIE TRAF, HABE ICH SUPPE ÜBER SIE GESCHÜTTET.* UND DAS ZWEITE MAL HÄTTE ICH FAST DIESES TEIL … DIESEN …
*SIEHE W.I.T.C.H. BAND 8
„… ASTROLAB KAPUTTGEMACHT."
PASS AUF, WENN DU IHN EINPACKST!

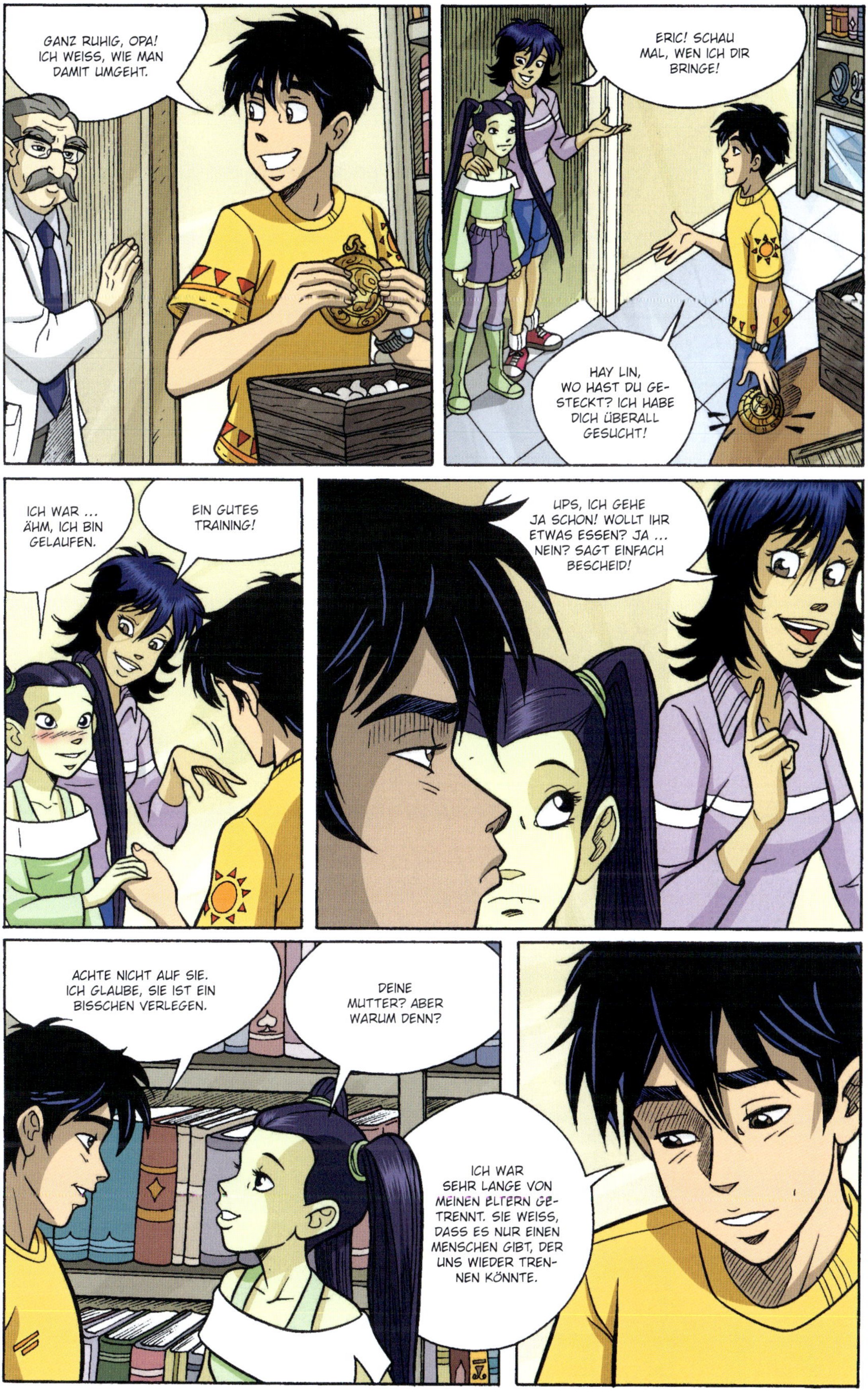
GANZ RUHIG, OPA! ICH WEISS, WIE MAN DAMIT UMGEHT.
ERIC! SCHAU MAL, WEN ICH DIR BRINGE!
HAY LIN, WO HAST DU GESTECKT? ICH HABE DICH ÜBERALL GESUCHT!
ICH WAR ... ÄHM, ICH BIN GELAUFEN.
EIN GUTES TRAINING!
UPS, ICH GEHE JA SCHON! WOLLT IHR ETWAS ESSEN? JA ... NEIN? SAGT EINFACH BESCHEID!
ACHTE NICHT AUF SIE. ICH GLAUBE, SIE IST EIN BISSCHEN VERLEGEN.
DEINE MUTTER? ABER WARUM DENN?
ICH WAR SEHR LANGE VON MEINEN ELTERN GETRENNT. SIE WEISS, DASS ES NUR EINEN MENSCHEN GIBT, DER UNS WIEDER TRENNEN KÖNNTE.

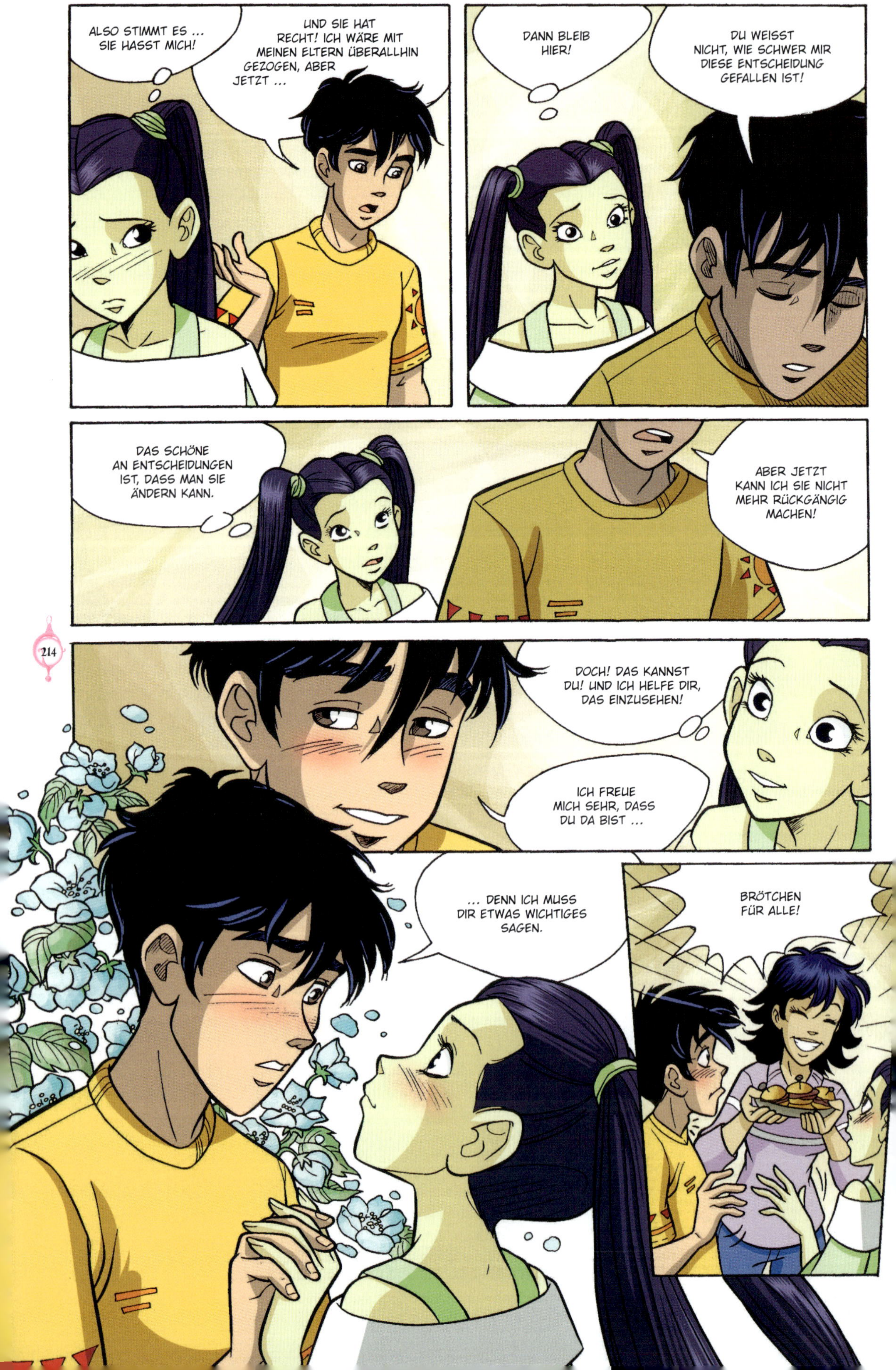

ALSO STIMMT ES ... SIE HASST MICH!
UND SIE HAT RECHT! ICH WÄRE MIT MEINEN ELTERN ÜBERALLHIN GEZOGEN, ABER JETZT ...
DANN BLEIB HIER!
DU WEISST NICHT, WIE SCHWER MIR DIESE ENTSCHEIDUNG GEFALLEN IST!
DAS SCHÖNE AN ENTSCHEIDUNGEN IST, DASS MAN SIE ÄNDERN KANN.
ABER JETZT KANN ICH SIE NICHT MEHR RÜCKGÄNGIG MACHEN!
DOCH! DAS KANNST DU! UND ICH HELFE DIR, DAS EINZUSEHEN!
ICH FREUE MICH SEHR, DASS DU DA BIST ...
... DENN ICH MUSS DIR ETWAS WICHTIGES SAGEN.
BRÖTCHEN FÜR ALLE!

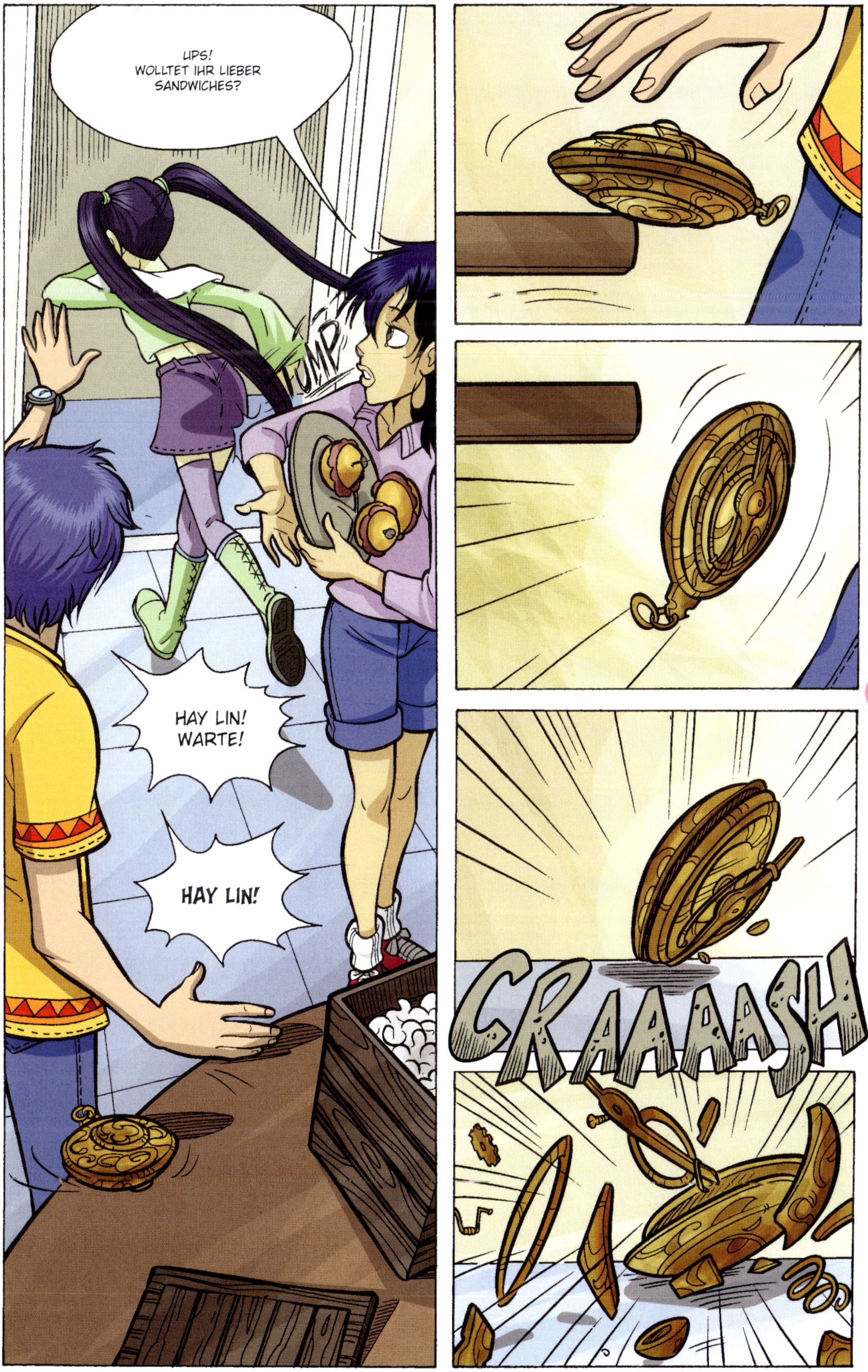
UPS!
WOLLTET IHR LIEBER
SANDWICHES?
TUMP
HAY LIN!
WARTE!
HAY LIN!
CRAAASH

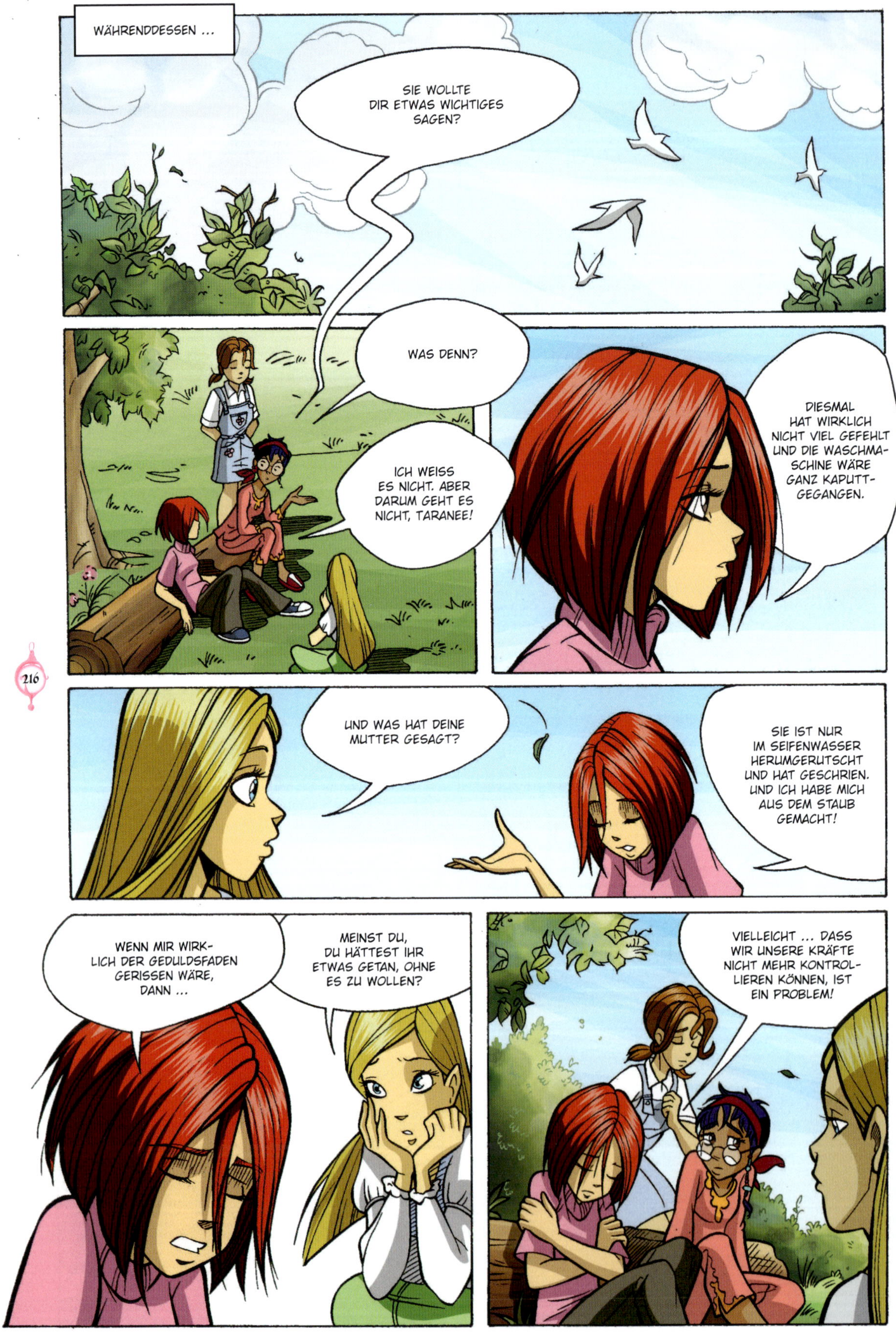
WÄHRENDDESSEN ...
SIE WOLLTE DIR ETWAS WICHTIGES SAGEN?
WAS DENN?
ICH WEISS ES NICHT. ABER DARUM GEHT ES NICHT, TARANEE!
DIESMAL HAT WIRKLICH NICHT VIEL GEFEHLT UND DIE WASCHMA-SCHINE WÄRE GANZ KAPUTT-GEGANGEN.
UND WAS HAT DEINE MUTTER GESAGT?
SIE IST NUR IM SEIFENWASSER HERUMGERUTSCHT UND HAT GESCHRIEN. UND ICH HABE MICH AUS DEM STAUB GEMACHT!
WENN MIR WIRK-LICH DER GEDULDSFADEN GERISSEN WÄRE, DANN ...
MEINST DU, DU HÄTTEST IHR ETWAS GETAN, OHNE ES ZU WOLLEN?
VIELLEICHT ... DASS WIR UNSERE KRÄFTE NICHT MEHR KONTROL-LIEREN KÖNNEN, IST EIN PROBLEM!

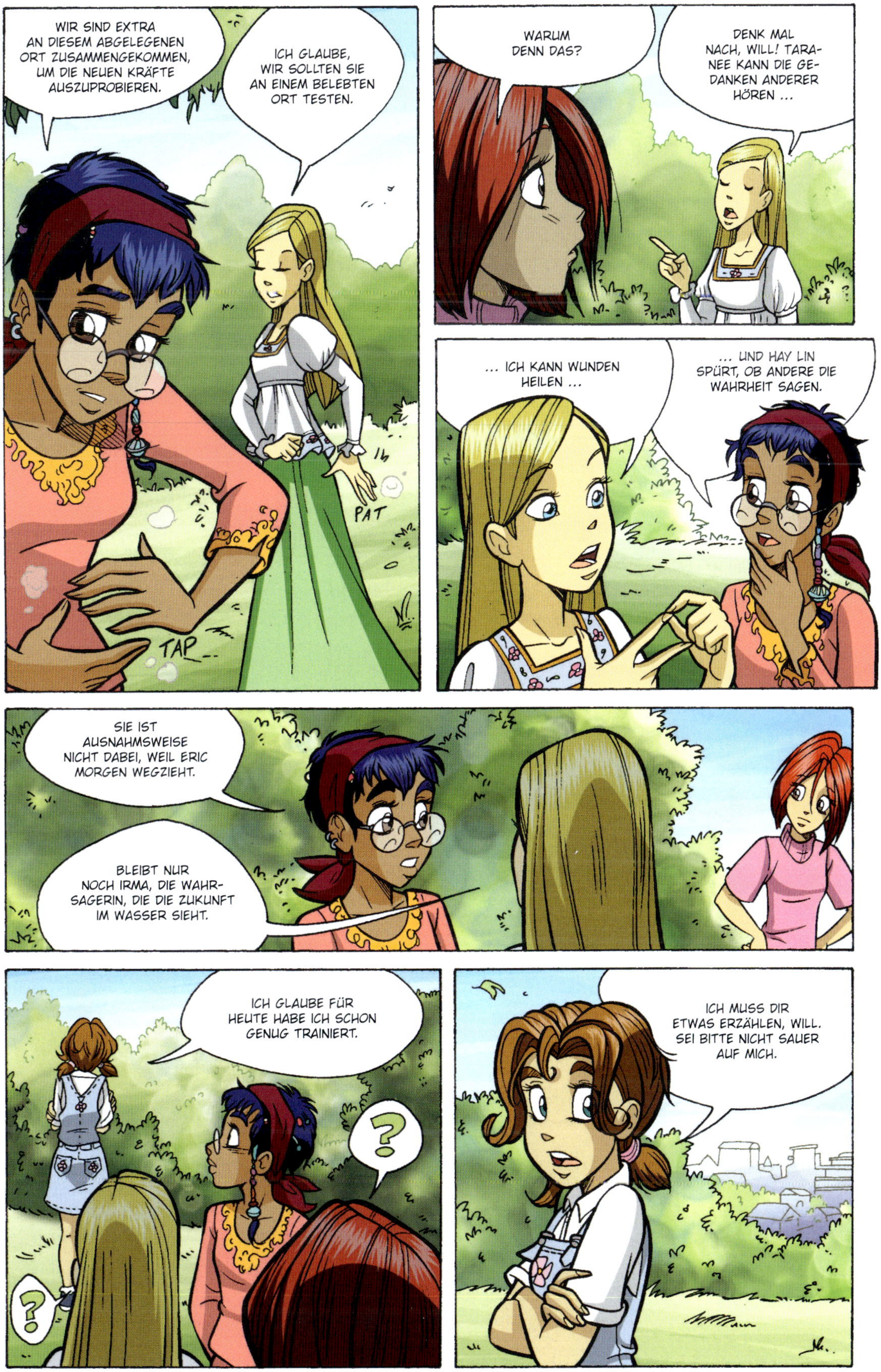
WIR SIND EXTRA AN DIESEM ABGELEGENEN ORT ZUSAMMENGEKOMMEN, UM DIE NEUEN KRÄFTE AUSZUPROBIEREN.
ICH GLAUBE, WIR SOLLTEN SIE AN EINEM BELEBTEN ORT TESTEN.
PAT
TAP
WARUM DENN DAS?
DENK MAL NACH, WILL! TARANEE KANN DIE GEDANKEN ANDERER HÖREN ...
... ICH KANN WUNDEN HEILEN ...
... UND HAY LIN SPÜRT, OB ANDERE DIE WAHRHEIT SAGEN.
SIE IST AUSNAHMSWEISE NICHT DABEI, WEIL ERIC MORGEN WEGZIEHT.
BLEIBT NUR NOCH IRMA, DIE WAHRSAGERIN, DIE DIE ZUKUNFT IM WASSER SIEHT.
ICH GLAUBE FÜR HEUTE HABE ICH SCHON GENUG TRAINIERT.
?
?
ICH MUSS DIR ETWAS ERZÄHLEN, WILL. SEI BITTE NICHT SAUER AUF MICH.

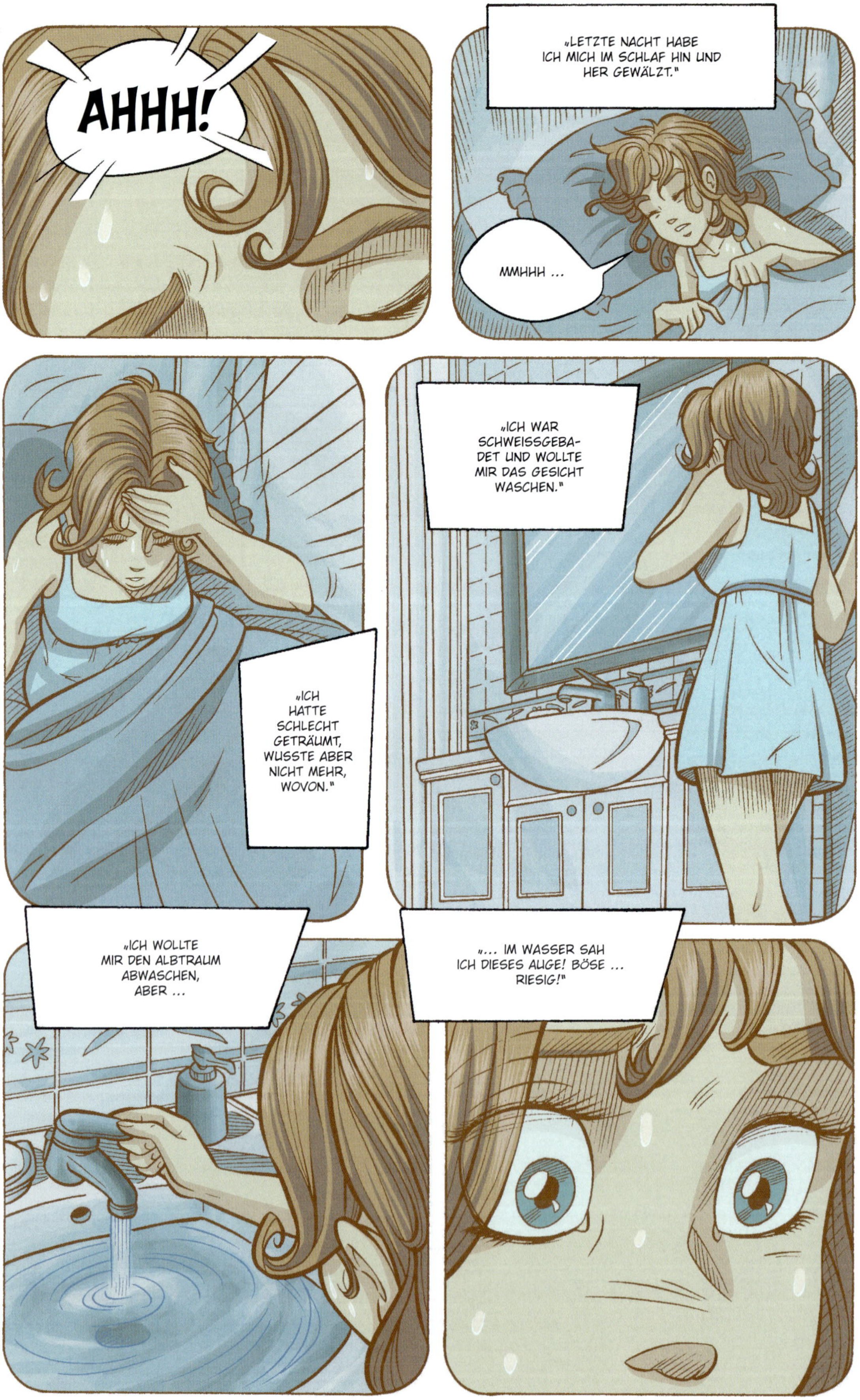
AHHH!
„LETZTE NACHT HABE ICH MICH IM SCHLAF HIN UND HER GEWÄLZT."
MMHHH …
„ICH HATTE SCHLECHT GETRÄUMT, WUSSTE ABER NICHT MEHR, WOVON."
„ICH WAR SCHWEISSGEBA-DET UND WOLLTE MIR DAS GESICHT WASCHEN."
„ICH WOLLTE MIR DEN ALBTRAUM ABWASCHEN, ABER …
„… IM WASSER SAH ICH DIESES AUGE! BÖSE … RIESIG!"

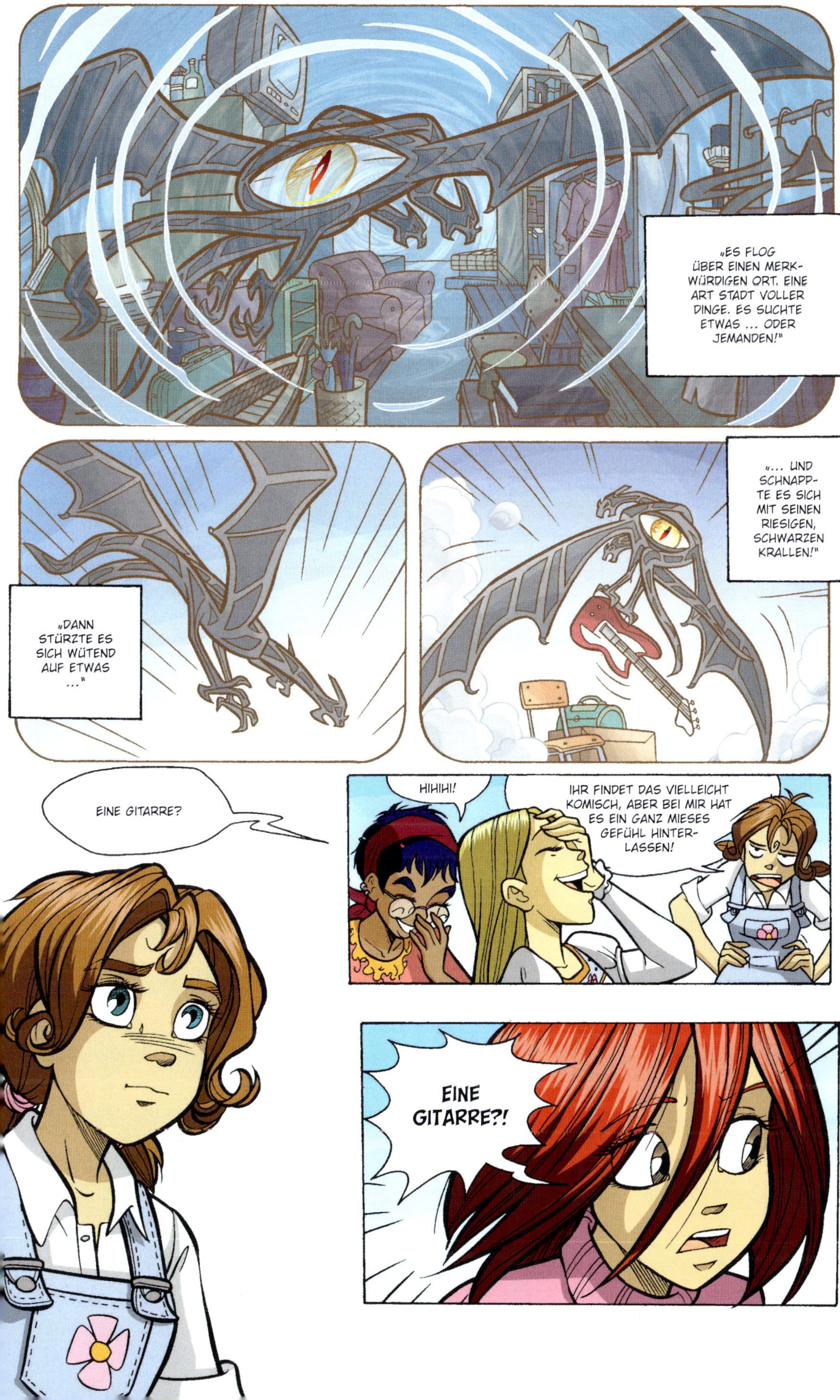

„ES FLOG ÜBER EINEN MERKWÜRDIGEN ORT. EINE ART STADT VOLLER DINGE. ES SUCHTE ETWAS ... ODER JEMANDEN!"
„DANN STÜRZTE ES SICH WÜTEND AUF ETWAS ..."
„... UND SCHNAPPTE ES SICH MIT SEINEN RIESIGEN, SCHWARZEN KRALLEN!"
EINE GITARRE?
HIHIHI!
IHR FINDET DAS VIELLEICHT KOMISCH, ABER BEI MIR HAT ES EIN GANZ MIESES GEFÜHL HINTERLASSEN!
EINE GITARRE?!

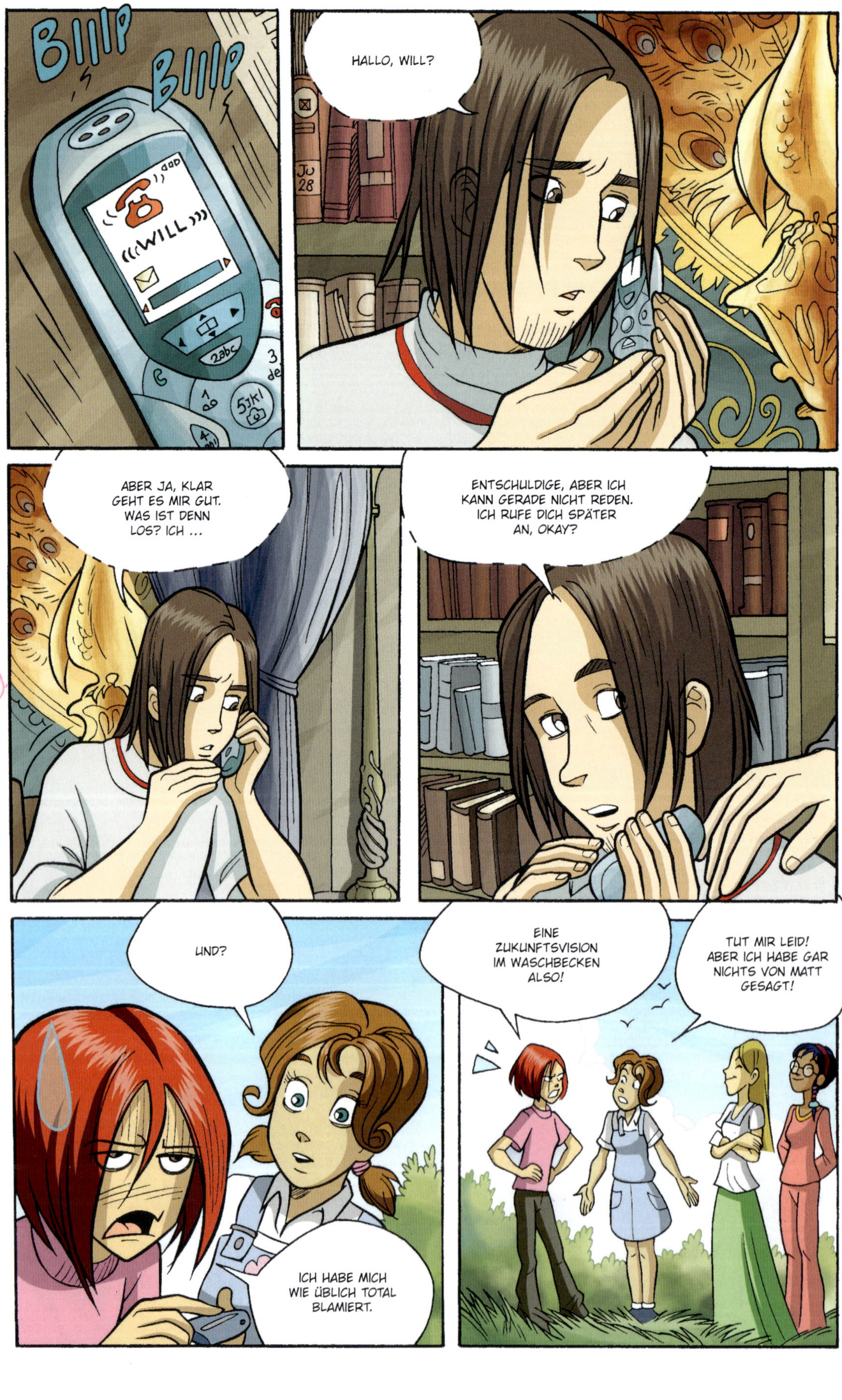
BIIIP
BIIIP
WILL
HALLO, WILL?
ABER JA, KLAR GEHT ES MIR GUT. WAS IST DENN LOS? ICH ...
ENTSCHULDIGE, ABER ICH KANN GERADE NICHT REDEN. ICH RUFE DICH SPÄTER AN, OKAY?
UND?
ICH HABE MICH WIE ÜBLICH TOTAL BLAMIERT.
EINE ZUKUNFTSVISION IM WASCHBECKEN ALSO!
TUT MIR LEID! ABER ICH HABE GAR NICHTS VON MATT GESAGT!

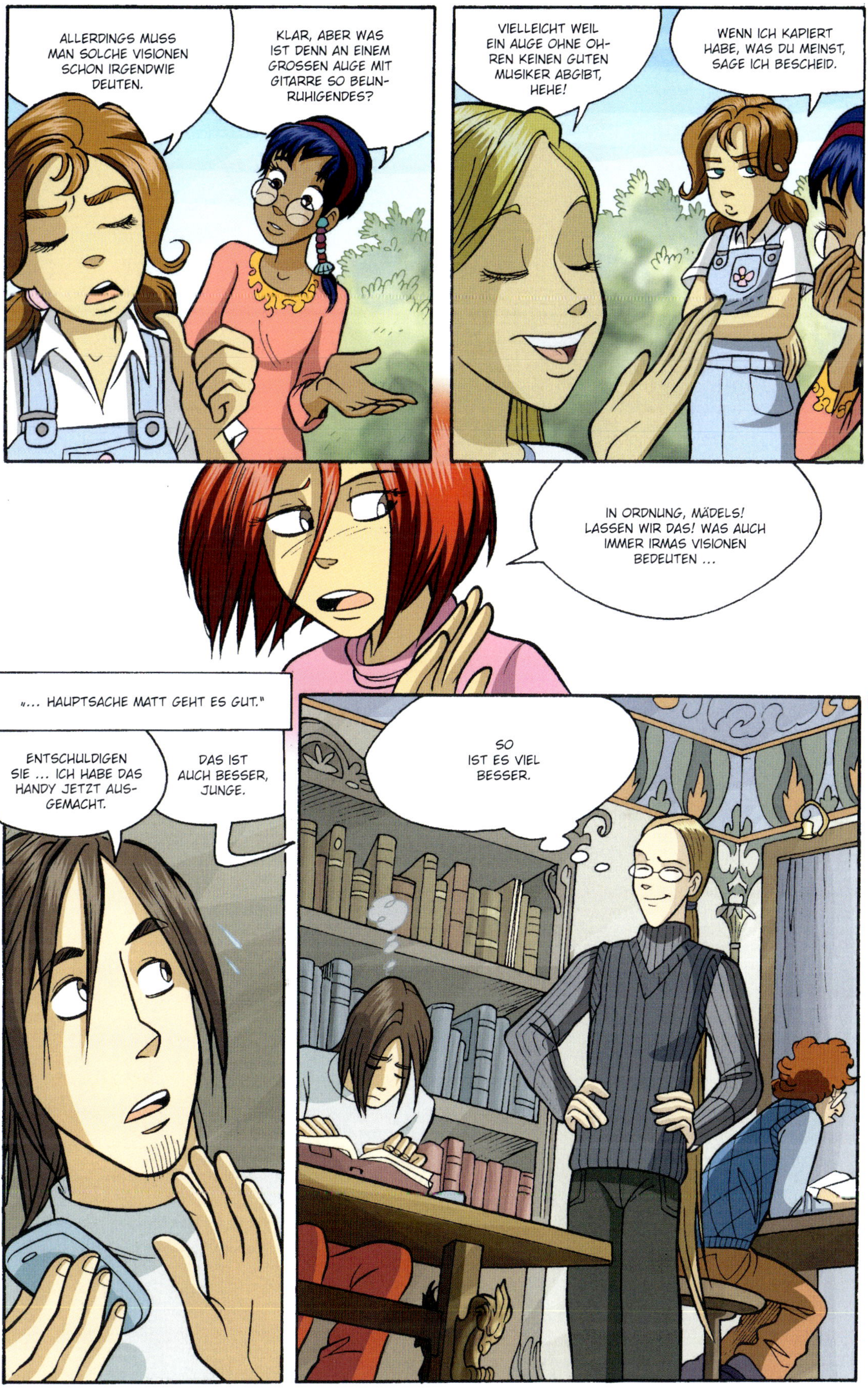
ALLERDINGS MUSS MAN SOLCHE VISIONEN SCHON IRGENDWIE DEUTEN.
KLAR, ABER WAS IST DENN AN EINEM GROSSEN AUGE MIT GITARRE SO BEUN-RUHIGENDES?
VIELLEICHT WEIL EIN AUGE OHNE OH-REN KEINEN GUTEN MUSIKER ABGIBT, HEHE!
WENN ICH KAPIERT HABE, WAS DU MEINST, SAGE ICH BESCHEID.
IN ORDNUNG, MÄDELS! LASSEN WIR DAS! WAS AUCH IMMER IRMAS VISIONEN BEDEUTEN ...
„... HAUPTSACHE MATT GEHT ES GUT."
ENTSCHULDIGEN SIE ... ICH HABE DAS HANDY JETZT AUS-GEMACHT.
DAS IST AUCH BESSER, JUNGE.
SO IST ES VIEL BESSER.

221

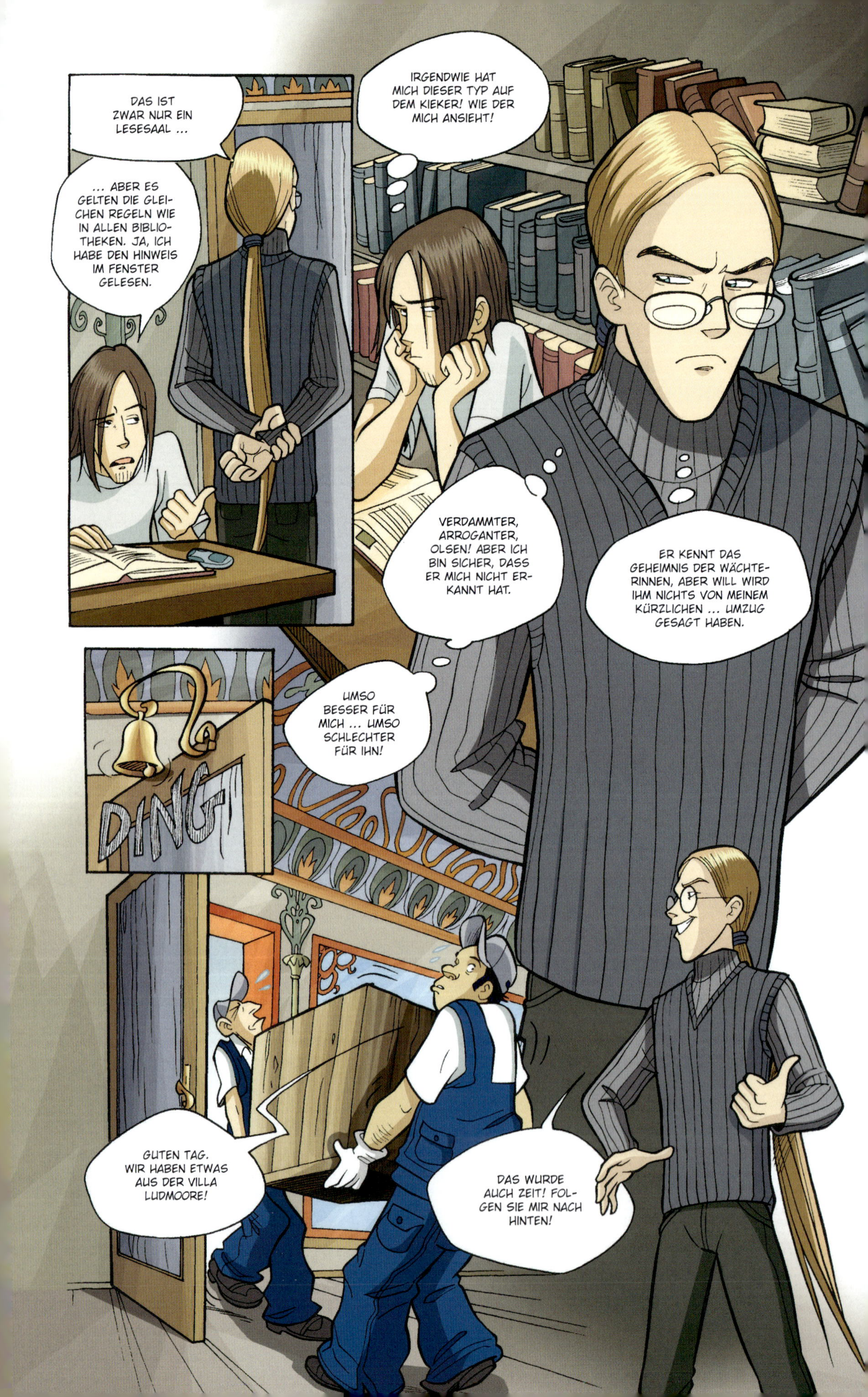
DAS IST ZWAR NUR EIN LESESAAL ...
... ABER ES GELTEN DIE GLEICHEN REGELN WIE IN ALLEN BIBLIOTHEKEN. JA, ICH HABE DEN HINWEIS IM FENSTER GELESEN.
IRGENDWIE HAT MICH DIESER TYP AUF DEM KIEKER! WIE DER MICH ANSIEHT!
VERDAMMTER, ARROGANTER, OLSEN! ABER ICH BIN SICHER, DASS ER MICH NICHT ERKANNT HAT.
ER KENNT DAS GEHEIMNIS DER WÄCHTERINNEN, ABER WILL WIRD IHM NICHTS VON MEINEM KÜRZLICHEN ... UMZUG GESAGT HABEN.
UMSO BESSER FÜR MICH ... UMSO SCHLECHTER FÜR IHN!
DING
GUTEN TAG. WIR HABEN ETWAS AUS DER VILLA LUDMOORE!
DAS WURDE AUCH ZEIT! FOLGEN SIE MIR NACH HINTEN!

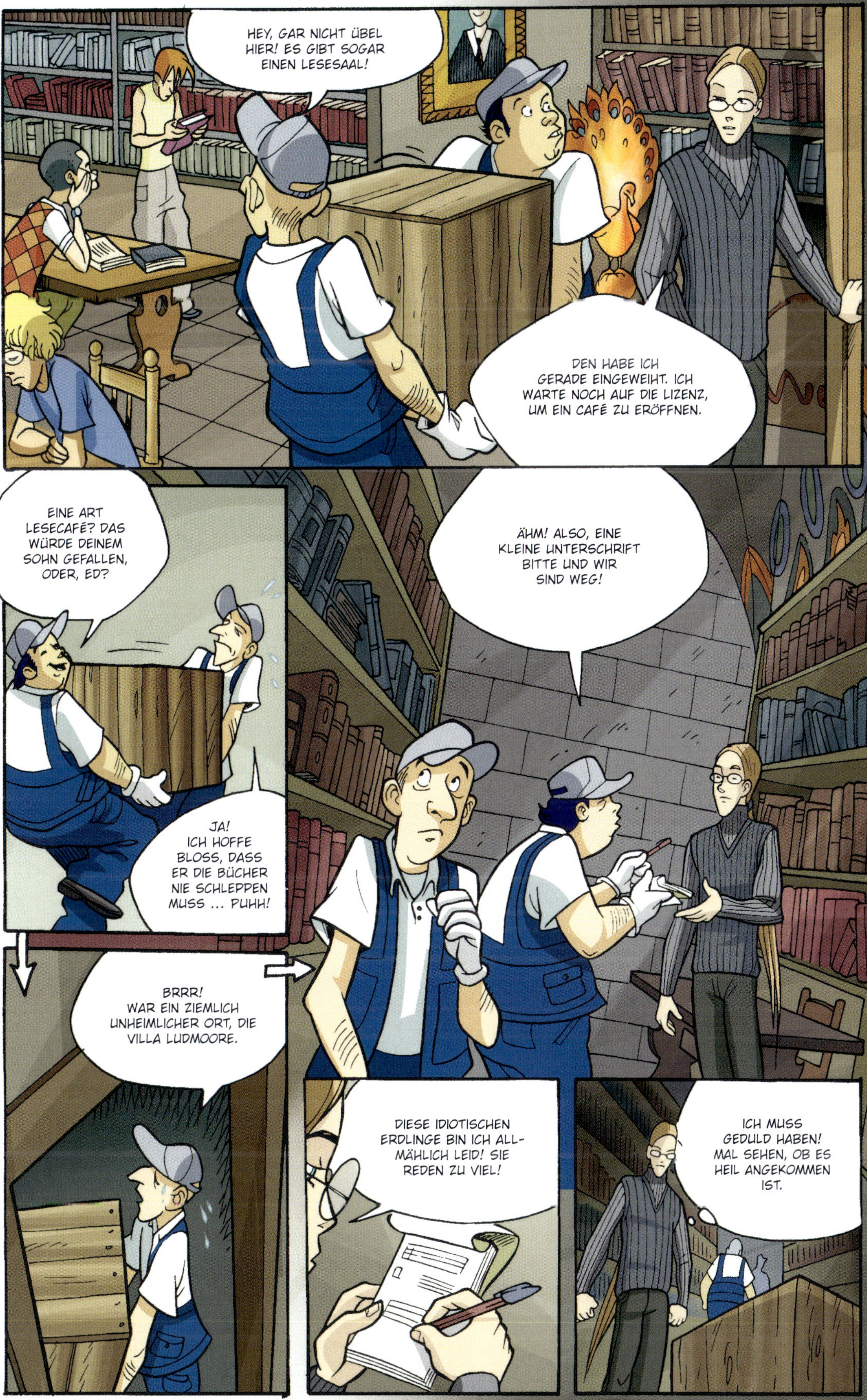
HEY, GAR NICHT ÜBEL HIER! ES GIBT SOGAR EINEN LESESAAL!
DEN HABE ICH GERADE EINGEWEIHT. ICH WARTE NOCH AUF DIE LIZENZ, UM EIN CAFÉ ZU ERÖFFNEN.
EINE ART LESECAFÉ? DAS WÜRDE DEINEM SOHN GEFALLEN, ODER, ED?
JA! ICH HOFFE BLOSS, DASS ER DIE BÜCHER NIE SCHLEPPEN MUSS ... PUHH!
ÄHM! ALSO, EINE KLEINE UNTERSCHRIFT BITTE UND WIR SIND WEG!
BRRR! WAR EIN ZIEMLICH UNHEIMLICHER ORT, DIE VILLA LUDMOORE.
DIESE IDIOTISCHEN ERDLINGE BIN ICH ALLMÄHLICH LEID! SIE REDEN ZU VIEL!
ICH MUSS GEDULD HABEN! MAL SEHEN, OB ES HEIL ANGEKOMMEN IST.

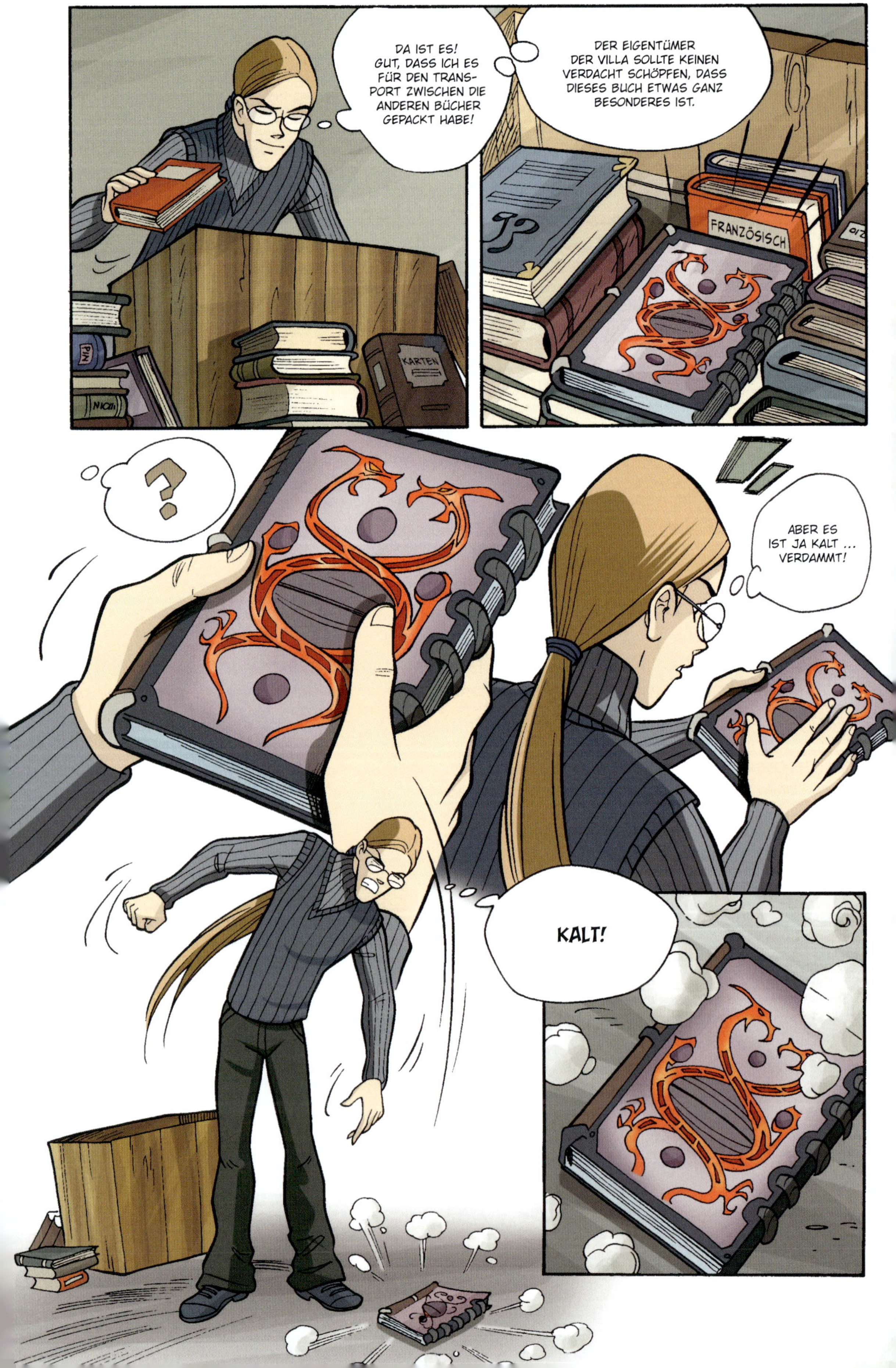
DA IST ES! GUT, DASS ICH ES FÜR DEN TRANSPORT ZWISCHEN DIE ANDEREN BÜCHER GEPACKT HABE!
DER EIGENTÜMER DER VILLA SOLLTE KEINEN VERDACHT SCHÖPFEN, DASS DIESES BUCH ETWAS GANZ BESONDERES IST.
FRANZÖSISCH
KARTEN
?
ABER ES IST JA KALT ... VERDAMMT!
KALT!

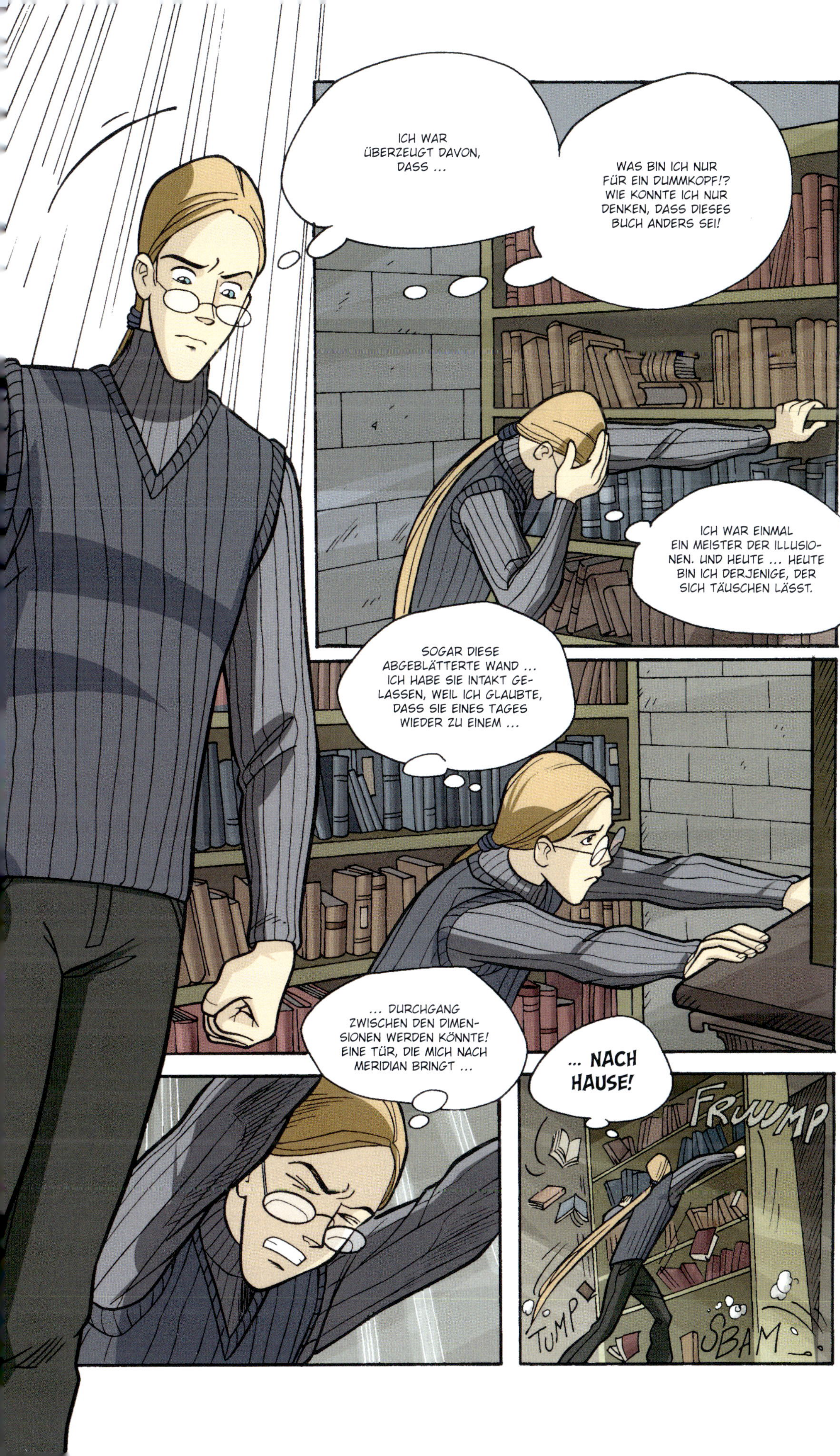
ICH WAR ÜBERZEUGT DAVON, DASS ...
WAS BIN ICH NUR FÜR EIN DUMMKOPF!? WIE KONNTE ICH NUR DENKEN, DASS DIESES BUCH ANDERS SEI!
ICH WAR EINMAL EIN MEISTER DER ILLUSIONEN. UND HEUTE ... HEUTE BIN ICH DERJENIGE, DER SICH TÄUSCHEN LÄSST.
SOGAR DIESE ABGEBLÄTTERTE WAND ... ICH HABE SIE INTAKT GELASSEN, WEIL ICH GLAUBTE, DASS SIE EINES TAGES WIEDER ZU EINEM ...
... DURCHGANG ZWISCHEN DEN DIMENSIONEN WERDEN KÖNNTE! EINE TÜR, DIE MICH NACH MERIDIAN BRINGT ...
... NACH HAUSE!
FRUUUMP
TUMP
SBAM

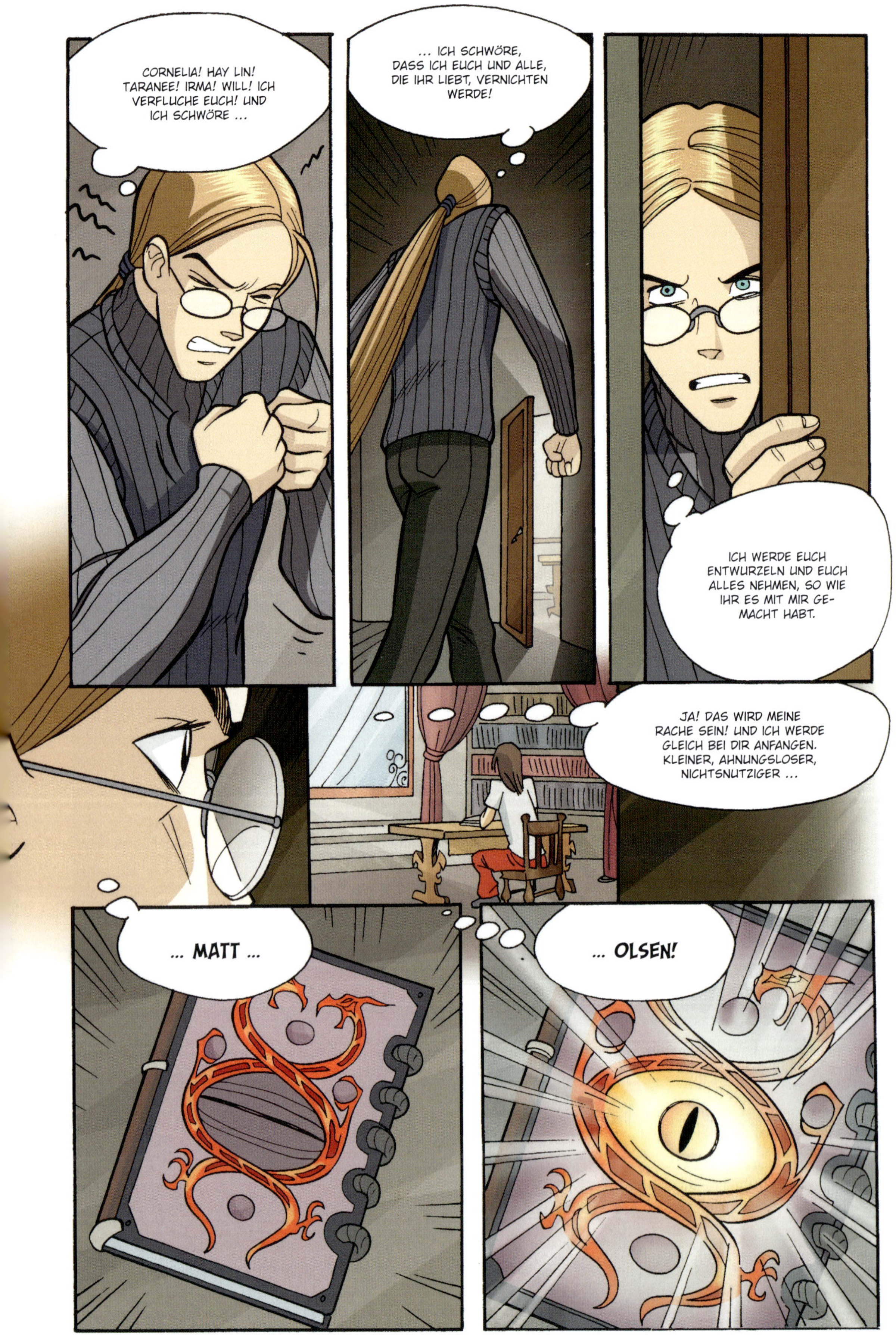
CORNELIA! HAY LIN! TARANEE! IRMA! WILL! ICH VERFLUCHE EUCH! UND ICH SCHWÖRE ...
... ICH SCHWÖRE, DASS ICH EUCH UND ALLE, DIE IHR LIEBT, VERNICHTEN WERDE!
ICH WERDE EUCH ENTWURZELN UND EUCH ALLES NEHMEN, SO WIE IHR ES MIT MIR GE-MACHT HABT.
JA! DAS WIRD MEINE RACHE SEIN! UND ICH WERDE GLEICH BEI DIR ANFANGEN. KLEINER, AHNUNGSLOSER, NICHTSNUTZIGER ...
... MATT ...
... OLSEN!

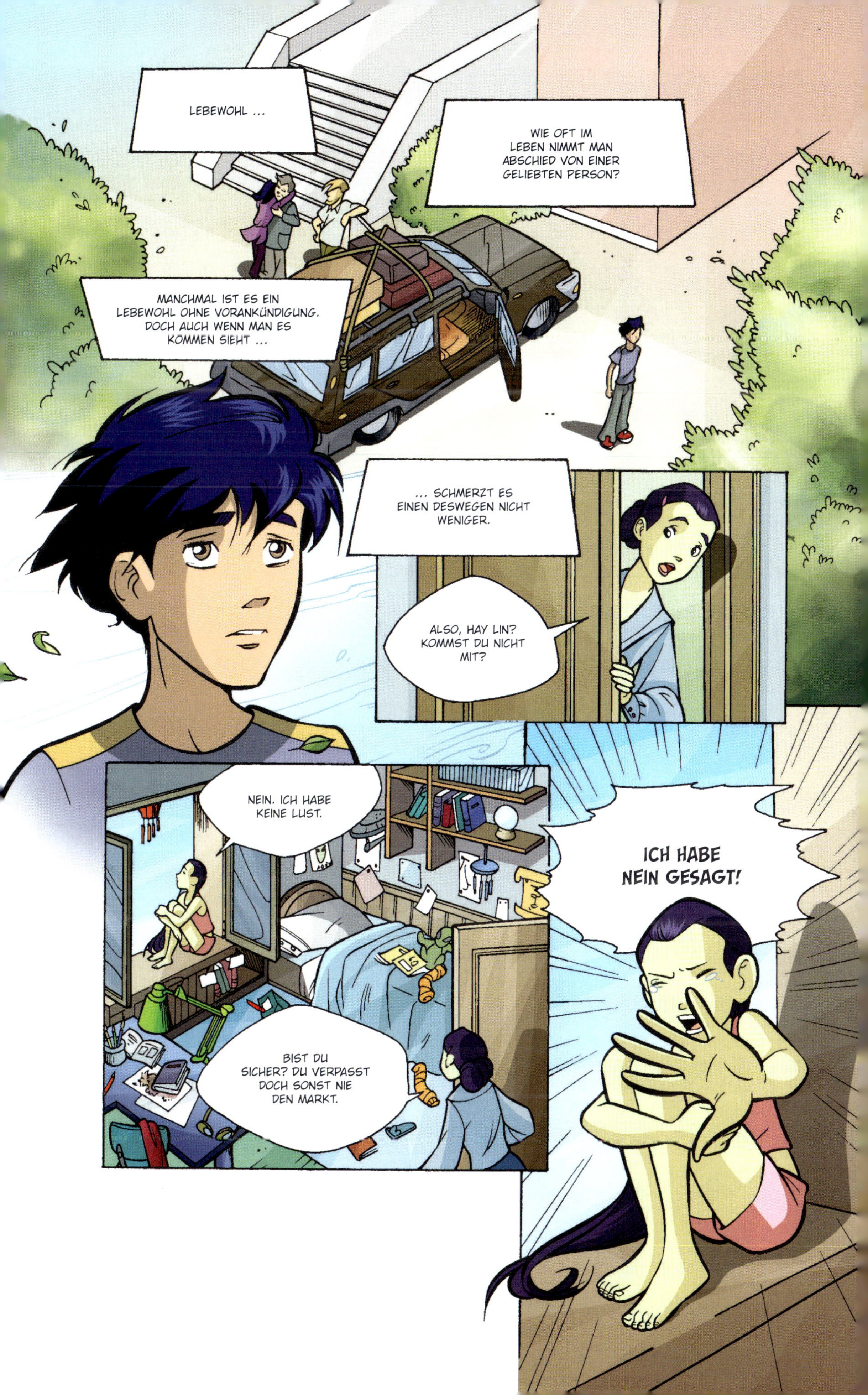
LEBEWOHL ...
WIE OFT IM LEBEN NIMMT MAN ABSCHIED VON EINER GELIEBTEN PERSON?
MANCHMAL IST ES EIN LEBEWOHL OHNE VORANKÜNDIGUNG. DOCH AUCH WENN MAN ES KOMMEN SIEHT ...
... SCHMERZT ES EINEN DESWEGEN NICHT WENIGER.
ALSO, HAY LIN? KOMMST DU NICHT MIT?
NEIN. ICH HABE KEINE LUST.
BIST DU SICHER? DU VERPASST DOCH SONST NIE DEN MARKT.
ICH HABE NEIN GESAGT!

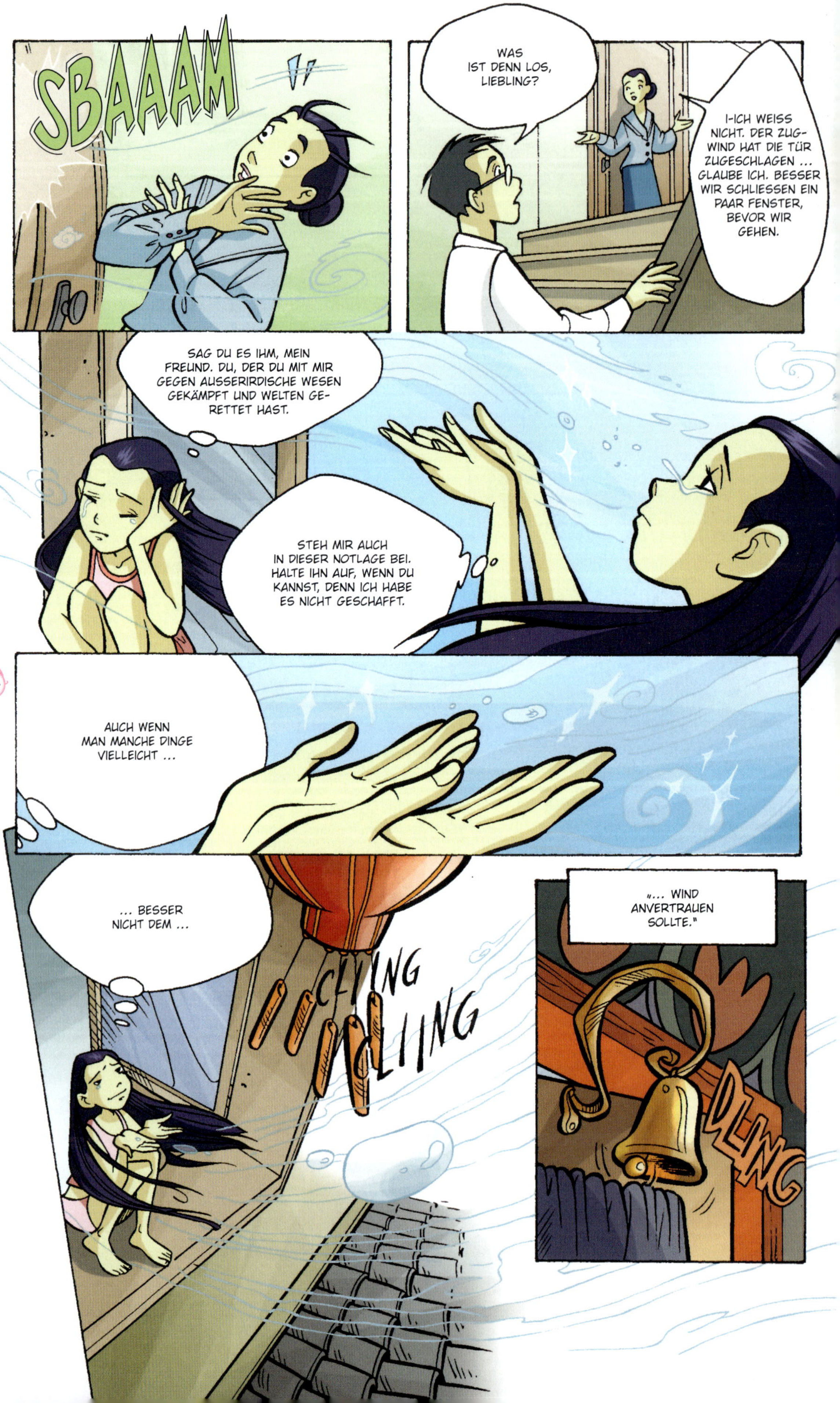
SBAAAM
WAS IST DENN LOS, LIEBLING?
I-ICH WEISS NICHT. DER ZUGWIND HAT DIE TÜR ZUGESCHLAGEN … GLAUBE ICH. BESSER WIR SCHLIESSEN EIN PAAR FENSTER, BEVOR WIR GEHEN.
SAG DU ES IHM, MEIN FREUND. DU, DER DU MIT MIR GEGEN AUSSERIRDISCHE WESEN GEKÄMPFT UND WELTEN GERETTET HAST.
STEH MIR AUCH IN DIESER NOTLAGE BEI. HALTE IHN AUF, WENN DU KANNST, DENN ICH HABE ES NICHT GESCHAFFT.
AUCH WENN MAN MANCHE DINGE VIELLEICHT …
… BESSER NICHT DEM …
CLING
CLING
„… WIND ANVERTRAUEN SOLLTE."
DLING

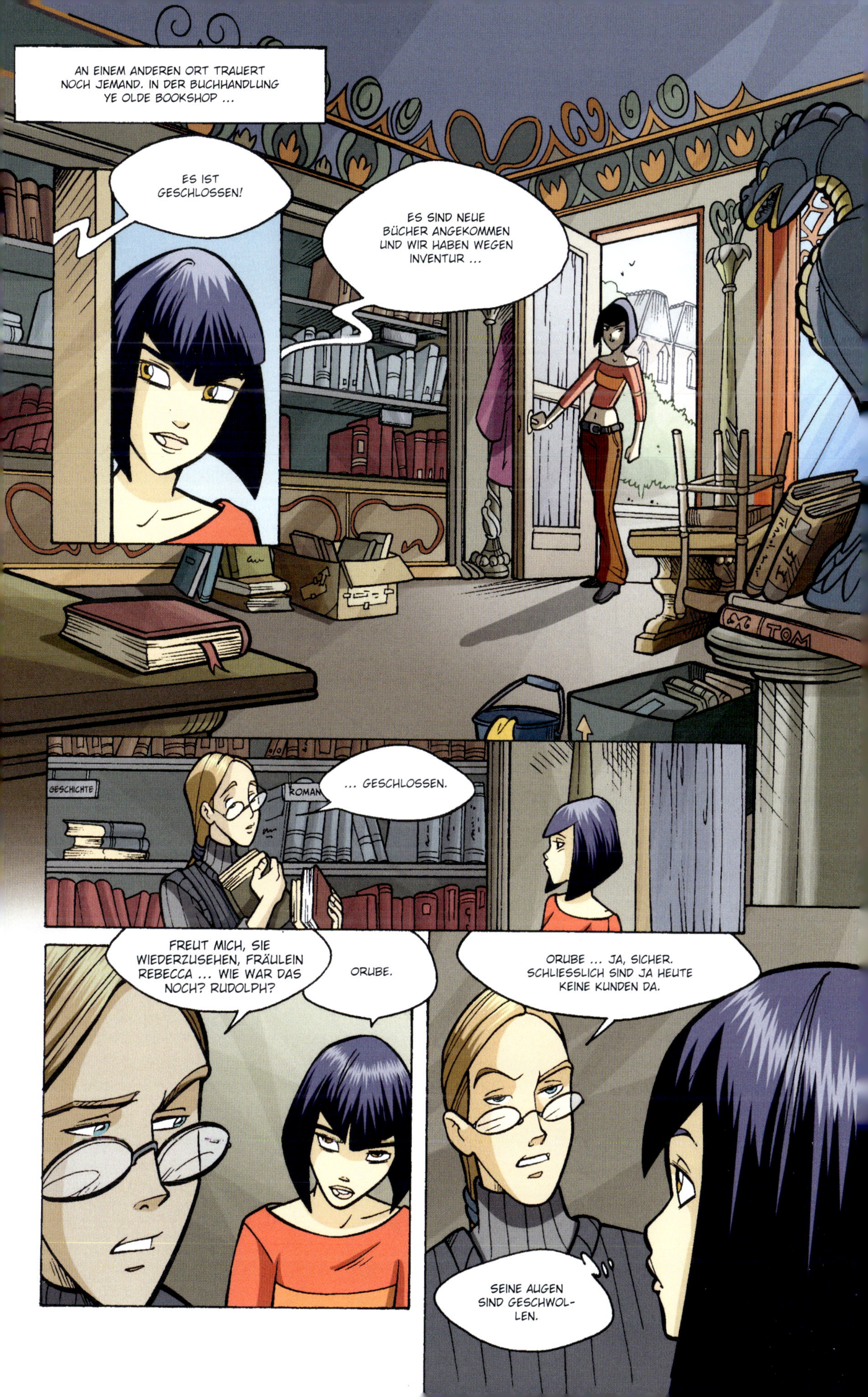
AN EINEM ANDEREN ORT TRAUERT NOCH JEMAND. IN DER BUCHHANDLUNG YE OLDE BOOKSHOP ...
ES IST GESCHLOSSEN!
ES SIND NEUE BÜCHER ANGEKOMMEN UND WIR HABEN WEGEN INVENTUR ...
GESCHICHTE
ROMAN
... GESCHLOSSEN.
FREUT MICH, SIE WIEDERZUSEHEN, FRÄULEIN REBECCA ... WIE WAR DAS NOCH? RUDOLPH?
ORUBE.
ORUBE ... JA, SICHER. SCHLIESSLICH SIND JA HEUTE KEINE KUNDEN DA.
SEINE AUGEN SIND GESCHWOL-LEN.

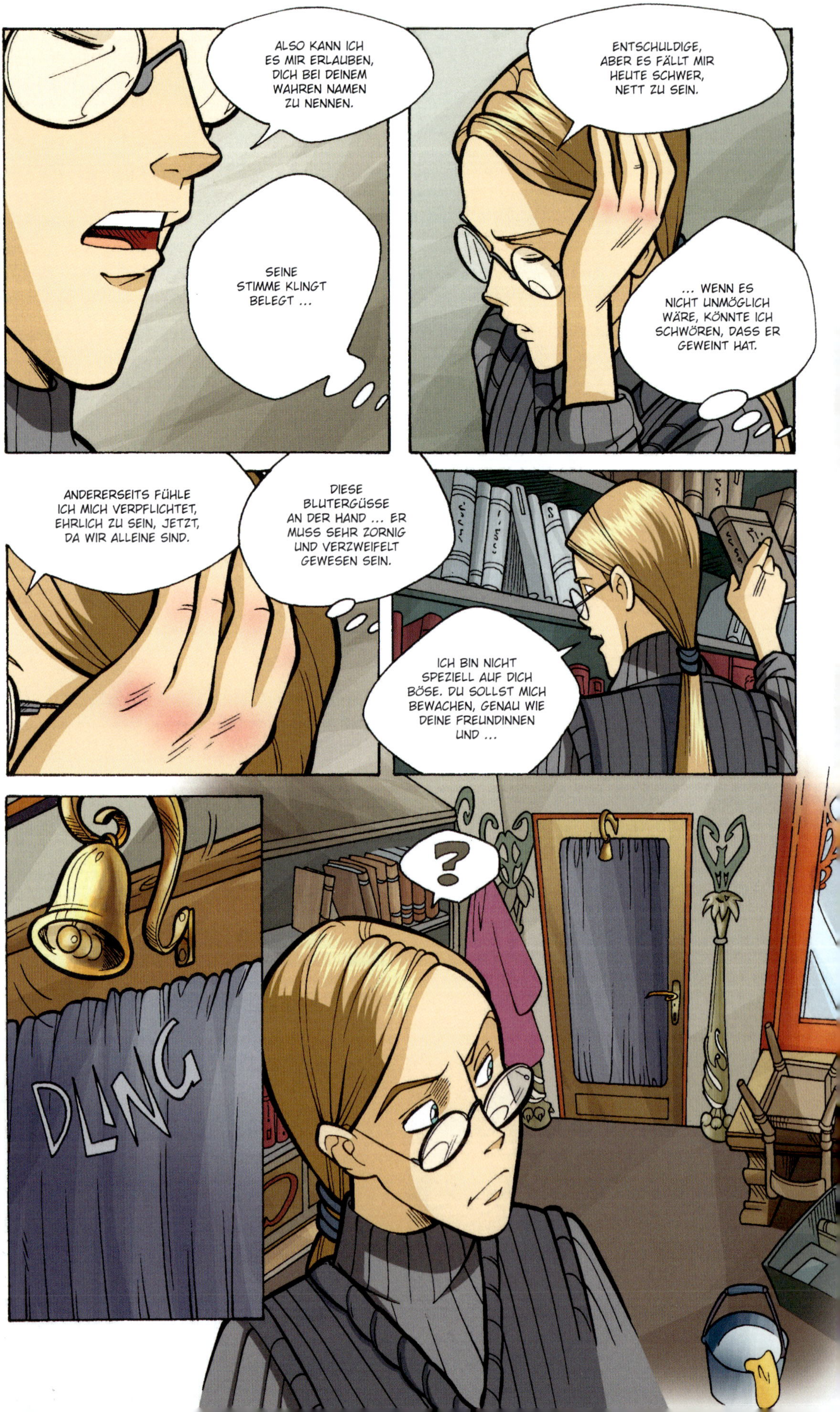

ALSO KANN ICH ES MIR ERLAUBEN, DICH BEI DEINEM WAHREN NAMEN ZU NENNEN.
SEINE STIMME KLINGT BELEGT ...
ENTSCHULDIGE, ABER ES FÄLLT MIR HEUTE SCHWER, NETT ZU SEIN.
... WENN ES NICHT UNMÖGLICH WÄRE, KÖNNTE ICH SCHWÖREN, DASS ER GEWEINT HAT.
ANDERERSEITS FÜHLE ICH MICH VERPFLICHTET, EHRLICH ZU SEIN, JETZT, DA WIR ALLEINE SIND.
DIESE BLUTERGÜSSE AN DER HAND ... ER MUSS SEHR ZORNIG UND VERZWEIFELT GEWESEN SEIN.
ICH BIN NICHT SPEZIELL AUF DICH BÖSE. DU SOLLST MICH BEWACHEN, GENAU WIE DEINE FREUNDINNEN UND ...
DLING
?

230

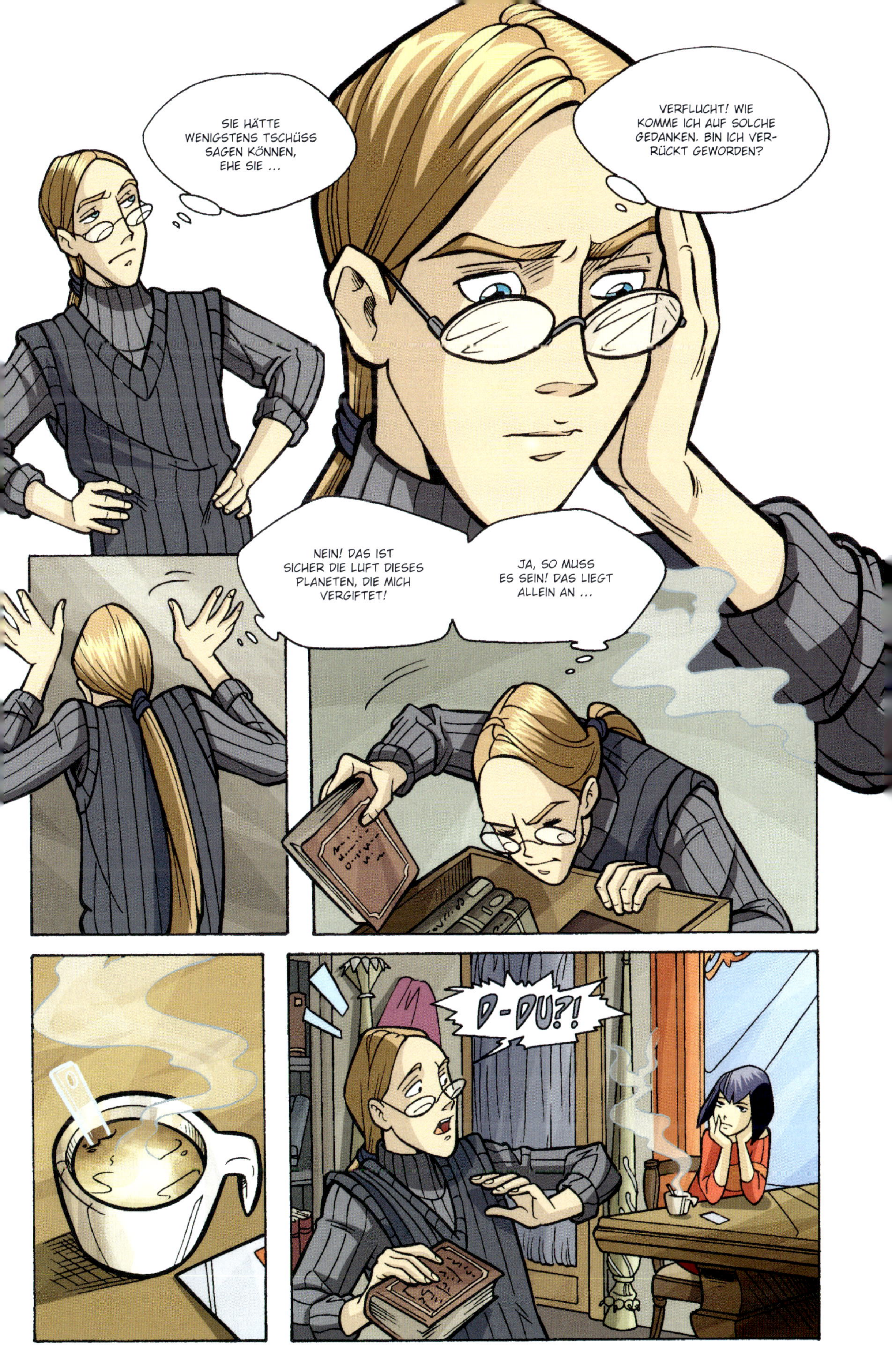
SIE HÄTTE WENIGSTENS TSCHÜSS SAGEN KÖNNEN, EHE SIE ...
VERFLUCHT! WIE KOMME ICH AUF SOLCHE GEDANKEN. BIN ICH VERRÜCKT GEWORDEN?
NEIN! DAS IST SICHER DIE LUFT DIESES PLANETEN, DIE MICH VERGIFTET!
JA, SO MUSS ES SEIN! DAS LIEGT ALLEIN AN ...
D-DU?!

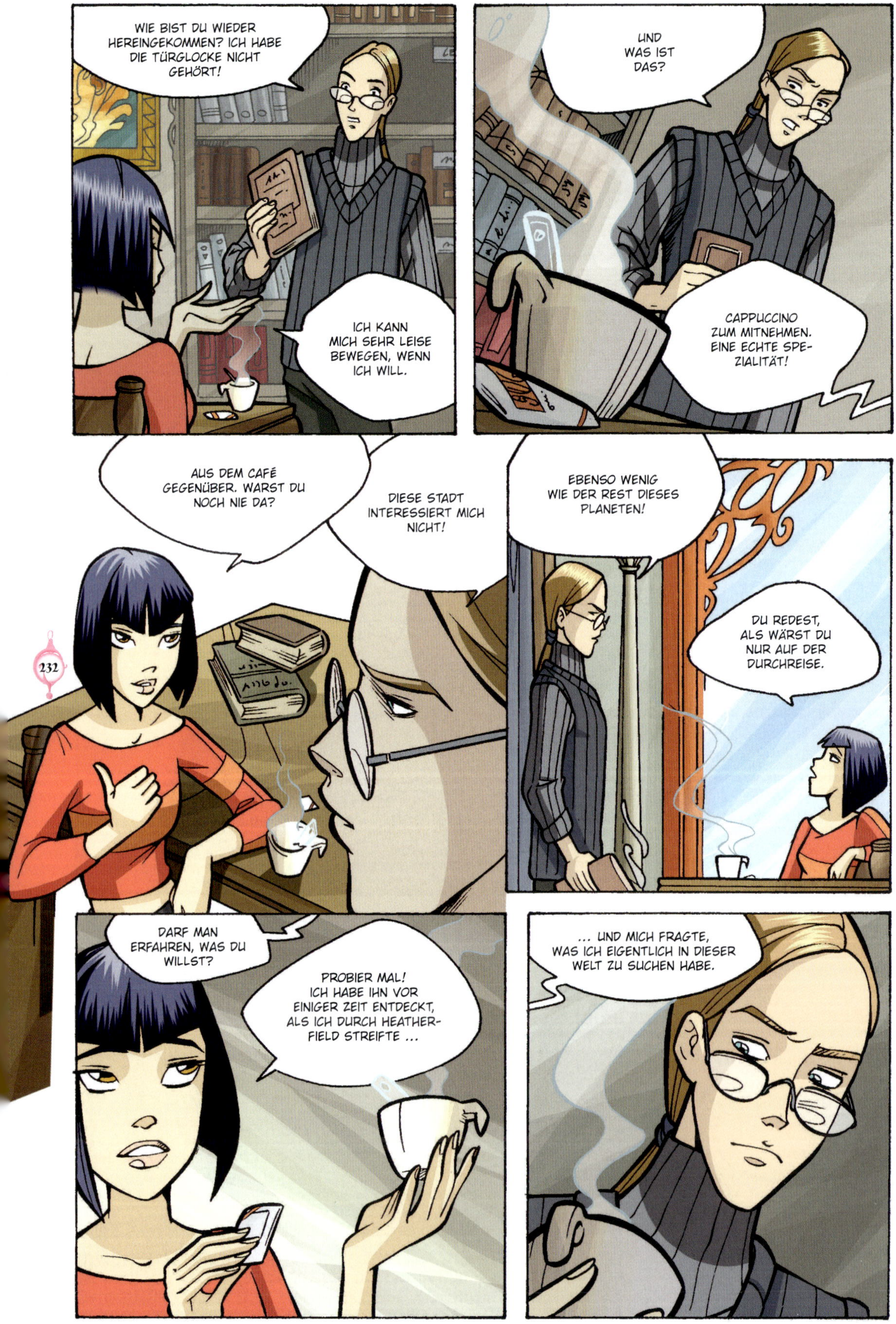
WIE BIST DU WIEDER HEREINGEKOMMEN? ICH HABE DIE TÜRGLOCKE NICHT GEHÖRT!
ICH KANN MICH SEHR LEISE BEWEGEN, WENN ICH WILL.
UND WAS IST DAS?
CAPPUCCINO ZUM MITNEHMEN. EINE ECHTE SPEZIALITÄT!
AUS DEM CAFÉ GEGENÜBER. WARST DU NOCH NIE DA?
DIESE STADT INTERESSIERT MICH NICHT!
EBENSO WENIG WIE DER REST DIESES PLANETEN!
DU REDEST, ALS WÄRST DU NUR AUF DER DURCHREISE.
DARF MAN ERFAHREN, WAS DU WILLST?
PROBIER MAL! ICH HABE IHN VOR EINIGER ZEIT ENTDECKT, ALS ICH DURCH HEATHERFIELD STREIFTE ...
... UND MICH FRAGTE, WAS ICH EIGENTLICH IN DIESER WELT ZU SUCHEN HABE.

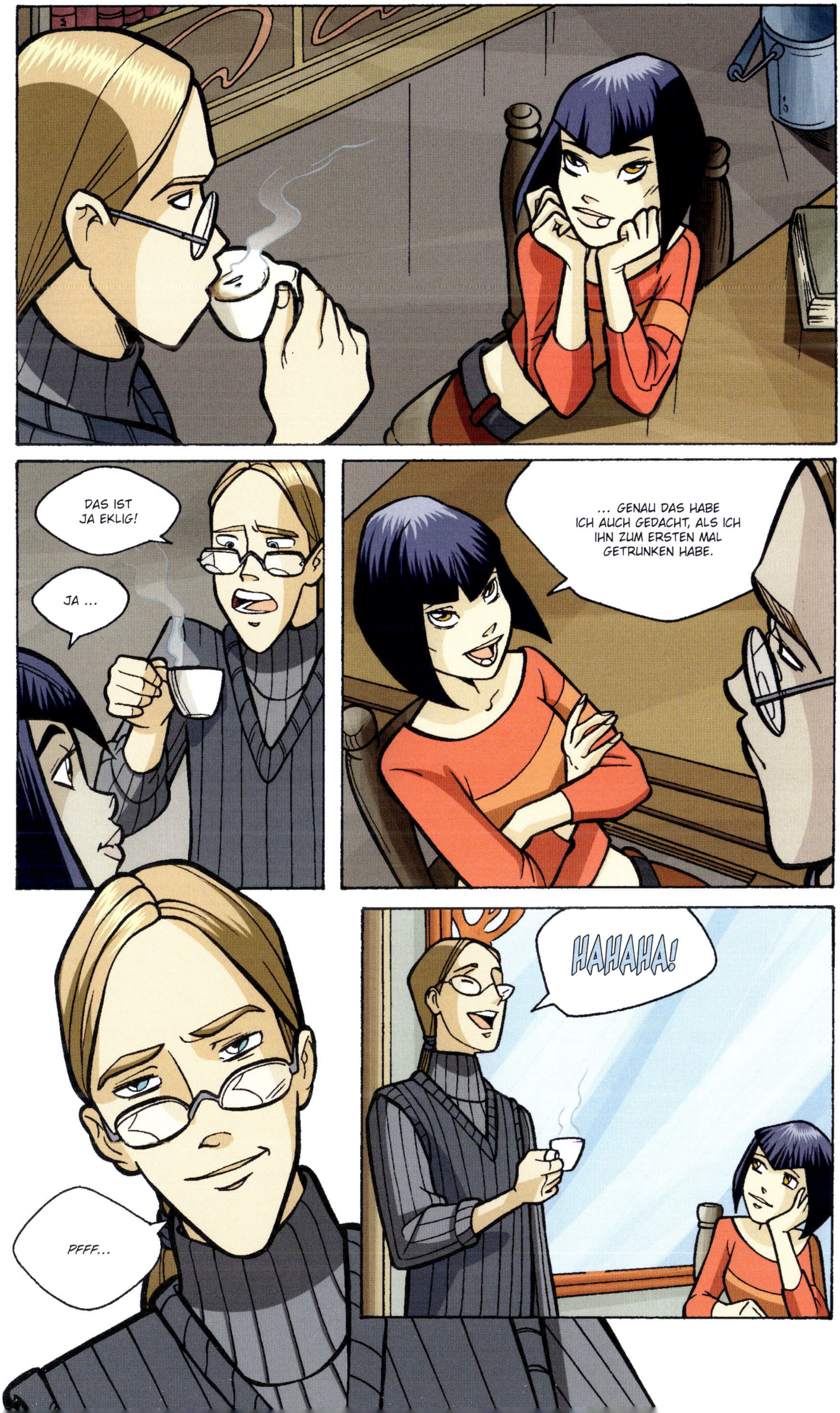
DAS IST JA EKLIG!
JA ...
... GENAU DAS HABE ICH AUCH GEDACHT, ALS ICH IHN ZUM ERSTEN MAL GETRUNKEN HABE.
PFFF...
HAHAHA!

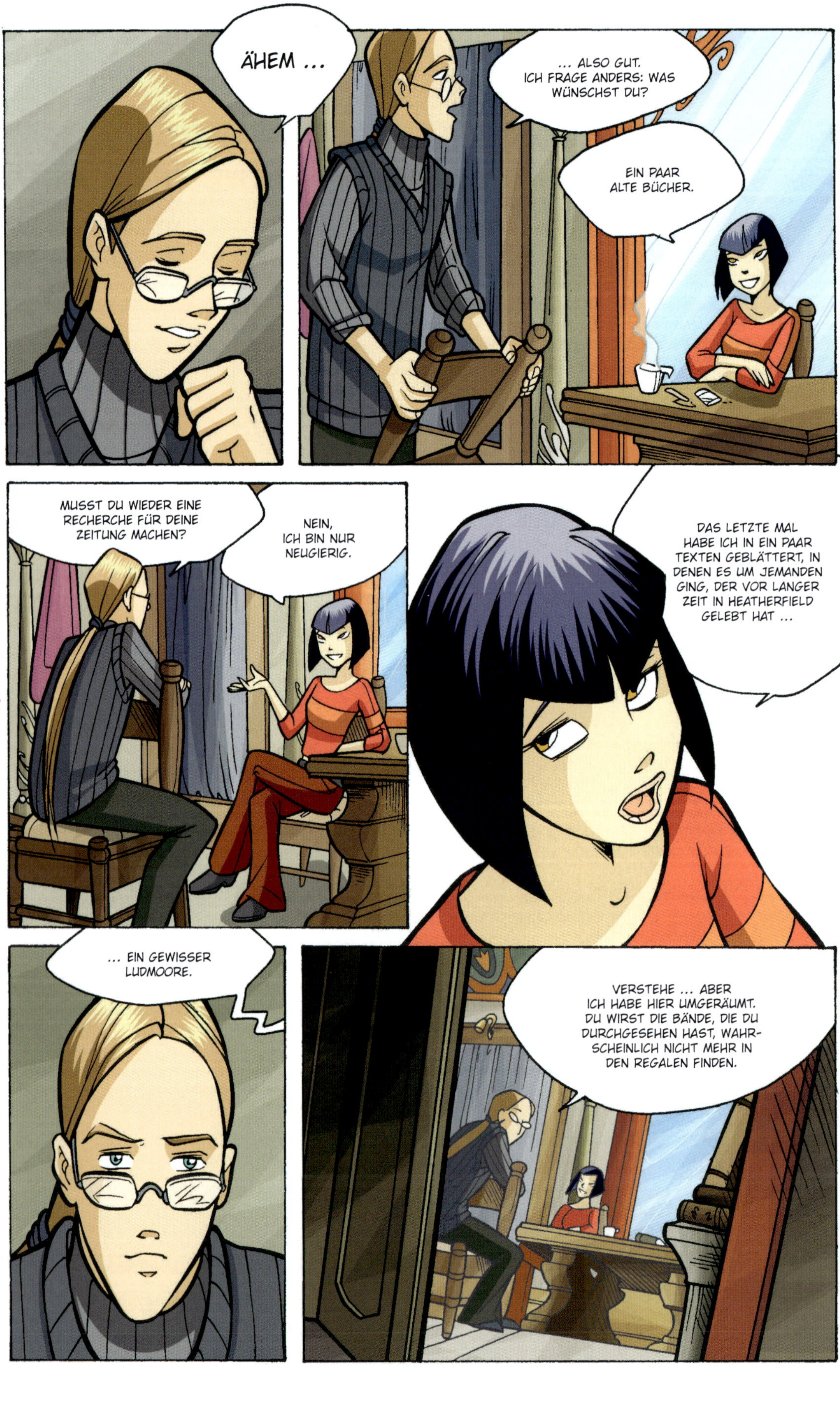
ÄHEM ...
... ALSO GUT.
ICH FRAGE ANDERS: WAS WÜNSCHST DU?
EIN PAAR ALTE BÜCHER.
MUSST DU WIEDER EINE RECHERCHE FÜR DEINE ZEITUNG MACHEN?
NEIN, ICH BIN NUR NEUGIERIG.
DAS LETZTE MAL HABE ICH IN EIN PAAR TEXTEN GEBLÄTTERT, IN DENEN ES UM JEMANDEN GING, DER VOR LANGER ZEIT IN HEATHERFIELD GELEBT HAT ...
... EIN GEWISSER LUDMOORE.
VERSTEHE ... ABER ICH HABE HIER UMGERÄUMT. DU WIRST DIE BÄNDE, DIE DU DURCHGESEHEN HAST, WAHRSCHEINLICH NICHT MEHR IN DEN REGALEN FINDEN.

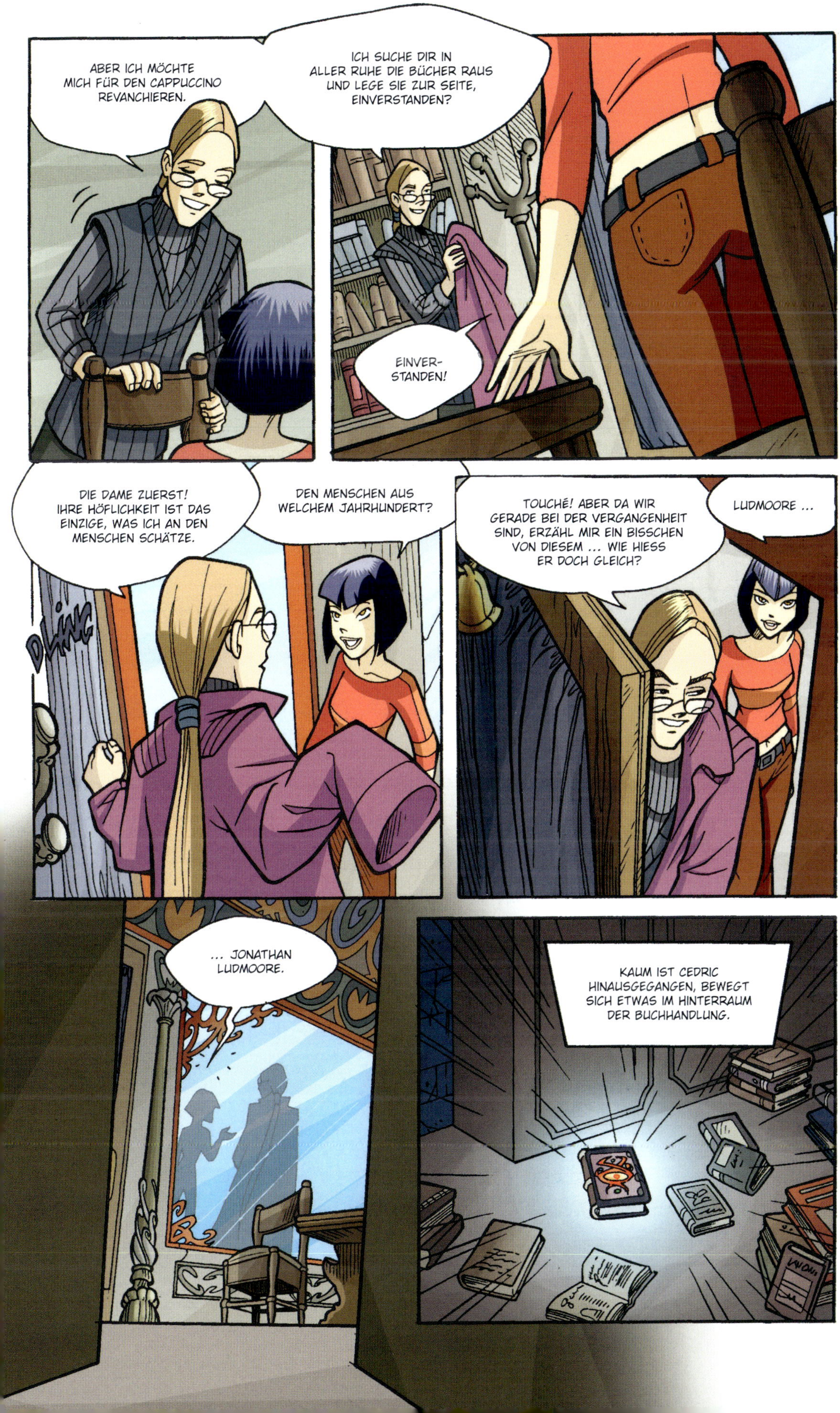
ABER ICH MÖCHTE MICH FÜR DEN CAPPUCCINO REVANCHIEREN.
ICH SUCHE DIR IN ALLER RUHE DIE BÜCHER RAUS UND LEGE SIE ZUR SEITE, EINVERSTANDEN?
EINVER-STANDEN!
DIE DAME ZUERST! IHRE HÖFLICHKEIT IST DAS EINZIGE, WAS ICH AN DEN MENSCHEN SCHÄTZE.
DEN MENSCHEN AUS WELCHEM JAHRHUNDERT?
DLING
TOUCHÉ! ABER DA WIR GERADE BEI DER VERGANGENHEIT SIND, ERZÄHL MIR EIN BISSCHEN VON DIESEM ... WIE HIESS ER DOCH GLEICH?
LUDMOORE ...
... JONATHAN LUDMOORE.
KAUM IST CEDRIC HINAUSGEGANGEN, BEWEGT SICH ETWAS IM HINTERRAUM DER BUCHHANDLUNG.

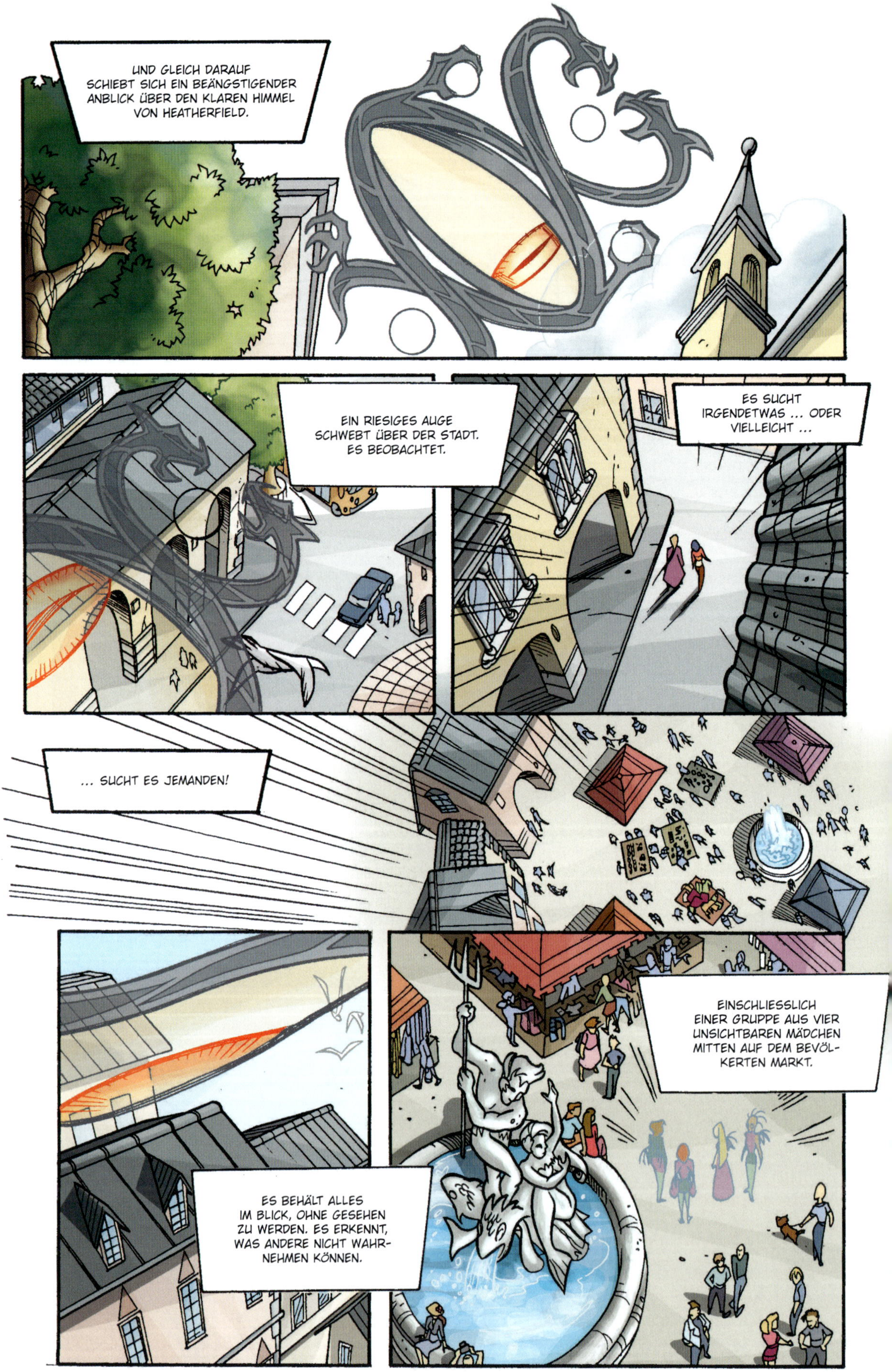
UND GLEICH DARAUF SCHIEBT SICH EIN BEÄNGSTIGENDER ANBLICK ÜBER DEN KLAREN HIMMEL VON HEATHERFIELD.
EIN RIESIGES AUGE SCHWEBT ÜBER DER STADT. ES BEOBACHTET.
ES SUCHT IRGENDETWAS ... ODER VIELLEICHT ...
... SUCHT ES JEMANDEN!
ES BEHÄLT ALLES IM BLICK, OHNE GESEHEN ZU WERDEN. ES ERKENNT, WAS ANDERE NICHT WAHR-NEHMEN KÖNNEN.
EINSCHLIESSLICH EINER GRUPPE AUS VIER UNSICHTBAREN MÄDCHEN MITTEN AUF DEM BEVÖL-KERTEN MARKT.

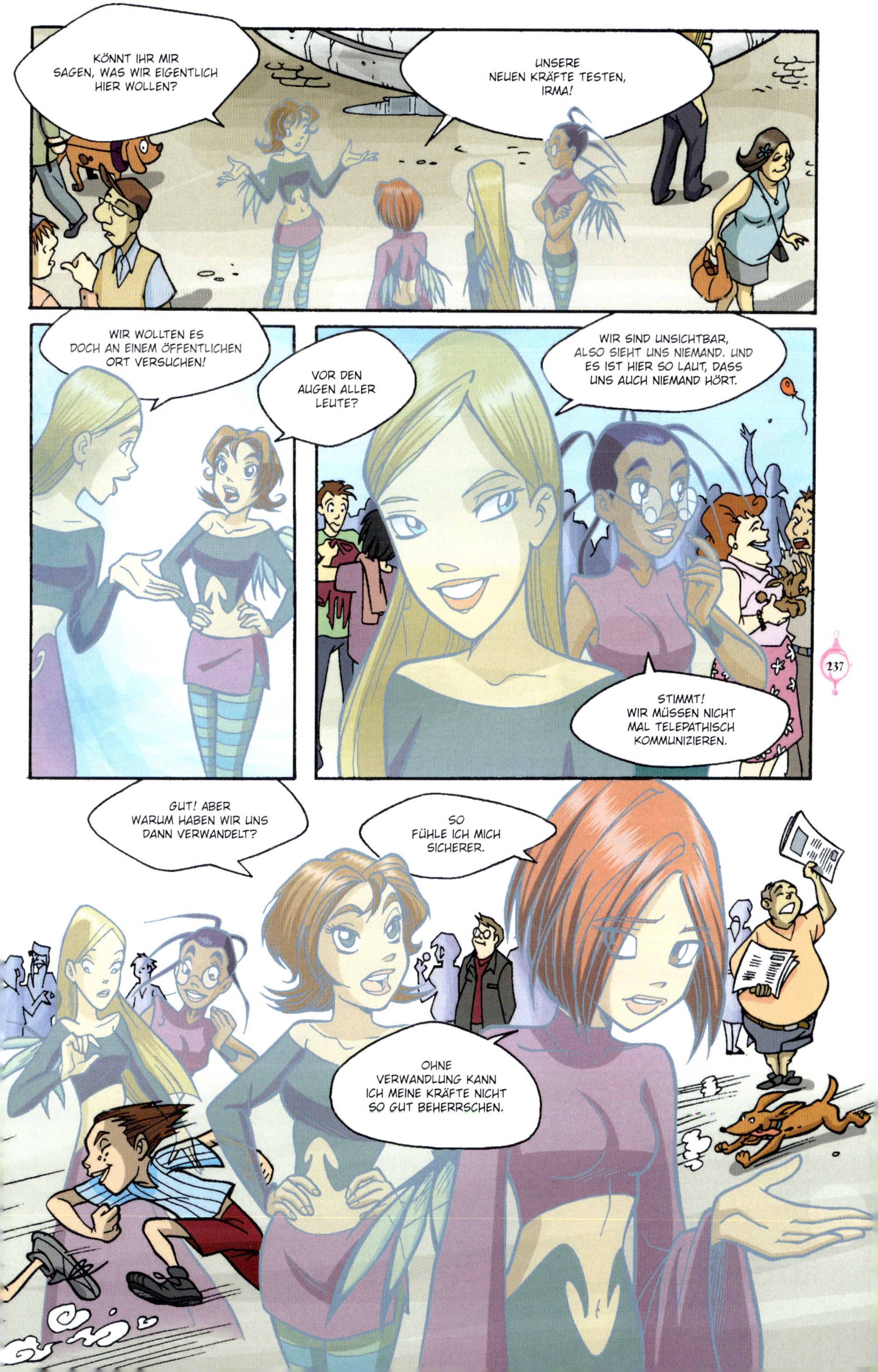
KÖNNT IHR MIR SAGEN, WAS WIR EIGENTLICH HIER WOLLEN?
UNSERE NEUEN KRÄFTE TESTEN, IRMA!
WIR WOLLTEN ES DOCH AN EINEM ÖFFENTLICHEN ORT VERSUCHEN!
VOR DEN AUGEN ALLER LEUTE?
WIR SIND UNSICHTBAR, ALSO SIEHT UNS NIEMAND. UND ES IST HIER SO LAUT, DASS UNS AUCH NIEMAND HÖRT.
STIMMT! WIR MÜSSEN NICHT MAL TELEPATHISCH KOMMUNIZIEREN.
GUT! ABER WARUM HABEN WIR UNS DANN VERWANDELT?
SO FÜHLE ICH MICH SICHERER.
OHNE VERWANDLUNG KANN ICH MEINE KRÄFTE NICHT SO GUT BEHERRSCHEN.

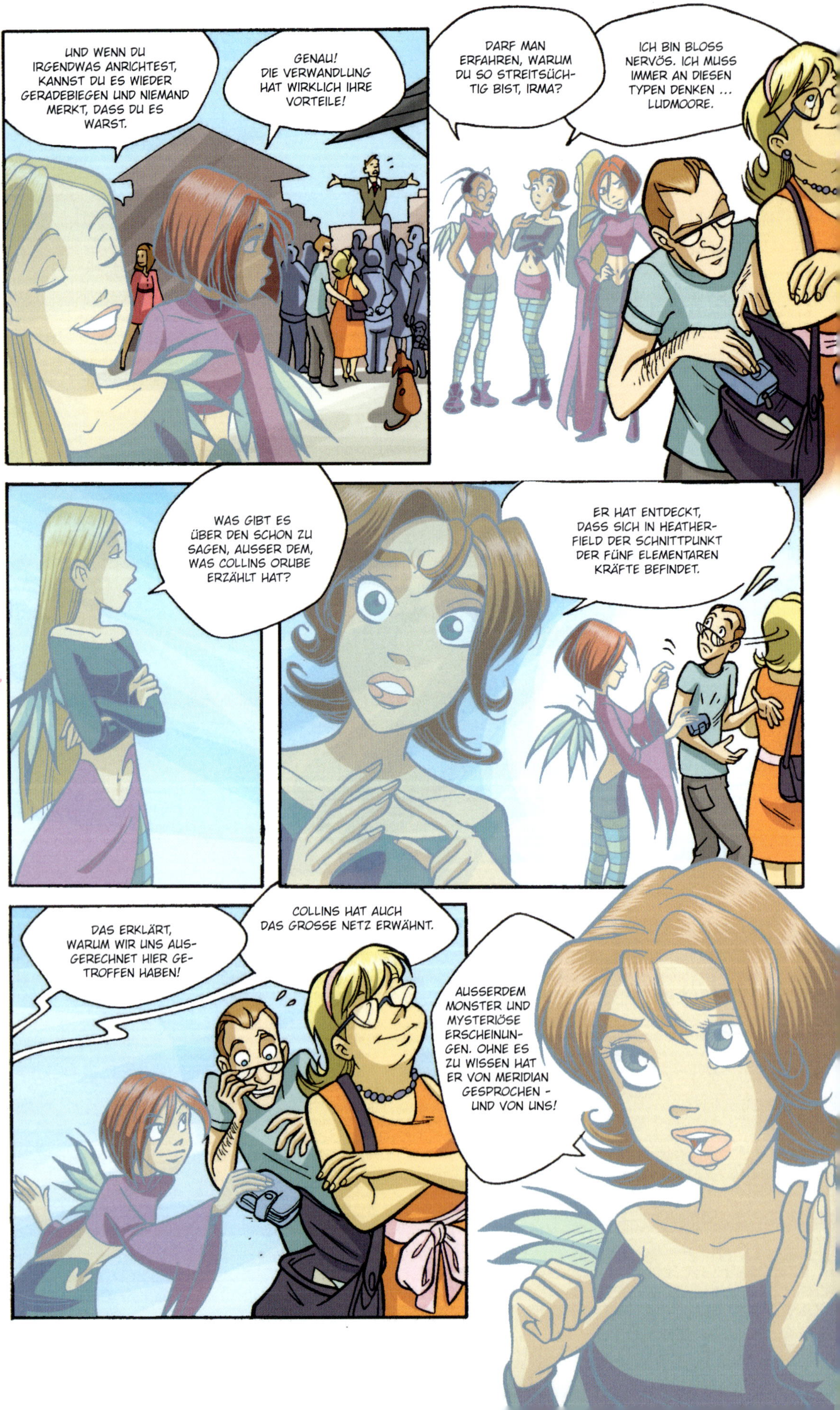

UND WENN DU IRGENDWAS ANRICHTEST, KANNST DU ES WIEDER GERADEBIEGEN UND NIEMAND MERKT, DASS DU ES WARST.
GENAU! DIE VERWANDLUNG HAT WIRKLICH IHRE VORTEILE!
DARF MAN ERFAHREN, WARUM DU SO STREITSÜCHTIG BIST, IRMA?
ICH BIN BLOSS NERVÖS. ICH MUSS IMMER AN DIESEN TYPEN DENKEN ... LUDMOORE.
WAS GIBT ES ÜBER DEN SCHON ZU SAGEN, AUSSER DEM, WAS COLLINS ORUBE ERZÄHLT HAT?
ER HAT ENTDECKT, DASS SICH IN HEATHERFIELD DER SCHNITTPUNKT DER FÜNF ELEMENTAREN KRÄFTE BEFINDET.
DAS ERKLÄRT, WARUM WIR UNS AUSGERECHNET HIER GETROFFEN HABEN!
COLLINS HAT AUCH DAS GROSSE NETZ ERWÄHNT.
AUSSERDEM MONSTER UND MYSTERIÖSE ERSCHEINUNGEN. OHNE ES ZU WISSEN HAT ER VON MERIDIAN GESPROCHEN - UND VON UNS!

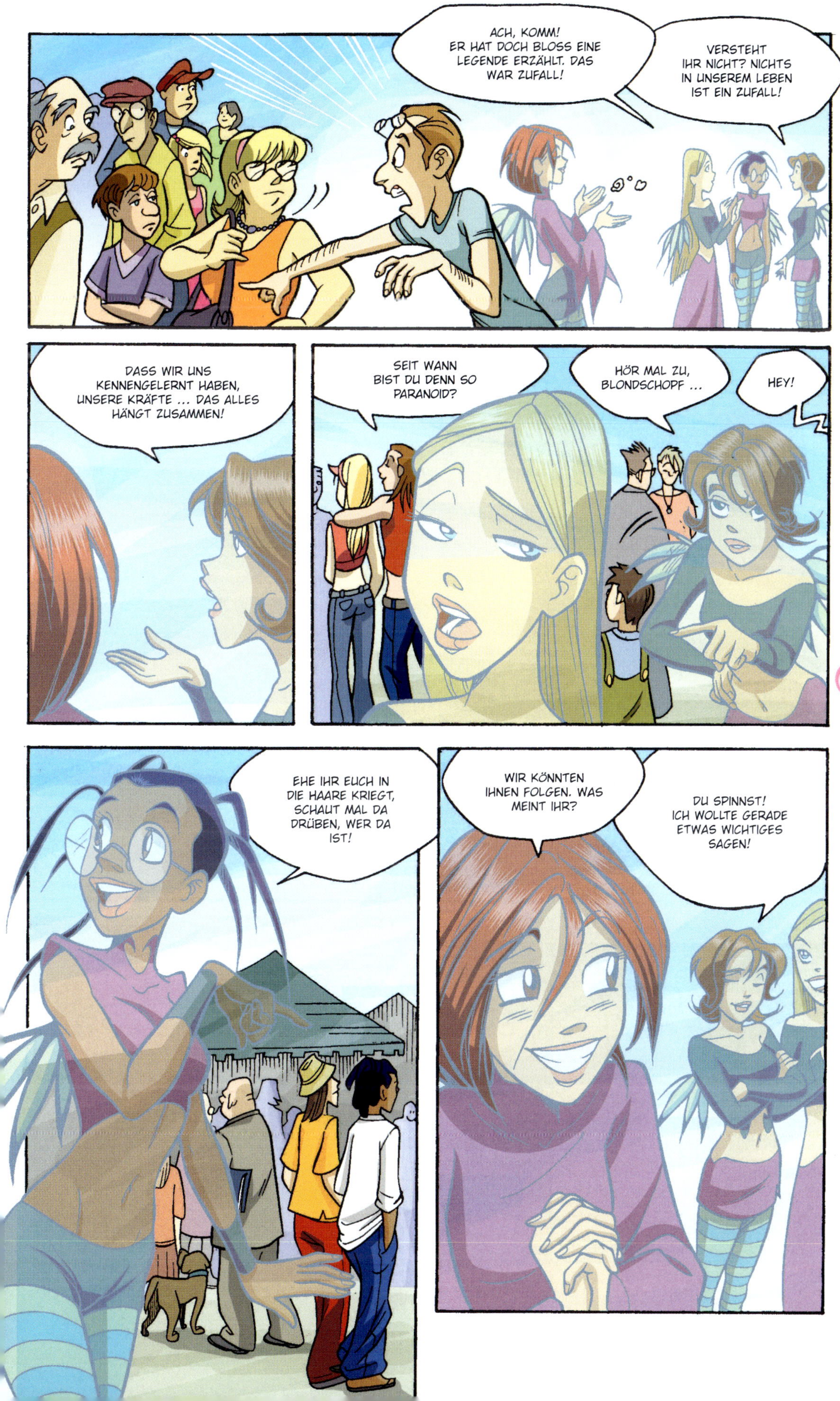
ACH, KOMM! ER HAT DOCH BLOSS EINE LEGENDE ERZÄHLT. DAS WAR ZUFALL!
VERSTEHT IHR NICHT? NICHTS IN UNSEREM LEBEN IST EIN ZUFALL!
DASS WIR UNS KENNENGELERNT HABEN, UNSERE KRÄFTE ... DAS ALLES HÄNGT ZUSAMMEN!
SEIT WANN BIST DU DENN SO PARANOID?
HÖR MAL ZU, BLONDSCHOPF ...
HEY!
EHE IHR EUCH IN DIE HAARE KRIEGT, SCHAUT MAL DA DRÜBEN, WER DA IST!
WIR KÖNNTEN IHNEN FOLGEN. WAS MEINT IHR?
DU SPINNST! ICH WOLLTE GERADE ETWAS WICHTIGES SAGEN!

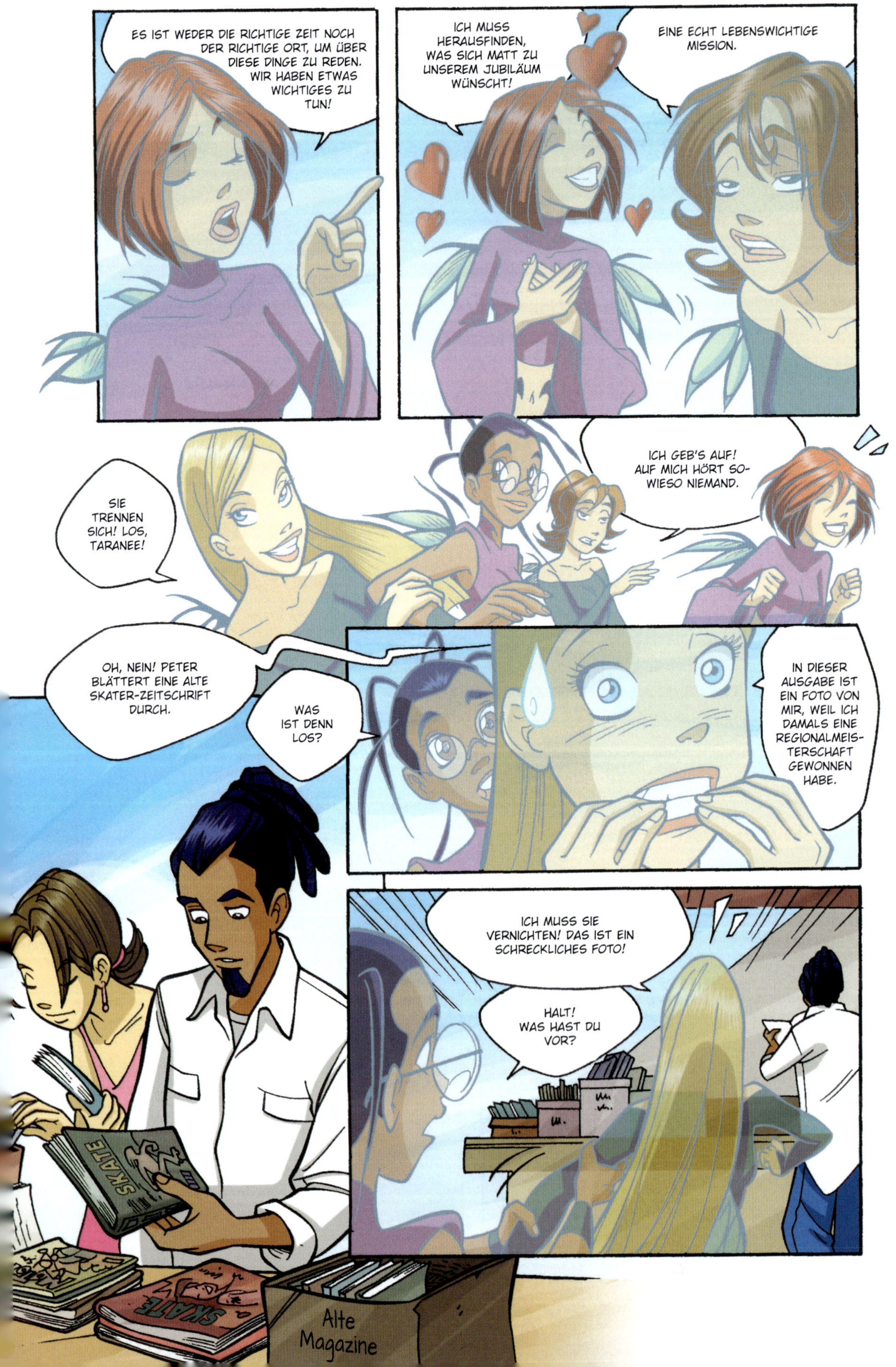

ES IST WEDER DIE RICHTIGE ZEIT NOCH DER RICHTIGE ORT, UM ÜBER DIESE DINGE ZU REDEN. WIR HABEN ETWAS WICHTIGES ZU TUN!
ICH MUSS HERAUSFINDEN, WAS SICH MATT ZU UNSEREM JUBILÄUM WÜNSCHT!
EINE ECHT LEBENSWICHTIGE MISSION.
SIE TRENNEN SICH! LOS, TARANEE!
ICH GEB'S AUF! AUF MICH HÖRT SO-WIESO NIEMAND.
OH, NEIN! PETER BLÄTTERT EINE ALTE SKATER-ZEITSCHRIFT DURCH.
WAS IST DENN LOS?
IN DIESER AUSGABE IST EIN FOTO VON MIR, WEIL ICH DAMALS EINE REGIONALMEIS-TERSCHAFT GEWONNEN HABE.
ICH MUSS SIE VERNICHTEN! DAS IST EIN SCHRECKLICHES FOTO!
HALT! WAS HAST DU VOR?
SKATE
SKATE
Alte Magazine

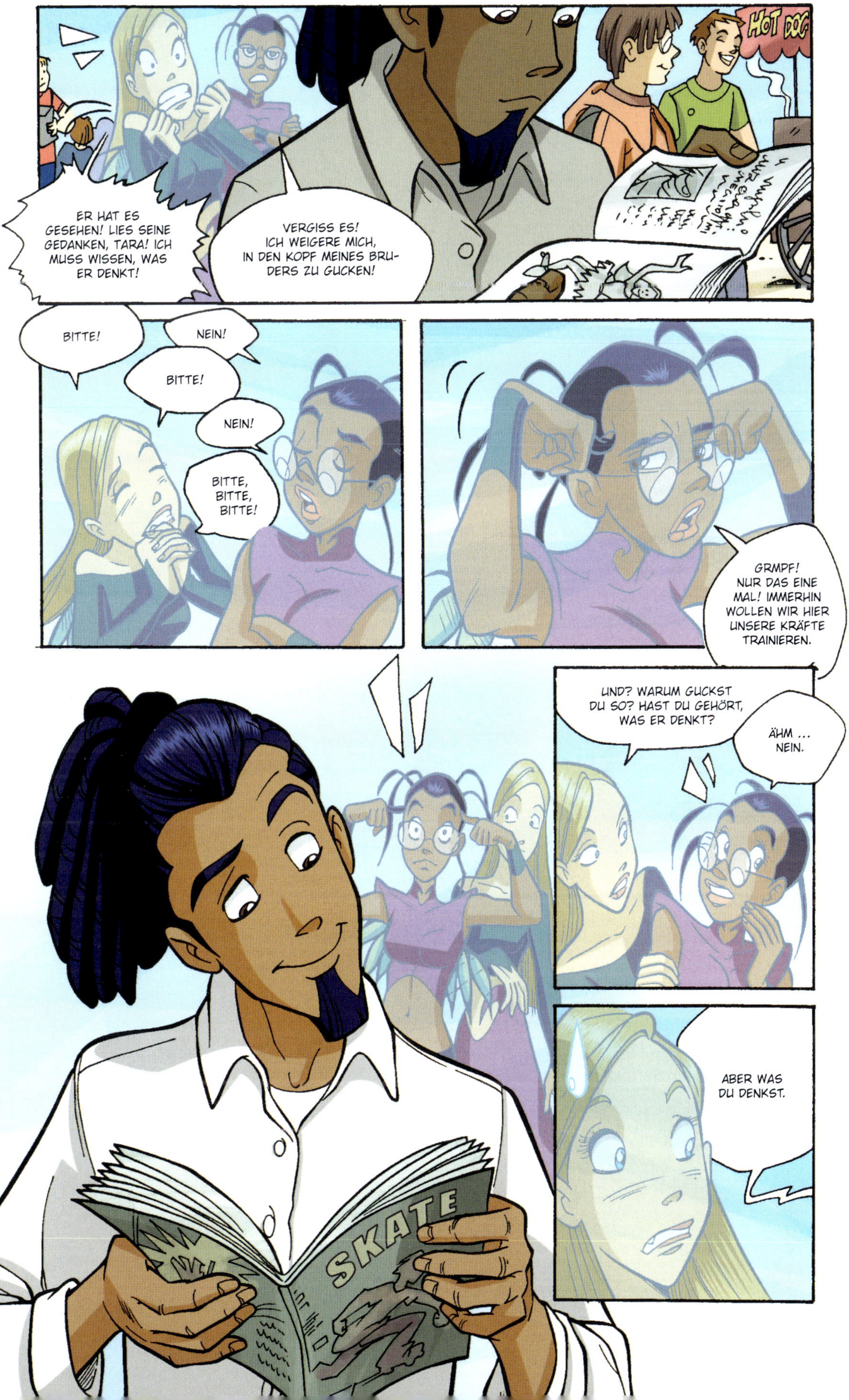

ER HAT ES GESEHEN! LIES SEINE GEDANKEN, TARA! ICH MUSS WISSEN, WAS ER DENKT!
VERGISS ES! ICH WEIGERE MICH, IN DEN KOPF MEINES BRUDERS ZU GUCKEN!
HOT DOG
BITTE!
NEIN!
BITTE!
NEIN!
BITTE, BITTE, BITTE!
GRMPF! NUR DAS EINE MAL! IMMERHIN WOLLEN WIR HIER UNSERE KRÄFTE TRAINIEREN.
UND? WARUM GUCKST DU SO? HAST DU GEHÖRT, WAS ER DENKT?
ÄHM ... NEIN.
ABER WAS DU DENKST.
SKATE

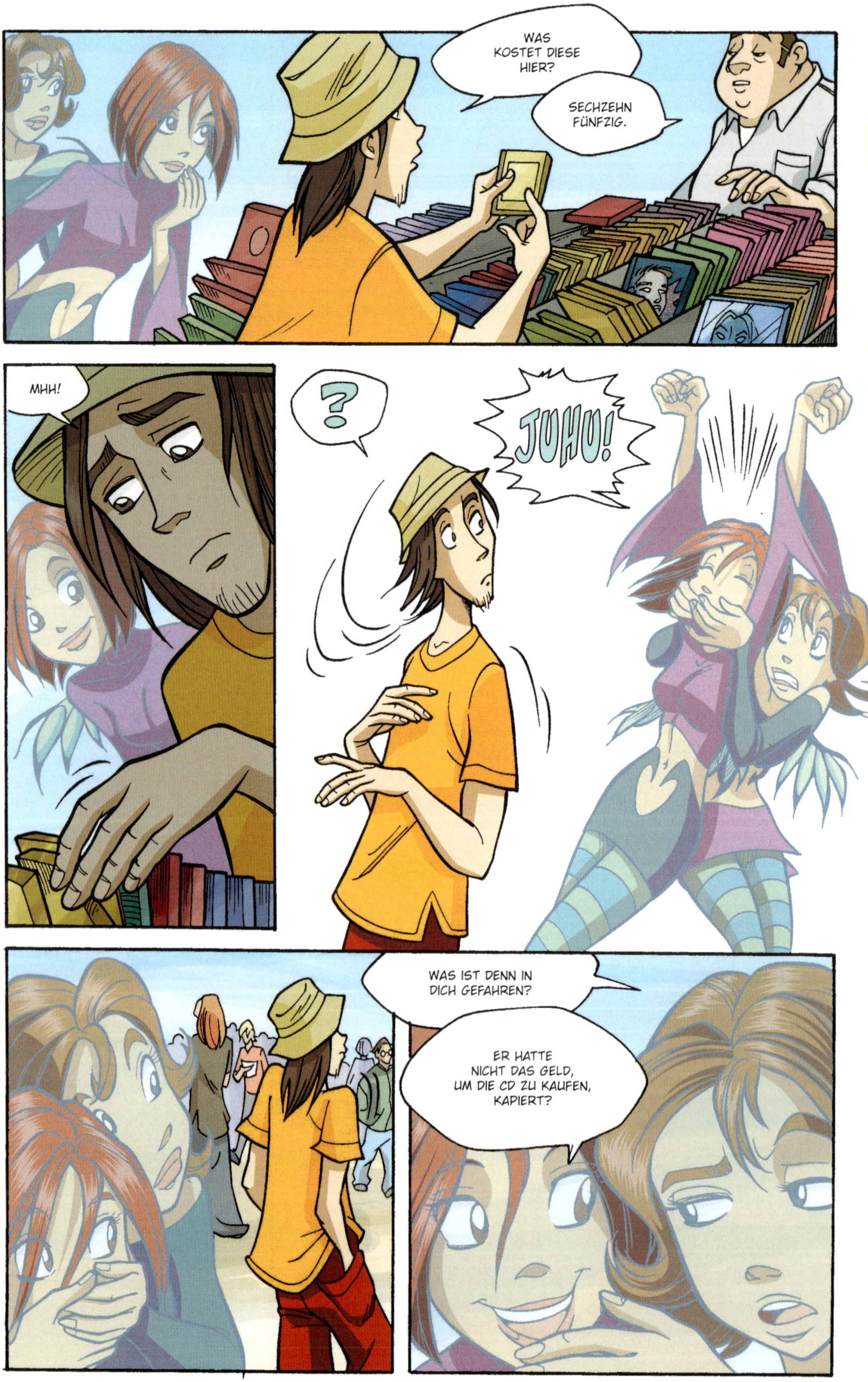

WAS KOSTET DIESE HIER?
SECHZEHN FÜNFZIG.
MHH!
?
JUHU!
WAS IST DENN IN DICH GEFAHREN?
ER HATTE NICHT DAS GELD, UM DIE CD ZU KAUFEN, KAPIERT?

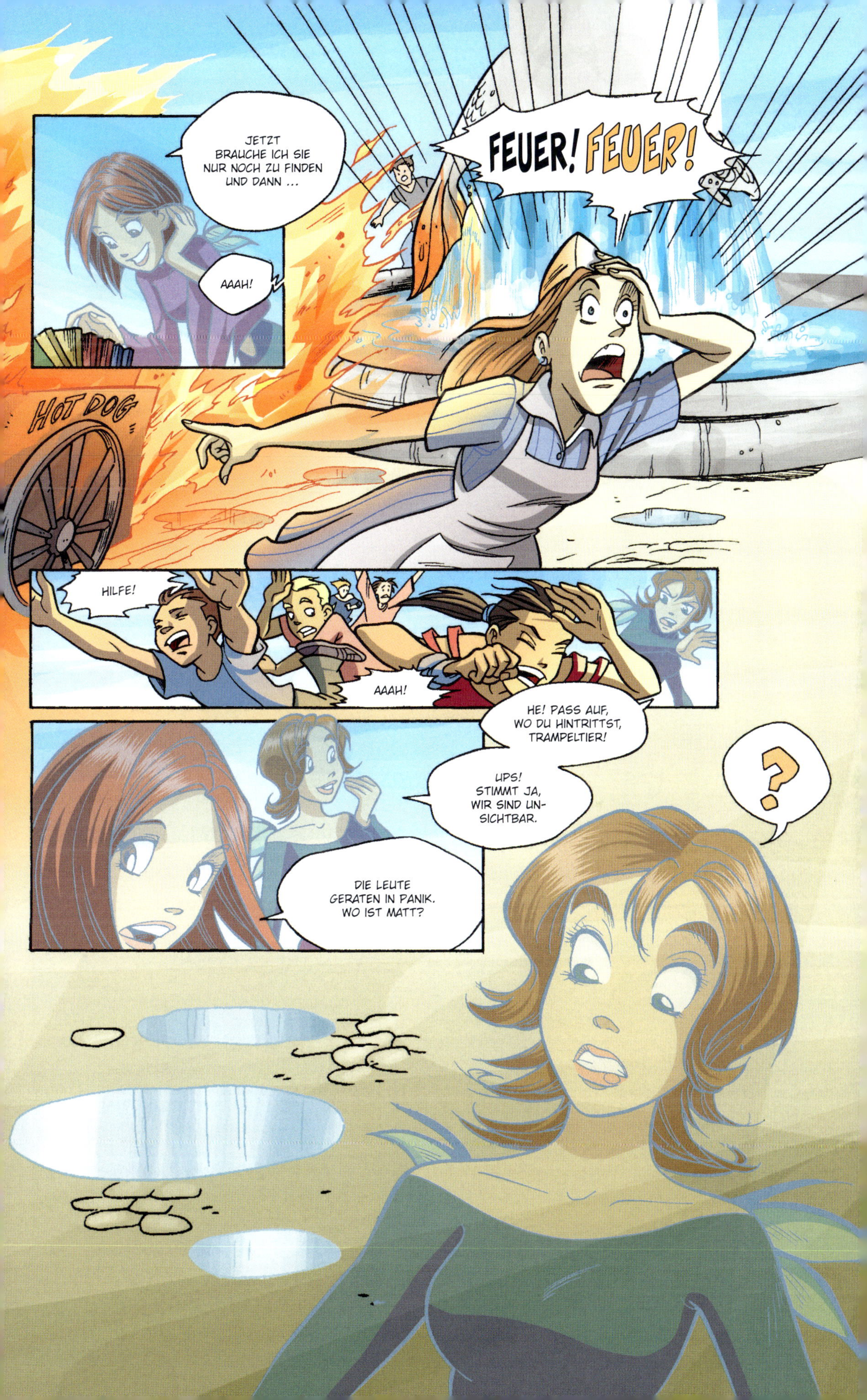
JETZT BRAUCHE ICH SIE NUR NOCH ZU FINDEN UND DANN ...
AAAH!
FEUER! FEUER!
HOT DOG
HILFE!
AAAH!
HE! PASS AUF, WO DU HINTRITTST, TRAMPELTIER!
UPS! STIMMT JA, WIR SIND UN-SICHTBAR.
DIE LEUTE GERATEN IN PANIK. WO IST MATT?
?

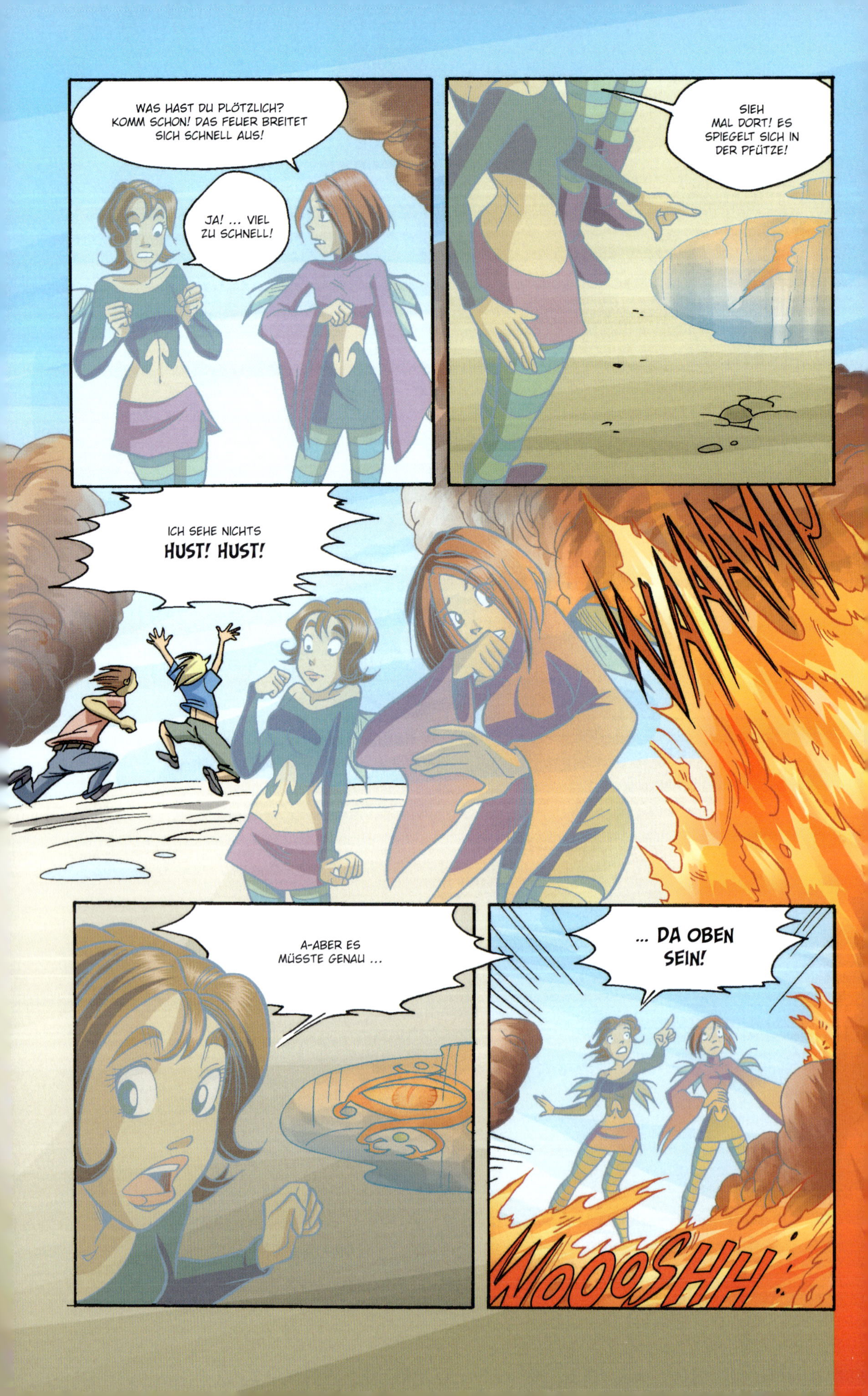
WAS HAST DU PLÖTZLICH? KOMM SCHON! DAS FEUER BREITET SICH SCHNELL AUS!
JA! ... VIEL ZU SCHNELL!
SIEH MAL DORT! ES SPIEGELT SICH IN DER PFÜTZE!
ICH SEHE NICHTS
HUST! HUST!
WAAMP
A-ABER ES MÜSSTE GENAU ...
... DA OBEN SEIN!
WOOOSHH

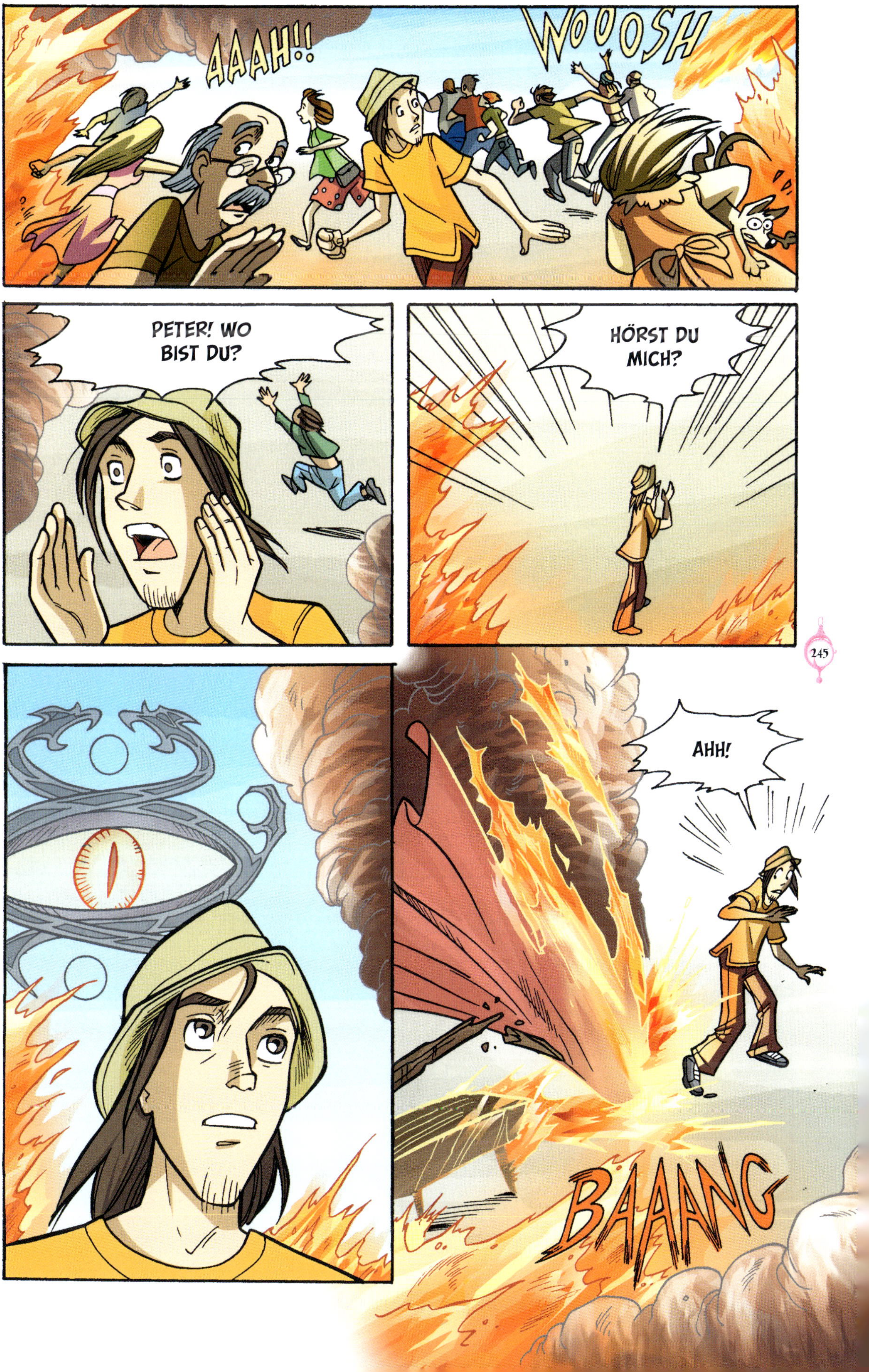
AAAH!!
WOOOSH
PETER! WO BIST DU?
HÖRST DU MICH?
AHH!
BAAANG

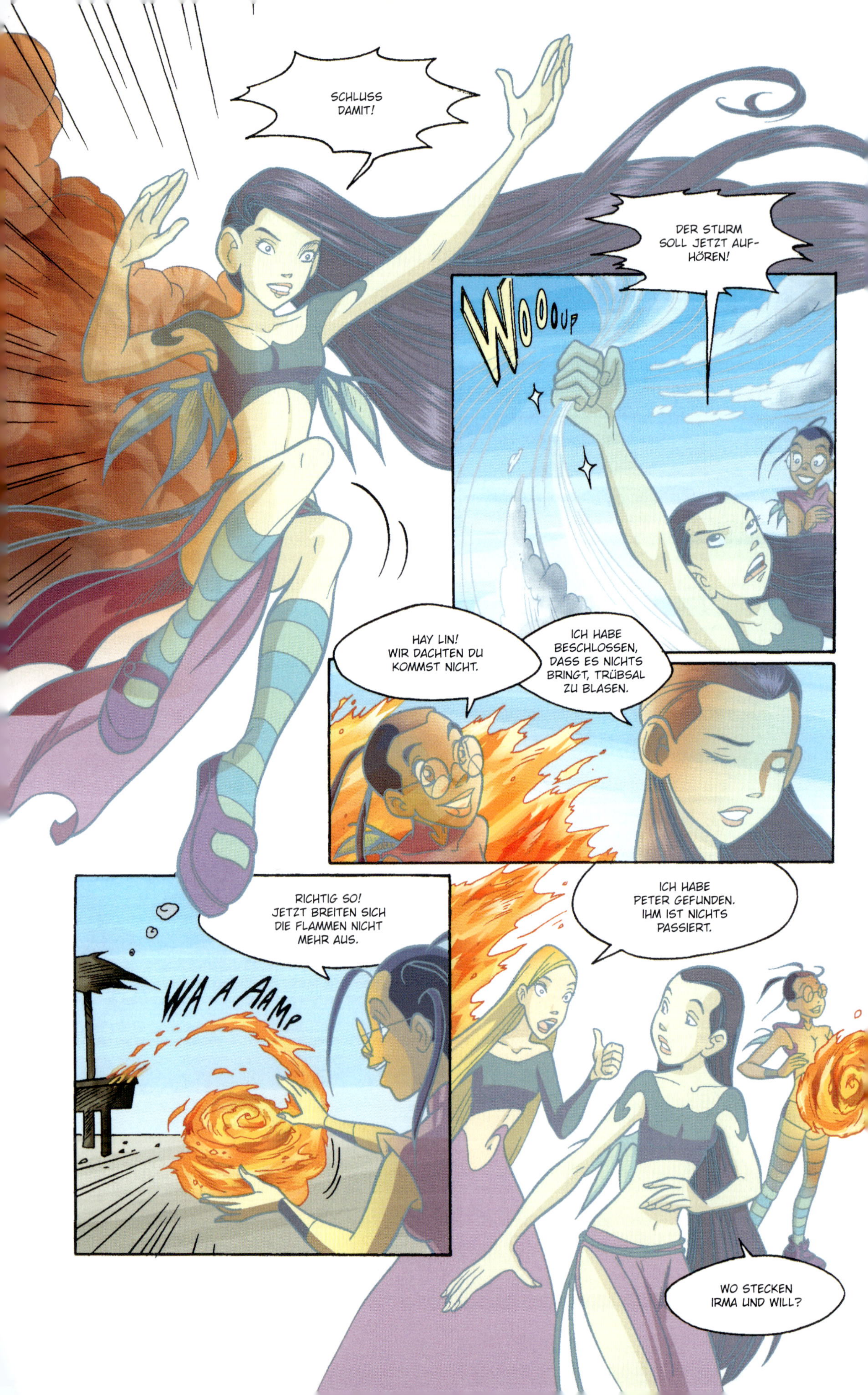
SCHLUSS DAMIT!
DER STURM SOLL JETZT AUF-HÖREN!
WOOOUP
HAY LIN! WIR DACHTEN DU KOMMST NICHT.
ICH HABE BESCHLOSSEN, DASS ES NICHTS BRINGT, TRÜBSAL ZU BLASEN.
RICHTIG SO! JETZT BREITEN SICH DIE FLAMMEN NICHT MEHR AUS.
WA A AAMP
ICH HABE PETER GEFUNDEN. IHM IST NICHTS PASSIERT.
WO STECKEN IRMA UND WILL?

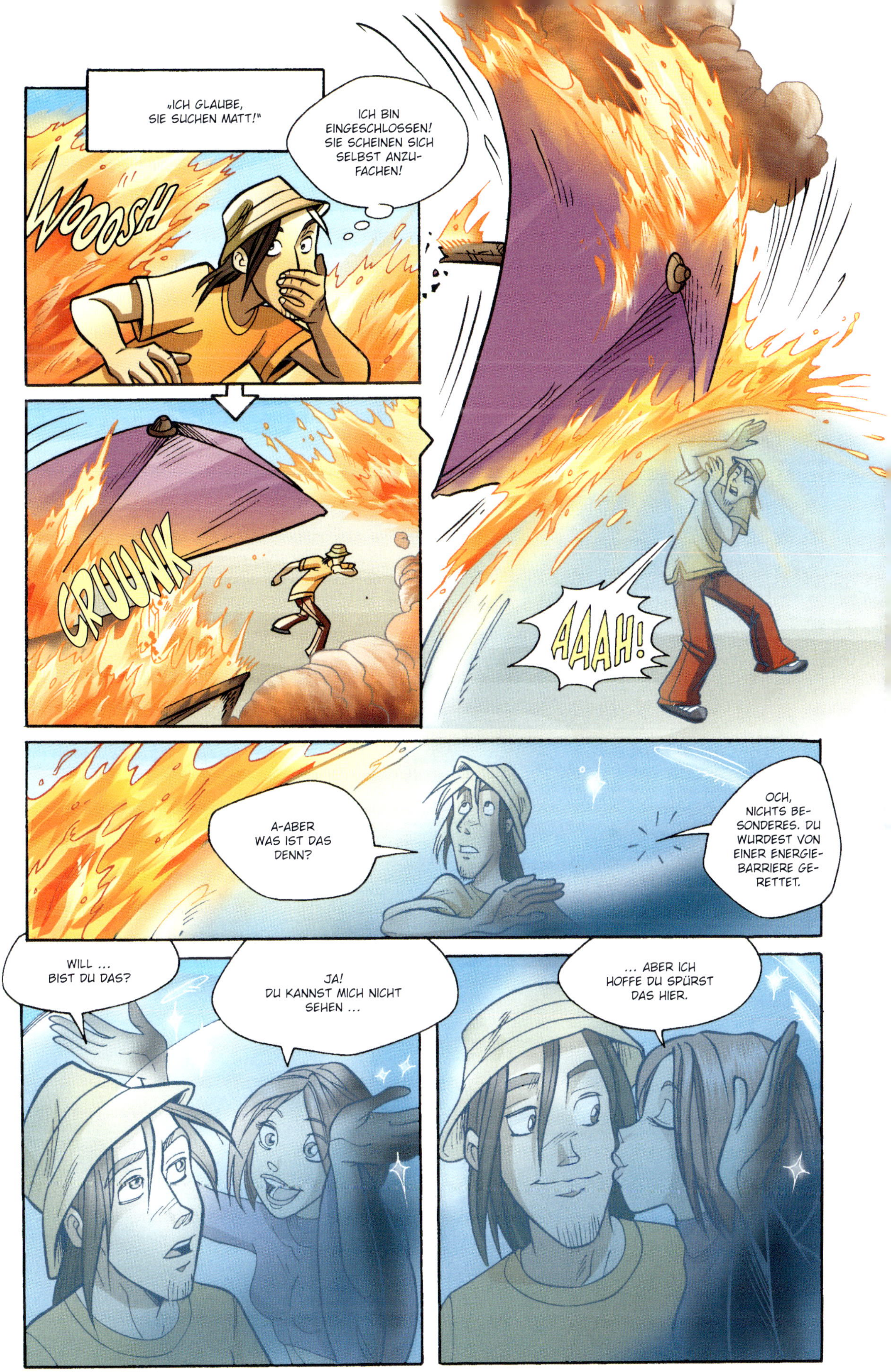
„ICH GLAUBE, SIE SUCHEN MATT!"
ICH BIN EINGESCHLOSSEN! SIE SCHEINEN SICH SELBST ANZU-FACHEN!
WOOOSH
CRUUNK
AAAH!
A-ABER WAS IST DAS DENN?
OCH, NICHTS BE-SONDERES. DU WURDEST VON EINER ENERGIE-BARRIERE GE-RETTET.
WILL ... BIST DU DAS?
JA! DU KANNST MICH NICHT SEHEN ...
... ABER ICH HOFFE DU SPÜRST DAS HIER.

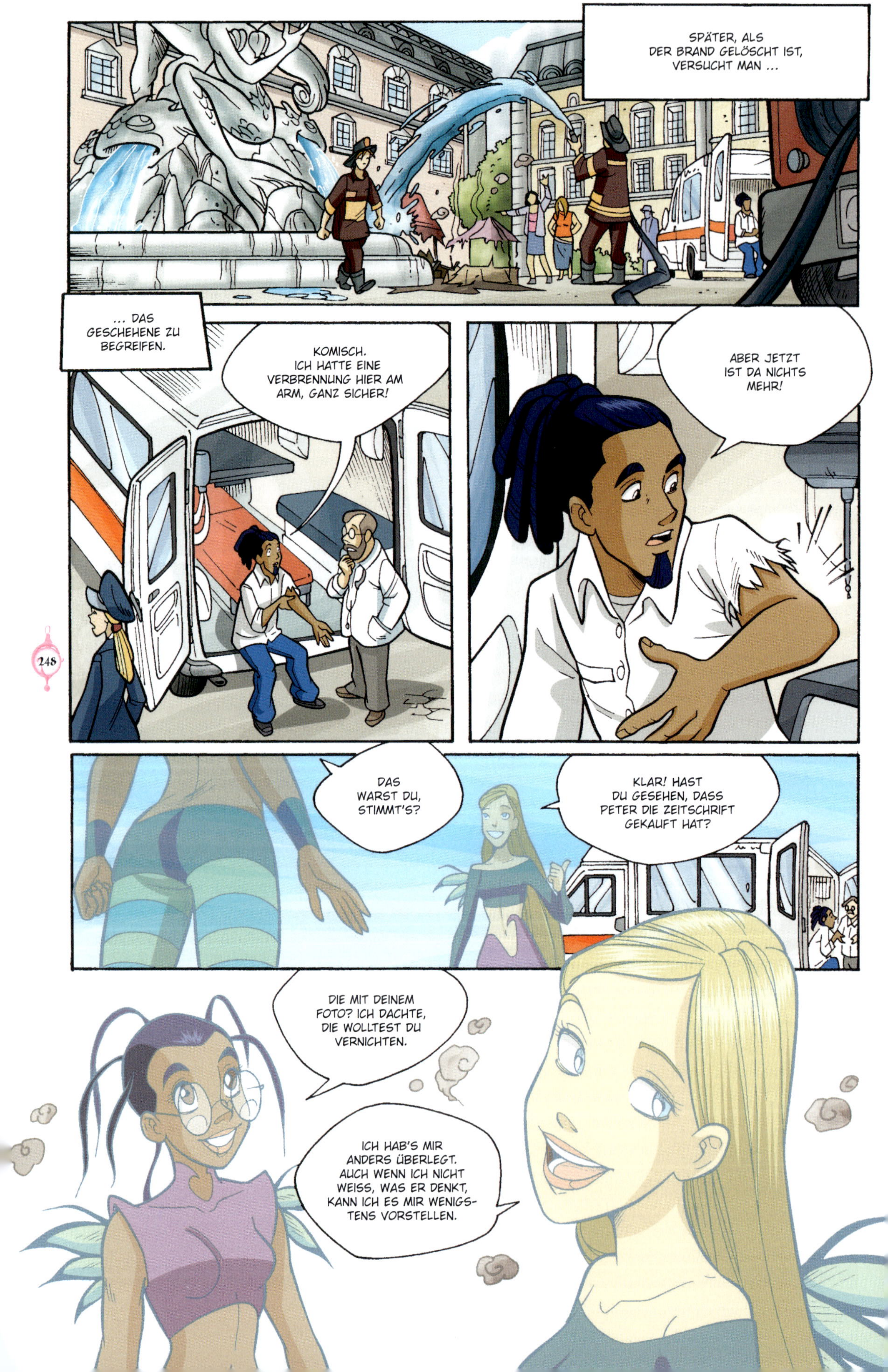

SPÄTER, ALS DER BRAND GELÖSCHT IST, VERSUCHT MAN …
… DAS GESCHEHENE ZU BEGREIFEN.
KOMISCH. ICH HATTE EINE VERBRENNUNG HIER AM ARM, GANZ SICHER!
ABER JETZT IST DA NICHTS MEHR!
DAS WARST DU, STIMMT'S?
KLAR! HAST DU GESEHEN, DASS PETER DIE ZEITSCHRIFT GEKAUFT HAT?
DIE MIT DEINEM FOTO? ICH DACHTE, DIE WOLLTEST DU VERNICHTEN.
ICH HAB'S MIR ANDERS ÜBERLEGT. AUCH WENN ICH NICHT WEISS, WAS ER DENKT, KANN ICH ES MIR WENIGSTENS VORSTELLEN.

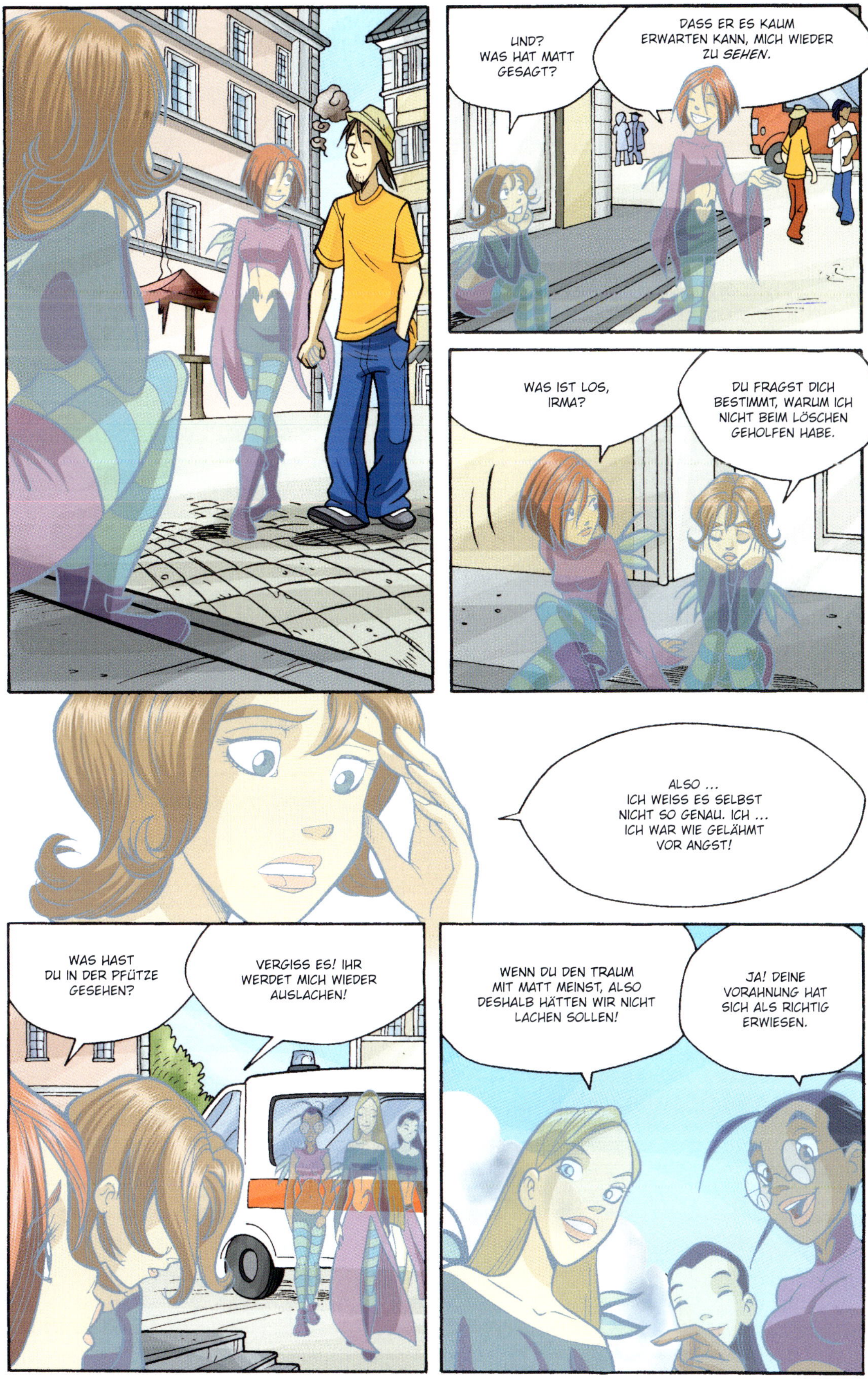
UND?
WAS HAT MATT
GESAGT?
DASS ER ES KAUM
ERWARTEN KANN, MICH WIEDER
ZU *SEHEN*.
WAS IST LOS,
IRMA?
DU FRAGST DICH
BESTIMMT, WARUM ICH
NICHT BEIM LÖSCHEN
GEHOLFEN HABE.
ALSO ...
ICH WEISS ES SELBST
NICHT SO GENAU. ICH ...
ICH WAR WIE GELÄHMT
VOR ANGST!
WAS HAST
DU IN DER PFÜTZE
GESEHEN?
VERGISS ES! IHR
WERDET MICH WIEDER
AUSLACHEN!
WENN DU DEN TRAUM
MIT MATT MEINST, ALSO
DESHALB HÄTTEN WIR NICHT
LACHEN SOLLEN!
JA! DEINE
VORAHNUNG HAT
SICH ALS RICHTIG
ERWIESEN.

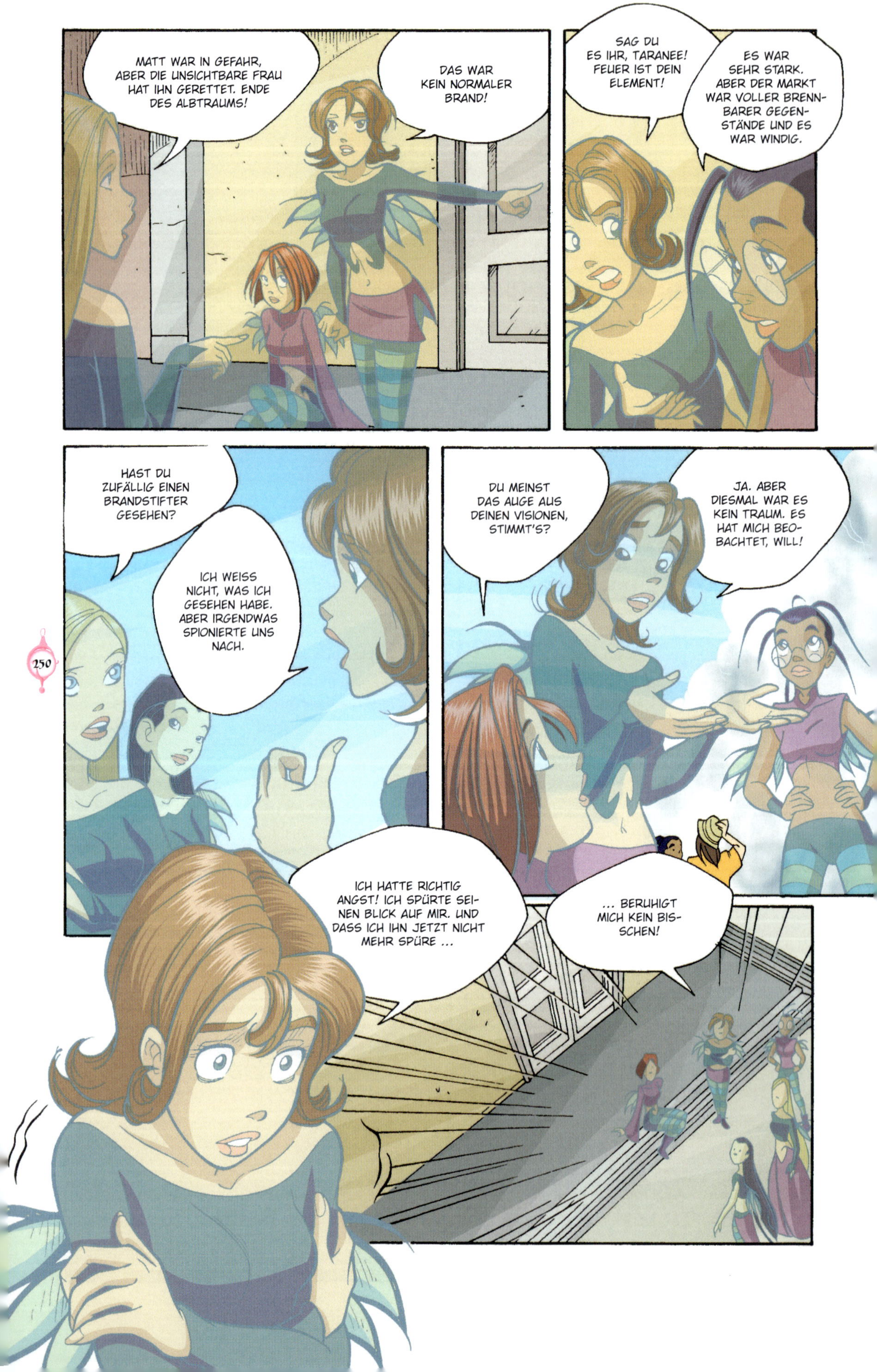
MATT WAR IN GEFAHR, ABER DIE UNSICHTBARE FRAU HAT IHN GERETTET. ENDE DES ALBTRAUMS!
DAS WAR KEIN NORMALER BRAND!
SAG DU ES IHR, TARANEE! FEUER IST DEIN ELEMENT!
ES WAR SEHR STARK. ABER DER MARKT WAR VOLLER BRENNBARER GEGENSTÄNDE UND ES WAR WINDIG.
HAST DU ZUFÄLLIG EINEN BRANDSTIFTER GESEHEN?
ICH WEISS NICHT, WAS ICH GESEHEN HABE. ABER IRGENDWAS SPIONIERTE UNS NACH.
DU MEINST DAS AUGE AUS DEINEN VISIONEN, STIMMT'S?
JA. ABER DIESMAL WAR ES KEIN TRAUM. ES HAT MICH BEOBACHTET, WILL!
ICH HATTE RICHTIG ANGST! ICH SPÜRTE SEINEN BLICK AUF MIR. UND DASS ICH IHN JETZT NICHT MEHR SPÜRE …
… BERUHIGT MICH KEIN BISSCHEN!

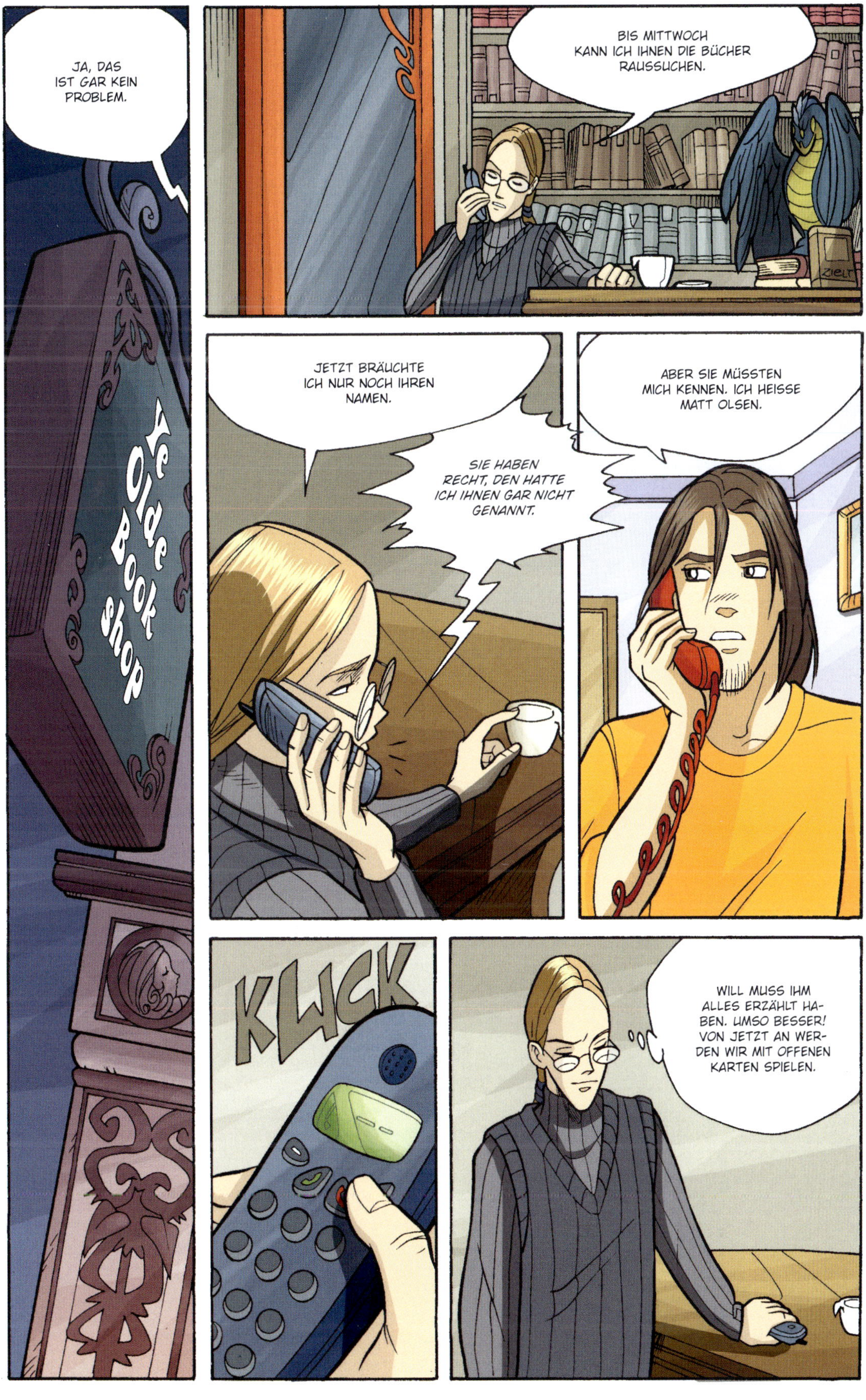
JA, DAS IST GAR KEIN PROBLEM.
BIS MITTWOCH KANN ICH IHNEN DIE BÜCHER RAUSSUCHEN.
ZIELT
Ye Olde Book shop
JETZT BRÄUCHTE ICH NUR NOCH IHREN NAMEN.
SIE HABEN RECHT, DEN HATTE ICH IHNEN GAR NICHT GENANNT.
ABER SIE MÜSSTEN MICH KENNEN. ICH HEISSE MATT OLSEN.
KLICK
WILL MUSS IHM ALLES ERZÄHLT HABEN. UMSO BESSER! VON JETZT AN WERDEN WIR MIT OFFENEN KARTEN SPIELEN.

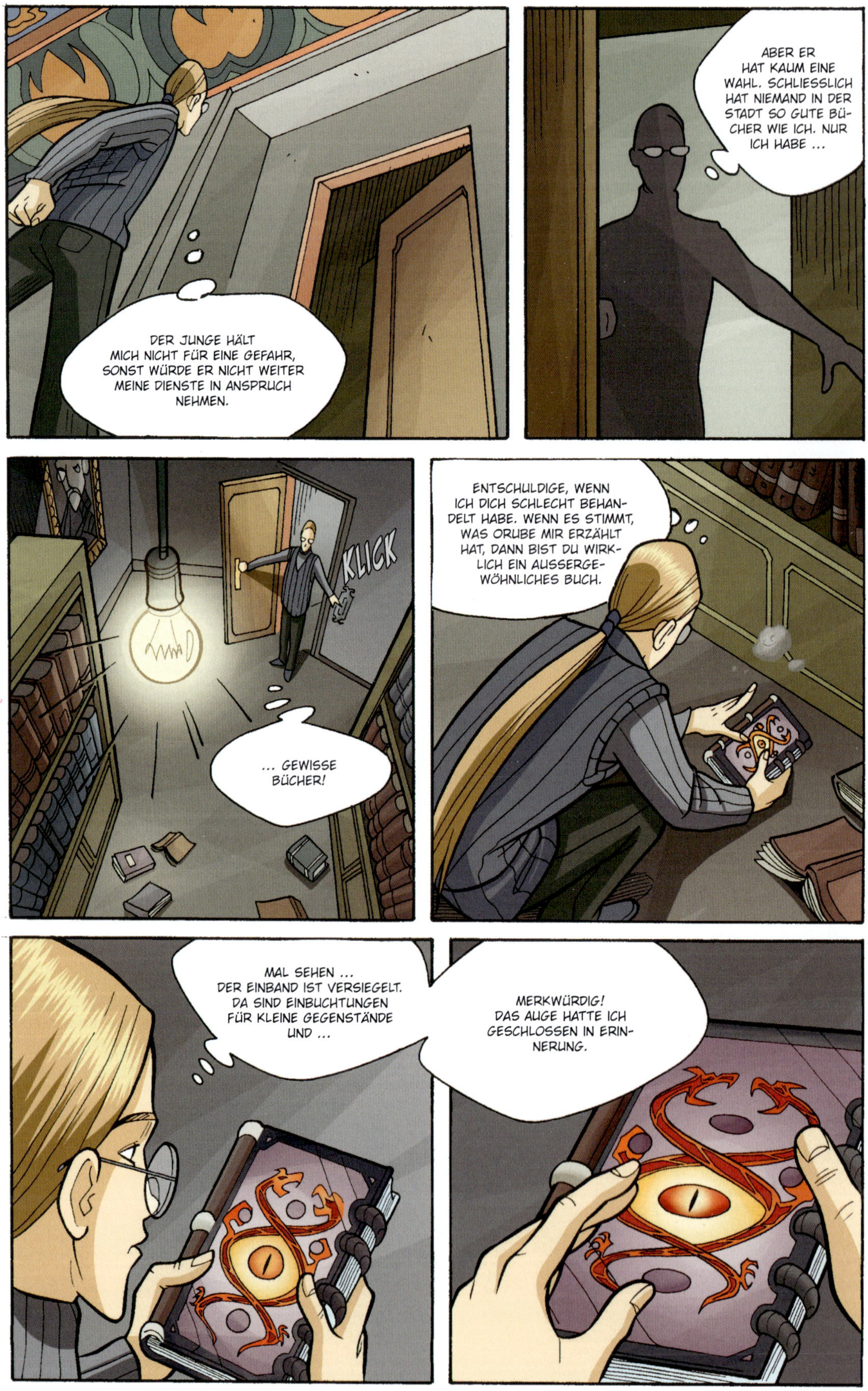
DER JUNGE HÄLT MICH NICHT FÜR EINE GEFAHR, SONST WÜRDE ER NICHT WEITER MEINE DIENSTE IN ANSPRUCH NEHMEN.
ABER ER HAT KAUM EINE WAHL. SCHLIESSLICH HAT NIEMAND IN DER STADT SO GUTE BÜCHER WIE ICH. NUR ICH HABE ...
KLICK
... GEWISSE BÜCHER!
ENTSCHULDIGE, WENN ICH DICH SCHLECHT BEHANDELT HABE. WENN ES STIMMT, WAS ORUBE MIR ERZÄHLT HAT, DANN BIST DU WIRKLICH EIN AUSSERGEWÖHNLICHES BUCH.
MAL SEHEN ... DER EINBAND IST VERSIEGELT. DA SIND EINBUCHTUNGEN FÜR KLEINE GEGENSTÄNDE UND ...
MERKWÜRDIG! DAS AUGE HATTE ICH GESCHLOSSEN IN ERINNERUNG.

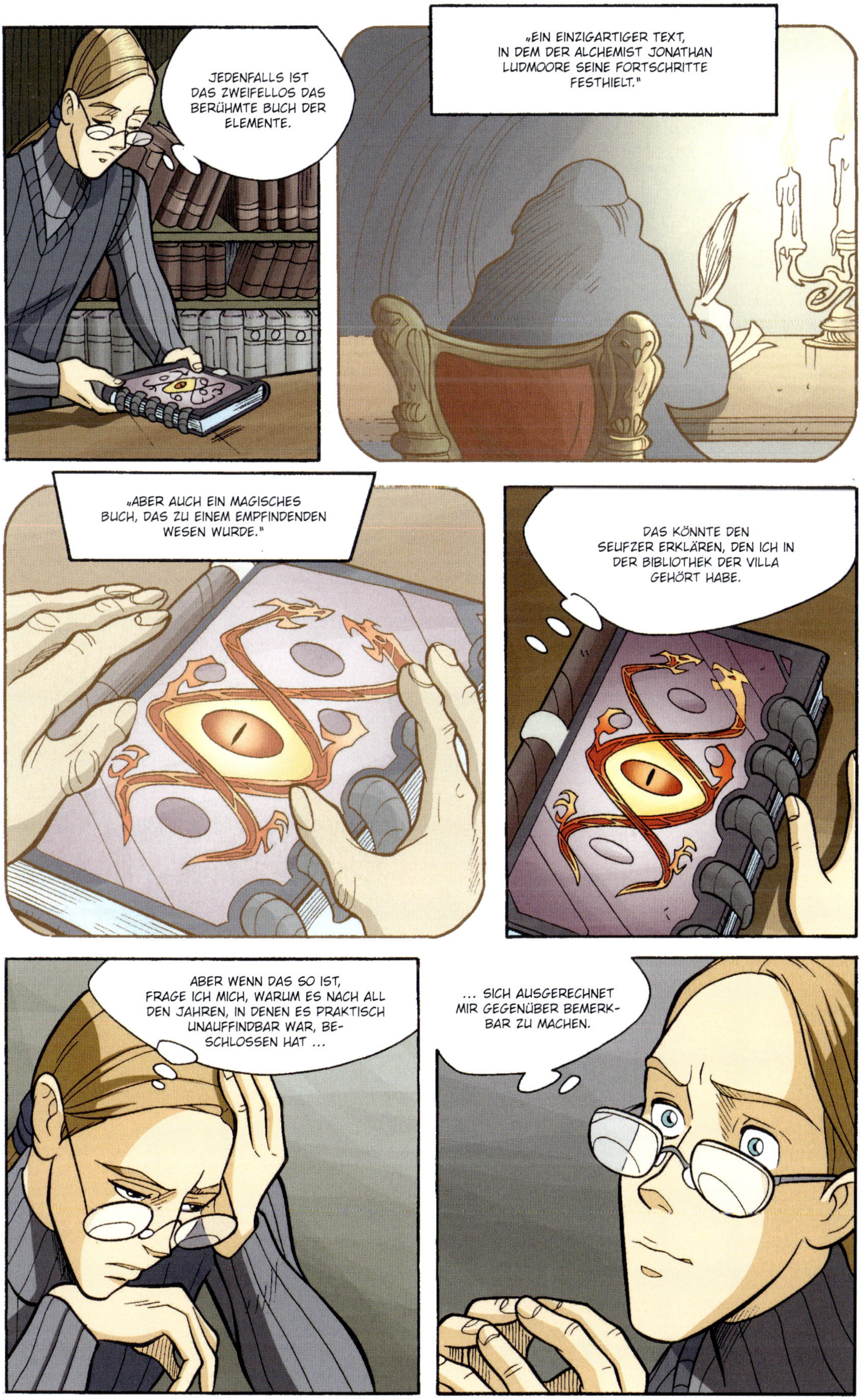
JEDENFALLS IST DAS ZWEIFELLOS DAS BERÜHMTE BUCH DER ELEMENTE.
„EIN EINZIGARTIGER TEXT, IN DEM DER ALCHEMIST JONATHAN LUDMOORE SEINE FORTSCHRITTE FESTHIELT."
„ABER AUCH EIN MAGISCHES BUCH, DAS ZU EINEM EMPFINDENDEN WESEN WURDE."
DAS KÖNNTE DEN SEUFZER ERKLÄREN, DEN ICH IN DER BIBLIOTHEK DER VILLA GEHÖRT HABE.
ABER WENN DAS SO IST, FRAGE ICH MICH, WARUM ES NACH ALL DEN JAHREN, IN DENEN ES PRAKTISCH UNAUFFINDBAR WAR, BESCHLOSSEN HAT ...
... SICH AUSGERECHNET MIR GEGENÜBER BEMERKBAR ZU MACHEN.

253

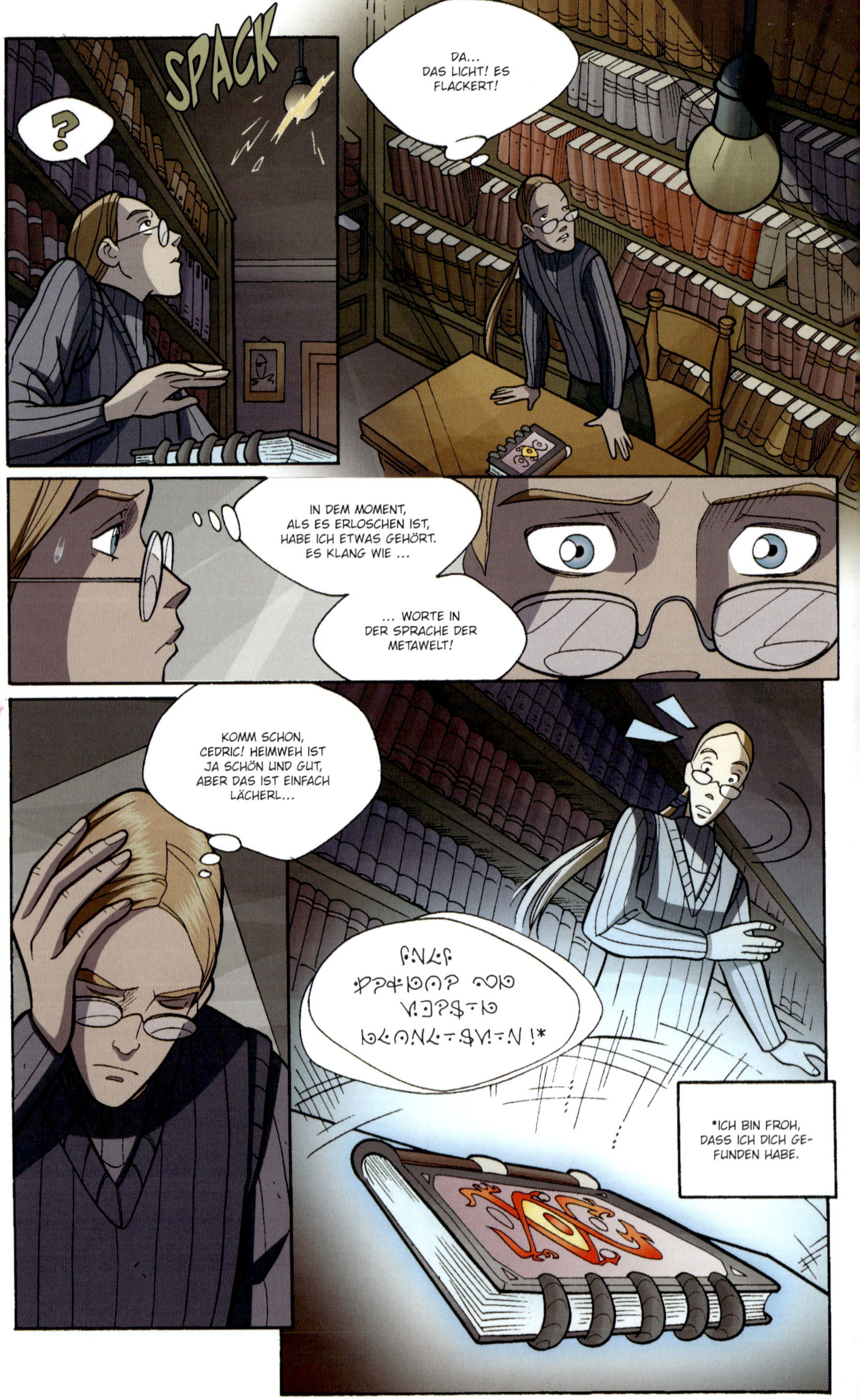
SPACK
?
DA... DAS LICHT! ES FLACKERT!
IN DEM MOMENT, ALS ES ERLOSCHEN IST, HABE ICH ETWAS GEHÖRT. ES KLANG WIE ...
... WORTE IN DER SPRACHE DER METAWELT!
KOMM SCHON, CEDRIC! HEIMWEH IST JA SCHÖN UND GUT, ABER DAS IST EINFACH LÄCHERL...
*ICH BIN FROH, DASS ICH DICH GEFUNDEN HABE.

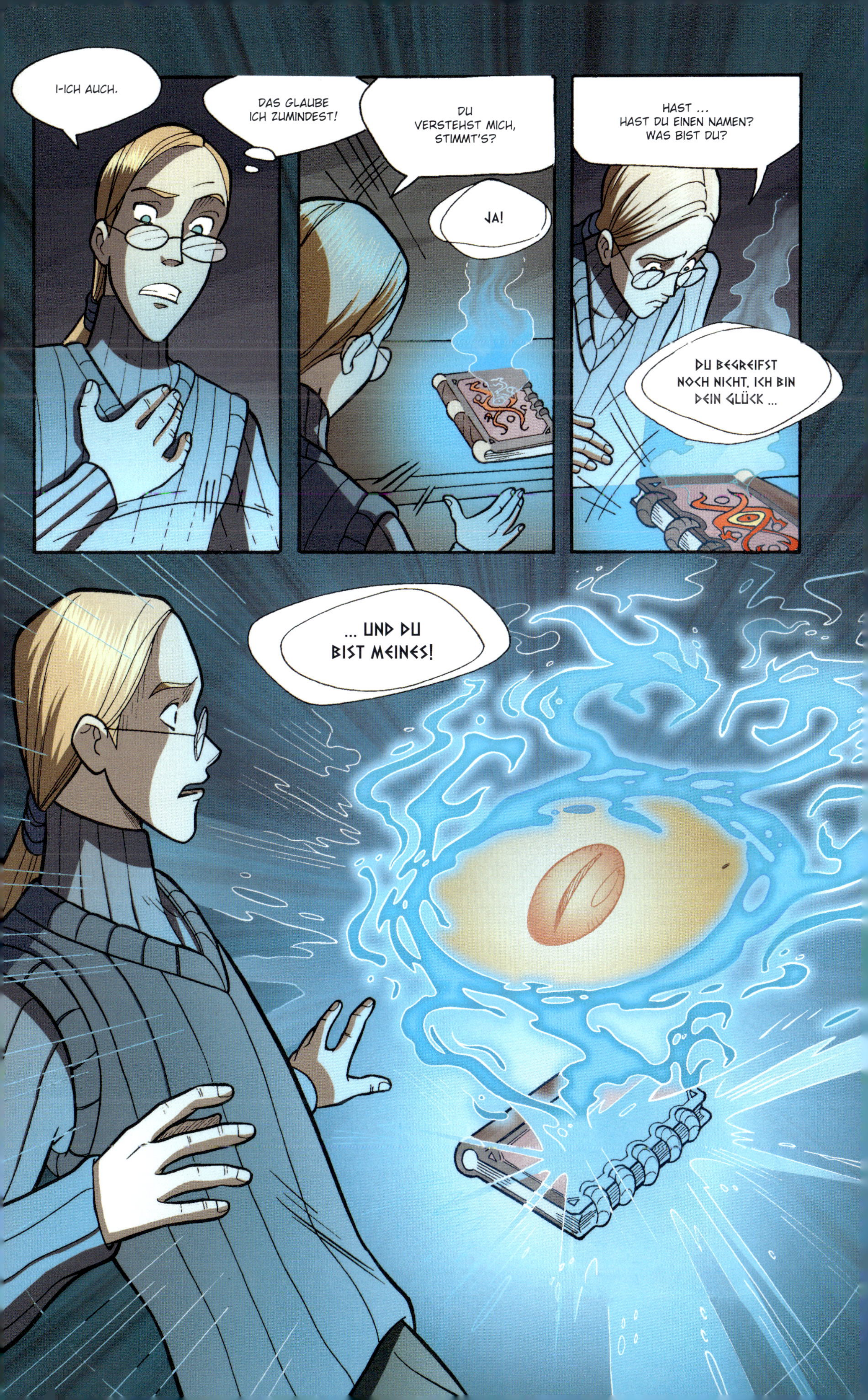
I-ICH AUCH.
DAS GLAUBE ICH ZUMINDEST!
DU VERSTEHST MICH, STIMMT'S?
JA!
HAST … HAST DU EINEN NAMEN? WAS BIST DU?
DU BEGREIFST NOCH NICHT. ICH BIN DEIN GLÜCK …
… UND DU BIST MEINES!

EINE GANZ ANDERE MUSIK

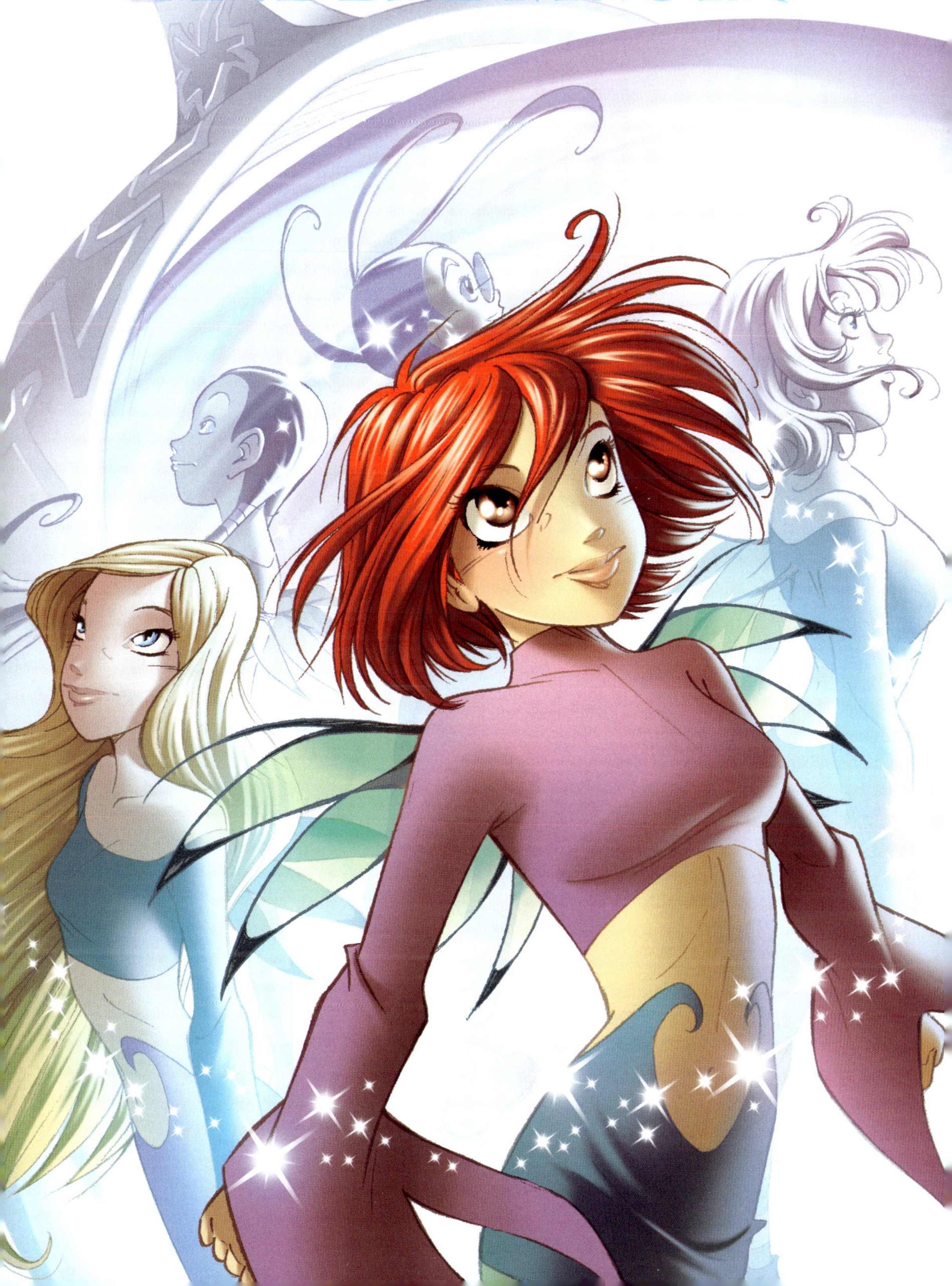

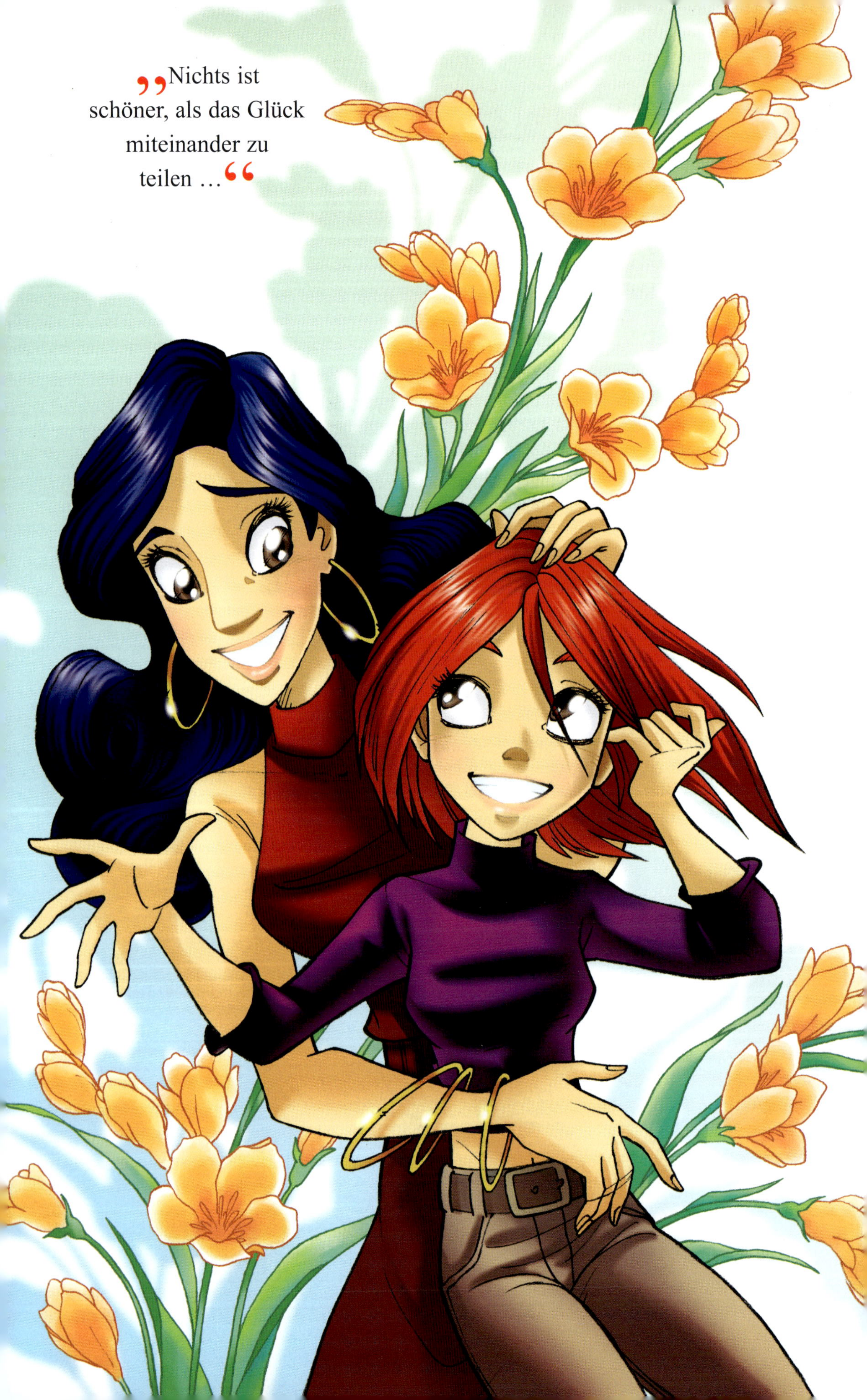
„Nichts ist schöner, als das Glück miteinander zu teilen …“

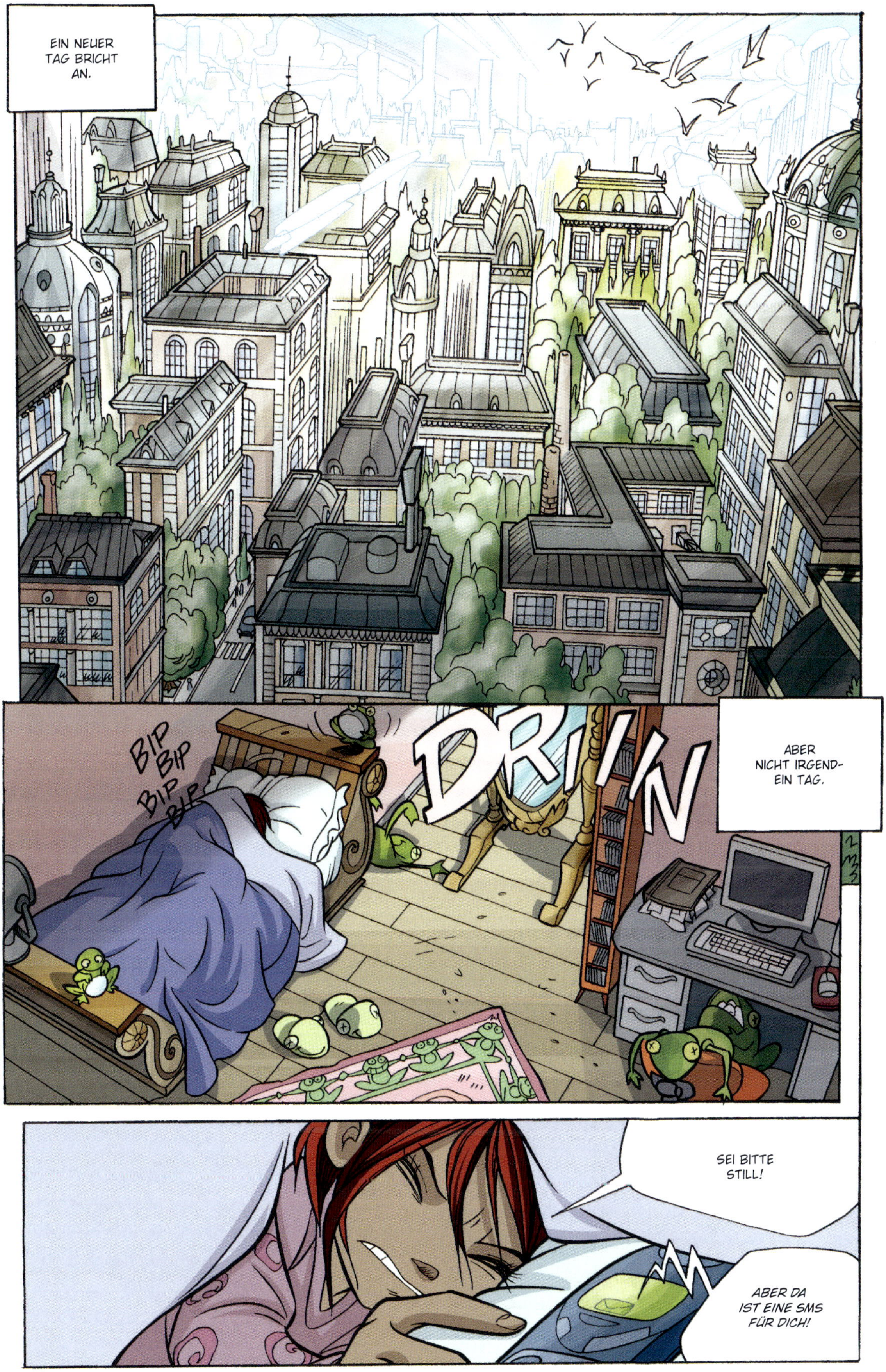
EIN NEUER TAG BRICHT AN.
BIP BIP BIP BIP
DRIIIN
ABER NICHT IRGEND-EIN TAG.
SEI BITTE STILL!
ABER DA IST EINE SMS FÜR DICH!

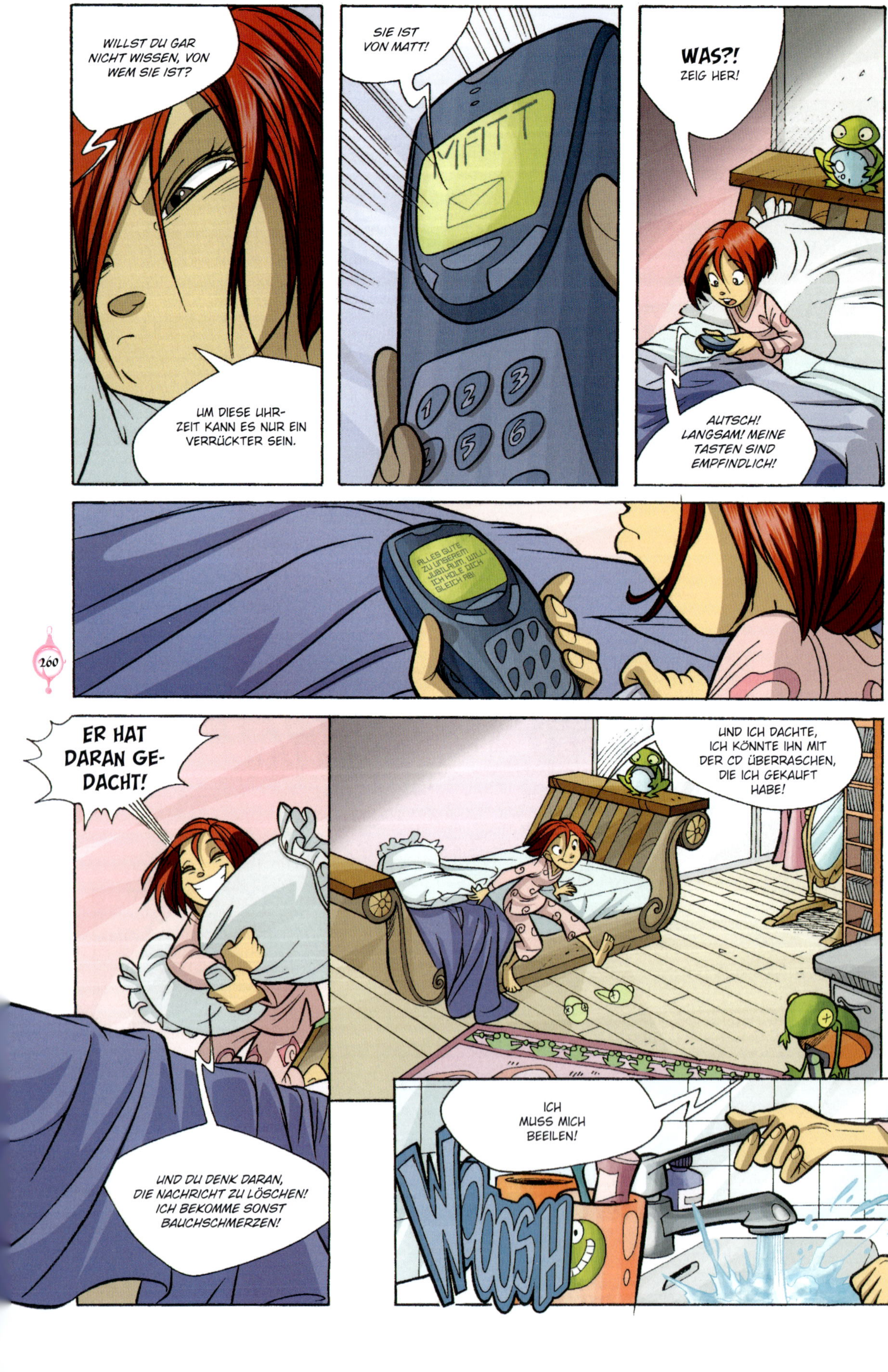

WILLST DU GAR NICHT WISSEN, VON WEM SIE IST?
UM DIESE UHRZEIT KANN ES NUR EIN VERRÜCKTER SEIN.
SIE IST VON MATT!
MATT
WAS?! ZEIG HER!
AUTSCH! LANGSAM! MEINE TASTEN SIND EMPFINDLICH!
ALLES GUTE ZU UNSEREM JUBILÄUM, WILL! ICH HOLE DICH GLEICH AB!
ER HAT DARAN GEDACHT!
UND DU DENK DARAN, DIE NACHRICHT ZU LÖSCHEN! ICH BEKOMME SONST BAUCHSCHMERZEN!
UND ICH DACHTE, ICH KÖNNTE IHN MIT DER CD ÜBERRASCHEN, DIE ICH GEKAUFT HABE!
ICH MUSS MICH BEEILEN!
WOOSH

260

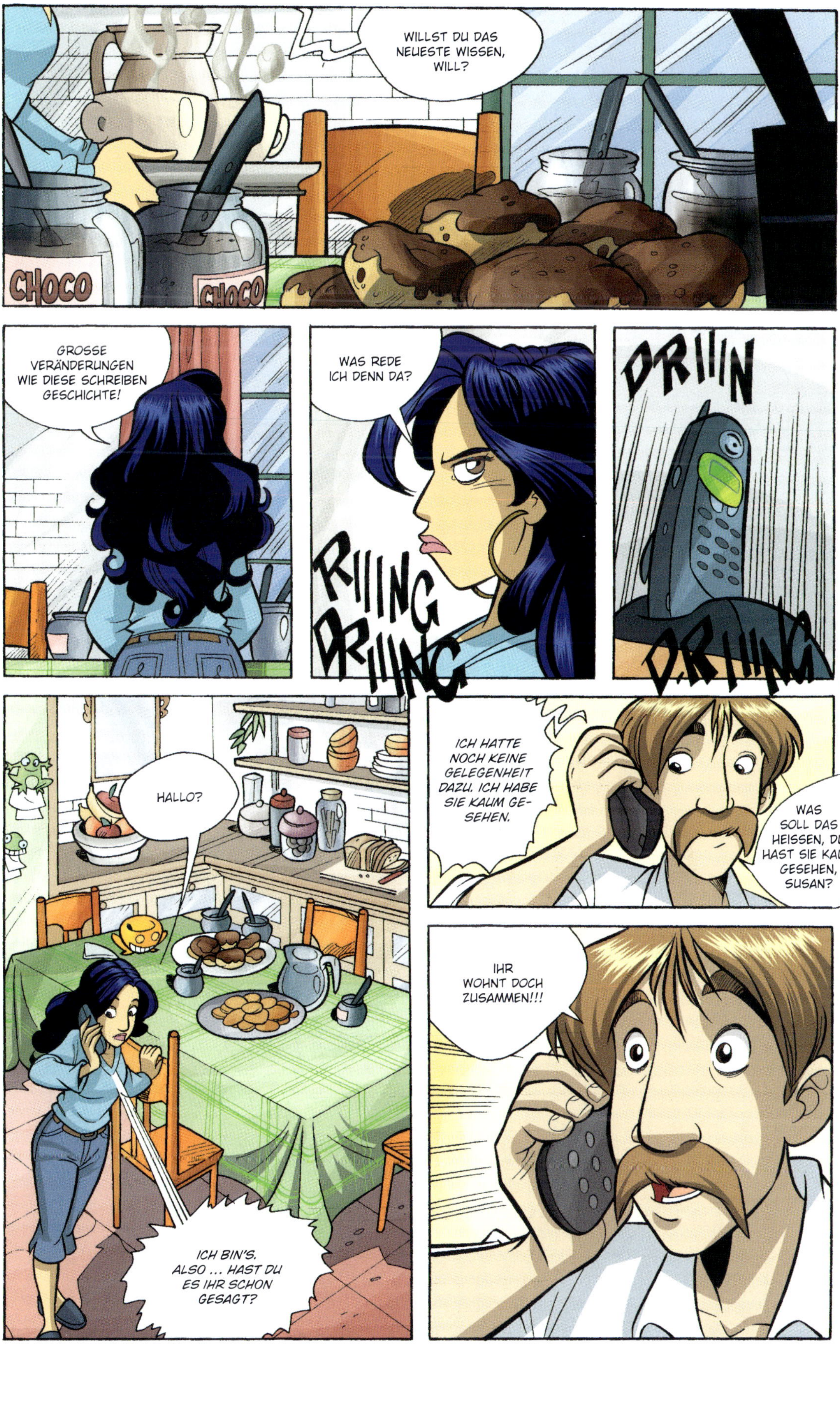
WILLST DU DAS NEUESTE WISSEN, WILL?
CHOCO
CHOCO
GROSSE VERÄNDERUNGEN WIE DIESE SCHREIBEN GESCHICHTE!
WAS REDE ICH DENN DA?
RIIING
DRIIING
DRIIIN
DRIIING
HALLO?
ICH BIN'S. ALSO ... HAST DU ES IHR SCHON GESAGT?
ICH HATTE NOCH KEINE GELEGENHEIT DAZU. ICH HABE SIE KAUM GESEHEN.
WAS SOLL DAS HEISSEN, DU HAST SIE KAUM GESEHEN, SUSAN?
IHR WOHNT DOCH ZUSAMMEN!!!

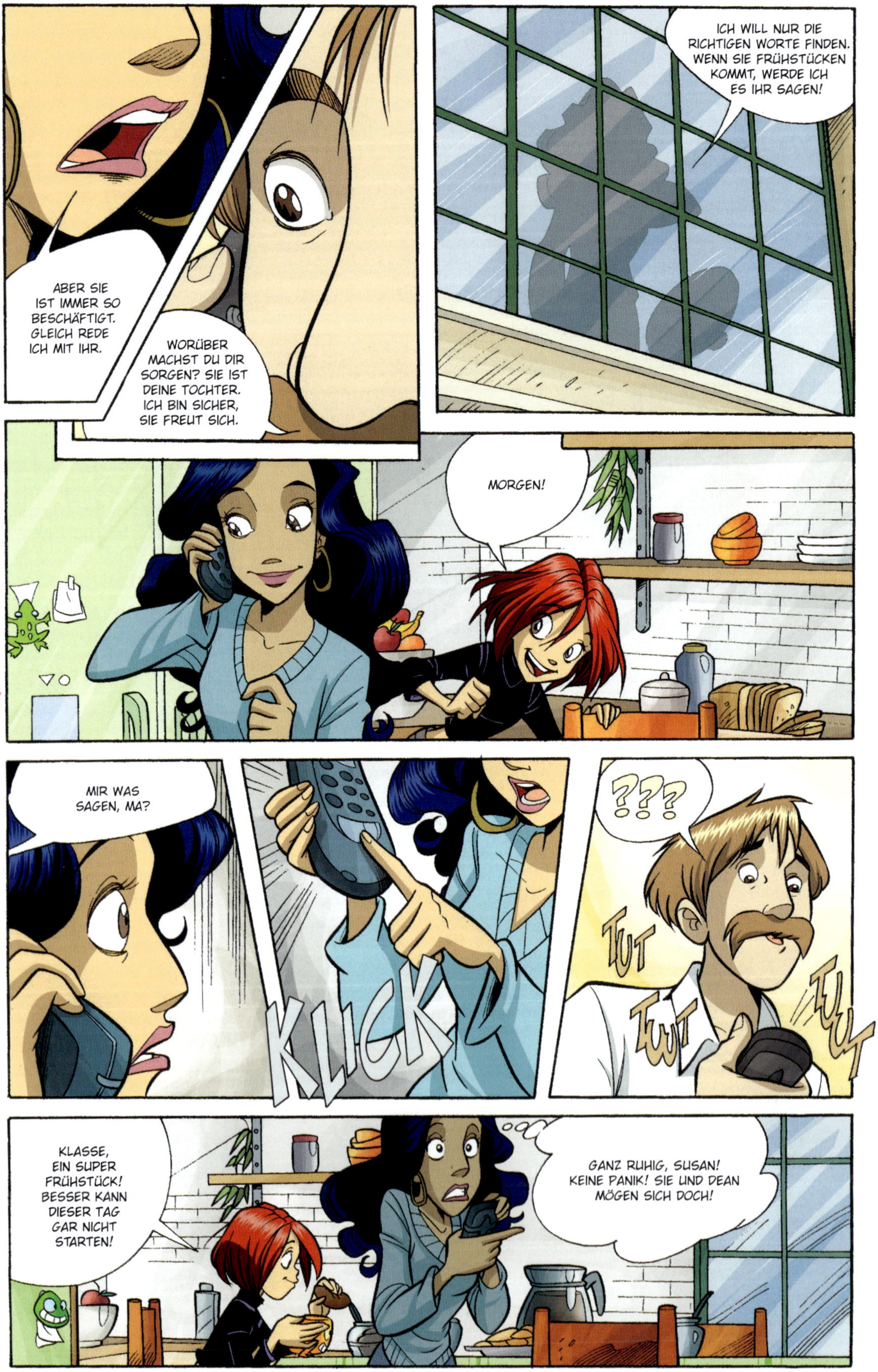
ABER SIE IST IMMER SO BESCHÄFTIGT. GLEICH REDE ICH MIT IHR.
WORÜBER MACHST DU DIR SORGEN? SIE IST DEINE TOCHTER. ICH BIN SICHER, SIE FREUT SICH.
ICH WILL NUR DIE RICHTIGEN WORTE FINDEN. WENN SIE FRÜHSTÜCKEN KOMMT, WERDE ICH ES IHR SAGEN!
MORGEN!
MIR WAS SAGEN, MA?
KLICK
???
TUT
TUT
TUUT
KLASSE, EIN SUPER FRÜHSTÜCK! BESSER KANN DIESER TAG GAR NICHT STARTEN!
GANZ RUHIG, SUSAN! KEINE PANIK! SIE UND DEAN MÖGEN SICH DOCH!

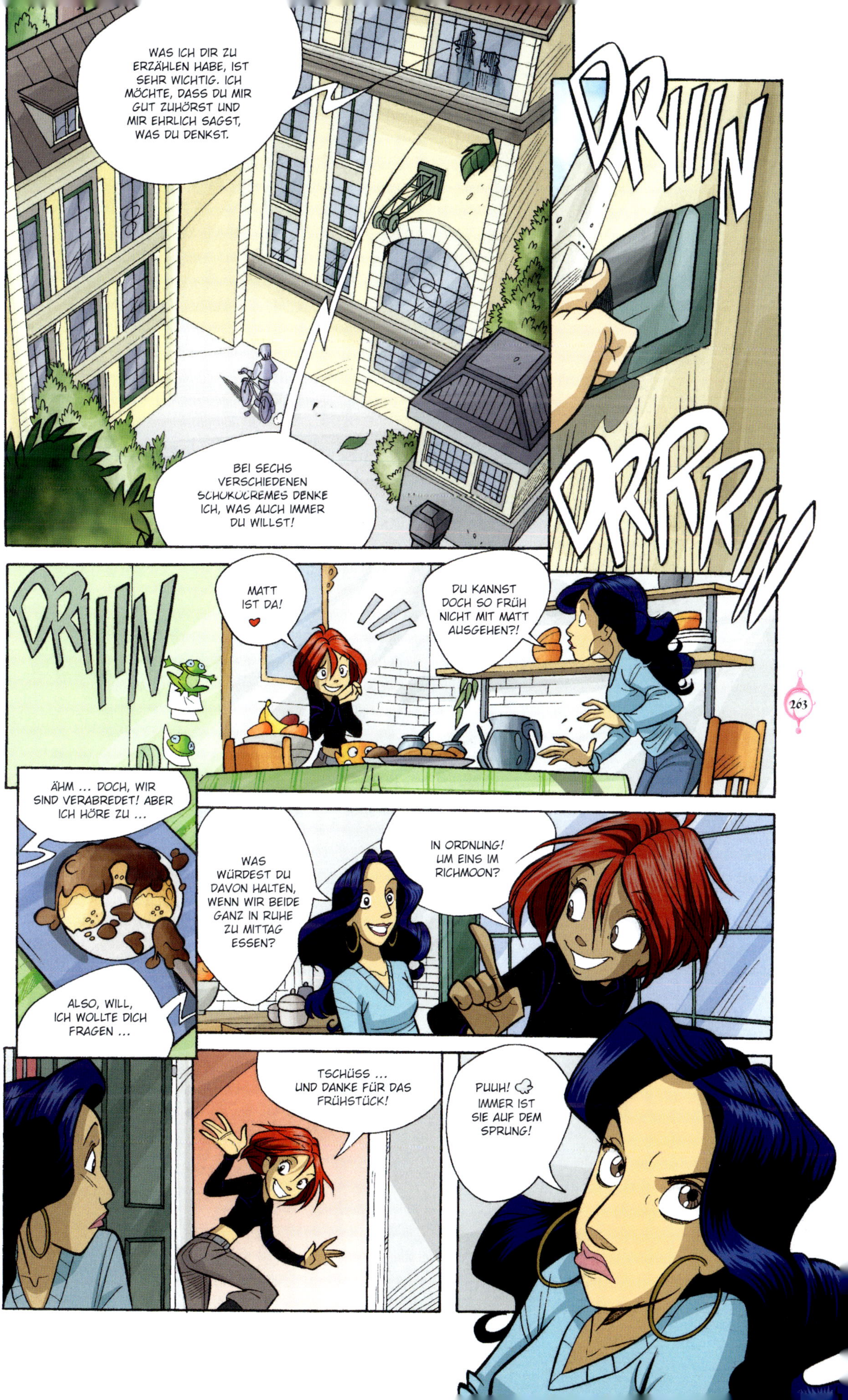

WAS ICH DIR ZU ERZÄHLEN HABE, IST SEHR WICHTIG. ICH MÖCHTE, DASS DU MIR GUT ZUHÖRST UND MIR EHRLICH SAGST, WAS DU DENKST.
BEI SECHS VERSCHIEDENEN SCHOKOCREMES DENKE ICH, WAS AUCH IMMER DU WILLST!
DRIIIN
DRRRRIN
DRIIIN
MATT IST DA!
DU KANNST DOCH SO FRÜH NICHT MIT MATT AUSGEHEN?!
ÄHM ... DOCH, WIR SIND VERABREDET! ABER ICH HÖRE ZU ...
ALSO, WILL, ICH WOLLTE DICH FRAGEN ...
WAS WÜRDEST DU DAVON HALTEN, WENN WIR BEIDE GANZ IN RUHE ZU MITTAG ESSEN?
IN ORDNUNG! UM EINS IM RICHMOOD?
TSCHÜSS ... UND DANKE FÜR DAS FRÜHSTÜCK!
PUUH! IMMER IST SIE AUF DEM SPRUNG!

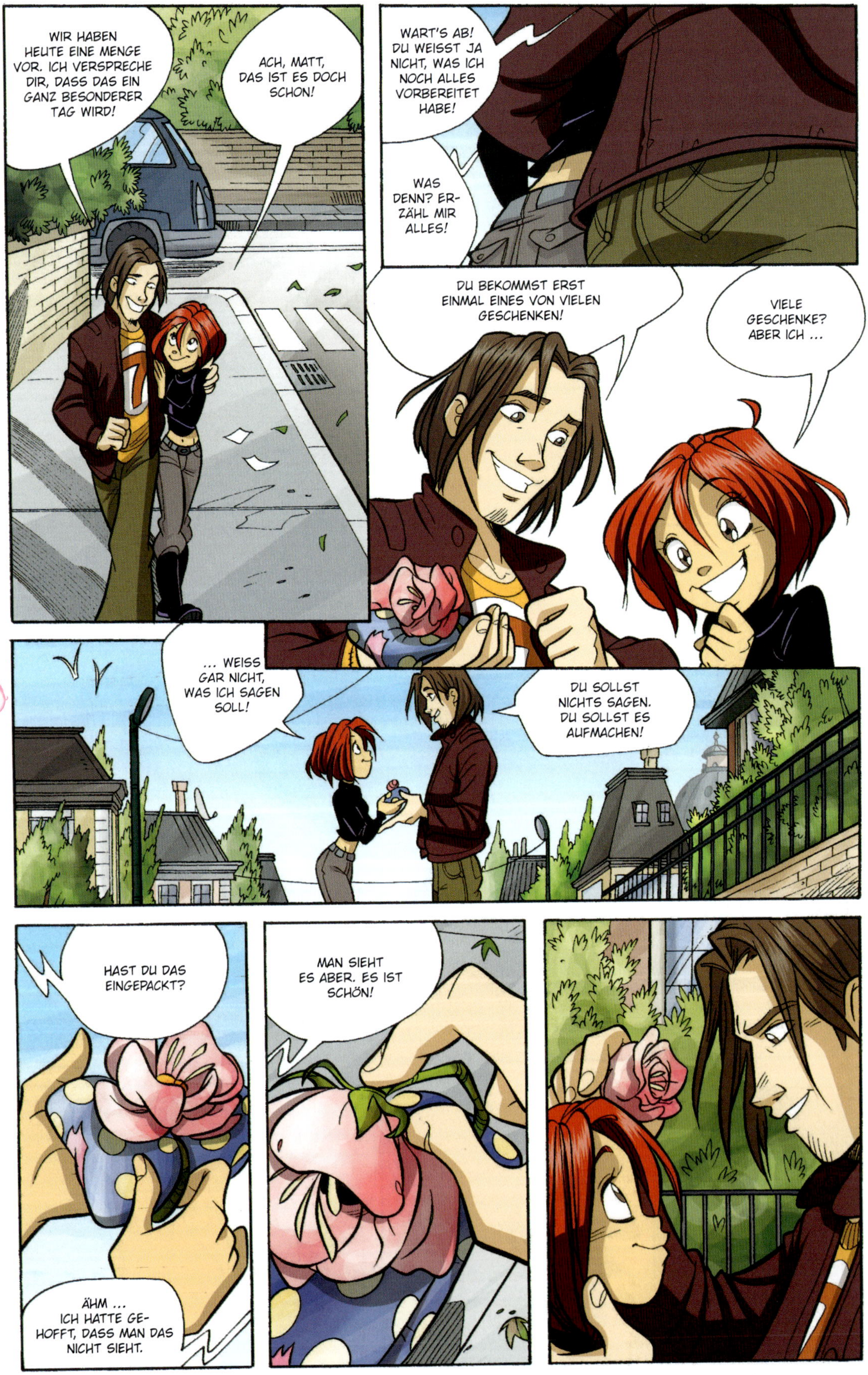
WIR HABEN HEUTE EINE MENGE VOR. ICH VERSPRECHE DIR, DASS DAS EIN GANZ BESONDERER TAG WIRD!
ACH, MATT, DAS IST ES DOCH SCHON!
WART'S AB! DU WEISST JA NICHT, WAS ICH NOCH ALLES VORBEREITET HABE!
WAS DENN? ERZÄHL MIR ALLES!
DU BEKOMMST ERST EINMAL EINES VON VIELEN GESCHENKEN!
VIELE GESCHENKE? ABER ICH …
… WEISS GAR NICHT, WAS ICH SAGEN SOLL!
DU SOLLST NICHTS SAGEN. DU SOLLST ES AUFMACHEN!
HAST DU DAS EINGEPACKT?
ÄHM … ICH HATTE GEHOFFT, DASS MAN DAS NICHT SIEHT.
MAN SIEHT ES ABER. ES IST SCHÖN!

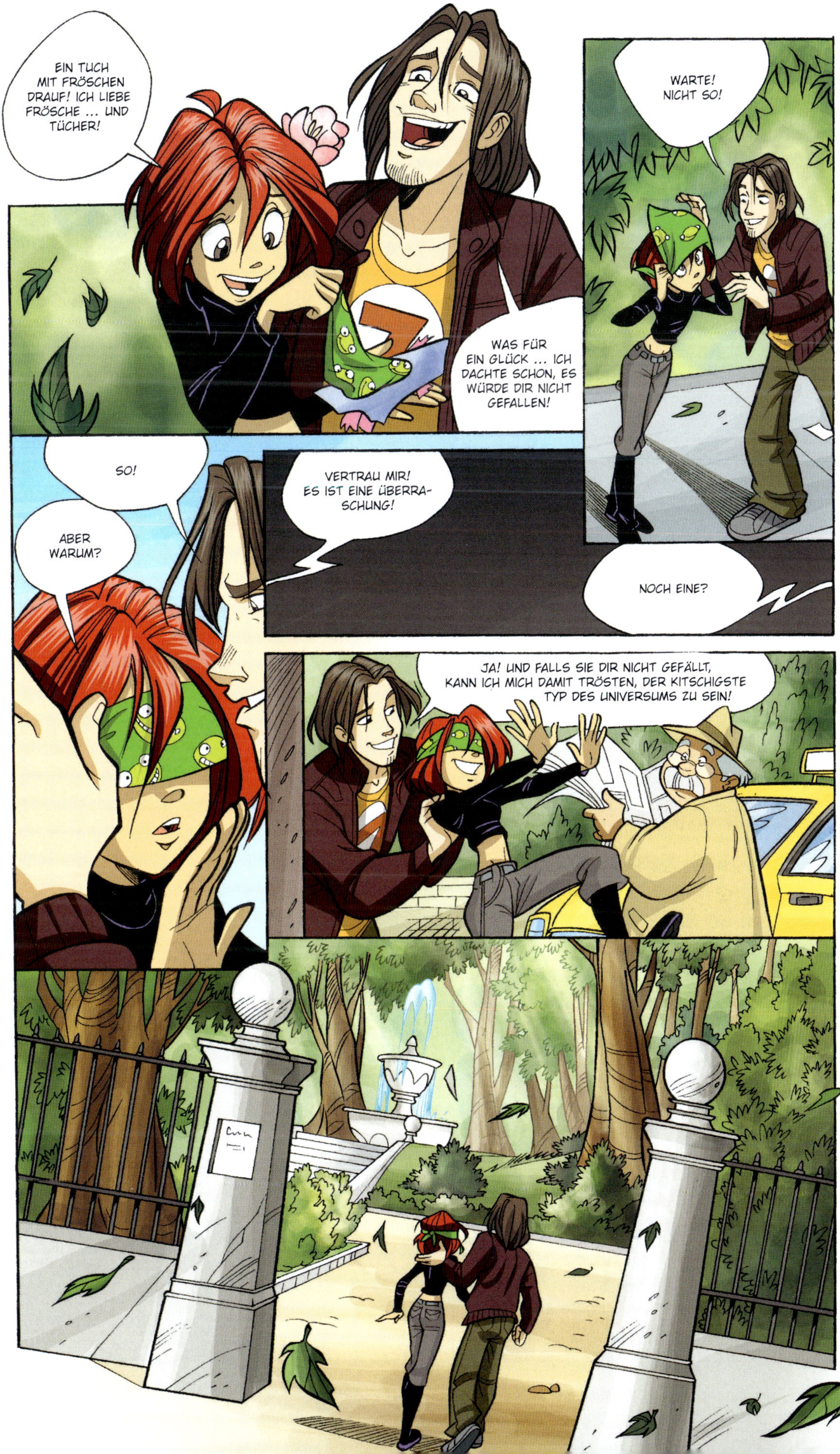
EIN TUCH MIT FRÖSCHEN DRAUF! ICH LIEBE FRÖSCHE ... UND TÜCHER!
WAS FÜR EIN GLÜCK ... ICH DACHTE SCHON, ES WÜRDE DIR NICHT GEFALLEN!
WARTE! NICHT SO!
SO!
ABER WARUM?
VERTRAU MIR! ES IST EINE ÜBERRA-SCHUNG!
NOCH EINE?
JA! UND FALLS SIE DIR NICHT GEFÄLLT, KANN ICH MICH DAMIT TRÖSTEN, DER KITSCHIGSTE TYP DES UNIVERSUMS ZU SEIN!

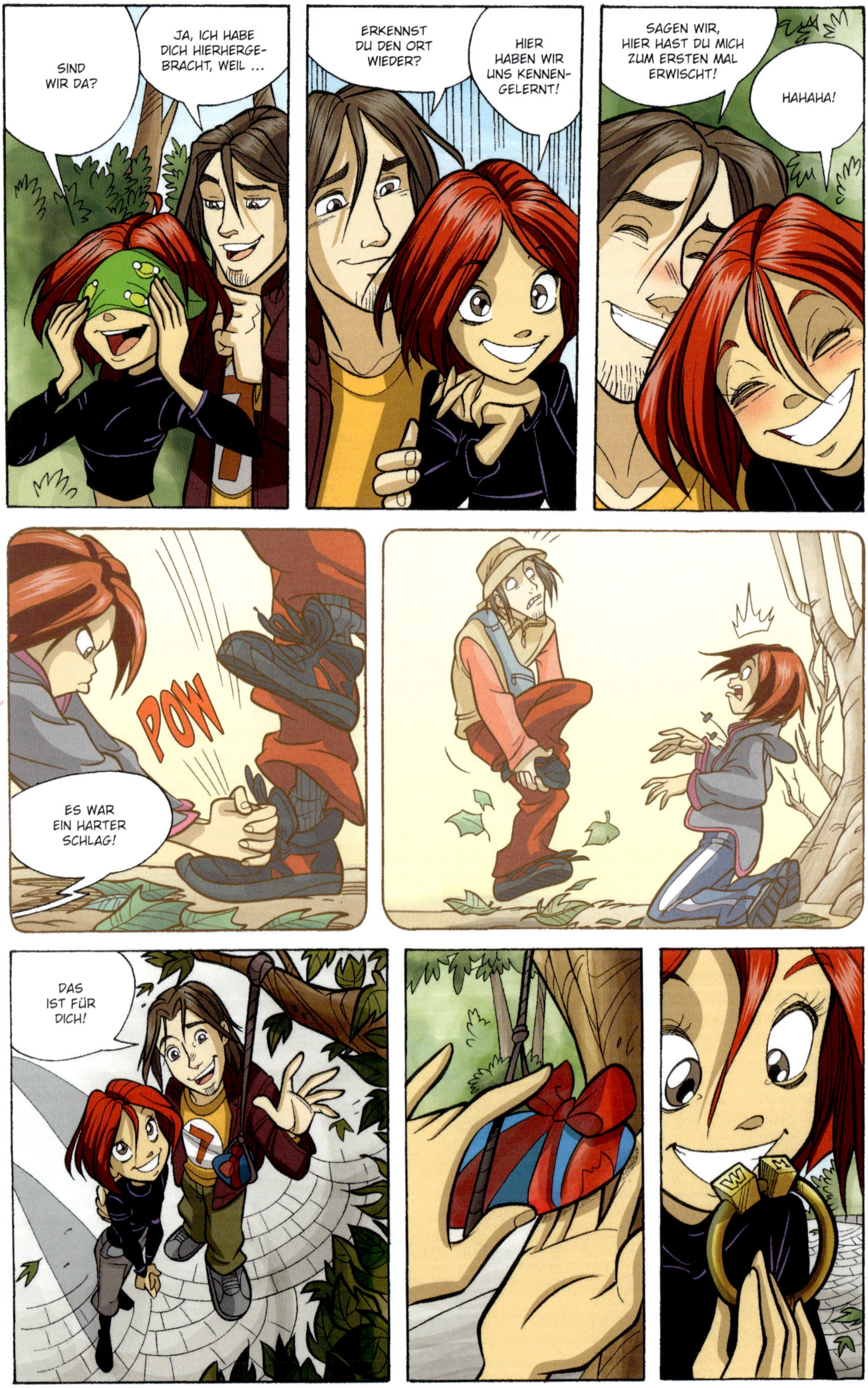
SIND WIR DA?
JA, ICH HABE DICH HIERHERGE-BRACHT, WEIL …
ERKENNST DU DEN ORT WIEDER?
HIER HABEN WIR UNS KENNEN-GELERNT!
SAGEN WIR, HIER HAST DU MICH ZUM ERSTEN MAL ERWISCHT!
HAHAHA!
POW
ES WAR EIN HARTER SCHLAG!
DAS IST FÜR DICH!

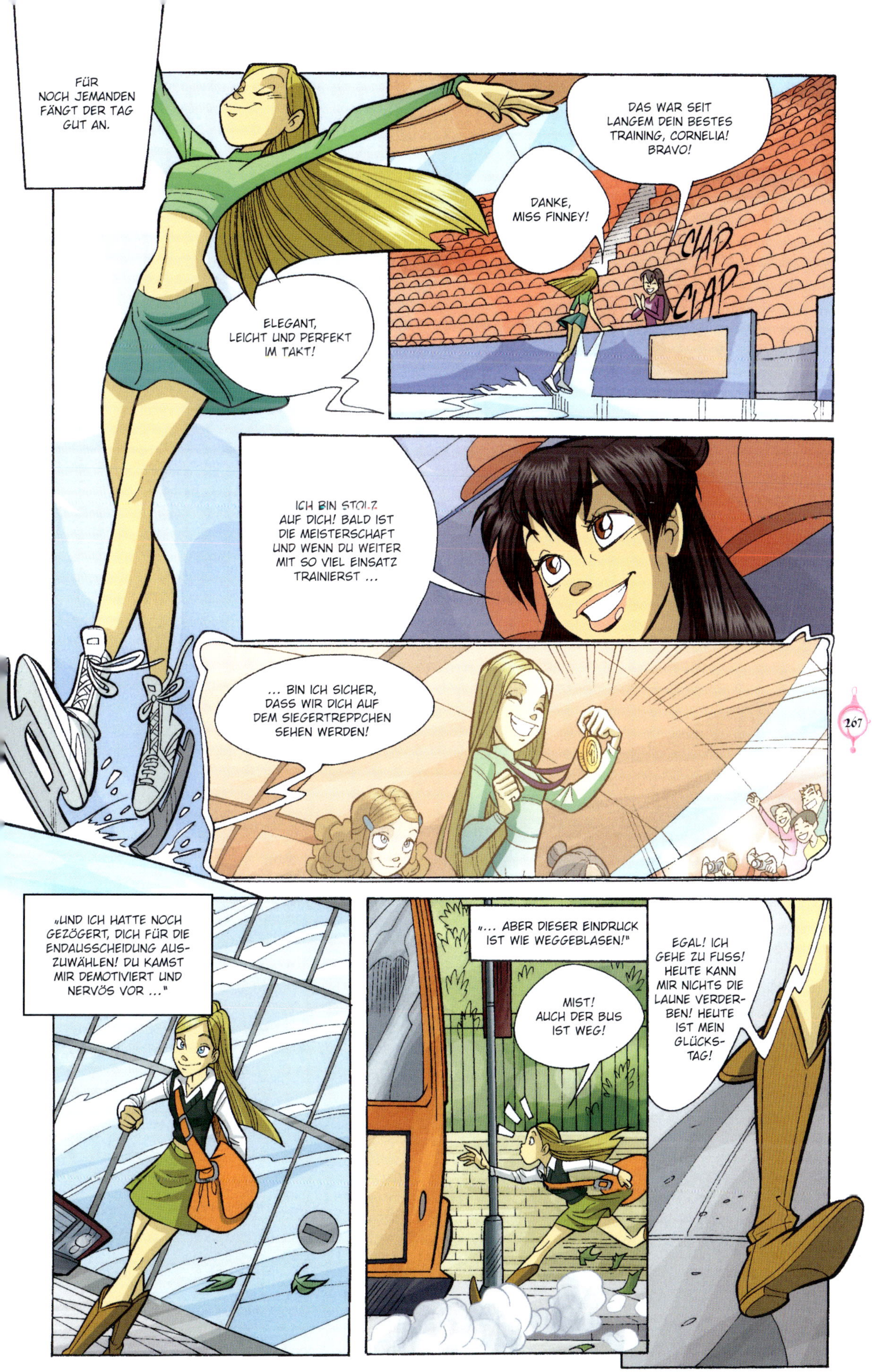
FÜR NOCH JEMANDEN FÄNGT DER TAG GUT AN.
DAS WAR SEIT LANGEM DEIN BESTES TRAINING, CORNELIA! BRAVO!
DANKE, MISS FINNEY!
CLAP
CLAP
ELEGANT, LEICHT UND PERFEKT IM TAKT!
ICH BIN STOLZ AUF DICH! BALD IST DIE MEISTERSCHAFT UND WENN DU WEITER MIT SO VIEL EINSATZ TRAINIERST ...
... BIN ICH SICHER, DASS WIR DICH AUF DEM SIEGERTREPPCHEN SEHEN WERDEN!
„UND ICH HATTE NOCH GEZÖGERT, DICH FÜR DIE ENDAUSSCHEIDUNG AUSZUWÄHLEN! DU KAMST MIR DEMOTIVIERT UND NERVÖS VOR ..."
„... ABER DIESER EINDRUCK IST WIE WEGGEBLASEN!"
MIST! AUCH DER BUS IST WEG!
EGAL! ICH GEHE ZU FUSS! HEUTE KANN MIR NICHTS DIE LAUNE VERDERBEN! HEUTE IST MEIN GLÜCKSTAG!

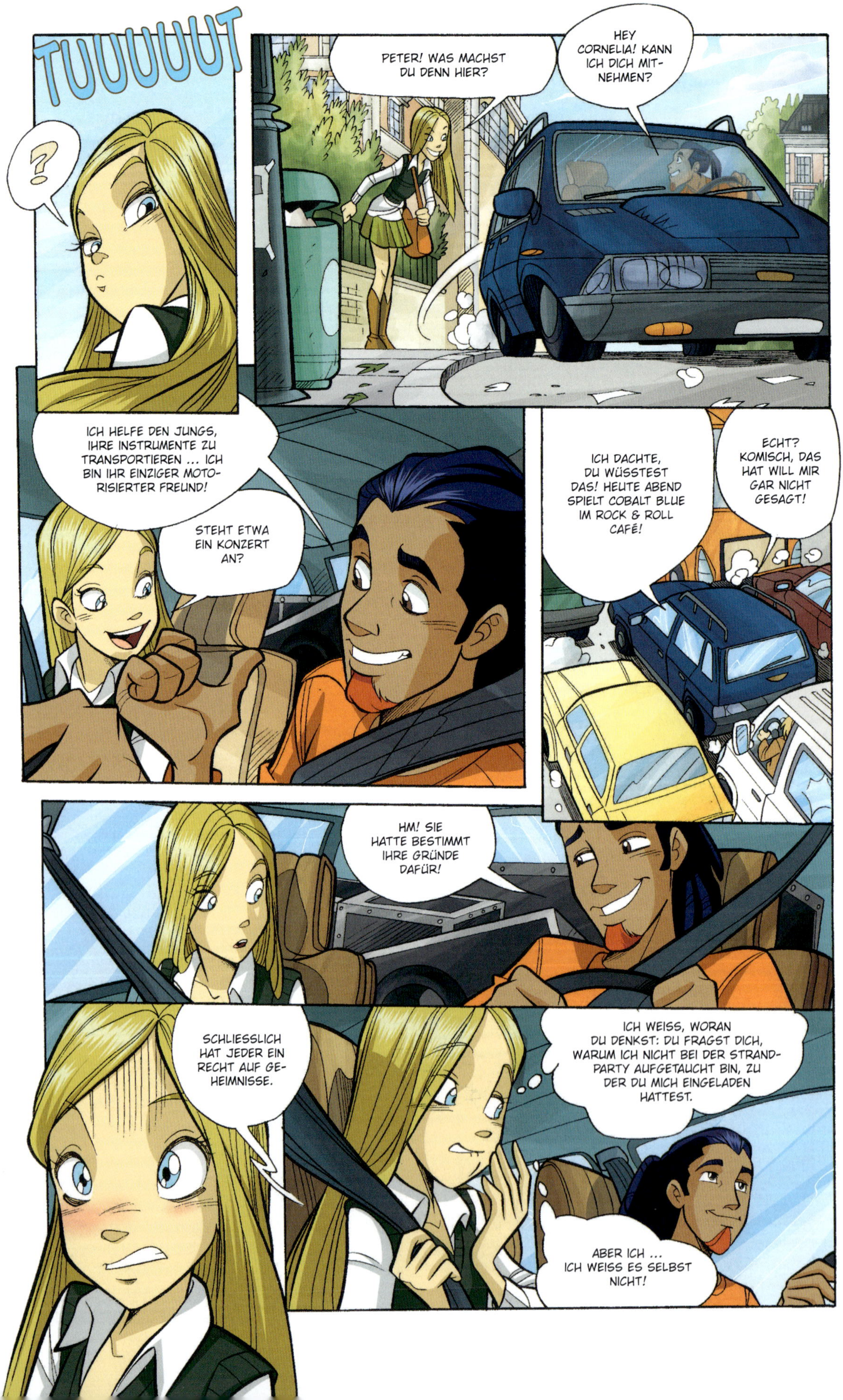
TUUUUUT
?
PETER! WAS MACHST DU DENN HIER?
HEY CORNELIA! KANN ICH DICH MIT-NEHMEN?
ICH HELFE DEN JUNGS, IHRE INSTRUMENTE ZU TRANSPORTIEREN ... ICH BIN IHR EINZIGER MOTO-RISIERTER FREUND!
STEHT ETWA EIN KONZERT AN?
ICH DACHTE, DU WÜSSTEST DAS! HEUTE ABEND SPIELT COBALT BLUE IM ROCK & ROLL CAFÉ!
ECHT? KOMISCH, DAS HAT WILL MIR GAR NICHT GESAGT!
HM! SIE HATTE BESTIMMT IHRE GRÜNDE DAFÜR!
SCHLIESSLICH HAT JEDER EIN RECHT AUF GE-HEIMNISSE.
ICH WEISS, WORAN DU DENKST: DU FRAGST DICH, WARUM ICH NICHT BEI DER STRAND-PARTY AUFGETAUCHT BIN, ZU DER DU MICH EINGELADEN HATTEST.
ABER ICH ... ICH WEISS ES SELBST NICHT!

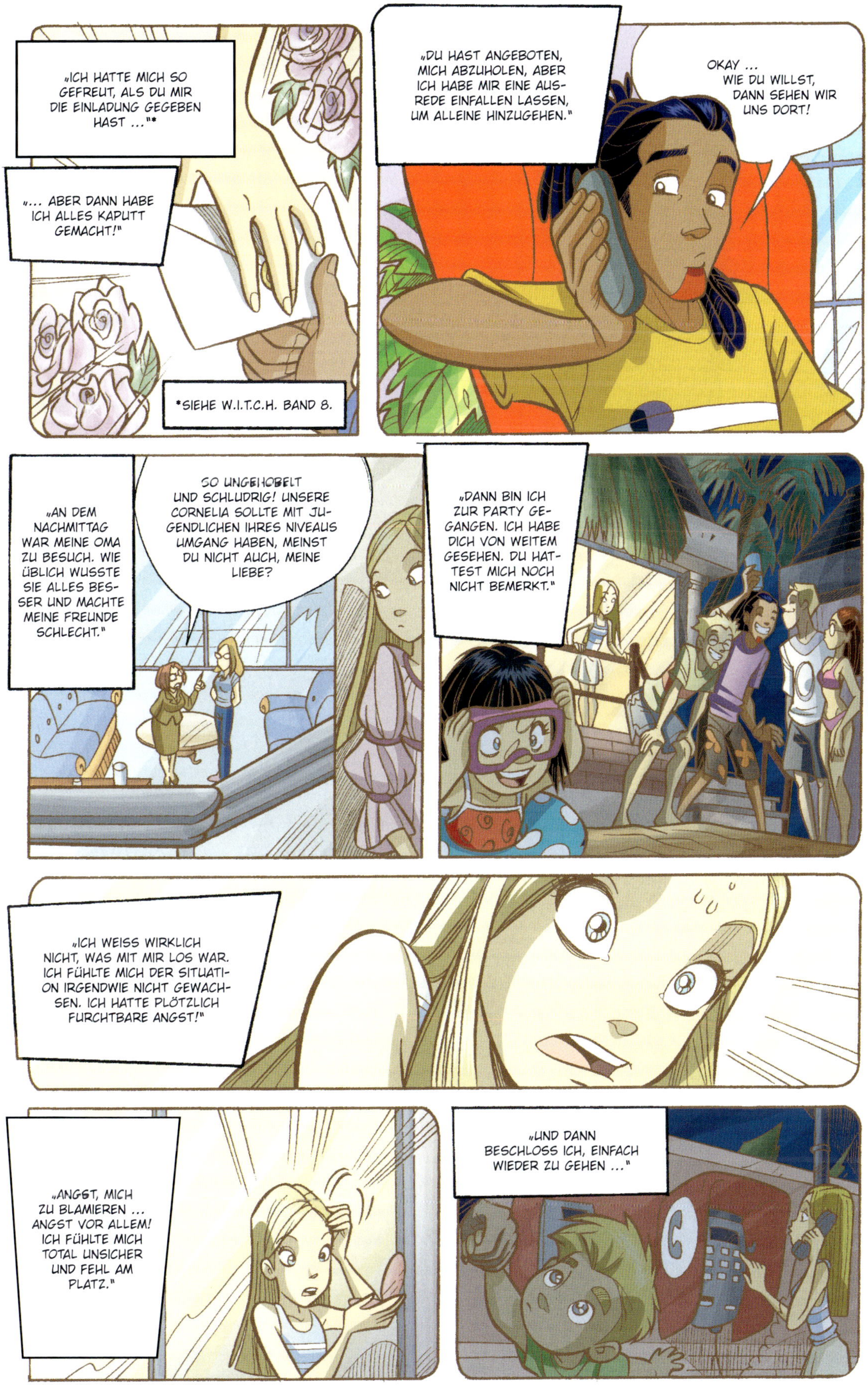
„ICH HATTE MICH SO GEFREUT, ALS DU MIR DIE EINLADUNG GEGEBEN HAST ..."*
„... ABER DANN HABE ICH ALLES KAPUTT GEMACHT!"
*SIEHE W.I.T.C.H. BAND 8.
„DU HAST ANGEBOTEN, MICH ABZUHOLEN, ABER ICH HABE MIR EINE AUSREDE EINFALLEN LASSEN, UM ALLEINE HINZUGEHEN."
OKAY ... WIE DU WILLST, DANN SEHEN WIR UNS DORT!
„AN DEM NACHMITTAG WAR MEINE OMA ZU BESUCH. WIE ÜBLICH WUSSTE SIE ALLES BESSER UND MACHTE MEINE FREUNDE SCHLECHT."
SO UNGEHOBELT UND SCHLUDRIG! UNSERE CORNELIA SOLLTE MIT JUGENDLICHEN IHRES NIVEAUS UMGANG HABEN, MEINST DU NICHT AUCH, MEINE LIEBE?
„DANN BIN ICH ZUR PARTY GEGANGEN. ICH HABE DICH VON WEITEM GESEHEN. DU HATTEST MICH NOCH NICHT BEMERKT."
„ICH WEISS WIRKLICH NICHT, WAS MIT MIR LOS WAR. ICH FÜHLTE MICH DER SITUATION IRGENDWIE NICHT GEWACHSEN. ICH HATTE PLÖTZLICH FURCHTBARE ANGST!"
„ANGST, MICH ZU BLAMIEREN ... ANGST VOR ALLEM! ICH FÜHLTE MICH TOTAL UNSICHER UND FEHL AM PLATZ."
„UND DANN BESCHLOSS ICH, EINFACH WIEDER ZU GEHEN ..."

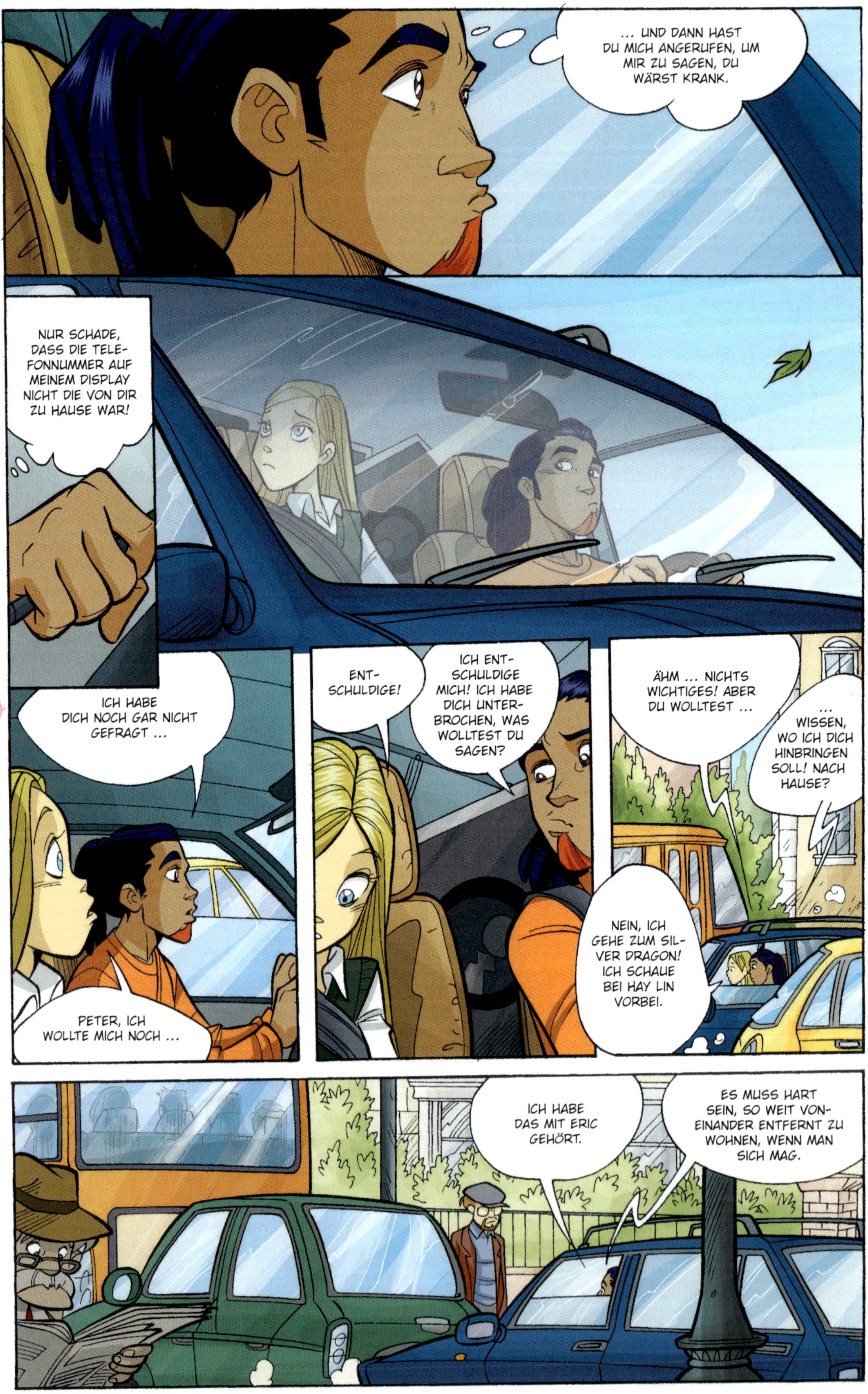
… UND DANN HAST DU MICH ANGERUFEN, UM MIR ZU SAGEN, DU WÄRST KRANK.
NUR SCHADE, DASS DIE TELEFONNUMMER AUF MEINEM DISPLAY NICHT DIE VON DIR ZU HAUSE WAR!
ICH HABE DICH NOCH GAR NICHT GEFRAGT …
PETER, ICH WOLLTE MICH NOCH …
ENTSCHULDIGE!
ICH ENTSCHULDIGE MICH! ICH HABE DICH UNTERBROCHEN, WAS WOLLTEST DU SAGEN?
ÄHM … NICHTS WICHTIGES! ABER DU WOLLTEST …
… WISSEN, WO ICH DICH HINBRINGEN SOLL! NACH HAUSE?
NEIN, ICH GEHE ZUM SILVER DRAGON! ICH SCHAUE BEI HAY LIN VORBEI.
ICH HABE DAS MIT ERIC GEHÖRT.
ES MUSS HART SEIN, SO WEIT VONEINANDER ENTFERNT ZU WOHNEN, WENN MAN SICH MAG.

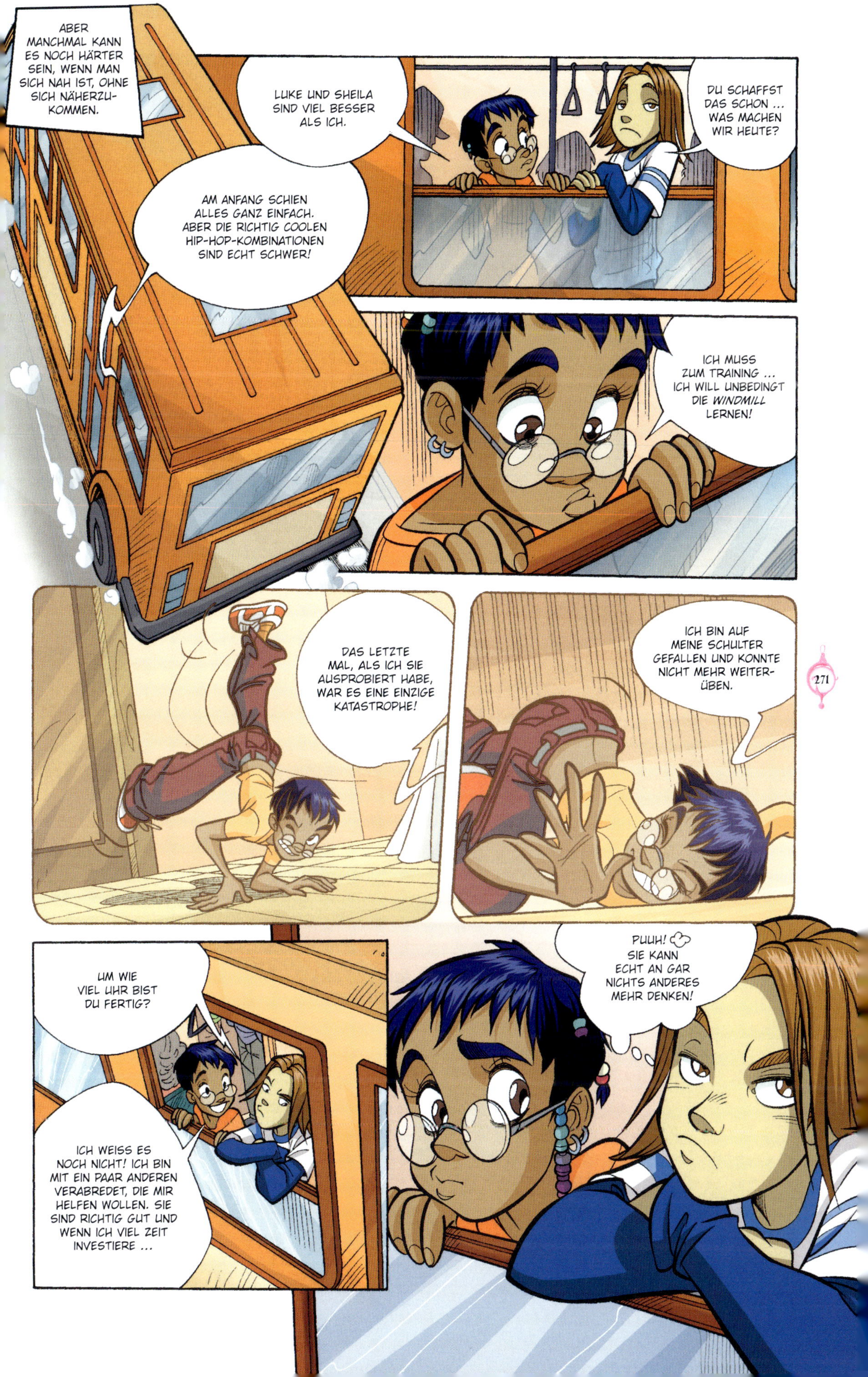
ABER MANCHMAL KANN ES NOCH HÄRTER SEIN, WENN MAN SICH NAH IST, OHNE SICH NÄHERZUKOMMEN.
LUKE UND SHEILA SIND VIEL BESSER ALS ICH.
DU SCHAFFST DAS SCHON ... WAS MACHEN WIR HEUTE?
AM ANFANG SCHIEN ALLES GANZ EINFACH. ABER DIE RICHTIG COOLEN HIP-HOP-KOMBINATIONEN SIND ECHT SCHWER!
ICH MUSS ZUM TRAINING ... ICH WILL UNBEDINGT DIE *WINDMILL* LERNEN!
DAS LETZTE MAL, ALS ICH SIE AUSPROBIERT HABE, WAR ES EINE EINZIGE KATASTROPHE!
ICH BIN AUF MEINE SCHULTER GEFALLEN UND KONNTE NICHT MEHR WEITERÜBEN.
UM WIE VIEL UHR BIST DU FERTIG?
ICH WEISS ES NOCH NICHT! ICH BIN MIT EIN PAAR ANDEREN VERABREDET, DIE MIR HELFEN WOLLEN. SIE SIND RICHTIG GUT UND WENN ICH VIEL ZEIT INVESTIERE ...
PUUH! SIE KANN ECHT AN GAR NICHTS ANDERES MEHR DENKEN!

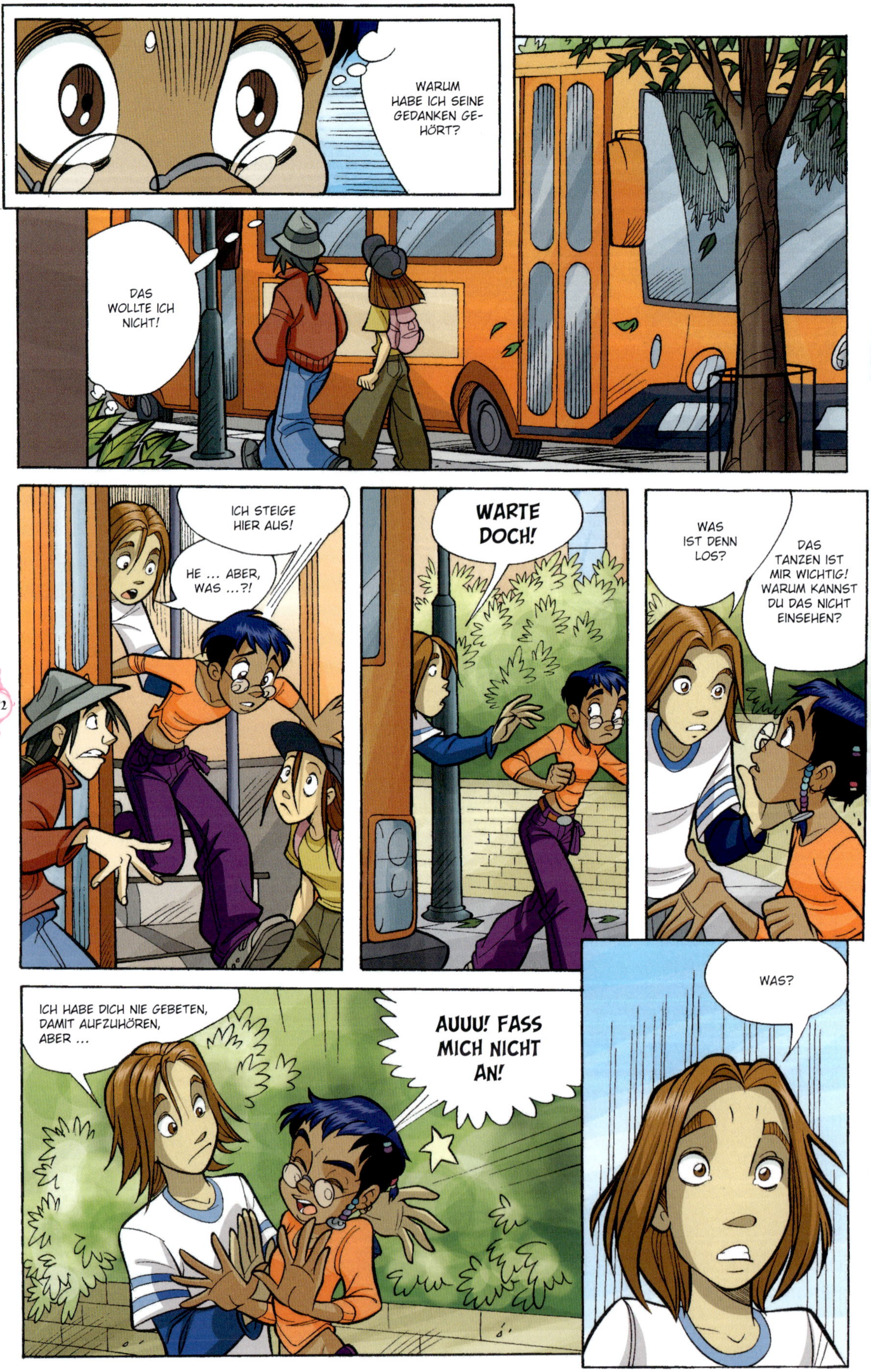
WARUM HABE ICH SEINE GEDANKEN GEHÖRT?
DAS WOLLTE ICH NICHT!
ICH STEIGE HIER AUS!
HE ... ABER, WAS ...?!
WARTE DOCH!
WAS IST DENN LOS?
DAS TANZEN IST MIR WICHTIG! WARUM KANNST DU DAS NICHT EINSEHEN?
ICH HABE DICH NIE GEBETEN, DAMIT AUFZUHÖREN, ABER ...
AUUU! FASS MICH NICHT AN!
WAS?

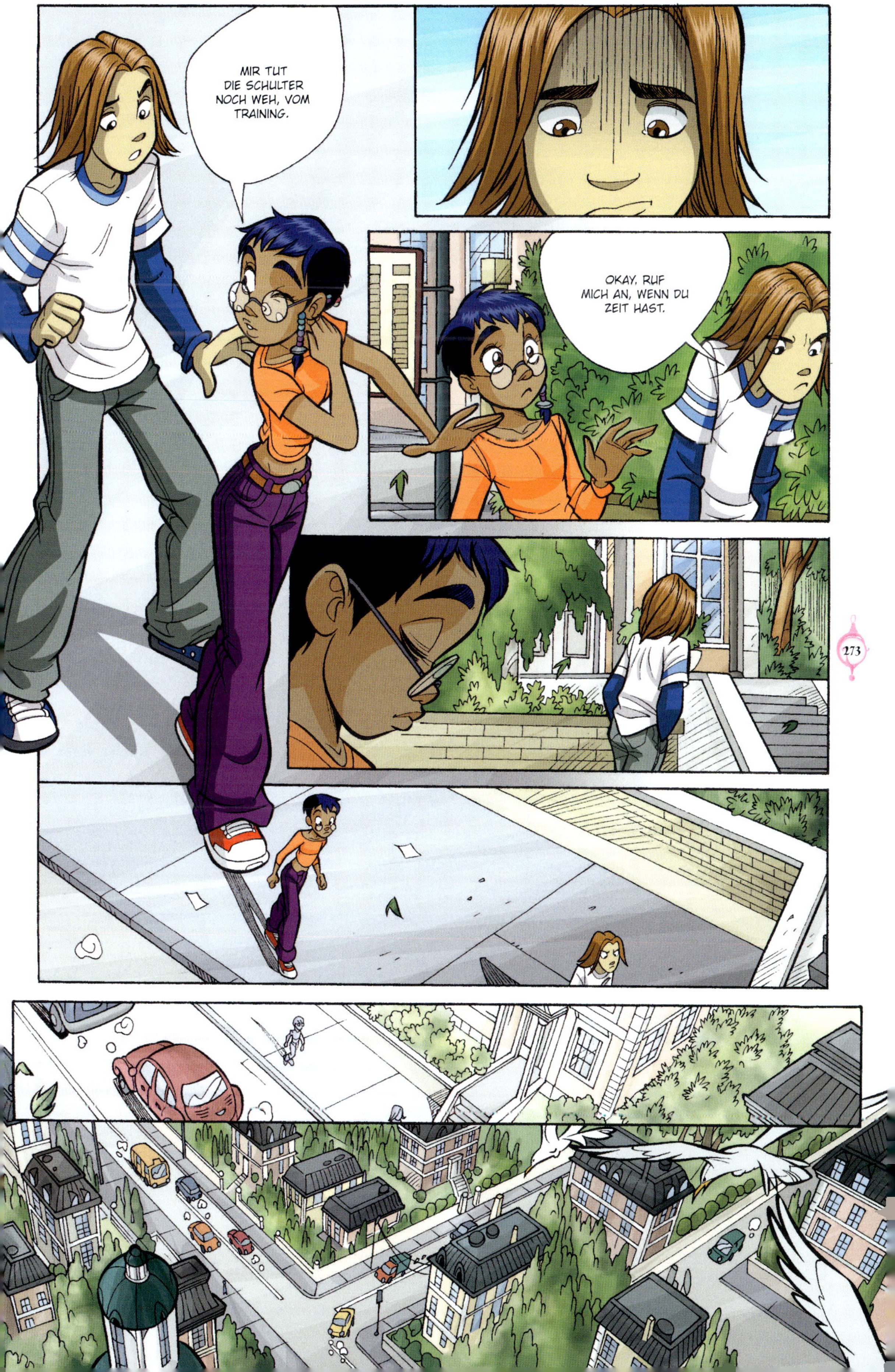
MIR TUT DIE SCHULTER NOCH WEH, VOM TRAINING.
OKAY, RUF MICH AN, WENN DU ZEIT HAST.

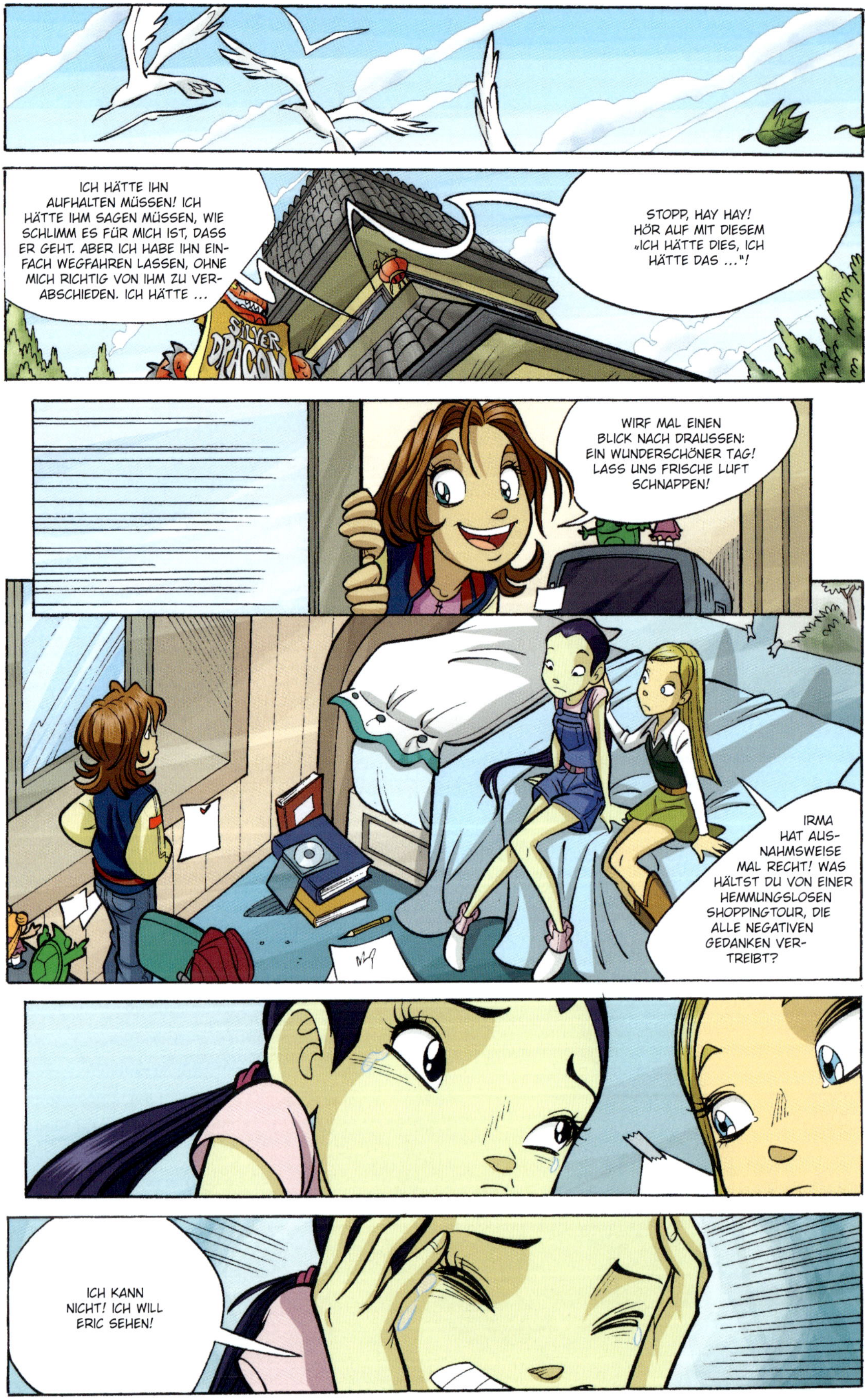
ICH HÄTTE IHN AUFHALTEN MÜSSEN! ICH HÄTTE IHM SAGEN MÜSSEN, WIE SCHLIMM ES FÜR MICH IST, DASS ER GEHT. ABER ICH HABE IHN EINFACH WEGFAHREN LASSEN, OHNE MICH RICHTIG VON IHM ZU VERABSCHIEDEN. ICH HÄTTE ...
SILVER DRAGON
STOPP, HAY HAY! HÖR AUF MIT DIESEM „ICH HÄTTE DIES, ICH HÄTTE DAS ..."!
WIRF MAL EINEN BLICK NACH DRAUSSEN: EIN WUNDERSCHÖNER TAG! LASS UNS FRISCHE LUFT SCHNAPPEN!
IRMA HAT AUSNAHMSWEISE MAL RECHT! WAS HÄLTST DU VON EINER HEMMUNGSLOSEN SHOPPINGTOUR, DIE ALLE NEGATIVEN GEDANKEN VERTREIBT?
ICH KANN NICHT! ICH WILL ERIC SEHEN!

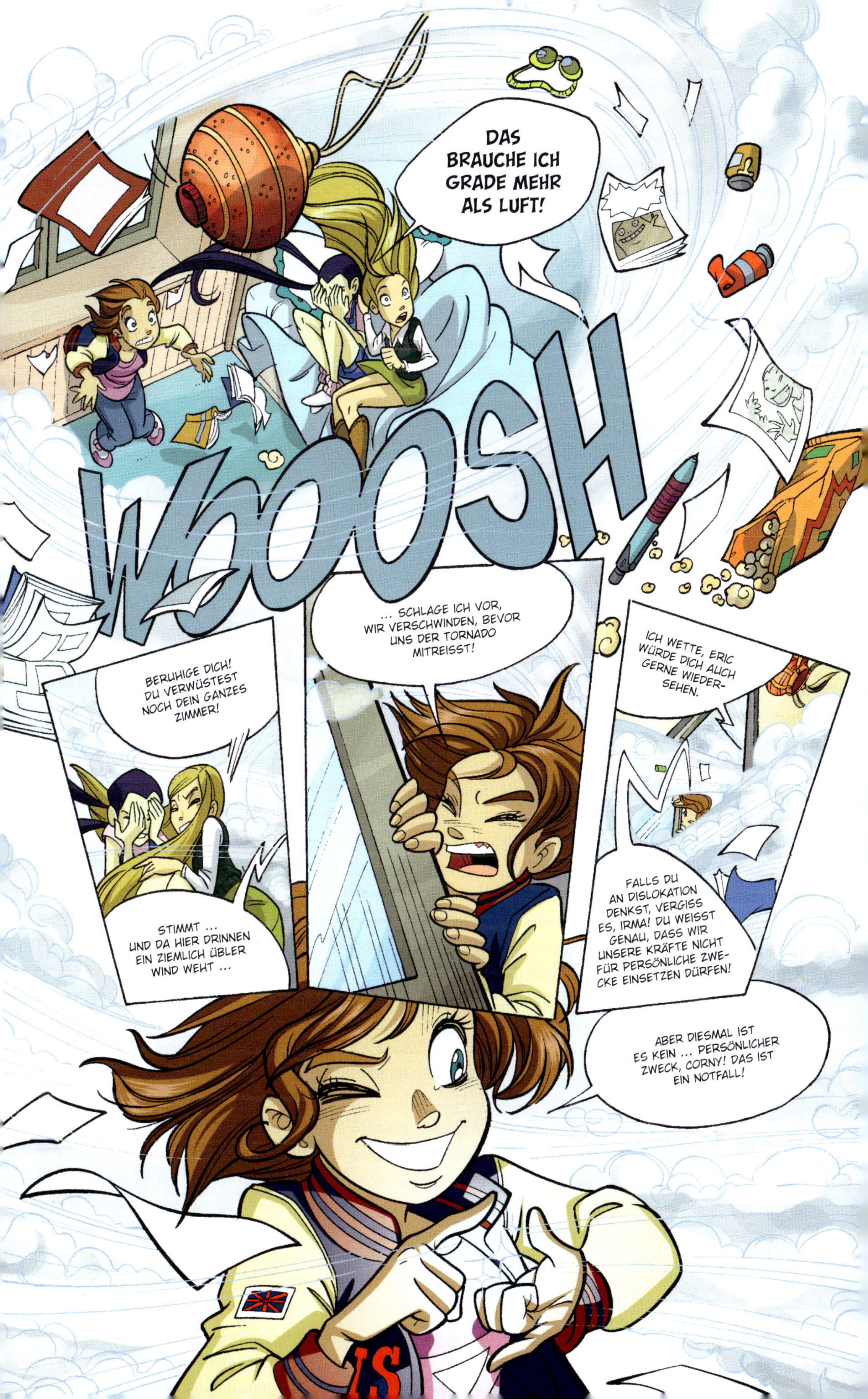
DAS BRAUCHE ICH GRADE MEHR ALS LUFT!
WOOOSH
BERUHIGE DICH! DU VERWÜSTEST NOCH DEIN GANZES ZIMMER!
STIMMT … UND DA HIER DRINNEN EIN ZIEMLICH ÜBLER WIND WEHT …
… SCHLAGE ICH VOR, WIR VERSCHWINDEN, BEVOR UNS DER TORNADO MITREISST!
ICH WETTE, ERIC WÜRDE DICH AUCH GERNE WIEDER-SEHEN.
FALLS DU AN DISLOKATION DENKST, VERGISS ES, IRMA! DU WEISST GENAU, DASS WIR UNSERE KRÄFTE NICHT FÜR PERSÖNLICHE ZWE-CKE EINSETZEN DÜRFEN!
ABER DIESMAL IST ES KEIN … PERSÖNLICHER ZWECK, CORNY! DAS IST EIN NOTFALL!

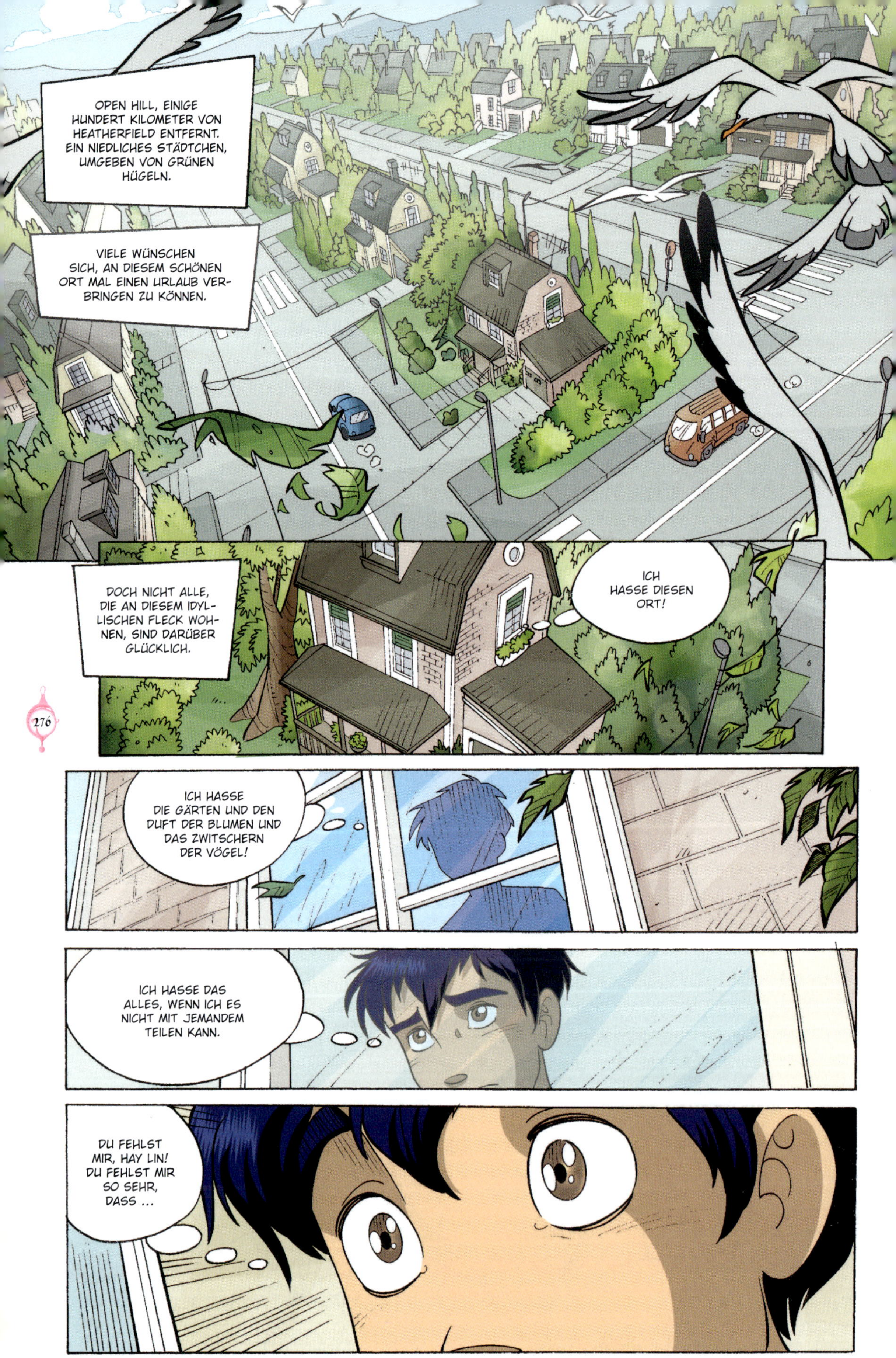
OPEN HILL, EINIGE HUNDERT KILOMETER VON HEATHERFIELD ENTFERNT. EIN NIEDLICHES STÄDTCHEN, UMGEBEN VON GRÜNEN HÜGELN.
VIELE WÜNSCHEN SICH, AN DIESEM SCHÖNEN ORT MAL EINEN URLAUB VERBRINGEN ZU KÖNNEN.
DOCH NICHT ALLE, DIE AN DIESEM IDYLLISCHEN FLECK WOHNEN, SIND DARÜBER GLÜCKLICH.
ICH HASSE DIESEN ORT!
ICH HASSE DIE GÄRTEN UND DEN DUFT DER BLUMEN UND DAS ZWITSCHERN DER VÖGEL!
ICH HASSE DAS ALLES, WENN ICH ES NICHT MIT JEMANDEM TEILEN KANN.
DU FEHLST MIR, HAY LIN! DU FEHLST MIR SO SEHR, DASS …

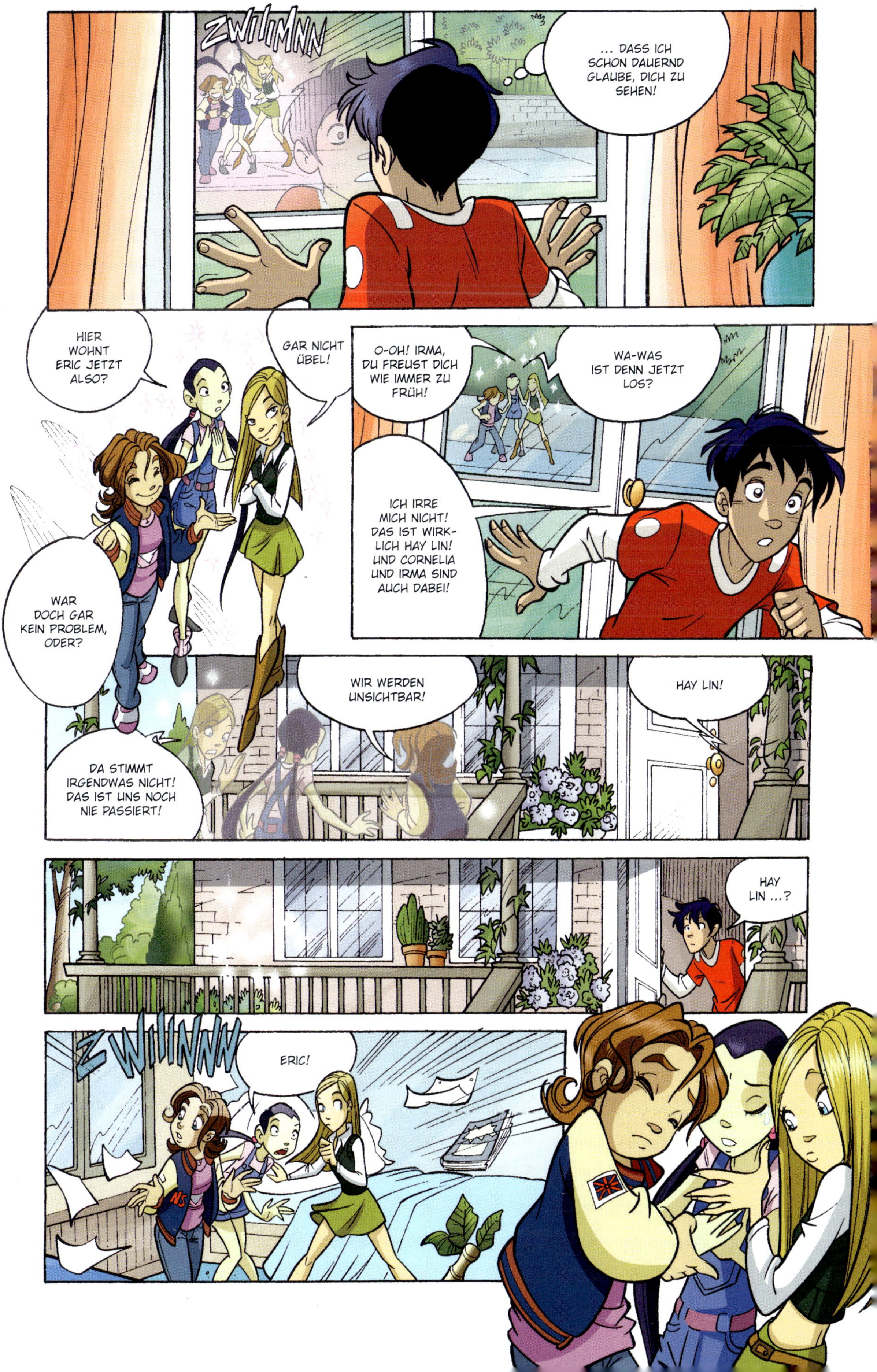
ZWIIIMNN
... DASS ICH SCHON DAUERND GLAUBE, DICH ZU SEHEN!
HIER WOHNT ERIC JETZT ALSO?
GAR NICHT ÜBEL!
WAR DOCH GAR KEIN PROBLEM, ODER?
O-OH! IRMA, DU FREUST DICH WIE IMMER ZU FRÜH!
WA-WAS IST DENN JETZT LOS?
ICH IRRE MICH NICHT! DAS IST WIRK-LICH HAY LIN! UND CORNELIA UND IRMA SIND AUCH DABEI!
DA STIMMT IRGENDWAS NICHT! DAS IST UNS NOCH NIE PASSIERT!
WIR WERDEN UNSICHTBAR!
HAY LIN!
HAY LIN ...?
ZWIIINNN
ERIC!

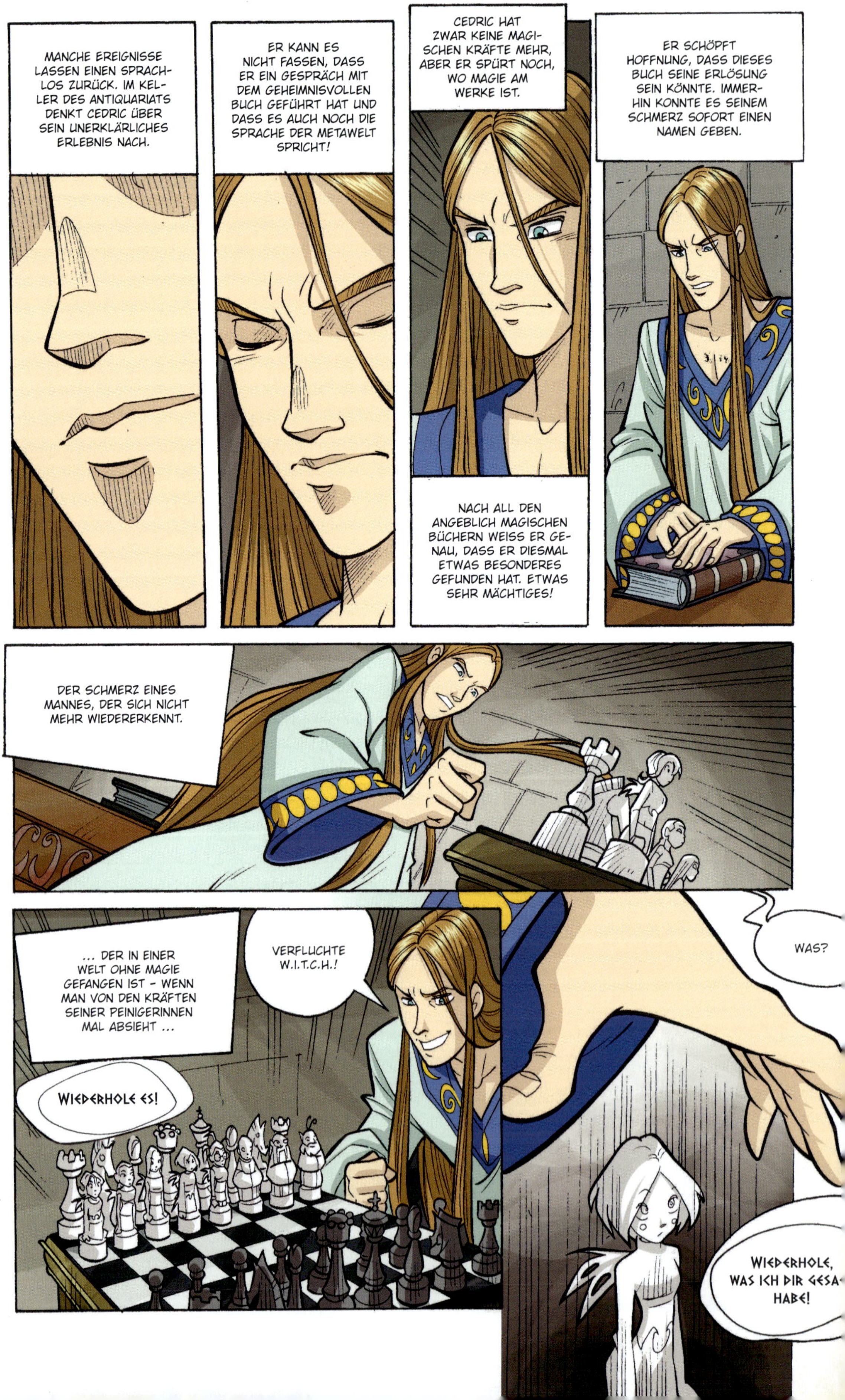
MANCHE EREIGNISSE LASSEN EINEN SPRACHLOS ZURÜCK. IM KELLER DES ANTIQUARIATS DENKT CEDRIC ÜBER SEIN UNERKLÄRLICHES ERLEBNIS NACH.
ER KANN ES NICHT FASSEN, DASS ER EIN GESPRÄCH MIT DEM GEHEIMNISVOLLEN BUCH GEFÜHRT HAT UND DASS ES AUCH NOCH DIE SPRACHE DER METAWELT SPRICHT!
CEDRIC HAT ZWAR KEINE MAGISCHEN KRÄFTE MEHR, ABER ER SPÜRT NOCH, WO MAGIE AM WERKE IST.
NACH ALL DEN ANGEBLICH MAGISCHEN BÜCHERN WEISS ER GENAU, DASS ER DIESMAL ETWAS BESONDERES GEFUNDEN HAT. ETWAS SEHR MÄCHTIGES!
ER SCHÖPFT HOFFNUNG, DASS DIESES BUCH SEINE ERLÖSUNG SEIN KÖNNTE. IMMERHIN KONNTE ES SEINEM SCHMERZ SOFORT EINEN NAMEN GEBEN.
DER SCHMERZ EINES MANNES, DER SICH NICHT MEHR WIEDERERKENNT.
... DER IN EINER WELT OHNE MAGIE GEFANGEN IST - WENN MAN VON DEN KRÄFTEN SEINER PEINIGERINNEN MAL ABSIEHT ...
VERFLUCHTE W.I.T.C.H.!
WIEDERHOLE ES!
WAS?
WIEDERHOLE, WAS ICH DIR GESA HABE!

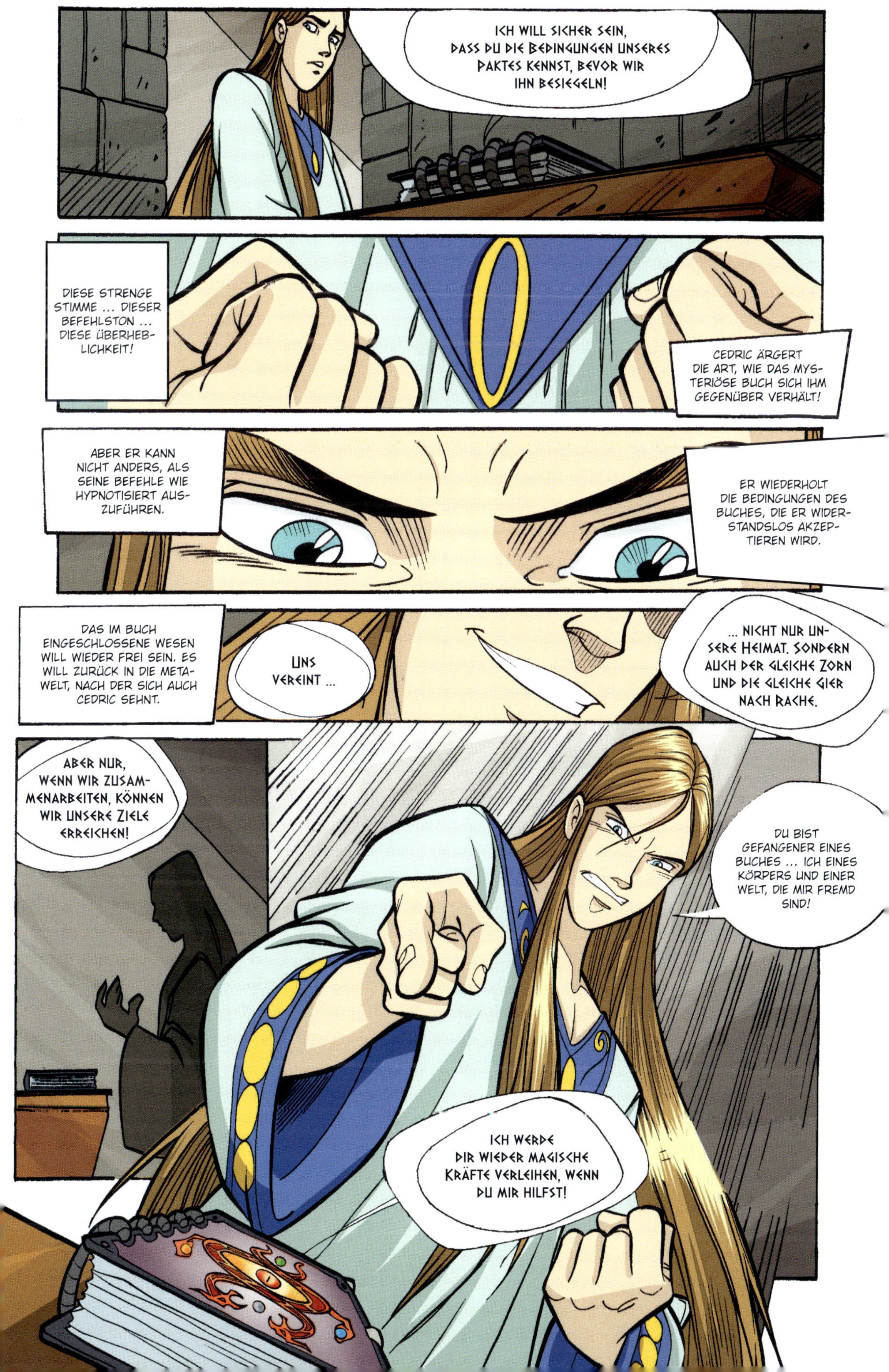
ICH WILL SICHER SEIN, DASS DU DIE BEDINGUNGEN UNSERES PAKTES KENNST, BEVOR WIR IHN BESIEGELN!
DIESE STRENGE STIMME ... DIESER BEFEHLSTON ... DIESE ÜBERHEBLICHKEIT!
CEDRIC ÄRGERT DIE ART, WIE DAS MYSTERIÖSE BUCH SICH IHM GEGENÜBER VERHÄLT!
ABER ER KANN NICHT ANDERS, ALS SEINE BEFEHLE WIE HYPNOTISIERT AUSZUFÜHREN.
ER WIEDERHOLT DIE BEDINGUNGEN DES BUCHES, DIE ER WIDERSTANDSLOS AKZEPTIEREN WIRD.
DAS IM BUCH EINGESCHLOSSENE WESEN WILL WIEDER FREI SEIN. ES WILL ZURÜCK IN DIE METAWELT, NACH DER SICH AUCH CEDRIC SEHNT.
UNS VEREINT ...
... NICHT NUR UNSERE HEIMAT, SONDERN AUCH DER GLEICHE ZORN UND DIE GLEICHE GIER NACH RACHE.
ABER NUR, WENN WIR ZUSAMMENARBEITEN, KÖNNEN WIR UNSERE ZIELE ERREICHEN!
DU BIST GEFANGENER EINES BUCHES ... ICH EINES KÖRPERS UND EINER WELT, DIE MIR FREMD SIND!
ICH WERDE DIR WIEDER MAGISCHE KRÄFTE VERLEIHEN, WENN DU MIR HILFST!

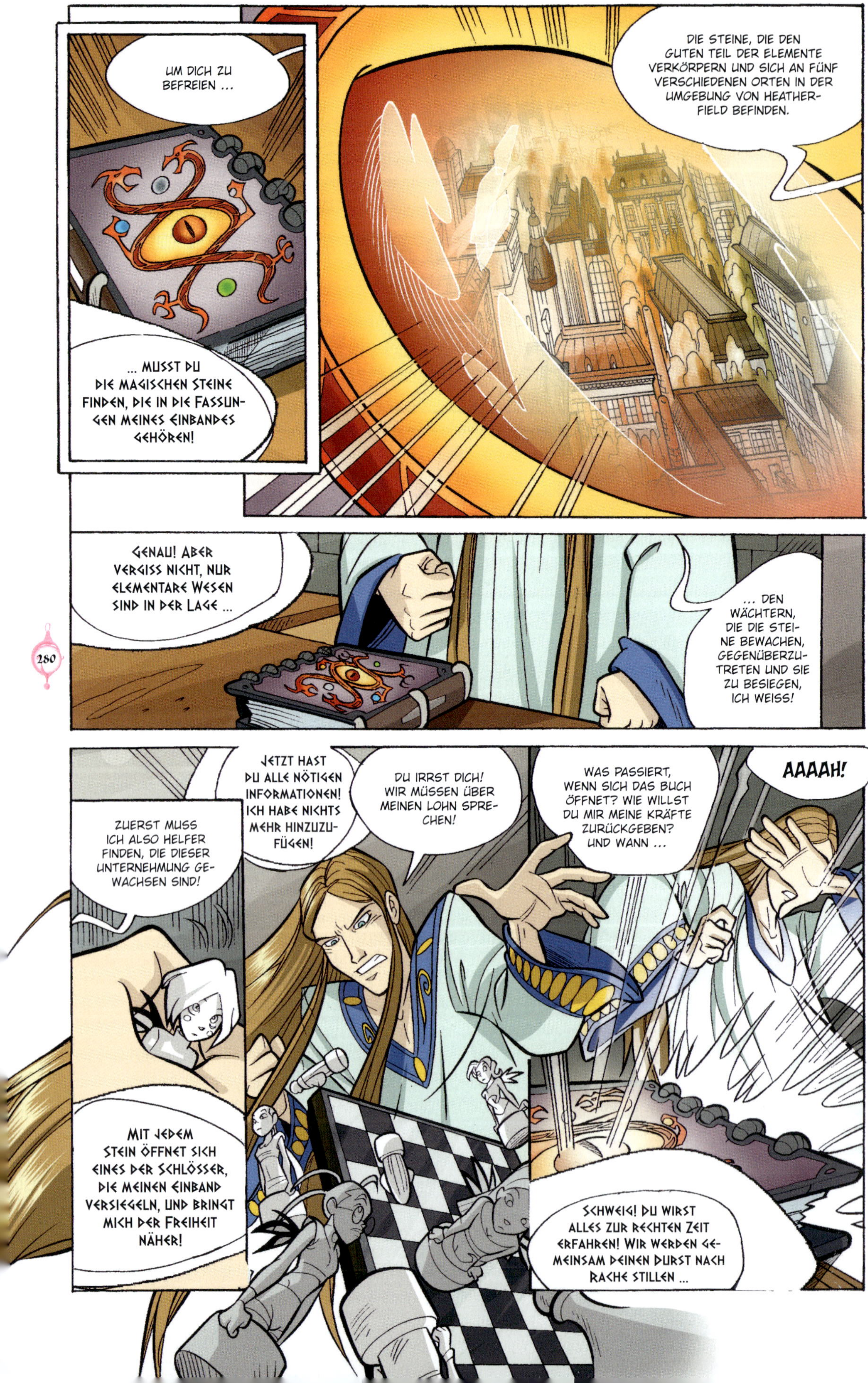

UM DICH ZU BEFREIEN ...
... MUSST DU DIE MAGISCHEN STEINE FINDEN, DIE IN DIE FASSUNGEN MEINES EINBANDES GEHÖREN!
DIE STEINE, DIE DEN GUTEN TEIL DER ELEMENTE VERKÖRPERN UND SICH AN FÜNF VERSCHIEDENEN ORTEN IN DER UMGEBUNG VON HEATHERFIELD BEFINDEN.
GENAU! ABER VERGISS NICHT, NUR ELEMENTARE WESEN SIND IN DER LAGE ...
... DEN WÄCHTERN, DIE DIE STEINE BEWACHEN, GEGENÜBERZUTRETEN UND SIE ZU BESIEGEN, ICH WEISS!
ZUERST MUSS ICH ALSO HELFER FINDEN, DIE DIESER UNTERNEHMUNG GEWACHSEN SIND!
MIT JEDEM STEIN ÖFFNET SICH EINES DER SCHLÖSSER, DIE MEINEN EINBAND VERSIEGELN, UND BRINGT MICH DER FREIHEIT NÄHER!
JETZT HAST DU ALLE NÖTIGEN INFORMATIONEN! ICH HABE NICHTS MEHR HINZUZUFÜGEN!
DU IRRST DICH! WIR MÜSSEN ÜBER MEINEN LOHN SPRECHEN!
WAS PASSIERT, WENN SICH DAS BUCH ÖFFNET? WIE WILLST DU MIR MEINE KRÄFTE ZURÜCKGEBEN? UND WANN ...
AAAAH!
SCHWEIG! DU WIRST ALLES ZUR RECHTEN ZEIT ERFAHREN! WIR WERDEN GEMEINSAM DEINEN DURST NACH RACHE STILLEN ...

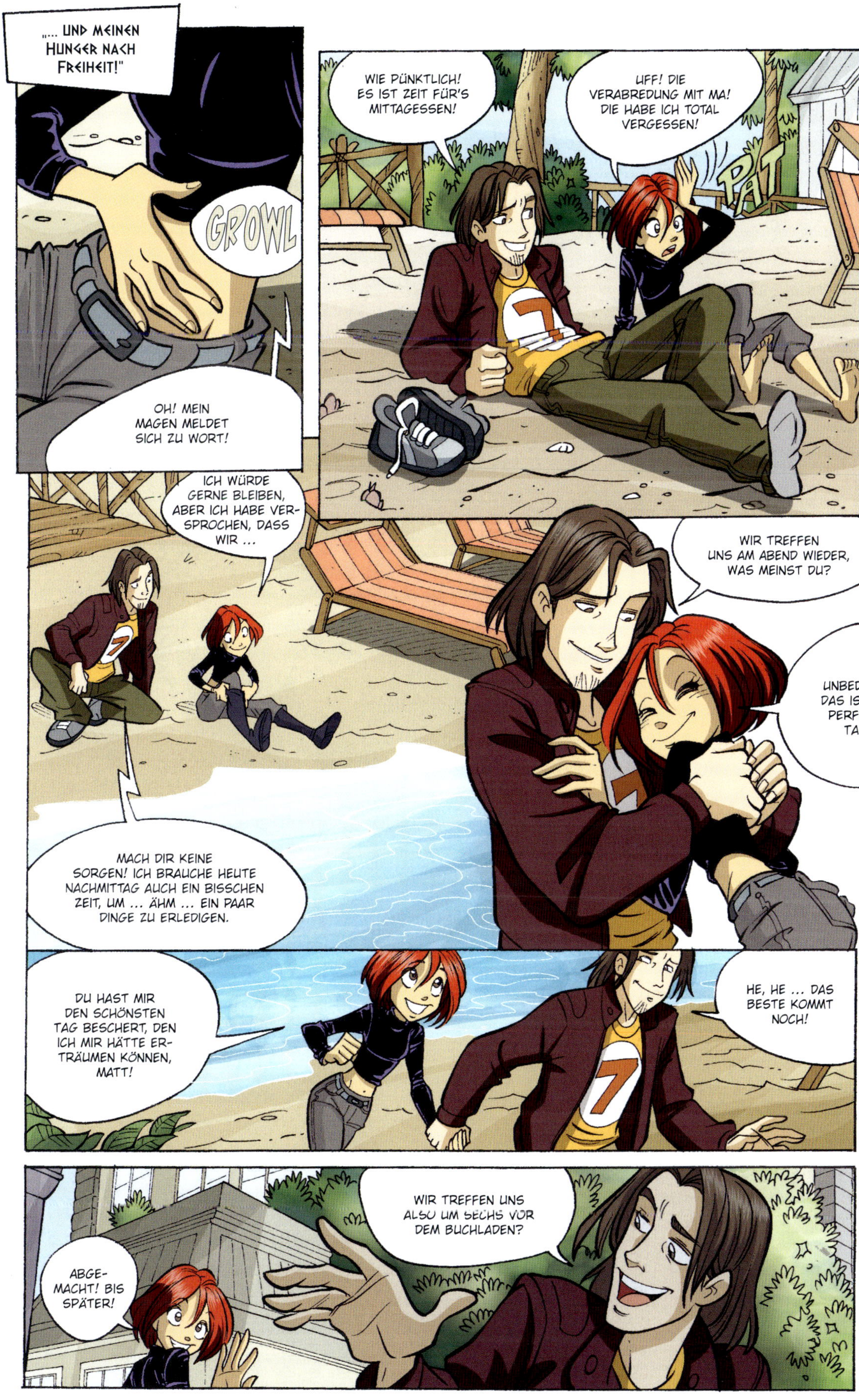
"... UND MEINEN HUNGER NACH FREIHEIT!"
GROWL
OH! MEIN MAGEN MELDET SICH ZU WORT!
WIE PÜNKTLICH! ES IST ZEIT FÜR'S MITTAGESSEN!
UFF! DIE VERABREDUNG MIT MA! DIE HABE ICH TOTAL VERGESSEN!
PAT
ICH WÜRDE GERNE BLEIBEN, ABER ICH HABE VERSPROCHEN, DASS WIR ...
MACH DIR KEINE SORGEN! ICH BRAUCHE HEUTE NACHMITTAG AUCH EIN BISSCHEN ZEIT, UM ... ÄHM ... EIN PAAR DINGE ZU ERLEDIGEN.
WIR TREFFEN UNS AM ABEND WIEDER, WAS MEINST DU?
UNBEDINGT! DAS IST DER PERFEKTE TAG!
DU HAST MIR DEN SCHÖNSTEN TAG BESCHERT, DEN ICH MIR HÄTTE ERTRÄUMEN KÖNNEN, MATT!
HE, HE ... DAS BESTE KOMMT NOCH!
WIR TREFFEN UNS ALSO UM SECHS VOR DEM BUCHLADEN?
ABGEMACHT! BIS SPÄTER!

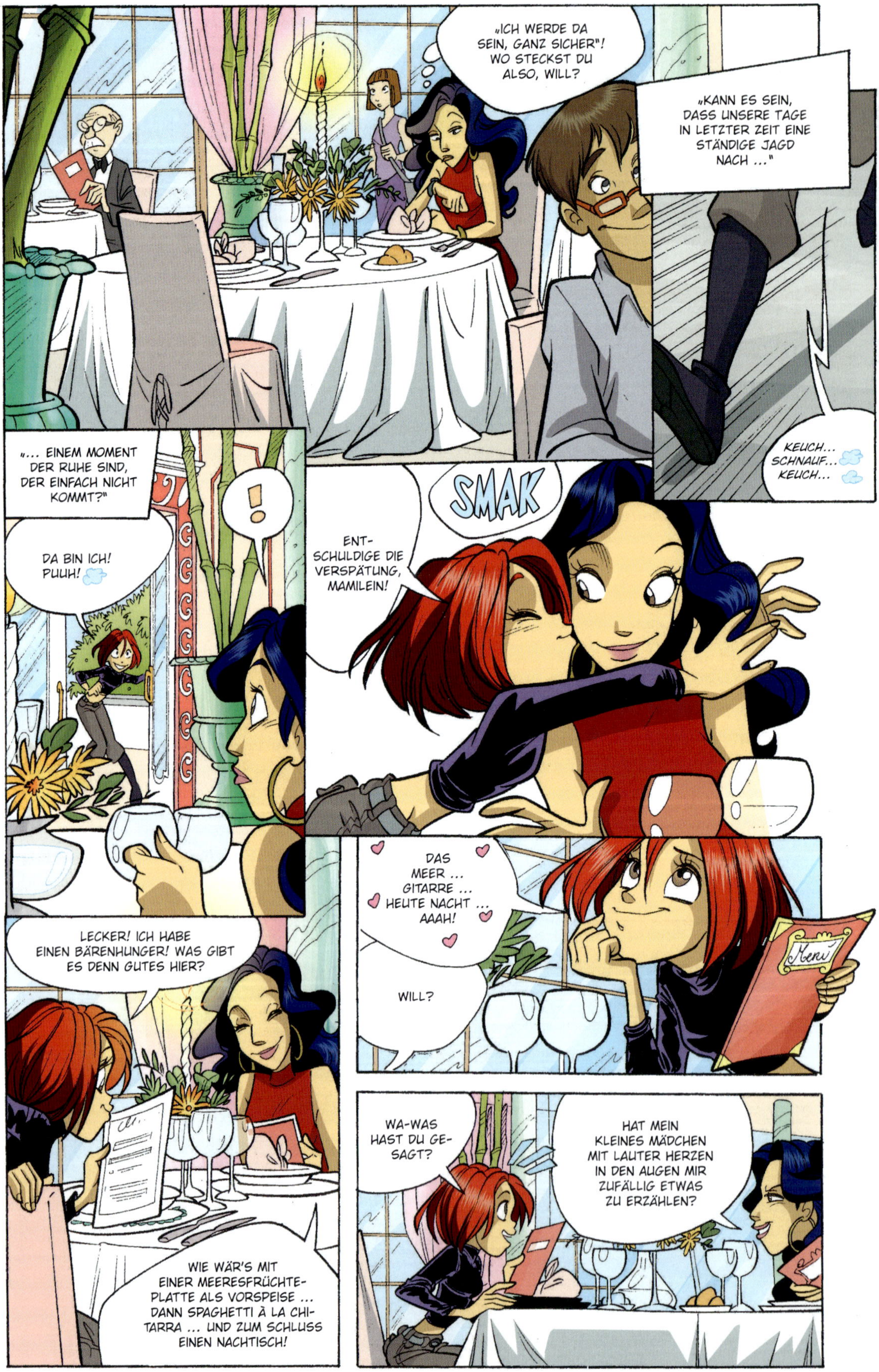
„ICH WERDE DA SEIN, GANZ SICHER"! WO STECKST DU ALSO, WILL?
„KANN ES SEIN, DASS UNSERE TAGE IN LETZTER ZEIT EINE STÄNDIGE JAGD NACH ..."
KEUCH... SCHNAUF... KEUCH...
„... EINEM MOMENT DER RUHE SIND, DER EINFACH NICHT KOMMT?"
DA BIN ICH! PUUH!
!
SMAK
ENT-SCHULDIGE DIE VERSPÄTUNG, MAMILEIN!
DAS MEER ... GITARRE ... HEUTE NACHT ... AAAH!
WILL?
Menü
LECKER! ICH HABE EINEN BÄRENHUNGER! WAS GIBT ES DENN GUTES HIER?
WIE WÄR'S MIT EINER MEERESFRÜCHTE-PLATTE ALS VORSPEISE ... DANN SPAGHETTI À LA CHI-TARRA ... UND ZUM SCHLUSS EINEN NACHTISCH!
WA-WAS HAST DU GE-SAGT?
HAT MEIN KLEINES MÄDCHEN MIT LAUTER HERZEN IN DEN AUGEN MIR ZUFÄLLIG ETWAS ZU ERZÄHLEN?

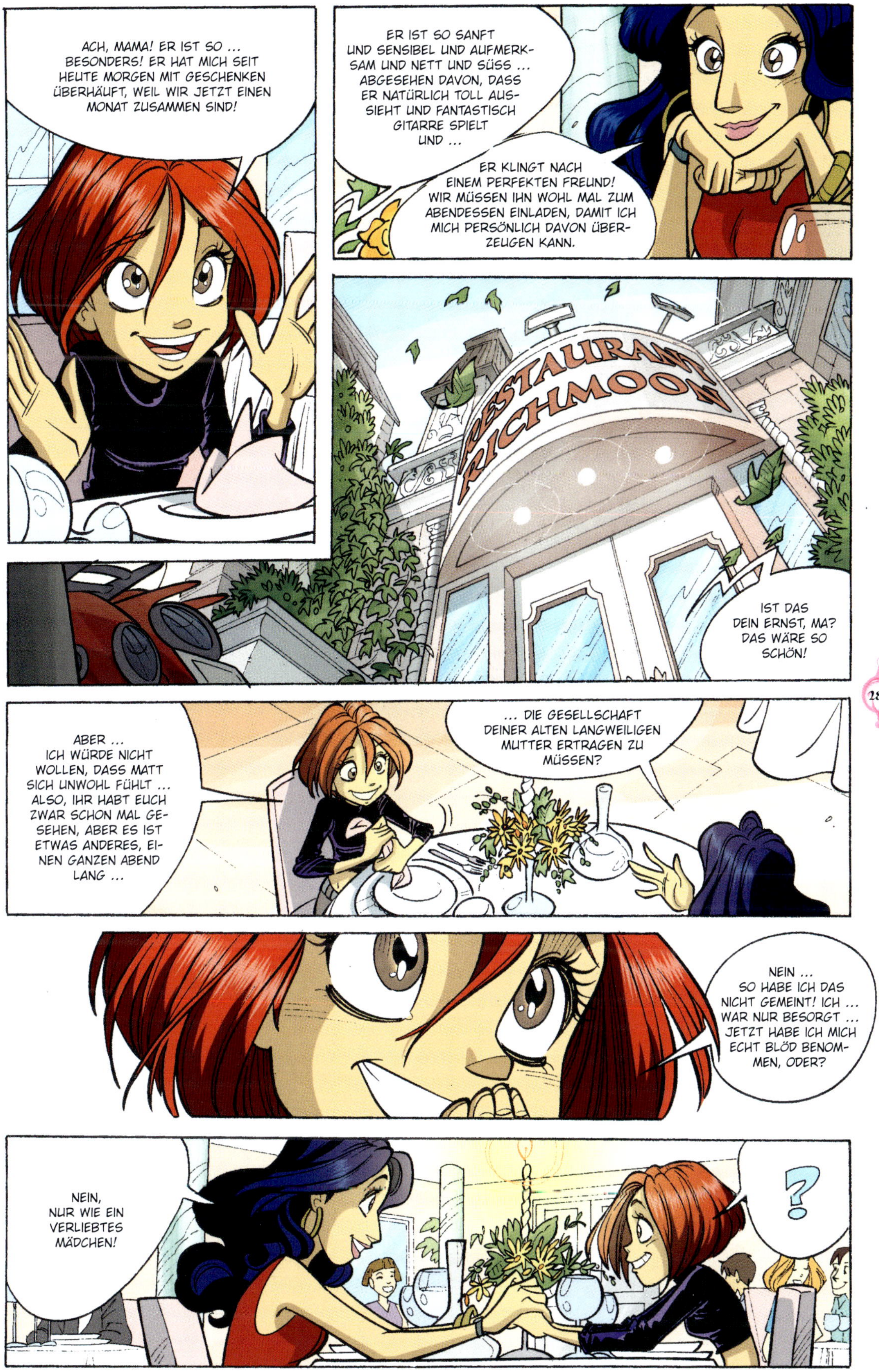
ACH, MAMA! ER IST SO … BESONDERS! ER HAT MICH SEIT HEUTE MORGEN MIT GESCHENKEN ÜBERHÄUFT, WEIL WIR JETZT EINEN MONAT ZUSAMMEN SIND!
ER IST SO SANFT UND SENSIBEL UND AUFMERKSAM UND NETT UND SÜSS … ABGESEHEN DAVON, DASS ER NATÜRLICH TOLL AUSSIEHT UND FANTASTISCH GITARRE SPIELT UND …
ER KLINGT NACH EINEM PERFEKTEN FREUND! WIR MÜSSEN IHN WOHL MAL ZUM ABENDESSEN EINLADEN, DAMIT ICH MICH PERSÖNLICH DAVON ÜBERZEUGEN KANN.
RESTAURANT RICHMOON
IST DAS DEIN ERNST, MA? DAS WÄRE SO SCHÖN!
ABER … ICH WÜRDE NICHT WOLLEN, DASS MATT SICH UNWOHL FÜHLT … ALSO, IHR HABT EUCH ZWAR SCHON MAL GESEHEN, ABER ES IST ETWAS ANDERES, EINEN GANZEN ABEND LANG …
… DIE GESELLSCHAFT DEINER ALTEN LANGWEILIGEN MUTTER ERTRAGEN ZU MÜSSEN?
NEIN … SO HABE ICH DAS NICHT GEMEINT! ICH … WAR NUR BESORGT … JETZT HABE ICH MICH ECHT BLÖD BENOMMEN, ODER?
NEIN, NUR WIE EIN VERLIEBTES MÄDCHEN!
?

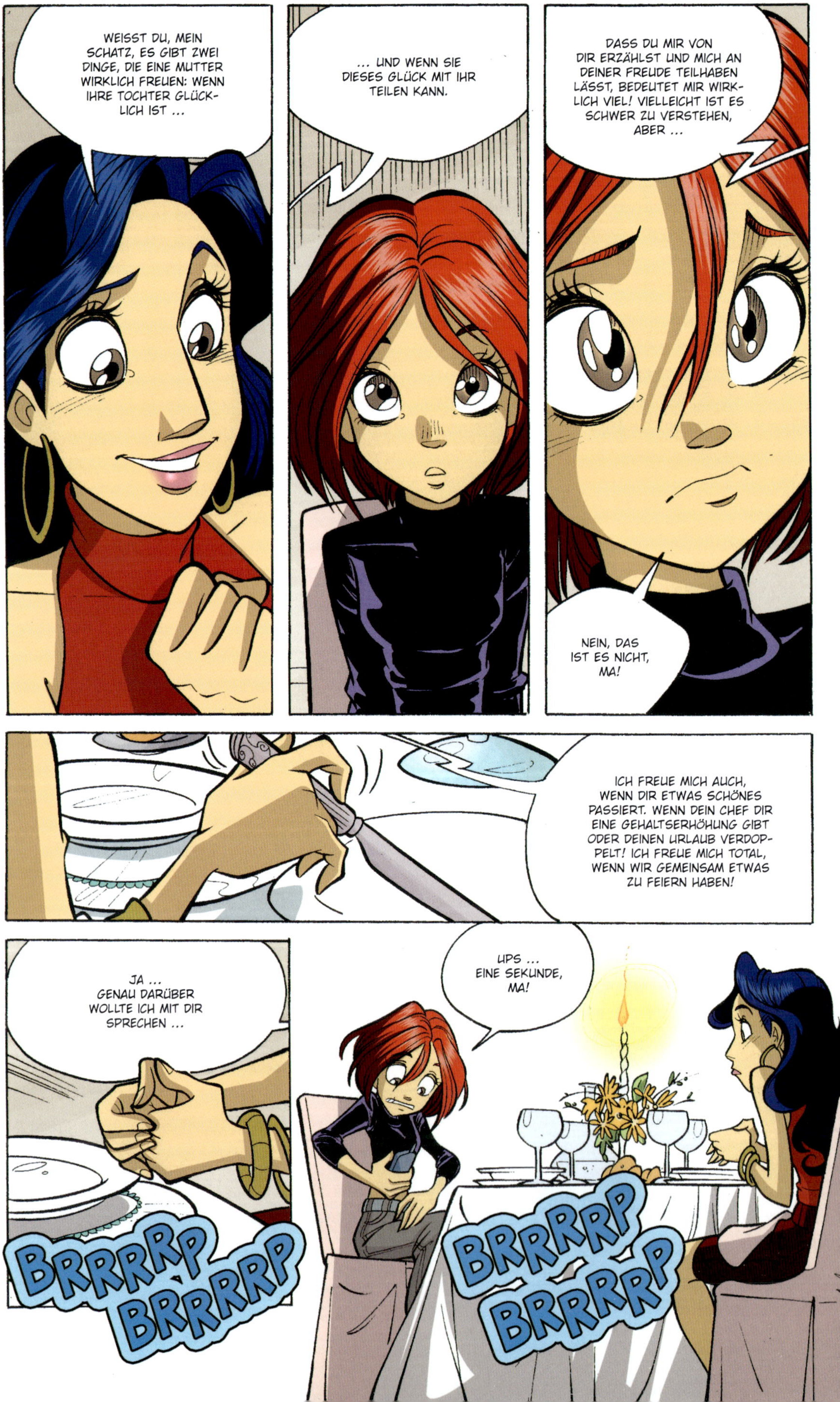
WEISST DU, MEIN SCHATZ, ES GIBT ZWEI DINGE, DIE EINE MUTTER WIRKLICH FREUEN: WENN IHRE TOCHTER GLÜCKLICH IST …
… UND WENN SIE DIESES GLÜCK MIT IHR TEILEN KANN.
DASS DU MIR VON DIR ERZÄHLST UND MICH AN DEINER FREUDE TEILHABEN LÄSST, BEDEUTET MIR WIRKLICH VIEL! VIELLEICHT IST ES SCHWER ZU VERSTEHEN, ABER …
NEIN, DAS IST ES NICHT, MA!
ICH FREUE MICH AUCH, WENN DIR ETWAS SCHÖNES PASSIERT. WENN DEIN CHEF DIR EINE GEHALTSERHÖHUNG GIBT ODER DEINEN URLAUB VERDOPPELT! ICH FREUE MICH TOTAL, WENN WIR GEMEINSAM ETWAS ZU FEIERN HABEN!
JA … GENAU DARÜBER WOLLTE ICH MIT DIR SPRECHEN …
BRRRRP BRRRRRP
UPS … EINE SEKUNDE, MA!
BRRRRP BRRRRP

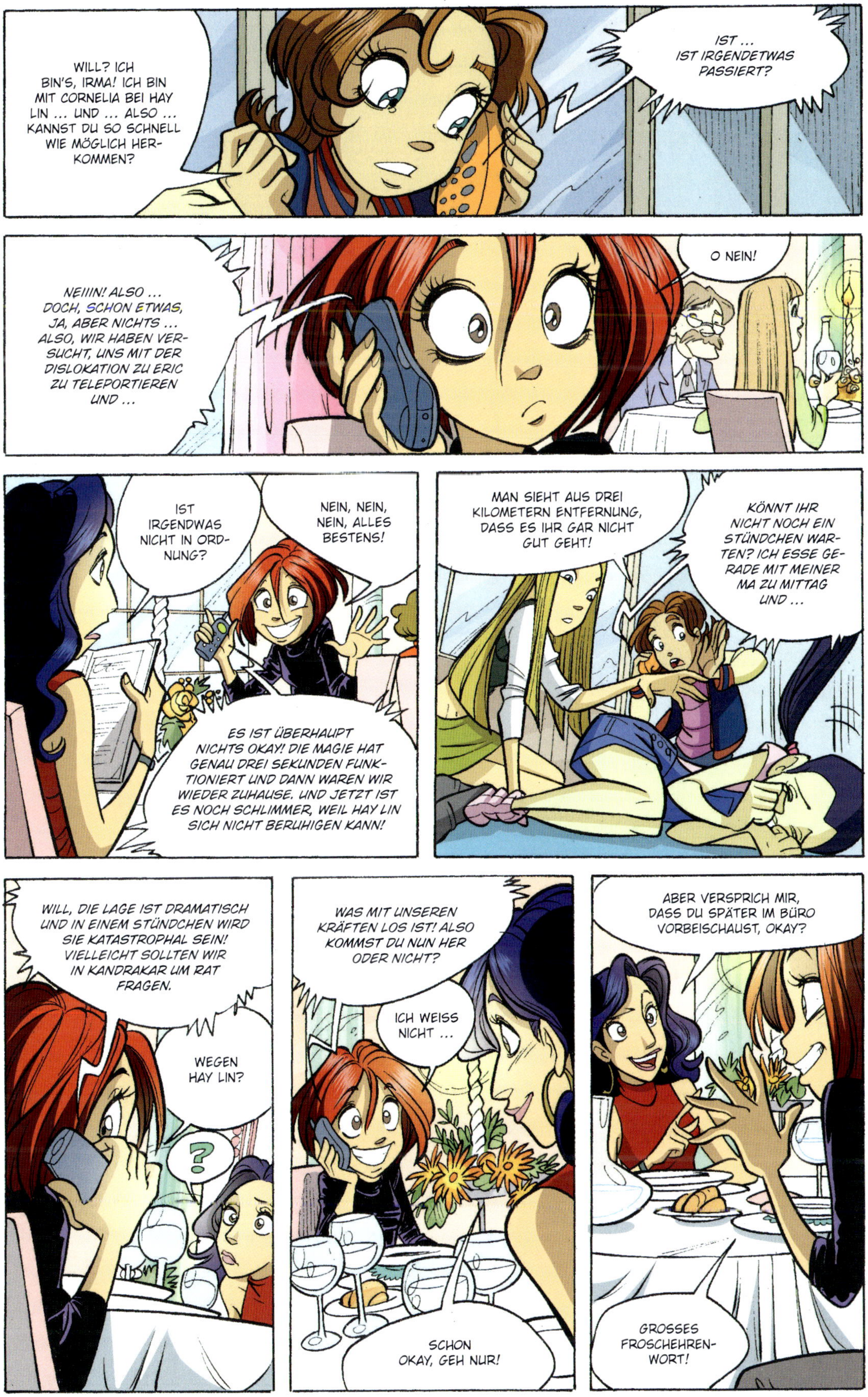
WILL? ICH BIN'S, IRMA! ICH BIN MIT CORNELIA BEI HAY LIN ... UND ... ALSO ... KANNST DU SO SCHNELL WIE MÖGLICH HER-KOMMEN?
IST ... IST IRGENDETWAS PASSIERT?
NEIIIN! ALSO ... DOCH, SCHON ETWAS, JA, ABER NICHTS ... ALSO, WIR HABEN VER-SUCHT, UNS MIT DER DISLOKATION ZU ERIC ZU TELEPORTIEREN UND ...
O NEIN!
IST IRGENDWAS NICHT IN ORD-NUNG?
NEIN, NEIN, NEIN, ALLES BESTENS!
ES IST ÜBERHAUPT NICHTS OKAY! DIE MAGIE HAT GENAU DREI SEKUNDEN FUNK-TIONIERT UND DANN WAREN WIR WIEDER ZUHAUSE. UND JETZT IST ES NOCH SCHLIMMER, WEIL HAY LIN SICH NICHT BERUHIGEN KANN!
MAN SIEHT AUS DREI KILOMETERN ENTFERNUNG, DASS ES IHR GAR NICHT GUT GEHT!
KÖNNT IHR NICHT NOCH EIN STÜNDCHEN WAR-TEN? ICH ESSE GE-RADE MIT MEINER MA ZU MITTAG UND ...
WILL, DIE LAGE IST DRAMATISCH UND IN EINEM STÜNDCHEN WIRD SIE KATASTROPHAL SEIN! VIELLEICHT SOLLTEN WIR IN KANDRAKAR UM RAT FRAGEN.
WEGEN HAY LIN?
?
WAS MIT UNSEREN KRÄFTEN LOS IST! ALSO KOMMST DU NUN HER ODER NICHT?
ICH WEISS NICHT ...
SCHON OKAY, GEH NUR!
ABER VERSPRICH MIR, DASS DU SPÄTER IM BÜRO VORBEISCHAUST, OKAY?
GROSSES FROSCHEHREN-WORT!

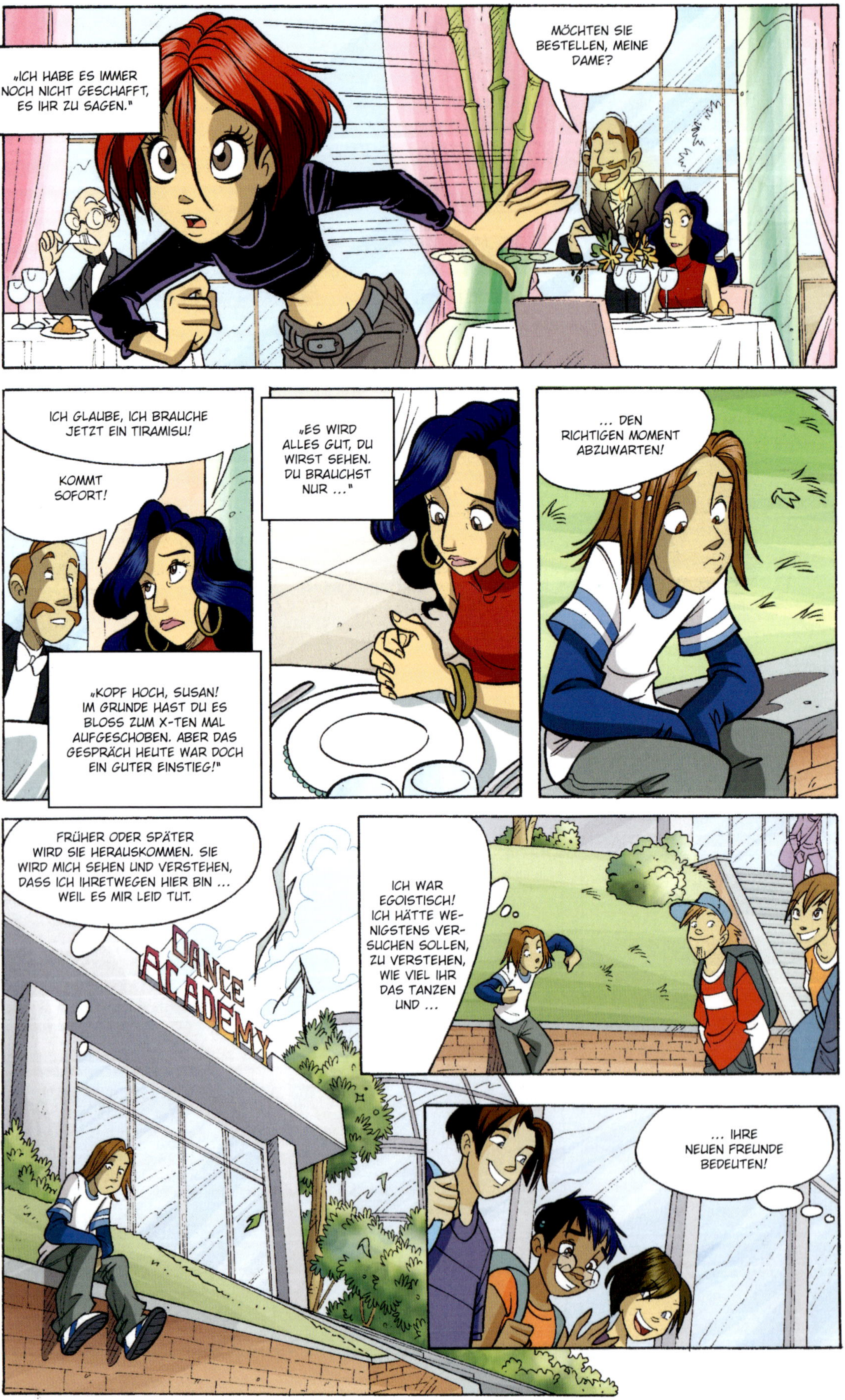
„ICH HABE ES IMMER NOCH NICHT GESCHAFFT, ES IHR ZU SAGEN."
MÖCHTEN SIE BESTELLEN, MEINE DAME?
ICH GLAUBE, ICH BRAUCHE JETZT EIN TIRAMISU!
KOMMT SOFORT!
„KOPF HOCH, SUSAN! IM GRUNDE HAST DU ES BLOSS ZUM X-TEN MAL AUFGESCHOBEN. ABER DAS GESPRÄCH HEUTE WAR DOCH EIN GUTER EINSTIEG!"
„ES WIRD ALLES GUT, DU WIRST SEHEN. DU BRAUCHST NUR …"
… DEN RICHTIGEN MOMENT ABZUWARTEN!
FRÜHER ODER SPÄTER WIRD SIE HERAUSKOMMEN. SIE WIRD MICH SEHEN UND VERSTEHEN, DASS ICH IHRETWEGEN HIER BIN … WEIL ES MIR LEID TUT.
DANCE ACADEMY
ICH WAR EGOISTISCH! ICH HÄTTE WENIGSTENS VERSUCHEN SOLLEN, ZU VERSTEHEN, WIE VIEL IHR DAS TANZEN UND …
… IHRE NEUEN FREUNDE BEDEUTEN!

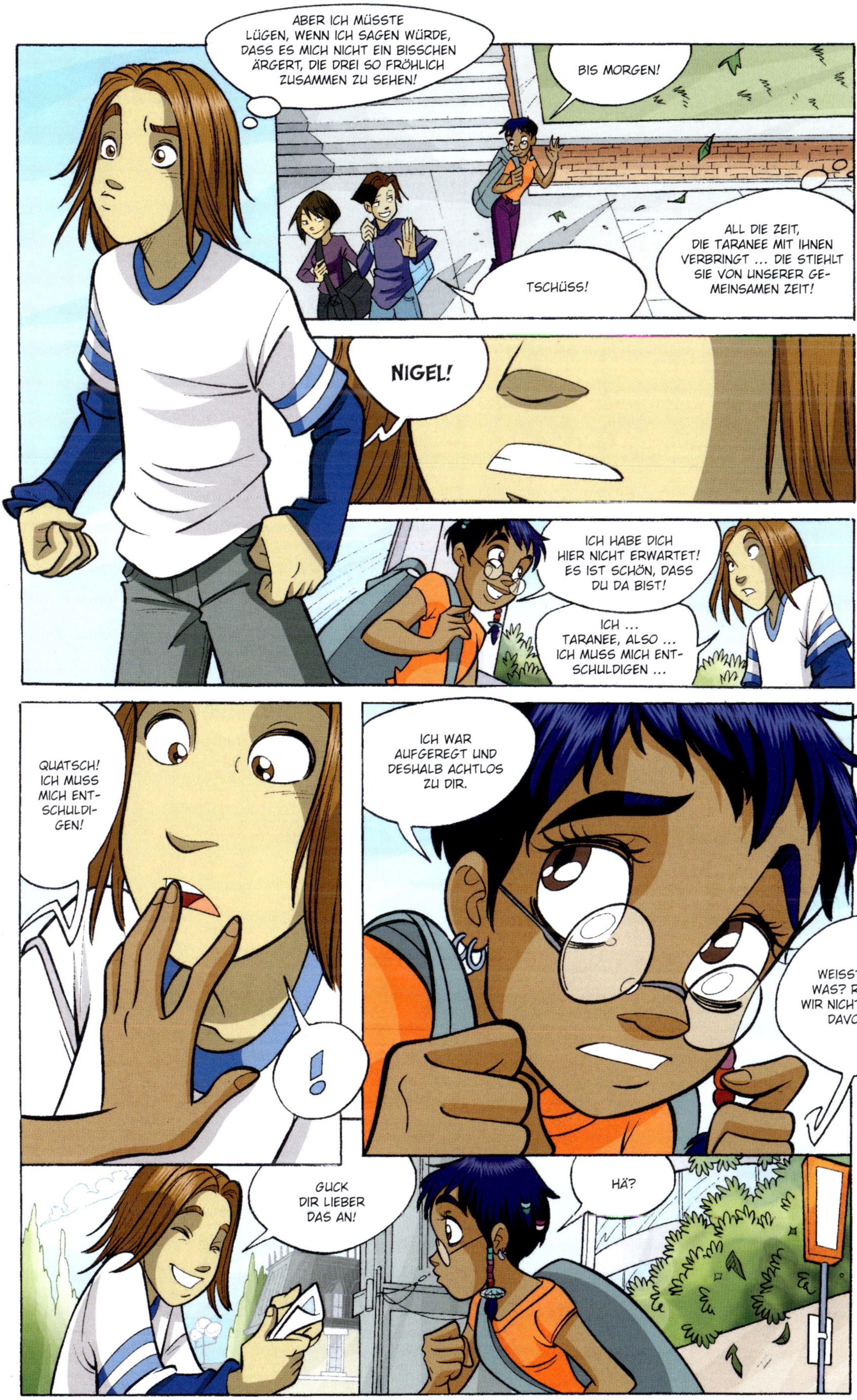
ABER ICH MÜSSTE LÜGEN, WENN ICH SAGEN WÜRDE, DASS ES MICH NICHT EIN BISSCHEN ÄRGERT, DIE DREI SO FRÖHLICH ZUSAMMEN ZU SEHEN!
BIS MORGEN!
TSCHÜSS!
ALL DIE ZEIT, DIE TARANEE MIT IHNEN VERBRINGT ... DIE STIEHLT SIE VON UNSERER GEMEINSAMEN ZEIT!
NIGEL!
ICH HABE DICH HIER NICHT ERWARTET! ES IST SCHÖN, DASS DU DA BIST!
ICH ... TARANEE, ALSO ... ICH MUSS MICH ENTSCHULDIGEN ...
QUATSCH! ICH MUSS MICH ENTSCHULDIGEN!
!
ICH WAR AUFGEREGT UND DESHALB ACHTLOS ZU DIR.
WEISST DU WAS? REDEN WIR NICHT MEHR DAVON!
GUCK DIR LIEBER DAS AN!
HÄ?

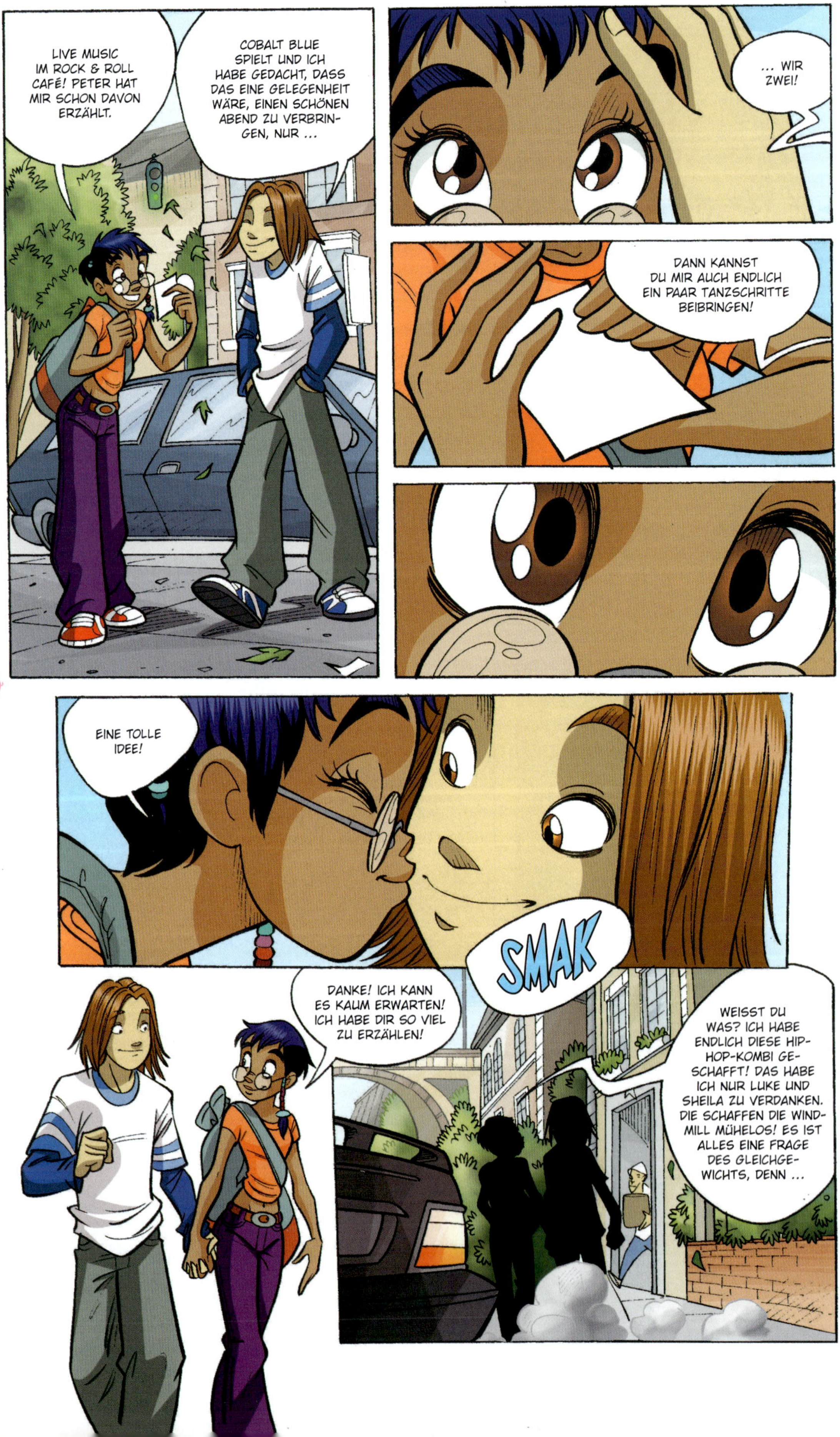
LIVE MUSIC IM ROCK & ROLL CAFÉ! PETER HAT MIR SCHON DAVON ERZÄHLT.
COBALT BLUE SPIELT UND ICH HABE GEDACHT, DASS DAS EINE GELEGENHEIT WÄRE, EINEN SCHÖNEN ABEND ZU VERBRINGEN, NUR ...
... WIR ZWEI!
DANN KANNST DU MIR AUCH ENDLICH EIN PAAR TANZSCHRITTE BEIBRINGEN!
EINE TOLLE IDEE!
SMAK
DANKE! ICH KANN ES KAUM ERWARTEN! ICH HABE DIR SO VIEL ZU ERZÄHLEN!
WEISST DU WAS? ICH HABE ENDLICH DIESE HIP-HOP-KOMBI GESCHAFFT! DAS HABE ICH NUR LUKE UND SHEILA ZU VERDANKEN. DIE SCHAFFEN DIE WINDMILL MÜHELOS! ES IST ALLES EINE FRAGE DES GLEICHGEWICHTS, DENN ...

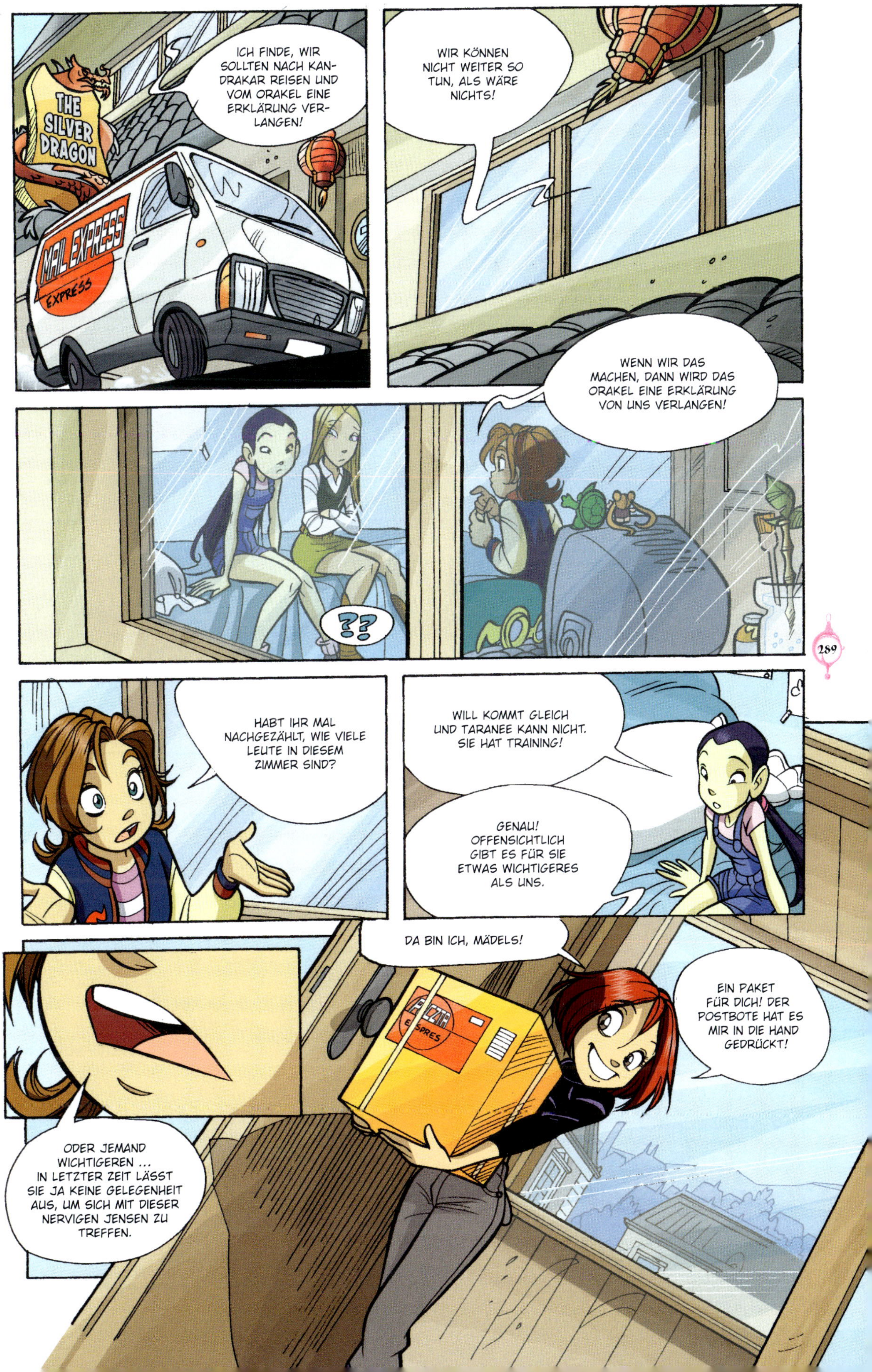

THE SILVER DRAGON
MAIL EXPRESS
EXPRESS
ICH FINDE, WIR SOLLTEN NACH KANDRAKAR REISEN UND VOM ORAKEL EINE ERKLÄRUNG VERLANGEN!
WIR KÖNNEN NICHT WEITER SO TUN, ALS WÄRE NICHTS!
WENN WIR DAS MACHEN, DANN WIRD DAS ORAKEL EINE ERKLÄRUNG VON UNS VERLANGEN!
??
HABT IHR MAL NACHGEZÄHLT, WIE VIELE LEUTE IN DIESEM ZIMMER SIND?
WILL KOMMT GLEICH UND TARANEE KANN NICHT. SIE HAT TRAINING!
GENAU! OFFENSICHTLICH GIBT ES FÜR SIE ETWAS WICHTIGERES ALS UNS.
ODER JEMAND WICHTIGEREN ... IN LETZTER ZEIT LÄSST SIE JA KEINE GELEGENHEIT AUS, UM SICH MIT DIESER NERVIGEN JENSEN ZU TREFFEN.
DA BIN ICH, MÄDELS!
EIN PAKET FÜR DICH! DER POSTBOTE HAT ES MIR IN DIE HAND GEDRÜCKT!

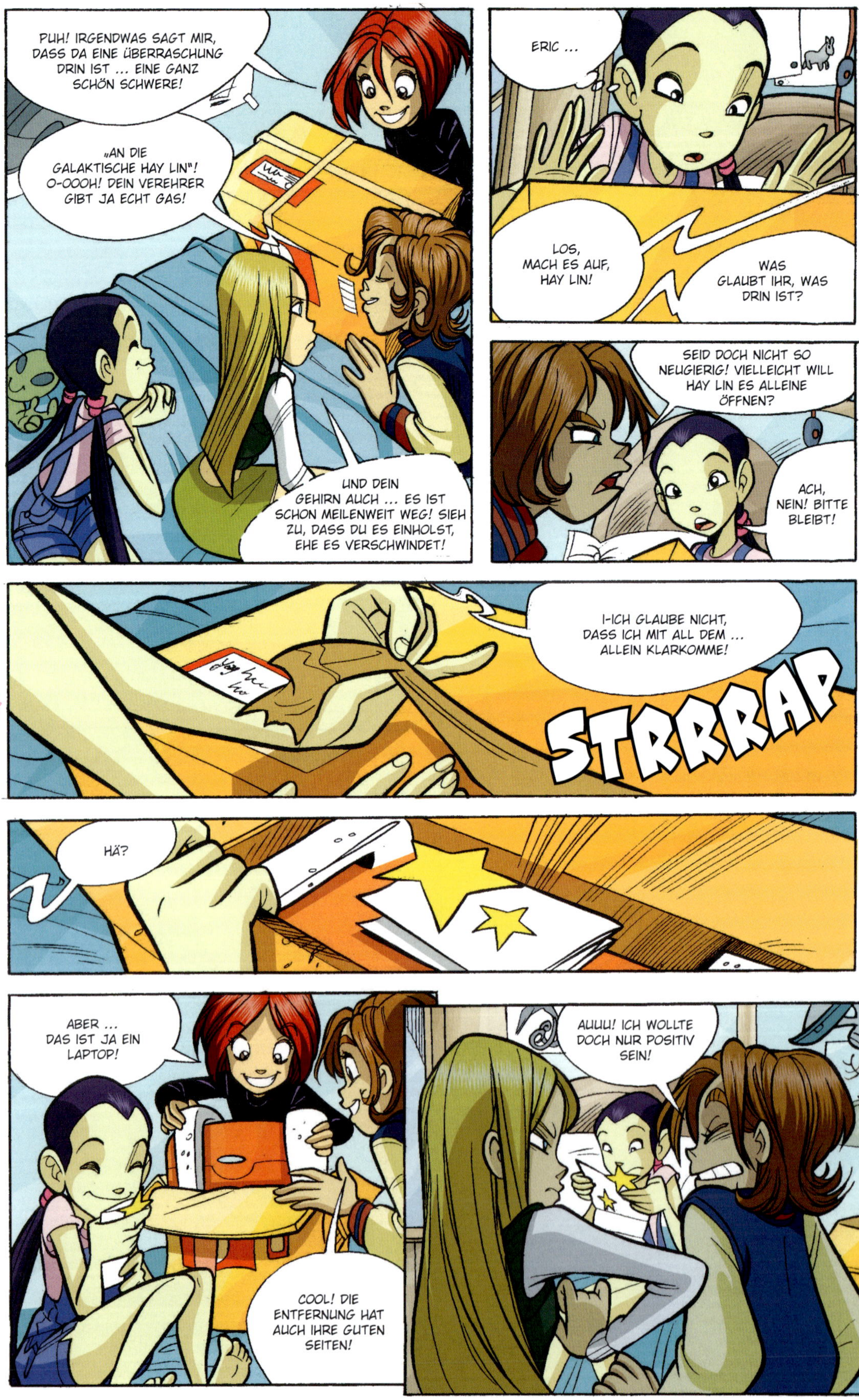
PUH! IRGENDWAS SAGT MIR, DASS DA EINE ÜBERRASCHUNG DRIN IST ... EINE GANZ SCHÖN SCHWERE!
„AN DIE GALAKTISCHE HAY LIN"! O-OOOH! DEIN VEREHRER GIBT JA ECHT GAS!
UND DEIN GEHIRN AUCH ... ES IST SCHON MEILENWEIT WEG! SIEH ZU, DASS DU ES EINHOLST, EHE ES VERSCHWINDET!
ERIC ...
LOS, MACH ES AUF, HAY LIN!
WAS GLAUBT IHR, WAS DRIN IST?
SEID DOCH NICHT SO NEUGIERIG! VIELLEICHT WILL HAY LIN ES ALLEINE ÖFFNEN?
ACH, NEIN! BITTE BLEIBT!
I-ICH GLAUBE NICHT, DASS ICH MIT ALL DEM ... ALLEIN KLARKOMME!
STRRRAP
HÄ?
ABER ... DAS IST JA EIN LAPTOP!
COOL! DIE ENTFERNUNG HAT AUCH IHRE GUTEN SEITEN!
AUUU! ICH WOLLTE DOCH NUR POSITIV SEIN!

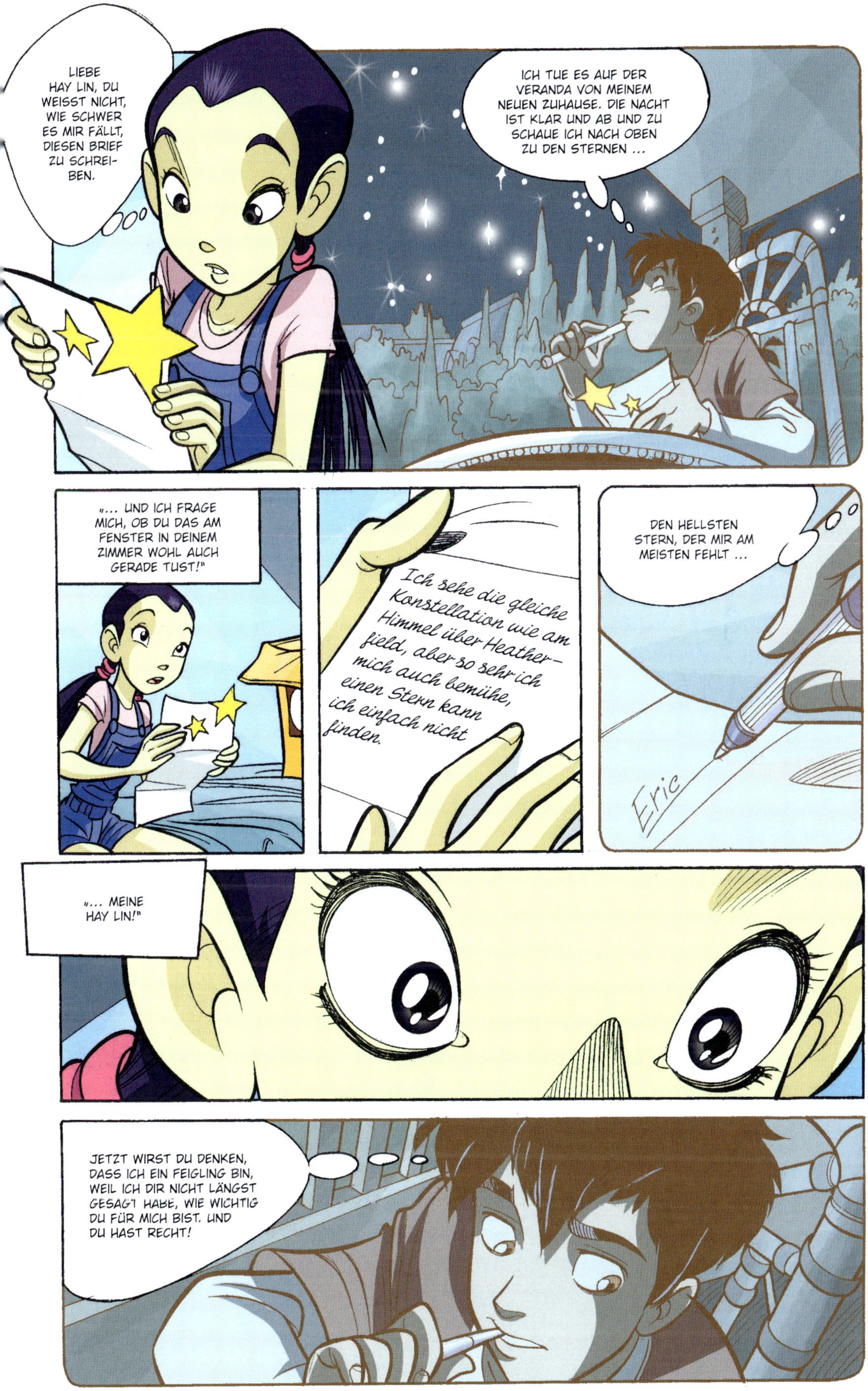

LIEBE HAY LIN, DU WEISST NICHT, WIE SCHWER ES MIR FÄLLT, DIESEN BRIEF ZU SCHREI-BEN.
ICH TUE ES AUF DER VERANDA VON MEINEM NEUEN ZUHAUSE. DIE NACHT IST KLAR UND AB UND ZU SCHAUE ICH NACH OBEN ZU DEN STERNEN …
„… UND ICH FRAGE MICH, OB DU DAS AM FENSTER IN DEINEM ZIMMER WOHL AUCH GERADE TUST!"
Ich sehe die gleiche Konstellation wie am Himmel über Heatherfield, aber so sehr ich mich auch bemühe, einen Stern kann ich einfach nicht finden.
DEN HELLSTEN STERN, DER MIR AM MEISTEN FEHLT …
Eric
„… MEINE HAY LIN!"
JETZT WIRST DU DENKEN, DASS ICH EIN FEIGLING BIN, WEIL ICH DIR NICHT LÄNGST GESAGT HABE, WIE WICHTIG DU FÜR MICH BIST. UND DU HAST RECHT!

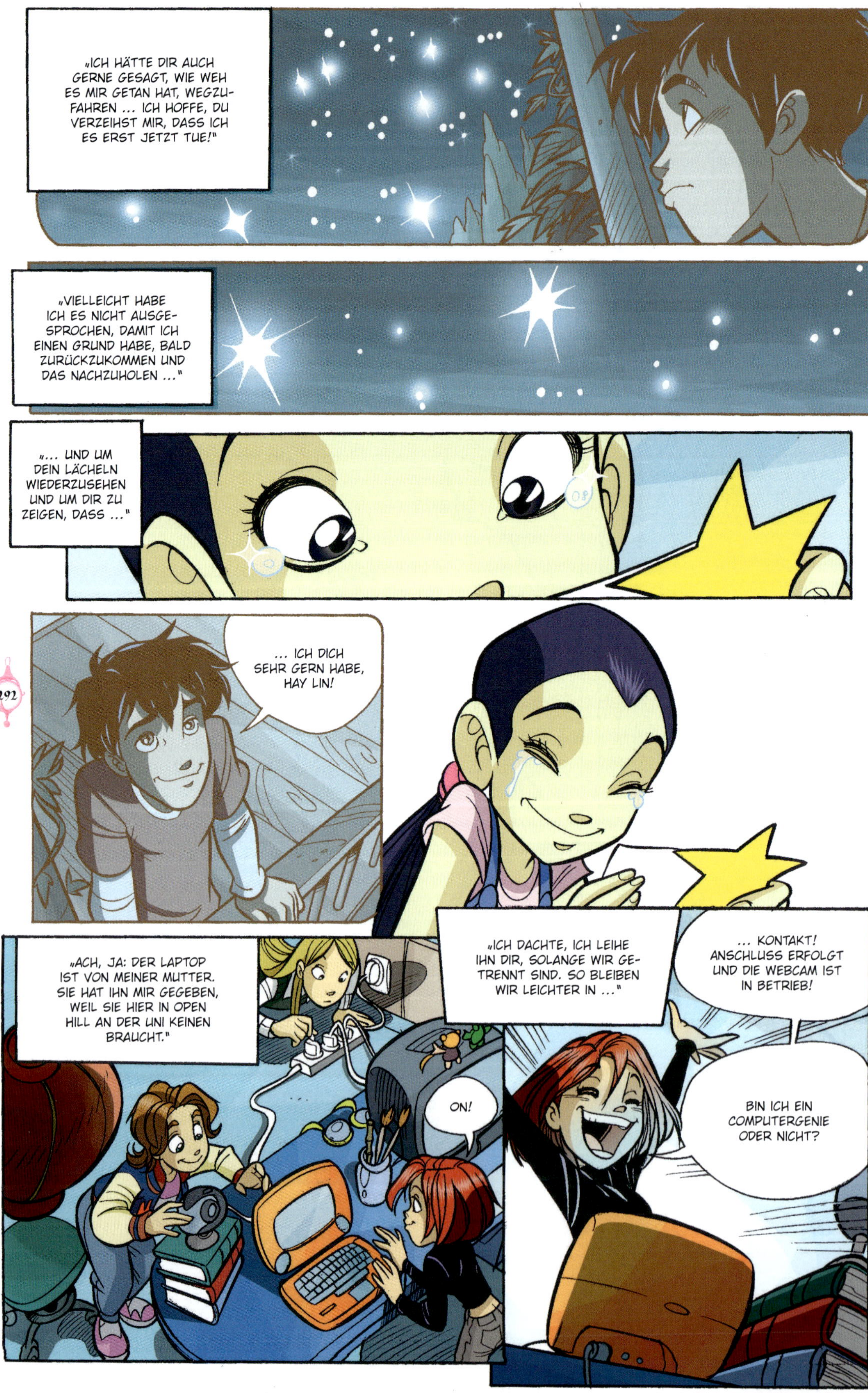
„ICH HÄTTE DIR AUCH GERNE GESAGT, WIE WEH ES MIR GETAN HAT, WEGZUFAHREN ... ICH HOFFE, DU VERZEIHST MIR, DASS ICH ES ERST JETZT TUE!"
„VIELLEICHT HABE ICH ES NICHT AUSGESPROCHEN, DAMIT ICH EINEN GRUND HABE, BALD ZURÜCKZUKOMMEN UND DAS NACHZUHOLEN ..."
„... UND UM DEIN LÄCHELN WIEDERZUSEHEN UND UM DIR ZU ZEIGEN, DASS ..."
... ICH DICH SEHR GERN HABE, HAY LIN!
„ACH, JA: DER LAPTOP IST VON MEINER MUTTER. SIE HAT IHN MIR GEGEBEN, WEIL SIE HIER IN OPEN HILL AN DER UNI KEINEN BRAUCHT."
ON!
„ICH DACHTE, ICH LEIHE IHN DIR, SOLANGE WIR GETRENNT SIND. SO BLEIBEN WIR LEICHTER IN ..."
... KONTAKT! ANSCHLUSS ERFOLGT UND DIE WEBCAM IST IN BETRIEB!
BIN ICH EIN COMPUTERGENIE ODER NICHT?

292

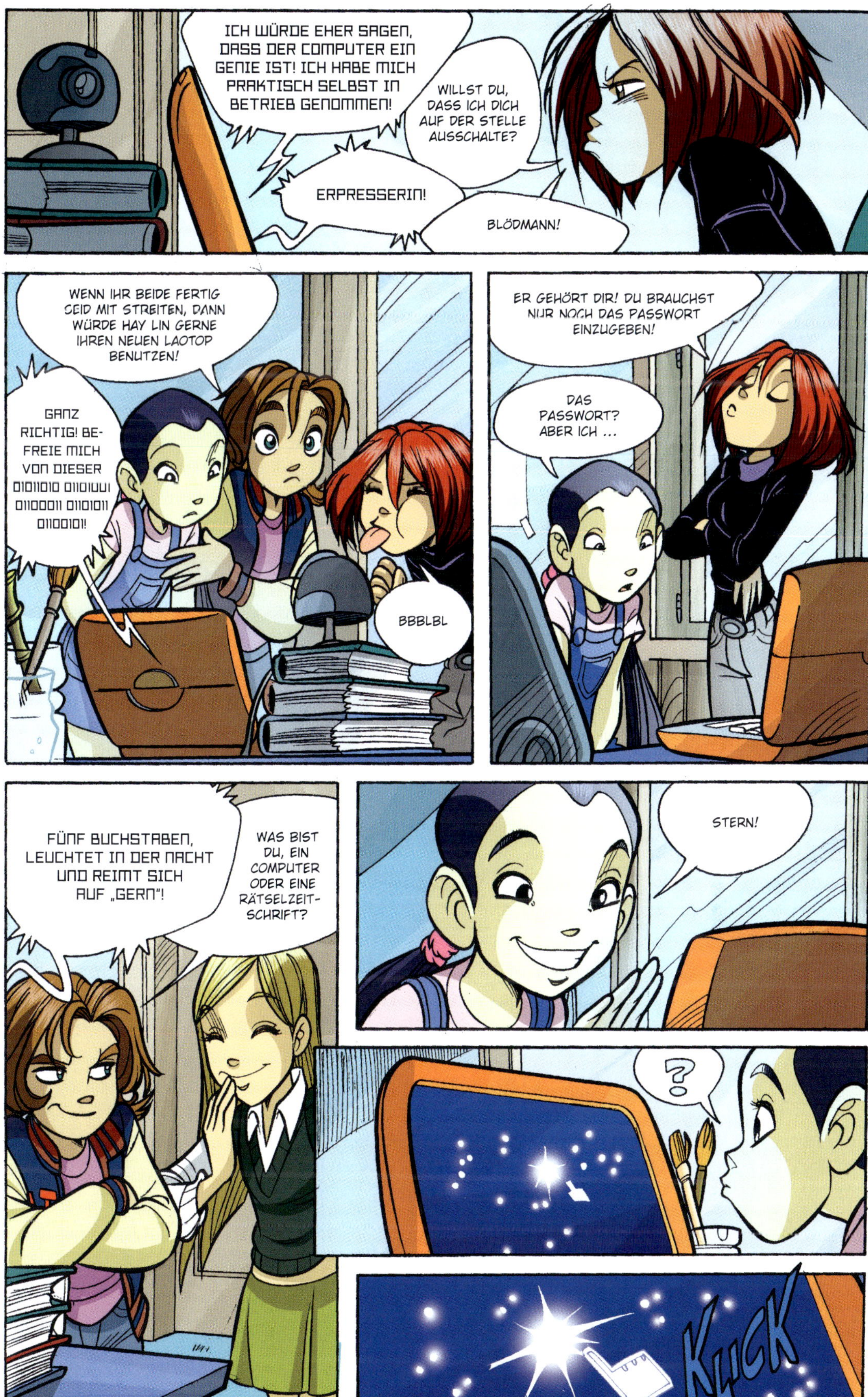
ICH WÜRDE EHER SAGEN, DASS DER COMPUTER EIN GENIE IST! ICH HABE MICH PRAKTISCH SELBST IN BETRIEB GENOMMEN!
WILLST DU, DASS ICH DICH AUF DER STELLE AUSSCHALTE?
ERPRESSERIN!
BLÖDMANN!
WENN IHR BEIDE FERTIG SEID MIT STREITEN, DANN WÜRDE HAY LIN GERNE IHREN NEUEN LAOTOP BENUTZEN!
GANZ RICHTIG! BE-FREIE MICH VON DIESER 01011010 01101001 01100011 01101011 01100101!
BBBLBL
ER GEHÖRT DIR! DU BRAUCHST NUR NOCH DAS PASSWORT EINZUGEBEN!
DAS PASSWORT? ABER ICH ...
FÜNF BUCHSTABEN, LEUCHTET IN DER NACHT UND REIMT SICH AUF „GERN"!
WAS BIST DU, EIN COMPUTER ODER EINE RÄTSELZEIT-SCHRIFT?
STERN!
?
KLICK

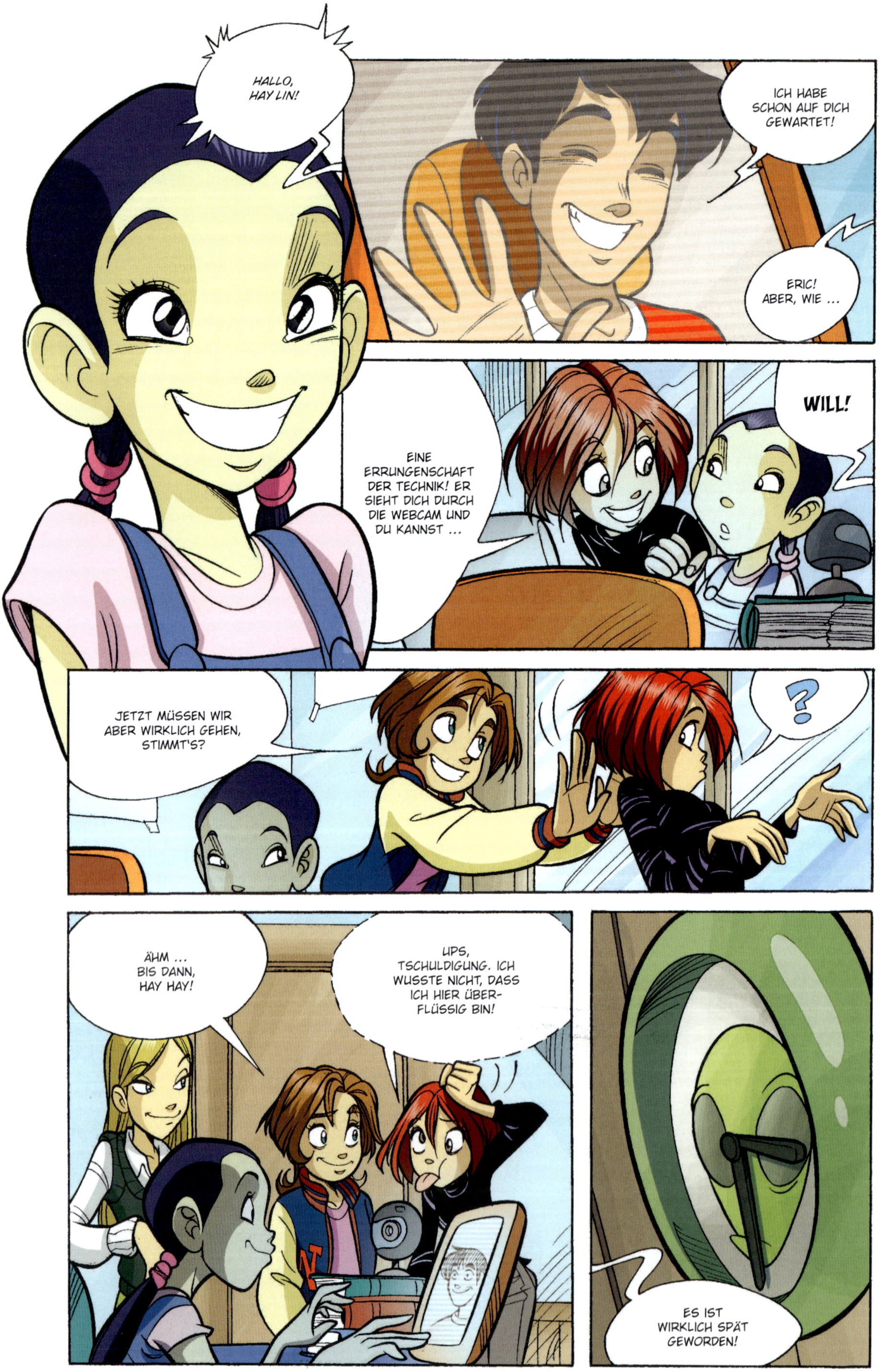
HALLO, HAY LIN!
ICH HABE SCHON AUF DICH GEWARTET!
ERIC! ABER, WIE ...
EINE ERRUNGENSCHAFT DER TECHNIK! ER SIEHT DICH DURCH DIE WEBCAM UND DU KANNST ...
WILL!
JETZT MÜSSEN WIR ABER WIRKLICH GEHEN, STIMMT'S?
?
ÄHM ... BIS DANN, HAY HAY!
UPS, TSCHULDIGUNG. ICH WUSSTE NICHT, DASS ICH HIER ÜBERFLÜSSIG BIN!
ES IST WIRKLICH SPÄT GEWORDEN!

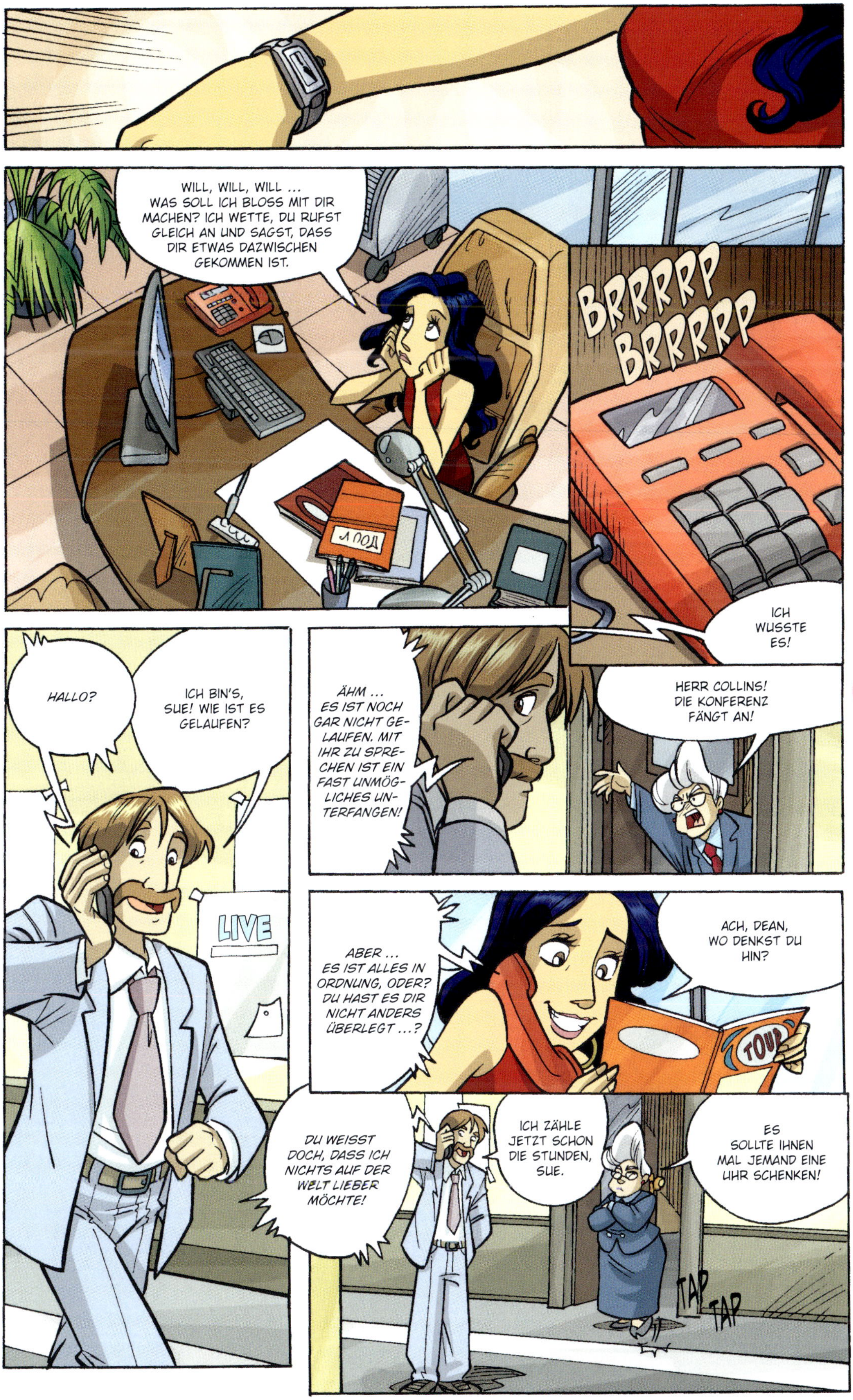
WILL, WILL, WILL … WAS SOLL ICH BLOSS MIT DIR MACHEN? ICH WETTE, DU RUFST GLEICH AN UND SAGST, DASS DIR ETWAS DAZWISCHEN GEKOMMEN IST.
BRRRRP BRRRRP
ICH WUSSTE ES!
HALLO?
ICH BIN'S, SUE! WIE IST ES GELAUFEN?
ÄHM … ES IST NOCH GAR NICHT GELAUFEN. MIT IHR ZU SPRECHEN IST EIN FAST UNMÖGLICHES UNTERFANGEN!
HERR COLLINS! DIE KONFERENZ FÄNGT AN!
LIVE
ABER … ES IST ALLES IN ORDNUNG, ODER? DU HAST ES DIR NICHT ANDERS ÜBERLEGT …?
ACH, DEAN, WO DENKST DU HIN?
DU WEISST DOCH, DASS ICH NICHTS AUF DER WELT LIEBER MÖCHTE!
ICH ZÄHLE JETZT SCHON DIE STUNDEN, SUE.
ES SOLLTE IHNEN MAL JEMAND EINE UHR SCHENKEN!
TAP TAP

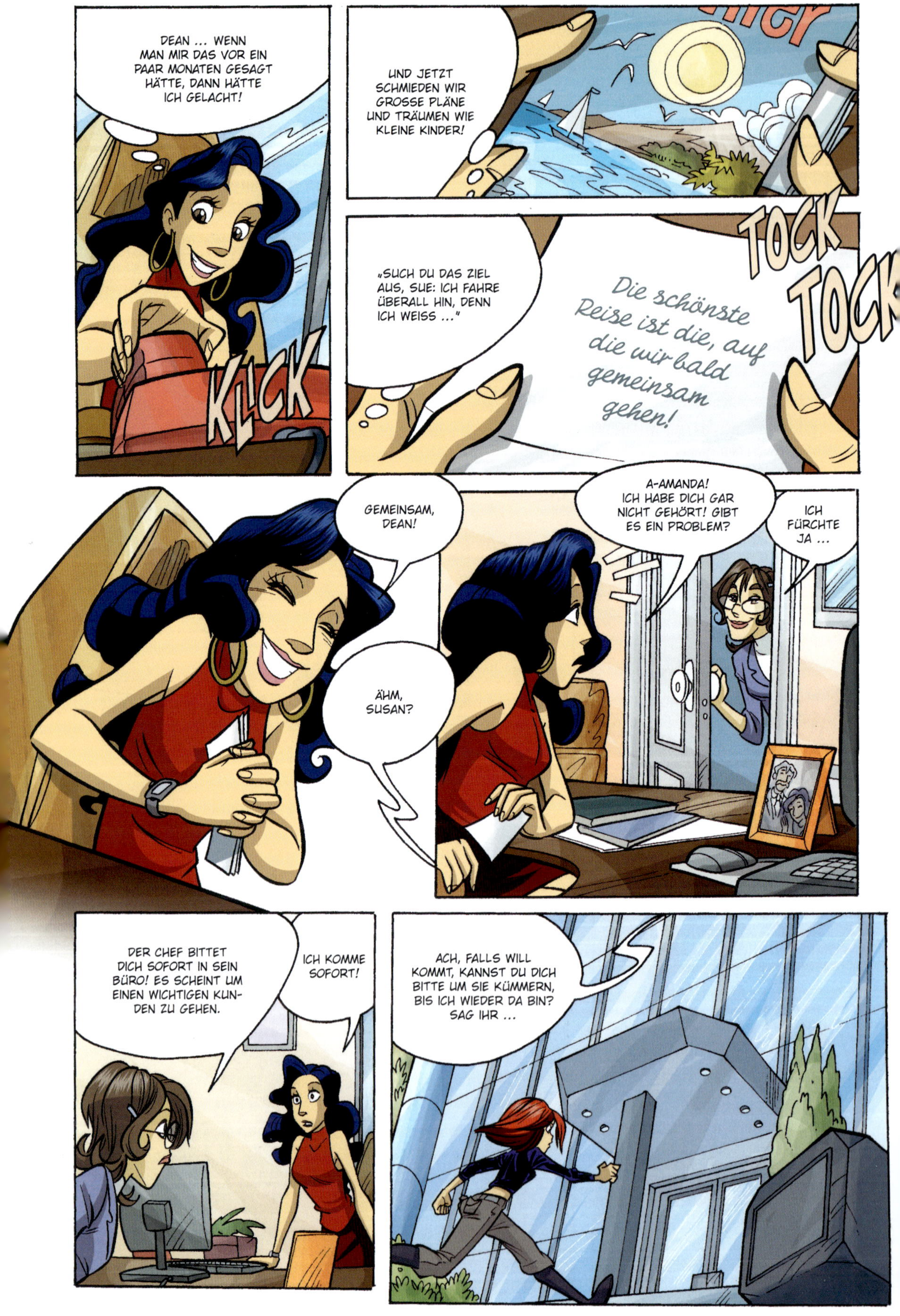
DEAN ... WENN MAN MIR DAS VOR EIN PAAR MONATEN GESAGT HÄTTE, DANN HÄTTE ICH GELACHT!
KLICK
UND JETZT SCHMIEDEN WIR GROSSE PLÄNE UND TRÄUMEN WIE KLEINE KINDER!
„SUCH DU DAS ZIEL AUS, SUE: ICH FAHRE ÜBERALL HIN, DENN ICH WEISS ..."
Die schönste Reise ist die, auf die wir bald gemeinsam gehen!
TOCK
TOCK
GEMEINSAM, DEAN!
ÄHM, SUSAN?
A-AMANDA! ICH HABE DICH GAR NICHT GEHÖRT! GIBT ES EIN PROBLEM?
ICH FÜRCHTE JA ...
DER CHEF BITTET DICH SOFORT IN SEIN BÜRO! ES SCHEINT UM EINEN WICHTIGEN KUNDEN ZU GEHEN.
ICH KOMME SOFORT!
ACH, FALLS WILL KOMMT, KANNST DU DICH BITTE UM SIE KÜMMERN, BIS ICH WIEDER DA BIN? SAG IHR ...

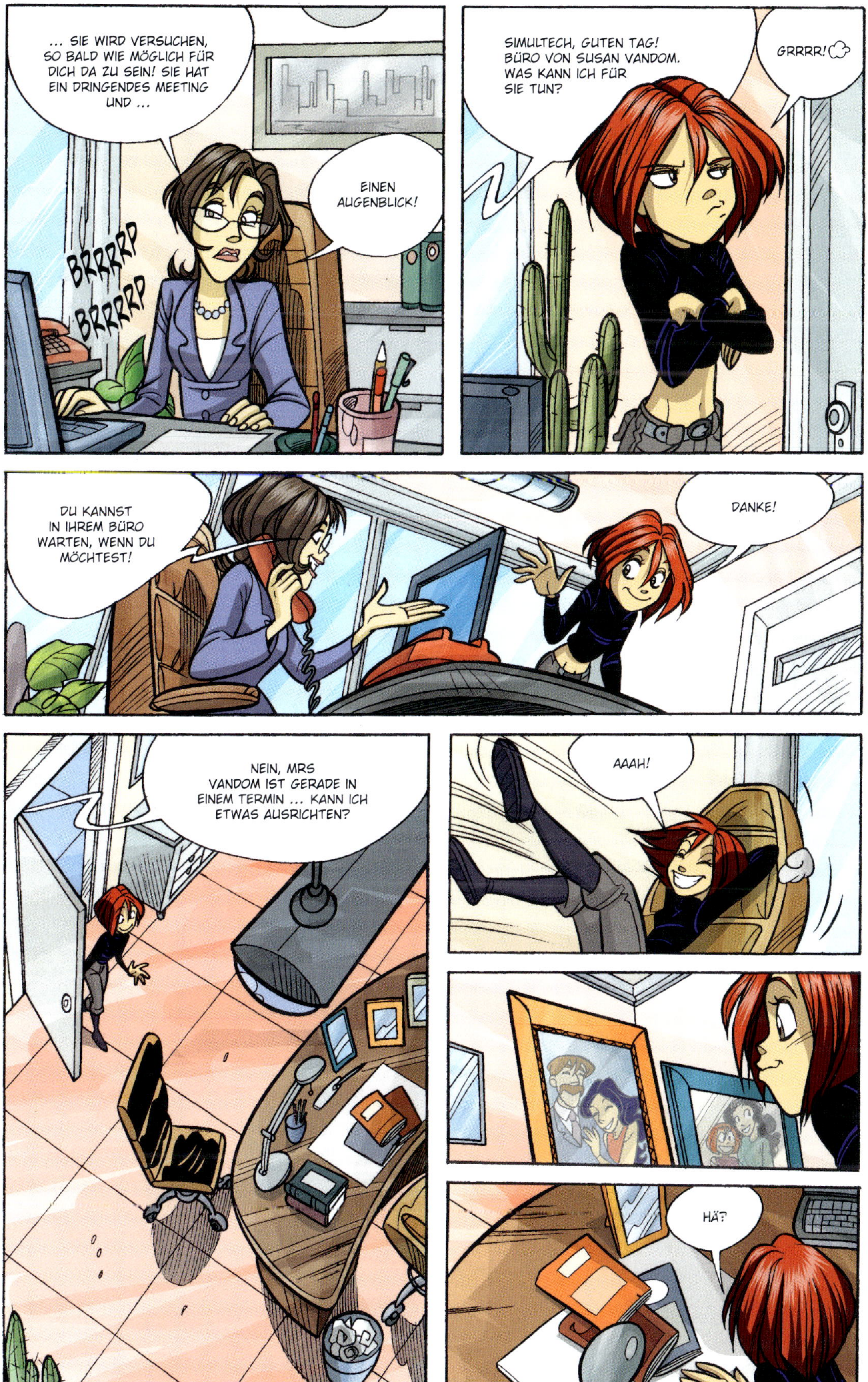
... SIE WIRD VERSUCHEN, SO BALD WIE MÖGLICH FÜR DICH DA ZU SEIN! SIE HAT EIN DRINGENDES MEETING UND ...
BRRRRP BRRRRP
EINEN AUGENBLICK!
SIMULTECH, GUTEN TAG! BÜRO VON SUSAN VANDOM. WAS KANN ICH FÜR SIE TUN?
GRRRR!
DU KANNST IN IHREM BÜRO WARTEN, WENN DU MÖCHTEST!
DANKE!
NEIN, MRS VANDOM IST GERADE IN EINEM TERMIN ... KANN ICH ETWAS AUSRICHTEN?
AAAH!
HÄ?

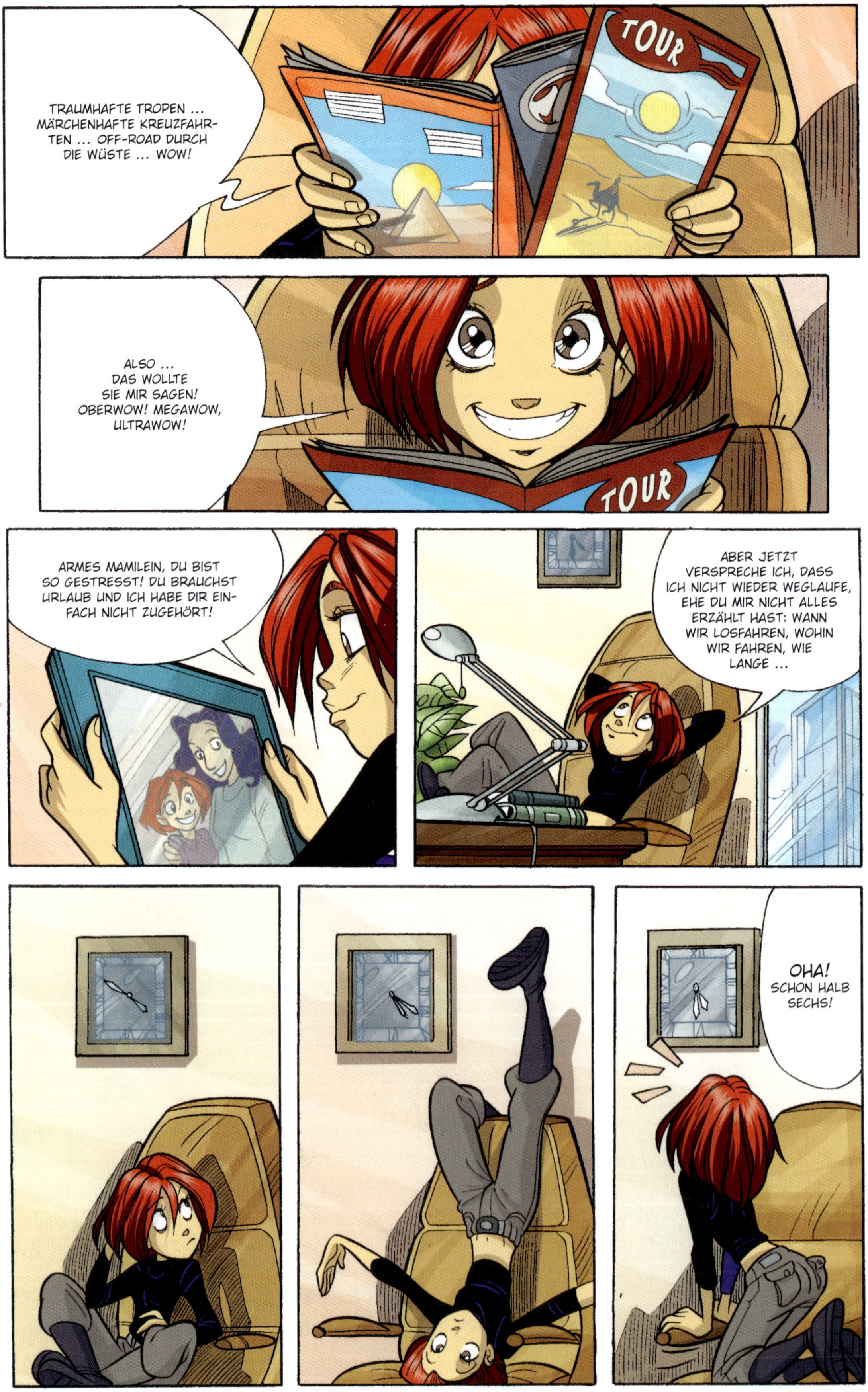
TRAUMHAFTE TROPEN ... MÄRCHENHAFTE KREUZFAHRTEN ... OFF-ROAD DURCH DIE WÜSTE ... WOW!
TOUR
ALSO ... DAS WOLLTE SIE MIR SAGEN! OBERWOW! MEGAWOW, ULTRAWOW!
TOUR
ARMES MAMILEIN, DU BIST SO GESTRESST! DU BRAUCHST URLAUB UND ICH HABE DIR EINFACH NICHT ZUGEHÖRT!
ABER JETZT VERSPRECHE ICH, DASS ICH NICHT WIEDER WEGLAUFE, EHE DU MIR NICHT ALLES ERZÄHLT HAST: WANN WIR LOSFAHREN, WOHIN WIR FAHREN, WIE LANGE ...
OHA! SCHON HALB SECHS!

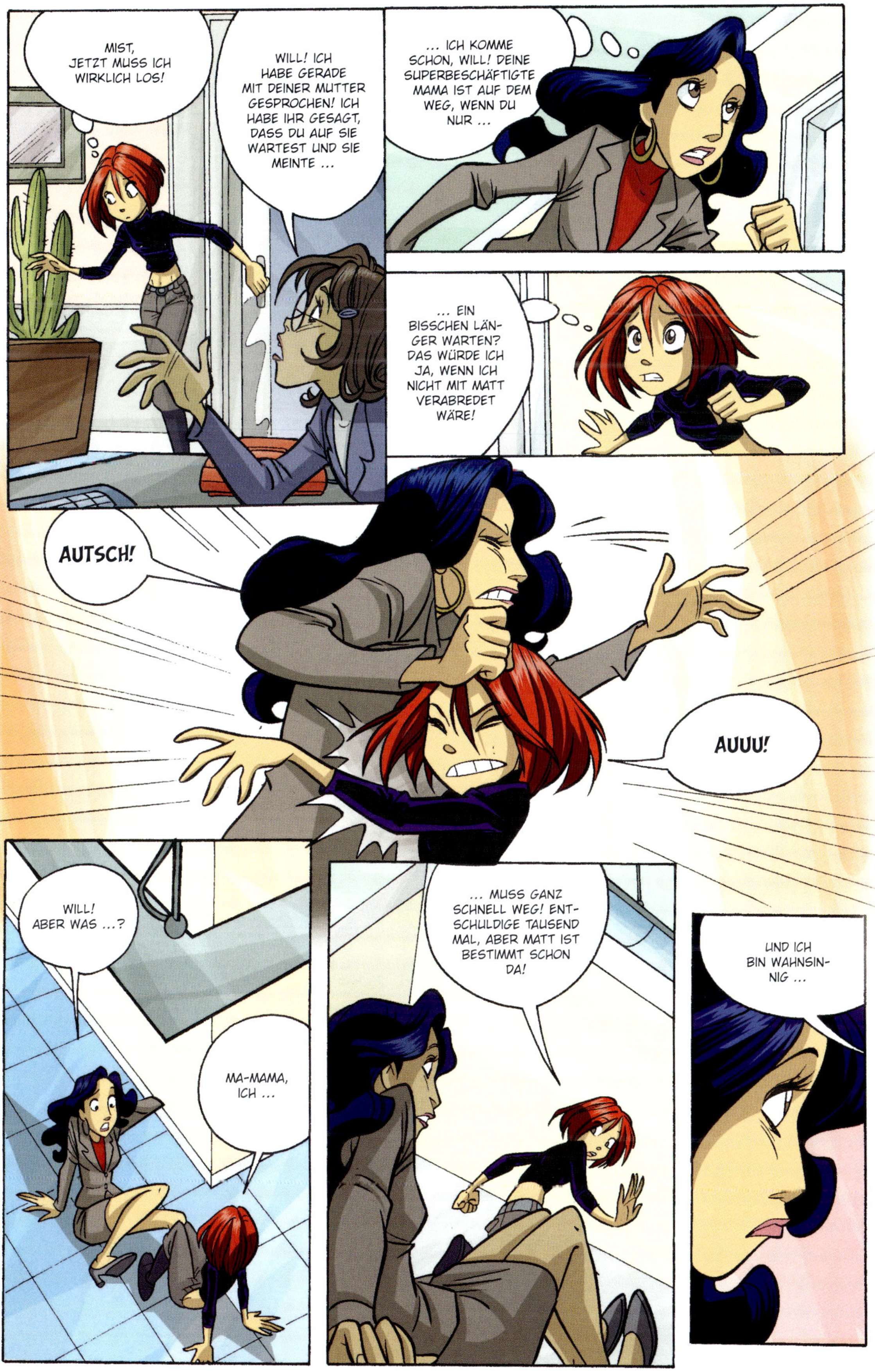
MIST, JETZT MUSS ICH WIRKLICH LOS!
WILL! ICH HABE GERADE MIT DEINER MUTTER GESPROCHEN! ICH HABE IHR GESAGT, DASS DU AUF SIE WARTEST UND SIE MEINTE ...
... ICH KOMME SCHON, WILL! DEINE SUPERBESCHÄFTIGTE MAMA IST AUF DEM WEG, WENN DU NUR ...
... EIN BISSCHEN LÄNGER WARTEN? DAS WÜRDE ICH JA, WENN ICH NICHT MIT MATT VERABREDET WÄRE!
AUTSCH!
AUUU!
WILL! ABER WAS ...?
MA-MAMA, ICH ...
... MUSS GANZ SCHNELL WEG! ENTSCHULDIGE TAUSEND MAL, ABER MATT IST BESTIMMT SCHON DA!
UND ICH BIN WAHNSINNIG ...

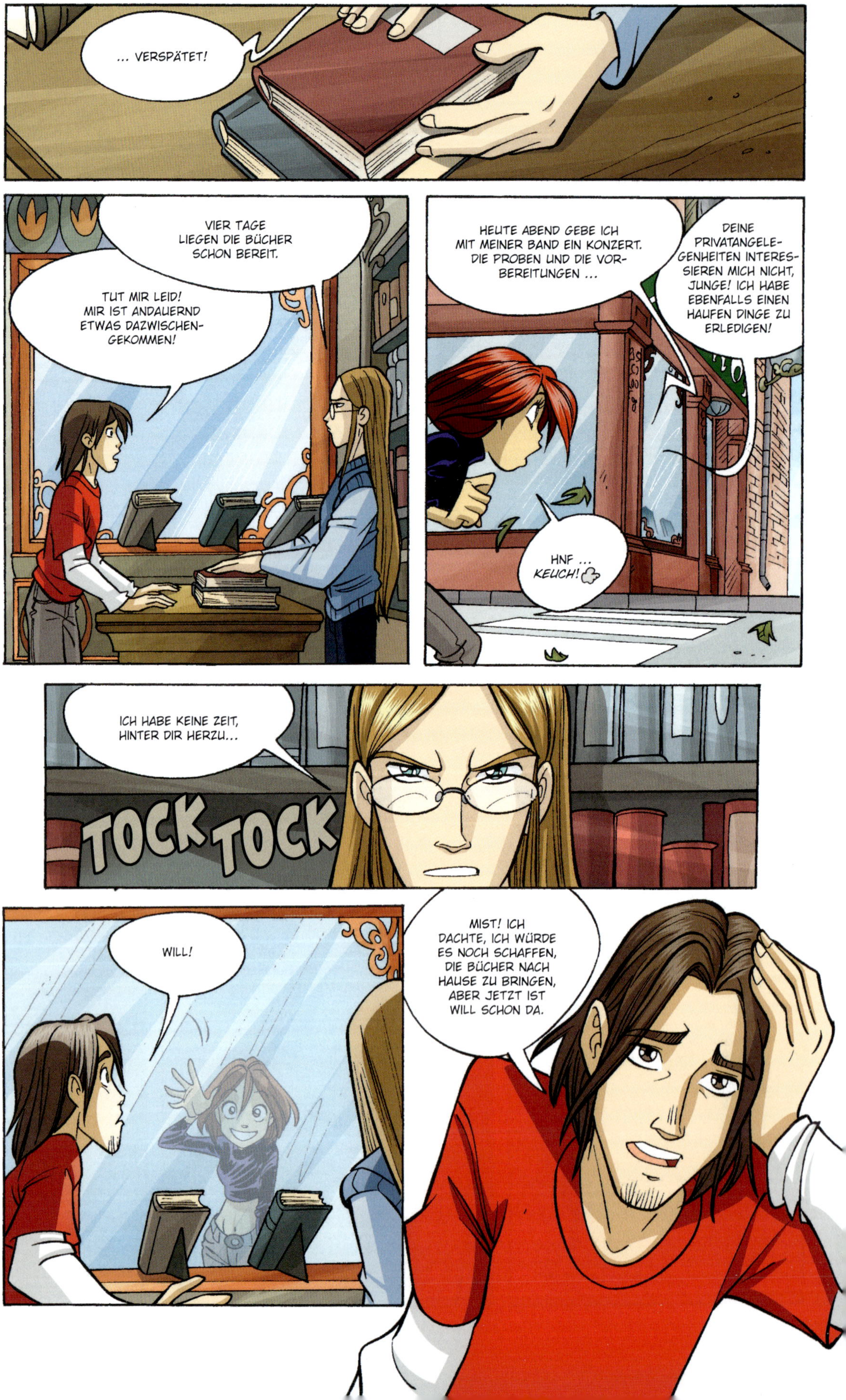

... VERSPÄTET!
VIER TAGE LIEGEN DIE BÜCHER SCHON BEREIT.
TUT MIR LEID! MIR IST ANDAUERND ETWAS DAZWISCHEN-GEKOMMEN!
HEUTE ABEND GEBE ICH MIT MEINER BAND EIN KONZERT. DIE PROBEN UND DIE VOR-BEREITUNGEN ...
DEINE PRIVATANGELE-GENHEITEN INTERES-SIEREN MICH NICHT, JUNGE! ICH HABE EBENFALLS EINEN HAUFEN DINGE ZU ERLEDIGEN!
HNF ... KEUCH!
ICH HABE KEINE ZEIT, HINTER DIR HERZU...
TOCK TOCK
WILL!
MIST! ICH DACHTE, ICH WÜRDE ES NOCH SCHAFFEN, DIE BÜCHER NACH HAUSE ZU BRINGEN, ABER JETZT IST WILL SCHON DA.

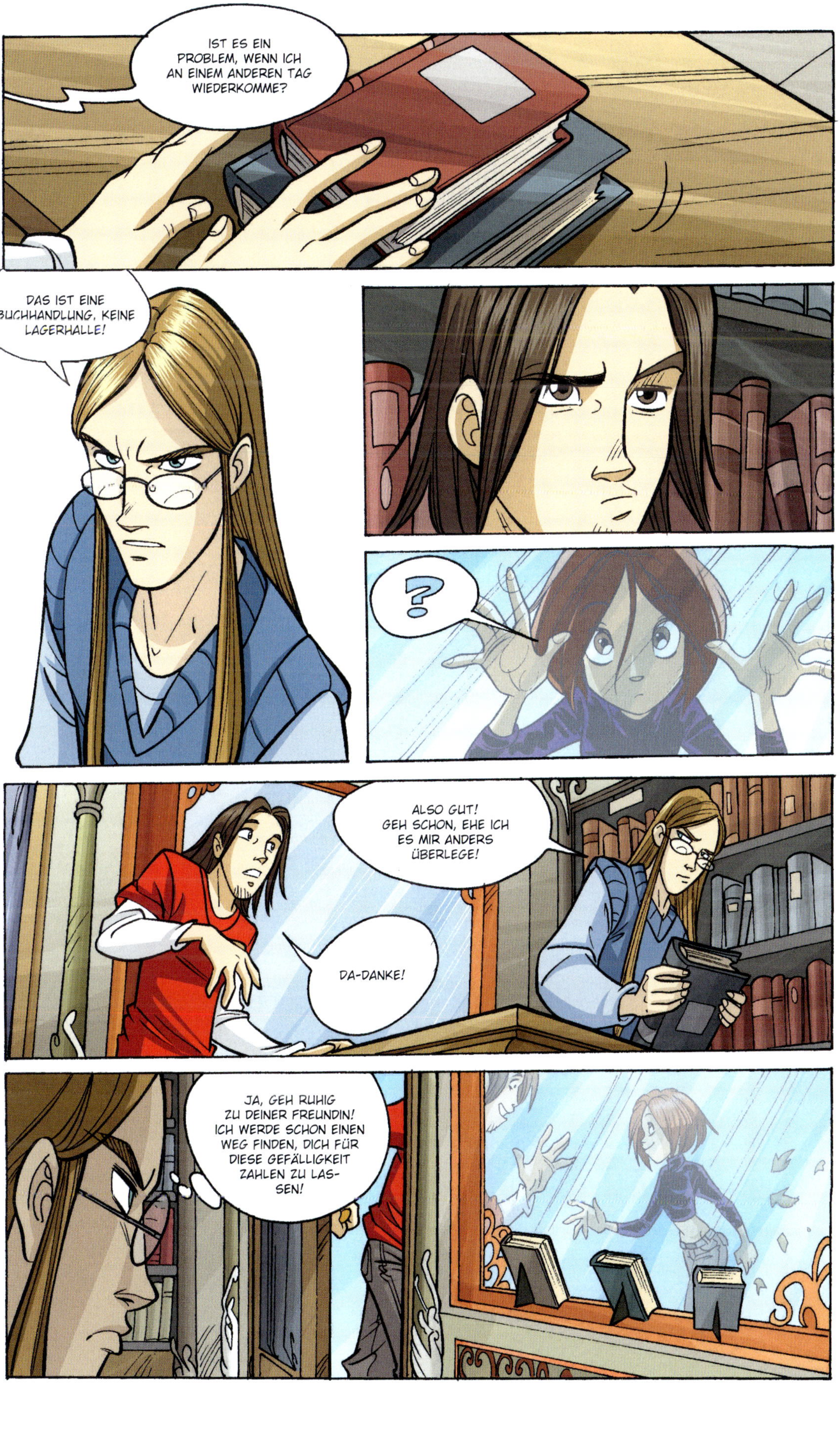
IST ES EIN PROBLEM, WENN ICH AN EINEM ANDEREN TAG WIEDERKOMME?
DAS IST EINE BUCHHANDLUNG, KEINE LAGERHALLE!
?
ALSO GUT! GEH SCHON, EHE ICH ES MIR ANDERS ÜBERLEGE!
DA-DANKE!
JA, GEH RUHIG ZU DEINER FREUNDIN! ICH WERDE SCHON EINEN WEG FINDEN, DICH FÜR DIESE GEFÄLLIGKEIT ZAHLEN ZU LAS-SEN!

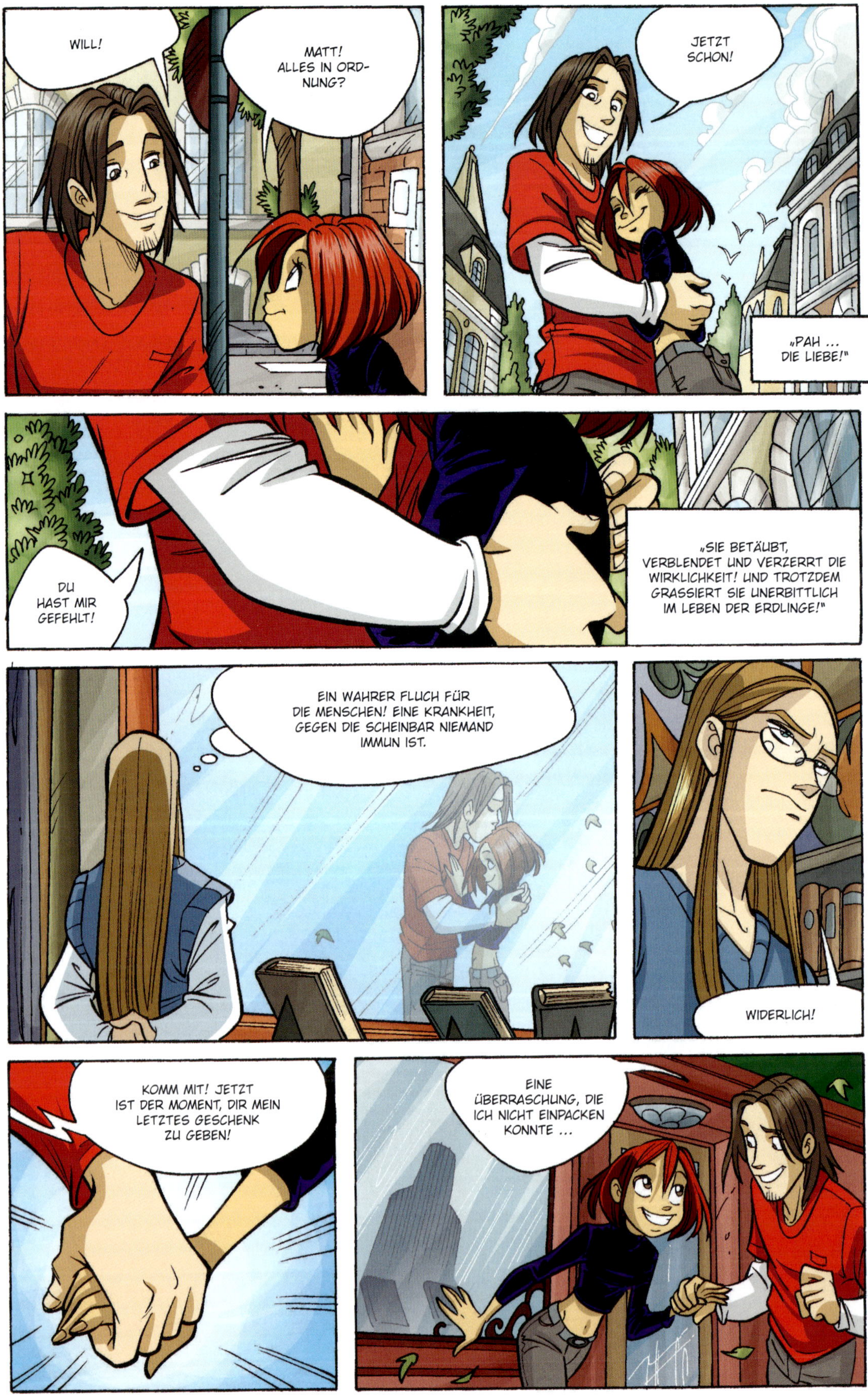
WILL!
MATT! ALLES IN ORDNUNG?
JETZT SCHON!
„PAH ... DIE LIEBE!"
DU HAST MIR GEFEHLT!
„SIE BETÄUBT, VERBLENDET UND VERZERRT DIE WIRKLICHKEIT! UND TROTZDEM GRASSIERT SIE UNERBITTLICH IM LEBEN DER ERDLINGE!"
EIN WAHRER FLUCH FÜR DIE MENSCHEN! EINE KRANKHEIT, GEGEN DIE SCHEINBAR NIEMAND IMMUN IST.
WIDERLICH!
KOMM MIT! JETZT IST DER MOMENT, DIR MEIN LETZTES GESCHENK ZU GEBEN!
EINE ÜBERRASCHUNG, DIE ICH NICHT EINPACKEN KONNTE ...

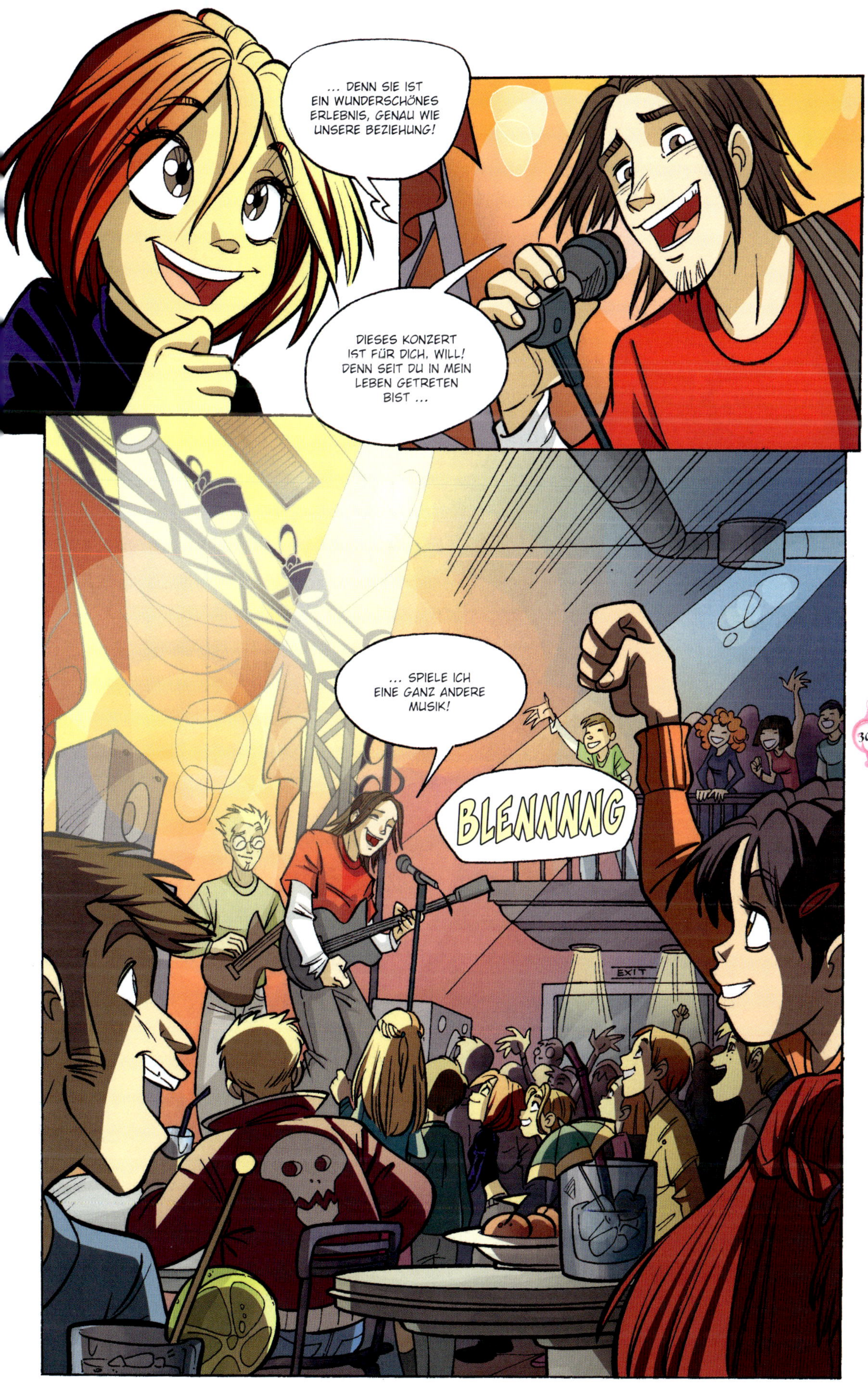
... DENN SIE IST EIN WUNDERSCHÖNES ERLEBNIS, GENAU WIE UNSERE BEZIEHUNG!
DIESES KONZERT IST FÜR DICH, WILL! DENN SEIT DU IN MEIN LEBEN GETRETEN BIST ...
... SPIELE ICH EINE GANZ ANDERE MUSIK!
BLENNNNG
EXIT

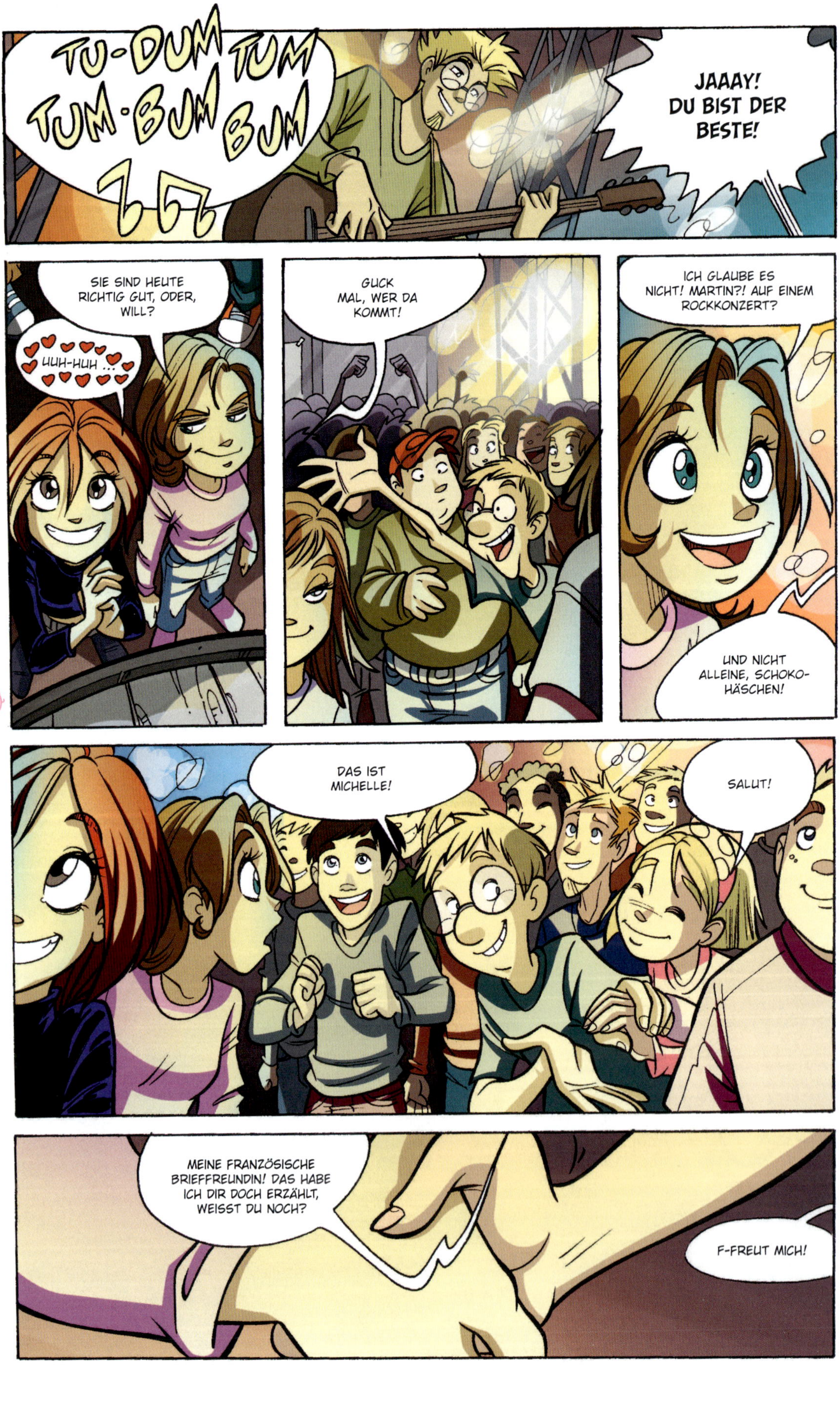
TU-DUM TUM
TUM-BUM BUM
ZZZ
JAAAY! DU BIST DER BESTE!
SIE SIND HEUTE RICHTIG GUT, ODER, WILL?
UUH-HUH ...
GUCK MAL, WER DA KOMMT!
ICH GLAUBE ES NICHT! MARTIN?! AUF EINEM ROCKKONZERT?
UND NICHT ALLEINE, SCHOKO-HÄSCHEN!
DAS IST MICHELLE!
SALUT!
MEINE FRANZÖSISCHE BRIEFFREUNDIN! DAS HABE ICH DIR DOCH ERZÄHLT, WEISST DU NOCH?
F-FREUT MICH!

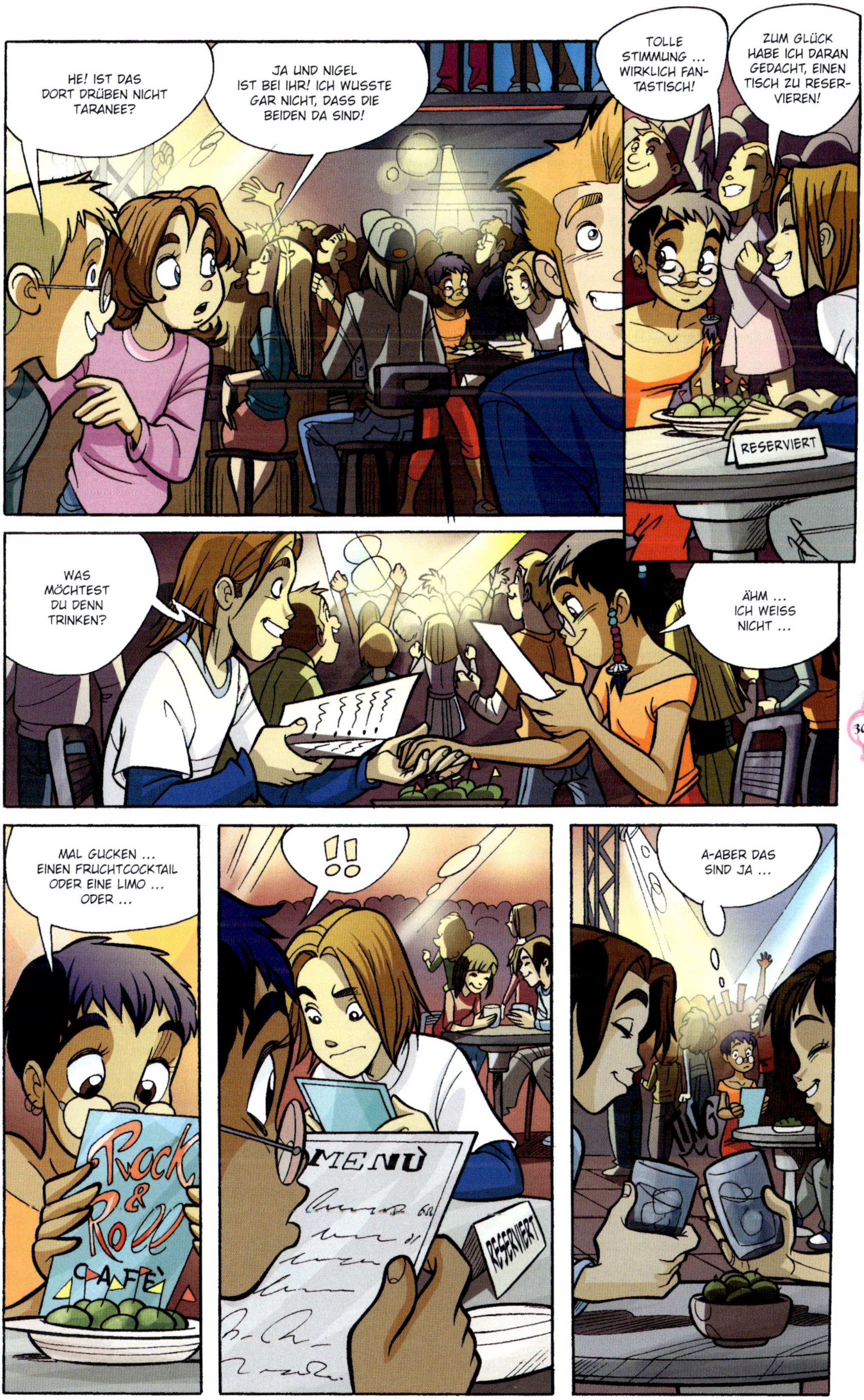
HE! IST DAS DORT DRÜBEN NICHT TARANEE?
JA UND NIGEL IST BEI IHR! ICH WUSSTE GAR NICHT, DASS DIE BEIDEN DA SIND!
TOLLE STIMMUNG ... WIRKLICH FANTASTISCH!
ZUM GLÜCK HABE ICH DARAN GEDACHT, EINEN TISCH ZU RESERVIEREN!
RESERVIERT
WAS MÖCHTEST DU DENN TRINKEN?
ÄHM ... ICH WEISS NICHT ...
MAL GUCKEN ... EINEN FRUCHTCOCKTAIL ODER EINE LIMO ... ODER ...
Rock & Roll CAFÈ
!!
MENÙ
RESERVIERT
A-ABER DAS SIND JA ...
TING

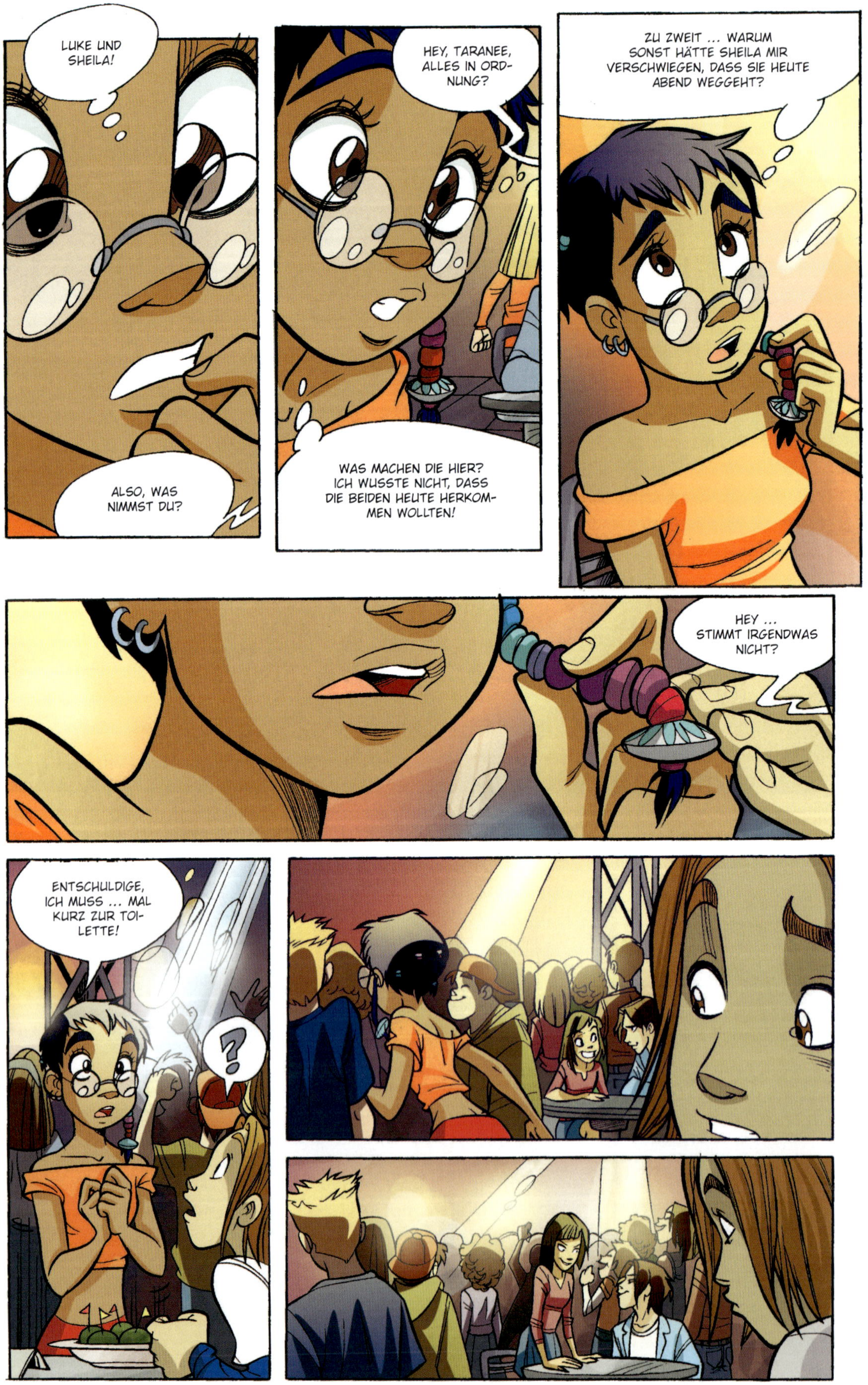
LUKE UND SHEILA!
ALSO, WAS NIMMST DU?
HEY, TARANEE, ALLES IN ORDNUNG?
WAS MACHEN DIE HIER? ICH WUSSTE NICHT, DASS DIE BEIDEN HEUTE HERKOMMEN WOLLTEN!
ZU ZWEIT … WARUM SONST HÄTTE SHEILA MIR VERSCHWIEGEN, DASS SIE HEUTE ABEND WEGGEHT?
HEY … STIMMT IRGENDWAS NICHT?
ENTSCHULDIGE, ICH MUSS … MAL KURZ ZUR TOILETTE!
?

306

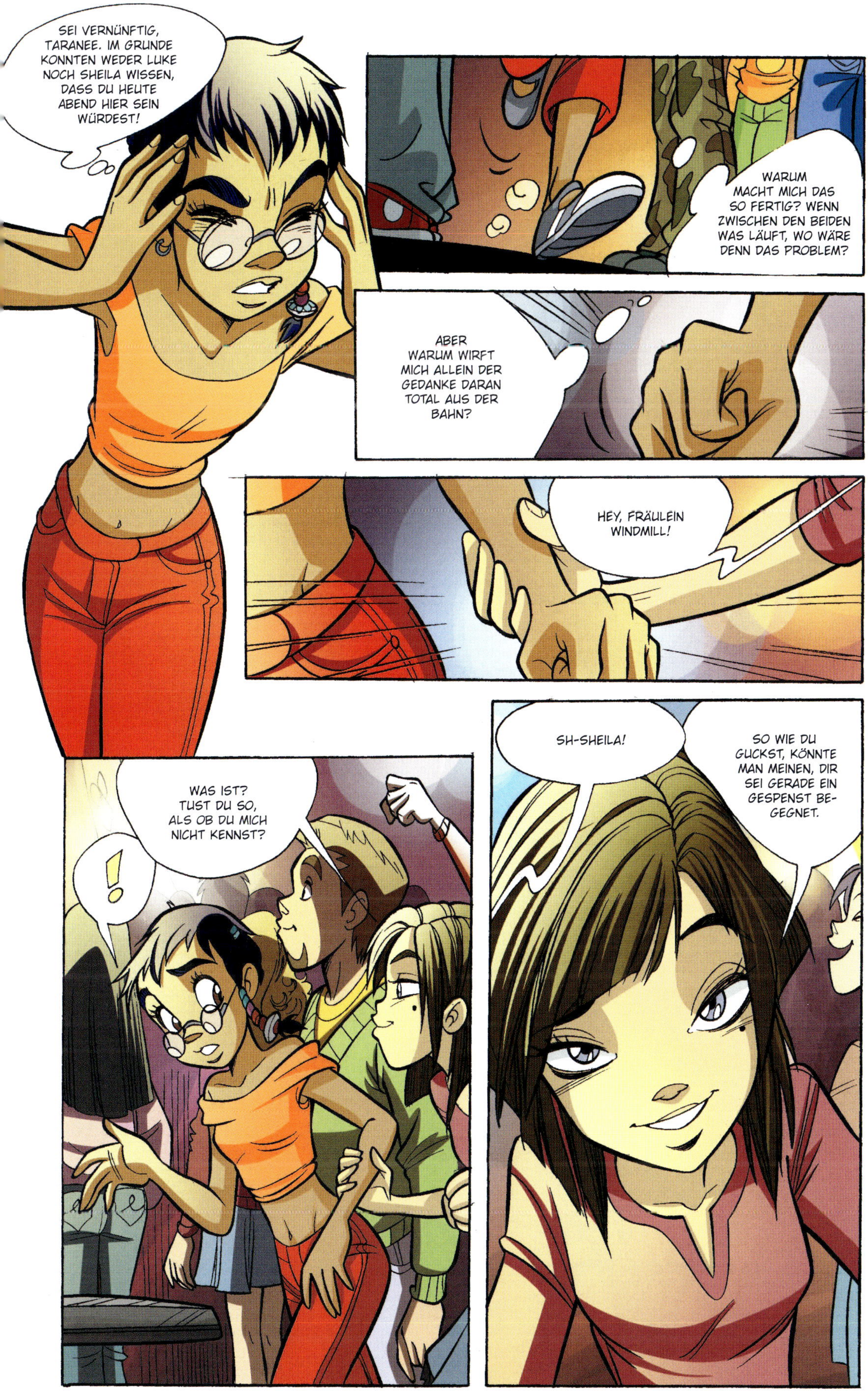
SEI VERNÜNFTIG, TARANEE. IM GRUNDE KONNTEN WEDER LUKE NOCH SHEILA WISSEN, DASS DU HEUTE ABEND HIER SEIN WÜRDEST!
WARUM MACHT MICH DAS SO FERTIG? WENN ZWISCHEN DEN BEIDEN WAS LÄUFT, WO WÄRE DENN DAS PROBLEM?
ABER WARUM WIRFT MICH ALLEIN DER GEDANKE DARAN TOTAL AUS DER BAHN?
HEY, FRÄULEIN WINDMILL!
WAS IST? TUST DU SO, ALS OB DU MICH NICHT KENNST?
!
SH-SHEILA!
SO WIE DU GUCKST, KÖNNTE MAN MEINEN, DIR SEI GERADE EIN GESPENST BEGEGNET.

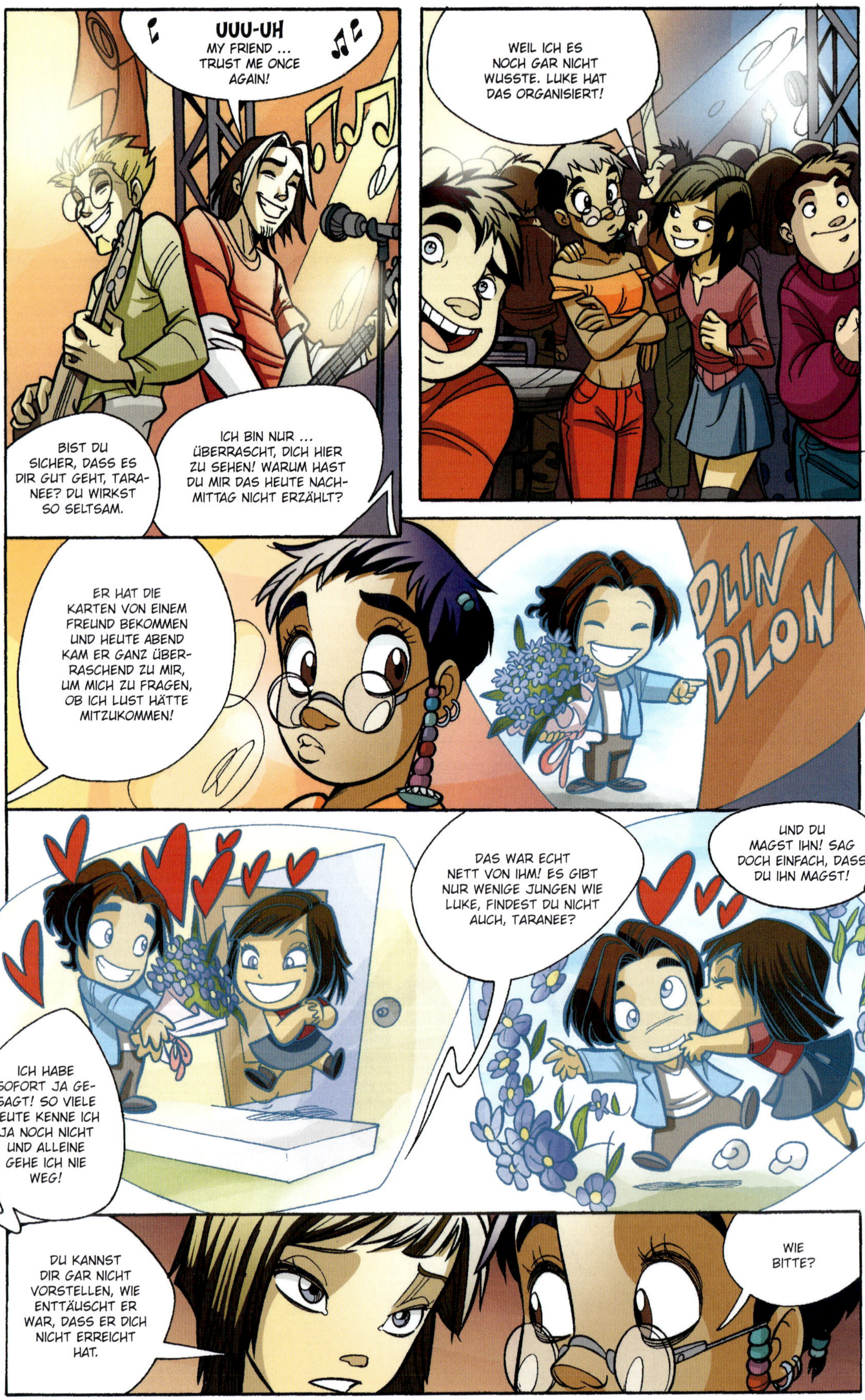
UUU-UH
MY FRIEND ... TRUST ME ONCE AGAIN!
BIST DU SICHER, DASS ES DIR GUT GEHT, TARANEE? DU WIRKST SO SELTSAM.
ICH BIN NUR ... ÜBERRASCHT, DICH HIER ZU SEHEN! WARUM HAST DU MIR DAS HEUTE NACHMITTAG NICHT ERZÄHLT?
WEIL ICH ES NOCH GAR NICHT WUSSTE. LUKE HAT DAS ORGANISIERT!
ER HAT DIE KARTEN VON EINEM FREUND BEKOMMEN UND HEUTE ABEND KAM ER GANZ ÜBERRASCHEND ZU MIR, UM MICH ZU FRAGEN, OB ICH LUST HÄTTE MITZUKOMMEN!
DLIN DLON
ICH HABE SOFORT JA GESAGT! SO VIELE LEUTE KENNE ICH JA NOCH NICHT UND ALLEINE GEHE ICH NIE WEG!
DAS WAR ECHT NETT VON IHM! ES GIBT NUR WENIGE JUNGEN WIE LUKE, FINDEST DU NICHT AUCH, TARANEE?
UND DU MAGST IHN! SAG DOCH EINFACH, DASS DU IHN MAGST!
DU KANNST DIR GAR NICHT VORSTELLEN, WIE ENTTÄUSCHT ER WAR, DASS ER DICH NICHT ERREICHT HAT.
WIE BITTE?

308

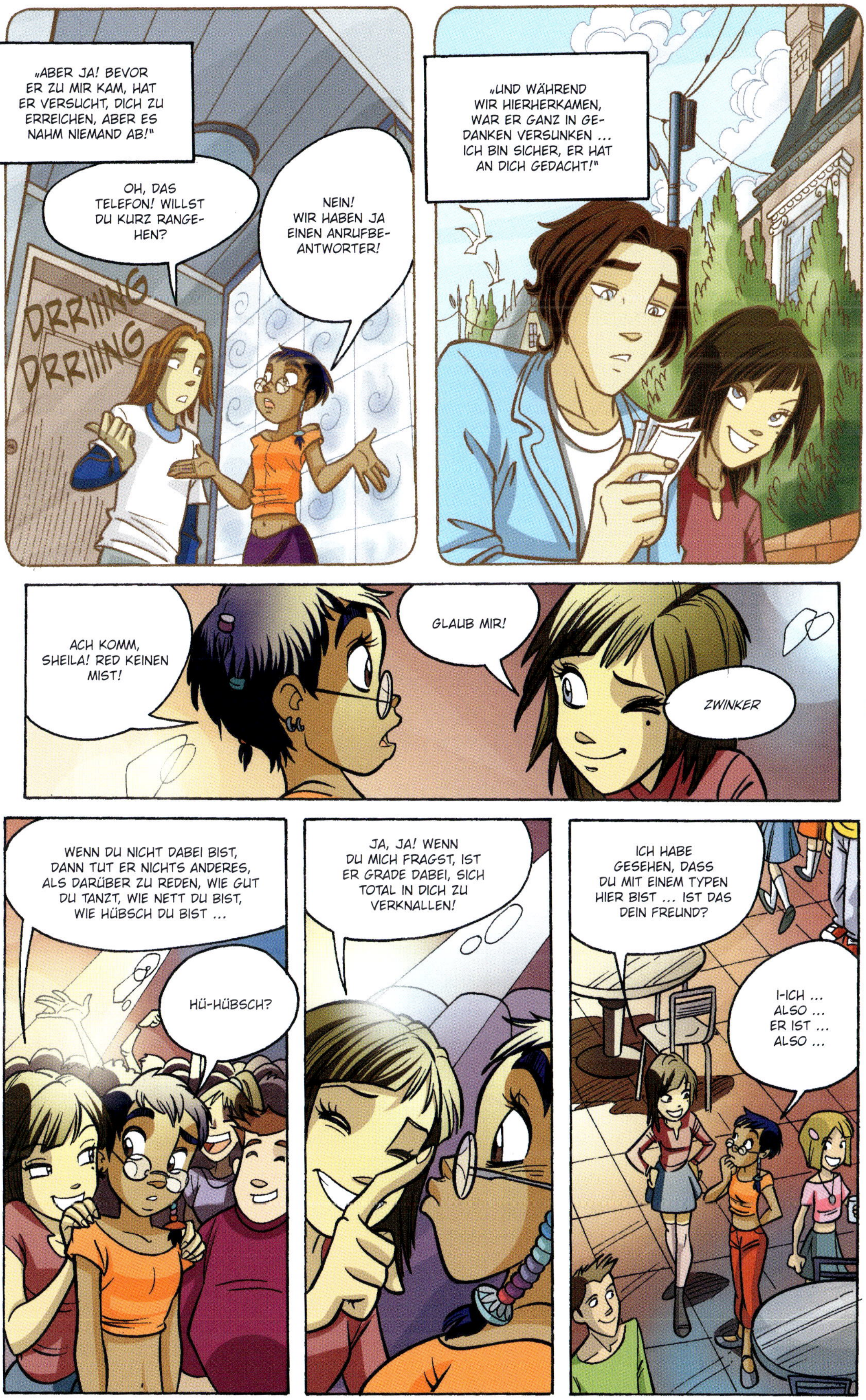
„ABER JA! BEVOR ER ZU MIR KAM, HAT ER VERSUCHT, DICH ZU ERREICHEN, ABER ES NAHM NIEMAND AB!“
OH, DAS TELEFON! WILLST DU KURZ RANGEHEN?
DRRIIING DRRIIING
NEIN! WIR HABEN JA EINEN ANRUFBEANTWORTER!
„UND WÄHREND WIR HIERHERKAMEN, WAR ER GANZ IN GEDANKEN VERSUNKEN … ICH BIN SICHER, ER HAT AN DICH GEDACHT!“
ACH KOMM, SHEILA! RED KEINEN MIST!
GLAUB MIR!
ZWINKER
WENN DU NICHT DABEI BIST, DANN TUT ER NICHTS ANDERES, ALS DARÜBER ZU REDEN, WIE GUT DU TANZT, WIE NETT DU BIST, WIE HÜBSCH DU BIST …
HÜ-HÜBSCH?
JA, JA! WENN DU MICH FRAGST, IST ER GRADE DABEI, SICH TOTAL IN DICH ZU VERKNALLEN!
ICH HABE GESEHEN, DASS DU MIT EINEM TYPEN HIER BIST … IST DAS DEIN FREUND?
I-ICH … ALSO … ER IST … ALSO …

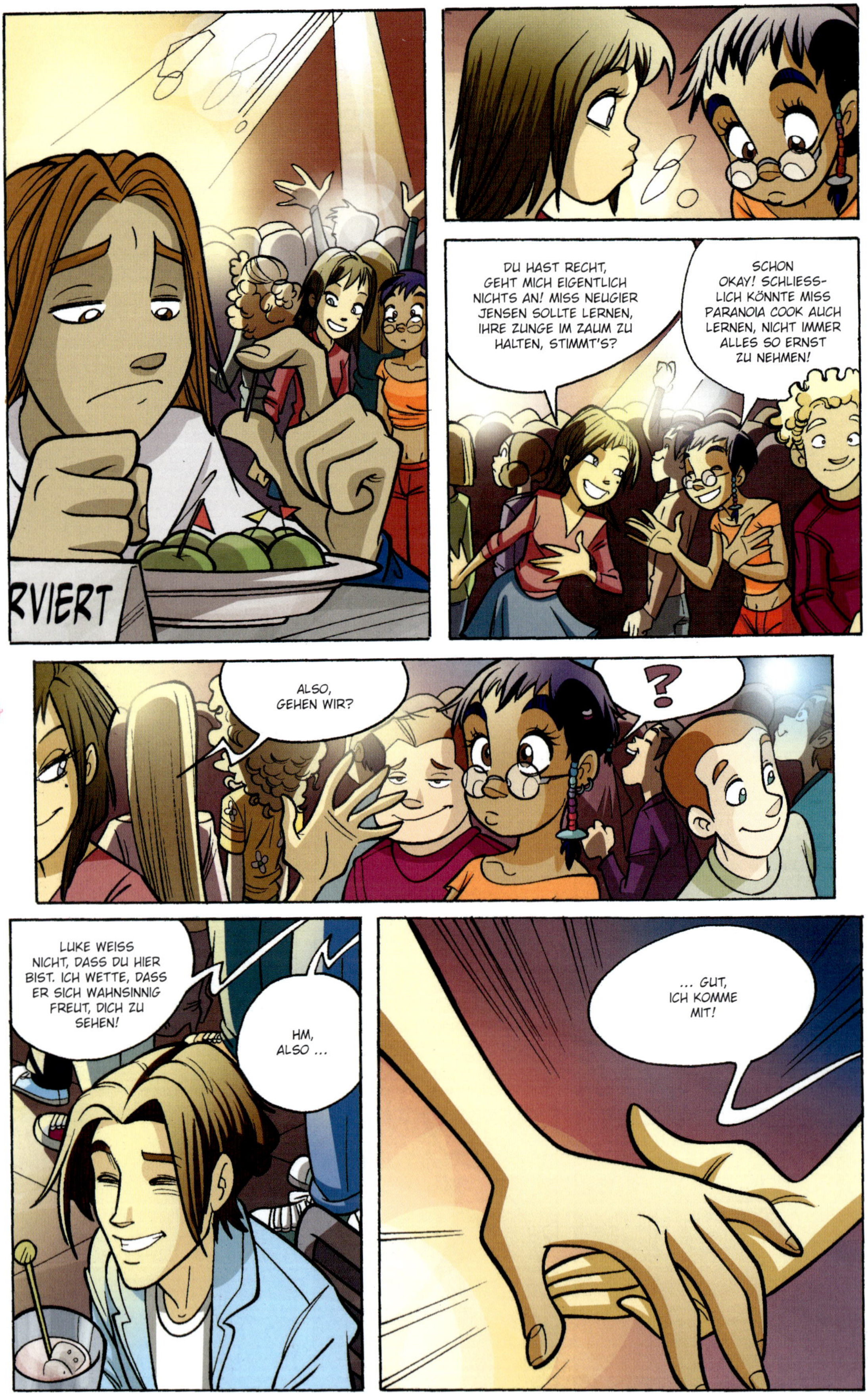
RVIERT
DU HAST RECHT, GEHT MICH EIGENTLICH NICHTS AN! MISS NEUGIER JENSEN SOLLTE LERNEN, IHRE ZUNGE IM ZAUM ZU HALTEN, STIMMT'S?
SCHON OKAY! SCHLIESS-LICH KÖNNTE MISS PARANOIA COOK AUCH LERNEN, NICHT IMMER ALLES SO ERNST ZU NEHMEN!
ALSO, GEHEN WIR?
?
LUKE WEISS NICHT, DASS DU HIER BIST. ICH WETTE, DASS ER SICH WAHNSINNIG FREUT, DICH ZU SEHEN!
HM, ALSO ...
... GUT, ICH KOMME MIT!

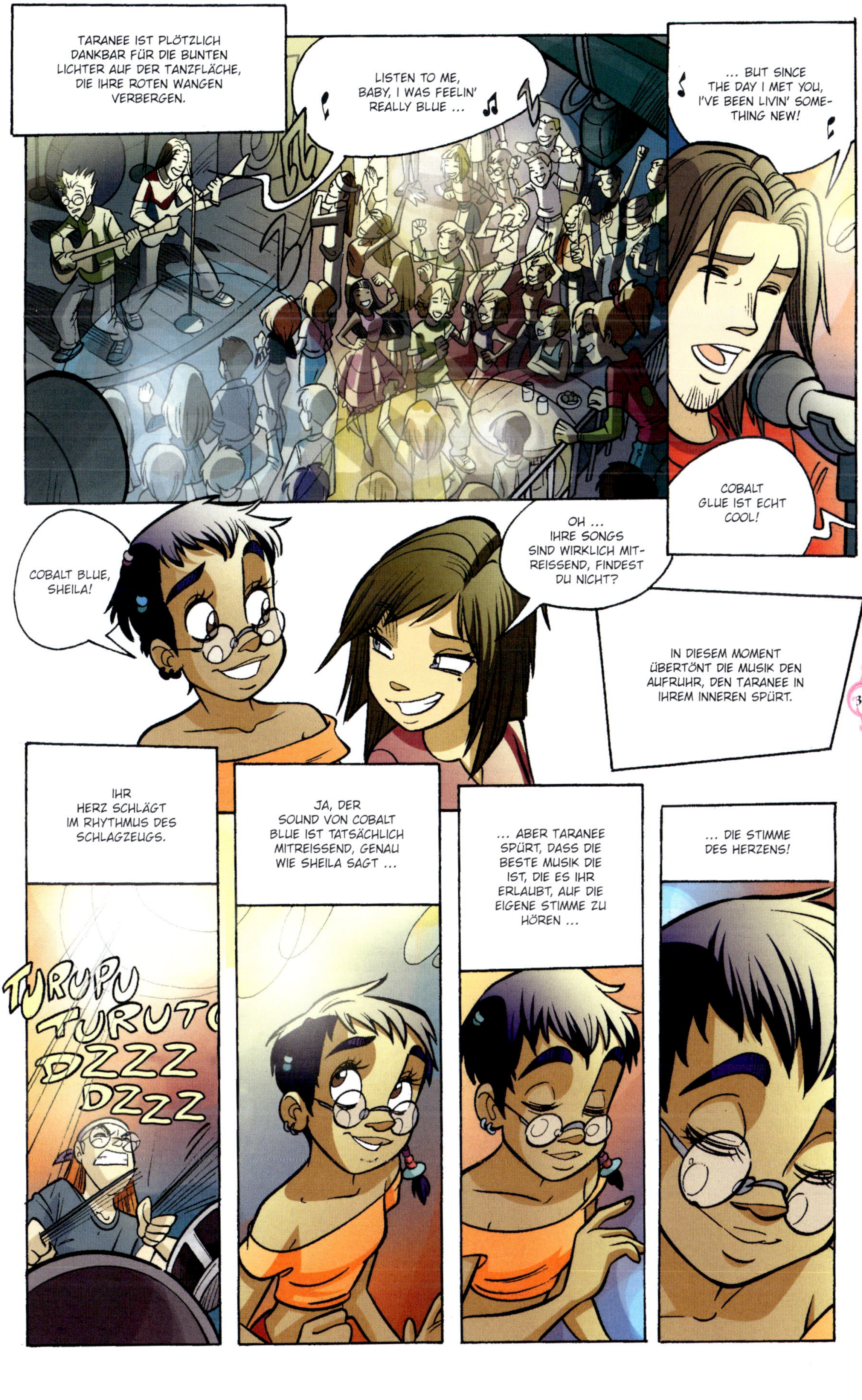
TARANEE IST PLÖTZLICH DANKBAR FÜR DIE BUNTEN LICHTER AUF DER TANZFLÄCHE, DIE IHRE ROTEN WANGEN VERBERGEN.
LISTEN TO ME, BABY, I WAS FEELIN' REALLY BLUE ...
... BUT SINCE THE DAY I MET YOU, I'VE BEEN LIVIN' SOMETHING NEW!
COBALT GLUE IST ECHT COOL!
COBALT BLUE, SHEILA!
OH ... IHRE SONGS SIND WIRKLICH MITREISSEND, FINDEST DU NICHT?
IN DIESEM MOMENT ÜBERTÖNT DIE MUSIK DEN AUFRUHR, DEN TARANEE IN IHREM INNEREN SPÜRT.
IHR HERZ SCHLÄGT IM RHYTHMUS DES SCHLAGZEUGS.
TURUPU TURUTU DZZZ DZZZ
JA, DER SOUND VON COBALT BLUE IST TATSÄCHLICH MITREISSEND, GENAU WIE SHEILA SAGT ...
... ABER TARANEE SPÜRT, DASS DIE BESTE MUSIK DIE IST, DIE ES IHR ERLAUBT, AUF DIE EIGENE STIMME ZU HÖREN ...
... DIE STIMME DES HERZENS!

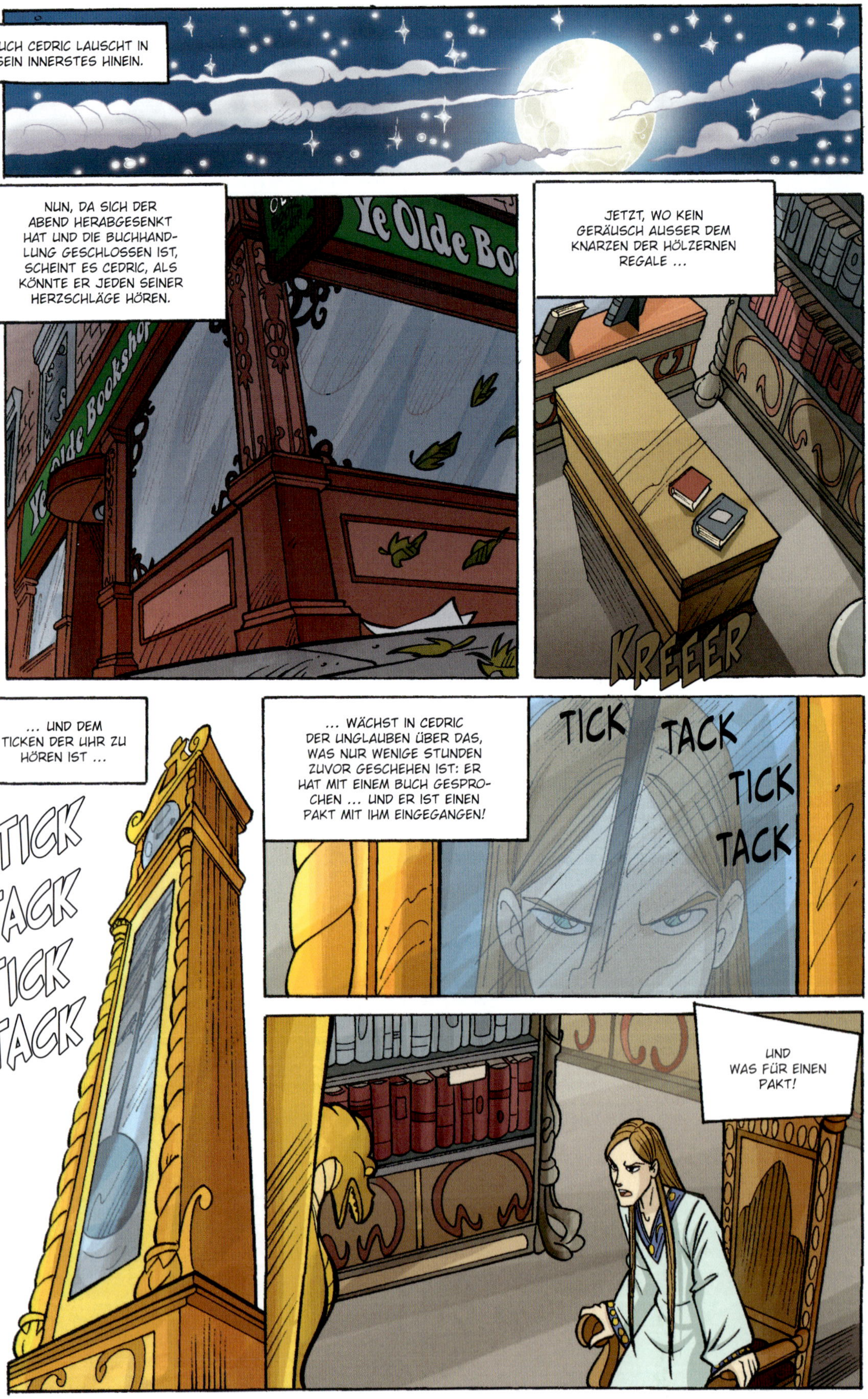

AUCH CEDRIC LAUSCHT IN SEIN INNERSTES HINEIN.
NUN, DA SICH DER ABEND HERABGESENKT HAT UND DIE BUCHHANDLUNG GESCHLOSSEN IST, SCHEINT ES CEDRIC, ALS KÖNNTE ER JEDEN SEINER HERZSCHLÄGE HÖREN.
Ye Olde Bo
Ye Olde Bookshop
JETZT, WO KEIN GERÄUSCH AUSSER DEM KNARZEN DER HÖLZERNEN REGALE …
KREEER
… UND DEM TICKEN DER UHR ZU HÖREN IST …
TICK
TACK
TICK
TACK
… WÄCHST IN CEDRIC DER UNGLAUBEN ÜBER DAS, WAS NUR WENIGE STUNDEN ZUVOR GESCHEHEN IST: ER HAT MIT EINEM BUCH GESPROCHEN … UND ER IST EINEN PAKT MIT IHM EINGEGANGEN!
TICK
TACK
TICK
TACK
UND WAS FÜR EINEN PAKT!

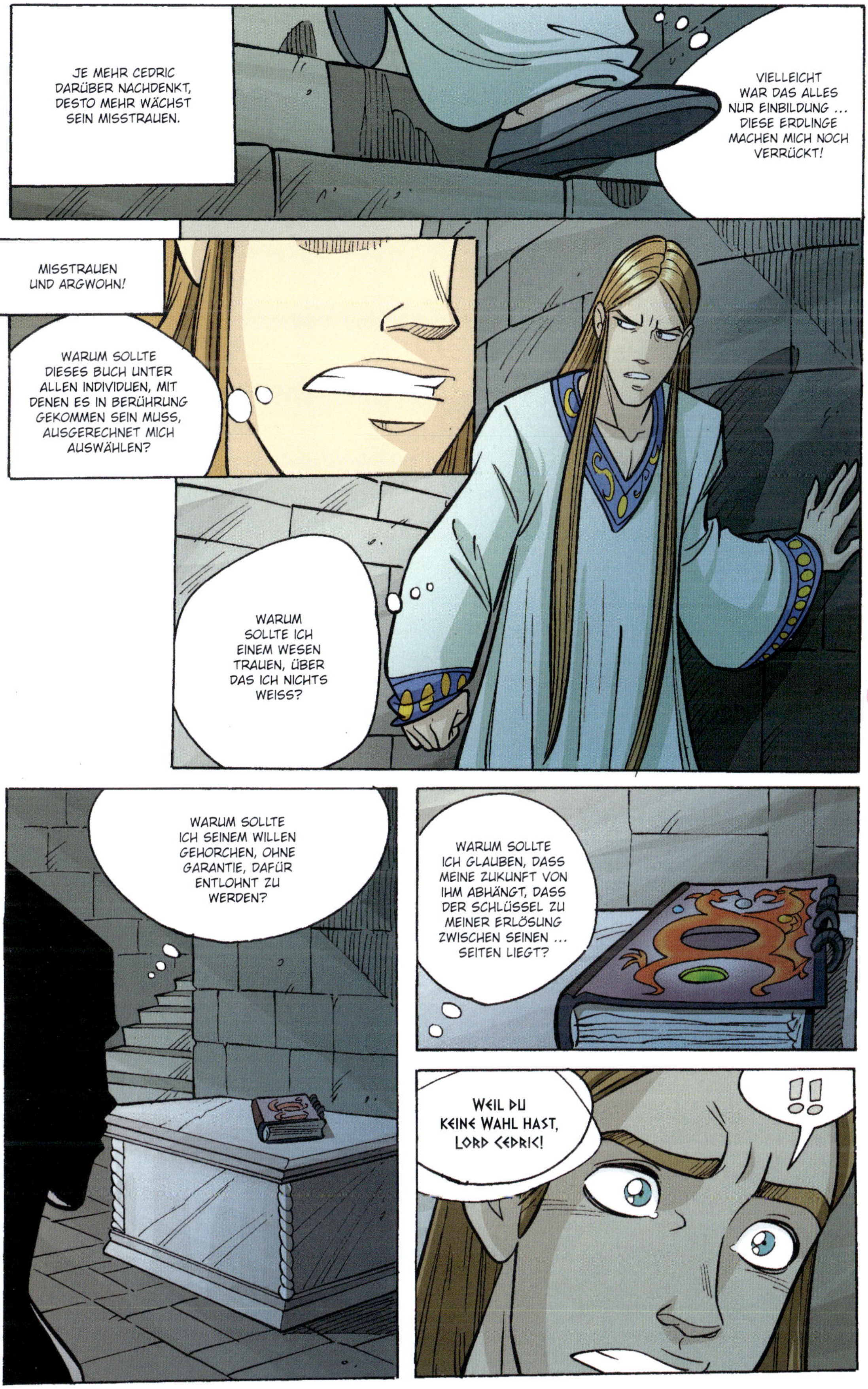
JE MEHR CEDRIC DARÜBER NACHDENKT, DESTO MEHR WÄCHST SEIN MISSTRAUEN.
VIELLEICHT WAR DAS ALLES NUR EINBILDUNG ... DIESE ERDLINGE MACHEN MICH NOCH VERRÜCKT!
MISSTRAUEN UND ARGWOHN!
WARUM SOLLTE DIESES BUCH UNTER ALLEN INDIVIDUEN, MIT DENEN ES IN BERÜHRUNG GEKOMMEN SEIN MUSS, AUSGERECHNET MICH AUSWÄHLEN?
WARUM SOLLTE ICH EINEM WESEN TRAUEN, ÜBER DAS ICH NICHTS WEISS?
WARUM SOLLTE ICH SEINEM WILLEN GEHORCHEN, OHNE GARANTIE, DAFÜR ENTLOHNT ZU WERDEN?
WARUM SOLLTE ICH GLAUBEN, DASS MEINE ZUKUNFT VON IHM ABHÄNGT, DASS DER SCHLÜSSEL ZU MEINER ERLÖSUNG ZWISCHEN SEINEN ... SEITEN LIEGT?
WEIL DU KEINE WAHL HAST, LORD CEDRIC!
!!

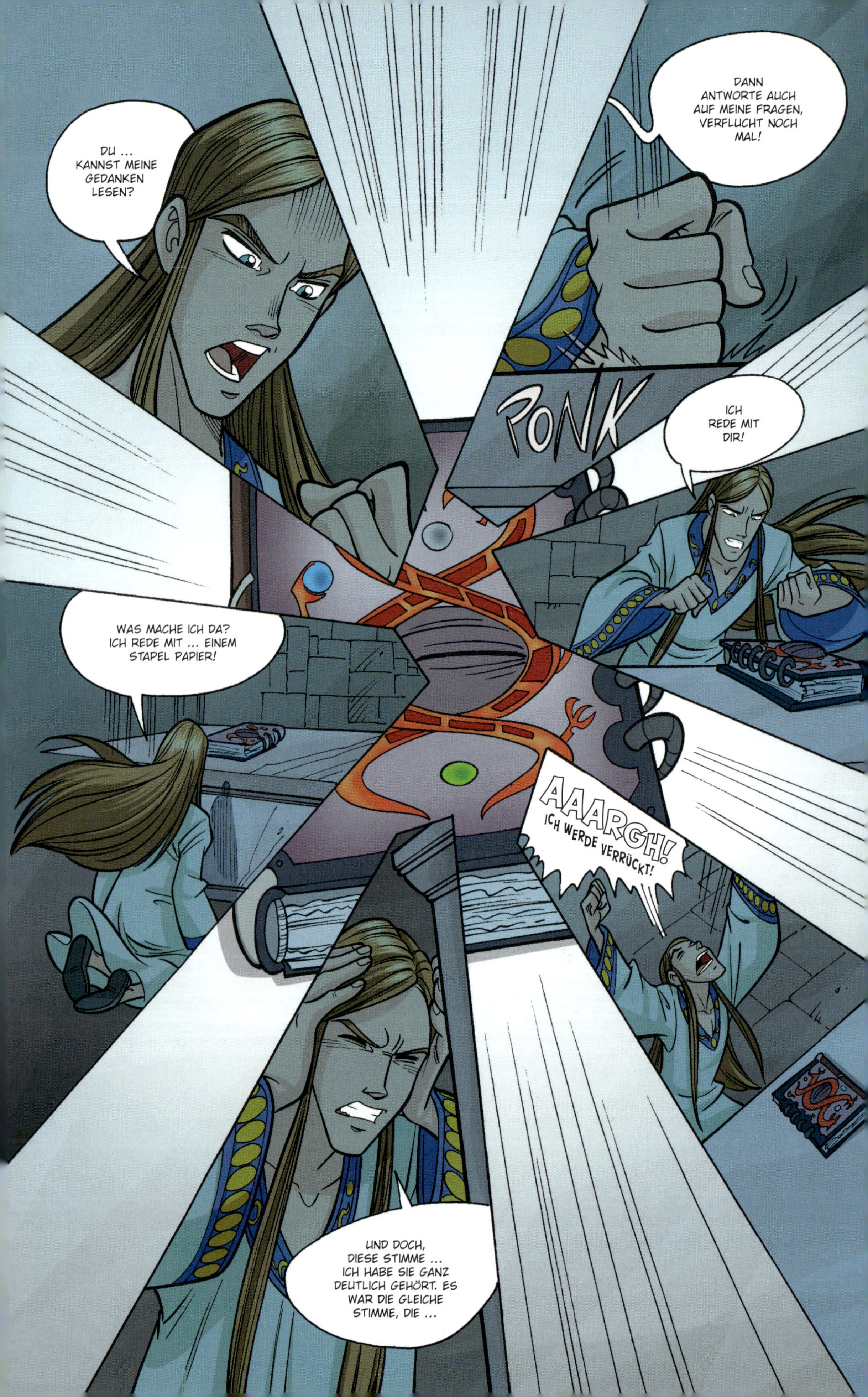
DU ... KANNST MEINE GEDANKEN LESEN?
DANN ANTWORTE AUCH AUF MEINE FRAGEN, VERFLUCHT NOCH MAL!
PONK
ICH REDE MIT DIR!
WAS MACHE ICH DA? ICH REDE MIT ... EINEM STAPEL PAPIER!
AAARGH! ICH WERDE VERRÜCKT!
UND DOCH, DIESE STIMME ... ICH HABE SIE GANZ DEUTLICH GEHÖRT. ES WAR DIE GLEICHE STIMME, DIE ...

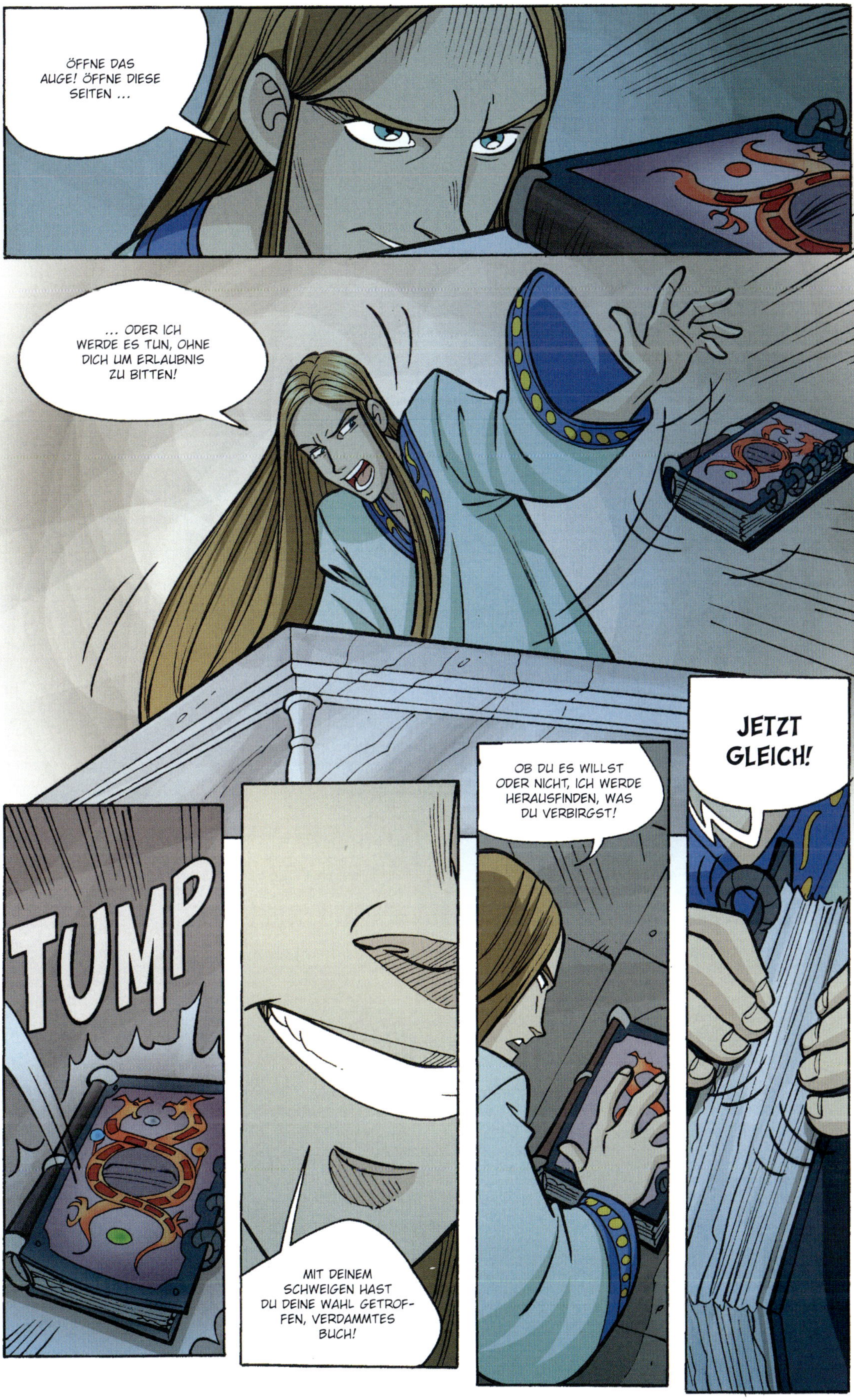
ÖFFNE DAS AUGE! ÖFFNE DIESE SEITEN ...
... ODER ICH WERDE ES TUN, OHNE DICH UM ERLAUBNIS ZU BITTEN!
TUMP
MIT DEINEM SCHWEIGEN HAST DU DEINE WAHL GETROF-FEN, VERDAMMTES BUCH!
OB DU ES WILLST ODER NICHT, ICH WERDE HERAUSFINDEN, WAS DU VERBIRGST!
JETZT GLEICH!

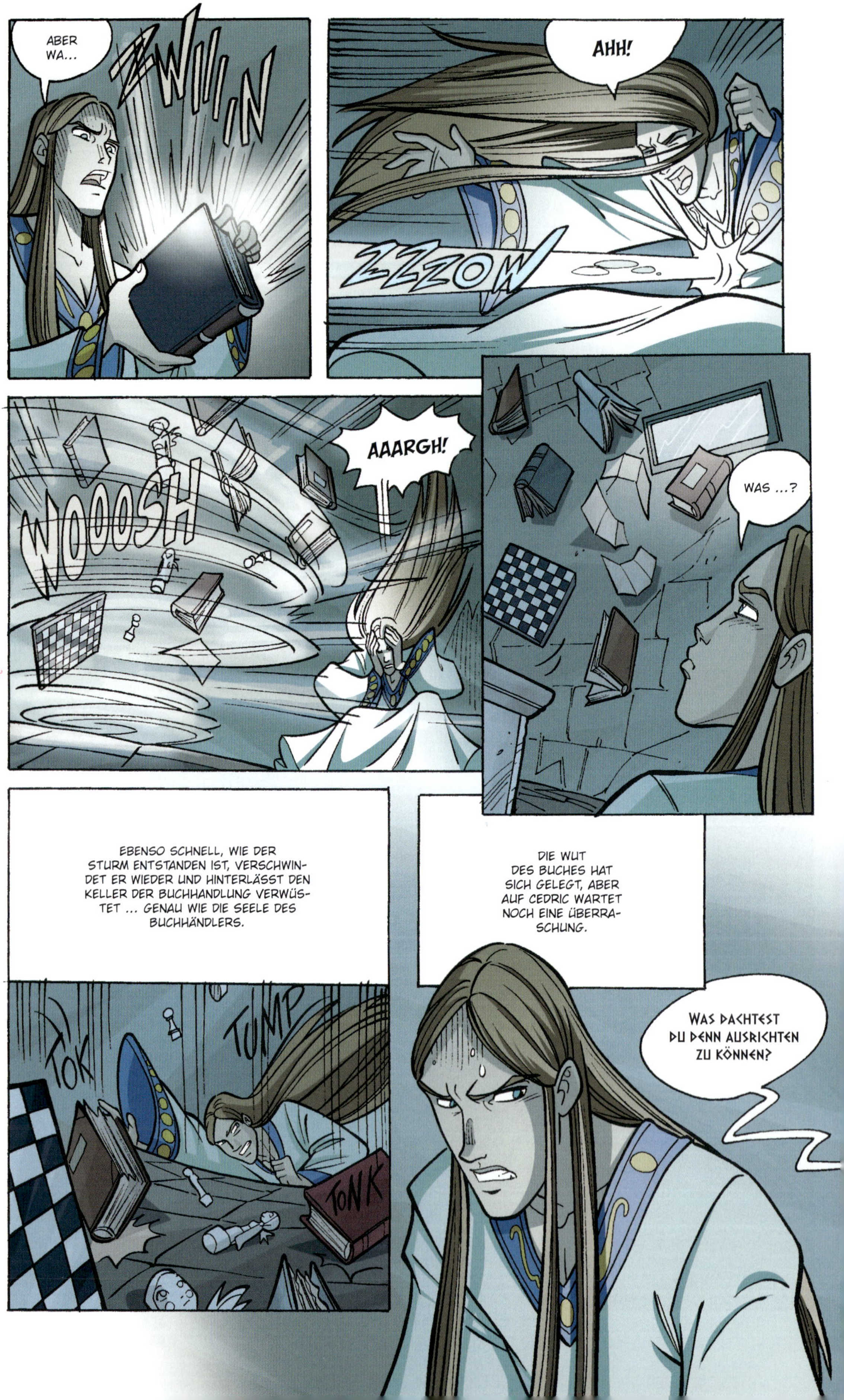

ABER WA...
ZWIIIN
AHH!
ZZZOW
WOOOSH
AAARGH!
WAS ...?
EBENSO SCHNELL, WIE DER STURM ENTSTANDEN IST, VERSCHWINDET ER WIEDER UND HINTERLÄSST DEN KELLER DER BUCHHANDLUNG VERWÜSTET ... GENAU WIE DIE SEELE DES BUCHHÄNDLERS.
TOK
TUMP
TONK
DIE WUT DES BUCHES HAT SICH GELEGT, ABER AUF CEDRIC WARTET NOCH EINE ÜBERRASCHUNG.
WAS DACHTEST DU DENN AUSRICHTEN ZU KÖNNEN?

316

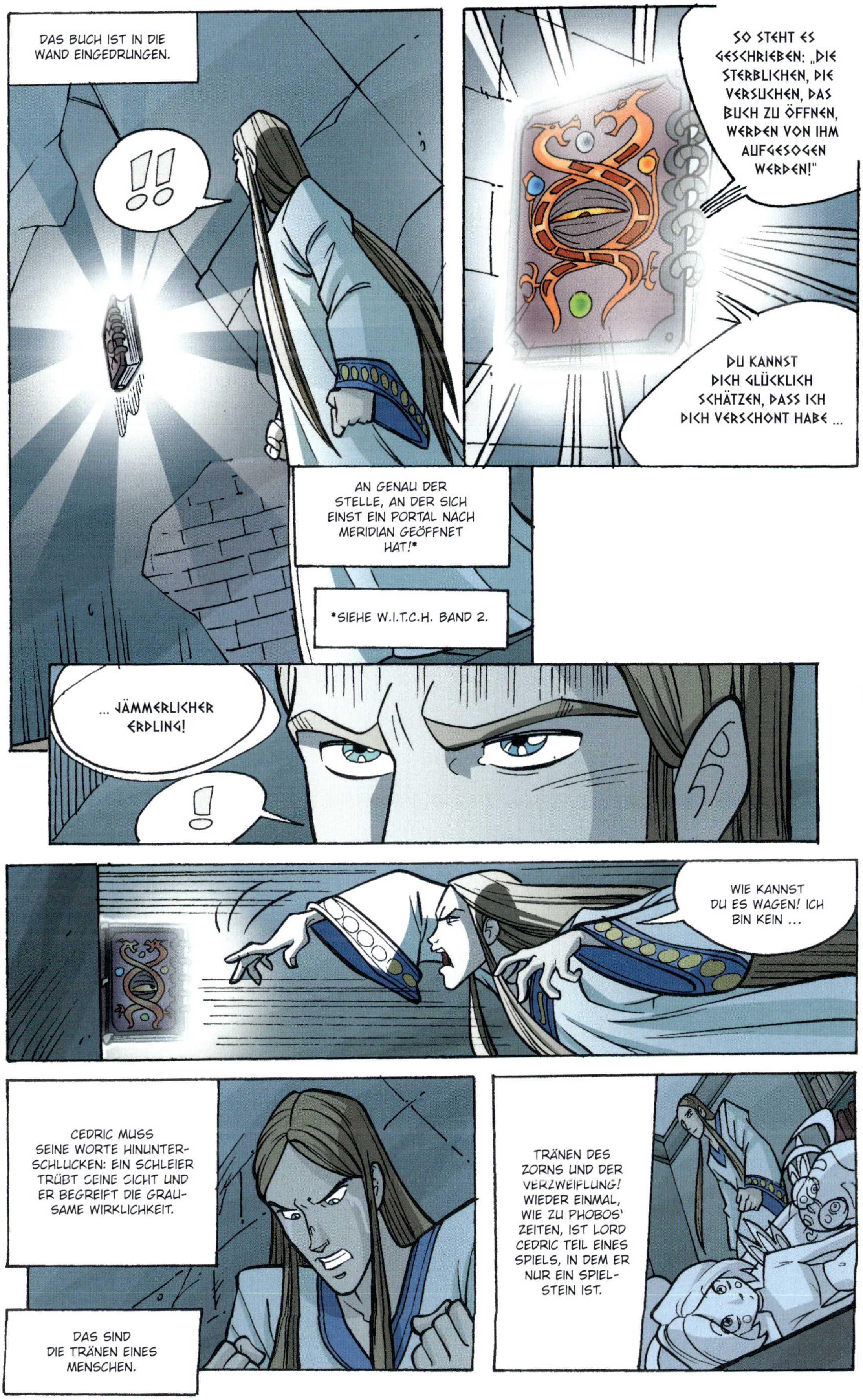
DAS BUCH IST IN DIE WAND EINGEDRUNGEN.
!!
SO STEHT ES GESCHRIEBEN: „DIE STERBLICHEN, DIE VERSUCHEN, DAS BUCH ZU ÖFFNEN, WERDEN VON IHM AUFGESOGEN WERDEN!"
DU KANNST DICH GLÜCKLICH SCHÄTZEN, DASS ICH DICH VERSCHONT HABE ...
AN GENAU DER STELLE, AN DER SICH EINST EIN PORTAL NACH MERIDIAN GEÖFFNET HAT!*
*SIEHE W.I.T.C.H. BAND 2.
... JÄMMERLICHER ERDLING!
!
WIE KANNST DU ES WAGEN! ICH BIN KEIN ...
CEDRIC MUSS SEINE WORTE HINUNTER-SCHLUCKEN: EIN SCHLEIER TRÜBT SEINE SICHT UND ER BEGREIFT DIE GRAU-SAME WIRKLICHKEIT.
DAS SIND DIE TRÄNEN EINES MENSCHEN.
TRÄNEN DES ZORNS UND DER VERZWEIFLUNG! WIEDER EINMAL, WIE ZU PHOBOS' ZEITEN, IST LORD CEDRIC TEIL EINES SPIELS, IN DEM ER NUR EIN SPIEL-STEIN IST.

NOCH EINE UMARMUNG

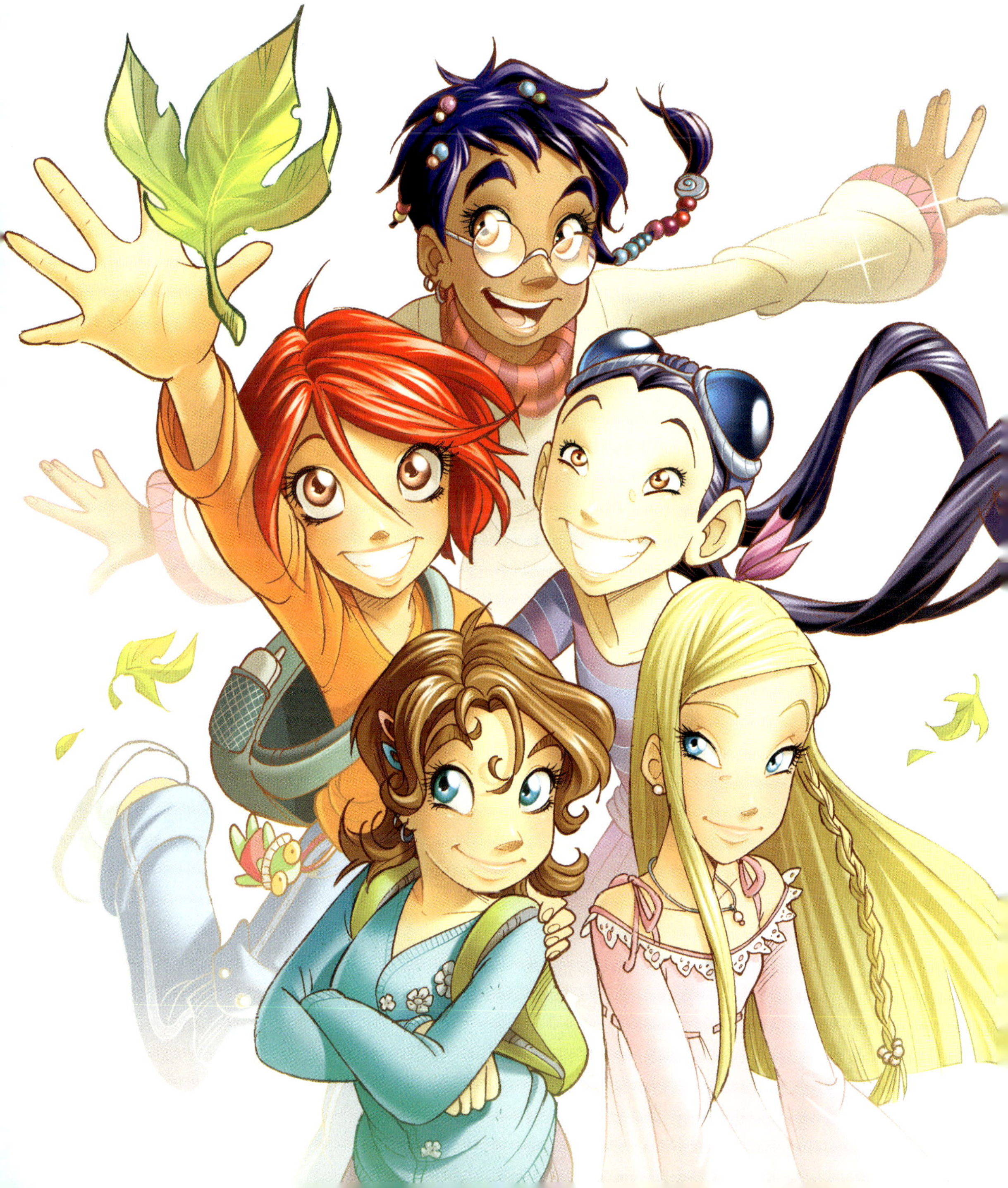

„Ich muss herausfinden, ob etwas Gefährliches dahintersteckt.“

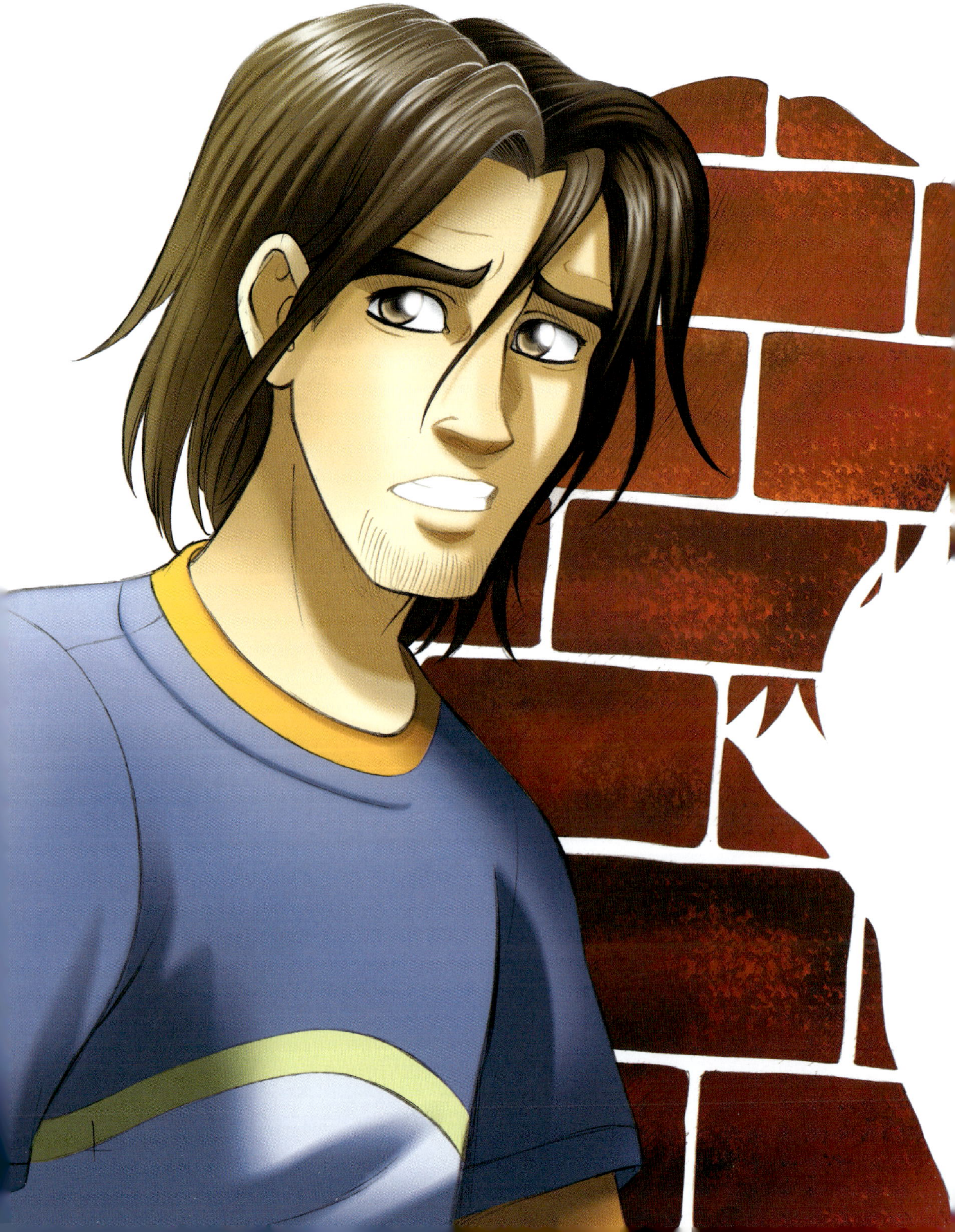

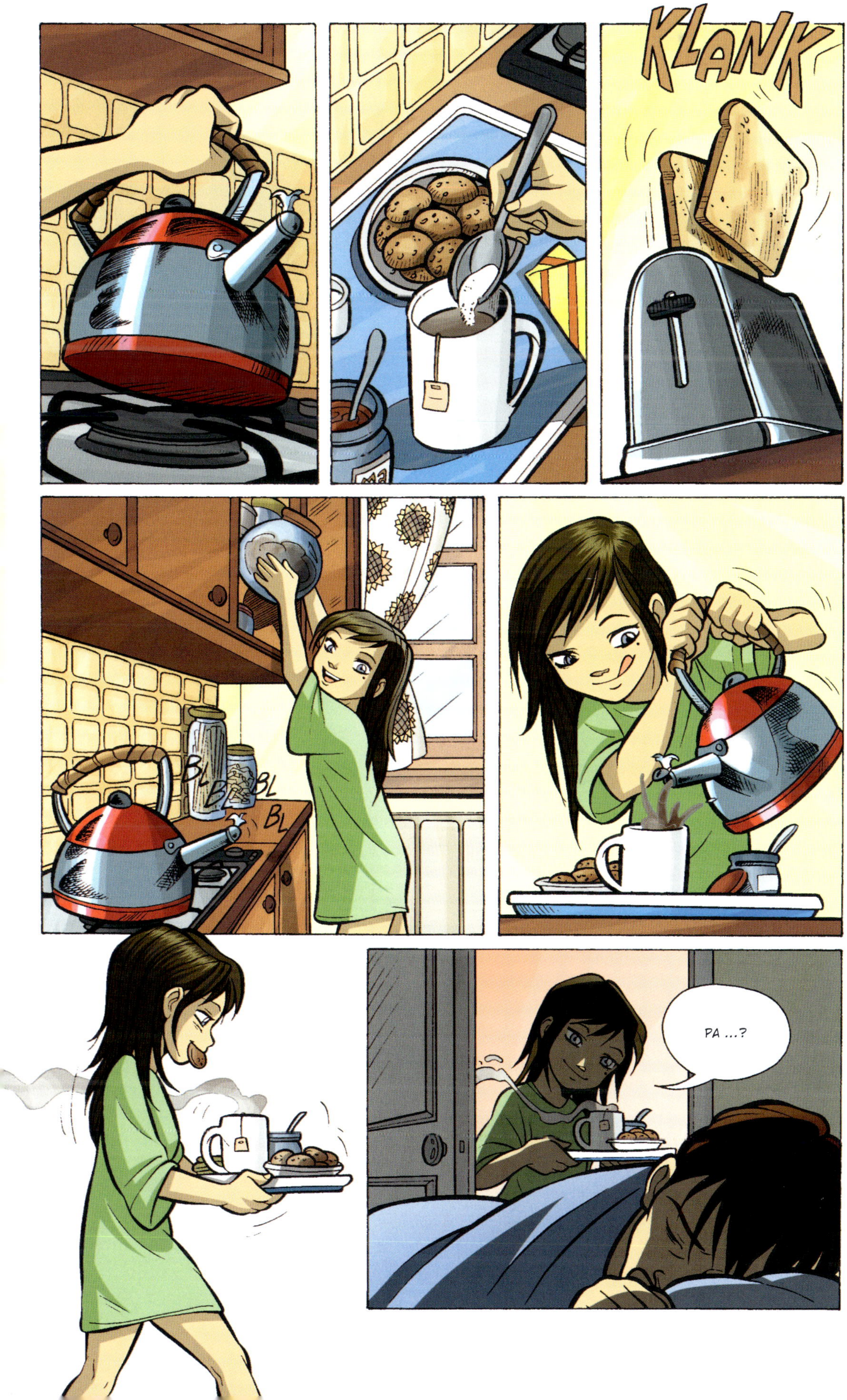
KLANK
BL
BL
BL
PA ...?

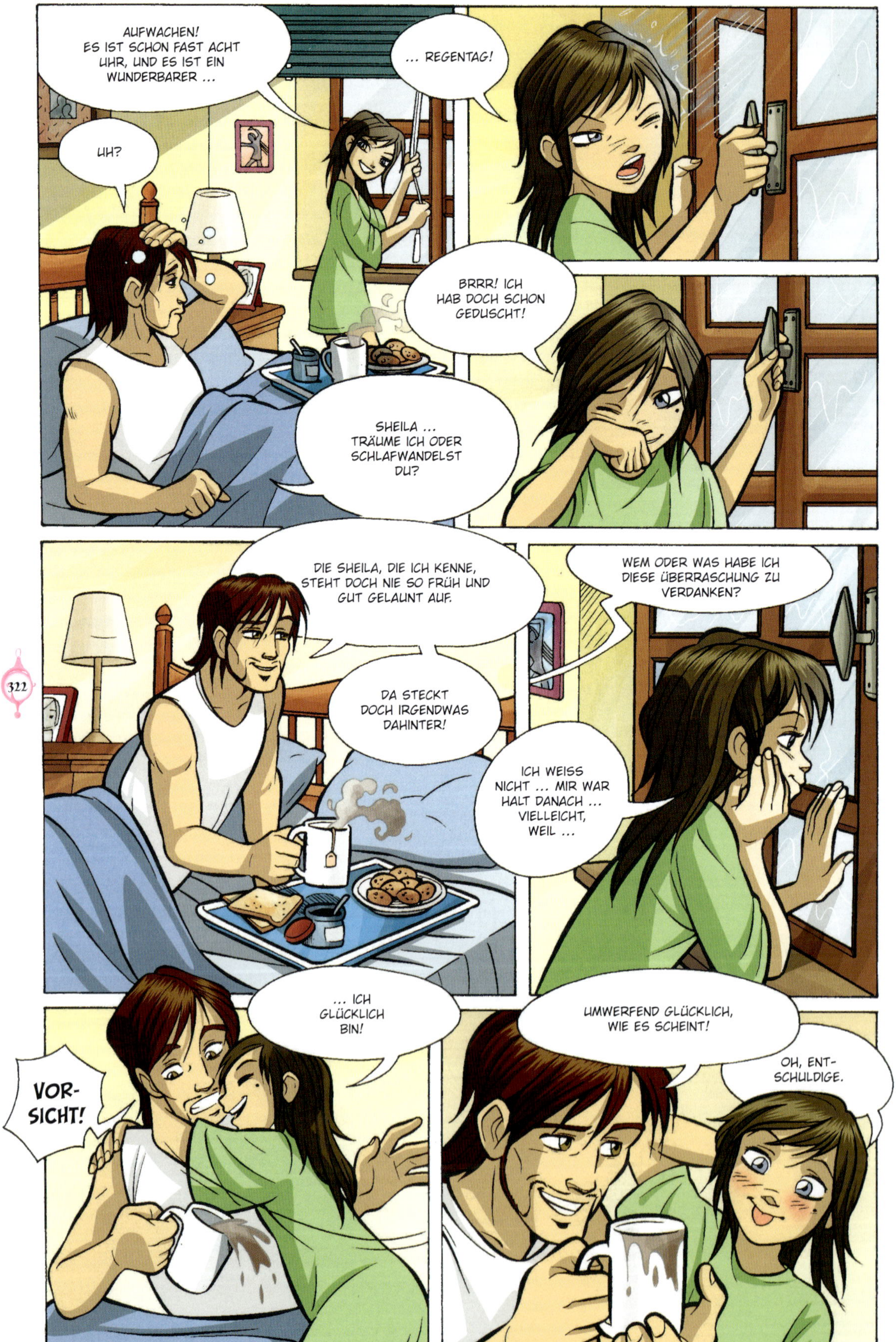
AUFWACHEN! ES IST SCHON FAST ACHT UHR, UND ES IST EIN WUNDERBARER …
UH?
… REGENTAG!
BRRR! ICH HAB DOCH SCHON GEDUSCHT!
SHEILA … TRÄUME ICH ODER SCHLAFWANDELST DU?
DIE SHEILA, DIE ICH KENNE, STEHT DOCH NIE SO FRÜH UND GUT GELAUNT AUF.
DA STECKT DOCH IRGENDWAS DAHINTER!
WEM ODER WAS HABE ICH DIESE ÜBERRASCHUNG ZU VERDANKEN?
ICH WEISS NICHT … MIR WAR HALT DANACH … VIELLEICHT, WEIL …
… ICH GLÜCKLICH BIN!
VOR-SICHT!
UMWERFEND GLÜCKLICH, WIE ES SCHEINT!
OH, ENT-SCHULDIGE.

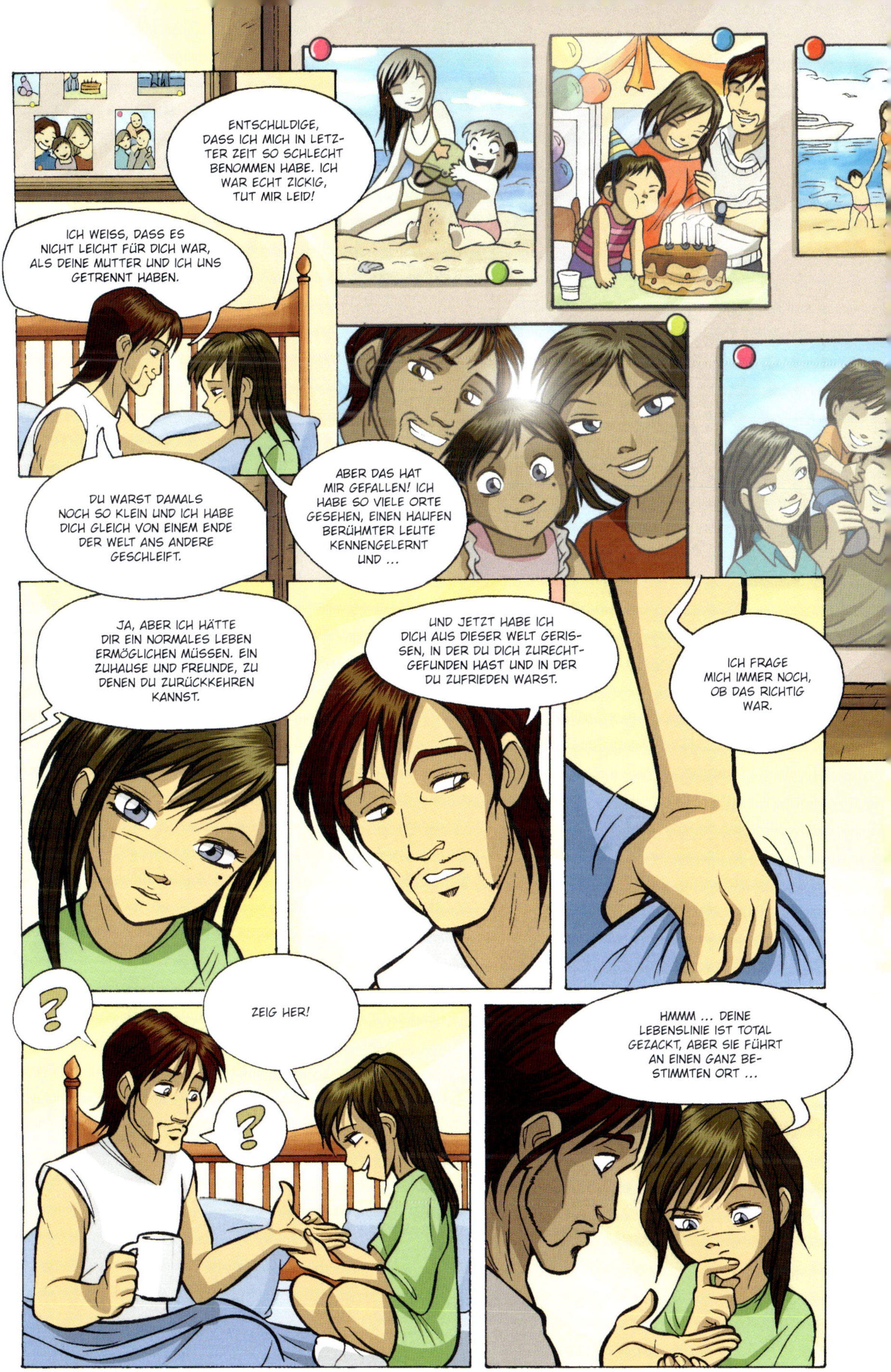
ENTSCHULDIGE, DASS ICH MICH IN LETZTER ZEIT SO SCHLECHT BENOMMEN HABE. ICH WAR ECHT ZICKIG, TUT MIR LEID!
ICH WEISS, DASS ES NICHT LEICHT FÜR DICH WAR, ALS DEINE MUTTER UND ICH UNS GETRENNT HABEN.
DU WARST DAMALS NOCH SO KLEIN UND ICH HABE DICH GLEICH VON EINEM ENDE DER WELT ANS ANDERE GESCHLEIFT.
ABER DAS HAT MIR GEFALLEN! ICH HABE SO VIELE ORTE GESEHEN, EINEN HAUFEN BERÜHMTER LEUTE KENNENGELERNT UND …
JA, ABER ICH HÄTTE DIR EIN NORMALES LEBEN ERMÖGLICHEN MÜSSEN. EIN ZUHAUSE UND FREUNDE, ZU DENEN DU ZURÜCKKEHREN KANNST.
UND JETZT HABE ICH DICH AUS DIESER WELT GERISSEN, IN DER DU DICH ZURECHTGEFUNDEN HAST UND IN DER DU ZUFRIEDEN WARST.
ICH FRAGE MICH IMMER NOCH, OB DAS RICHTIG WAR.
?
ZEIG HER!
?
HMMM … DEINE LEBENSLINIE IST TOTAL GEZACKT, ABER SIE FÜHRT AN EINEN GANZ BESTIMMTEN ORT …

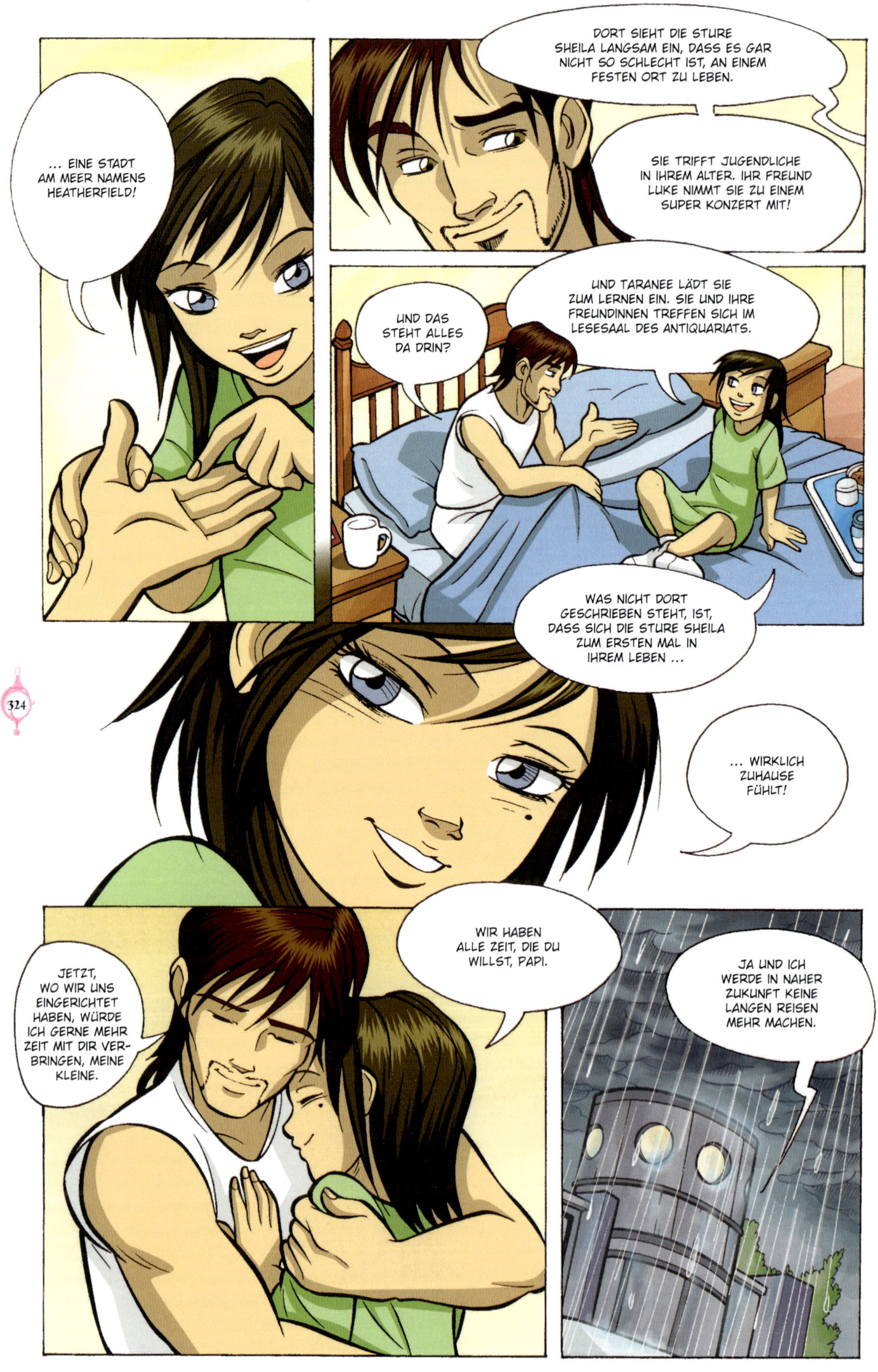
... EINE STADT AM MEER NAMENS HEATHERFIELD!
DORT SIEHT DIE STURE SHEILA LANGSAM EIN, DASS ES GAR NICHT SO SCHLECHT IST, AN EINEM FESTEN ORT ZU LEBEN.
SIE TRIFFT JUGENDLICHE IN IHREM ALTER. IHR FREUND LUKE NIMMT SIE ZU EINEM SUPER KONZERT MIT!
UND DAS STEHT ALLES DA DRIN?
UND TARANEE LÄDT SIE ZUM LERNEN EIN. SIE UND IHRE FREUNDINNEN TREFFEN SICH IM LESESAAL DES ANTIQUARIATS.
WAS NICHT DORT GESCHRIEBEN STEHT, IST, DASS SICH DIE STURE SHEILA ZUM ERSTEN MAL IN IHREM LEBEN ...
... WIRKLICH ZUHAUSE FÜHLT!
JETZT, WO WIR UNS EINGERICHTET HABEN, WÜRDE ICH GERNE MEHR ZEIT MIT DIR VERBRINGEN, MEINE KLEINE.
WIR HABEN ALLE ZEIT, DIE DU WILLST, PAPI.
JA UND ICH WERDE IN NAHER ZUKUNFT KEINE LANGEN REISEN MEHR MACHEN.

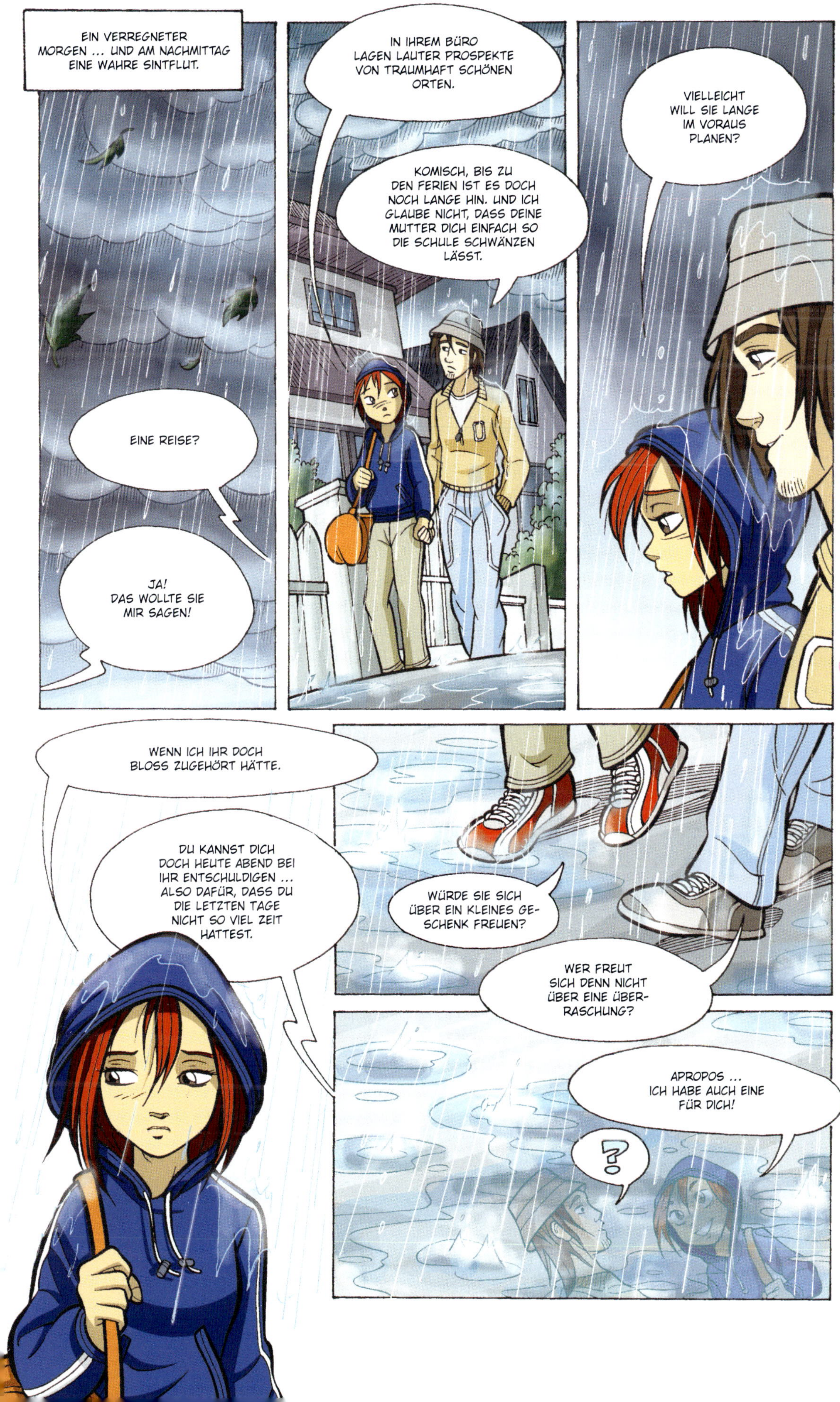
EIN VERREGNETER MORGEN ... UND AM NACHMITTAG EINE WAHRE SINTFLUT.
EINE REISE?
JA! DAS WOLLTE SIE MIR SAGEN!
IN IHREM BÜRO LAGEN LAUTER PROSPEKTE VON TRAUMHAFT SCHÖNEN ORTEN.
KOMISCH, BIS ZU DEN FERIEN IST ES DOCH NOCH LANGE HIN. UND ICH GLAUBE NICHT, DASS DEINE MUTTER DICH EINFACH SO DIE SCHULE SCHWÄNZEN LÄSST.
VIELLEICHT WILL SIE LANGE IM VORAUS PLANEN?
WENN ICH IHR DOCH BLOSS ZUGEHÖRT HÄTTE.
DU KANNST DICH DOCH HEUTE ABEND BEI IHR ENTSCHULDIGEN ... ALSO DAFÜR, DASS DU DIE LETZTEN TAGE NICHT SO VIEL ZEIT HATTEST.
WÜRDE SIE SICH ÜBER EIN KLEINES GESCHENK FREUEN?
WER FREUT SICH DENN NICHT ÜBER EINE ÜBERRASCHUNG?
APROPOS ... ICH HABE AUCH EINE FÜR DICH!
?

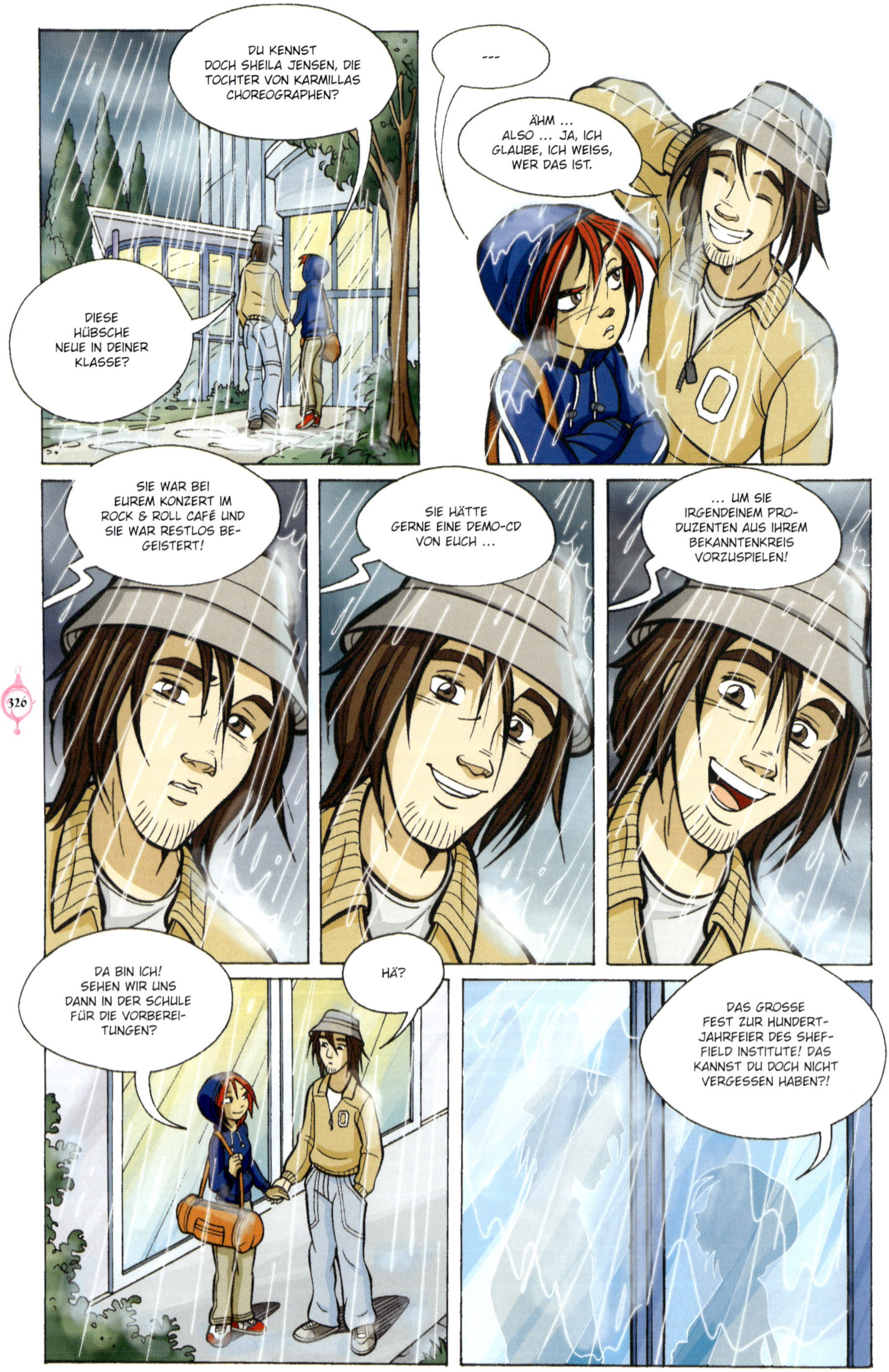
DU KENNST DOCH SHEILA JENSEN, DIE TOCHTER VON KARMILLAS CHOREOGRAPHEN?
DIESE HÜBSCHE NEUE IN DEINER KLASSE?
...
ÄHM ... ALSO ... JA, ICH GLAUBE, ICH WEISS, WER DAS IST.
SIE WAR BEI EUREM KONZERT IM ROCK & ROLL CAFÉ UND SIE WAR RESTLOS BEGEISTERT!
SIE HÄTTE GERNE EINE DEMO-CD VON EUCH ...
... UM SIE IRGENDEINEM PRODUZENTEN AUS IHREM BEKANNTENKREIS VORZUSPIELEN!
DA BIN ICH! SEHEN WIR UNS DANN IN DER SCHULE FÜR DIE VORBEREITUNGEN?
HÄ?
DAS GROSSE FEST ZUR HUNDERTJAHRFEIER DES SHEFFIELD INSTITUTE! DAS KANNST DU DOCH NICHT VERGESSEN HABEN?!

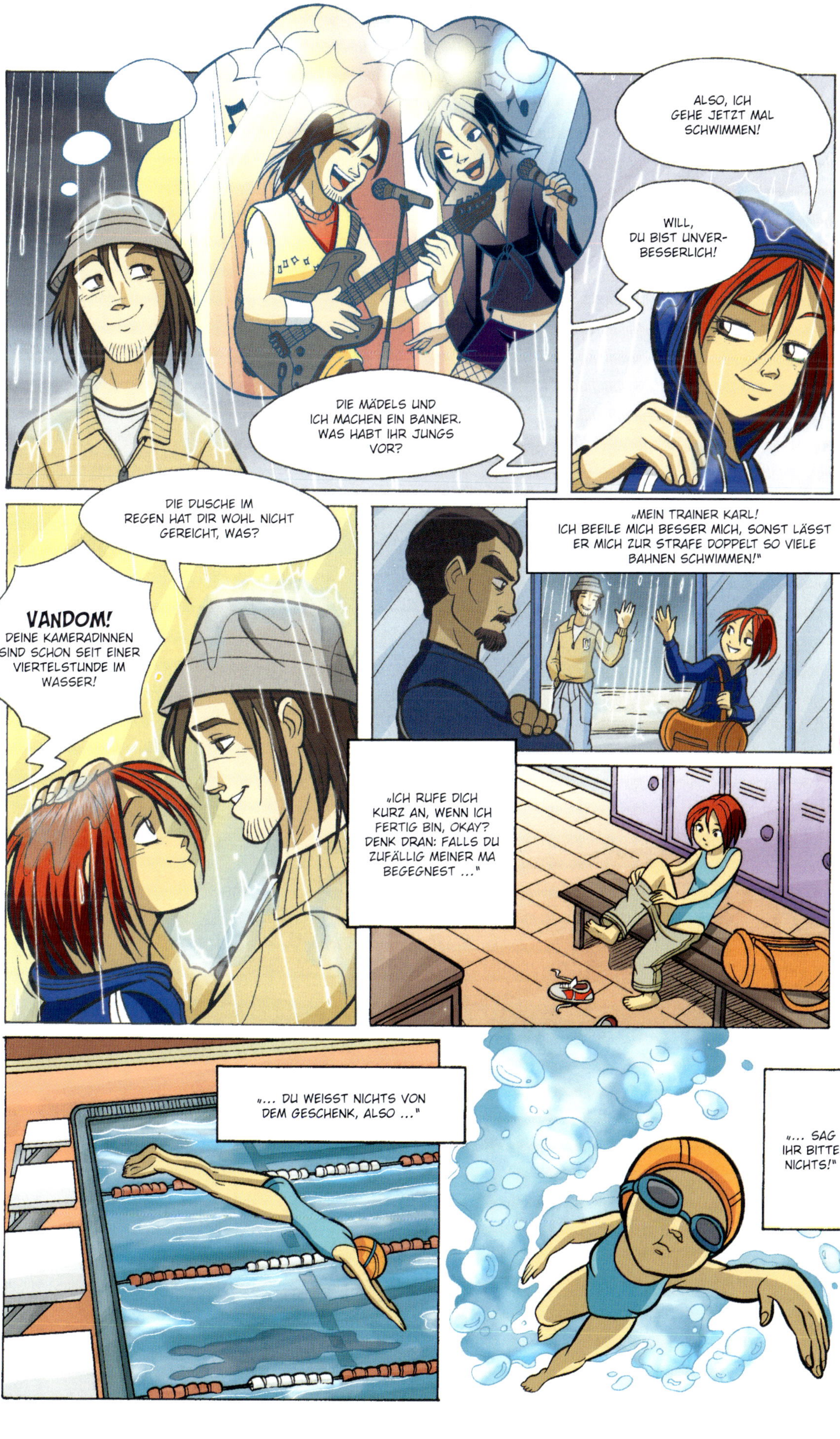
DIE MÄDELS UND ICH MACHEN EIN BANNER. WAS HABT IHR JUNGS VOR?
ALSO, ICH GEHE JETZT MAL SCHWIMMEN!
WILL, DU BIST UNVERBESSERLICH!
DIE DUSCHE IM REGEN HAT DIR WOHL NICHT GEREICHT, WAS?
VANDOM! DEINE KAMERADINNEN SIND SCHON SEIT EINER VIERTELSTUNDE IM WASSER!
„MEIN TRAINER KARL! ICH BEEILE MICH BESSER MICH, SONST LÄSST ER MICH ZUR STRAFE DOPPELT SO VIELE BAHNEN SCHWIMMEN!"
„ICH RUFE DICH KURZ AN, WENN ICH FERTIG BIN, OKAY? DENK DRAN: FALLS DU ZUFÄLLIG MEINER MA BEGEGNEST ..."
„... DU WEISST NICHTS VON DEM GESCHENK, ALSO ..."
„... SAG IHR BITTE NICHTS!"

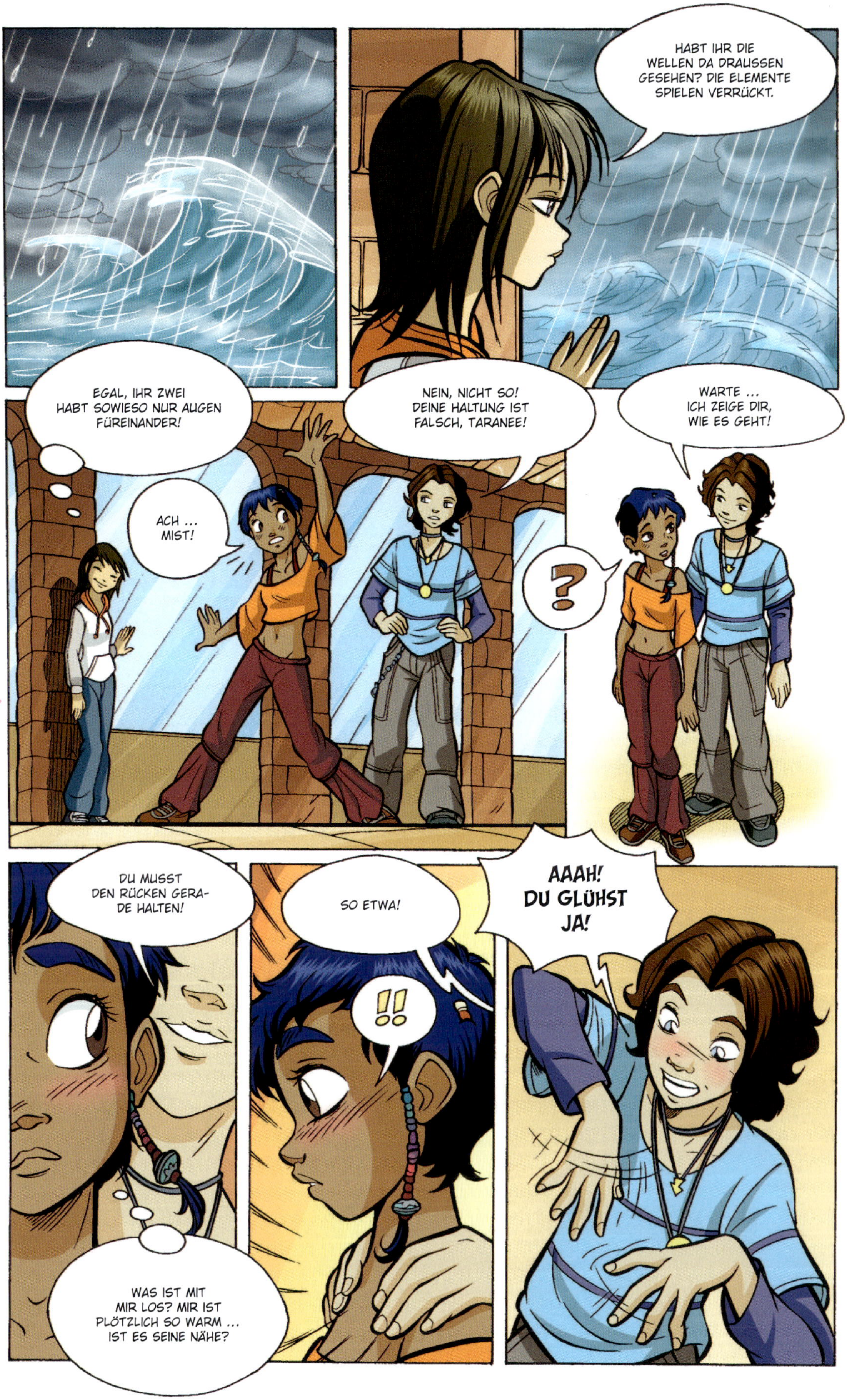
HABT IHR DIE WELLEN DA DRAUSSEN GESEHEN? DIE ELEMENTE SPIELEN VERRÜCKT.
EGAL, IHR ZWEI HABT SOWIESO NUR AUGEN FÜREINANDER!
ACH ... MIST!
NEIN, NICHT SO! DEINE HALTUNG IST FALSCH, TARANEE!
WARTE ... ICH ZEIGE DIR, WIE ES GEHT!
?
DU MUSST DEN RÜCKEN GERA-DE HALTEN!
WAS IST MIT MIR LOS? MIR IST PLÖTZLICH SO WARM ... IST ES SEINE NÄHE?
SO ETWA!
!!
AAAH! DU GLÜHST JA!

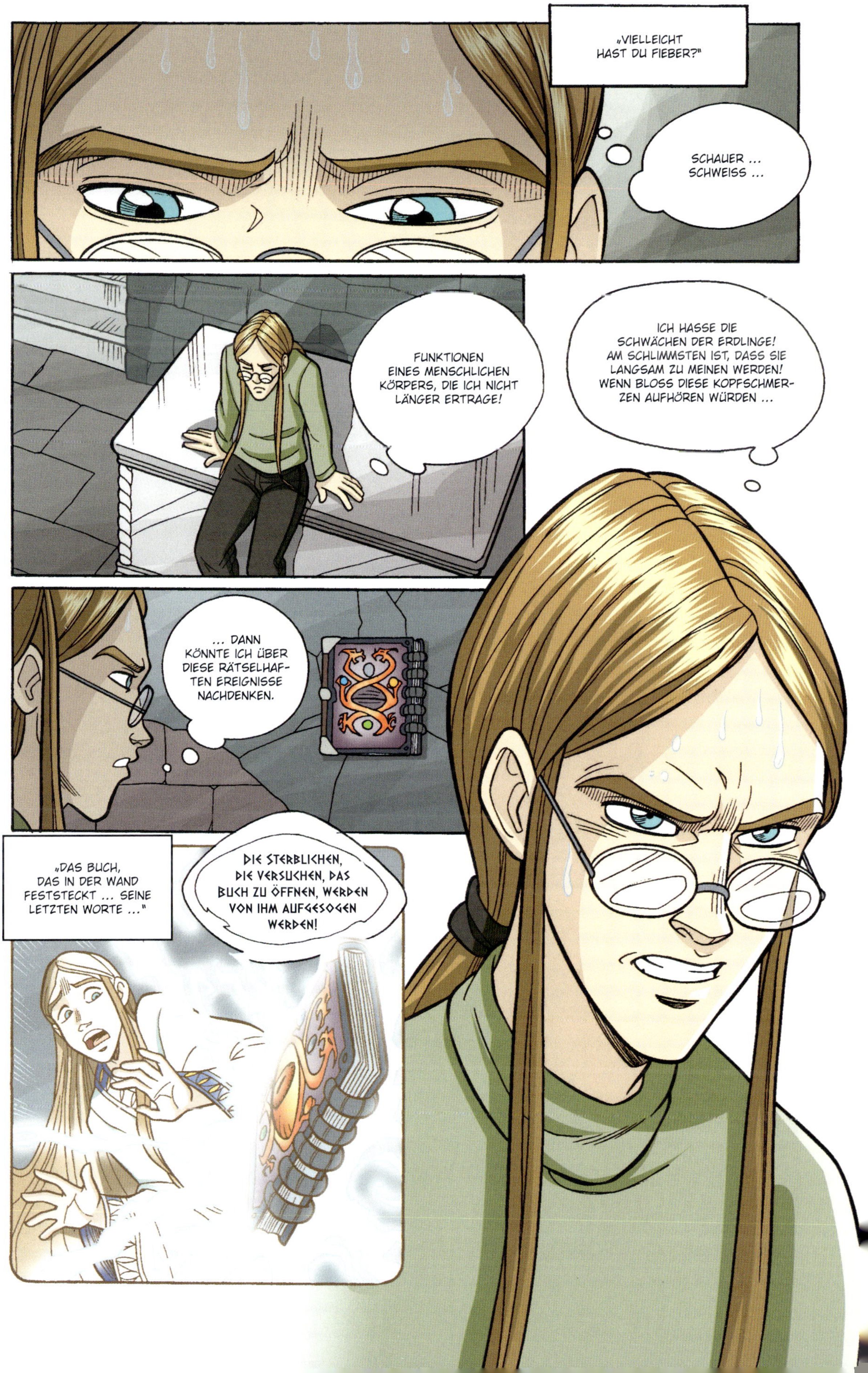
„VIELLEICHT HAST DU FIEBER?"
SCHAUER … SCHWEISS …
FUNKTIONEN EINES MENSCHLICHEN KÖRPERS, DIE ICH NICHT LÄNGER ERTRAGE!
ICH HASSE DIE SCHWÄCHEN DER ERDLINGE! AM SCHLIMMSTEN IST, DASS SIE LANGSAM ZU MEINEN WERDEN! WENN BLOSS DIESE KOPFSCHMERZEN AUFHÖREN WÜRDEN …
… DANN KÖNNTE ICH ÜBER DIESE RÄTSELHAFTEN EREIGNISSE NACHDENKEN.
„DAS BUCH, DAS IN DER WAND FESTSTECKT … SEINE LETZTEN WORTE …"
DIE STERBLICHEN, DIE VERSUCHEN, DAS BUCH ZU ÖFFNEN, WERDEN VON IHM AUFGESOGEN WERDEN!

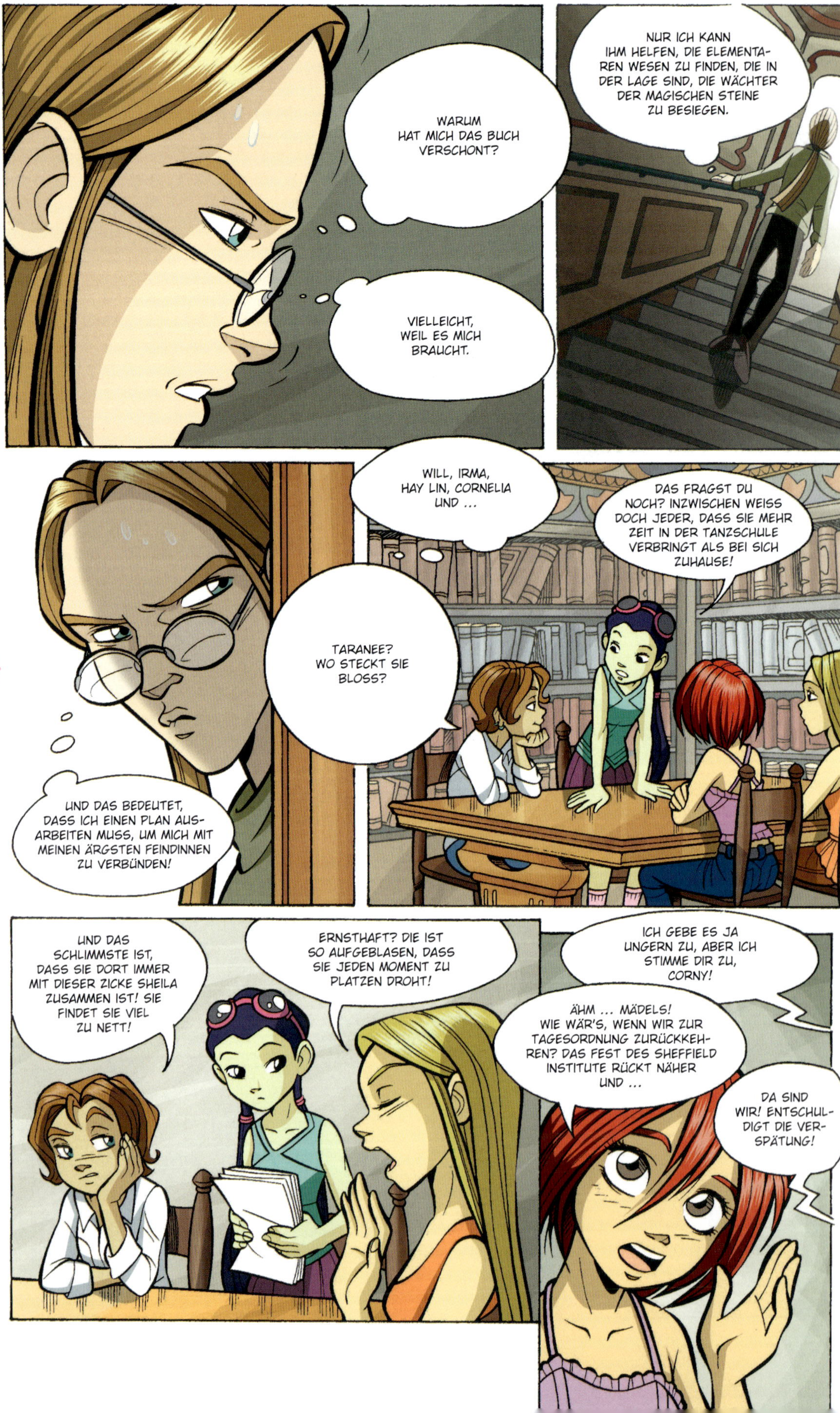
WARUM HAT MICH DAS BUCH VERSCHONT?
VIELLEICHT, WEIL ES MICH BRAUCHT.
NUR ICH KANN IHM HELFEN, DIE ELEMENTAREN WESEN ZU FINDEN, DIE IN DER LAGE SIND, DIE WÄCHTER DER MAGISCHEN STEINE ZU BESIEGEN.
UND DAS BEDEUTET, DASS ICH EINEN PLAN AUSARBEITEN MUSS, UM MICH MIT MEINEN ÄRGSTEN FEINDINNEN ZU VERBÜNDEN!
WILL, IRMA, HAY LIN, CORNELIA UND …
TARANEE? WO STECKT SIE BLOSS?
DAS FRAGST DU NOCH? INZWISCHEN WEISS DOCH JEDER, DASS SIE MEHR ZEIT IN DER TANZSCHULE VERBRINGT ALS BEI SICH ZUHAUSE!
UND DAS SCHLIMMSTE IST, DASS SIE DORT IMMER MIT DIESER ZICKE SHEILA ZUSAMMEN IST! SIE FINDET SIE VIEL ZU NETT!
ERNSTHAFT? DIE IST SO AUFGEBLASEN, DASS SIE JEDEN MOMENT ZU PLATZEN DROHT!
ICH GEBE ES JA UNGERN ZU, ABER ICH STIMME DIR ZU, CORNY!
ÄHM … MÄDELS! WIE WÄR'S, WENN WIR ZUR TAGESORDNUNG ZURÜCKKEHREN? DAS FEST DES SHEFFIELD INSTITUTE RÜCKT NÄHER UND …
DA SIND WIR! ENTSCHULDIGT DIE VERSPÄTUNG!

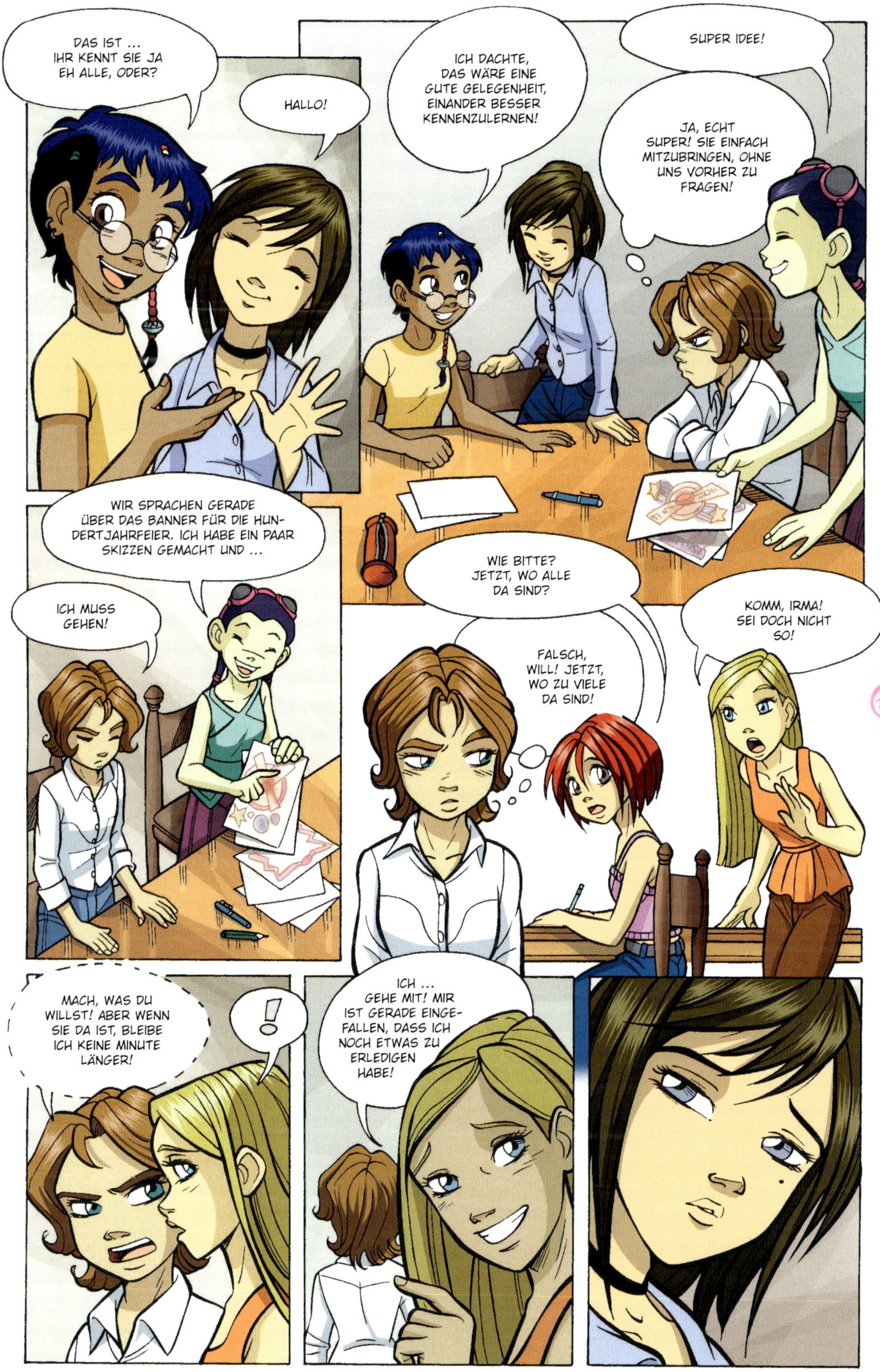
DAS IST ...
IHR KENNT SIE JA
EH ALLE, ODER?
HALLO!
ICH DACHTE,
DAS WÄRE EINE
GUTE GELEGENHEIT,
EINANDER BESSER
KENNENZULERNEN!
SUPER IDEE!
JA, ECHT
SUPER! SIE EINFACH
MITZUBRINGEN, OHNE
UNS VORHER ZU
FRAGEN!
WIR SPRACHEN GERADE
ÜBER DAS BANNER FÜR DIE HUN-
DERTJAHRFEIER. ICH HABE EIN PAAR
SKIZZEN GEMACHT UND ...
ICH MUSS
GEHEN!
WIE BITTE?
JETZT, WO ALLE
DA SIND?
FALSCH,
WILL! JETZT,
WO ZU VIELE
DA SIND!
KOMM, IRMA!
SEI DOCH NICHT
SO!
MACH, WAS DU
WILLST! ABER WENN
SIE DA IST, BLEIBE
ICH KEINE MINUTE
LÄNGER!
!
ICH ...
GEHE MIT! MIR
IST GERADE EINGE-
FALLEN, DASS ICH
NOCH ETWAS ZU
ERLEDIGEN
HABE!

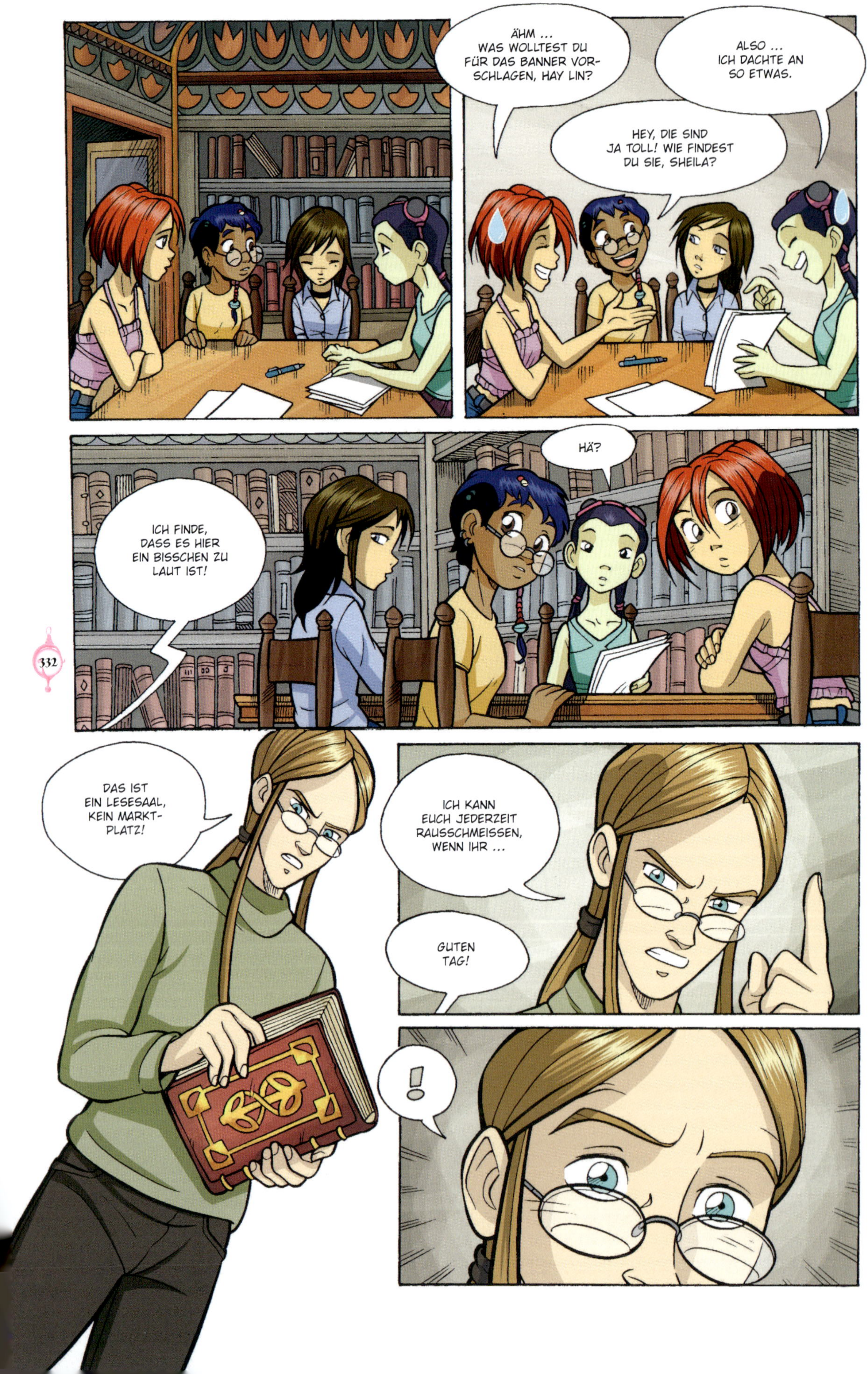
ÄHM ... WAS WOLLTEST DU FÜR DAS BANNER VORSCHLAGEN, HAY LIN?
ALSO ... ICH DACHTE AN SO ETWAS.
HEY, DIE SIND JA TOLL! WIE FINDEST DU SIE, SHEILA?
HÄ?
ICH FINDE, DASS ES HIER EIN BISSCHEN ZU LAUT IST!
DAS IST EIN LESESAAL, KEIN MARKTPLATZ!
ICH KANN EUCH JEDERZEIT RAUSSCHMEISSEN, WENN IHR ...
GUTEN TAG!
!

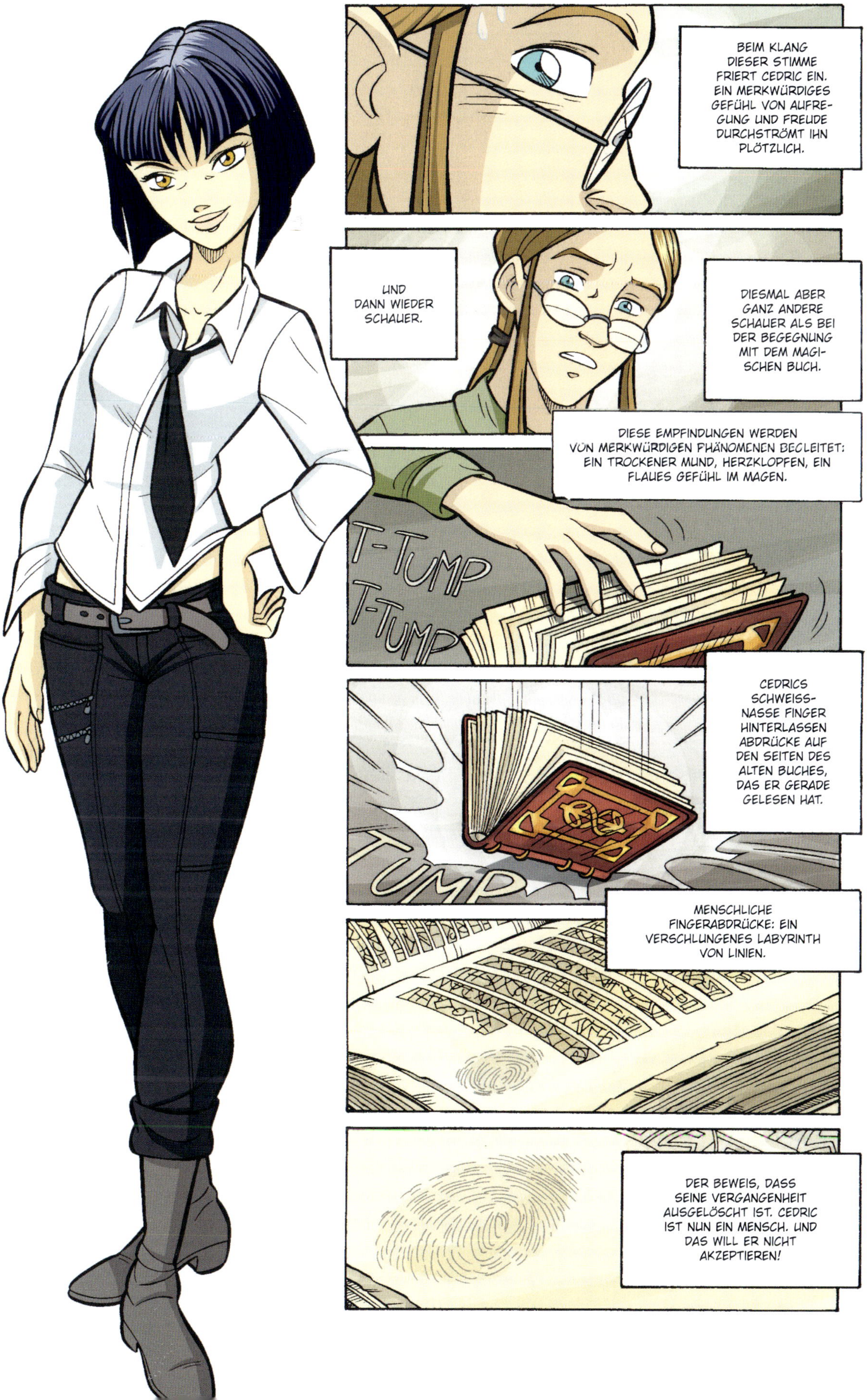

BEIM KLANG DIESER STIMME FRIERT CEDRIC EIN. EIN MERKWÜRDIGES GEFÜHL VON AUFREGUNG UND FREUDE DURCHSTRÖMT IHN PLÖTZLICH.
UND DANN WIEDER SCHAUER.
DIESMAL ABER GANZ ANDERE SCHAUER ALS BEI DER BEGEGNUNG MIT DEM MAGISCHEN BUCH.
DIESE EMPFINDUNGEN WERDEN VON MERKWÜRDIGEN PHÄNOMENEN BEGLEITET: EIN TROCKENER MUND, HERZKLOPFEN, EIN FLAUES GEFÜHL IM MAGEN.
T-TUMP
T-TUMP
CEDRICS SCHWEISSNASSE FINGER HINTERLASSEN ABDRÜCKE AUF DEN SEITEN DES ALTEN BUCHES, DAS ER GERADE GELESEN HAT.
TUMP
MENSCHLICHE FINGERABDRÜCKE: EIN VERSCHLUNGENES LABYRINTH VON LINIEN.
DER BEWEIS, DASS SEINE VERGANGENHEIT AUSGELÖSCHT IST. CEDRIC IST NUN EIN MENSCH. UND DAS WILL ER NICHT AKZEPTIEREN!

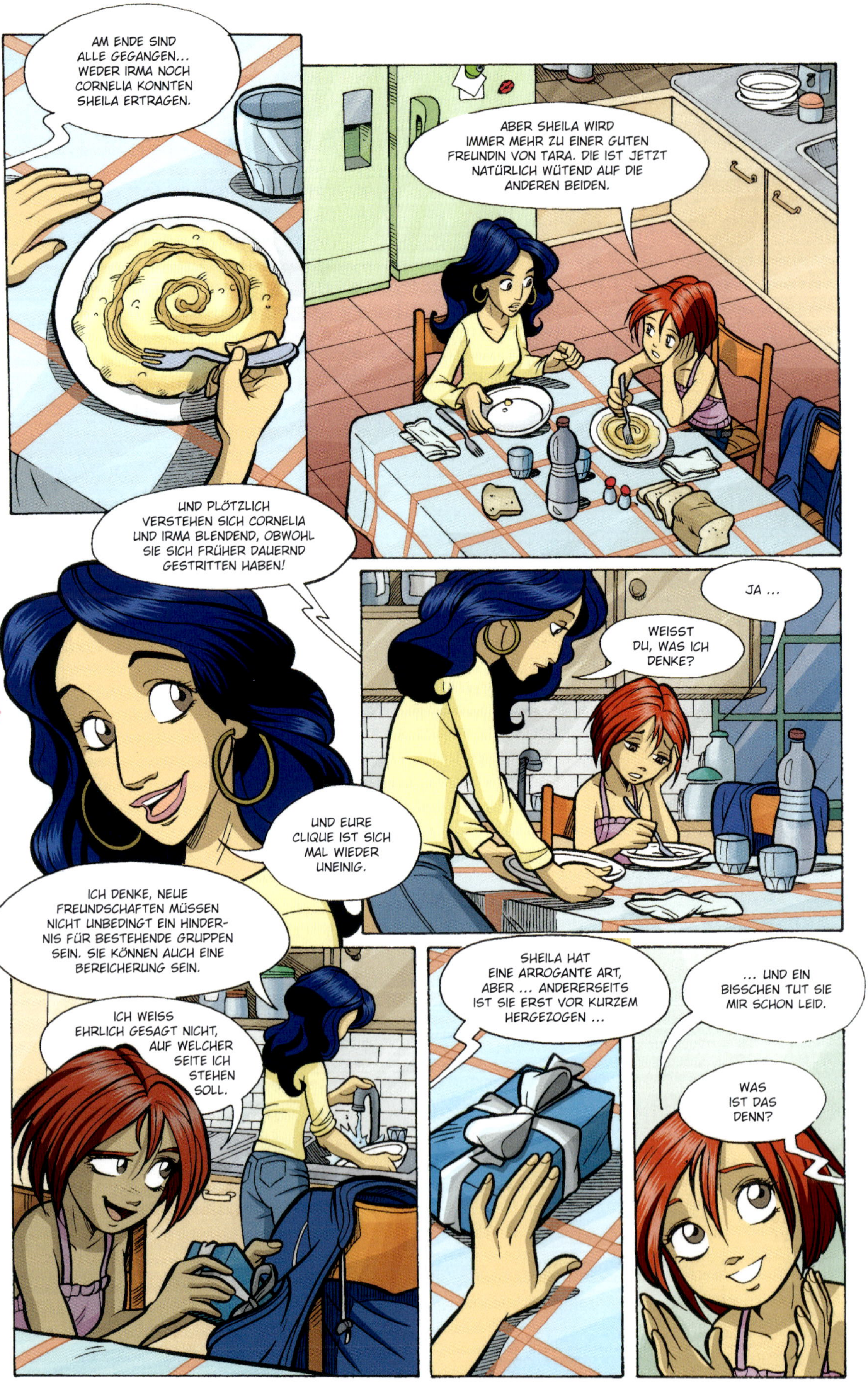
AM ENDE SIND ALLE GEGANGEN... WEDER IRMA NOCH CORNELIA KONNTEN SHEILA ERTRAGEN.
ABER SHEILA WIRD IMMER MEHR ZU EINER GUTEN FREUNDIN VON TARA. DIE IST JETZT NATÜRLICH WÜTEND AUF DIE ANDEREN BEIDEN.
UND PLÖTZLICH VERSTEHEN SICH CORNELIA UND IRMA BLENDEND, OBWOHL SIE SICH FRÜHER DAUERND GESTRITTEN HABEN!
UND EURE CLIQUE IST SICH MAL WIEDER UNEINIG.
JA ...
WEISST DU, WAS ICH DENKE?
ICH DENKE, NEUE FREUNDSCHAFTEN MÜSSEN NICHT UNBEDINGT EIN HINDERNIS FÜR BESTEHENDE GRUPPEN SEIN. SIE KÖNNEN AUCH EINE BEREICHERUNG SEIN.
ICH WEISS EHRLICH GESAGT NICHT, AUF WELCHER SEITE ICH STEHEN SOLL.
SHEILA HAT EINE ARROGANTE ART, ABER ... ANDERERSEITS IST SIE ERST VOR KURZEM HERGEZOGEN ...
... UND EIN BISSCHEN TUT SIE MIR SCHON LEID.
WAS IST DAS DENN?

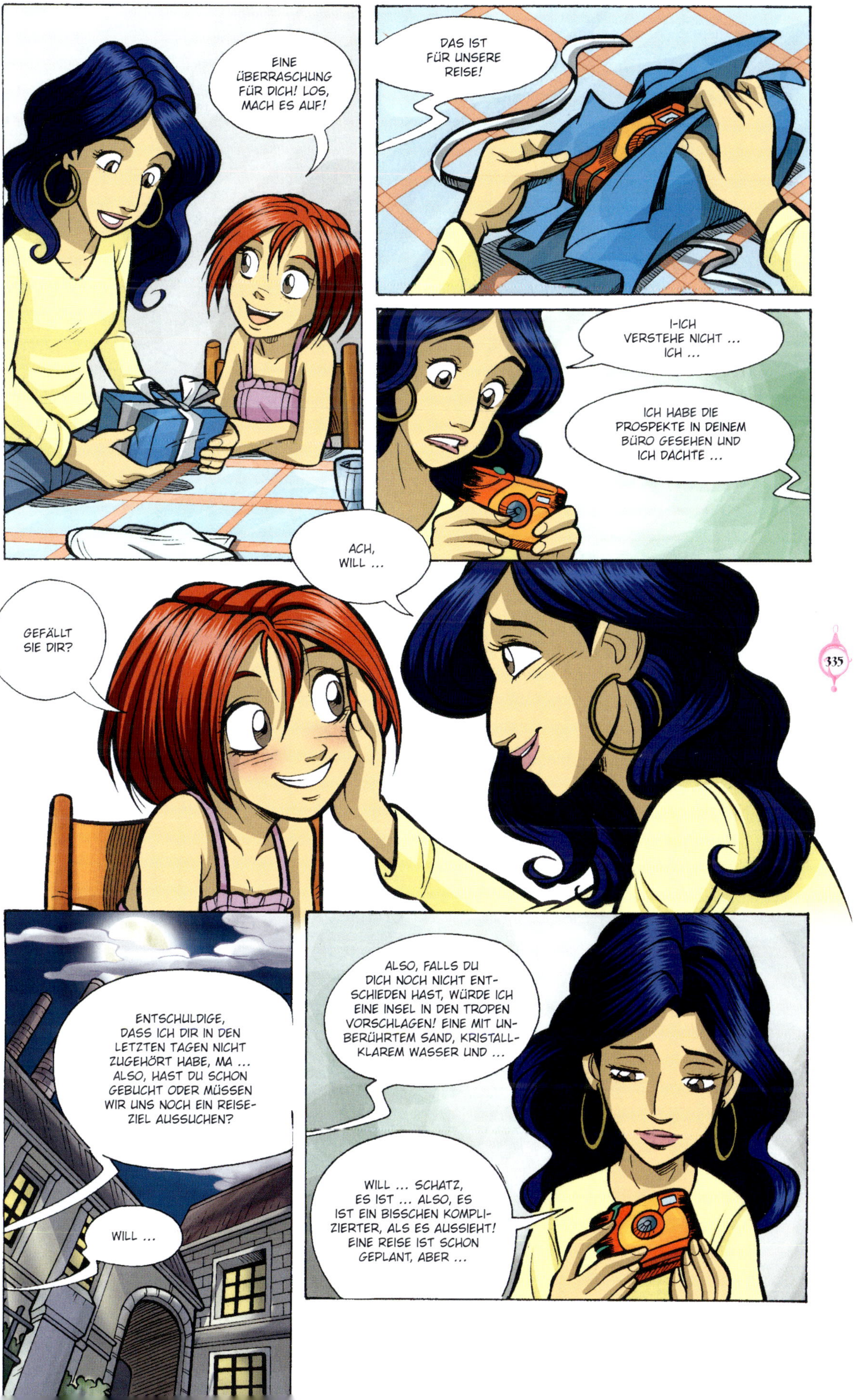

EINE ÜBERRASCHUNG FÜR DICH! LOS, MACH ES AUF!
DAS IST FÜR UNSERE REISE!
I-ICH VERSTEHE NICHT … ICH …
ICH HABE DIE PROSPEKTE IN DEINEM BÜRO GESEHEN UND ICH DACHTE …
ACH, WILL …
GEFÄLLT SIE DIR?
ENTSCHULDIGE, DASS ICH DIR IN DEN LETZTEN TAGEN NICHT ZUGEHÖRT HABE, MA … ALSO, HAST DU SCHON GEBUCHT ODER MÜSSEN WIR UNS NOCH EIN REISE-ZIEL AUSSUCHEN?
WILL …
ALSO, FALLS DU DICH NOCH NICHT ENT-SCHIEDEN HAST, WÜRDE ICH EINE INSEL IN DEN TROPEN VORSCHLAGEN! EINE MIT UN-BERÜHRTEM SAND, KRISTALL-KLAREM WASSER UND …
WILL … SCHATZ, ES IST … ALSO, ES IST EIN BISSCHEN KOMPLI-ZIERTER, ALS ES AUSSIEHT! EINE REISE IST SCHON GEPLANT, ABER …

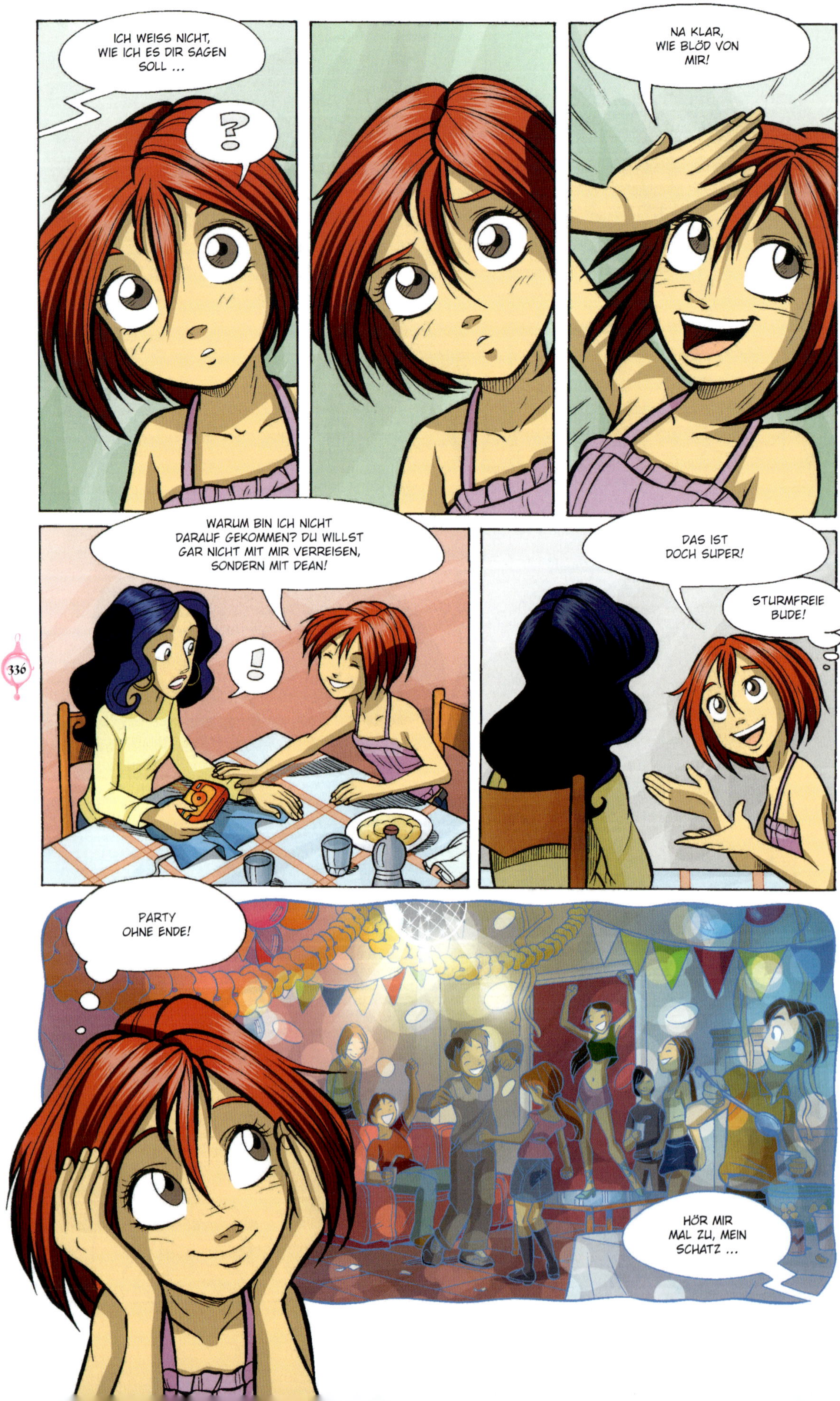
ICH WEISS NICHT, WIE ICH ES DIR SAGEN SOLL ...
?
NA KLAR, WIE BLÖD VON MIR!
WARUM BIN ICH NICHT DARAUF GEKOMMEN? DU WILLST GAR NICHT MIT MIR VERREISEN, SONDERN MIT DEAN!
!
DAS IST DOCH SUPER!
STURMFREIE BUDE!
PARTY OHNE ENDE!
HÖR MIR MAL ZU, MEIN SCHATZ ...

336

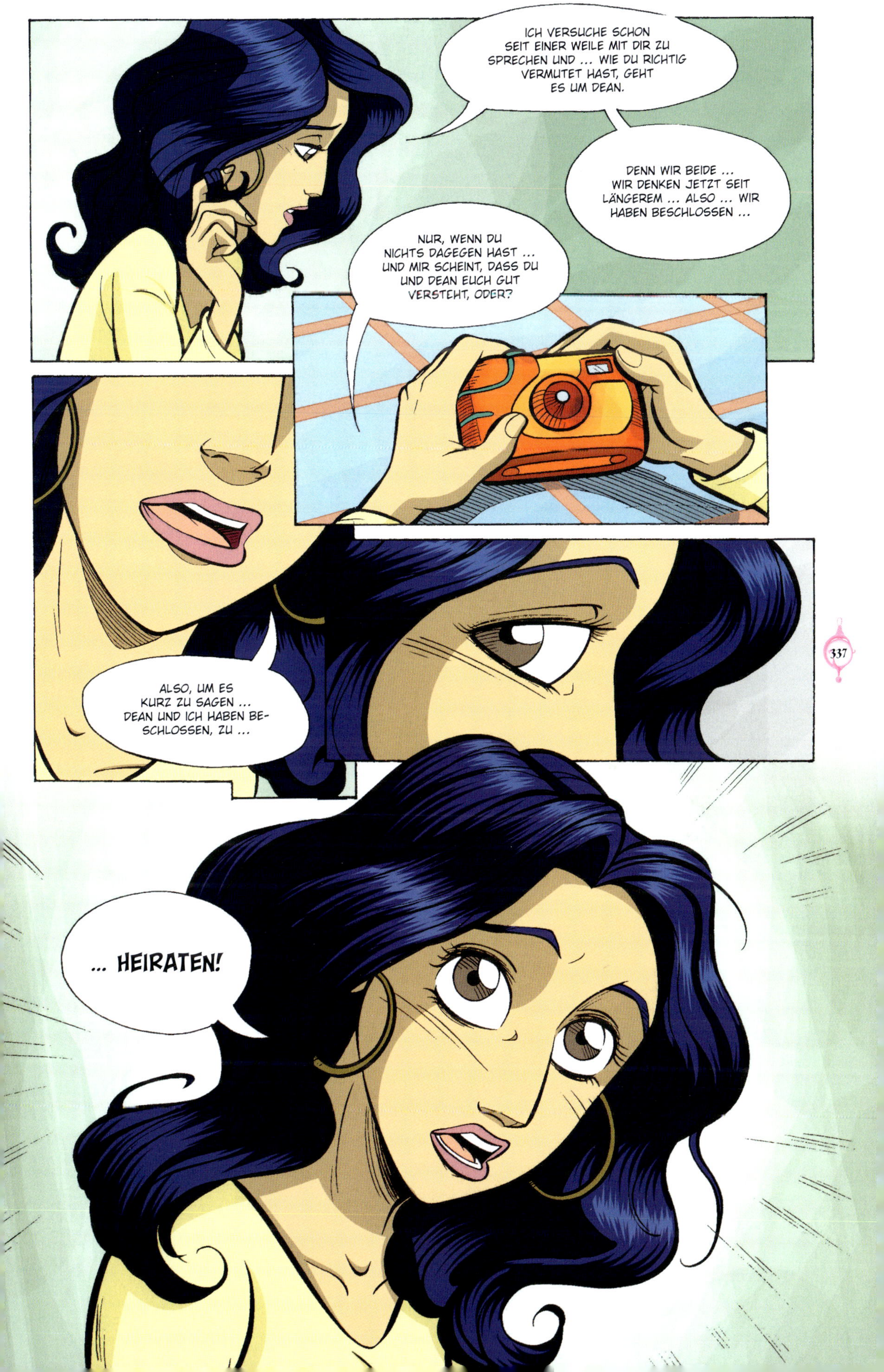
ICH VERSUCHE SCHON SEIT EINER WEILE MIT DIR ZU SPRECHEN UND ... WIE DU RICHTIG VERMUTET HAST, GEHT ES UM DEAN.
DENN WIR BEIDE ... WIR DENKEN JETZT SEIT LÄNGEREM ... ALSO ... WIR HABEN BESCHLOSSEN ...
NUR, WENN DU NICHTS DAGEGEN HAST ... UND MIR SCHEINT, DASS DU UND DEAN EUCH GUT VERSTEHT, ODER?
ALSO, UM ES KURZ ZU SAGEN ... DEAN UND ICH HABEN BESCHLOSSEN, ZU ...
... HEIRATEN!

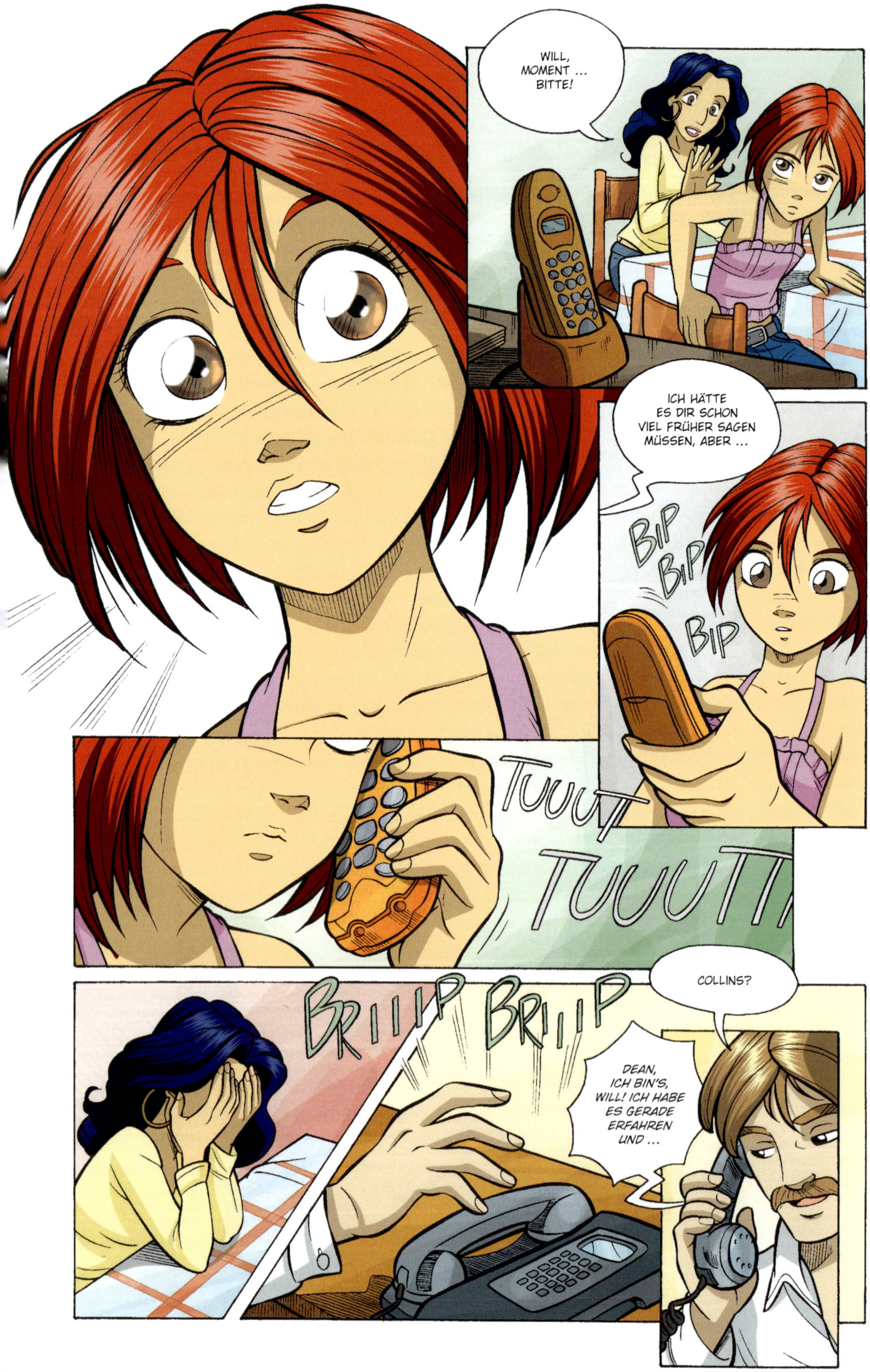
WILL, MOMENT ... BITTE!
ICH HÄTTE ES DIR SCHON VIEL FRÜHER SAGEN MÜSSEN, ABER ...
BIP BIP BIP
TUUUT TUUUTT
BRIIIP BRIIIP
COLLINS?
DEAN, ICH BIN'S, WILL! ICH HABE ES GERADE ERFAHREN UND ...

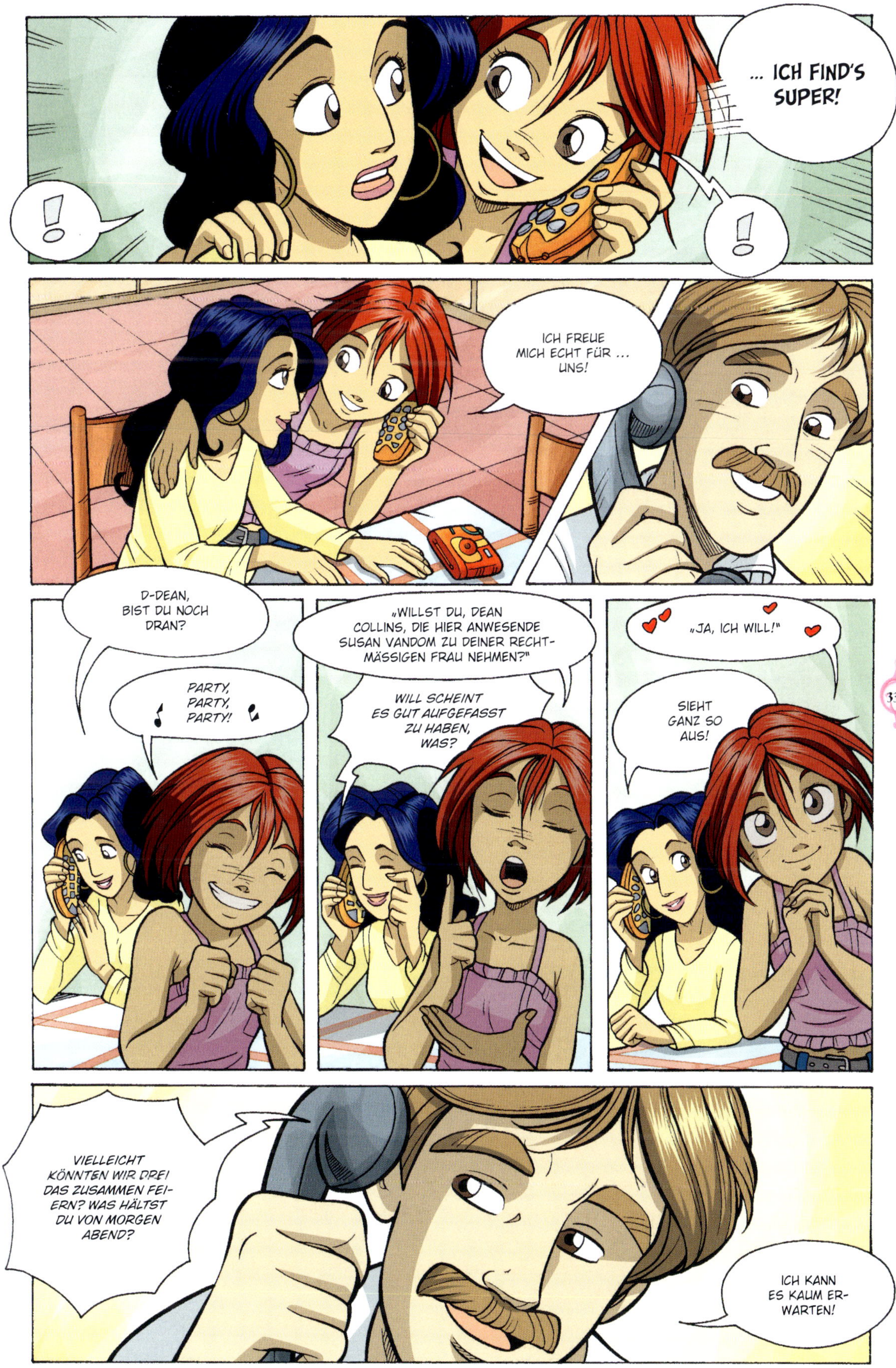
!
… ICH FIND'S SUPER!
!
ICH FREUE MICH ECHT FÜR … UNS!
D-DEAN, BIST DU NOCH DRAN?
PARTY, PARTY, PARTY!
„WILLST DU, DEAN COLLINS, DIE HIER ANWESENDE SUSAN VANDOM ZU DEINER RECHT-MÄSSIGEN FRAU NEHMEN?"
WILL SCHEINT ES GUT AUFGEFASST ZU HABEN, WAS?
„JA, ICH WILL!"
SIEHT GANZ SO AUS!
VIELLEICHT KÖNNTEN WIR DREI DAS ZUSAMMEN FEI-ERN? WAS HÄLTST DU VON MORGEN ABEND?
ICH KANN ES KAUM ER-WARTEN!

339

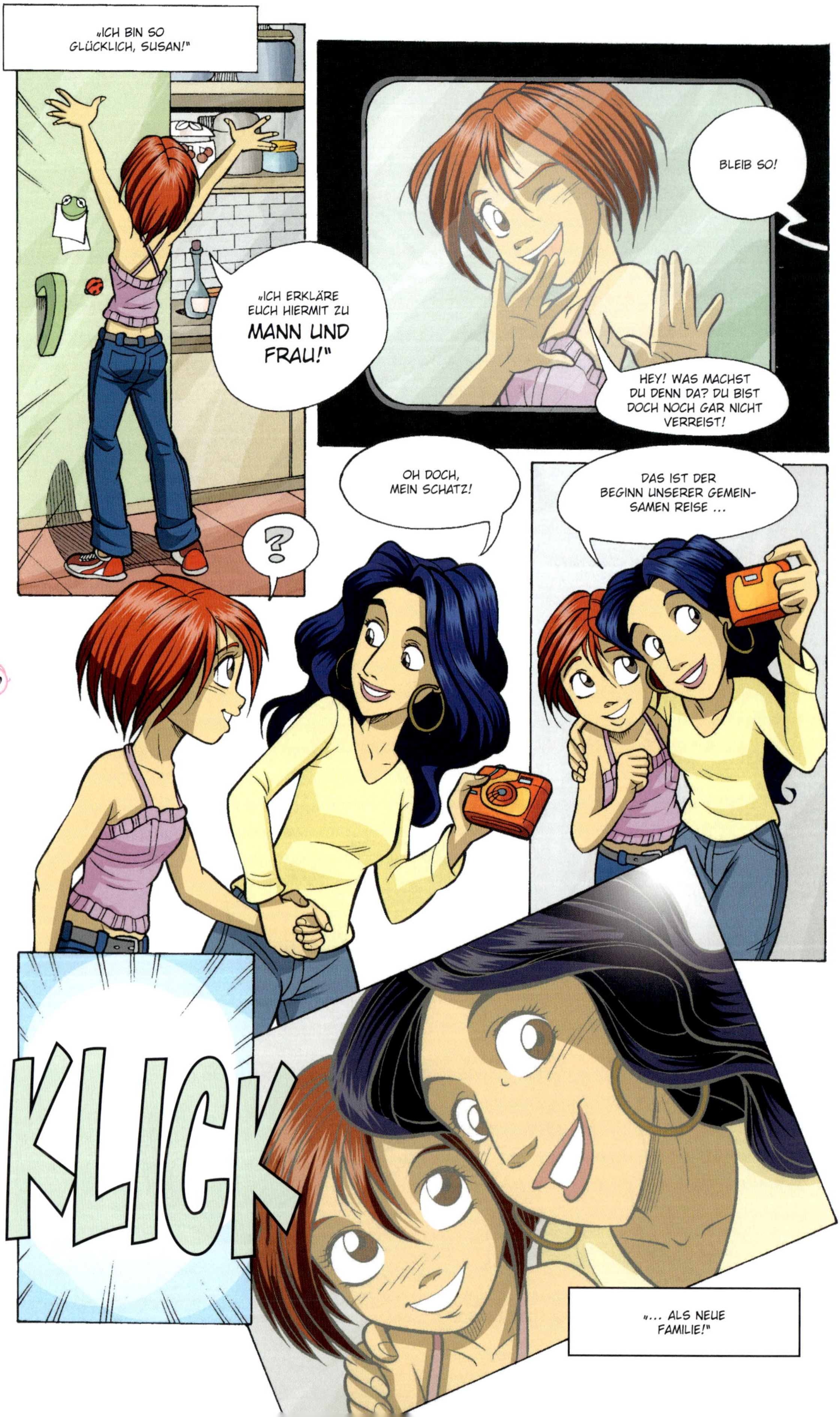

„ICH BIN SO GLÜCKLICH, SUSAN!"
„ICH ERKLÄRE EUCH HIERMIT ZU MANN UND FRAU!"
BLEIB SO!
HEY! WAS MACHST DU DENN DA? DU BIST DOCH NOCH GAR NICHT VERREIST!
?
OH DOCH, MEIN SCHATZ!
DAS IST DER BEGINN UNSERER GEMEIN-SAMEN REISE …
KLICK
„… ALS NEUE FAMILIE!"

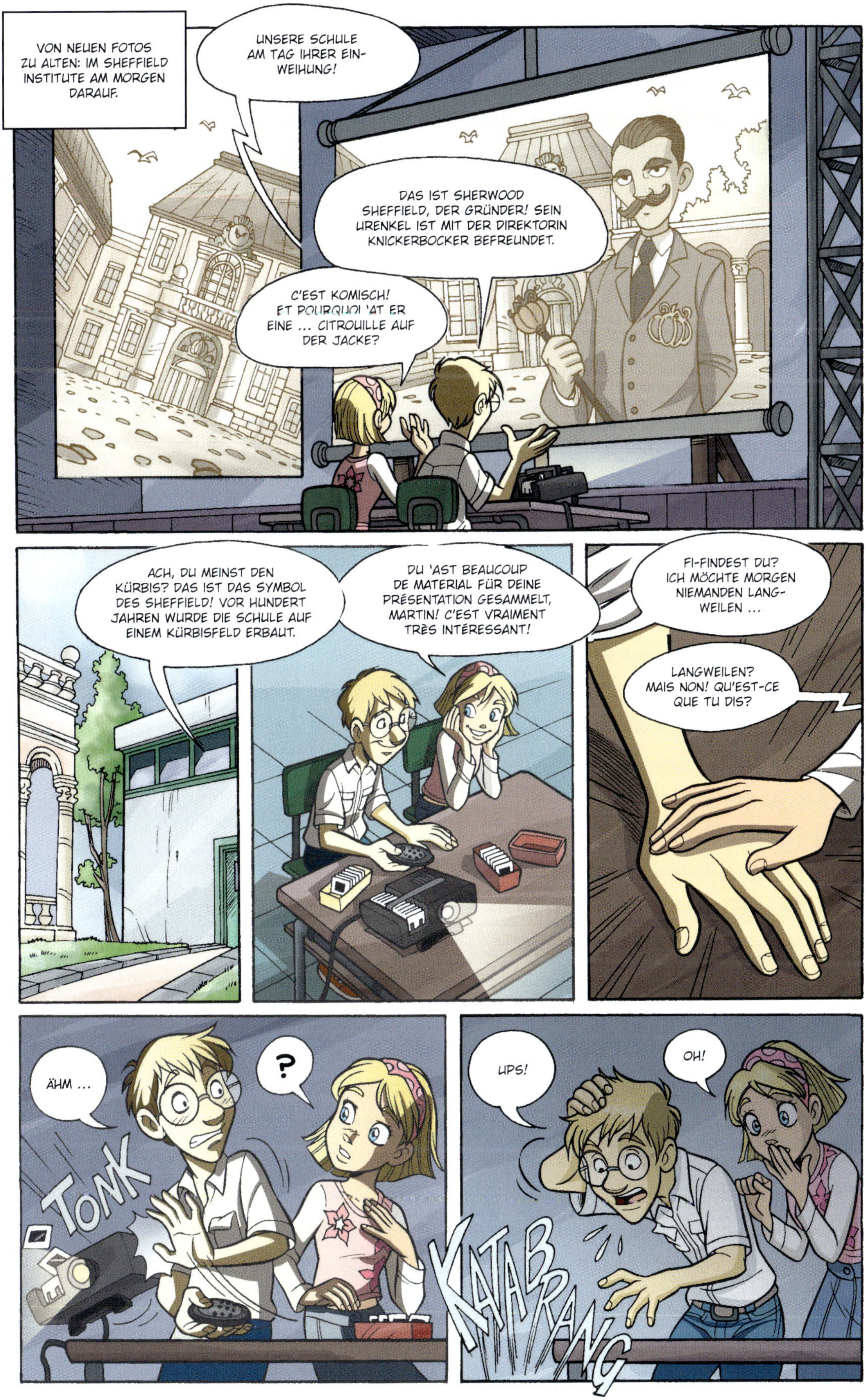
VON NEUEN FOTOS ZU ALTEN: IM SHEFFIELD INSTITUTE AM MORGEN DARAUF.
UNSERE SCHULE AM TAG IHRER EIN-WEIHUNG!
DAS IST SHERWOOD SHEFFIELD, DER GRÜNDER! SEIN URENKEL IST MIT DER DIREKTORIN KNICKERBOCKER BEFREUNDET.
C'EST KOMISCH! ET POURQUOI 'AT ER EINE ... CITROUILLE AUF DER JACKE?
ACH, DU MEINST DEN KÜRBIS? DAS IST DAS SYMBOL DES SHEFFIELD! VOR HUNDERT JAHREN WURDE DIE SCHULE AUF EINEM KÜRBISFELD ERBAUT.
DU 'AST BEAUCOUP DE MATERIAL FÜR DEINE PRÉSENTATION GESAMMELT, MARTIN! C'EST VRAIMENT TRÈS INTÉRESSANT!
FI-FINDEST DU? ICH MÖCHTE MORGEN NIEMANDEN LANG-WEILEN ...
LANGWEILEN? MAIS NON! QU'EST-CE QUE TU DIS?
ÄHM ...
?
TONK
UPS!
OH!
KATABRANG

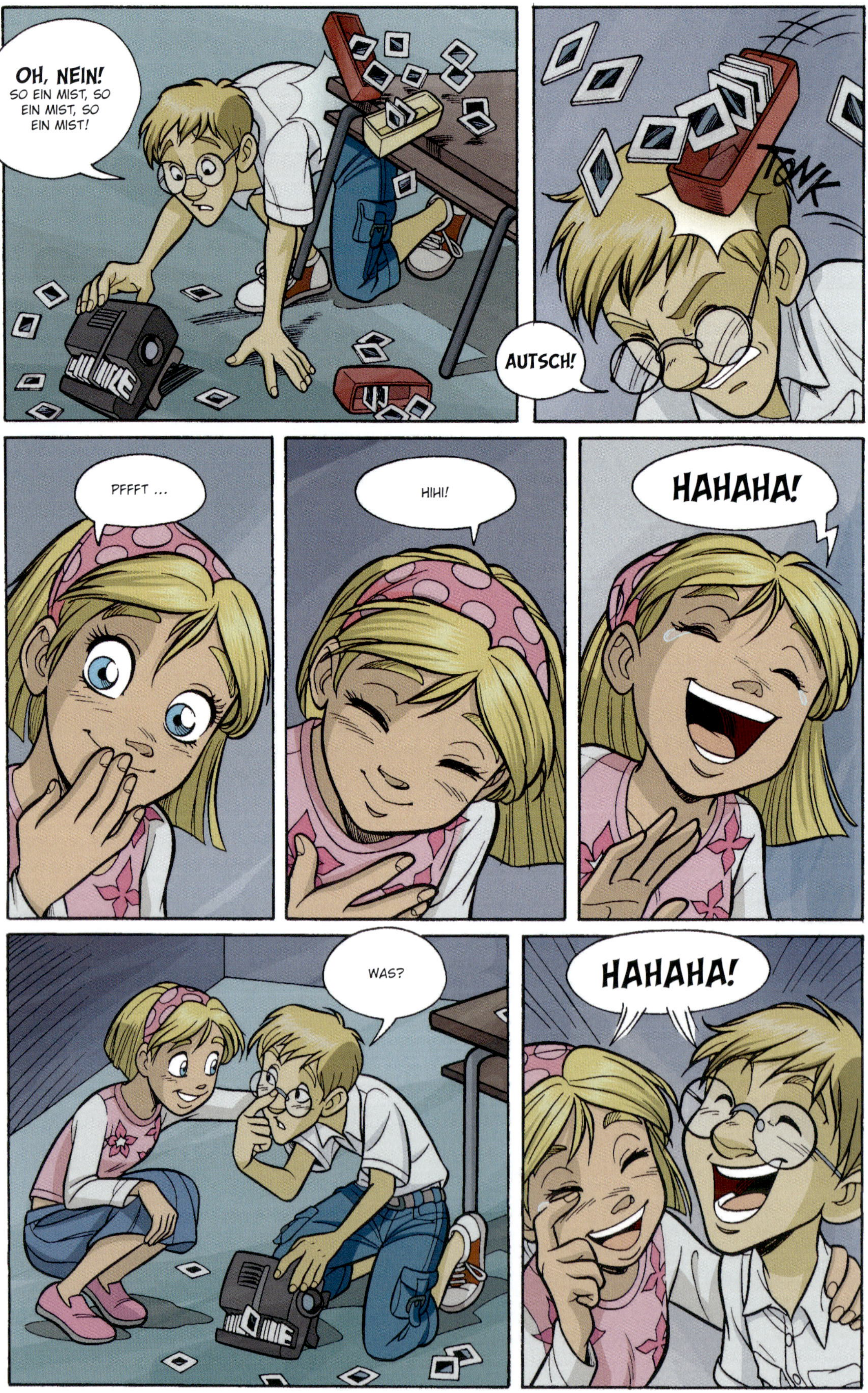
OH, NEIN! SO EIN MIST, SO EIN MIST, SO EIN MIST!
TONK
AUTSCH!
PFFFT ...
HIHI!
HAHAHA!
WAS?
HAHAHA!

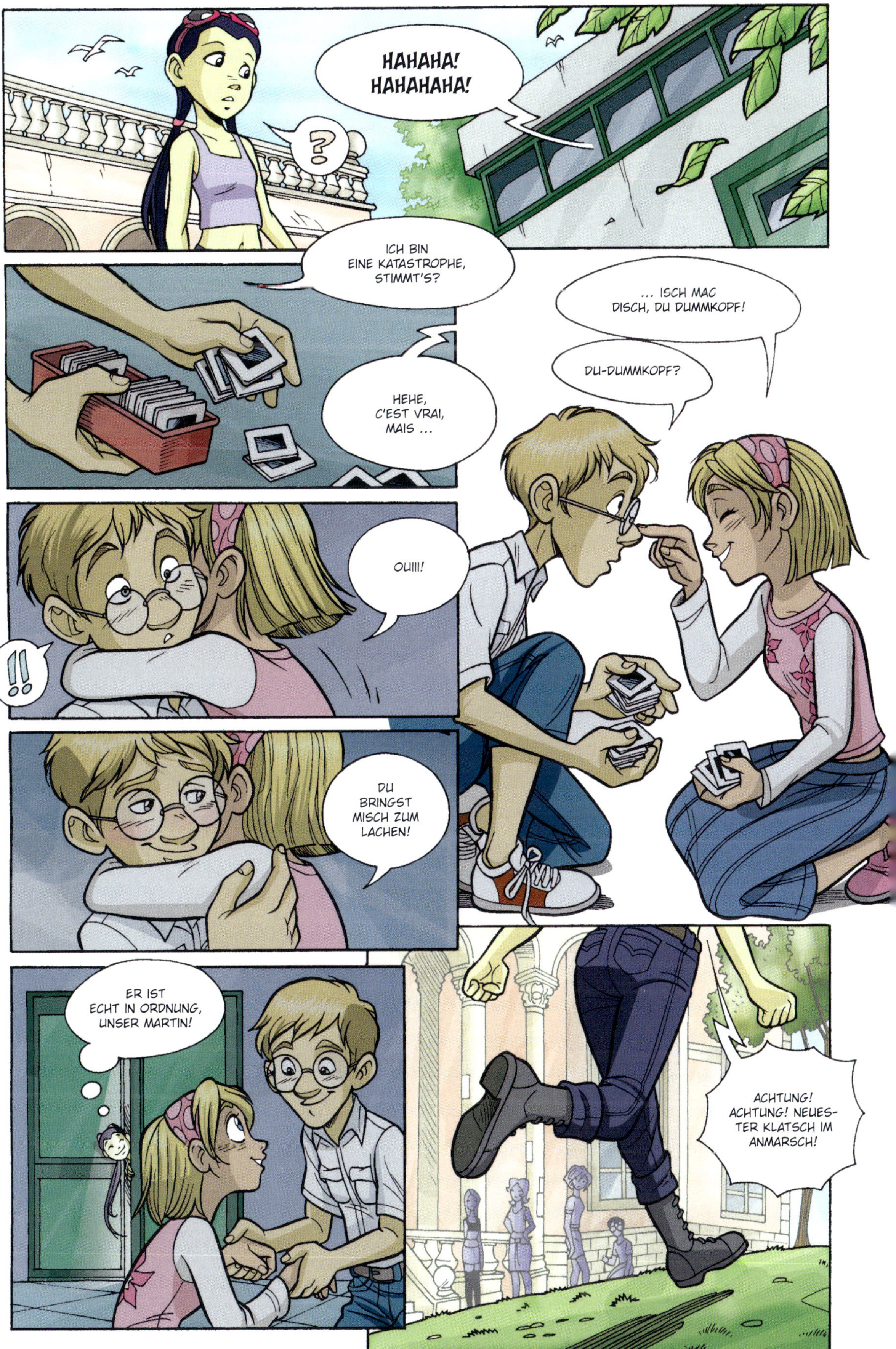
HAHAHA!
HAHAHAHA!
?
ICH BIN EINE KATASTROPHE, STIMMT'S?
HEHE, C'EST VRAI, MAIS ...
... ISCH MAC DISCH, DU DUMMKOPF!
DU-DUMMKOPF?
OUIII!
!!
DU BRINGST MISCH ZUM LACHEN!
ER IST ECHT IN ORDNUNG, UNSER MARTIN!
ACHTUNG! ACHTUNG! NEUESTER KLATSCH IM ANMARSCH!

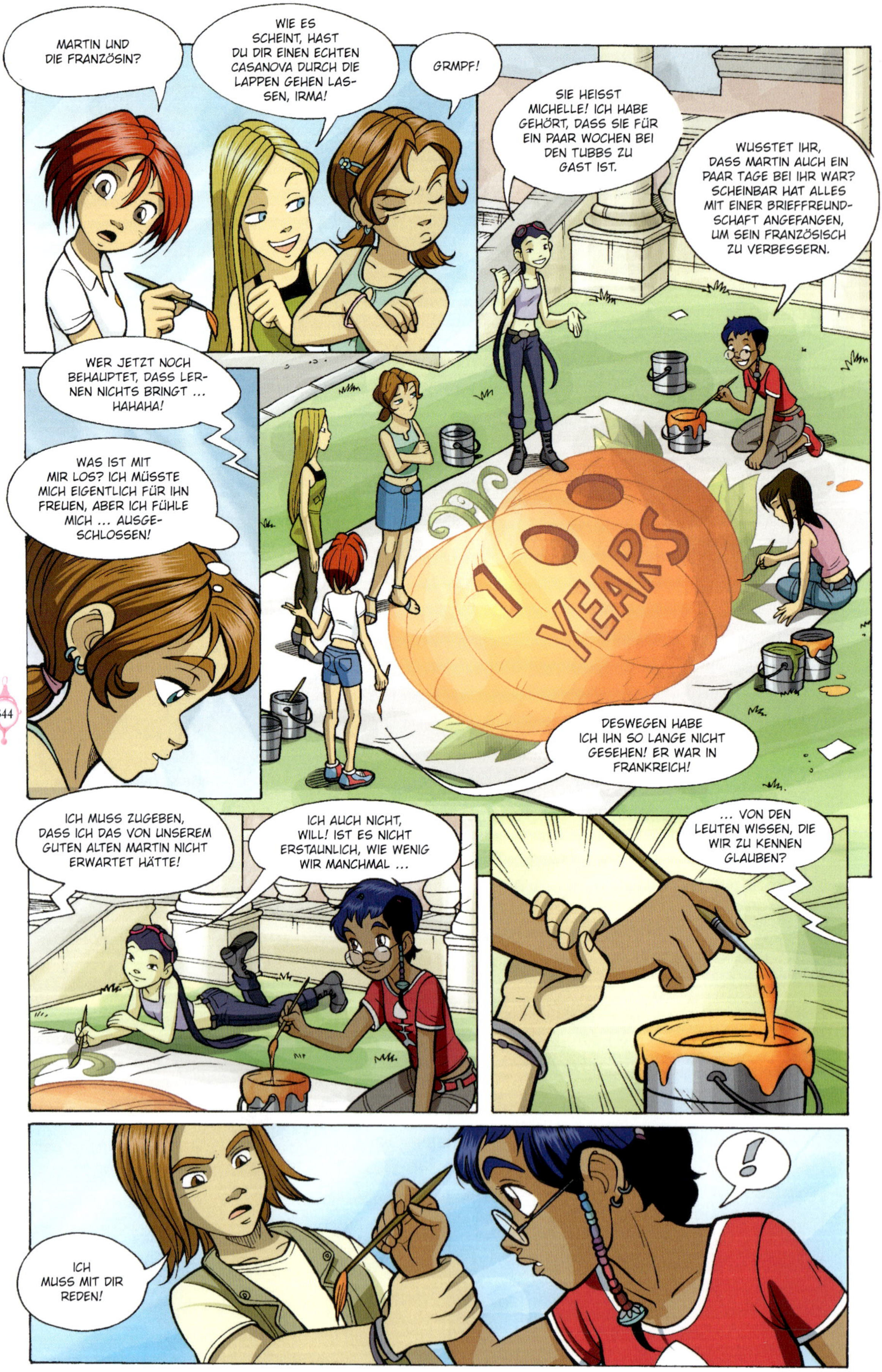
MARTIN UND DIE FRANZÖSIN?
WIE ES SCHEINT, HAST DU DIR EINEN ECHTEN CASANOVA DURCH DIE LAPPEN GEHEN LASSEN, IRMA!
GRMPF!
SIE HEISST MICHELLE! ICH HABE GEHÖRT, DASS SIE FÜR EIN PAAR WOCHEN BEI DEN TUBBS ZU GAST IST.
WUSSTET IHR, DASS MARTIN AUCH EIN PAAR TAGE BEI IHR WAR? SCHEINBAR HAT ALLES MIT EINER BRIEFFREUNDSCHAFT ANGEFANGEN, UM SEIN FRANZÖSISCH ZU VERBESSERN.
WER JETZT NOCH BEHAUPTET, DASS LERNEN NICHTS BRINGT ... HAHAHA!
WAS IST MIT MIR LOS? ICH MÜSSTE MICH EIGENTLICH FÜR IHN FREUEN, ABER ICH FÜHLE MICH ... AUSGESCHLOSSEN!
10 YEARS
DESWEGEN HABE ICH IHN SO LANGE NICHT GESEHEN! ER WAR IN FRANKREICH!
ICH MUSS ZUGEBEN, DASS ICH DAS VON UNSEREM GUTEN ALTEN MARTIN NICHT ERWARTET HÄTTE!
ICH AUCH NICHT, WILL! IST ES NICHT ERSTAUNLICH, WIE WENIG WIR MANCHMAL ...
... VON DEN LEUTEN WISSEN, DIE WIR ZU KENNEN GLAUBEN?
!
ICH MUSS MIT DIR REDEN!

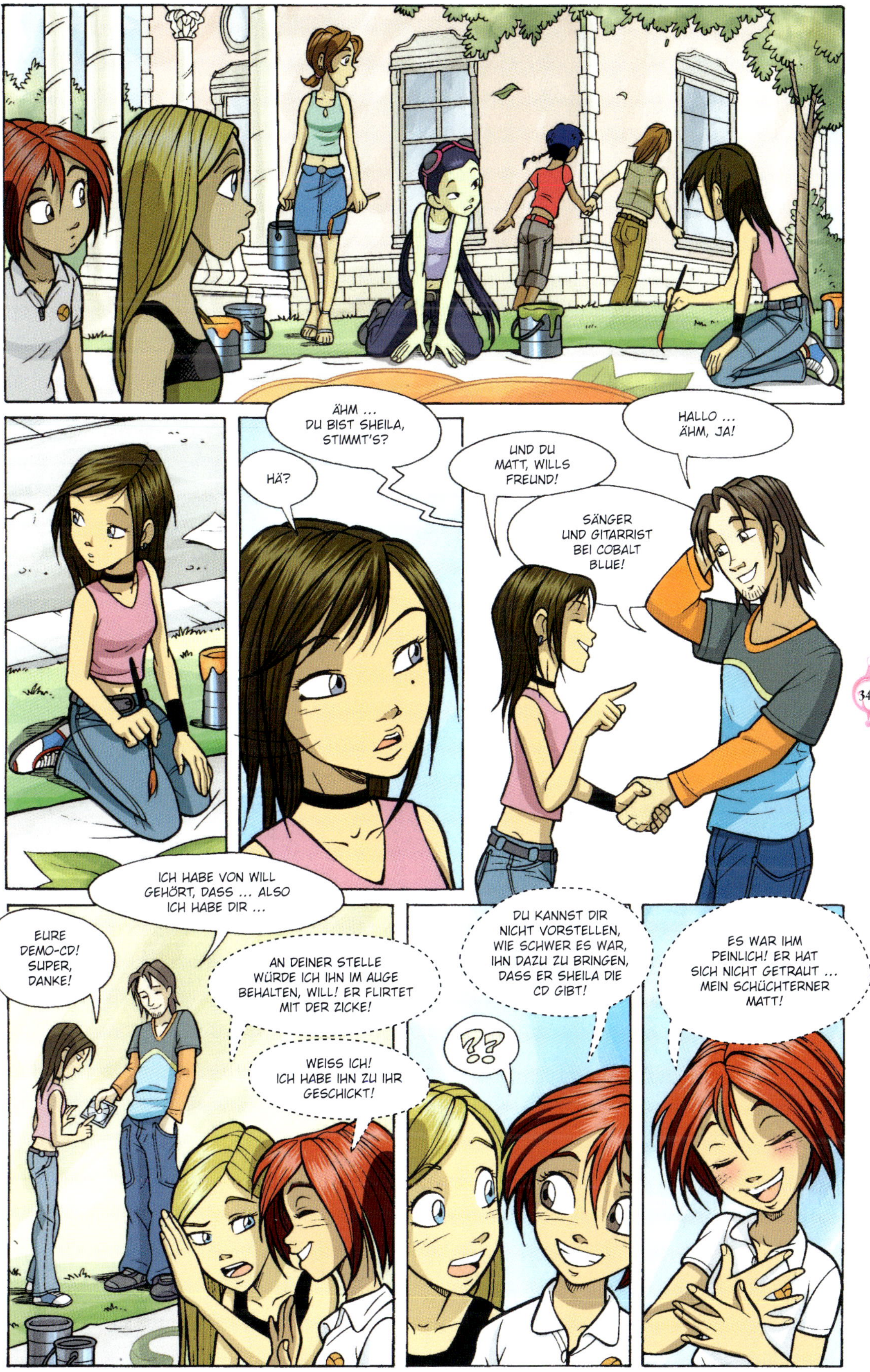
ÄHM ... DU BIST SHEILA, STIMMT'S?
HÄ?
UND DU MATT, WILLS FREUND!
HALLO ... ÄHM, JA!
SÄNGER UND GITARRIST BEI COBALT BLUE!
ICH HABE VON WILL GEHÖRT, DASS ... ALSO ICH HABE DIR ...
EURE DEMO-CD! SUPER, DANKE!
AN DEINER STELLE WÜRDE ICH IHN IM AUGE BEHALTEN, WILL! ER FLIRTET MIT DER ZICKE!
WEISS ICH! ICH HABE IHN ZU IHR GESCHICKT!
DU KANNST DIR NICHT VORSTELLEN, WIE SCHWER ES WAR, IHN DAZU ZU BRINGEN, DASS ER SHEILA DIE CD GIBT!
??
ES WAR IHM PEINLICH! ER HAT SICH NICHT GETRAUT ... MEIN SCHÜCHTERNER MATT!

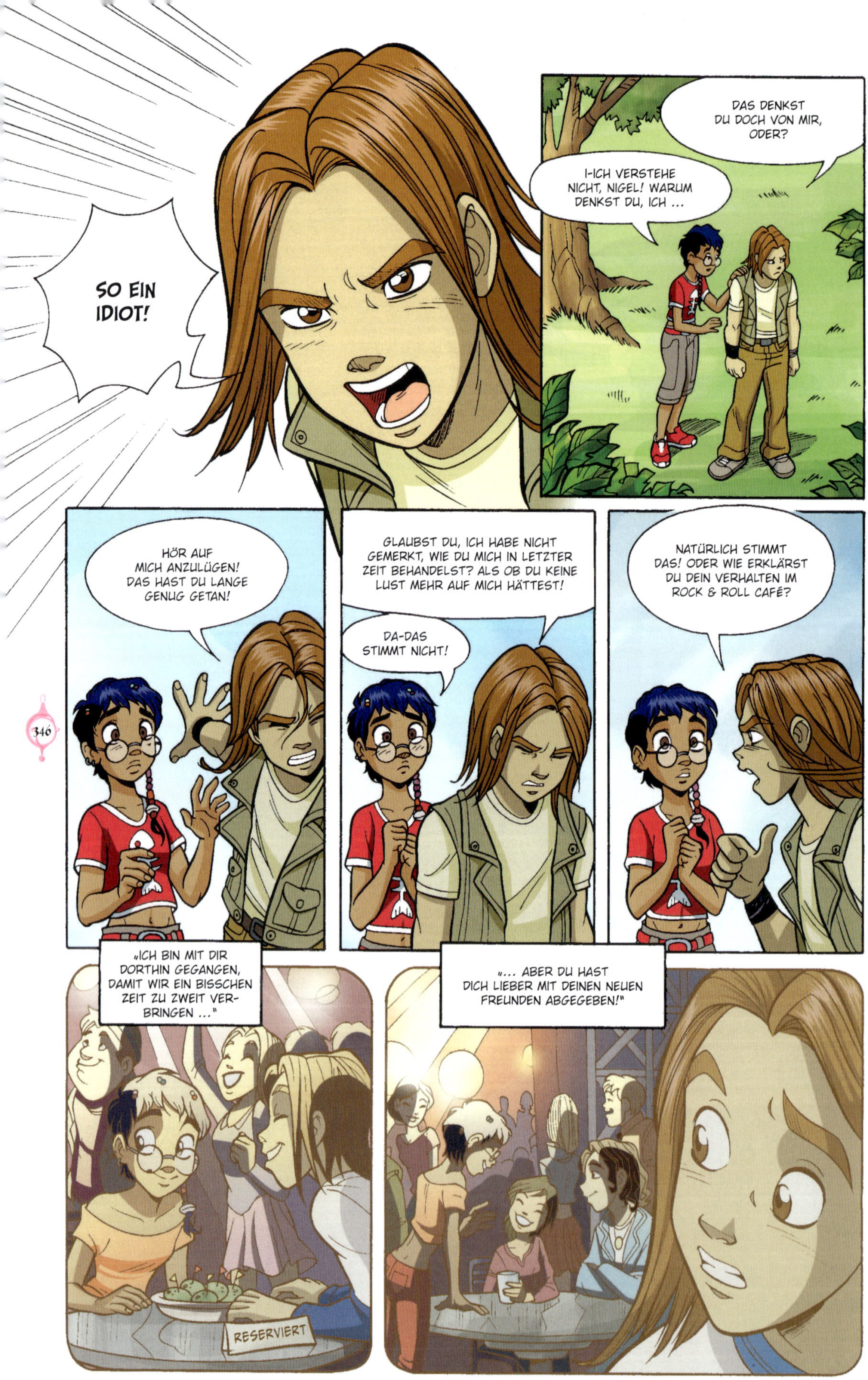

SO EIN IDIOT!
DAS DENKST DU DOCH VON MIR, ODER?
I-ICH VERSTEHE NICHT, NIGEL! WARUM DENKST DU, ICH ...
HÖR AUF MICH ANZULÜGEN! DAS HAST DU LANGE GENUG GETAN!
GLAUBST DU, ICH HABE NICHT GEMERKT, WIE DU MICH IN LETZTER ZEIT BEHANDELST? ALS OB DU KEINE LUST MEHR AUF MICH HÄTTEST!
DA-DAS STIMMT NICHT!
NATÜRLICH STIMMT DAS! ODER WIE ERKLÄRST DU DEIN VERHALTEN IM ROCK & ROLL CAFÉ?
„ICH BIN MIT DIR DORTHIN GEGANGEN, DAMIT WIR EIN BISSCHEN ZEIT ZU ZWEIT VERBRINGEN ..."
RESERVIERT
„... ABER DU HAST DICH LIEBER MIT DEINEN NEUEN FREUNDEN ABGEGEBEN!"

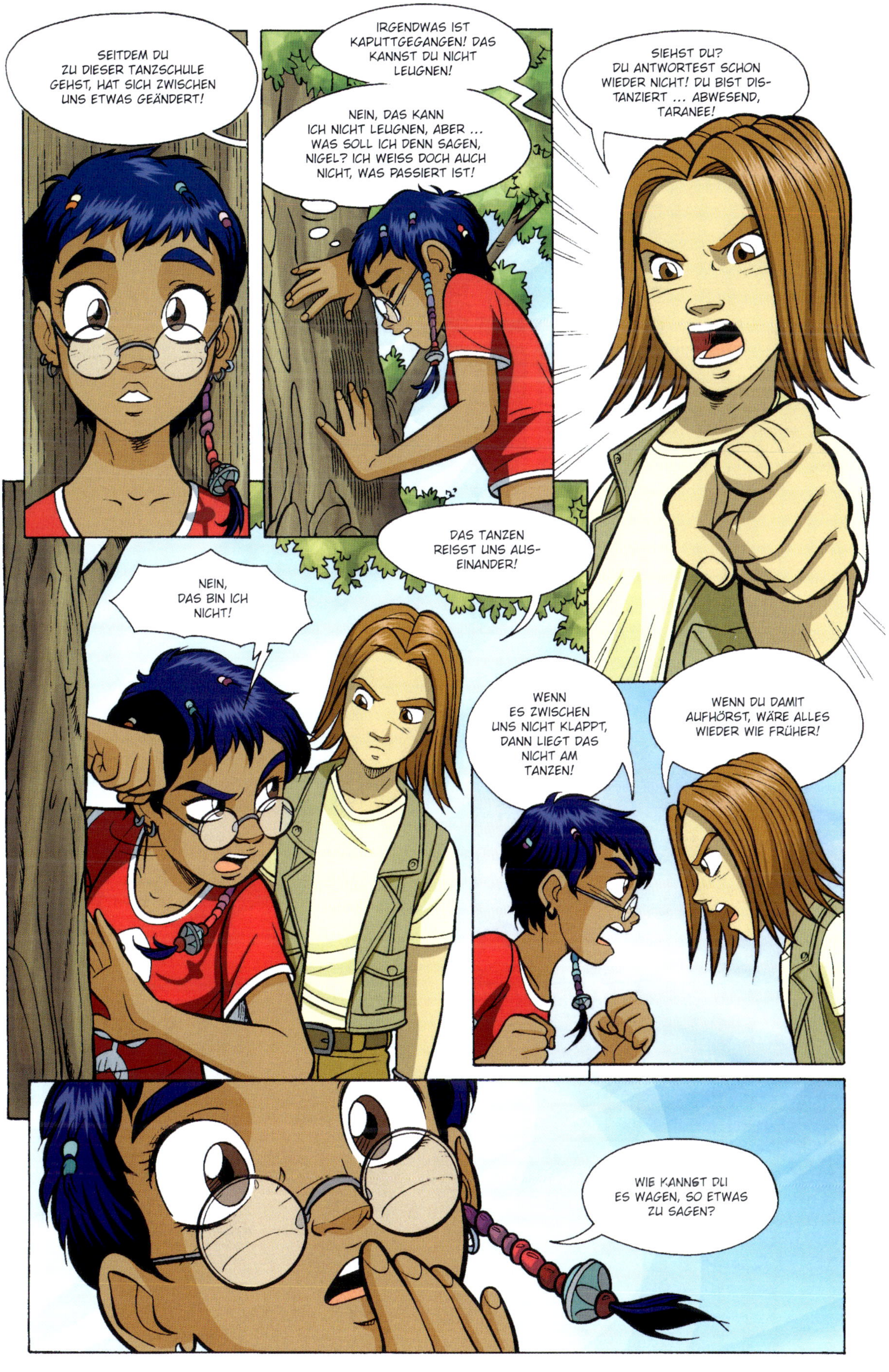
SEITDEM DU ZU DIESER TANZSCHULE GEHST, HAT SICH ZWISCHEN UNS ETWAS GEÄNDERT!
IRGENDWAS IST KAPUTTGEGANGEN! DAS KANNST DU NICHT LEUGNEN!
NEIN, DAS KANN ICH NICHT LEUGNEN, ABER ... WAS SOLL ICH DENN SAGEN, NIGEL? ICH WEISS DOCH AUCH NICHT, WAS PASSIERT IST!
SIEHST DU? DU ANTWORTEST SCHON WIEDER NICHT! DU BIST DISTANZIERT ... ABWESEND, TARANEE!
DAS TANZEN REISST UNS AUSEINANDER!
NEIN, DAS BIN ICH NICHT!
WENN ES ZWISCHEN UNS NICHT KLAPPT, DANN LIEGT DAS NICHT AM TANZEN!
WENN DU DAMIT AUFHÖRST, WÄRE ALLES WIEDER WIE FRÜHER!
WIE KANNST DU ES WAGEN, SO ETWAS ZU SAGEN?

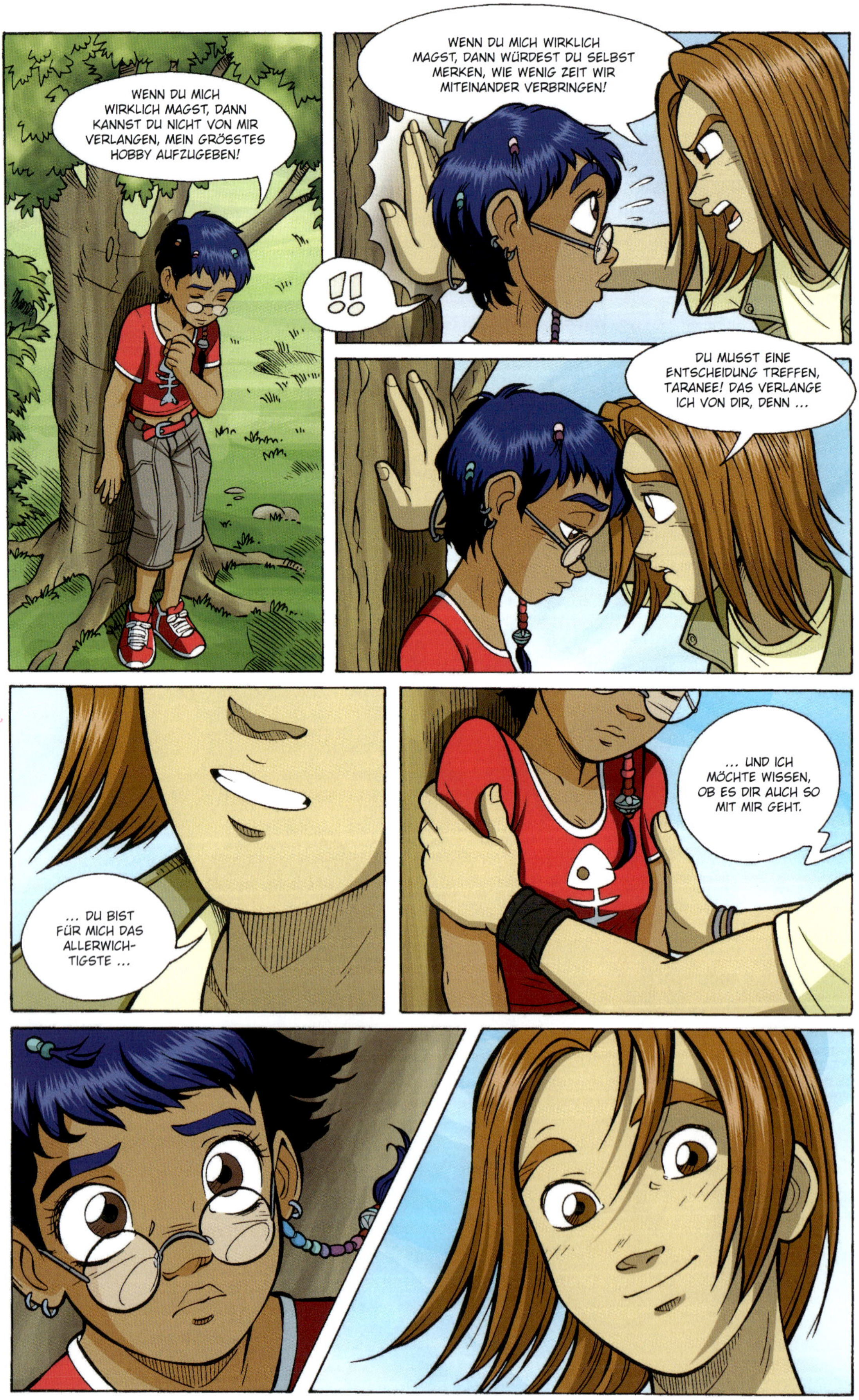

WENN DU MICH WIRKLICH MAGST, DANN KANNST DU NICHT VON MIR VERLANGEN, MEIN GRÖSSTES HOBBY AUFZUGEBEN!
WENN DU MICH WIRKLICH MAGST, DANN WÜRDEST DU SELBST MERKEN, WIE WENIG ZEIT WIR MITEINANDER VERBRINGEN!
!!
DU MUSST EINE ENTSCHEIDUNG TREFFEN, TARANEE! DAS VERLANGE ICH VON DIR, DENN ...
... DU BIST FÜR MICH DAS ALLERWICH-TIGSTE ...
... UND ICH MÖCHTE WISSEN, OB ES DIR AUCH SO MIT MIR GEHT.

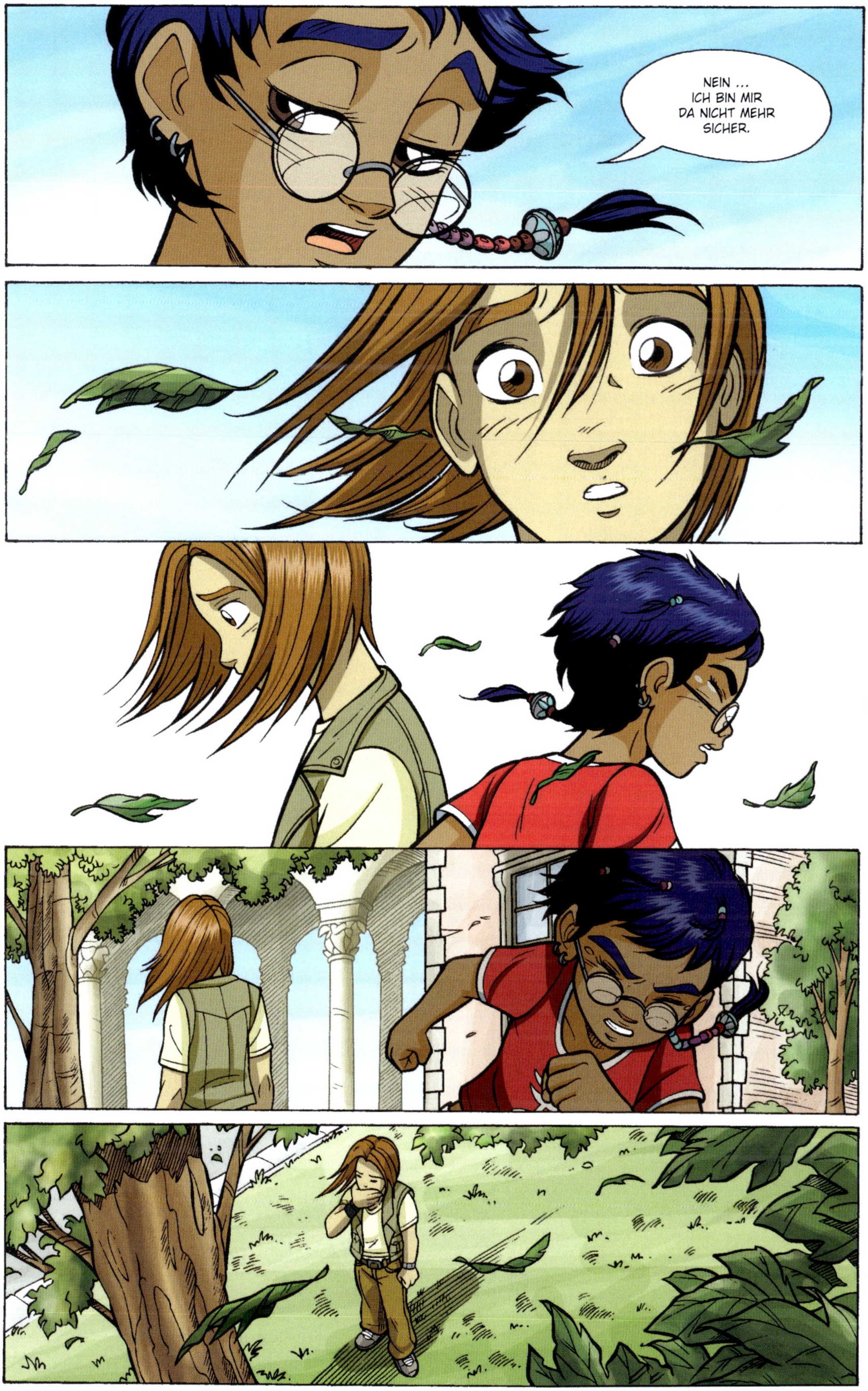
NEIN ...
ICH BIN MIR
DA NICHT MEHR
SICHER.

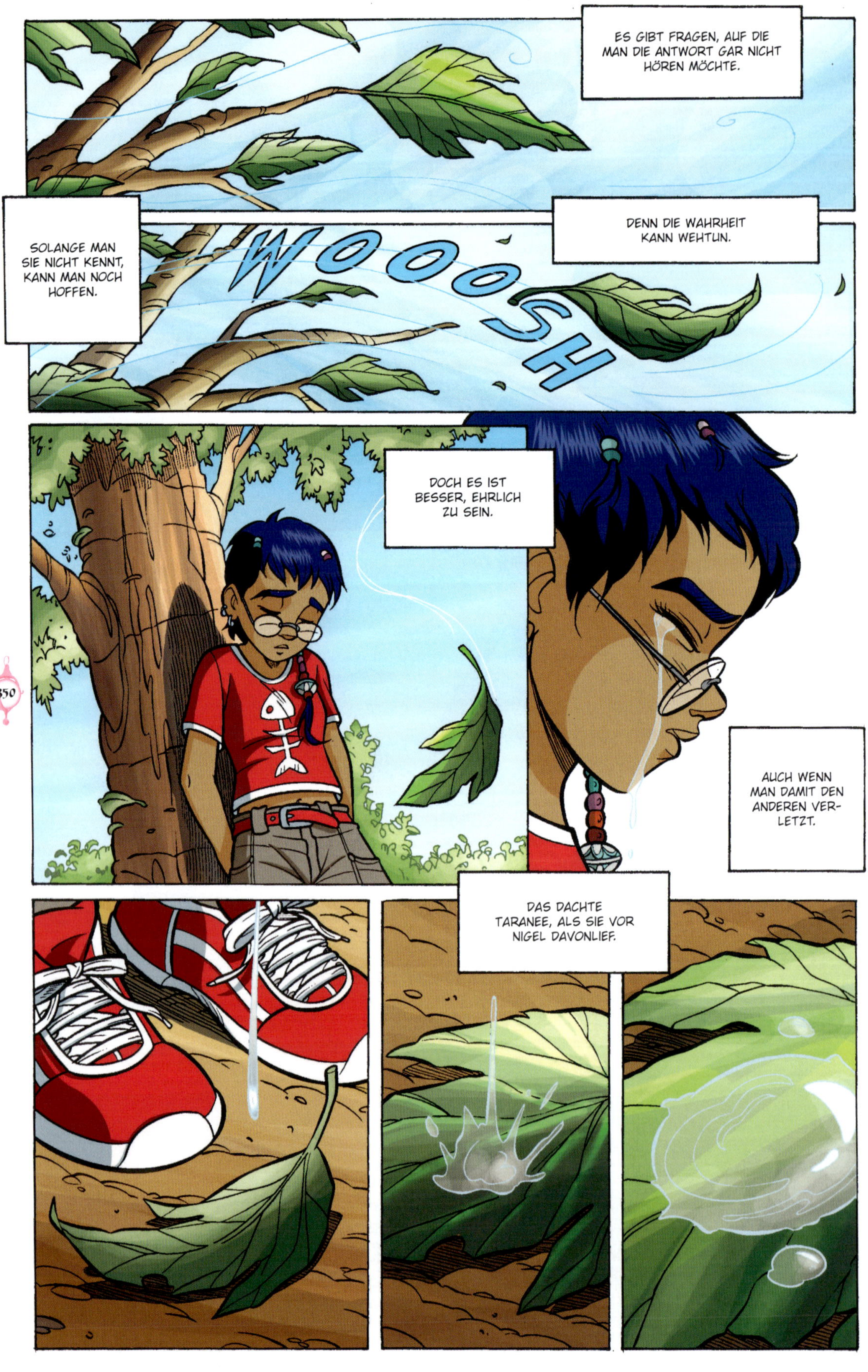
ES GIBT FRAGEN, AUF DIE MAN DIE ANTWORT GAR NICHT HÖREN MÖCHTE.
SOLANGE MAN SIE NICHT KENNT, KANN MAN NOCH HOFFEN.
WOOOSH
DENN DIE WAHRHEIT KANN WEHTUN.
DOCH ES IST BESSER, EHRLICH ZU SEIN.
AUCH WENN MAN DAMIT DEN ANDEREN VER-LETZT.
DAS DACHTE TARANEE, ALS SIE VOR NIGEL DAVONLIEF.

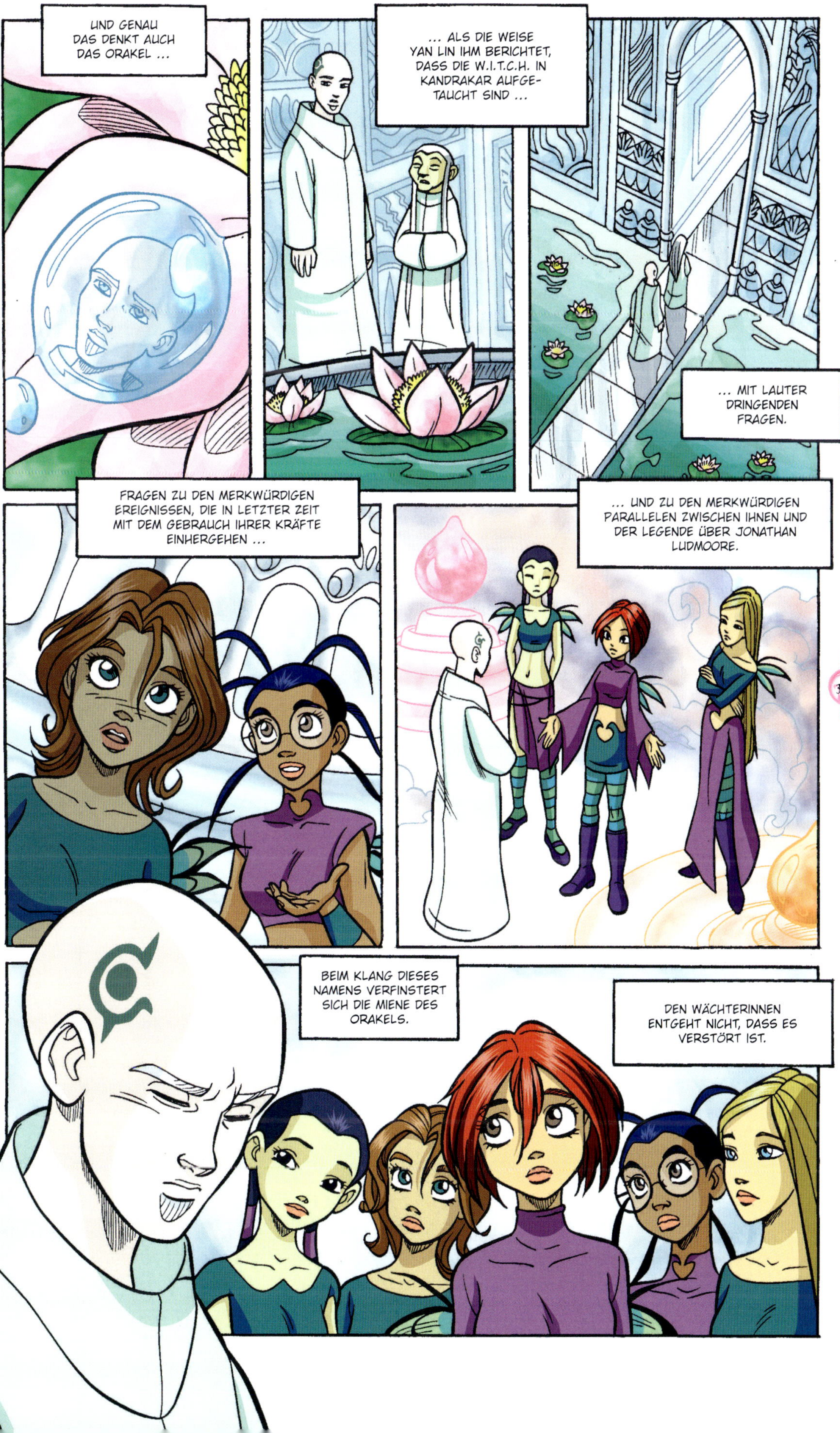
UND GENAU DAS DENKT AUCH DAS ORAKEL ...
... ALS DIE WEISE YAN LIN IHM BERICHTET, DASS DIE W.I.T.C.H. IN KANDRAKAR AUFGETAUCHT SIND ...
... MIT LAUTER DRINGENDEN FRAGEN.
FRAGEN ZU DEN MERKWÜRDIGEN EREIGNISSEN, DIE IN LETZTER ZEIT MIT DEM GEBRAUCH IHRER KRÄFTE EINHERGEHEN ...
... UND ZU DEN MERKWÜRDIGEN PARALLELEN ZWISCHEN IHNEN UND DER LEGENDE ÜBER JONATHAN LUDMOORE.
BEIM KLANG DIESES NAMENS VERFINSTERT SICH DIE MIENE DES ORAKELS.
DEN WÄCHTERINNEN ENTGEHT NICHT, DASS ES VERSTÖRT IST.

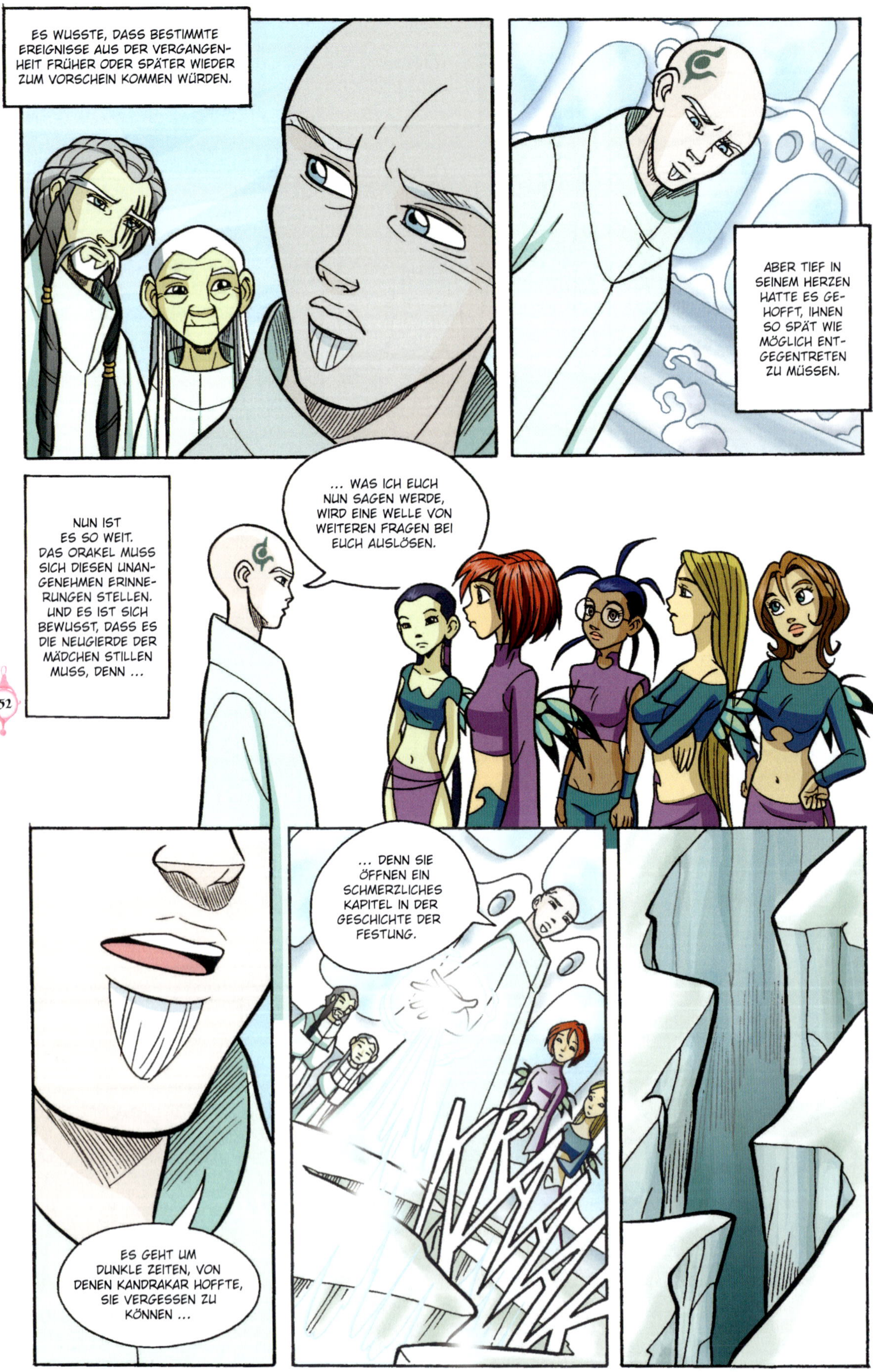
ES WUSSTE, DASS BESTIMMTE EREIGNISSE AUS DER VERGANGENHEIT FRÜHER ODER SPÄTER WIEDER ZUM VORSCHEIN KOMMEN WÜRDEN.
ABER TIEF IN SEINEM HERZEN HATTE ES GEHOFFT, IHNEN SO SPÄT WIE MÖGLICH ENTGEGENTRETEN ZU MÜSSEN.
NUN IST ES SO WEIT. DAS ORAKEL MUSS SICH DIESEN UNANGENEHMEN ERINNERUNGEN STELLEN. UND ES IST SICH BEWUSST, DASS ES DIE NEUGIERDE DER MÄDCHEN STILLEN MUSS, DENN ...
... WAS ICH EUCH NUN SAGEN WERDE, WIRD EINE WELLE VON WEITEREN FRAGEN BEI EUCH AUSLÖSEN.
ES GEHT UM DUNKLE ZEITEN, VON DENEN KANDRAKAR HOFFTE, SIE VERGESSEN ZU KÖNNEN ...
... DENN SIE ÖFFNEN EIN SCHMERZLICHES KAPITEL IN DER GESCHICHTE DER FESTUNG.

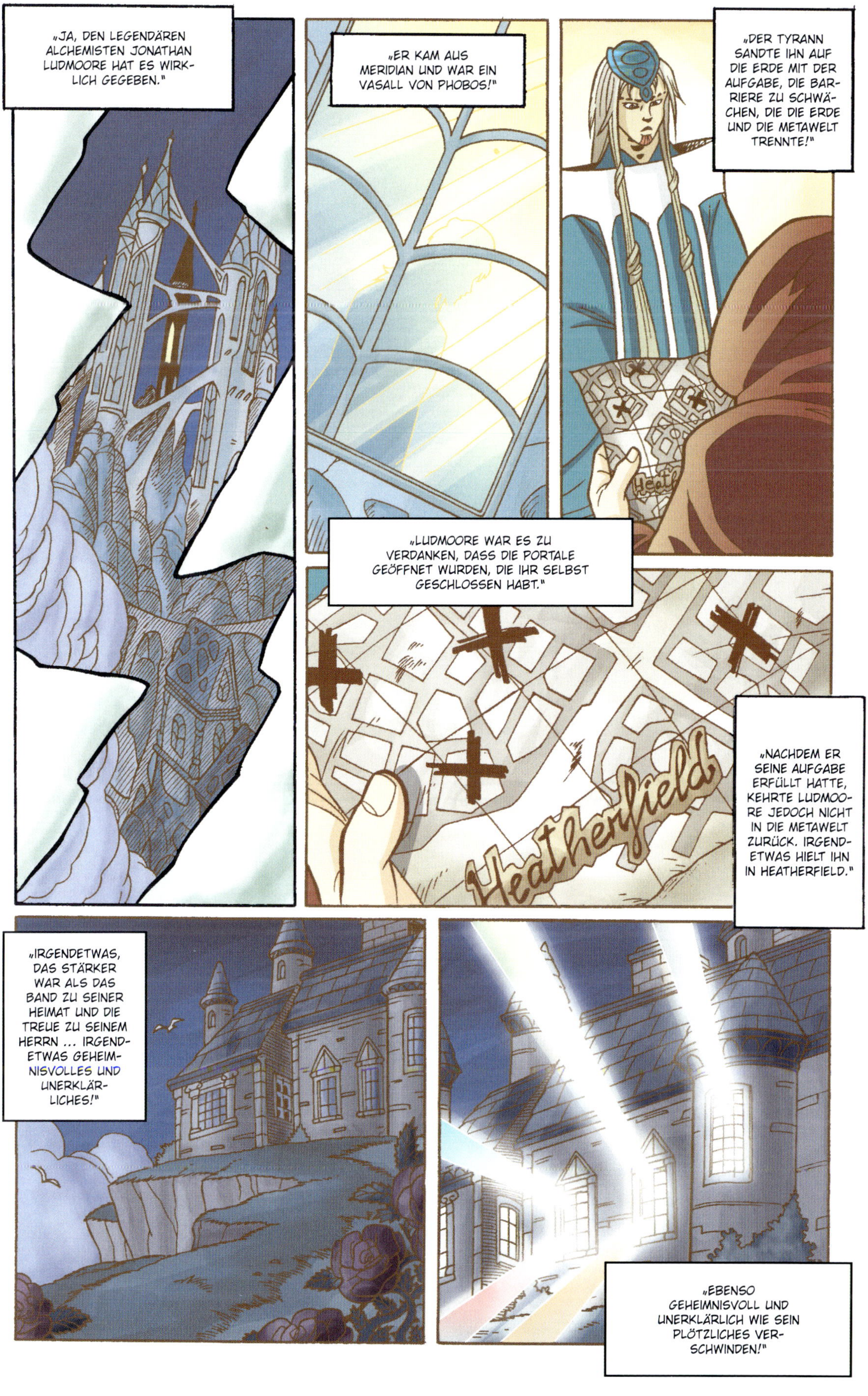
„JA, DEN LEGENDÄREN ALCHEMISTEN JONATHAN LUDMOORE HAT ES WIRKLICH GEGEBEN."
„ER KAM AUS MERIDIAN UND WAR EIN VASALL VON PHOBOS!"
„DER TYRANN SANDTE IHN AUF DIE ERDE MIT DER AUFGABE, DIE BARRIERE ZU SCHWÄCHEN, DIE DIE ERDE UND DIE METAWELT TRENNTE!"
„LUDMOORE WAR ES ZU VERDANKEN, DASS DIE PORTALE GEÖFFNET WURDEN, DIE IHR SELBST GESCHLOSSEN HABT."
Heatherfield
„NACHDEM ER SEINE AUFGABE ERFÜLLT HATTE, KEHRTE LUDMOORE JEDOCH NICHT IN DIE METAWELT ZURÜCK. IRGENDETWAS HIELT IHN IN HEATHERFIELD."
„IRGENDETWAS, DAS STÄRKER WAR ALS DAS BAND ZU SEINER HEIMAT UND DIE TREUE ZU SEINEM HERRN ... IRGENDETWAS GEHEIMNISVOLLES UND UNERKLÄRLICHES!"
„EBENSO GEHEIMNISVOLL UND UNERKLÄRLICH WIE SEIN PLÖTZLICHES VERSCHWINDEN!"

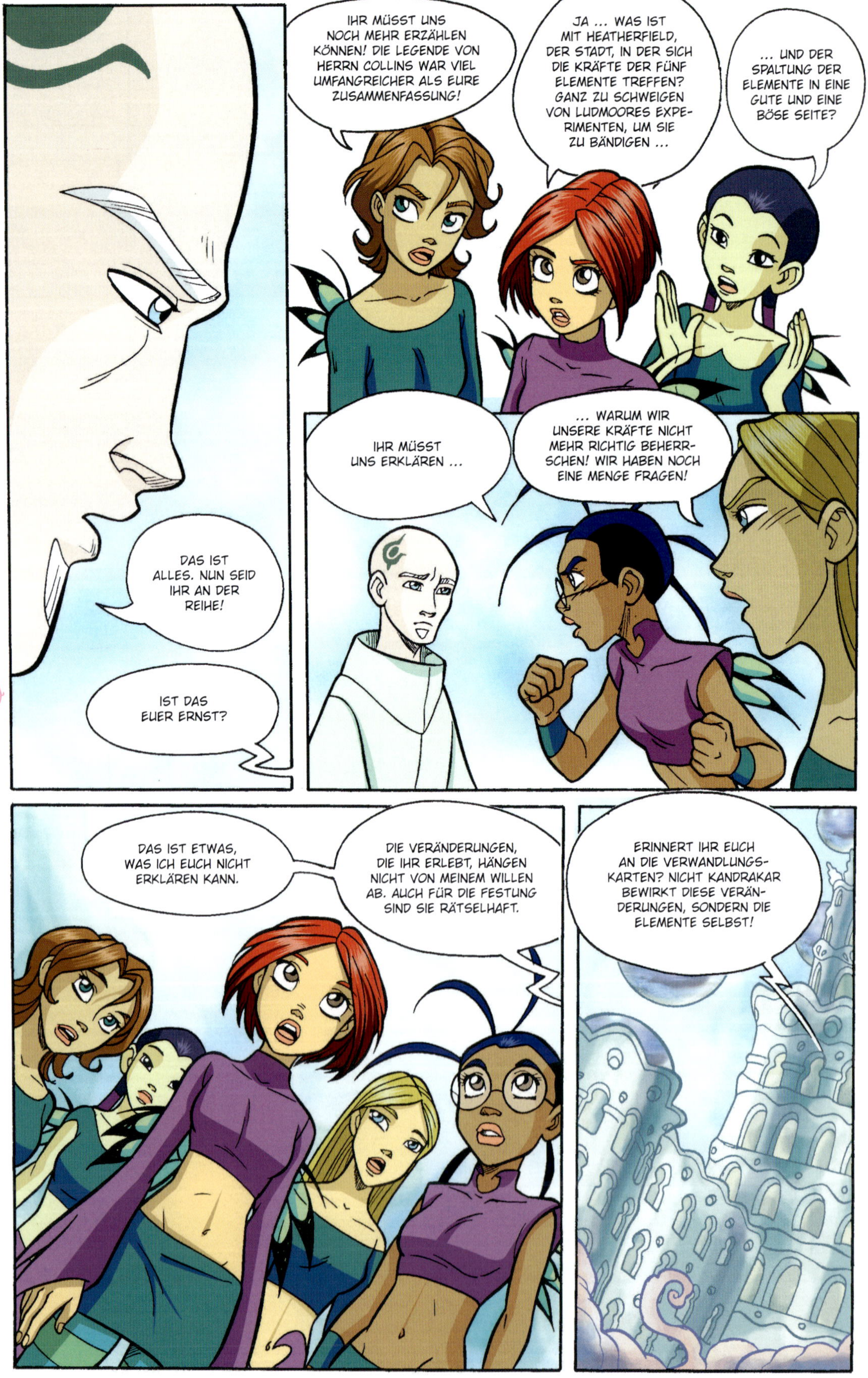
IHR MÜSST UNS NOCH MEHR ERZÄHLEN KÖNNEN! DIE LEGENDE VON HERRN COLLINS WAR VIEL UMFANGREICHER ALS EURE ZUSAMMENFASSUNG!
JA ... WAS IST MIT HEATHERFIELD, DER STADT, IN DER SICH DIE KRÄFTE DER FÜNF ELEMENTE TREFFEN? GANZ ZU SCHWEIGEN VON LUDMOORES EXPE-RIMENTEN, UM SIE ZU BÄNDIGEN ...
... UND DER SPALTUNG DER ELEMENTE IN EINE GUTE UND EINE BÖSE SEITE?
DAS IST ALLES. NUN SEID IHR AN DER REIHE!
IST DAS EUER ERNST?
IHR MÜSST UNS ERKLÄREN ...
... WARUM WIR UNSERE KRÄFTE NICHT MEHR RICHTIG BEHERR-SCHEN! WIR HABEN NOCH EINE MENGE FRAGEN!
DAS IST ETWAS, WAS ICH EUCH NICHT ERKLÄREN KANN.
DIE VERÄNDERUNGEN, DIE IHR ERLEBT, HÄNGEN NICHT VON MEINEM WILLEN AB. AUCH FÜR DIE FESTUNG SIND SIE RÄTSELHAFT.
ERINNERT IHR EUCH AN DIE VERWANDLUNGS-KARTEN? NICHT KANDRAKAR BEWIRKT DIESE VERÄN-DERUNGEN, SONDERN DIE ELEMENTE SELBST!

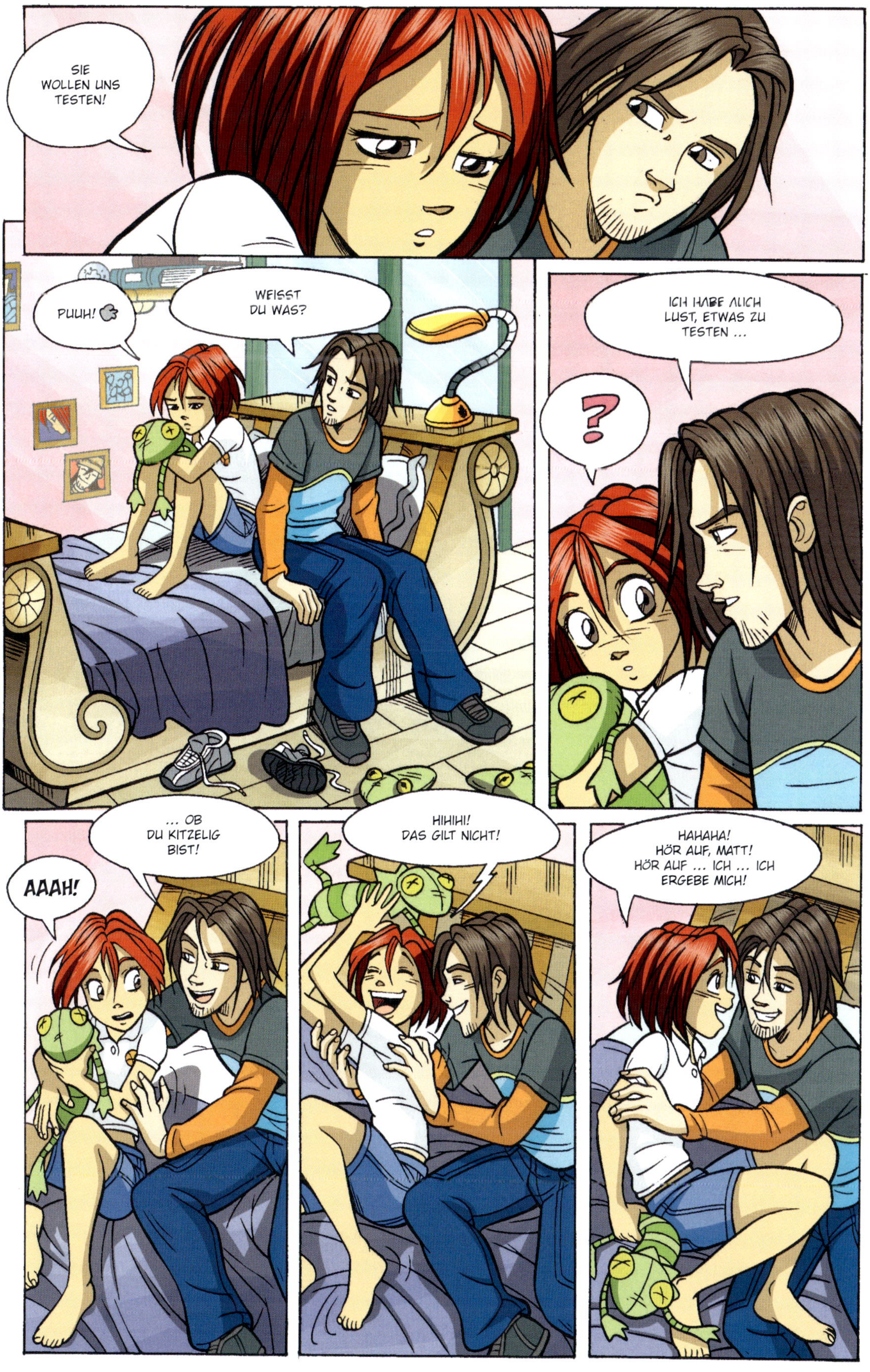
SIE WOLLEN UNS TESTEN!
PUUH!
WEISST DU WAS?
ICH HABE AUCH LUST, ETWAS ZU TESTEN ...
?
... OB DU KITZELIG BIST!
AAAH!
HIHIHI! DAS GILT NICHT!
HAHAHA! HÖR AUF, MATT! HÖR AUF ... ICH ... ICH ERGEBE MICH!

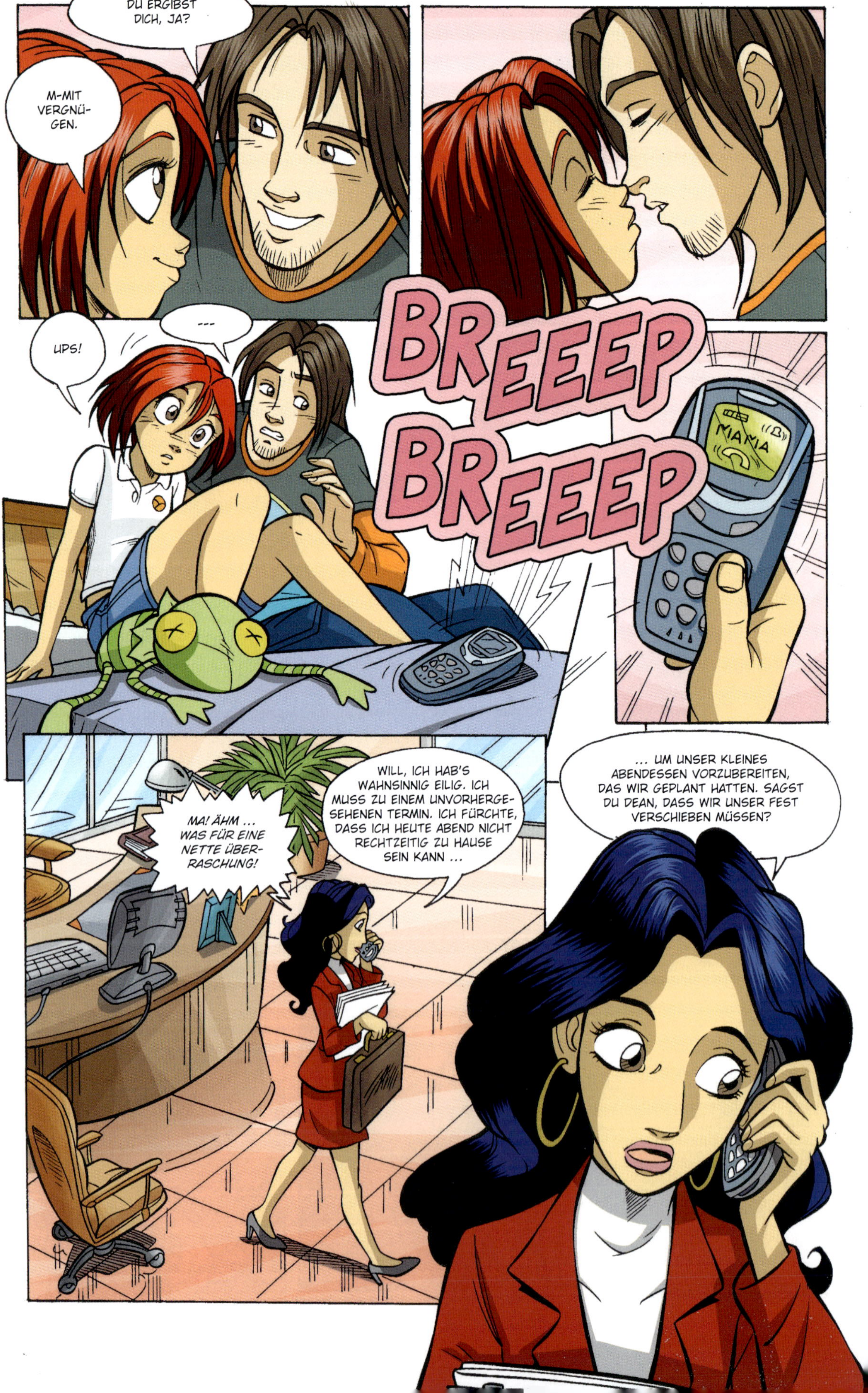
DU ERGIBST DICH, JA?
M-MIT VERGNÜ-GEN.
BREEEP BREEEP
UPS!
...
MAMA
MA! ÄHM ... WAS FÜR EINE NETTE ÜBER-RASCHUNG!
WILL, ICH HAB'S WAHNSINNIG EILIG. ICH MUSS ZU EINEM UNVORHERGE-SEHENEN TERMIN. ICH FÜRCHTE, DASS ICH HEUTE ABEND NICHT RECHTZEITIG ZU HAUSE SEIN KANN ...
... UM UNSER KLEINES ABENDESSEN VORZUBEREITEN, DAS WIR GEPLANT HATTEN. SAGST DU DEAN, DASS WIR UNSER FEST VERSCHIEBEN MÜSSEN?

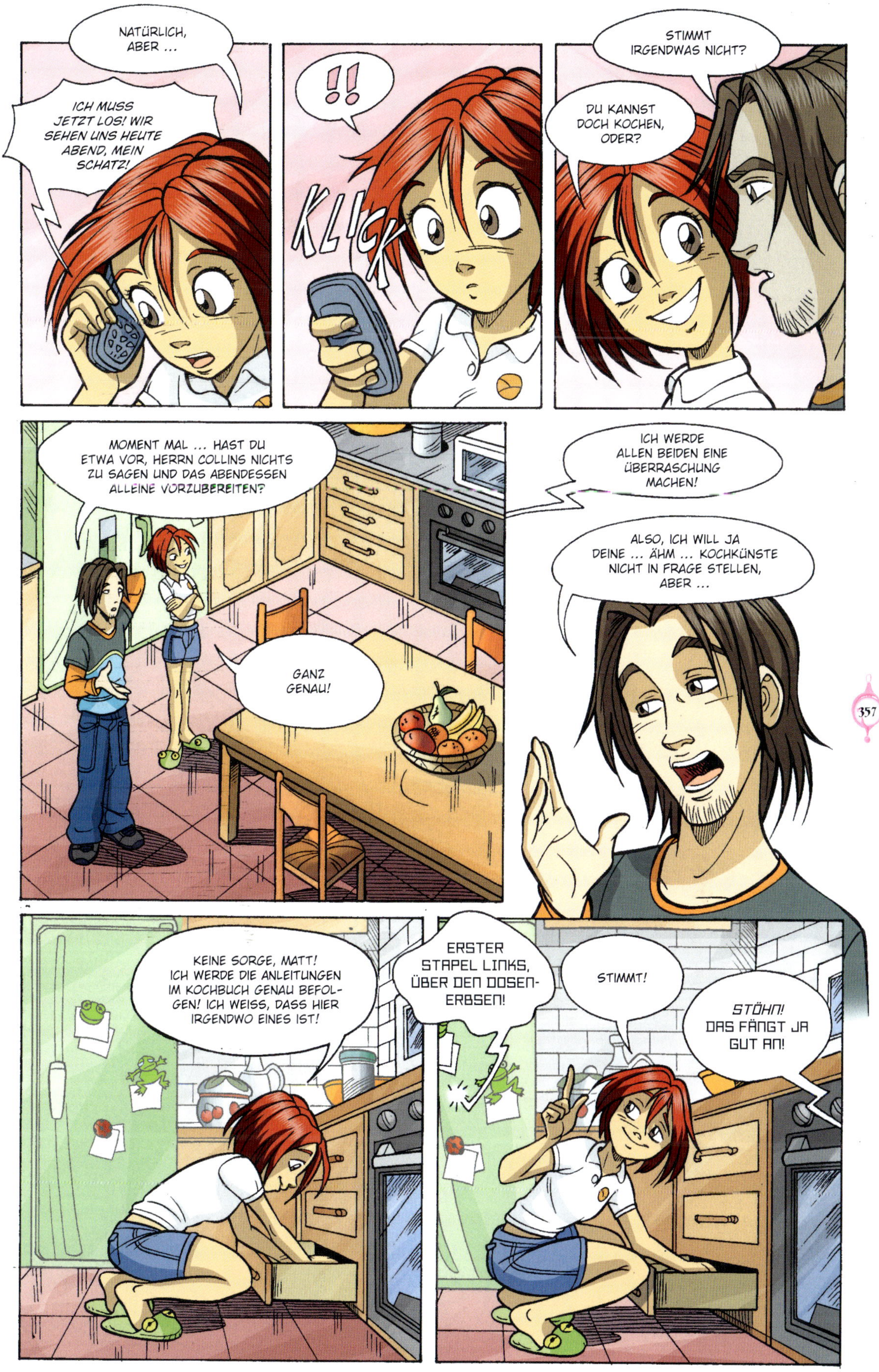
NATÜRLICH, ABER …
ICH MUSS JETZT LOS! WIR SEHEN UNS HEUTE ABEND, MEIN SCHATZ!
!!
KLICK
STIMMT IRGENDWAS NICHT?
DU KANNST DOCH KOCHEN, ODER?
MOMENT MAL … HAST DU ETWA VOR, HERRN COLLINS NICHTS ZU SAGEN UND DAS ABENDESSEN ALLEINE VORZUBEREITEN?
GANZ GENAU!
ICH WERDE ALLEN BEIDEN EINE ÜBERRASCHUNG MACHEN!
ALSO, ICH WILL JA DEINE … ÄHM … KOCHKÜNSTE NICHT IN FRAGE STELLEN, ABER …
KEINE SORGE, MATT! ICH WERDE DIE ANLEITUNGEN IM KOCHBUCH GENAU BEFOLGEN! ICH WEISS, DASS HIER IRGENDWO EINES IST!
ERSTER STAPEL LINKS, ÜBER DEN DOSENERBSEN!
STIMMT!
STÖHN! DAS FÄNGT JA GUT AN!

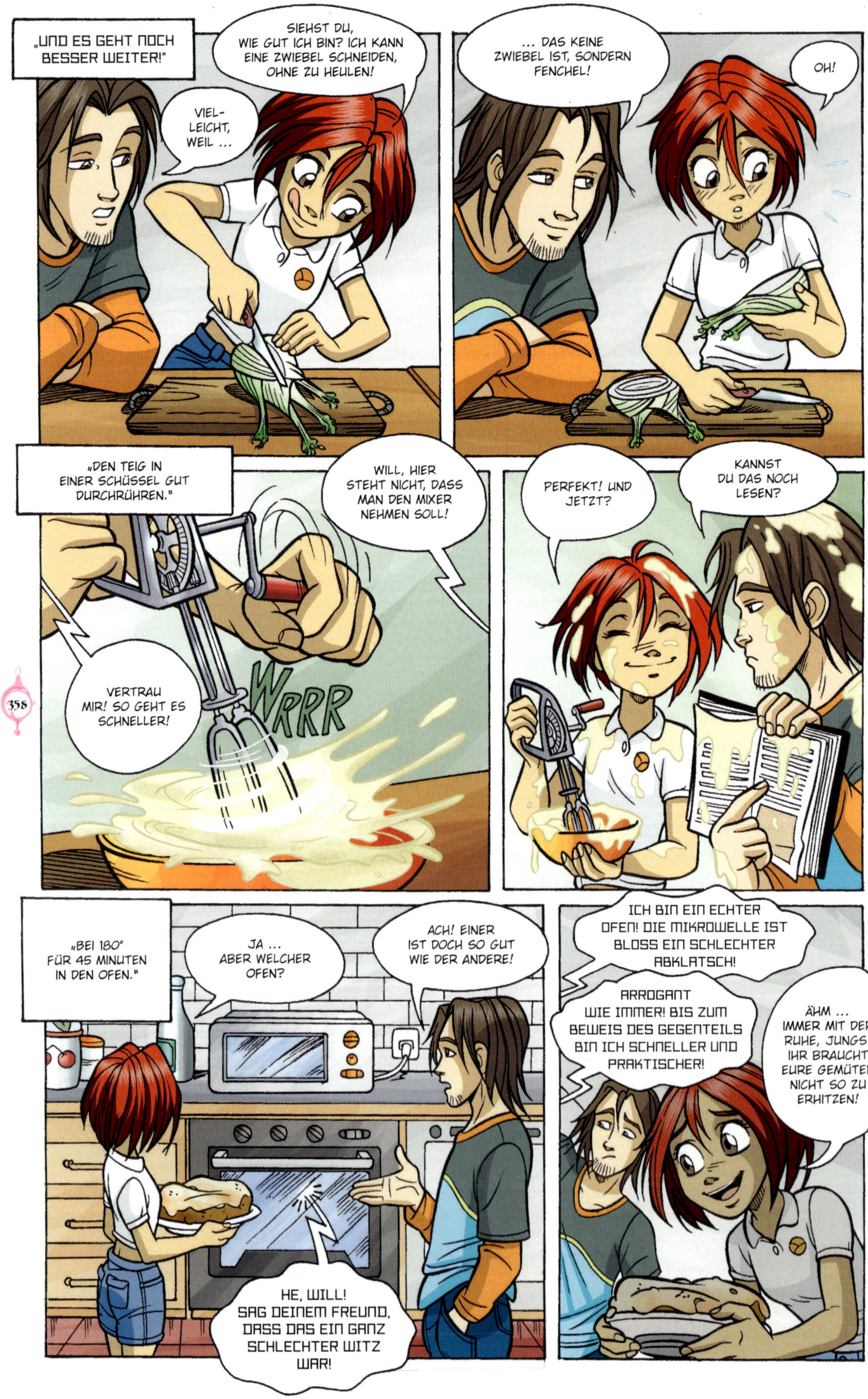
„UND ES GEHT NOCH BESSER WEITER!"
SIEHST DU, WIE GUT ICH BIN? ICH KANN EINE ZWIEBEL SCHNEIDEN, OHNE ZU HEULEN!
VIEL-LEICHT, WEIL ...
... DAS KEINE ZWIEBEL IST, SONDERN FENCHEL!
OH!
„DEN TEIG IN EINER SCHÜSSEL GUT DURCHRÜHREN."
WILL, HIER STEHT NICHT, DASS MAN DEN MIXER NEHMEN SOLL!
VERTRAU MIR! SO GEHT ES SCHNELLER!
WRRR
PERFEKT! UND JETZT?
KANNST DU DAS NOCH LESEN?
„BEI 180° FÜR 45 MINUTEN IN DEN OFEN."
JA ... ABER WELCHER OFEN?
ACH! EINER IST DOCH SO GUT WIE DER ANDERE!
HE, WILL! SAG DEINEM FREUND, DASS DAS EIN GANZ SCHLECHTER WITZ WAR!
ICH BIN EIN ECHTER OFEN! DIE MIKROWELLE IST BLOSS EIN SCHLECHTER ABKLATSCH!
ARROGANT WIE IMMER! BIS ZUM BEWEIS DES GEGENTEILS BIN ICH SCHNELLER UND PRAKTISCHER!
ÄHM ... IMMER MIT DER RUHE, JUNGS! IHR BRAUCHT EURE GEMÜTER NICHT SO ZU ERHITZEN!

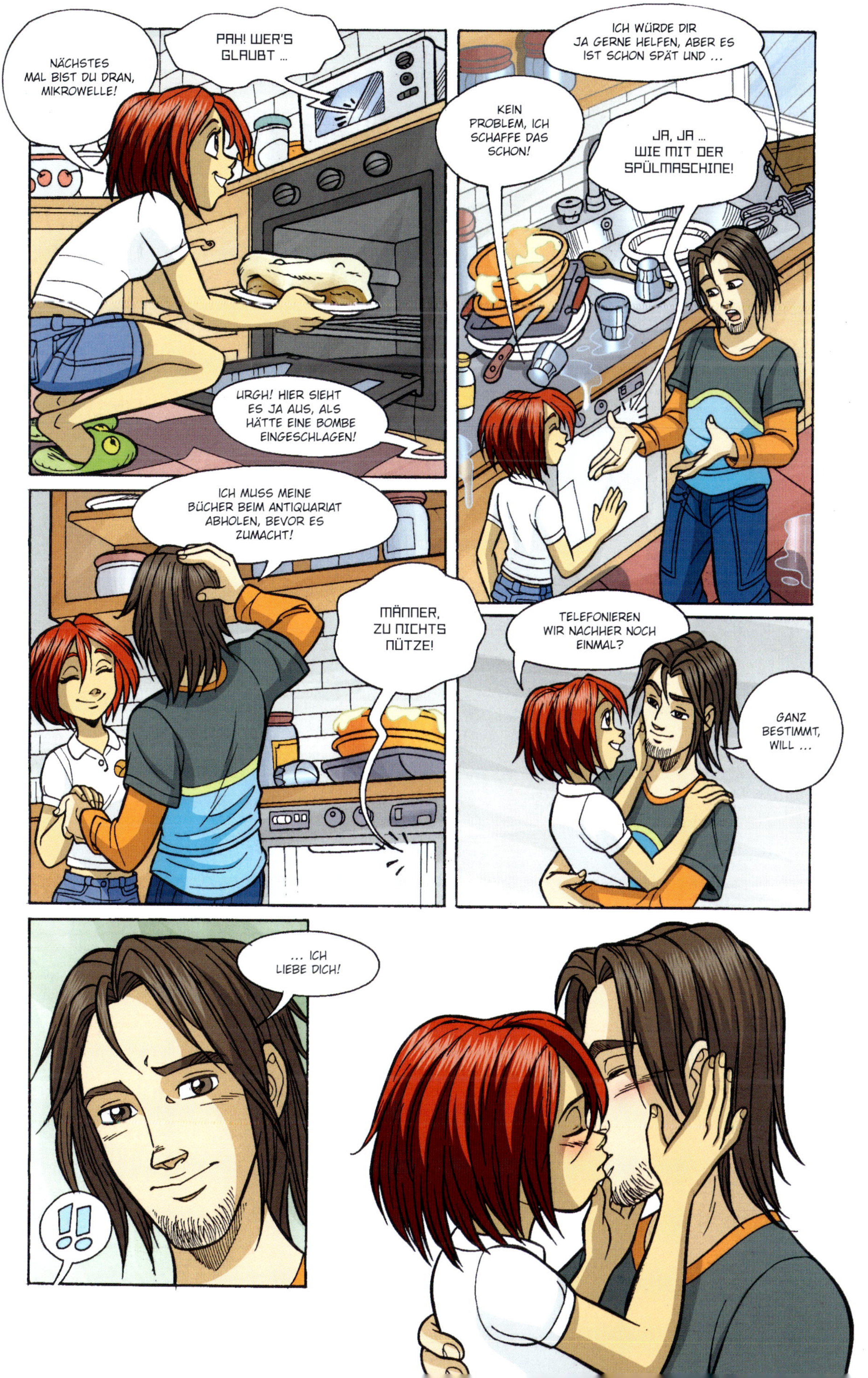
NÄCHSTES MAL BIST DU DRAN, MIKROWELLE!
PAH! WER'S GLAUBT ...
URGH! HIER SIEHT ES JA AUS, ALS HÄTTE EINE BOMBE EINGESCHLAGEN!
ICH WÜRDE DIR JA GERNE HELFEN, ABER ES IST SCHON SPÄT UND ...
KEIN PROBLEM, ICH SCHAFFE DAS SCHON!
JA, JA ... WIE MIT DER SPÜLMASCHINE!
ICH MUSS MEINE BÜCHER BEIM ANTIQUARIAT ABHOLEN, BEVOR ES ZUMACHT!
MÄNNER, ZU NICHTS NÜTZE!
TELEFONIEREN WIR NACHHER NOCH EINMAL?
GANZ BESTIMMT, WILL ...
... ICH LIEBE DICH!
!!

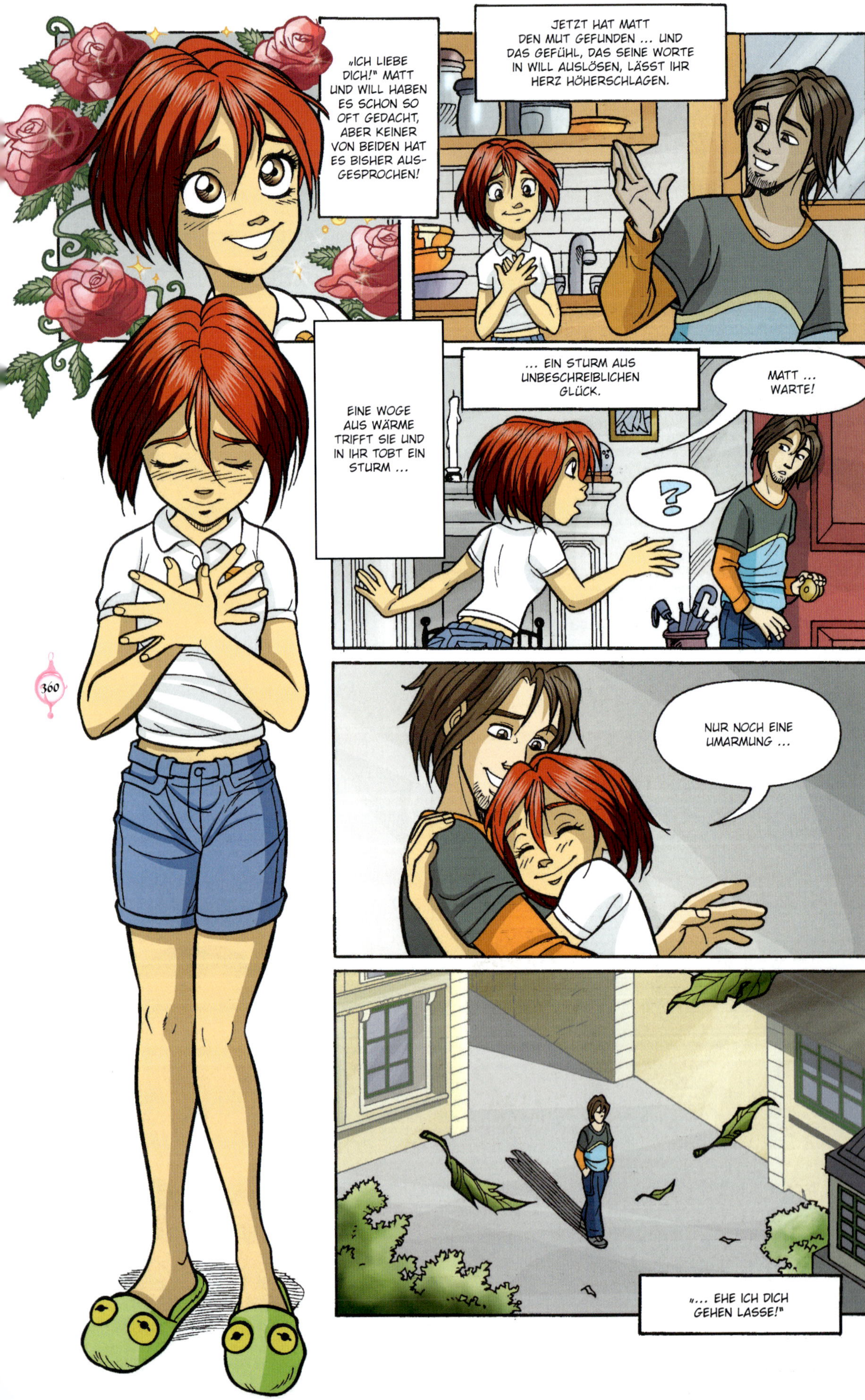
„ICH LIEBE DICH!" MATT UND WILL HABEN ES SCHON SO OFT GEDACHT, ABER KEINER VON BEIDEN HAT ES BISHER AUSGESPROCHEN!
JETZT HAT MATT DEN MUT GEFUNDEN ... UND DAS GEFÜHL, DAS SEINE WORTE IN WILL AUSLÖSEN, LÄSST IHR HERZ HÖHERSCHLAGEN.
EINE WOGE AUS WÄRME TRIFFT SIE UND IN IHR TOBT EIN STURM ...
... EIN STURM AUS UNBESCHREIBLICHEN GLÜCK.
MATT ... WARTE!
?
NUR NOCH EINE UMARMUNG ...
„... EHE ICH DICH GEHEN LASSE!"

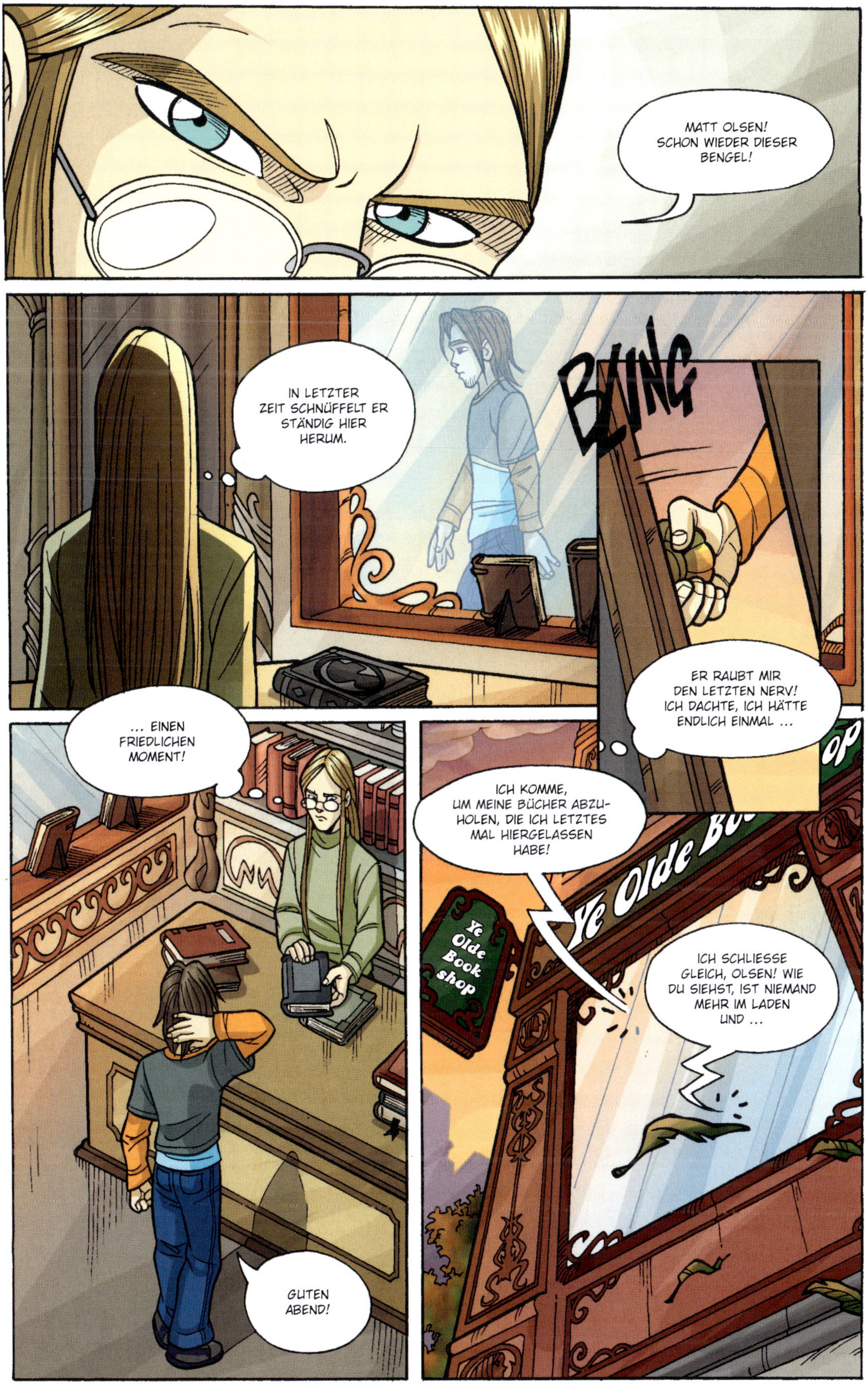
MATT OLSEN! SCHON WIEDER DIESER BENGEL!
IN LETZTER ZEIT SCHNÜFFELT ER STÄNDIG HIER HERUM.
BLING
ER RAUBT MIR DEN LETZTEN NERV! ICH DACHTE, ICH HÄTTE ENDLICH EINMAL ...
... EINEN FRIEDLICHEN MOMENT!
GUTEN ABEND!
Ye Olde Book shop
Ye Olde Bo
ICH KOMME, UM MEINE BÜCHER ABZUHOLEN, DIE ICH LETZTES MAL HIERGELASSEN HABE!
ICH SCHLIESSE GLEICH, OLSEN! WIE DU SIEHST, IST NIEMAND MEHR IM LADEN UND ...

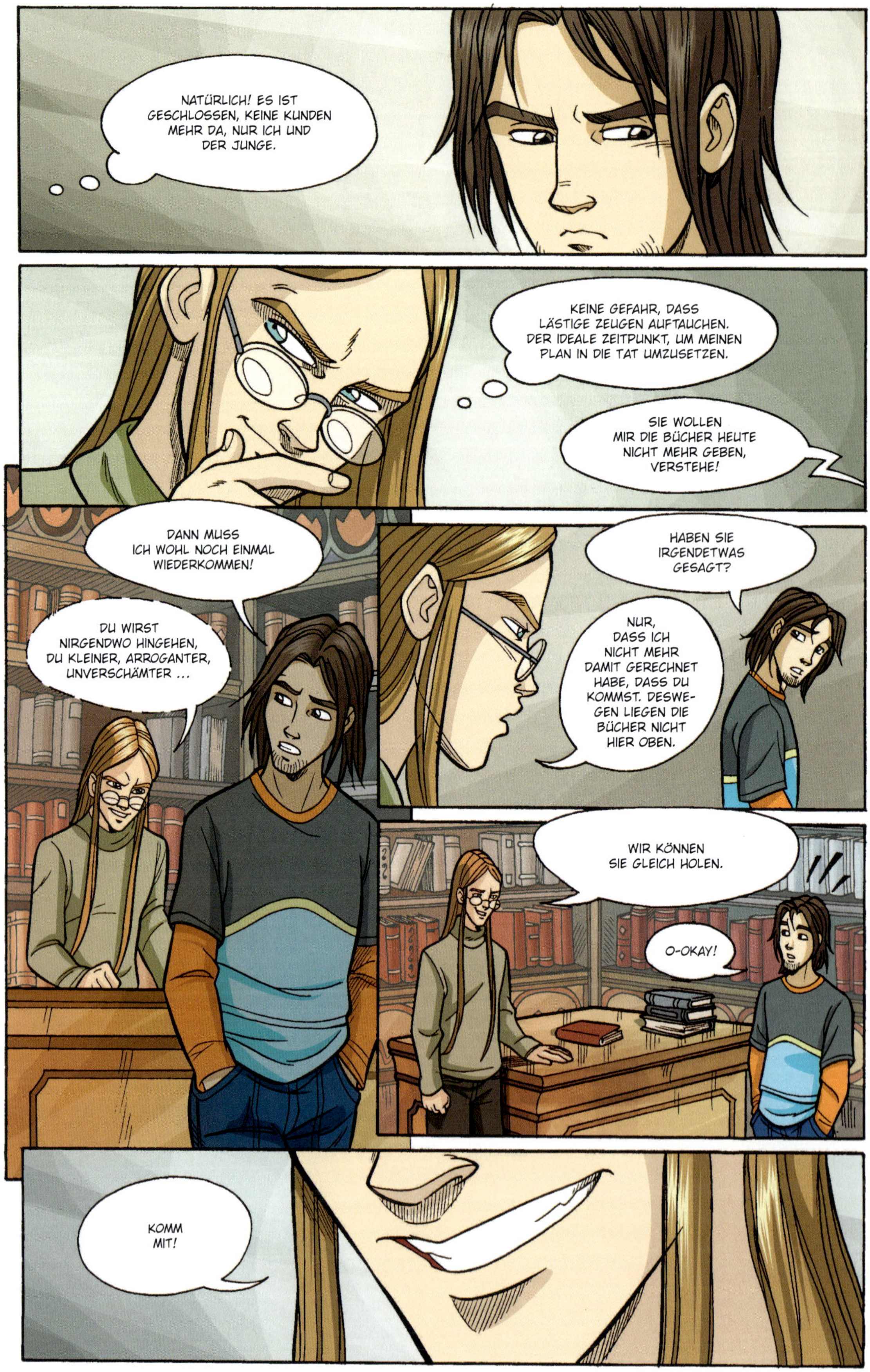
NATÜRLICH! ES IST GESCHLOSSEN, KEINE KUNDEN MEHR DA, NUR ICH UND DER JUNGE.
KEINE GEFAHR, DASS LÄSTIGE ZEUGEN AUFTAUCHEN. DER IDEALE ZEITPUNKT, UM MEINEN PLAN IN DIE TAT UMZUSETZEN.
SIE WOLLEN MIR DIE BÜCHER HEUTE NICHT MEHR GEBEN, VERSTEHE!
DANN MUSS ICH WOHL NOCH EINMAL WIEDERKOMMEN!
DU WIRST NIRGENDWO HINGEHEN, DU KLEINER, ARROGANTER, UNVERSCHÄMTER ...
HABEN SIE IRGENDETWAS GESAGT?
NUR, DASS ICH NICHT MEHR DAMIT GERECHNET HABE, DASS DU KOMMST. DESWEGEN LIEGEN DIE BÜCHER NICHT HIER OBEN.
WIR KÖNNEN SIE GLEICH HOLEN.
O-OKAY!
KOMM MIT!

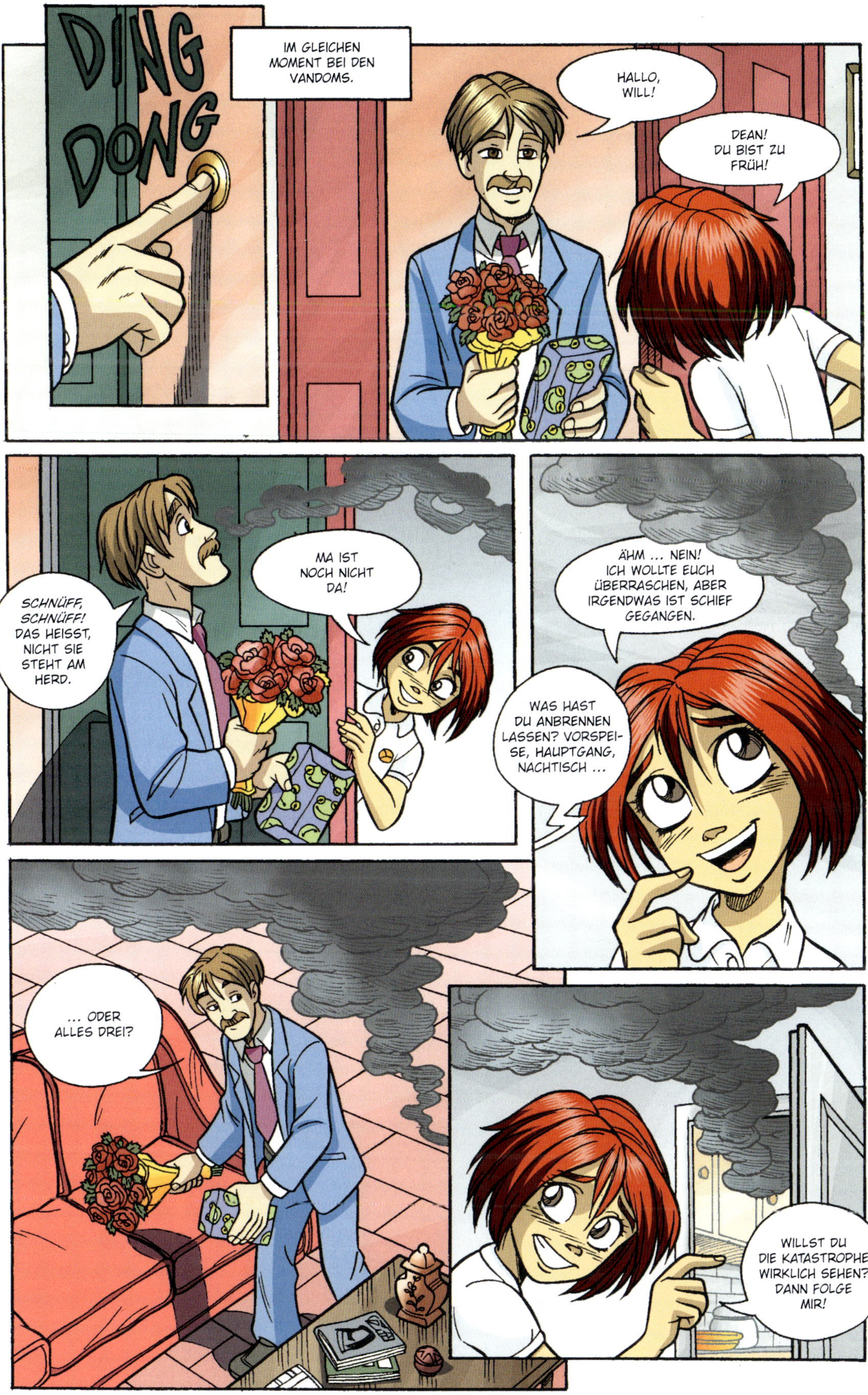
DING DONG
IM GLEICHEN MOMENT BEI DEN VANDOMS.
HALLO, WILL!
DEAN! DU BIST ZU FRÜH!
MA IST NOCH NICHT DA!
SCHNÜFF, SCHNÜFF! DAS HEISST, NICHT SIE STEHT AM HERD.
ÄHM ... NEIN! ICH WOLLTE EUCH ÜBERRASCHEN, ABER IRGENDWAS IST SCHIEF GEGANGEN.
WAS HAST DU ANBRENNEN LASSEN? VORSPEI-SE, HAUPTGANG, NACHTISCH ...
... ODER ALLES DREI?
WILLST DU DIE KATASTROPHE WIRKLICH SEHEN? DANN FOLGE MIR!

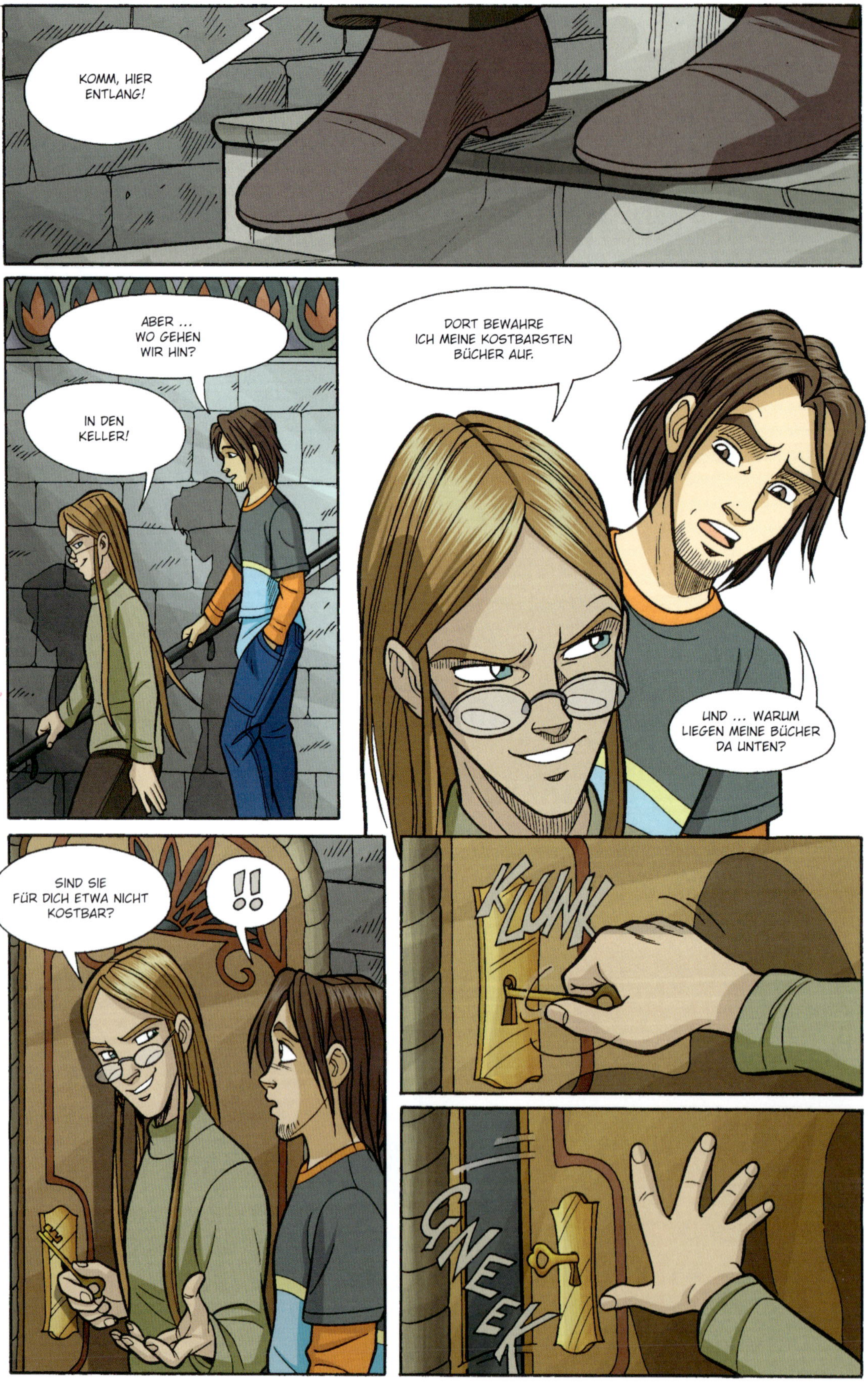
KOMM, HIER ENTLANG!
ABER ... WO GEHEN WIR HIN?
IN DEN KELLER!
DORT BEWAHRE ICH MEINE KOSTBARSTEN BÜCHER AUF.
UND ... WARUM LIEGEN MEINE BÜCHER DA UNTEN?
SIND SIE FÜR DICH ETWA NICHT KOSTBAR?
!!
KLUNK
CNEEK

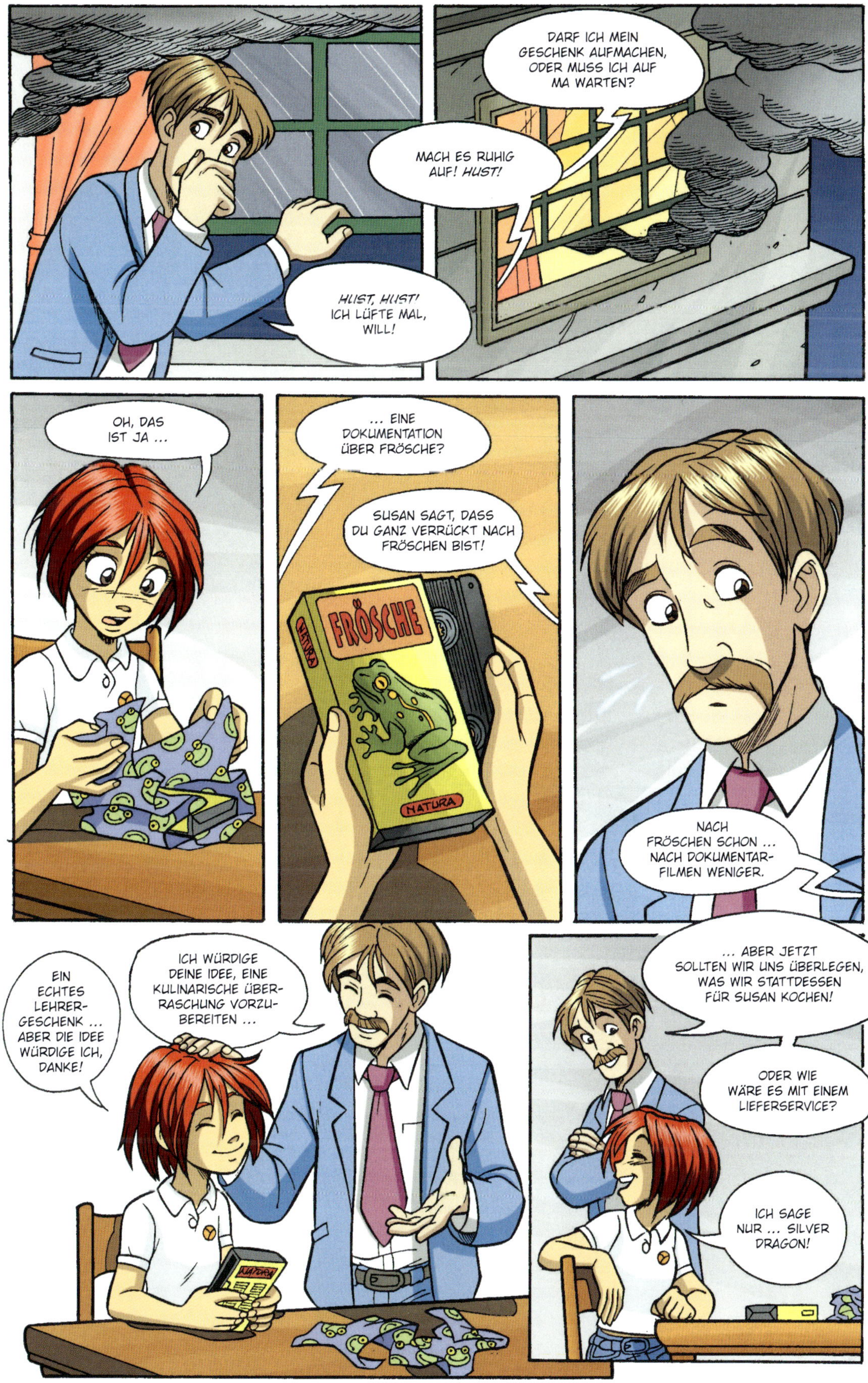

HUST, HUST! ICH LÜFTE MAL, WILL!
DARF ICH MEIN GESCHENK AUFMACHEN, ODER MUSS ICH AUF MA WARTEN?
MACH ES RUHIG AUF! HUST!
OH, DAS IST JA ...
... EINE DOKUMENTATION ÜBER FRÖSCHE?
SUSAN SAGT, DASS DU GANZ VERRÜCKT NACH FRÖSCHEN BIST!
FRÖSCHE
NATURA
NATURA
NACH FRÖSCHEN SCHON ... NACH DOKUMENTARFILMEN WENIGER.
EIN ECHTES LEHRERGESCHENK ... ABER DIE IDEE WÜRDIGE ICH, DANKE!
ICH WÜRDIGE DEINE IDEE, EINE KULINARISCHE ÜBERRASCHUNG VORZUBEREITEN ...
... ABER JETZT SOLLTEN WIR UNS ÜBERLEGEN, WAS WIR STATTDESSEN FÜR SUSAN KOCHEN!
ODER WIE WÄRE ES MIT EINEM LIEFERSERVICE?
ICH SAGE NUR ... SILVER DRAGON!

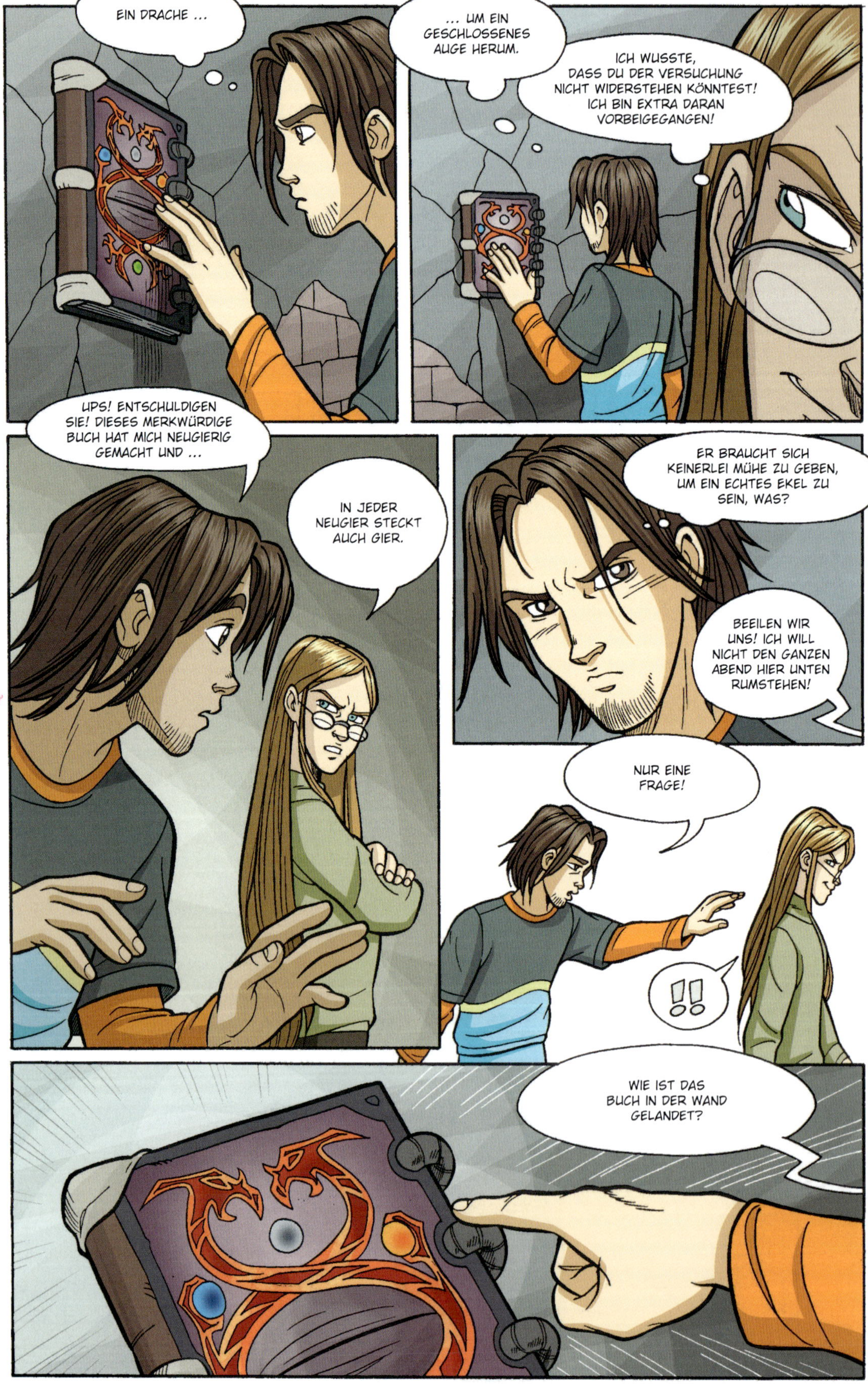

EIN DRACHE ...
... UM EIN GESCHLOSSENES AUGE HERUM.
ICH WUSSTE, DASS DU DER VERSUCHUNG NICHT WIDERSTEHEN KÖNNTEST! ICH BIN EXTRA DARAN VORBEIGEGANGEN!
UPS! ENTSCHULDIGEN SIE! DIESES MERKWÜRDIGE BUCH HAT MICH NEUGIERIG GEMACHT UND ...
IN JEDER NEUGIER STECKT AUCH GIER.
ER BRAUCHT SICH KEINERLEI MÜHE ZU GEBEN, UM EIN ECHTES EKEL ZU SEIN, WAS?
BEEILEN WIR UNS! ICH WILL NICHT DEN GANZEN ABEND HIER UNTEN RUMSTEHEN!
NUR EINE FRAGE!
!!
WIE IST DAS BUCH IN DER WAND GELANDET?

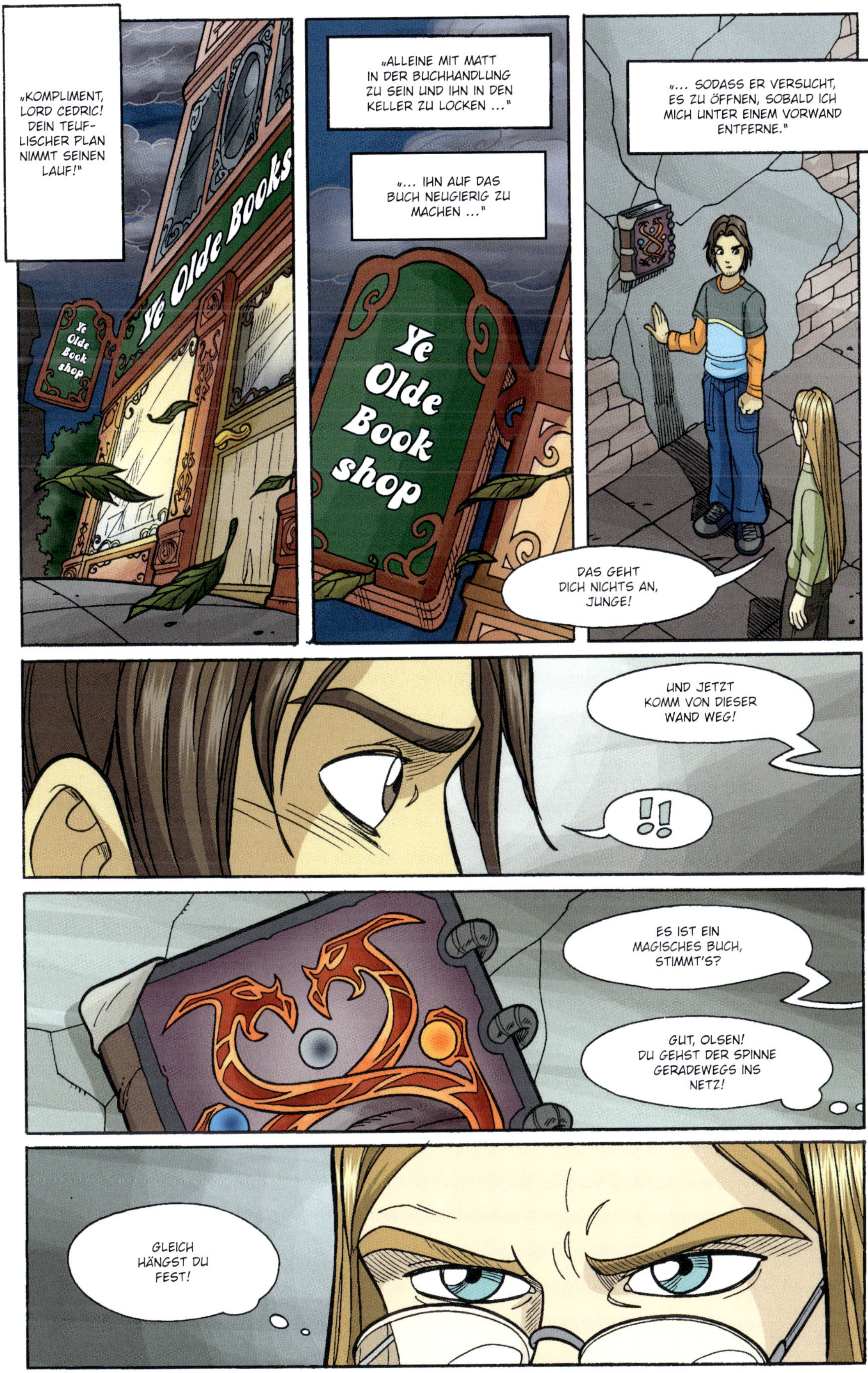
„KOMPLIMENT, LORD CEDRIC! DEIN TEUF-LISCHER PLAN NIMMT SEINEN LAUF!"
Ye Olde Books
Ye Olde Book shop
„ALLEINE MIT MATT IN DER BUCHHANDLUNG ZU SEIN UND IHN IN DEN KELLER ZU LOCKEN …"
„… IHN AUF DAS BUCH NEUGIERIG ZU MACHEN …"
Ye Olde Book shop
„… SODASS ER VERSUCHT, ES ZU ÖFFNEN, SOBALD ICH MICH UNTER EINEM VORWAND ENTFERNE."
DAS GEHT DICH NICHTS AN, JUNGE!
UND JETZT KOMM VON DIESER WAND WEG!
!!
ES IST EIN MAGISCHES BUCH, STIMMT'S?
GUT, OLSEN! DU GEHST DER SPINNE GERADEWEGS INS NETZ!
GLEICH HÄNGST DU FEST!

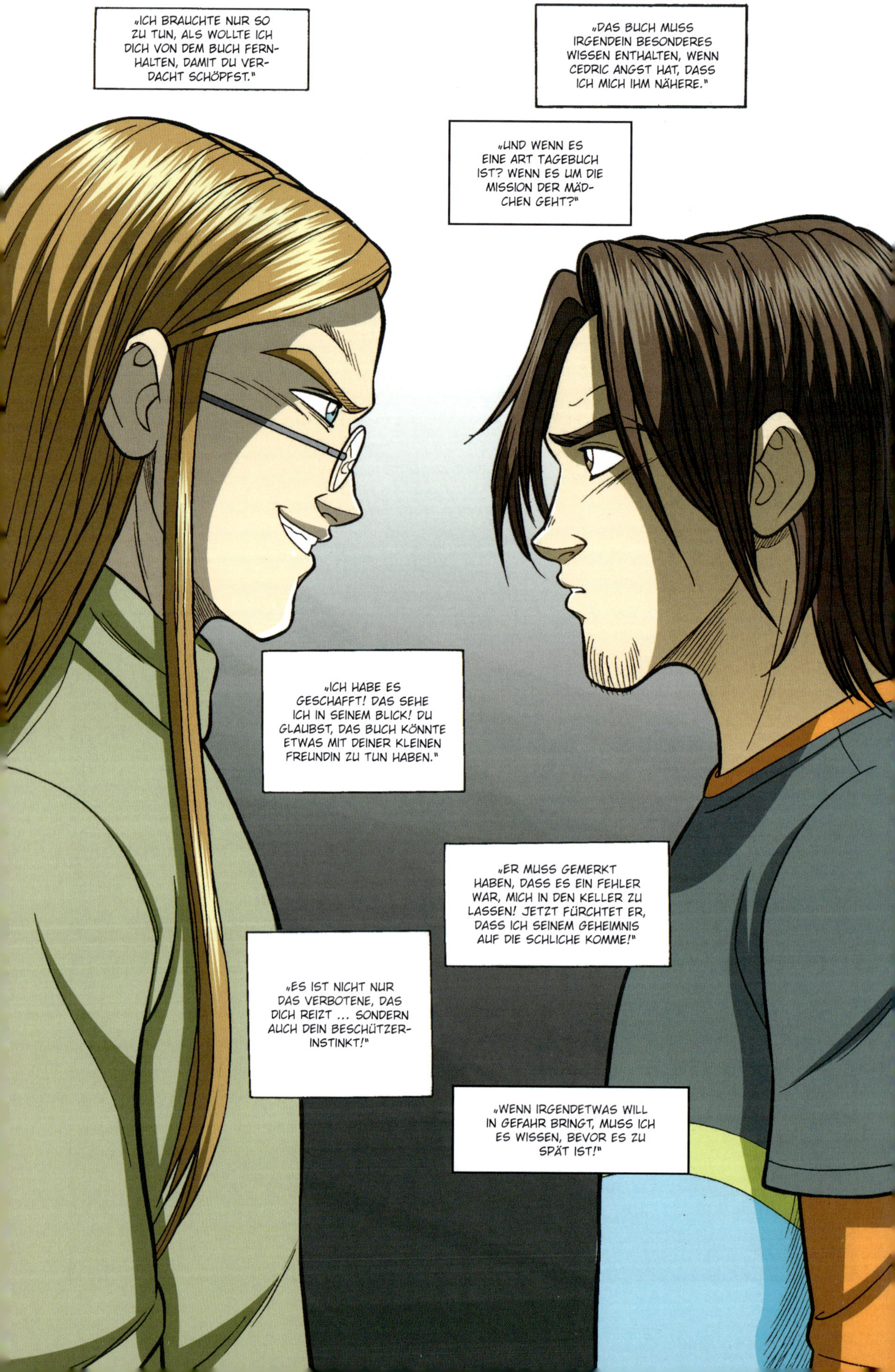
„ICH BRAUCHTE NUR SO ZU TUN, ALS WOLLTE ICH DICH VON DEM BUCH FERNHALTEN, DAMIT DU VERDACHT SCHÖPFST."
„DAS BUCH MUSS IRGENDEIN BESONDERES WISSEN ENTHALTEN, WENN CEDRIC ANGST HAT, DASS ICH MICH IHM NÄHERE."
„UND WENN ES EINE ART TAGEBUCH IST? WENN ES UM DIE MISSION DER MÄDCHEN GEHT?"
„ICH HABE ES GESCHAFFT! DAS SEHE ICH IN SEINEM BLICK! DU GLAUBST, DAS BUCH KÖNNTE ETWAS MIT DEINER KLEINEN FREUNDIN ZU TUN HABEN."
„ER MUSS GEMERKT HABEN, DASS ES EIN FEHLER WAR, MICH IN DEN KELLER ZU LASSEN! JETZT FÜRCHTET ER, DASS ICH SEINEM GEHEIMNIS AUF DIE SCHLICHE KOMME!"
„ES IST NICHT NUR DAS VERBOTENE, DAS DICH REIZT ... SONDERN AUCH DEIN BESCHÜTZERINSTINKT!"
„WENN IRGENDETWAS WILL IN GEFAHR BRINGT, MUSS ICH ES WISSEN, BEVOR ES ZU SPÄT IST!"

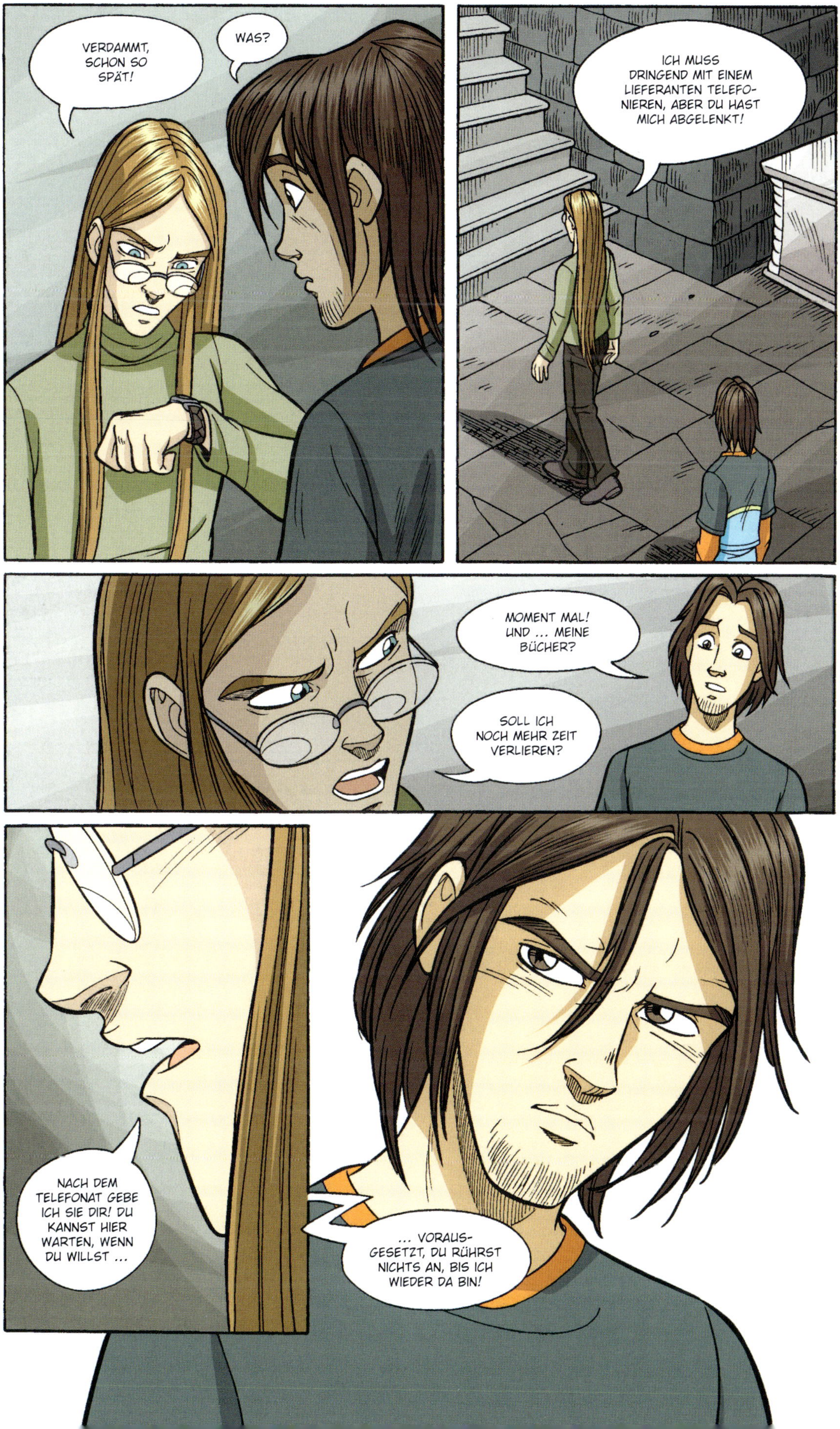
VERDAMMT, SCHON SO SPÄT!
WAS?
ICH MUSS DRINGEND MIT EINEM LIEFERANTEN TELEFONIEREN, ABER DU HAST MICH ABGELENKT!
MOMENT MAL! UND ... MEINE BÜCHER?
SOLL ICH NOCH MEHR ZEIT VERLIEREN?
NACH DEM TELEFONAT GEBE ICH SIE DIR! DU KANNST HIER WARTEN, WENN DU WILLST ...
... VORAUSGESETZT, DU RÜHRST NICHTS AN, BIS ICH WIEDER DA BIN!

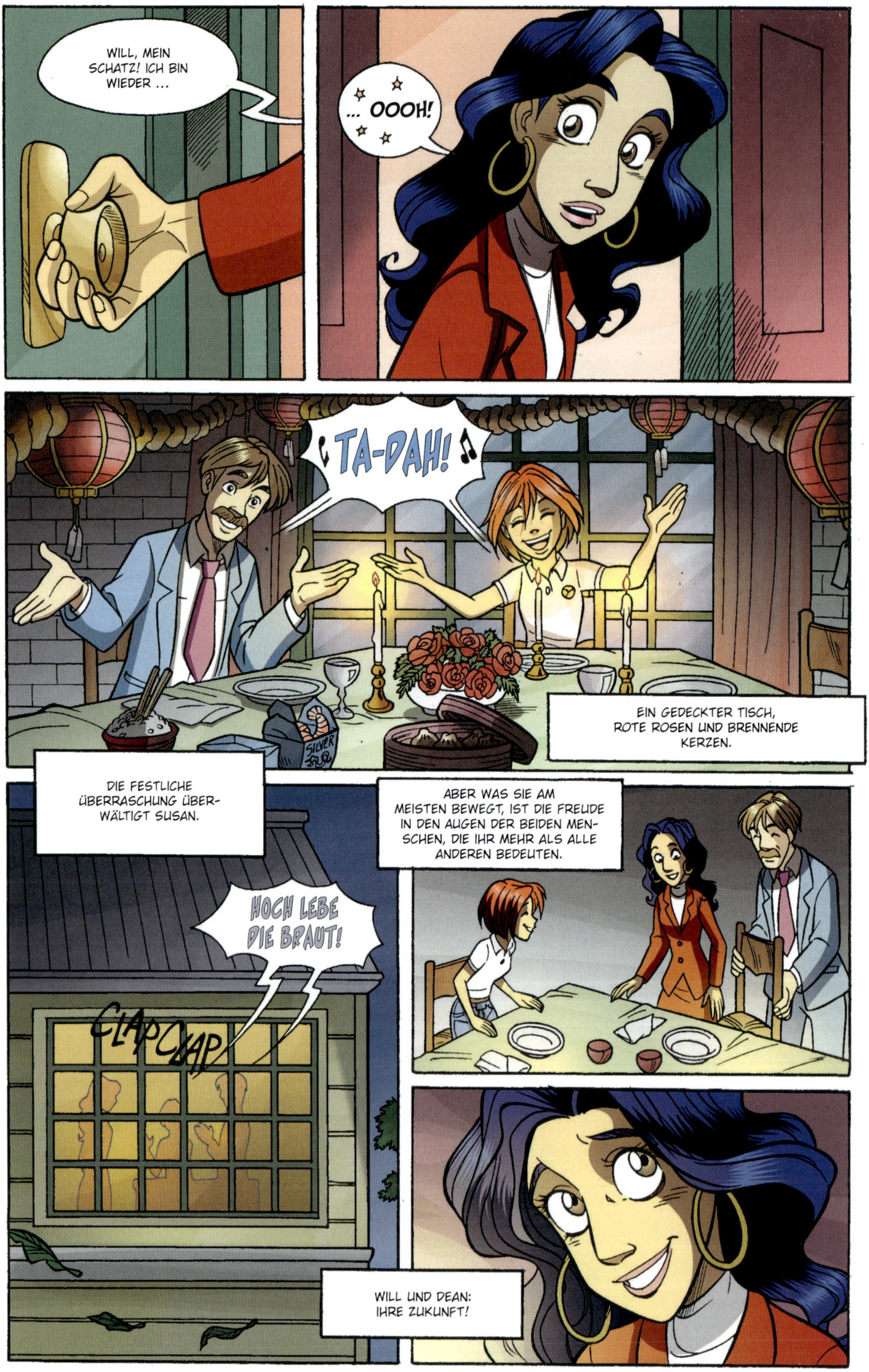

WILL, MEIN SCHATZ! ICH BIN WIEDER ...
... OOOH!
TA-DAH!
EIN GEDECKTER TISCH, ROTE ROSEN UND BRENNENDE KERZEN.
DIE FESTLICHE ÜBERRASCHUNG ÜBERWÄLTIGT SUSAN.
HOCH LEBE DIE BRAUT!
CLAP CLAP
ABER WAS SIE AM MEISTEN BEWEGT, IST DIE FREUDE IN DEN AUGEN DER BEIDEN MENSCHEN, DIE IHR MEHR ALS ALLE ANDEREN BEDEUTEN.
WILL UND DEAN: IHRE ZUKUNFT!

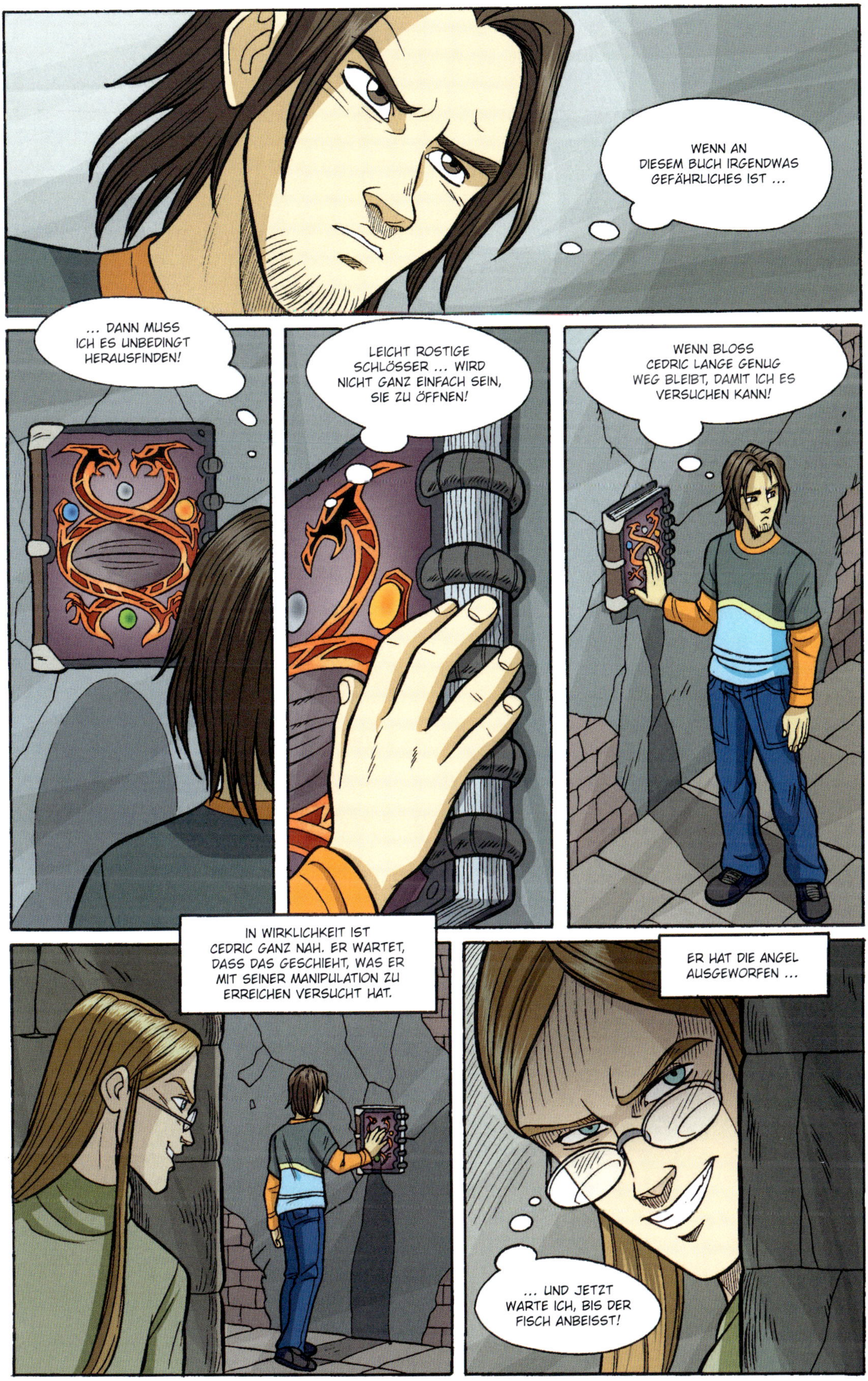
WENN AN DIESEM BUCH IRGENDWAS GEFÄHRLICHES IST ...
... DANN MUSS ICH ES UNBEDINGT HERAUSFINDEN!
LEICHT ROSTIGE SCHLÖSSER ... WIRD NICHT GANZ EINFACH SEIN, SIE ZU ÖFFNEN!
WENN BLOSS CEDRIC LANGE GENUG WEG BLEIBT, DAMIT ICH ES VERSUCHEN KANN!
IN WIRKLICHKEIT IST CEDRIC GANZ NAH. ER WARTET, DASS DAS GESCHIEHT, WAS ER MIT SEINER MANIPULATION ZU ERREICHEN VERSUCHT HAT.
ER HAT DIE ANGEL AUSGEWORFEN ...
... UND JETZT WARTE ICH, BIS DER FISCH ANBEISST!

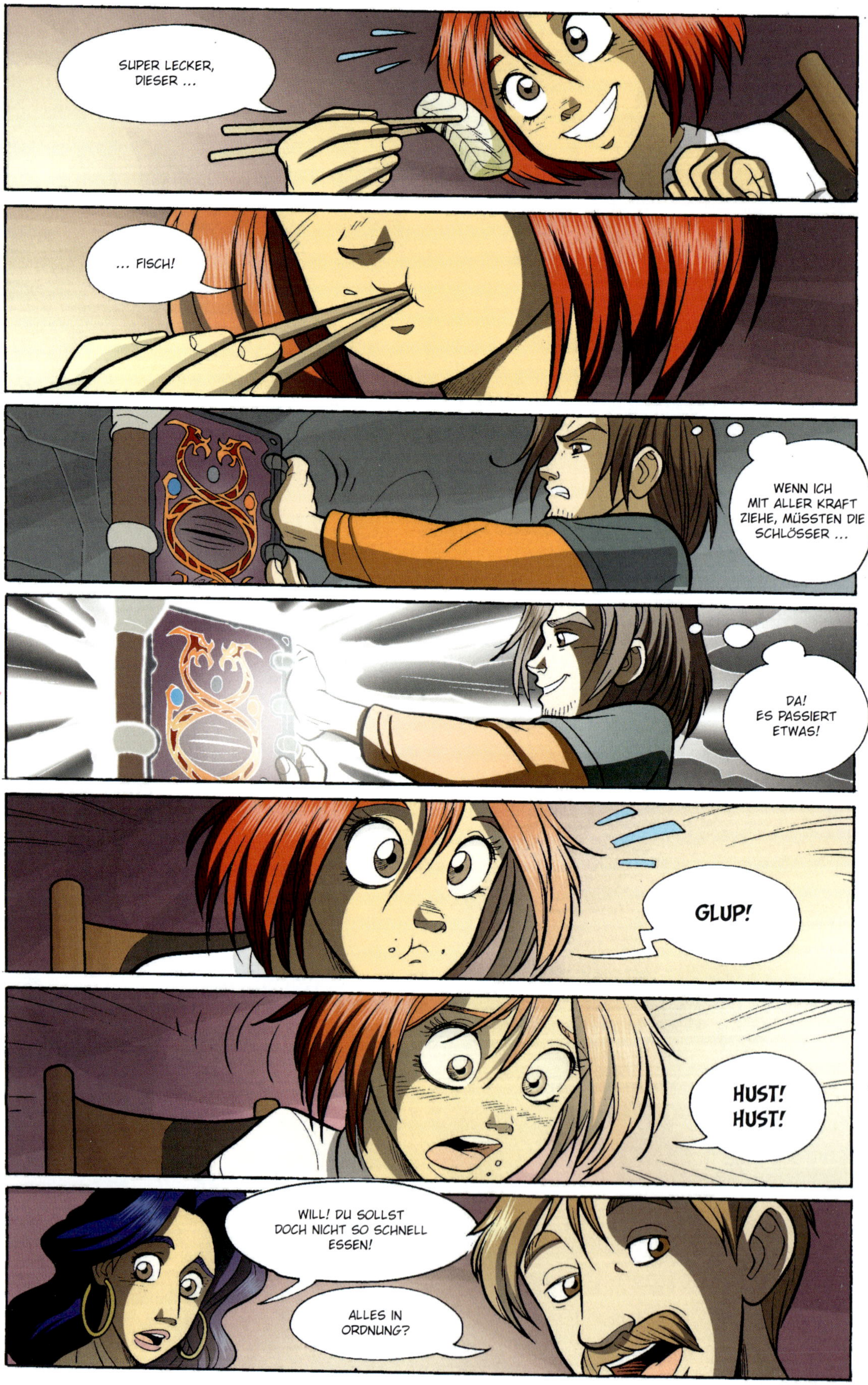
SUPER LECKER, DIESER ...
... FISCH!
WENN ICH MIT ALLER KRAFT ZIEHE, MÜSSTEN DIE SCHLÖSSER ...
DA! ES PASSIERT ETWAS!
GLUP!
HUST! HUST!
WILL! DU SOLLST DOCH NICHT SO SCHNELL ESSEN!
ALLES IN ORDNUNG?

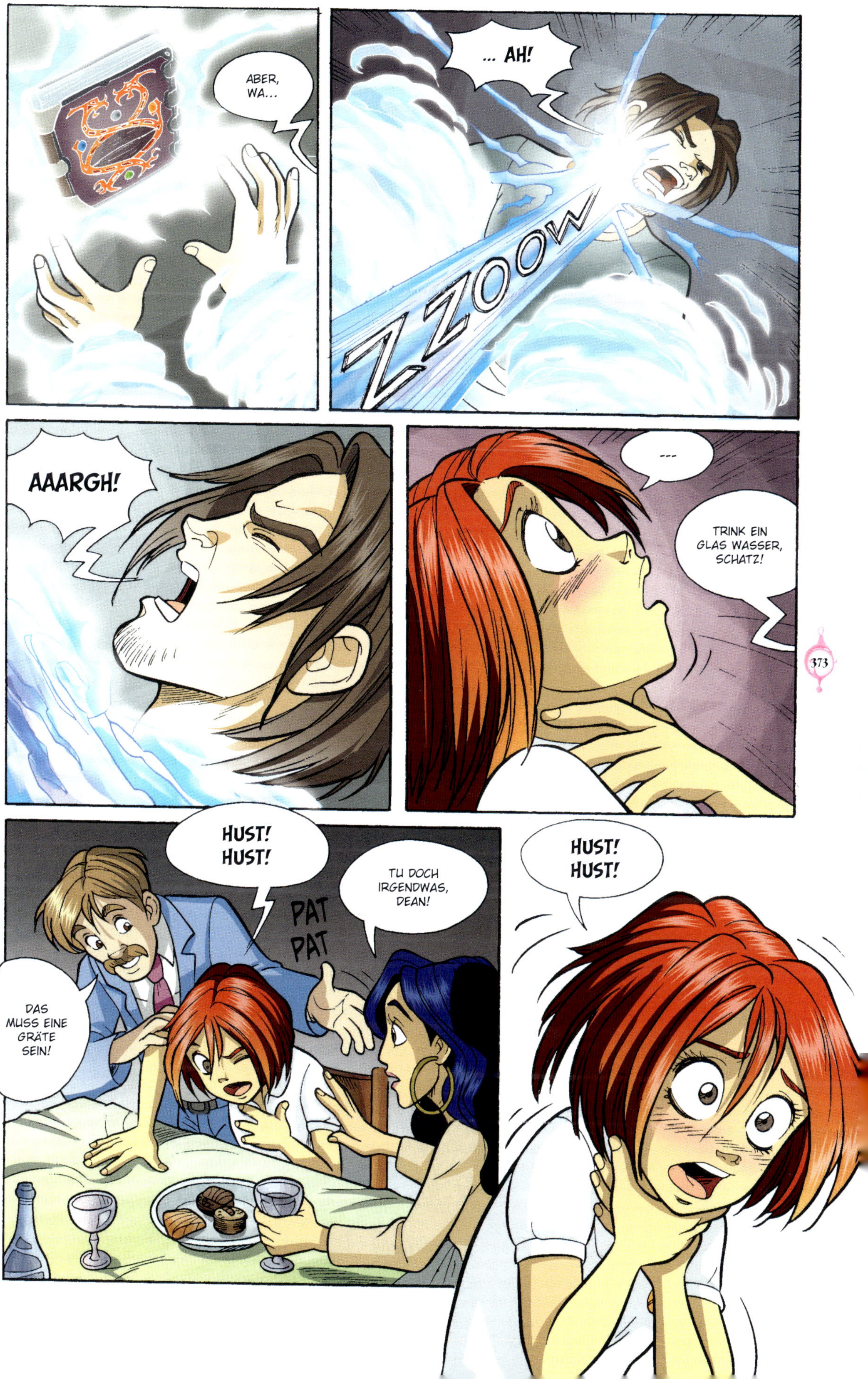
ABER, WA...
... AH!
ZZOOOW
AAARGH!
...
TRINK EIN GLAS WASSER, SCHATZ!
HUST! HUST!
PAT PAT
TU DOCH IRGENDWAS, DEAN!
DAS MUSS EINE GRÄTE SEIN!
HUST! HUST!

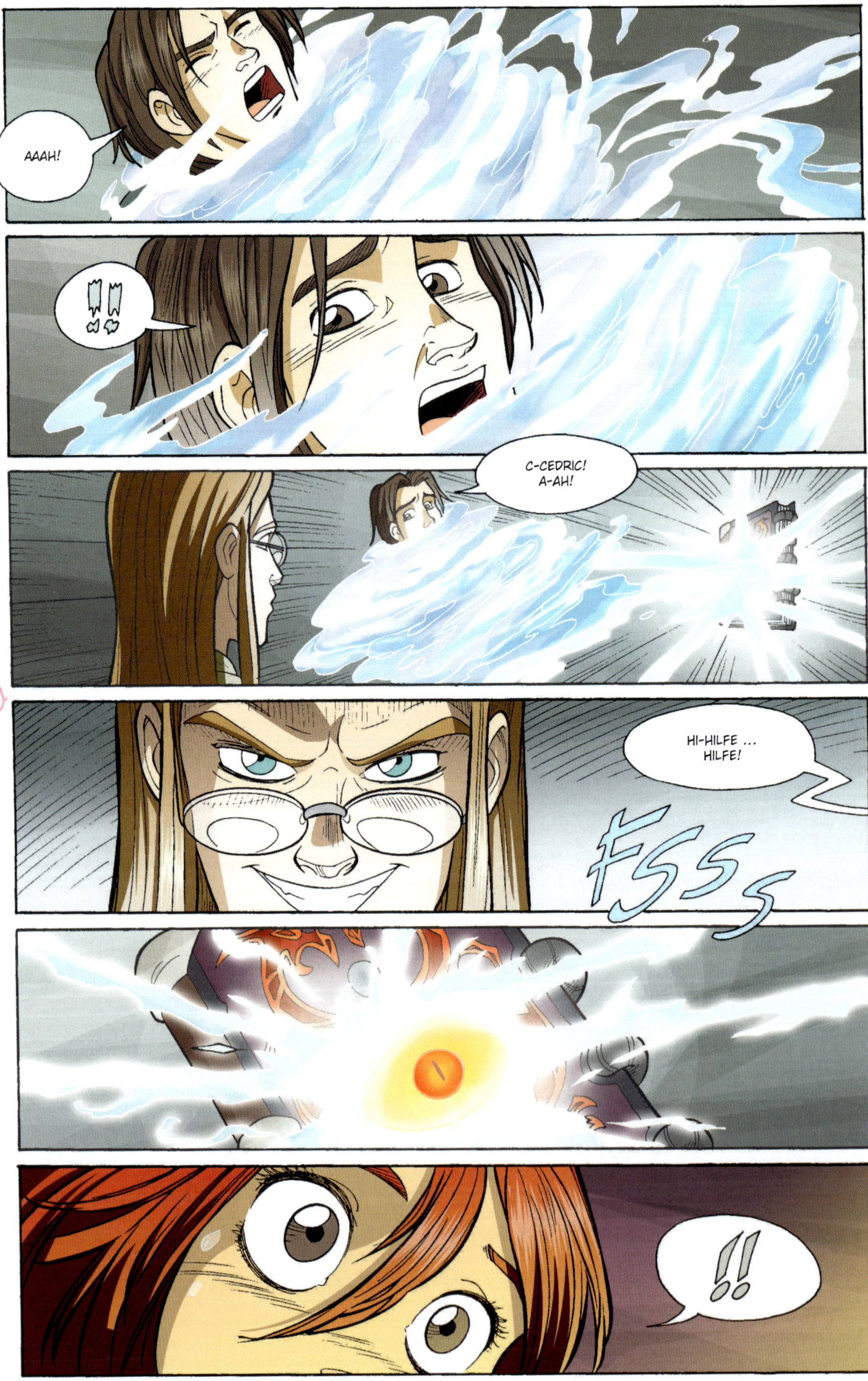
AAAH!
!!
C-CEDRIC!
A-AH!
HI-HILFE …
HILFE!
FSSS
!!

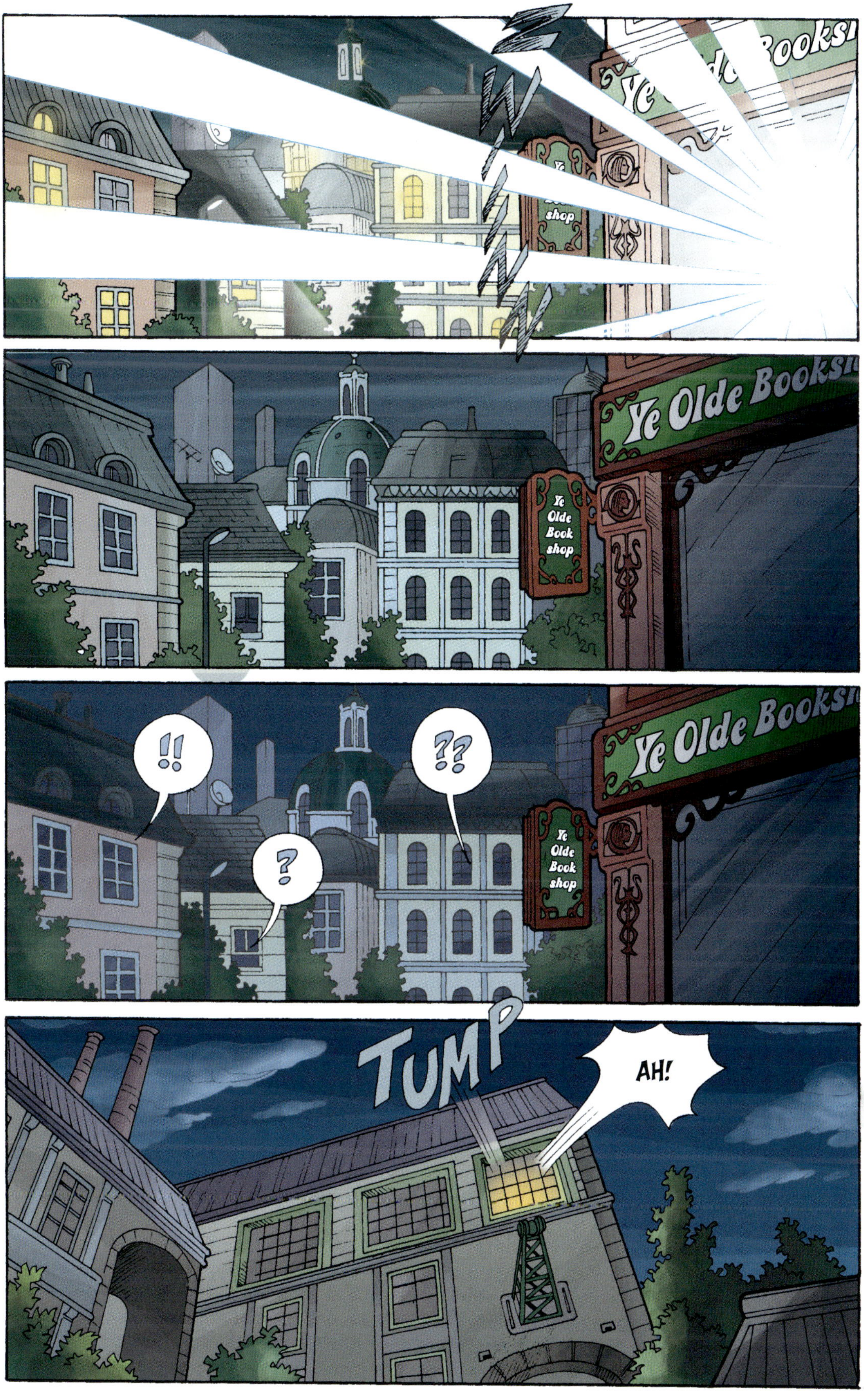

ZWIIINN
Ye Olde Booksh
Ye Olde Book shop
!!
??
?
TUMP
AH!

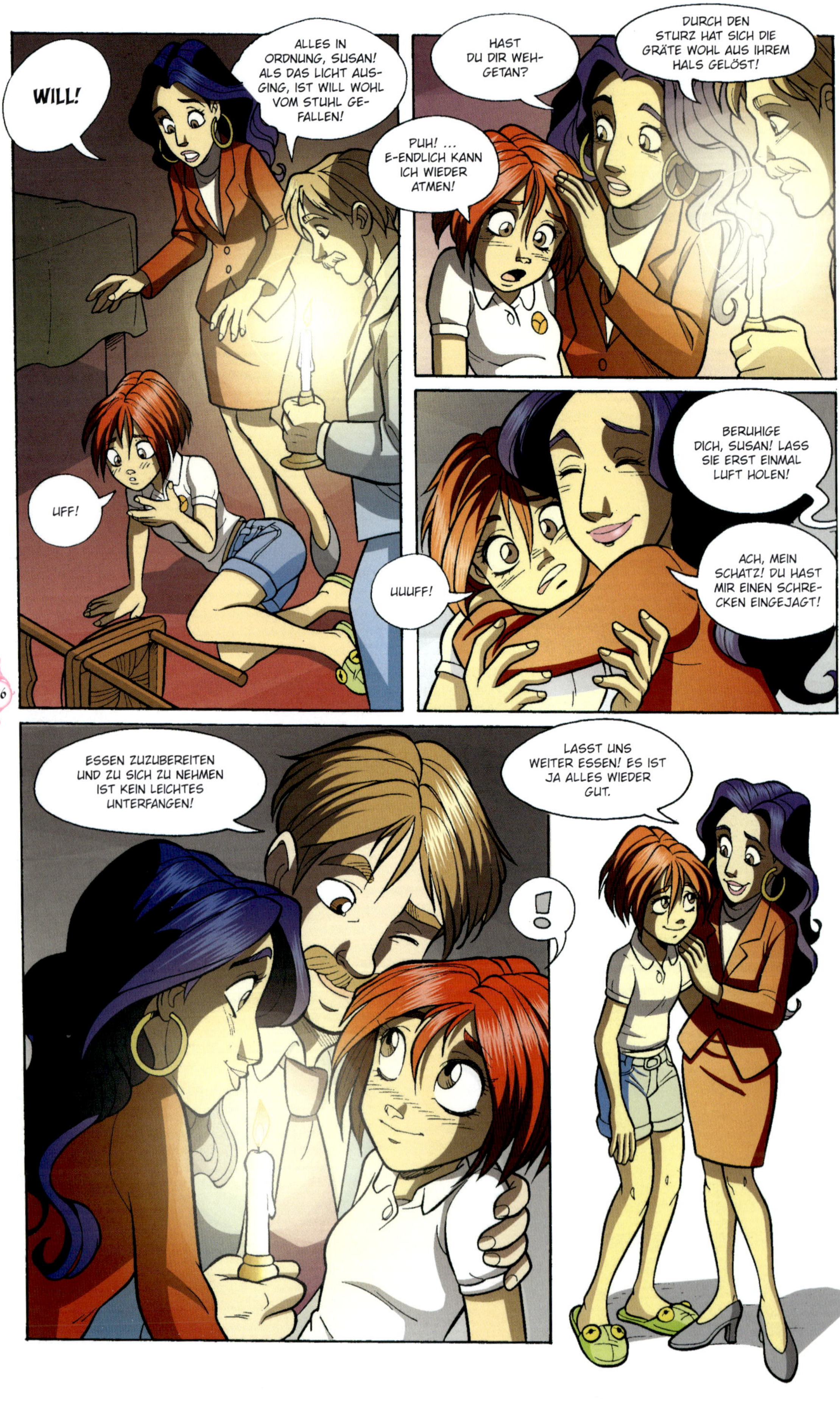
WILL!
ALLES IN ORDNUNG, SUSAN! ALS DAS LICHT AUSGING, IST WILL WOHL VOM STUHL GEFALLEN!
UFF!
HAST DU DIR WEHGETAN?
DURCH DEN STURZ HAT SICH DIE GRÄTE WOHL AUS IHREM HALS GELÖST!
PUH! ... E-ENDLICH KANN ICH WIEDER ATMEN!
BERUHIGE DICH, SUSAN! LASS SIE ERST EINMAL LUFT HOLEN!
ACH, MEIN SCHATZ! DU HAST MIR EINEN SCHRECKEN EINGEJAGT!
UUUFF!
ESSEN ZUZUBEREITEN UND ZU SICH ZU NEHMEN IST KEIN LEICHTES UNTERFANGEN!
LASST UNS WEITER ESSEN! ES IST JA ALLES WIEDER GUT.
!

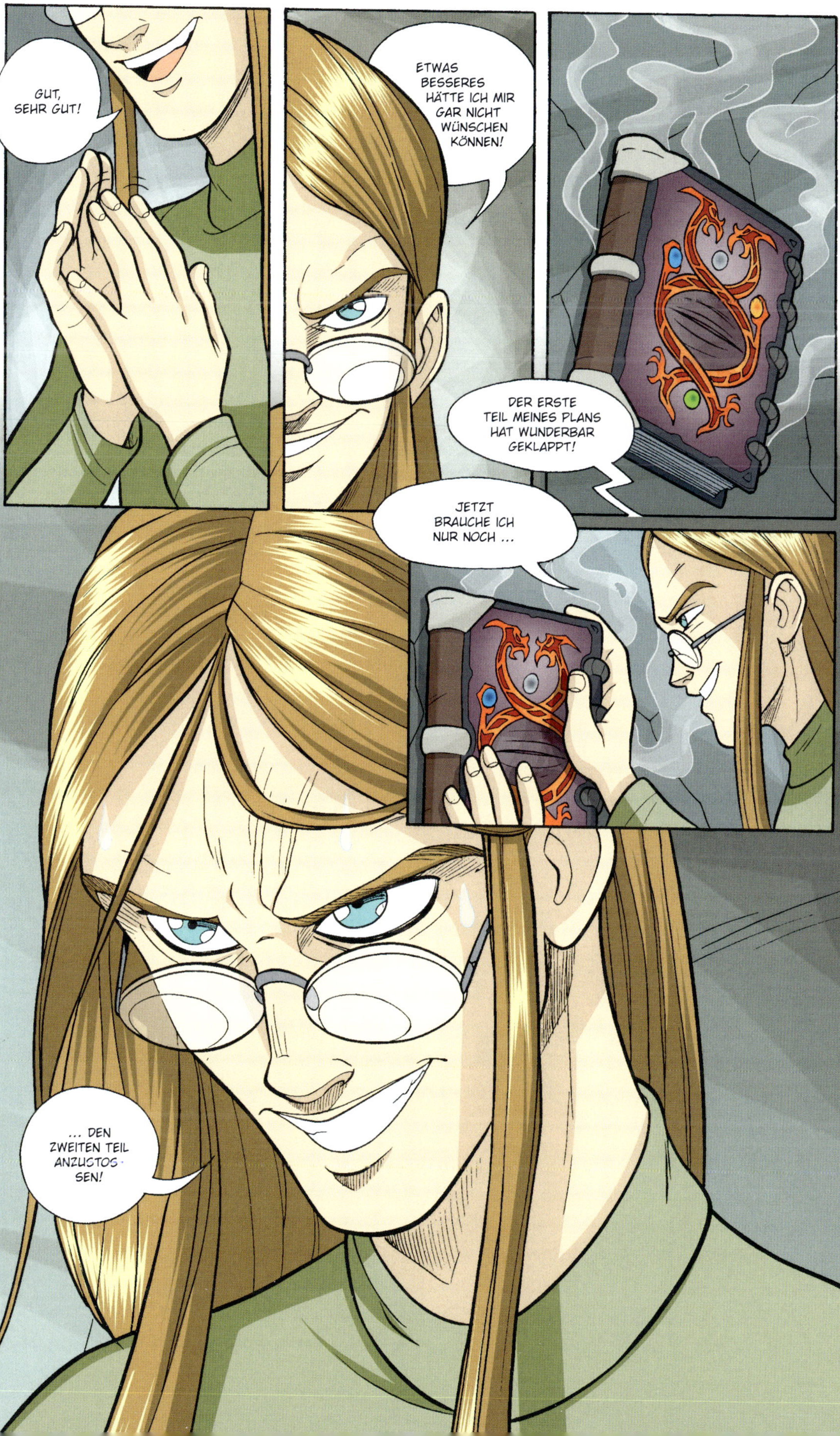
GUT, SEHR GUT!
ETWAS BESSERES HÄTTE ICH MIR GAR NICHT WÜNSCHEN KÖNNEN!
DER ERSTE TEIL MEINES PLANS HAT WUNDERBAR GEKLAPPT!
JETZT BRAUCHE ICH NUR NOCH …
… DEN ZWEITEN TEIL ANZUSTOS-SEN!

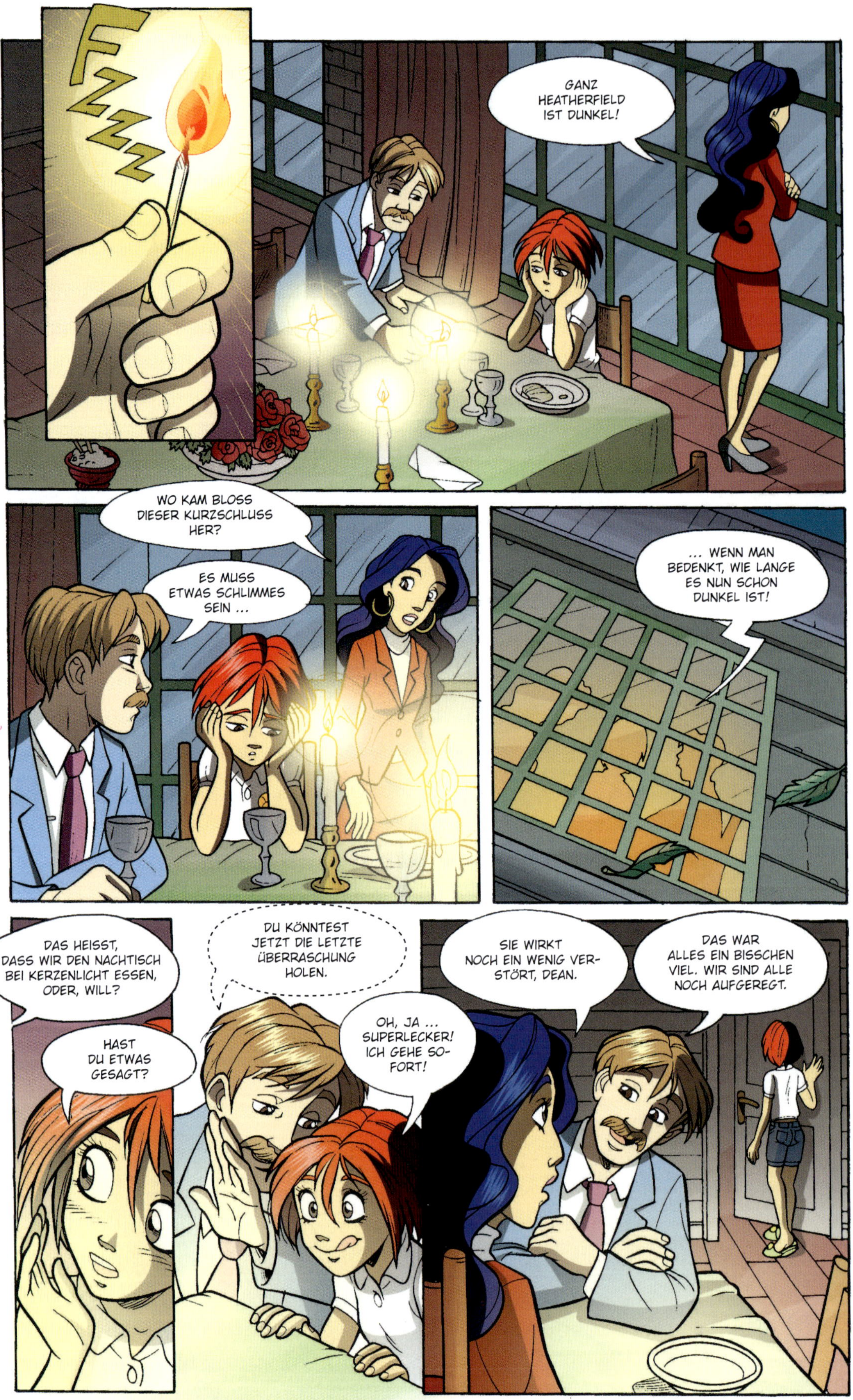
FZZZ
GANZ HEATHERFIELD IST DUNKEL!
WO KAM BLOSS DIESER KURZSCHLUSS HER?
ES MUSS ETWAS SCHLIMMES SEIN ...
... WENN MAN BEDENKT, WIE LANGE ES NUN SCHON DUNKEL IST!
DAS HEISST, DASS WIR DEN NACHTISCH BEI KERZENLICHT ESSEN, ODER, WILL?
HAST DU ETWAS GESAGT?
DU KÖNNTEST JETZT DIE LETZTE ÜBERRASCHUNG HOLEN.
OH, JA ... SUPERLECKER! ICH GEHE SOFORT!
SIE WIRKT NOCH EIN WENIG VERSTÖRT, DEAN.
DAS WAR ALLES EIN BISSCHEN VIEL. WIR SIND ALLE NOCH AUFGEREGT.

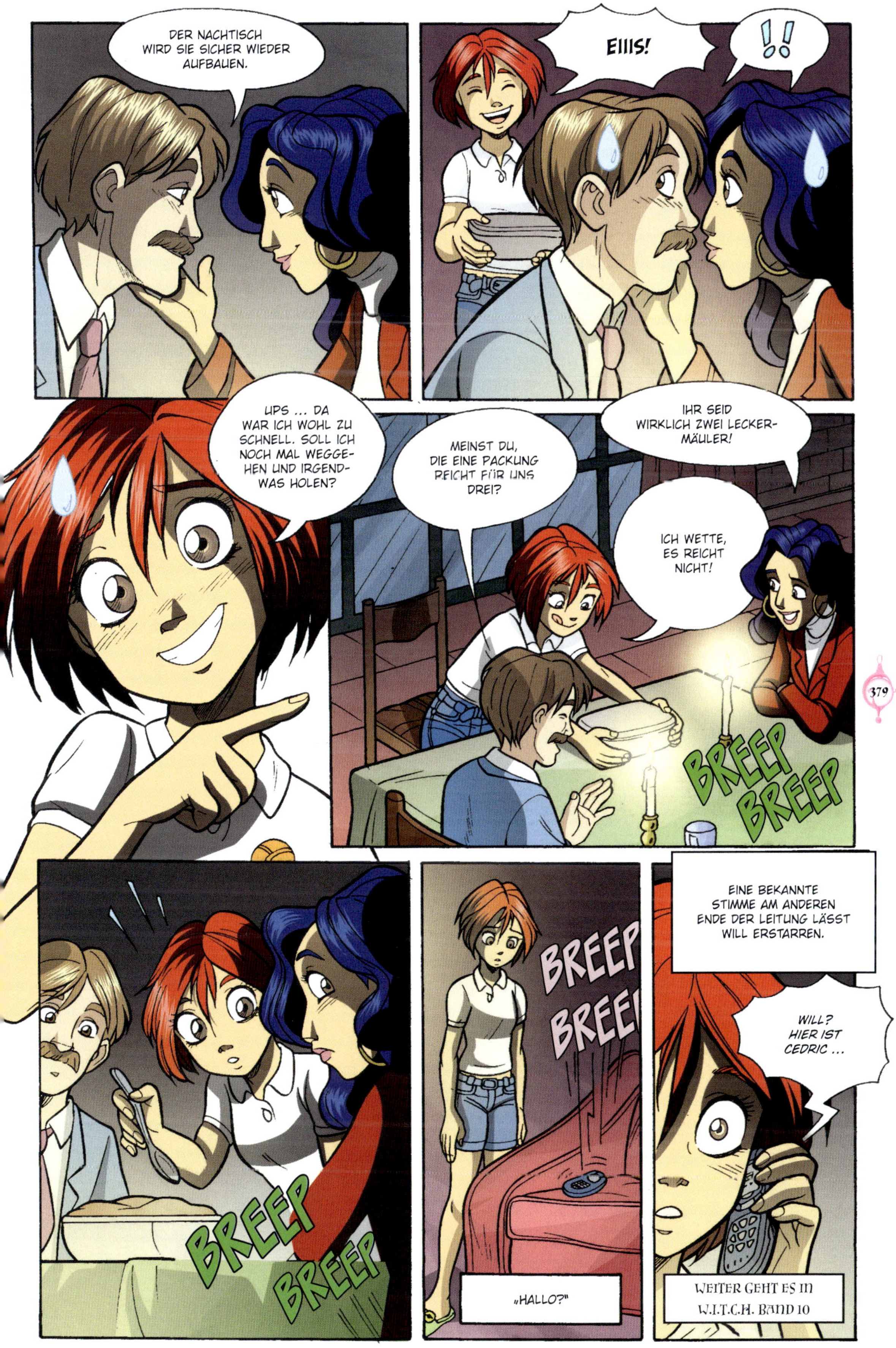

DER NACHTISCH WIRD SIE SICHER WIEDER AUFBAUEN.
EIIIS!
!!
UPS ... DA WAR ICH WOHL ZU SCHNELL. SOLL ICH NOCH MAL WEGGE-HEN UND IRGEND-WAS HOLEN?
MEINST DU, DIE EINE PACKUNG REICHT FÜR UNS DREI?
IHR SEID WIRKLICH ZWEI LECKER-MÄULER!
ICH WETTE, ES REICHT NICHT!
BREEP BREEP
BREEP BREEP
BREEP
EINE BEKANNTE STIMME AM ANDEREN ENDE DER LEITUNG LÄSST WILL ERSTARREN.
WILL? HIER IST CEDRIC ...
„HALLO?"
WEITER GEHT ES IN W.I.T.C.H. BAND 10

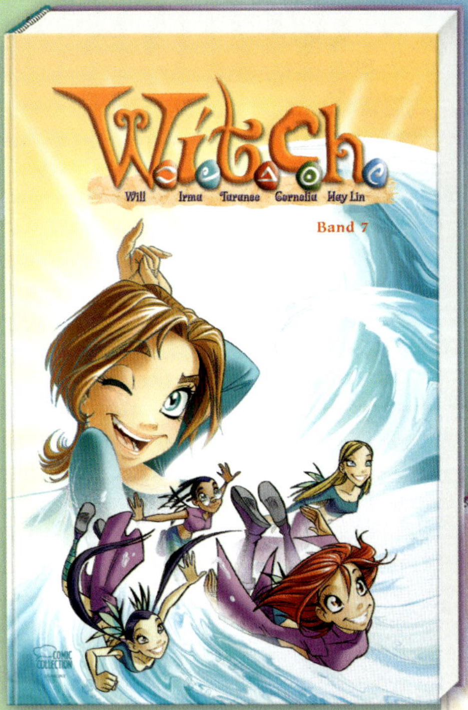

ISBN 978-3-7704-0661-6
€ 29,99 [D]

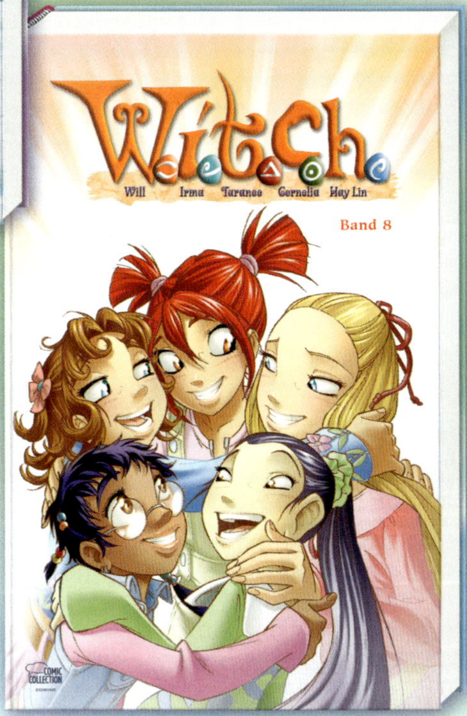

ISBN 978-3-7704-0673-9
€ 29,99 [D]

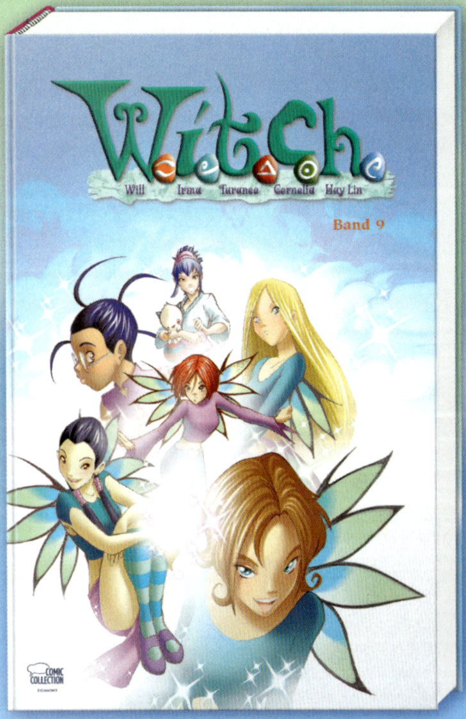

ISBN 978-3-7704-0674-6
€ 29,99 [D]

www.egmont-comic-collection.de